Holger Wassermann

Kapitalmarktorientierung in Accounting und Controlling

GABLER RESEARCH

Holger Wassermann

Kapitalmarktorientierung in Accounting und Controlling

Mit einem Geleitwort von Prof. Dr. Rainer Kasperzak

GABLER

RESEARCH

Bibliografische Information der Deutschen Nationalbibliothek
Die Deutsche Nationalbibliothek verzeichnet diese Publikation in der Deutschen Nationalbibliografie; detaillierte bibliografische Daten sind im Internet über <http://dnb.d-nb.de> abrufbar.

Dissertation Technische Universität Berlin, 2010
D 83

1. Auflage 2011

Lektorat: Stefanie Brich | Jutta Hinrichsen

Gabler Verlag ist eine Marke von Springer Fachmedien.
Springer Fachmedien ist Teil der Fachverlagsgruppe Springer Science+Business Media.
www.gabler.de

Umschlaggestaltung: KünkelLopka Medienentwicklung, Heidelberg
Gedruckt auf säurefreiem und chlorfrei gebleichtem Papier
Printed in Germany

ISBN 978-3-8349-2755-2

für Papa
† 02.08.2008

für Mama
† 06.05.2010

Geleitwort

Die verstärkte Ausrichtung der externen Rechnungslegung an den Informationsbedürfnissen der Kapitalmarktakteure hat die bilanzierenden Unternehmen vor enorme Herausforderungen gestellt. Die Kapitalmarktorientierung zieht jedoch ebenso Anpassungsmaßnahmen im internen Rechnungswesen nach sich, so dass die gesamte Unternehmensrechnung von dieser Entwicklung betroffen ist.

In diesem Zusammenhang geht Holger Wassermann im Rahmen seiner Arbeit der Frage nach, welche Strukturen im internen und im externen Rechnungswesens vorhanden sein bzw. eingeführt werden müssen, um den Erwartungen der Kapitalmärkte gerecht zu werden. Indem sich der Autor zunächst sehr intensiv mit den Informationsbedürfnissen der verschiedenen Kapitalmarktakteure auseinandersetzt, bricht er mit der tradierten Sichtweise, die zumeist von einem homogenen Kapitalmarktinteresse ausgeht. Zudem identifiziert er ein fundamentales Entwicklungsdefizit im Hinblick auf die Art und Weise der Informationsvermittlung und Informationsübertragung und unterbreitet höchst interessante Vorschläge, wie dieses Defizit durch regulatorische Maßnahmen beseitigt werden könnte.

Auch andere zentrale Problemfelder der IFRS-Rechnungslegung, wie etwa das fehlende Erfolgskonzept oder die kontrovers geführte Diskussion zur Fair-Value- Bilanzierung, werden umfassend aufgearbeitet und unter normativen Aspekten beleuchtet. Vor dem Hintergrund der Zielsetzung, die Konsequenzen einer Kapitalmarktorientierung sowohl für das externe als auch für das interne Rechnungswesen „aus einem Guss“ zu analysieren, ergibt sich darüber hinaus zwangsläufig die Notwendigkeit, die Anforderungen an das Controlling sowie Fragen zur Konvergenz von internem und externem Rechnungswesen ebenfalls in die Untersuchung mit einzubeziehen.

Die Diskussion zur Kapitalmarktorientierung der Unternehmensrechnung erhält durch die Arbeit von Holger Wassermann neue Impulse. Es gelingt ihm kenntnisreich, ausgetretene Pfade zu verlassen und der Thematik neue Einsichten abzugewinnen. In diesem Sinne wünsche ich der Arbeit die gebührende Aufmerksamkeit, die sie zweifellos verdient.

Prof. Dr. Rainer Kasperzak

Vorwort

Während meiner Zeit als wissenschaftlicher Mitarbeiter am Lehrtsuhl für Rechnungslegung und Wirtschaftsprüfung an der Technischen Universität Berlin hatte ich Gelegenheit, eine besonders dynamische Phase in den Bereichen der Unternehmenssteuerung und Unternehmensrechnung beobachten zu können: die Verbreitung des Shareholder Value als Zielgröße der Unternehmensführung, die damit oft einhergehende verstärkte Ausrichtung der Führung an den Interessen von Kapitalmarktteilnehmern und der verstärkte Einsatz der internationalen Rechnungslegung nach IFRS. Viele hervorragende Arbeiten widmeten sich den einzelnen Themengebieten, bei mir verstärkte sich jedoch der Eindruck, dass zunehmend Detailfragen diskutiert wurden und grundlegende Fragen des Zusammenhangs zwischen den Disziplinen vernachlässigt worden sind.

Dass ich mich trotz der Fülle der sich anbietenden aktuellen Fragestellungen mit dieser Grundlagenthematik befasst habe, habe ich maßgeblich meinen akademischen Lehrern zuzurechnen: Herr Professor Klaus Pohle lenkte mein Interesse auf die komplexen Zusammenhänge zwischen Rechnungslegung und Kapitalmarkt, Herr Professor Ulrich Krystek prägte mein Verständnis zum Zusammenhang von Controlling und Unternehmensführung nachhaltig, und Herr Professor Rainer Kasperzak inspirierte mich in unseren Diskussion zur Verbindung von Rechnungslegung und Führung. Diese überaus wertvolle Unterstützung hat wesentlich zum Gelingen dieser Arbeit beigetragen, wofür ich meinen tiefempfundenen Dank aussprechen möchte.

Bedanken möchte ich mich auch bei allen, die mich auf diesem recht langen und manchmal schweren Weg begleitet und unterstützt haben. Erst dadurch wurde diese Arbeit ermöglicht.

Holger Wassermann

Inhaltsübersicht

Abbildungsverzeichnis .... **XIX**

Tabellenverzeichnis .... **XXIII**

Abkürzungsverzeichnis .... **XXV**

1 Einleitung **1**
- 1.1 Problemstellung 1
- 1.2 Gang der Untersuchung 9

2 Grundlagen der Beziehungen zwischen Unternehmung und Kapitalmarkt **12**
- 2.1 Zielbildung in der Unternehmung 12
- 2.2 Theoretische Grundlagen zur Entscheidungsbildung auf dem Kapitalmarkt 28
- 2.3 Unternehmensbewertung 76
- 2.4 Empirische Untersuchung der Interessen der Kapitalmarktteilnehmer 96
- 2.5 Zwischenergebnis 109

3 Orientierung der externen Unternehmensrechnung an den Interessen des Kapitalmarkts **111**
- 3.1 Untersuchung der Funktionen der externen Rechnungslegung 111
- 3.2 Untersuchung der Informationsfunktion 131
- 3.3 Orientierung an den Interessen des Kapitalmarkts auf der Stufe der Entwicklung von Rechnungslegungsregelungen 185
- 3.4 Orientierung an den Interessen des Kapitalmarkts auf der Stufe der Unternehmen 232
- 3.5 Zwischenergebnis 256

4 Orientierung der internen Unternehmensrechnung an den Interessen des Kapitalmarkts **258**
- 4.1 Grundsätzliche Überlegungen zur Berechtigung von Kapitalmarktanforderungen an die interne Unternehmensrechnung 258
- 4.2 Überblick über Funktionen, Instrumente und Organisation des Controllings 260
- 4.3 Originäre Anforderungen des Kapitalmarkts an das Controlling 279
- 4.4 Derivative Anforderungen einer kapitalmarktorientierten Rechnungslegung an das Controlling 332
- 4.5 Konvergenz von internem und externem Rechnungswesen 369
- 4.6 Zwischenergebnis 394

5 Zusammenfassung und Ausblick **396**
- 5.1 Zusammenfassung der wesentlichen Ergebnisse 396
- 5.2 Ausblick 400

Literaturverzeichnis **403**

Materialienverzeichnis **477**

Quellenverzeichnis **485**

Inhaltsverzeichnis

Abbildungsverzeichnis ... **XIX**

Tabellenverzeichnis ... **XXIII**

Abkürzungsverzeichnis ... **XXV**

1 Einleitung ... **1**

1.1 Problemstellung ... 1

1.2 Gang der Untersuchung ... 9

2 Grundlagen der Beziehungen zwischen Unternehmung und Kapitalmarkt ... **12**

2.1 Zielbildung in der Unternehmung ... 12

2.1.1 Zielsystem der Unternehmung ... 12

2.1.2 Berücksichtigung der Interessen anderer Stakeholder ... 18

2.1.2.1 Überblick über weitere Interessengruppen ... 18

2.1.2.2 Interessen wesentlicher Stakeholder ... 20

2.1.2.3 Ausgewählte Aspekte der Shareholder-Stakeholder-Diskussion ... 25

2.1.3 Zwischenergebnis ... 27

2.2 Theoretische Grundlagen zur Entscheidungsbildung auf dem Kapitalmarkt ... 28

2.2.1 Abgrenzung und Charakterisierung des Kapitalmarkts ... 28

2.2.2 Untersuchungsgegenstände der Kapitalmarktforschung ... 35

2.2.2.1 Überblick ... 35

2.2.2.2 Markteffizienz ... 36

2.2.2.3 Wertrelevanz ... 37

2.2.2.4 Ohlson Modell und Feltham-Ohlson Modell ... 38

2.2.2.5 Verhalten der Analysten ... 44

2.2.2.6 Willkürliches Verhalten ... 45

2.2.2.7 Einordnung der vorliegenden Arbeit ... 46

2.2.3 Klassifikation der Kapitalmarktteilnehmer ... 46

2.2.3.1 Klassifikationsmerkmale und Typologien ... 46

2.2.3.2 Typen von Kapitalmarktteilnehmern ... 52

2.2.3.3 Spezifische Interessen der gebildeten Typen von Kapitalmarktteilnehmern ... 55

2.2.3.3.1 Interessen institutioneller Investoren ... 56

2.2.3.3.2 Interessen privater Anleger ... 58

2.2.3.3.3 Interessen von Finanzanalysten ... 59

2.2.3.3.4 Interessen von Fremdkapitalgebern ... 60

2.2.3.4 Zwischenergebnis zu den Interessen der verschiedenen Typen von Kapitalmarktteilnehmern ... 62

2.2.4 Capital Asset Pricing Model ... 63

2.2.4.1 Portfolio Selection Theory und Tobin Separation als Grundlagen des CAPM ... 63

2.2.4.2 Erklärung der Preisbildung eines Wertpapiers mithilfe des CAPM 64
2.2.4.3 Dem CAPM zugrunde liegende Annahmen 66
2.2.4.4 Informationseffizienz 68
2.2.4.4.1 Voraussetzungen für einen informationseffizienten Kapitalmarkt 68
2.2.4.4.2 Kritische Beurteilung der Informationseffizienz 71
2.2.5 Zusammenhang zwischen Kapitalmarkteffizienz und Unternehmensinformationen 72
2.2.6 Zwischenergebnis 76
2.3 Unternehmensbewertung 76
2.3.1 Fundamentale und technische Analyse als Instrumente der Informationsgewinnung 76
2.3.2 Grundlagen der Unternehmensbewertung 80
2.3.2.1 Zweckadäquanz der Unternehmensbewertung 80
2.3.2.2 Unternehmensbewertungsverfahren 82
2.3.3 Discounted Cash Flow Verfahren 85
2.3.3.1 Überblick über die Formen von Discounted Cash Flow Verfahren 85
2.3.3.2 Generelle Konzeption der Bruttoverfahren am Beispiel der WACC-Verfahren 86
2.3.3.3 Konzeption des APV-Ansatzes als Spezialfall der Bruttoverfahren 88
2.3.3.4 Konzeption der Nettoverfahren 89
2.3.4 Multiplikatorverfahren 90
2.3.4.1 Verwendung und Funktionen von Multiplikatorverfahren 90
2.3.4.2 Prozess der Bewertung mit Multiplikatoren 92
2.3.5 Vergangenheitsanalyse als notwendige Basis einer Unternehmensbewertung 93
2.3.6 Zwischenergebnis 95
2.4 Empirische Untersuchung der Interessen der Kapitalmarktteilnehmer 96
2.4.1 Stand der empirischen Forschung 96
2.4.2 Zusammenfassung der Untersuchungsergebnisse 100
2.4.2.1 Befragung der Privatanleger 100
2.4.2.2 Befragung institutioneller Investoren 107
2.5 Zwischenergebnis 109
3 Orientierung der externen Unternehmensrechnung an den Interessen des Kapitalmarkts 111
3.1 Untersuchung der Funktionen der externen Rechnungslegung 111
3.1.1 Bilanztheoretische Grundlagen 111
3.1.2 Überblick über die Funktionen der externen Rechnungslegung 116
3.1.3 Überblick über die Formen der Berichterstattung im externen Rechnungswesen 121
3.1.4 Untersuchung der weiteren Funktionen der externen Rechnungslegung in Hinblick auf die Interessen der Kapitalmarktteilnehmer 126
3.1.4.1 Zahlungsbemessungsfunktion 126
3.1.4.2 Rechenschaftsfunktion 129

3.2 Untersuchung der Informationsfunktion 131
3.2.1 Zum Begriff der Information 131
3.2.2 Zum Begriff der Kommunikation 133
3.2.3 Merkmale von Informationen 139
3.2.3.1 Entwicklung eines Bezugsrahmens für die Herleitung von Informationsmerkmalen 139
3.2.3.2 Überblick über Informationsmerkmale 140
3.2.4 Relevanz 145
3.2.4.1 Differenzierung des Relevanzbegriffs 145
3.2.4.2 Relevante Informationen aus Perspektive der DCF-Verfahren 150
3.2.4.3 Relevante Informationen aus Perspektive der Multiplikator-Verfahren 153
3.2.4.4 Relevante Informationen aus Perspektive der Übergewinnverfahren 156
3.2.4.5 Zwischenergebnis: Relevanz aus Sicht der verschiedenen Kapitalmarktteilnehmertypen 162
3.2.5 Verlässlichkeit und glaubwürdige Berichterstattung 165
3.2.5.1 Merkmalskonkurrenz von Verlässlichkeit und Relevanz 165
3.2.5.2 Konkretisierung der glaubwürdigen Berichterstattung 167
3.2.5.3 Zwischenergebnis: Verlässlichkeit aus Sicht der verschiedenen Kapitalmarktteilnehmertypen 169
3.2.5.4 Wert und Kosten von Informationen 171
3.2.6 Erweiterung der Informationsbeschreibung 176
3.3 Orientierung an den Interessen des Kapitalmarkts auf der Stufe der Entwicklung von Rechnungslegungsregelungen 185
3.3.1 Die Verwendung von Informationen am Kapitalmarkt 185
3.3.1.1 Einordnung der Rechnungslegung in das Kapitalmarktsystem 185
3.3.1.2 Informationsverarbeitung durch Informationsintermediäre 189
3.3.1.3 Empirische Überprüfung der Verwendung von Rechnungslegungsinformationen 192
3.3.2 Grundlegende Gestaltungsvariablen einer kapitalmarktorientierten Rechnungslegung 197
3.3.2.1 Wettbewerb im Bereich der Rechnungslegungsregelungen 197
3.3.2.2 Konzeptionelle Ausrichtung der Rechnungslegung im Sinne einer Regel- oder einer Prinzipienbasierung 202
3.3.3 Eignung zentraler Elemente der internationalen Rechnungslegung zur Erfüllung der Informationsfunktion 204
3.3.3.1 Eignung der Ansatz- und Ausweisregelungen der IFRS 204
3.3.3.2 Eignung der Bewertungsregelungen der IFRS 210
3.3.3.3 Eignung des Performance Reportings nach IFRS 220
3.3.3.4 Erweiterung des Performance Reportings 224
3.3.3.5 Weitere Ansätze der Weiterentwicklung der Rechnungslegung 229
3.4 Orientierung an den Interessen des Kapitalmarkts auf der Stufe der Unternehmen 232
3.4.1 Vorüberlegungen 232
3.4.2 Investor Relations 234

3.4.2.1 Begründung der Investor Relations durch die Wahrnehmungslücke 234
3.4.2.2 Ziele der Investor Relations 237
3.4.2.3 Zielgruppen und Instrumente der Investor Relations 240
3.4.3 Value Reporting 244
3.4.4 Fast Close, Internet und XBRL 249
3.4.4.1 Kritikpunkte an dem bisherigen System der Rechnungslegung als Ausgangspunkt 249
3.4.4.2 Zeitnahe Berichterstattung durch einen Fast Close 250
3.4.4.3 Senkung der Transaktionskosten durch Nutzung von XBRL 253
3.5 Zwischenergebnis 256
4 Orientierung der internen Unternehmensrechnung an den Interessen des Kapitalmarkts 258
4.1 Grundsätzliche Überlegungen zur Berechtigung von Kapitalmarktanforderungen an die interne Unternehmensrechnung 258
4.2 Überblick über Funktionen, Instrumente und Organisation des Controllings 260
4.2.1 Funktionen des Controllings 260
4.2.1.1 Definition und Kategorisierung des Controllings 260
4.2.1.2 Wirkungsweise des Controllings 261
4.2.1.3 Controlling in Abhängigkeit vom Zielbezug 263
4.2.1.4 Wandel des Rollenverständnisses von Controller und Finanzvorstand 266
4.2.2 Controllinginstrumente 269
4.2.2.1 Genereller Überblick über Controllinginstrumente 269
4.2.2.2 Instrumente des operativen Controllings 269
4.2.2.3 Instrumente des strategischen Controllings 271
4.2.3 Institutionelle Aspekte des Controllings 273
4.2.3.1 Unternehmensorganisation als Instrument und Objekt des Controllings 274
4.2.3.2 Organisation des Controllings 276
4.3 Originäre Anforderungen des Kapitalmarkts an das Controlling 279
4.3.1 Wertorientierte Unternehmensführung als Anforderung des Kapitalmarkts 279
4.3.2 Konzepte einer wertorientierten Unternehmensführung 287
4.3.2.1 Überblick über die Konzepte 287
4.3.2.2 Rentabilitätsorientierte Kennzahlen am Beispiel des CFROI 294
4.3.2.3 Residualgewinnbasierte Kennzahlen am Beispiel des EVA 296
4.3.2.4 Vergleich und Beurteilung der Konzepte 301
4.3.3 Börsenwert als Basis einer wertorientierten Unternehmensführung 305
4.3.3.1 Funktionale Bedeutung des Börsenwerts für die Unternehmensführung 305
4.3.3.2 Instrumente zur Börsenwertanalyse und zur Ableitung von Handlungsempfehlungen 308
4.3.3.2.1 TRS-Dekomposition 308
4.3.3.2.2 Strategic Control Map 310
4.3.3.2.3 Growth Target Analysis 312

4.3.3.2.4 Growth Option Pipeline 314
4.3.4 Direkte Auswirkungen einer Kapitalmarktorientierung auf den Strategieprozess 317
4.3.4.1 Relevanter Zeithorizont 317
4.3.4.2 Adaption bekannter Erfolgsmuster 318
4.3.5 Goodwill-Controlling 320
4.3.5.1 Zum Zusammenhang von Goodwill und Unternehmenswert 320
4.3.5.2 Regelungen zur Bilanzierung des Goodwills nach IFRS 321
4.3.5.3 Gestaltung eines Goodwill-Controllings 325
4.3.5.4 Risikobewertung im Rahmen des Impairment Tests 327
4.3.6 Zwischenfazit: Originäre Anforderungen an das Controlling aus der Wertorientierung 329
4.4 Derivative Anforderungen einer kapitalmarktorientierten Rechnungslegung an das Controlling 332
4.4.1 Informationsmanagement als Instrument zur Befriedigung der Anforderungen der externen Berichterstattung 332
4.4.2 Anforderungen an die Unternehmensplanung 337
4.4.2.1 Verwendung der Planung in der Kommunikation mit dem Kapitalmarkt 337
4.4.2.2 Anforderungen an die Datenbasis 340
4.4.2.3 Funktionale Anforderungen an das Planungssystem 343
4.4.2.3.1 Planungssysteme im Kontext einer Kapitalmarktorientierung 343
4.4.2.3.2 Anforderungen der wertorientierten Führung 345
4.4.2.3.3 Generelle Anforderungen aus der IFRS-Bilanzierung 345
4.4.2.3.4 Anforderungen von IAS 36 an das Planungssystem 347
4.4.2.3.5 Umsatzkostenverfahren und Kapitalflussrechnung 349
4.4.2.3.6 Weitere IFRS-Anforderungen an das Planungssystem 351
4.4.2.4 Instrumentelle Anforderungen an das Planungssystem 352
4.4.3 Zahlungsmittelgenerierende Einheiten und Organisation in Verantwortungszentren 354
4.4.3.1 Problemstellung 354
4.4.3.2 Definition und Abgrenzung von zahlungsmittelgenerierenden Einheiten 355
4.4.3.3 Definition und Abgrenzung von Verantwortungszentren 358
4.4.3.4 Möglichkeiten und Grenzen der Zusammenführung der Strukturkonzepte 360
4.4.3.5 Möglichkeit der Nutzung der zahlungsmittelgenerierenden Einheiten für die interne Steuerung 365
4.4.4 Controlling von immateriellen Werten 366
4.5 Konvergenz von internem und externem Rechnungswesen 369
4.5.1 Beziehung der Funktionen interner und externer Unternehmensrechnung 369
4.5.2 Eignung der IFRS als Datenbasis für ein harmonisiertes Rechnungswesen 376
4.5.2.1 Generelle Eigenschaften einer IFRS-Datenbasis 376
4.5.2.2 Eignung der IFRS-Ansatzkonzepte für das Controlling 378
4.5.2.3 Eignung der IFRS-Bewertungskonzepte für das Controlling 382

4.5.2.3.1 Grundsätzliche Eigenschaften der Bewertung in der internen und der externen Unternehmensrechnung ... 382
4.5.2.3.2 Zugangsbewertung ... 384
4.5.2.3.3 Folgebewertung ... 385
4.5.3 Eignung der IFRS für den Einsatz in Controlling-Instrumenten ... 389
4.5.3.1 Verwendung der IFRS im internen Berichtswesen ... 389
4.5.3.2 Anwendung der IFRS in der Kostenstellenrechnung ... 392
4.5.4 Unternehmensrechnung aus Sicht des Coopetitions-Konzepts ... 392
4.6 Zwischenergebnis ... 394
5 Zusammenfassung und Ausblick ... 396
5.1 Zusammenfassung der wesentlichen Ergebnisse ... 396
5.2 Ausblick ... 400
Literaturverzeichnis ... 403
Materialienverzeichnis ... 477
Quellenverzeichnis ... 485
Quellen des IASB ... 485
Quellen des FASB ... 486
Sonstige Quellen ... 486

Abbildungsverzeichnis

Abb. 1-1: An Rechnungslegungsfragen beteiligte Gruppen ... 7
Abb. 1-2: Gang der Untersuchung ... 11
Abb. 2-1: Einordnung des Kapitalmarktes ... 29
Abb. 2-2: Verknüpfungen der einzelnen Gebiete der Kapitalmarktforschung ... 36
Abb. 2-3: Untersuchungsmethoden zur Wertrelevanz ... 38
Abb. 2-4: Entwicklung der Anzahl der Aktionäre in Deutschland 1988 – 2008 ... 49
Abb. 2-5: Zwecke der Unternehmensbewertung ... 81
Abb. 2-6: Unternehmensbewertungsverfahren ... 83
Abb. 2-7: Bewertungsmethode in Abhängigkeit vom Bewertungsanlass ... 84
Abb. 2-8: Übersicht über die DCF-Verfahren ... 85
Abb. 2-9; Ermittlung des Shareholder Value im Entity-Ansatz ... 87
Abb. 2-10: Berechnung des Free Cash Flow ... 88
Abb. 2-11: Funktionen der Bewertung mit Multiplikatorverfahren ... 91
Abb. 2-12: Prozess der Bewertung mit Multiplikatoren ... 92
Abb. 2-13: Five Forces Model nach *Porter* ... 95
Abb. 2-14: Nutzungsintensität verschiedener Bestandteile des Geschäftsberichts durch private Anleger, Nennungen „sehr intensiv“ und „intensiv“ ... 102
Abb. 2-15: Bedeutung verschiedener Größen für die Anlageentscheidung ... 104
Abb. 2-16: Bedeutung von Dividende und Kurssteigerungen ... 105
Abb. 2-17: Orientierungsgrößen institutioneller Anleger ... 108
Abb. 2-18: Kreislauf der Informationsverwendung ... 110
Abb. 3-1: Dominanz der Bilanz/GuV in statischer und dynamischer Bilanztheorie.. 114
Abb. 3-2: Funktionen des Jahresabschlusses ... 117
Abb. 3-3: Unterscheidungsmöglichkeiten handelsrechtlicher Publizität ... 123
Abb. 3-4: Ziele der Zwischenberichtspublizität ... 126
Abb. 3-5: Mögliche Betrachtungsebenen der Information ... 132
Abb. 3-6: Informationstheoretisches Kommunikationsmodell der Nachrichtentechnik ... 134
Abb. 3-7: 4-Ohren-Modell ... 135

Abb. 3-8: Kommunikationsmodell der Rechnungslegung 139
Abb. 3-9: Ableitung von Anforderungen an die Rechnungslegung aus den weiteren Informationsebenen des Kommunikationsmodells 140
Abb. 3-10: Informationsmerkmale im IAS Framework 143
Abb. 3-11: Konzeption der Informationsmerkmale der US GAAP 142
Abb. 3-12: Informationsmerkmale im vorgeschlagenen Entwurf eines neuen Framework 144
Abb. 3-13: Informationsbedarf, -nachfrage und –angebot 147
Abb. 3-14: Eigenschaften einer relevanten Information... 148
Abb. 3-15: Ableitung der Relevanz aus dem DCF-Modell 152
Abb. 3-16: Zusammenhang zwischen Modellkomponente und Informationsbedarf bei Multiplikatorverfahren 154
Abb. 3-17: Übliche Bezugsgrößen.. 155
Abb. 3-18: Transaktionskosten im Kommunikationsmodell.................................. 172
Abb. 3-19: Ertragsgesetz, Produktionsfunktion Typ A 174
Abb. 3-20: Limitationale Produktionsfunktion... 175
Abb. 3-21: Usability gem. ISO 9241 179
Abb. 3-22: Usability im Rechnungslegungskontext 182
Abb. 3-23: Erweiterter Entwurf qualitativer Anforderungen an die Rechnungslegung 185
Abb. 3-24: Kapitalmarkt als System von Informationsmärkten 187
Abb. 3-25: Coverage-Entscheidung bei Sell-Side-Analysten 190
Abb. 3-26: Netzwerkeffekte in der Rechnungslegung 201
Abb. 3-27: Einordnung der generellen Bewertungsmodelle in die Informationsfunktion.. 214
Abb. 3-28: Ermittlungshierarchien des Fair Value in den IFRS 216
Abb. 3-29: Ergänzung der Bilanzpositionen um einen Ausgleichsposten für Bewertungsänderungen 225
Abb. 3-30: Ergänzung der Abschlussbestandteile um eine Veränderungsrechnung für den Ausgleichsposten für Bewertungsänderungen.......................... 226
Abb. 3-31: Ergänzung der Abschlussbestandteile um eine Veränderungsrechnung für den Ausgleichsposten für Bewertungsänderungen.......................... 226

Abb. 3-32: Getrennte Erfassung von Erfolgskomponenten und reinen Bewertungseffekten 227
Abb. 3-33: Schichtenmodell nach *Wallman* 230
Abb. 3-34: Zielsystem der Informationsfunktion 232
Abb. 3-35: Five Communication Gaps 237
Abb. 3-36: Zielsystem der Investor Relations 239
Abb. 3-37: Zeitraum von Bilanzstichtag bis Bestätigungsvermerk in Deutschland 2002 in Monaten 251
Abb. 3-38: Beispiel einer XML-Syntax 254
Abb. 4-1: Einordnung des Controllings in das System Unternehmung 259
Abb. 4-2: Einflussgrößen der Organisationsgestaltung 274
Abb. 4-3: Bewertungscluster des Organisationscontrollings 276
Abb. 4-4: Controllinginstitution 278
Abb. 4-5: Annahmen im Zuge der Operationalisierung der Shareholder-Value-Orientierung 280
Abb. 4-6: Doppelte Prinzipal-Agenten-Problematik 281
Abb. 4-7: Gegenüberstellung der Kursgewinne bei den Strategien "Halten" und "Optimales Handeln" 284
Abb. 4-8: Unternehmenswert-Kurs-Matrix für Planung und Kontrolle von Maßnahmen 286
Abb. 4-9: Shareholder-Value-Netzwerk nach *Rappaport* 289
Abb. 4-10: Determinanten, Berechnung und Bedeutung des CFROI 296
Abb. 4-12: Planungsstufen zur Optimierung des Shareholder Values 306
Abb. 4-13: Wertsteigerungskreislauf 307
Abb. 4-14: Visualisierung der TRS*-Dekomposition 310
Abb. 4-15: Beispiel einer Strategic Control Map 311
Abb. 4-16: Beispiel einer Umsatz/FCF-Vorgabe aus einer Growth Target Analysis 313
Abb. 4-17: Growth Option Pipeline im Zusammenhang mit Growth Target Analysis und TRS-Dekomposition 315
Abb. 4-18: Divergenz externer und interner Erwartungen 316
Abb. 4-19: Komponenten des Goodwills nach Kaufpreisallokation 323

Abb. 4-20: Systematik des Goodwill-Impairment-Tests nach IAS 36 324
Abb. 4-21: Frühzeitige Durchführung des Impairment Tests für Controllingzwecke 326
Abb. 4-22: Umsetzung der Kapitalmarktorientierung im Rechnungswesen in Bezug auf die Planungsebene 330
Abb. 4-23: Zyklus der Aufstellung und Erfüllung der Anforderungen 331
Abb. 4-24: Informationsaustausch der Konzernrechnungslegung mit anderen Bereichen 332
Abb. 4-25: Verwendung von Planwerten im externen Rechnungswesen 338
Abb. 4-26: Möglichkeiten der IFRS-Erfassung 342
Abb. 4-27: Gestaltungsfelder des Planungssystems 344
Abb. 4-28: Anforderungen des Impairment Tests an Planungsstruktur und Planungsinhalte 349
Abb. 4-29: IT-basiertes Planungssystem 354
Abb. 4-30: Betrachtungsdimensionen der betrieblichen Leistungserstellung 363
Abb. 4-31: Funktionsgleichheit der externen und internen Unternehmensrechnung 371
Abb. 4-32: Gründe für eine Harmonisierung des Rechnungswesens 373
Abb. 4-33: Rechnungswesenmodule 375
Abb. 4-34: Aspekte der Ansatzentscheidung aus Controllingsicht 379
Abb. 4-35: Werteherkunft bei der bilanziellen Bewertung 384
Abb. 4-36: Einsatzfelder des Fair Values 386
Abb. 4-37: Beispiel für Abweichungen im Reporting ohne Separation 390
Abb. 4-38: Beispiel für Abweichungen im Reporting mit Separation 391
Abb. 4-39: Aktuelle Konkurrenten des Controllerbereichs in der Wahrnehmung der Controller (Ergebnis einer Studie des ICV) 393
Abb. 4-40: Perspektiven der Zusammenarbeit des Controllerbereichs mit dem Externen Rechnungswesen 394

Tabellenverzeichnis

Tab. 2-1: Klassifikation von Stakeholdern 20
Tab. 2-2: Ansprüche der verschiedenen Stakeholder 21
Tab. 2-3: Möglichkeiten der Kategorisierung von Kapitalmärkten 30
Tab. 2-4: Klassifikation der Anleger nach *Ernst/Gassen/Pellens* 47
Tab. 2-5: Möglichkeiten der Kategorisierung von Kapitalmarktteilnehmern 48
Tab. 2-6: Klassifikation der Kapitalmarktteilnehmer 52
Tab. 2-7: Kapitalmarktteilnehmertypen 55
Tab. 2-8: Grade der Informationseffizienz nach *Fama* 69
Tab. 2-9: Befragungsstudien zum Informationsverhalten von Privatanlegern 99
Tab. 3-1: Maßnahmen pflichtmäßiger und freiwilliger Publizität 125
Tab. 3-2: Durchbrechungen des Kongruenzprinzips bei IFRS, US GAAP und HGB/GoB 159
Tab. 3-3: Anforderungen der Kapitalmarktteilnehmertypen an die Relevanz 165
Tab. 3-4: Anforderungen der Kapitalmarktteilnehmertypen an die Verlässlichkeit 171
Tab. 3-5: Akteure auf den einzelnen Informationsmärkten 188
Tab. 3-6: Studien zum Erklärungszusammenhang von Gewinn und Eigenkapital im Zeitablauf 194
Tab. 3-7: Studien zum Relevanzvergleich unterschiedlicher Rechnungslegungssysteme 196
Tab. 3-8: Vergleich von Case Law und Code Law 202
Tab. 3-9: Vorgeschlagenes generelles Gliederungsschema 209
Tab. 3-10: Neue Kennzahlen durch Ausweis eines SVE und eines Revaluation Buffers 228
Tab. 3-11: Neue Kennzahlen durch Recycling 229
Tab. 3-12: Instrumente der Kapitalmarktorientierung 233
Tab. 3-13: Inhaltsstruktur des Value Reporting nach Labhart 247
Tab. 3-14: Optimierungspotenziale in der Abschlusserstellung 252
Tab. 4-1: Differenzierungsmöglichkeiten der Controllingfunktionen 261
Tab. 4-2: Wesentliche Merkmale operativen und strategischen Controllings 264

Tab. 4-3: Controllerklassifikation nach *Zünd* ... 266
Tab. 4-4: Geänderte Anforderungen an den CFO ... 268
Tab. 4-5: Auswahl operativer Controllinginstrumente ... 271
Tab. 4-6: Instrumente des strategischen Controllings ... 273
Tab. 4-7: Simulation einer Kursentwicklung bei prinzipiell steigender Tendenz ... 283
Tab. 4-8: Beispiel zur Unternehmensführung mit dem DCF-Verfahren (1) ... 290
Tab. 4-9: Beispiel zur Unternehmensführung mit dem DCF-Verfahren (2) ... 290
Tab. 4-10: Beispiel zur Unternehmensführung mit dem DCF-Verfahren (3) ... 292
Tab. 4-11: Wertorientierte Kennzahlen ... 293
Tab. 4-12: Ableitung des NOPAT aus dem Jahresüberschuss im EVA-Konzept ... 298
Tab. 4-13: Ableitung des betriebsnotwendigen Kapitals aus der Bilanzsumme im EVA-Konzept ... 298
Tab. 4-14: Ableitung des betriebsnotwendigen Kapitals aus der Bilanzsumme im EVA-Konzept ... 300
Tab. 4-15: Vergleichende Darstellung der Konzepte wertorientierter Kennzahlen ... 303
Tab. 4-16: IFRS-Anforderungen an Controllingbereiche ... 334
Tab. 4-17: Aufgaben des Controllings im IFRS-Informationsmanagement ... 336
Tab. 4-18: Probleme des Zeitvergleichs durch IFRS ... 347
Tab. 4-19: Anforderungen an ein IT-gestütztes Planungssystem ... 354
Tab. 4-20: Organisationsformen ... 360
Tab. 4-21: Vergleich der Attributionsoptionen bei zahlungsmittelgenerierenden Einheiten und Verantwortlichkeitszentren ... 361
Tab. 4-22: Wichtigste Aufgabenfelder des Controllings ... 395

Abkürzungsverzeichnis

abzgl. ....abzüglich

AICPA.............American Institute of Certified Public Accountants

AK....................Arbeitskreis

AktG.................Aktiengesetz

APT..................Arbitrage Pricing Theory

APV..................Adjusted Present Value

ARecR.............Annual Recycling Ratio

Art. ....Artikel

AV....................Anlagevermögen

BilMoG ....Bilanzrechtsmodernisierungsgesetz

bspw. ....beispielsweise

bzgl...................bezüglich

bzw...................beziehungsweise

CAPM ....Capital Asset Pricing Model

CEO..................Chief Executive Officer

CFO..................Chief Financial Officer

CFROI.............Cash Flow Return on Investment

CGU ....Cash Generating Unit

CI......................Comprehensive Income

CMH ....Coherent Market Hypothesis

CSR..................Clean-Surplus-Accounting

d. ....der/des

d.h.....................das heißt

DAI ....Deutsches Aktieninstitut e.V.

DAX ....Deutscher Aktienindex

DCF..................Discounted Cash Flow

DFM ....Delta Financial Markets

Diss. ....Dissertation

DPR..................Deutsche Prüfstelle für Rechnungslegung

DRSC ....Deutsches Rechnungslegungs Standards Committee e. V.

DUB ....Delta Unterschieds-Brutto-Cash-Flow

EBIT.................Earnings before Interests and Taxes

EBITDA...........Earnings before Interests, Taxes, Depreciation and Amortization

ED ....Exposure Draft

EG ....Europäische Gemeinschaft

EK ....Eigenkapital

engl...................englisch

EP ....Economic Profit

et al...................et alii (lat.; und andere)

etc. ....et cetera (lat.; und die Übrigen)

EU ....Europäische Union

EVA ....Economic Value Added ®

evtl....................eventuell

F ....Framework

F&E..................Forschung und Entwicklung

FAR..................Financial Assets Relation

FASB................Financial Accounting Standards Board

FCF ....Free Cash Flow

Fin.-instr. .... Finanzinstrumente

FTE .... Flow to Equity

FWBO .... Frankfurter Wertpapierbörsenordnung

GB .... Geschäftsbereich

gem. .... gemäß

ggf. .... Gegebenenfalls

GuV .... Gewinn- und Verlustrechnung

h.M. .... herschende(r) Meinung

HGB .... Handelsgesetzbuch

HTML .... Hypertext Markup Language

i.d.R. .... in der Regel

i.e.S. .... im engeren Sinne

i.S. .... im Sinne

i.V.m. .... in Verbindung mit

i.w.S. .... im weiteren Sinne

IAS .... International Accounting Standards;
International Accounting Standard

IASB .... International Accounting Standards Board

IASC .... International Accounting Standards Committee

IDW .... Institut der Wirtschaftsprüfer in Deutschland e.V.

IFRIC .... International Financial Reporting Interpretations Committee

IFRS .... International Financial Reporting Standards

inkl. .... inklusive

Internat. .... Internationalität

IPO .... Initial Public Offering

IR......................Investor Relations

ISO...................International Organization for Standardization

IT......................Informationstechnologie

Jg......................Jahrgang

KapAEG...........Kapitalaufnahmeerleichterungsgesetz

KGV.................Kurs-Gewinn-Verhältnis

KUV.................Kurs-Umsatz-Verhältnis

LIM..................Lineares Informationsmodell

LT DEEP..........Long-Term Delta in Expectations of Economic Performance

M&A................Merger and Acquisition

MDAX.............Mid-Cap-DAX

MVA................Market Value Added

NA....................not available

NOPAT............Net Operating Profit After Taxes

NOPLAT..........Net Operating Profit less Adjusted Taxes

Nr.....................Nummer

NYSE...............Ney York Stock Exchange

o.g.....................oben genannten

OAR.................Operating Assets Relation

OB....................Objectives

OECD..............Organisation for Economic Co-operation and Development

OpFCF.............Operating Free Cash Flow

Org.-grad..........Organisationsgrad

P&L..................Profit and Loss

PAAinE............Pro-active Accounting Activities in Europe

Par. ....Paragraph

pdf ....Portable Document Format

PER ....Price-Earnings Ratio

Pers. ....Personen

PSR ....Price-Sales Ratio

PVED ....Present Value of Expected Dividends

PwC ....PricewaterhouseCoopers

QC ....Qualitative Characteristics

RecR ....Recycling Ratio

RevP ....Revaluation per Profit

RevR ....Revaluation Ratio

RIV ....Residual Income Valuation

Rn. ....Randnummer

ROA ....Return on Assets

ROI ....Return on Investment

RONA ....Return on Net Assets

S. ....Seite

SDAX ....Small-Cap-DAX

SEC ..................U.S. Securities and Exchange Commission

SFAC ....Statement of Financial Concepts

sog. ....sogenannte(n/r/s)

SIC ....Standing Interpretations Committee

SOX ....Sarbanes-Oxley-Act

ST DEEP ....Short-Term Delta in Expectations of Economic Performance

SVE ....Statement of Valuation Effects; Stromgrößenrechnung der positiven und negativen Bewertungseffekte einer Berichtsperiode

SWOT ....Strengths, Weaknesses, Opportunities and Threats

TCF ....Total Cash Flow

TRecR ....Total Recycling Ratio

TRS ....Total Return to Shareholder

TV ....Terminal Value

Tz. ....Textziffer

u.a.....................unter anderem

u.ä.....................und ähnliche(s)

u.d.T. ....unter dem Titel

u.U....................unter Umständen

US GAAP.........United Staates Generally Accepted Accounting Principles

Univ..................Universität

Untern. ....Unternehmen

usw. ....und so weiter

UV ....Umlaufvermögen

Val....................Valuation

VB ....Valuation Buffer; Bestand an bisher vorgenommen Bewertungsänderungen bilanzierter Positionen (kumuliert)

vgl. ....vergleiche

Vol....................Volume

Vw....................Vermögenswert

WACC.............Weighted Average Cost of Capital

WP....................Wirtschaftsprüfung

XBRL...............eXtensible Business Reporting Language

XML.................Extensible Markup Language

z.B. ....zum Beispiel

z.T. ....zum Teil

ZGE..................Zahlungsmittelgenerierende Einheit (engl.: CGU)

zugl...................zugleich

1 Einleitung

1.1 Problemstellung

Die betriebswirtschaftliche Diskussion insbesondere des letzten Jahrzehnts war maßgeblich durch die zunehmende Globalisierung geprägt. Die Fortschritte in der Informations- und der Kommunikationstechnologie[1], aber auch im Transport- und Verkehrswesen[2] haben eine deutliche Senkung der Transaktionskosten[3] und somit die Möglichkeit einer zunehmenden Internationalisierung der Waren-, Dienstleistungs- und auch der Kapitalmärkte ermöglicht.[4] Dieses sich rasch wandelnde Umfeld stellte und stellt an die Unternehmungen geänderte Anforderungen,[5] da einerseits die Anzahl der strategischen Optionen beträchtlich gestiegen ist,[6] andererseits jedoch auch die Risiken mindestens im gleichem Maße zugenommen haben.[7]

Indes wurde auch nahezu zeitgleich die zu verfolgende Zielsetzung der Unternehmensführung Gegenstand der Diskussion.[8] Nach dem Shareholder Value Konzept, welches maßgeblich durch *Rappaport* in die Diskussion eingebracht worden ist, sollten die In-

---

1 Vgl. *Bach* (2007), S. 132.

2 Nicht nur allgemeine Entwicklungsprozesse werden unter der Globalisierung verstanden, sondern gerade die geographische Expansion der Geschäftstätigkeit von Unternehmen tritt seit 1970 immer mehr in den Vordergrund, vgl. *Bach* (2007), S. 152.

3 Zu der Auswirkung der Entwicklung des Internets auf Transaktionskosten vgl. *Krems* (2004).

4 Zur Globalisierung der Warenmärkte trägt auch wesentlich die zunehmende Liberalisierung des Welthandels bei, vgl. zur Entwicklung des Welthandels WTO (2004), S. 27. Zur Internationalisierung der Real- und Kapitalmärkte vgl. *Hassel* et. al. (2000).

5 Bspw. verringern sich die Produktivitätsunterschiede innerhalb einer Branche mit zunehmender Globalisierung, vgl. *Copeland/Koller/Murrin* (1998), S. 46.

6 Es können durch die verbesserten technischen Möglichkeiten nunmehr ausländische Absatzmärkte für die eigenen Produkte und Dienstleistungen ebenso einfacher erschlossen werden wie Beschaffungsmärkte für Produktionsfaktoren; insbesondere in Bezug auf den Produktionsfaktor Arbeit können daraus Betriebsverlagerungen in Regionen resultieren, die eine kostengünstigere Produktion erlauben. Ebenso können vermehrt auch die ausländischen Kapitalmärkte für die Beschaffung von Finanzmitteln genutzt werden.

7 Die Entscheidungssituation hat sich für viele Unternehmungen im Gegensatz zu früher verkehrt: Heute besteht die Frage für das Management nicht mehr darin, *ob* man mit ausländischen Unternehmungen konkurrieren will und deshalb bspw. versucht, einen ausländischen Absatzmarkt zu erschließen, sondern vielmehr, *wie* man auf den nunmehr nicht mehr regionalen sondern internationalen Märkten mit den dort agierenden Wettbewerbern in Konkurrenz treten will.

8 Vgl. auch *Labbé* (2005), S. 2089.

teressen der Eigenkapitalgeber im Mittelpunkt der Orientierung der Unternehmensleitung stehen.[9] Auch dieses neue Paradigma der Unternehmensführung führte zu einer lebhaften und in weiten Teilen auch sehr emotional geführten Diskussion, da es der besonders in Kontinentaleuropa beheimateten Sichtweise der „Unternehmung an sich“[10] und des damit verbundenen „Unternehmensinteresses“[11] zu widersprechen scheint.[12]

Aus diesen zwei wesentlichen Entwicklungen – Globalisierung und schnelle Veränderung des gesamten Geschäfts einerseits, Eigenkapitalgeberorientierung andererseits – resultiert für das Management der Unternehmungen ein dringender Handlungsbedarf. Angesichts der öffentlich geführten Diskussion um das Ziel, das von den Unternehmungen primär verfolgt werden soll,[13] muss das Management jeder einzelnen Unternehmung diese Diskussion mit den jeweils beteiligten Gruppen führen,[14] um zu überprüfen, ob das Zielsystem der eigenen Unternehmung noch den Anforderungen der verschiedenen Anspruchsgruppen gerecht wird, und es ggf. den geänderten Erwartungen im Sinne einer generellen Zielplanung anzupassen.[15] Auf Basis der generellen Ziele sind die gewählten Strategien im Rahmen einer Prämissenkontrolle[16] einer kritischen Würdigung zu unterziehen. Sofern die bisher verfolgten Strategien nicht dafür

---

9 Vgl. grundlegend zum Shareholder Value Konzept *Rappaport* (1981) und *Rappaport* (1998). Zur Orientierung am Unternehmenswert vgl. auch grundlegend *Koller/Goedhart/Wessels* (2005).

10 Vgl. *Mroß* (2002), S. 1405. *Labbé* (2005), S. 2089 führt bspw. auch die „Gesellschaft insgesamt“ als Stakeholder auf.

11 *Windbichler* (2004), S. 190.

12 Vgl. bspw. *Koller/Goedhart/Wessels* (2005), S. 3.

13 Die alleinige Ausrichtung auf die Interessen der Investoren sowie die gleichzeitige verstärkte Orientierung an der Unternehmenswertsteigerung im Rahmen der Managemententlohnung hat zu einer allgemein schlechten Stimmung gegenüber dem Shareholder Value Gedanken geführt, vgl. *Labbé* (2005), S. 2089.

14 Vgl. *Perridon/Steiner* (2007), S. 15.

15 Die generellen Ziele sind Maßstab für alle weiteren Entscheidungen in der Unternehmung, insbesondere dienen sie zur Ableitung spezieller Ziele im Rahmen der weiteren Teilplanungen. Vgl. *Hahn/Hungenberg* (2001), S. 97.

16 Unter Prämissenkontrolle wird die Überprüfung der einer Planung als Annahmen zugrunde liegenden Sachverhalte verstanden. In diesem Zusammenhang geht es daher bspw. um die Frage, ob die Annahmen hinsichtlich der Wettbewerberanzahl auf einem bestimmten Produktmarkt durch die zunehmende Globalisierung noch aufrechterhalten werden kann.

geeignet erscheinen, die u. U. neu formulierten generellen Ziele zu erreichen, sind neue Strategien vom Management zu entwickeln.[17]

Die zur Erreichung der Unternehmensziele eingesetzten Strategien beinhalten häufig als wesentliches Element das Wachstum bestimmter zentraler Größen wie Unternehmenswert, Umsatz oder Marktanteil, wobei es sich sowohl um internes als auch um externes Wachstum handeln kann.[18] Zur Umsetzung einer Wachstumsstrategie bzw. einer Strategie der Unternehmenswertsteigerung sind finanzielle Mittel erforderlich, die in vielen Fällen nicht im Unternehmen vorhanden sind und daher am Kapitalmarkt beschafft werden müssen.

An diesem Punkt treffen die oben beschriebenen zwei wesentlichen Entwicklungen aufeinander: Im Rahmen der Globalisierung der Produktmärkte verfolgte Wachstumsstrategien führen zu einem erhöhten Kapitalbedarf, welcher seinerseits auch zunehmend auf internationalen Märkten befriedigt werden kann – hier ist vor allem der US-amerikanische Kapitalmarkt mit der NYSE[19] zu nennen. Aus Sicht deutscher Unternehmungen ist die Hinwendung zu ausländischen Kapitalplätzen nun nicht nur möglich sondern teilweise auch notwendig, da es dem deutschen Börsenplatz an Volumen fehlt.[20] Um jedoch bspw. am US-amerikanischen Kapitalmarkt die benötigten finanziellen Mittel beschaffen zu können, muss das Unternehmen in Wettbewerb um die knappe Ressource Kapital[21] mit den anderen am Kapitalmarkt agierenden Unterneh-

---

[17] Vgl. bspw. *Schierenbeck/Lister* (2002), S. 3.

[18] Die Strategiebildung erfolgt heute i.d.R. unter Berücksichtigung der Ansätze des Market Based View, des Ressource Based View und des Value Based View, die sich zeitlich nacheinander entwickelt haben und eine gegenseitige Ergänzung darstellen; als wesentliche Vertreter sind *Porter* (Market Based View), *Hamel/Pranad* (Ressource Based View) und *Rappaport* (Value Based View) zu nennen, vgl. *Coenenberg* (2003), S. 11.

[19] New York Stock Exchange.

[20] So ist nicht nur die durchschnittliche Eigenkapitalquote deutscher Unternehmen im internationalen Vergleich sehr gering, auch die Börsenkapitalisierung bezogen auf das Bruttoinlandsprodukt ist in Deutschland auf einem sehr niedrigen Niveau. So lag der Börsenkapitalisierungskoeffizient im Jahr 2002 (bzw. 1999) bei nur 34,6% (51%) im Vergleich zu 106,7% (157%) in den USA oder gar 201,6% (261%) in der Schweiz; vgl. *von Rosen* (2003) und *Betsch/Groh/Lohmann* (2000), S. 358.

[21] *Keynes* konnte die Knappheit von Kapital nicht nachvollziehen und hielt daher die Ausbeutung dieser Knappheit durch Zins für eine vorübergehende Phase, die jedoch offensichtlich bis heute andauert, vgl. *Keynes* (1936), S. 316.

men treten.[22] Die Unternehmung nimmt daher eher die Rolle eines Anbieters (einer Kapitalanlagemöglichkeit) ein als die eines Nachfragers (nach finanziellen Mitteln). Da in den USA die Unternehmenswertsteigerung als Ziel der Unternehmung bereits seit längerem anerkannt ist und verfolgt wird, sind die US-amerikanischen Unternehmen in der Lage, höhere Renditen auf das Kapital zu gewähren. Somit steigt mit der Mobilität des Kapitals auch die Bedeutung der Wertorientierung für das Management in anderen Ländern.[23]

Das Management der Unternehmung sieht sich somit in die Situation versetzt, sich sowohl bei der internen Zielsetzung und –erreichung als auch bei der externen Kommunikation der Unternehmensinformationen verstärkt auf die Gruppe der Eigenkapitalgeber zu konzentrieren.[24] Es kann aber beobachtet werden, dass sich die Diskussion um die „richtige" Form der Unternehmensführung und um eine „kapitalmarktorientierte Rechnungslegung" verselbständigt haben. So stellen *Ernst/Gassen/Pellens* hinsichtlich der Informationsinteressen von privaten Anlegern fest:

> „Vor lauter Diskussion um gute Corporate Governance, adressaten- und informationsorientierte Rechnungslegung und Publizität sowie um die Weiterentwicklung des Produktportfolios internationaler organisierter Eigenkapitalmärkte scheinen die grundlegenden Fragestellungen ein wenig in den Hintergrund getreten zu sein: Welche Informationsbedürfnisse hat ein typischer deutscher Privatanleger?"[25]

Es ist demnach zu untersuchen, welche konkreten Anforderungen vom Kapitalmarkt an das Management gestellt werden, und wie diese Anforderungen im Unternehmen umgesetzt werden sollten. Während es zu dem ersten Fragenkomplex – den Anforderungen an das Management – eine Reihe von Arbeiten unter dem Stichwort „Wertori-

---

22 So kann die Bedeutung des Shareholder Value Ansatzes auch mit der Knappheit an finanziellen Ressourcen erklärt werden. Würde eine andere Ressource einen höheren Knappheitsgrad aufweisen, gäbe es bspw. zu wenige Arbeitskräfte, wäre es durchaus vorstellbar, dass sich ein „Employee Value Concept" als Konzept der Unternehmensführung entwickeln würde, da in dieser Situation die Unternehmensentwicklung maßgeblich von der knappen Ressource „Mitarbeiter" bestimmt würde.

23 Vgl. *Copeland/Koller/Murrin* (1998), S. 36.

24 Eine teilweise gegenläufige Entwicklung sieht *Labbé* (2005), S. 2089, jedoch nicht hinsichtlich der Wertorientierung als generell richtiger Zielsetzung.

25 *Ernst/Gassen/Pellens* (2005), S. 8.

entiertes Management" gab,[26] soll darauf aufbauend in dieser Arbeit untersucht werden, welche Ansprüche sich aus den „generellen" Anforderungen des Kapitalmarkts an die Unternehmensrechnung ergeben, d.h., welche Strukturen in internem und externem Rechnungswesen vorhanden sein bzw. eingeführt werden müssen, um den Erwartungen des Kapitalmarkts gerecht zu werden.[27] Dabei soll unter externem Rechnungswesen auch die gesamte nach außen gerichtete Kommunikation von Finanzinformationen inkl. Finanzberichtserstattung und Ad-hoc-Publizität verstanden werden. Entsprechend wird unter internem Rechnungswesen hier auch das Controlling als Hauptnutzer der Informationen der Kostenrechnung, dem originären internen Rechnungswesen subsumiert.

Die Rechnungslegung als Instrument des externen Rechnungswesens stellt ein wesentliches Bindeglied zwischen Unternehmen und Investoren dar, indem sie in standardisierter Form Informationen an die externen Adressaten weitergibt. Wie stark die Orientierung der Rechnungslegung eines Unternehmens am Kapitalmarkt ausgebildet ist, liegt nicht allein in der Hand der Unternehmung selbst. Vielmehr ist die Beurteilung der Ausgestaltung der Rechnungslegung zumindest aus den Perspektiven der drei maßgebend beteiligten Gruppen – der Nutzer, der abschlusserstellenden Unternehmen und der Prüfer – vorzunehmen.[28]

Bezieht man allerdings die aktuelle Entwicklung in Theorie und Praxis der Rechnungslegung ein, müssen mindestens zwei weitere Gruppen in die Betrachtung einbezogen werden, da sie derzeit eine wesentliche Rolle in der Rechnungslegung wahrnehmen. Hier sind einerseits die Standardsetter zu nennen, also vor allem das IASB und das FASB, aber auch nationale Institutionen wie das DRSC, denen die Entwicklung der Rechnungslegungsregelungen obliegt, die dann – gewissermaßen erst in einer zweiten Phase – von Abschlussnutzern, -erstellern und -prüfern angewendet werden müssen.

Andererseits hat sich mit der voranschreitenden Etablierung internationaler Rechnungslegungsnormen mit professionellen Experten für Bewertungsfragen eine weitere

---

26 Vgl. stellvertretend nur die Arbeiten von *Bärtl* (2001) und *Lattwein* (2002).

27 Vgl. auch *Kasperzak* (2003), S. 9.

28 Zur Bedeutung der Adressaten vgl. auch *Haller/Löffelmann/Etzel* (2009), S. 217.

Gruppe zu den an der Rechnungslegung Beteiligten gesellt. Da die Regeln des FASB und des IASB in zunehmenden Maße komplexe Bewertungsvorgänge verlangen, insbesondere die Ermittlung von Fair Values für verschiedenste Bewertungsobjekte[29] sowie die Bestimmung von Nutzungswerten und die damit einhergehende Definition und Abgrenzung von zahlungsmittelgenerierenden Einheiten (Cash Generating Units), sehen sich sowohl die Ersteller der Abschlüsse als auch die Prüfer mit diesen, für sie noch unbekannten Problemfeldern sowohl inhaltlich als auch hinsichtlich ihrer personellen Kapazitäten überfordert und engagieren für diese Zwecke auf Bewertungsfragen spezialisierte Unternehmen der Corporate Finance Branche.[30] Diese Gruppe unterscheidet sich von den Abschlussnutzern, die für ihre Entscheidungsfindung ebenfalls Unternehmensbewertungen durchführen, durch die Verwendung der internen Ist- und Plandaten, während die Nutzer als externe Bewerter nur auf die publizierten Informationen zurückgreifen können. Da die Gruppe der Bewerter jedoch als Dienstleister für Ersteller und Prüfer auftritt,[31] kann sie als eine lediglich sekundäre Gruppe betrachtet werden,[32] während die anderen Gruppen als primäre Teilhaber an dem Rechnungslegungsprozess angesehen werden sollen, wie dies in Abb. 1-1 illustriert ist.

Die Beurteilung des Grades der Kapitalmarktorientierung hat also einerseits die zwei Phasen der Entwicklung und der Anwendung und andererseits die Perspektiven von Standardsettern, Erstellern, Prüfern und Nutzern zu berücksichtigen.

29 Fair Values werden nicht nur für materielle und immaterielle Vermögenswerte sondern auch für Unternehmensteile und Schulden ermittelt, vgl. z. B. IAS 36 und IAS 39.

30 Entsprechende Angebote gibt es von den „Big Four" Wirtschaftsprüfungsgesellschaften.

31 Bewertungsspezialisten werden von Wirtschaftsprüfern häufig für die Plausibilisierung von Planungsrechnungen hinzugezogen, die von den zu prüfenden Unternehmen in Impairment Tests oder Fair Value Bewertungen verwendet worden sind.

32 Die Bewertungsspezialisten werden lediglich auf einer sekundären Ebene gesehen, da sie Tätigkeiten von Erstellern und Prüfern übernehmen. Sobald diese primär an der Rechnungslegung beteiligten Gruppen die derzeit delegierten Funktionen selbst ausüben können, ist eine weitere Einbeziehung der Bewertungsunternehmen nicht mehr notwendig.

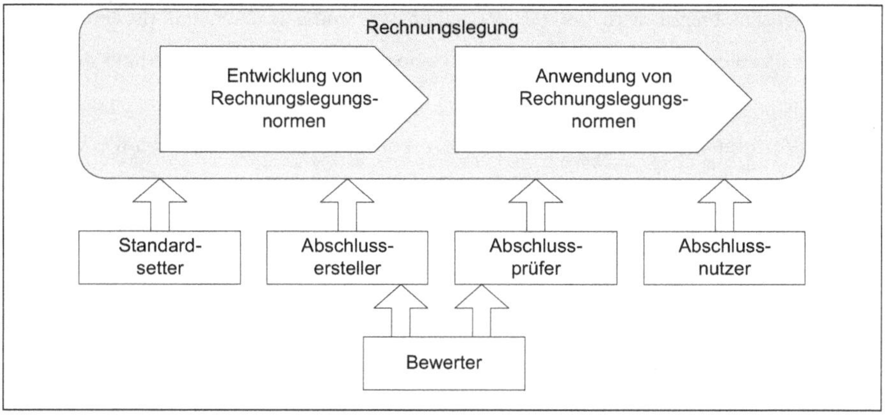

Abb. 1-1: An Rechnungslegungsfragen beteiligte Gruppen

Quelle: eigene Darstellung

Dem Controlling als Führungsunterstützungsfunktion obliegt es, das Management mit den für die Planungs-, Steuerungs- und Kontrollaufgaben notwendigen Informationen zu versorgen und so die Effektivität und die Effizienz der Führung sicherzustellen.[33] Dabei können die Entscheidungsunterstützung und die Verhaltenssteuerung als wesentliche Aufgaben genannt werden.[34]

Die Entscheidungsunterstützung orientiert sich an dem unternehmerischen Topziel und ist somit i.d.R. ergebniszielorientiert. Bei Änderung des Ziels ist demnach auch die Unterstützung für die Zielerreichung anzupassen.[35] Den Führungskräften sind daher Informationen bereitzustellen, welche die Auswirkungen der jeweils zur Wahl stehenden Entscheidungsalternativen auf das – neue – Unternehmensziel haben, so dass die aus Unternehmenssicht optimale Alternative gewählt und realisiert werden kann. Die Entscheidungsunterstützungsfunktion bildet somit die Situation einer eindeutigen Interessenlage ab, es existiert gleichermaßen mit der Unternehmung nur ein Entscheidungsträger, dessen Entscheidungen umgesetzt werden.

---

33 Vgl. *Dyckhoff/Ahn* (2001), S. 119.

34 Vgl. *Bärtl* (2001), S. 5 und die dort angegebenen Quellen.

35 Vgl. *Menn* (2000), S. 211.

Im Gegensatz hierzu wird bei der Verhaltenssteuerungsfunktion auf die Prinzipal-Agenten-Problematik Bezug genommen,[36] wobei die Beziehungen innerhalb des Unternehmens zwischen den Führungsebenen im Mittelpunkt stehen. Um eine konsequente Verfolgung der Unternehmensziele zu gewährleisten, müssen auch die Verhaltensweisen der partizipierenden Individuen berücksichtigt werden, die über eigene Interessen und eigene Informationsstände verfügen. Zu diesem Zweck müssen von dem Unternehmensziel abweichende Interessenlagen zunächst erkannt werden, bevor ihnen mit geeigneten, ggf. zu entwickelnden Instrumenten begegnet werden kann. Diesem Bereich sind vor allem das Führungs- und das Anreizsystem zuzurechnen, denen eine besondere Verhaltenssteuerungswirkung zugeschrieben wird.

In dieser Arbeit ist daher auch auf die durch eine Kapitalmarktorientierung notwendigen Anpassungsmaßnahmen im Controlling abzustellen, wobei die Auswirkungen auf Entscheidungsunterstützungs- und Verhaltenssteuerungsfunktion als den wesentlichen Beurteilungskriterien herangezogen werden müssen. Insgesamt muss die Funktion der gesamten Unternehmensrechnung als Bindeglied der Unternehmung zum Investor vor dem Hintergrund geänderter Rahmenbedingungen geklärt werden.[37] Bevor hiermit begonnen werden kann, sind jedoch die geänderten Rahmenbedingungen im Allgemeinen und der Begriff der Kapitalmarktorientierung im Besonderen zu untersuchen. Dabei zeigt sich, dass die relevanten Änderungen nicht aus einem Forschungsbereich stammen sondern vielmehr eine Vielzahl unterschiedlicher Entwicklungen umfassen, so der Informationstechnologie oder der Psychologie mit den Teilbereichen Kommunikationspsychologie, Behavorial Finance und Behavorial Accounting. Im Rahmen dieser Arbeit kann daher nicht detailliert auf alle Teilaspekte der Änderung der Rahmenbedingungen eingegangen werden, da eine Fokussierung auf die resultierenden Anpassungsanforderungen erreicht werden soll.[38]

---

36 Vgl. zur Agency-Theorie im Rahmen der Unternehmensführung *Zimmermann/Wortmann* (2001), S. 290 – 292.

37 Vgl. *Zimmermann/Prokop* (2003), S. 134.

38 Auf die Notwendigkeit einer interdisziplinären Erforschung zur Erklärung ökonomischer Sachverhalte weißt auch *Kasperzak* hin, vgl. *Kasperzak* (1997), S. 116.

1.2 Gang der Untersuchung

Die vorliegende Arbeit orientiert sich mit ihrer Struktur an den vorliegenden drei Fragekomplexen, (1) was unter dem Begriff der Kapitalmarktorientierung zu verstehen ist, und was sich daraus für Konsequenzen für das (2) externe und das (3) interne Rechnungswesen ergeben.

In Kapitel 2 sollen daher zunächst die notwendigen Grundlagen für die darauf folgenden Kapitel gelegt werden. Da es sich bei den Kapitalmarktteilnehmern und den Unternehmen um unterschiedliche „Einheiten“ bzw. Willensbildungszentren handelt, ist zunächst in Abschnitt 2.1 der Frage nachzugehen, über welchen Prozess unternehmensexterne Interessen in den unternehmensinternen Zielen abgebildet werden. Erst nachdem gezeigt wurde, dass externe Interessen in den Unternehmenszielen prinzipiell berücksichtigt werden, ist eine Untersuchung der Willensbildung am Kapitalmarkt sinnvoll, die in Kapitel 2.2 vorgenommen wird. In diesem Abschnitt wird auf die Begriffe des Kapitalmarkts, des Kapitalmarktteilnehmers und der Kapitalmarktorientierung eingegangen.

Ein Verfahren von besonderer Bedeutung, welches im Rahmen der Entscheidungsfindung von Kapitalmarktteilnehmern eingesetzt wird, ist die Unternehmensbewertung; diese wird daher in Abschnitt 2.3 in ihren Grundzügen vorgestellt. Dieser Abschnitt soll insbesondere die Frage klären, welche Informationen als Eingangsgrößen für die verschiedenen Bewertungsverfahren notwendig sind, da dieser Bedarf ggf. eine unmittelbare Anforderung an die Unternehmensrechnung darstellt. Im Anschluss daran untersucht Abschnitt 2.4 die Grundlagen der Übermittlung der gem. Abschnitt 2.3 notwendigen Informationen von der Unternehmung als dem Sender hin zum Kapitalmarktteilnehmer als Empfänger.

In Abschnitt 2.5 soll ein Überblick über die einschlägige empirische Forschung gegeben werden, bevor in Teil 2.6 ein erstes Zwischenfazit bezüglich der bestehenden Anforderungen des Kapitalmarkts gezogen wird. Dieses Zwischenergebnis dient als Ausgangspunkt für die folgenden zwei Hauptkapitel 3 und 4, die auch untereinander starke Bezüge aufweisen. Da die interne und die externe Unternehmensrechnung jeweils nur verschiedene Abbildungsmethoden der gleichen Realität repräsentieren, haben sie sich basierend auf ihren spezifischen Funktionen zwangsläufig mit den gleichen Sachverhalten zu beschäftigen; so ist bspw. die Frage der Abb. von immateriellen Werten sowohl in der Rechnungslegung als auch im Controlling zu klären. Um unnötige Redundanzen zu vermeiden, wird daher an verschiedenen Stellen dieser Arbeit verstärkt mit Verweisen innerhalb der Untersuchung gearbeitet.

Als erstes der Hauptkapitel untersucht Abschnitt 3 die aus den Kapitalmarktanforderungen resultierenden Anforderungen an das externe Rechnungswesen, insbesondere an die Finanzberichterstattung in Form der Rechnungslegung. Hierzu werden in Abschnitt 3.1 zunächst die der Rechnungslegung beigelegten Funktionen dargestellt. Die im Kontext der Kapitalmarktorientierung zentrale Informationsfunktion wird daraufhin in Kapitel 3.2 genauer untersucht. Hierbei ist die Frage zu klären, welche Informationen überhaupt vermittelt werden müssen, um die Anforderungen der Kapitalmarktteilnehmer zu erfüllen. Nachdem der theoretisch notwendige Umfang der von der Unternehmung an die Kapitalmarktteilnehmer zu kommunizierenden Informationen bestimmt wurde, sind die daraus resultierenden Anforderungen an die primär „kreativen" Akteure der Rechnungslegung abzuleiten. Es werden daher in den Abschnitten 3.3 und 3.4 die sich aus Teil 3.2 ergebenden Anforderungen einerseits an die Standardsetter, andererseits an die Unternehmen als Ersteller der Finanzberichte analysiert. Auf die Nutzer als dritte primäre rechnungslegungsbezogene Interessengruppe wurde bereits in Kapitel 2 eingegangen, da aus ihren Interessen die Anforderungen an die anderen Gruppen gebildet werden. Auf die Abschlussprüfer als vierte primäre Gruppe soll im Rahmen dieser Arbeit nicht oder nur am Rande eingegangen werden.

Kapitel 4 untersucht aufbauend auf den Ergebnissen aus Kapitel 2, welche Konsequenzen sich für das Controlling ergeben. Aufgrund der „Weggabelung" am Ende des 2. Kapitels schließt auch Kapitel 4 an das Zwischenergebnis aus Abschnitt 2.5 an. Hierzu werden zunächst die Funktionen und bestehenden Instrumente des Controllings vorgestellt.

Die an die internen Bereiche der Unternehmensrechnung gestellten Anforderungen lassen sich in originäre und in derivative Anforderungen des Kapitalmarkts unterscheiden. Die originären Anforderungen beziehen sich auf die Unterstützung einer kapitalmarktorientierten Führung der Unternehmung und werden in Abschnitt 4.3 untersucht, während sich mit einer kapitalmarktorientierten Rechnungslegung innerhalb der Unternehmung neue Informationsbedürfnisse des externen Rechnungswesens ergeben, die somit als derivative Anforderungen einer Kapitalmarktorientierung an die interne Unternehmensrechnung verstanden werden können. Diese werden im Abschnitt 4.4 untersucht.

In Teil 4.5 werden – aufbauend auf den Ergebnissen insbesondere von Teil 4.4 – Möglichkeiten einer stärkeren Konvergenz von internem und externem Rechnungswesen geprüft. Dieser Teil enthält somit auch eine Zusammenführung der Erkenntnisse hinsichtlich der Anforderungen an internes und externes Rechnungswesen der Unternehmung und den Umsetzungsmöglichkeiten.

Das fünfte Kapitel soll die Ergebnisse der Arbeit zusammenfassen und die Untersuchung mit einem Ausblick auf weitere Aspekte und mögliche weitere Entwicklungslinien sowie die Entwicklung von Empfehlungen für Standardsetter und Unternehmen abrunden.

Die folgende Abb. 1-2 soll den Gang der Untersuchung verdeutlichen.

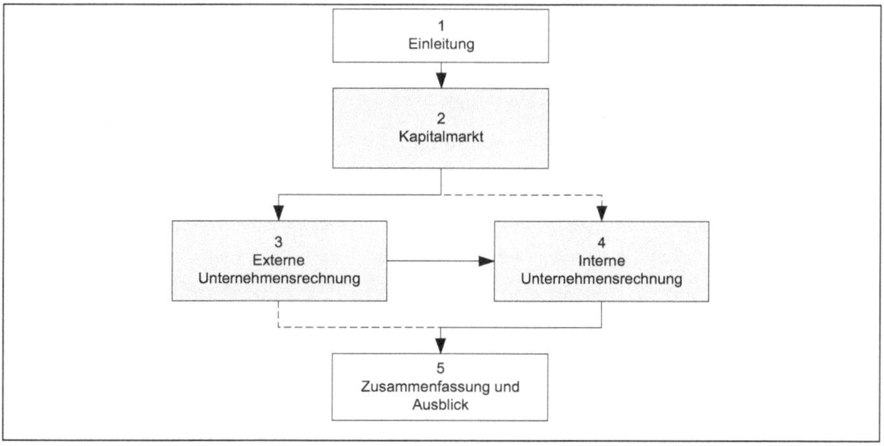

Abb. 1-2: Gang der Untersuchung

Quelle: eigene Darstellung

2 Grundlagen der Beziehungen zwischen Unternehmung und Kapitalmarkt

Da von vielen Seiten gefordert wird, dass die Unternehmensführung kapitalmarktorientiert auszurichten sei, sich also die Erwartungen des Kapitalmarkts in der betrieblichen Zielsetzung niederschlagen sollen, ist zunächst die Zielbildung als Element der Unternehmensführung näher zu betrachten, bevor der Kapitalmarkt als Ort der Willensbildung betrachtet werden soll. Dies erscheint notwendig, da der Begriff der „Kapitalmarktorientierung" ähnlich wie der Shareholder-Value-Begriff einen gewissen Modecharakter erlangt hat.[39]

2.1 Zielbildung in der Unternehmung

2.1.1 Zielsystem der Unternehmung

Aus systemtheoretischer Sicht stellt eine Unternehmung ein offenes, soziotechnisches, zielgerichtetes und äußerst komplexes System dar.[40] Sie kann in Teilsysteme unterteilt werden und bildet selbst einen Teil ihres Umsystems.[41] Die zwei wesentlichen Subsysteme der Unternehmung stellen das Führungs- und das Ausführungssystem dar, wobei das Führungssystem weiter in das Planungs- und Kontrollsystem, das Informationsversorgungssystem und das Controllingsystem unterteilt werden kann, welches die beiden vorangegangenen Teilsysteme des Führungssystems koordiniert.[42] Das Zielsystem

[39] Vgl. zur Häufigkeit der Nennung der Begriffe „Shareholder Value" und „Stakeholder Value" *Coenenberg* (2003), S. 7 f. Die Popularität des Begriffs „Kapitalmarktorientierung" mag auch mit dafür verantwortlich sein, dass die ursprünglich zur Zeitschrift Finanz Betrieb herausgegebene Beilage „Kapitalmarktorientierte Rechnungslegung" im Jahr 2001 in einen eigenständigen Titel umgewandelt wurde.

[40] Vgl. *Hahn/Hungenberg* (2001), S. 3, 10; *Stelling* (2005), S. 4. Bei der Systemdefinition soll hier *Hahn/Hungenberg* gefolgt werden: „Unter einem System wird im folgenden eine geordnete Gesamtheit [...] von Elementen verstanden, zwischen denen Beziehungen bestehen." *Hahn/Hungenberg* (2001), S. 7.

[41] Die Unternehmung steht in Verbindung mit anderen Unternehmungen, privaten Haushalten und dem Staat, so dass sie als Subsystem des Systems Volkswirtschaft interpretiert werden kann, vgl. *Hahn/Hungenberg* (2001), S. 7.

[42] Vgl. *Horváth* (2009a), S. 91 f. Die Koordination erfolgt ergebnisorientiert, vgl. *Hahn/Hungenberg* (2001), S. 272; *Horváth* (2009a), S. 128 f.; *Reichmann* (2006), S. 6 ff.; *Schierenbeck/Lister* (2002), S. 9. Küpper sieht hingegen die Koordination auf das gesamte Zielsystem bezogen, vgl. *Küpper* (2008), S. 28 f..

wird entweder als Teil des Planungs- und Kontrollsystems,[43] als separates Subsystem entweder innerhalb des Führungssystems oder sogar neben Führungs- und Ausführungssystem verstanden.[44]

Als ein Ziel wird ein zukünftig angestrebter Zustand bezeichnet,[45] welcher nur einen Teil aller möglichen zukünftigen Zustände darstellt. Bei der Bestimmung, welcher Zustand angestrebt werden soll, handelt es sich demzufolge um einen Auswahlprozess, der durch das Wollen der beteiligten Menschen geprägt ist.[46] Die Unternehmung stellt in diesem Zusammenhang also ein Interessen- bzw. Vertragszentrum dar und dient den beteiligten Personen der Erreichung der eigenen, persönlichen Ziele.[47] Sofern es sich bei den beteiligten Gruppen um Eigner und weisungsgebundene Mitarbeiter handelt, erwachsen aus dieser Interessenvielfalt[48] einerseits und einer asymmetrischen Informationsverteilung andererseits Probleme, wie sie in der Prinzipal-Agenten-Theorie beschrieben werden.[49]

Die Ziele der Unternehmung ergeben sich aus einem Zielplanungsprozess, sofern sie nicht von einer dominanten Person oder Gruppe festgelegt werden. Die Ziele, die im Rahmen dieser generellen Zielplanung bestimmt werden, werden in den anschließenden Teilplanungen konkretisiert, also in strategische und operative Zielsetzungen umgesetzt.[50]

Es können Wert-, Sach- und Sozialziele unterschieden werden. Diese substituieren sich nicht sondern sind als sich ergänzend anzusehen. Während sich der Value Based View bei der Strategiefindung auf Wertziele konzentriert, finden beim Market Based

---

43 Vgl. *Hahn/Hungenberg* (2001), S. 96 – 107.

44 Vgl. *Horváth* (2009a), S. 143 f..

45 Vgl. bspw. *Stelling* (2005), S. 4; *Schmidt-Sudhoff* (1967), S. 16.

46 Vgl. *Schmidt-Sudhoff* (1967), S. 31.

47 Vgl. *Moxter* (1966), S. 37; *Hahn/Hungenberg* (2001), S. 4 f.; *Stelling* (2005), S. 4; *Richter/Furubotn* (1996), S. 443 und S. 450.

48 Vgl. bspw. *Adams* (2005), S. 4. Die Zielplanung kann auch als eine strategische Entscheidungssituation aufgefasst werden, deren Endzustand von den Entscheidungen autonomer Entscheidungsträger abhängt; damit handelt es sich um ein Spiel im Sinne der Spieltheorie, vgl. *Langerfeldt* (2003b), S. 226.

49 Vgl. bspw. *Coenenberg* (2003), S. 10; *Zimmermann/Wortmann* (2001), S. 290, 291.

50 Vgl. *Hahn/Hungenberg* (2001), S. 341.

View verstärkt Sachziele Anwendung, da sich die Konzentration auf die Kundenbedürfnisse und somit auf die Erzeugung von Kundennutzen zwangsläufig eher mit Sachproblemen befasst, da Kundennutzen primär aus der Nutzung der Produkte und Dienstleistungen resultiert, während die als Wertziele abbildungsfähigen mit dem Erwerb verbundenen Zahlungs- oder Erfolgsauswirkungen bei dieser Sichtweise nur sekundärer Natur sind.[51]

Die Definition eines Ziels muss die Dimensionen Zielinhalt, Zielausmaß und den Zeitbezug berücksichtigen, wobei die Festlegung des geforderten Zielausmaßes durch Fixierung, Satisfizierung, Maximierung oder Minimierung erfolgen kann.[52] Die Ziele einer Partei können im Rahmen des Zielplanungsprozesses übernommen oder als Ausgangspunkt für die Diskussion des Zielsystems als Kompromiss zwischen den beteiligten Gruppen dienen. Solange die Unternehmung den Beteiligten eine Erreichung ihrer individuellen Ziele ermöglicht, stellt die Erhaltung der Unternehmung als Institution das Hauptziel der Unternehmung dar; eine erfolgreiche Weiterentwicklung tritt zu dem bloßen Erhalt, wenn hierdurch eine bessere Individualzielerreichung möglich erscheint.[53]

Dieses Ziel wird in einer durch Wettbewerb geprägten Wirtschaftsordnung durch „[...] das Streben nach maximalen Ergebnis bzw. Überschuß – letztlich das Streben nach einem maximalen Kapitalwert – als oberstes monetäres Ziel [...]“[54] konkretisiert. Dabei müssen die Sach- und Sozialziele sowie die Liquiditätserhaltung als Rahmenbedingungen beachtet werden.

In der Kapitalmarkttheorie wird von Akteuren ausgegangen, die lediglich monetäre Ziele verfolgen, wobei diese Ziele nur durch die Variablen Risiko und Rendite beeinflusst und Transaktionskosten vernachlässigt werden.[55] Diesem stark vereinfachenden

---

51 Vgl. speziell zur Stellung der Marketingplanung im Rahmen der strategischen Unternehmensplanung *Kaspirik* (2001), S. 1634 f.

52 Wird ein Intervall statt einer bestimmten Größe als zu erreichende Größe vorgegeben wird von Satisfizierung statt von Fixierung des Ziels gesprochen, vgl. *Schierenbeck/Lister* (2002), S. 86 f.

53 Vgl. *Hahn/Hungenberg* (2001), S.99.

54 *Hahn/Hungenberg* (2001), S.99. Vgl. zur Unternehmenswertsteigerung als Unternehmensziel bspw. auch *Pellens* (2003), S. 1, *Wagner* (1997), S. 473.

55 Vgl. *Kasperzak* (1997), S. 132.

Bild des stets rational handelnden homo oeconomicus der Neoklassik steht die Neue Institutionenökonomik[56] mit der Annahme unvollkommener individueller Rationalität[57] und die handlungstheoretische Sichtweise entgegen, nach der Individuen sowohl monetäre als auch nicht-monetäre Ziele verfolgen, die sich auf ihre Handlungen auswirken.[58] Während die monetären Ziele, bestehend aus den Komponenten Rentabilität, Sicherheit[59] und Liquidität, eine grundlegende Berücksichtigung in einer rein an einer Unternehmenswertsteigerung orientierten Unternehmensführung finden,[60] bleiben die nicht-monetären Ziele häufig in den Betrachtungen sowie in der unternehmerischen Planung unberücksichtigt.[61] Als solche Ziele können bspw. gesellschaftliche Anerkennung, technologische oder soziale Kompetenz und ökologische Ziele genannt werden.[62] Nicht-monetäre Zielgrößen werden häufig aus der Betrachtung ausgeschlossen, weil ihnen lediglich eine geringe Bedeutung zugestanden wird.[63] Die Berücksichtigung anderer als Wertziele wird in Unternehmen bspw. durch die Bestimmung des Zielerreichungsgrades Rechnung getragen. So kann sich ein vom Inhaber geführtes Unternehmen durchaus am Ziel der Unternehmenswertsteigerung orientieren, hierbei jedoch keinen maximalen sondern lediglich einen befriedigenden Wert als Ausprägung eines Satisfizierungszieles verfolgen. Die entstandene Differenz zwischen maximal mögli-

---

56 Zur Neuen Institutionenökonomik vgl. ausführlich *Richter/Furubotn* (1996) oder *Erlei /Leschke/Sauerland* (2007); *Langerfeldt* (2003a).

57 Während die Prinzipal-Agenten-Theorie eher von vollkommener Rationalität ausgeht, ist die Transaktionstheorie von der Unvollkommenheit der individuellen Rationalität geprägt, vgl. *Richter/Furubotn* (1996), S. 3 f., *Mroß* (2002), S. 1407.

58 Vgl. *Kasperzak* (1997), S. 132; *Fleischer* (2001), S. 3.

59 Das Streben nach einem möglichst sicheren monetären Vorteil wird von der Kapitalmarkttheorie durch die Annahme abgebildet, dass zusätzliches Risiko nur bei proportional steigender Rendite vom Anleger übernommen wird; es wird also ein in diesem Sinne risikoscheues Verhalten unterstellt, vgl. dazu Kapitel 2.2.4.

60 Vgl. auch *Copeland/Koller/Murrin* (1998), S. 62, die dem Bild der Unternehmung als bloße Investition in Produktionskapital zur Renditeerwirtschaftung folgen. Die Sicherstellung der Rationalität der Führung sehen *Weber* und *Schäffer* allerdings als Aufgabe des Controllings an, vgl. *Weber* (2009), S. 11; *Schäffer* (2009), S. 47 f.

61 Vgl. *Moxter* (1966), S. 38: An die Stelle der Nutzenmaximierung tritt die Maximierung des zukünftigen Zahlungsstroms. Vgl. auch *Link/Orbán* (2002), S. 12 zur Planung in den 450 umsatzstärksten Unternehmen in Deutschland,

62 Vgl. *Mroß* (2002), S. 1407 zu Nutzeneffekten bei Führungskräften.

63 Vgl. *Kasperzak* (1997), S. 135. *Schmidt/Terberger* unternehmen den Versuch, den Konsumstrom durch das finanzielle Äquivalent der nicht beachteten nicht-monetären Ziele zu korrigieren, vgl. *Schmidt/Terberger* (1996), S. 49; *Bärtl* (2001), S. 19.

cher und angestrebter Wertsteigerung kann genutzt werden, um Sozialziele wie die Weiterbeschäftigung von Mitarbeitern auch bei schlechter Ertragssituation zu erreichen.[64]

Eine Einschränkung auf die monetären Ziele soll hier jedoch nicht erfolgen, da auf Ebene der Unternehmungen durchaus Zielsetzungen zu beobachten sind oder zumindest waren, die sich nicht mit einer ausschließlich monetären Orientierung vereinbaren lassen. So weisen *Jürgens* et al. auf die besondere Struktur der Corporate Governance in Deutschland hin, die sich zumindest bis zum Ende der neunziger Jahre neben einer starken Ausprägung von Überkreuzbeteiligungen zwischen den Unternehmungen einhergehend mit einer besonderen Rolle der Banken[65] und dem System der Mitbestimmung durch eine starke Technikorientierung auszeichnet.[66] So stellte *Lawrence* 1980 fest, dass in Deutschland eine Unternehmung nicht wie im angelsächsischen Raum als „money-making machine" gesehen wird sondern vielmehr als der Ort, an dem Produkte entwickelt, hergestellt und unter Umständen mit Gewinn verkauft werden.[67] Mit dieser sachzielorientierten Sichtweise geht das hohe Ansehen von Ingenieuren in Deutschland einher, die sich auch in einer deutlich höheren Präsenz in den Positionen der obersten Führungsebene im Vergleich bspw. zu Großbritannien widerspiegelt.[68]

Ein Ziel als gewollter zukünftiger Zustand kann durch das Verhältnis eines Unternehmens zu seinen Anspruchsgruppen, also seiner Position zu ihnen definiert werden. Der Veränderung von der gegenwärtigen hin zu der beabsichtigten Position dienen Strategien, die als Maßnahmenbündel im Sinne von Ziel-Weg-Beschreibungen Gestaltungs-

---

64 Mit dem Halten von Mitarbeitern trotz unausgelasteten personellen Kapazitäten verfolgen Unternehmer u.a. das nicht monetäre Ziel eines Reputationsaufbaus. Die freiwillige Fortbeschäftigung von aktuell nicht benötigten Mitarbeitern kann jedoch auch aus einer wertzielorientierten Betrachtungsweise heraus sinnvoll sein, wenn hierdurch der Abfluss von wertvollem Know How verhindert und somit zukünftige Ertragsausfälle (wegen entgangener Aufträge) oder eine teure Wiederbeschaffung des verloren gegangenen Know Hows vermieden wird.

65 Vgl. OECD (1995), S. 97; *Adams* (1999), S. 107.

66 Vgl. *Jürgens* et al. (2000), S. 5.

67 „The somewhat 'de-economized' view which German managers have of the business enterprise is central. The idea that a firm is not a 'money-making machine' but a place where products get designed, made and eventually sold, with profits ensuing, tends in Germany to restrict the allure of accountants and financial controllers and to dignify the makers and those associated with them." *Lawrence* (1980), S. 131.

68 Dabei besetzen Ingeneure nicht nur technische Positionen, vgl. *Eberwein/Tholen* (1993), S. 173.

optionen für alle relevanten Anspruchsgruppen enthalten.[69] Zur Umsetzung von Strategien im Rahmen der Unternehmenspolitik dienen die Instrumente der Vision, der Mission und des Leitbildes.

Visionen sind auf die Zukunft gerichtete Leitideen, an denen das Unternehmen seine Handlungen ausrichtet. Als Visionen können Leitideen aber nur dann eingesetzt werden, wenn sie sinnstiftend, motivierend und handlungsleitend sind. Mit dem Eintritt des gewünschten Zustands verlieren Visionen ihre Gültigkeit und müssen durch eine neue Vision ersetzt werden.[70] Es lassen sich zielfokussierte, feindfokussierte, rollenfokussierte und wandelfokussierte Visionen unterscheiden.[71]

Missionen können sich anders als Visionen auch auf die Gegenwart beziehen und eine sinnvolle Aufgabe beschreiben. Damit verfallen Missionen auch nicht, sofern sie sich auf sich nicht stark ändernde Grundbedürfnisse beziehen. Missionen enthalten Aussagen zu Zielen, Werten, Verhaltensstandards und Strategien.[72] Die in Missionen enthaltenen Aussagen zu Zweck und Zielen der Unternehmung bestehen jedoch i.d.R. nicht in der Maximierung eines Wertzieles wie des Unternehmenswertes.[73] Diese Sachzielorientierung ist im Gegensatz zu Wertzielen in der Lage, Mitarbeiter zu inspirieren und zu motivieren. Auf Wertziele kann jedoch für eine langfristig erfolgreiche Unternehmensführung nicht verzichtet werden, Sach- und Wertziele sind vielmehr in geeig-

---

69 Vgl. *Müller-Stewens/Lechner* (2005), S. 234.

70 Die Eigenschaft des „Sinn-Stiftens" bezieht sich auf die Unternehmung als Ganzes und die einzelnen Mitarbeiter, indem sie die Komplexität reduziert und aus systemtheoretischer Sichtweise sinnkonstituierend eine Orientierung schafft. Die Motivationseigenschaft gewinnt eine Leitidee durch die Betonung des beabsichtigten Zustands, so dass er nicht mehr gleichberechtigt neben anderen möglichen Zukunftsbildern steht. Eine Vision ist ferner handlungsleitend, sorgt also im Rahmen einer arbeitsteiligen Organisation dafür, dass die Entscheidungen einzelner Akteure aufeinander abgestimmt sind; vgl. dazu *Müller-Stewens/Lechner* (2005), S. 235.

71 Vgl. *Müller-Stewens/Lechner* (2005), S. 236. Eine etwas andere Unterteilung von Visionen findet sich bei *Coenenberg/Salfeld* (2007), S. 26 ff., dabei wird in eine Außen- und eine Innenperspektive unterschieden, bevor weiter differenziert wird.

72 Vgl. *Müller-Stewens/Lechner* (2005), S. 236.

73 Vgl. *Collins/Porras* (1997), S. 55: Bei visionären Unternehmen wird der Unternehmenszweck gerade nicht in der Shareholder Value Generierung gesehen: „Contrary to business school doctrine, we did not find ‚maximizing shareholder wealth' or ‚profit maximization' as the dominant driving force or primary objective through the history of most of the visionary companies."

neter Weise zu verknüpfen, wie dies bei Nutzung der Balanced Scorecard als Führungsinstrument zur Strategieimplementierung angestrebt wird.[74]

Werden Missionen schriftlich und in umfassender Form fixiert, wird von Mission Statements oder Leitbildern gesprochen. Neben einer Orientierungsfunktion werden Leitbildern auch eine Legitimationsfunktion sowie eine Motivationsfunktion zugesprochen.[75]

2.1.2 Berücksichtigung der Interessen anderer Stakeholder

Wie im vorangegangenen Abschnitt dargelegt wurde, werden in Abhängigkeit der jeweiligen gesellschaftlich geprägten Unternehmenskultur auch Interessen weiterer Gruppen explizit auf verschiedenen Zielebenen berücksichtigt.[76] Daher erscheint eine Betrachtung dieser Gruppen und das Verhältnis zwischen ihren Interessen und denen der Shareholder angebracht. Im Kontext dieser Untersuchung geht es dabei primär um jene Interessen, die zu einer Anforderung an die Unternehmensrechnung führen können.

2.1.2.1 Überblick über weitere Interessengruppen

Als Gruppen, denen ein legitimer Anspruch auf Information über die Unternehmung zugebilligt wird, werden regelmäßig Gläubiger, Kunden, Mitarbeiter, Geschäftspartner und die Öffentlichkeit genannt.[77] Als Kriterium der Gruppenbildung fungiert dabei die Funktion des Stakeholders, die er im Verhältnis zur Unternehmung einnimmt; insofern wird implizit davon ausgegangen, dass mit gleicher Art von Beziehung zum Unternehmen auch gleiche Interessen verbunden sind. Da es bei dieser Untersuchung primär um Informationsinteressen geht, die durch die Unternehmensrechnung bereitgestellt werden können, erscheint dies als eine zu starke Vereinfachung. So haben schon allein deshalb nicht alle Gläubiger gleiche Informationsinteressen, da sie aufgrund unterschiedlicher Machtpositionen verschiedene Möglichkeiten der Einflussnahme auf die

---

74 Für diese Sichtweise spricht die weite Verbreitung der Balanced Scorecard in den Unternehmungen, vgl. dazu *Coenenberg* (2003), S. 11.

75 Vgl. *Müller-Stewens/Lechner* (2005), S. 239 – 241.

76 Vgl. *Labbé* (2005), S. 2089; *Müller-Stewens/Lechner* (2005), S. 234.

77 Vgl. bspw. *Labbé* (2005), S. 2089.

Unternehmensführung besitzen.[78] Mit einem größeren Einfluss ist jedoch prinzipiell auch die Möglichkeit verbunden, Informationen auf anderen als den öffentlichen Wegen zu erhalten. Dies kann zwar teilweise auf eine Überschneidung von Funktionen zurückgeführt werden (z.B. kann eine Bank zugleich Gläubiger sein und ein Aufsichtsratsmitglied stellen), umso mehr erscheint dann jedoch eine eindimensionale Klassifikation als unzureichend.

Lücke unterteilt die Stakeholder daher auf der funktionalen Sichtweise aufbauend anhand ihrer prinzipiell vorhandenen Einflussmöglichkeiten auf die Unternehmung in folgende drei Hauptgruppen:[79]

a) Stakeholder, die formal direkt auf Vermögen, Kapital und Erfolge einwirken können: Shareholder, Vorstände, Aufsichtsräte

b) Stakeholder, die weitere wirtschaftliche Einwirkungen auslösen: Kunden, Wettbewerber, Lieferanten, Gläubiger, Gewerkschaften, Regierungen

c) Stakeholder, die im weitesten Sinne Einfluss nehmen: Konsumenten, fremde Regierungen, Handelsorganisationen, Bürgerinitiativen

Die Klassifikation nach Einflussmöglichkeiten zeigt einen wesentlichen Einflussfaktor auf die Interessen der Stakeholder auf, allerdings sind bei näherer Betrachtung die Einflussmöglichkeiten nicht nur von der Funktion abhängig sondern auch vom Umfang der Geschäftsbeziehung und der relativen Knappheit der ausgetauschten Leistung aus Sicht der Unternehmung.[80]

Zur Bildung von Stakeholdertypen im Hinblick auf ihre spezifischen Interessen sind also zumindest ihre Funktion und unabhängig davon als zweites Klassifikationsmerkmal ihre Machtposition – bspw. durch eine ABC-XYZ-Klassifikation[81] verdeutlicht –

[78] Vgl. *Betsch/Groh/Lohmann* (2000), S. 236.

[79] Vgl. *Lücke* (2001), S. 48.

[80] Auch *Franke/Hax* sehen bei Eigenkapitalgebern unterschiedliche Interessen, vgl. *Franke/Hax* (2004), S. 57-58. Mit steigender Beteiligungsquote stehen Shareholdern Möglichkeiten der Einflussnahme auf das Management zur Verfügung, während bspw. Kleinaktionären lediglich die Optionen „Kaufen“, „Halten“ und „Verkaufen“ der Eigenkapitaltitel offen stehen.

[81] Bei der ABC-XYZ-Analyse wird eine Gesamtmenge nach zwei Kriterien in jeweils drei Teilmengen A, B, C und X, Y, Z aufgeteilt, wobei die Elemente mit der größten Ausprägung des Unterscheidungsmerkmals (z.B. Umsatz) der Kategorie A bzw. X und die Elemente mit den kleinsten Merkmalsausprägungen zur Kategorie C bzw. Z gehören; der Kategorie B/Y werden

in einer zweidimensionalen Matrixform abzubilden, wie dies Tab. 2-1 illustriert. Diese Klassifikation soll später zur Einordnung der Kapitalmarktteilnehmer dienen.

Funktion	**Machtposition**		
	A	B	C
Stakeholder, die formal direkt auf Vermögen, Kapital und Erfolge einwirken können: Shareholder, Vorstände, Aufsichtsräte	Typ A1	Typ B1	Typ C1
Stakeholder, die weitere wirtschaftliche Einwirkungen auslösen: Kunden, Wettbewerber, Lieferanten, Gläubiger, Gewerkschaften, Regierungen	Typ A2	Typ B2	Typ C2
Stakeholder, die im weitesten Sinne Einfluss nehmen: Konsumenten, fremde Regierungen, Handelsorganisationen, Bürgerinitiativen	Typ A3	Typ B3	Typ C3

Tab. 2-1: Klassifikation von Stakeholdern

Quelle: eigene Darstellung, aufbauend auf der Aufzählung von *Lücke* (2001), S. 48.

Die in den Feldern in Tab. 2-1 definierten Stakeholdertypen werden mit ihren eigenen Interessen aufgrund ihrer verschiedenen Bedeutungen für das Unternehmen in unterschiedlich starkem Maße in der unternehmerischen Zielplanung berücksichtigt.[82] Möglich wären auch differenziertere Klassifikationen, die sich jedoch in der Diskussion nicht durchgesetzt haben.[83]

2.1.2.2 Interessen wesentlicher Stakeholder

Inwiefern die Interessen von Stakeholdern bei der Unternehmensplanung und insbesondere bei der generellen Zielplanung zu berücksichtigen sind wird i.d.R. lediglich aus der Sicht finanzieller Ansprüche beantwortet. Daher soll hier zunächst die Anspruchsargumentation dargestellt werden, ehe auf die Interessen der Stakeholder eingegangen wird.

anhand bestimmter Grenzwerte die in der Mitte der Sortierung liegenden Elemente zugeordnet, vgl. *Horváth/Reichmann* (1993), S. 1-2.

82 Interpretiert man die Felder der Matrix als Felder im Rahmen eines Koordinatensystems, so ließen sich Isoquanten durch die Felder legen, die den gleichen Grad von Berücksichtigung in der Unternehmensplanung darstellen; dabei würde wahrscheinlich dem Typ C3 die geringste Berücksichtigung zu Teil werden, dem Typ A1 die größte.

83 Bspw. könnten die Stakeholder auch ähnlich wie die Kapitalmarktteilnehmer in Kapitel 2.2.3.1 nach Rechtsform, Art und Umfang des Engagements, verfolgten Zielen, geographischer, demographischer oder biometrischer Merkmale, Erfolgsdruck, Einflussmöglichkeiten auf die Unternehmenspolitik oder ihrer Informationsbasis unterschieden werden. Ebenso erscheint eine Unterscheidung nach dem Grad der Abhängigkeit sinnvoll.

Die Ansprüche der Stakeholder basieren i.d.R. auf ihren vertraglichen Beziehungen zu der Unternehmung.[84] Während sich aus Arbeits-, Kredit- oder Kaufverträgen Anspruchsgrundlagen für Zahlungen in bestimmter Höhe ergeben, verfügen die Shareholder aufgrund ihrer Stellung als Risikokapitalgeber lediglich über einen Anspruch auf den verbleibenden Überschuss nach Befriedigung aller anderen Ansprüche, so dass von einem Residualanspruch gesprochen wird. Da die Ansprüche der anderen Gruppen gesichert sind, bildet in der dynamischen Theorie der Unternehmung der Residualanspruch der Shareholder als Restgröße das unternehmerische Topziel.[85]

Die Ansprüche der Stakeholder der ersten beiden Gruppen lassen sich in der Gewinn- und Verlustrechnung nachvollziehen, wie es Tab. 2-2 verdeutlicht.

GuV-Position	**Stakeholder**	**Anspruch**
Umsatz	Kunden	Festbetragsanspruch
./. Materialaufwand	Lieferanten	
./. Personalaufwand	Mitarbeiter	
./. Abschreibungen	[keine Auszahlung]	
./. sonstige Aufwendungen	Lieferanten, Geschäftspartner	
./. Zinsaufwand	Gläubiger	
./. Steueraufwand	Fiskus	
= Gewinn/Verlust	**Shareholder**	**Residualanspruch**

Tab. 2-2: Ansprüche der verschiedenen Stakeholder

Quelle: ergänzt nach *Coenenberg* (2003), S. 13

Es ist jedoch zwischen Interessen und Ansprüchen zu unterscheiden. So ergibt sich der Gesamtnutzen einer Investition in das Unternehmen aus Sicht der Shareholder nicht allein aus den ausgeschütteten Gewinnen als aktuellem Residualgewinnanspruch sondern auch aus der Steigerung des Werts ihrer Investition, die sich bei kapitalmarktorientierten Unternehmen in steigenden Kursen ausdrückt.[86]

84 Die Unternehmung kann auch als Koalition verschiedener Personen interpretiert werden, vgl. *Coenenberg/Haller/Schultze* (2009), S. 1225.

85 Vgl. z.B. *Albach* (2001), S. 654, *Coenenberg* (2003), S. 10, *Franke/Hax* (2004), S. 57. *Knoll* versteht unter einer Orientierung am Shareholder Value eine Ausrichtung an der Steigerung des Werts der Eigenkapitaltitel, vgl. *Knoll* (2001), S. 239.

86 Vgl. *Lücke* (2001), S. 58.

Ebenso sind auch die Interessen oder impliziten Ansprüche der anderen Stakeholder nicht durch Erfüllung ihrer aktuellen expliziten Ansprüche erschöpft.[87] So hat bspw. ein Mitarbeiter zwar einen Anspruch auf Beschäftigung und Entgeltzahlung für den Zeithorizont, welcher der dem Arbeitsvertrag zugrunde liegenden Kündigungsfrist entspricht, sein Interesse liegt jedoch meist in einer langfristig sicheren Beschäftigung, welche für ihn eine Einkommenssicherheit bedeutet.[88] Damit einhergehend wird es dem Mitarbeiter ermöglicht, private Entscheidungen mit langfristiger Wirkung wie Familiengründung und Erwerb von Wohneigentum zu treffen.[89]

D.h., dass die Interessen sowohl der Shareholder als auch der übrigen Stakeholder sich zu einem großen Teil auf zukünftige, noch nicht durch vertragliche Ansprüche gesicherte Sachverhalte und Entwicklungen beziehen. Werden nicht die eigentlichen Interessen sondern nur die Ansprüche betrachtet, wird den Shareholdern aufgrund ihres Residualanspruchs eine bevorzugte Stellung bei der Berücksichtigung im Rahmen der Zielplanung zugestanden.[90]

Es soll darauf hingewiesen werden, dass – durch die Beschränkung der Sichtweise auf monetäre Zielgrößen bedingt – lediglich die finanziellen Ansprüche als Ausprägungen von Interessen interpretiert werden. Wird jedoch der Bezugsrahmen auch auf nichtfinanzielle Interessen ausgeweitet, so kann festgestellt werden, dass die Interessen ins-

---

87 Zur grundsätzlichen Sicherung der Interessen der Arbeitnehmer als wesentlicher Gruppe von Stakeholdern gegenüber Unternehmung und Unternehmensträgern vgl. *Windbichler* (2004), S. 192 – 196.

88 Vgl. auch *Cornell/Shapiro* (1987). Diese Erwartungshaltung einer lebenslangen Beschäftigung bei einem Arbeitgeber ist von den gesellschaftlichen Rahmenbedingungen geprägt. So ist diese Einstellung bspw. in Deutschland wesentlich häufiger anzutreffen, während sich in den USA, auch durch die wesentlich geringer ausgeprägten Kündigungsschutzbestimmungen begünstigt, eine deutlich größere Bereitschaft zu Arbeitsplatzwechseln und Mobilität zeigt. Damit einhergehend lässt sich auch ein unterschiedliches Verständnis des Berufs als Berufung (so in der Vergangenheit in Deutschland) bzw. des Berufs als temporäre Beschäftigung sowie die Bereitschaft, neue Betätigungen auszuüben, erkennen. Ebenso kann ein unterschiedlicher Grad an Loyalität gegenüber dem Arbeitgeber festgestellt werden; die Illoyalität der Arbeitgeber gegenüber ihren Mitarbeitern bewirkt als Reaktion eine ebenso stark ausgeprägte Illoyalität der Arbeitnehmer, die sich auch im privaten Umfeld fortsetzt. Ein Anzeichen hierfür ist bspw. die wesentlich größere Quote von Singlehaushalten und Scheidungen in den USA mit den entsprechenden Folgen für die Bevölkerungsentwicklung.

89 Ebenso verbinden Lieferanten oder andere Geschäftspartner mit der Etablierung einer geschäftlichen Beziehung die Hoffnung auf Folgegeschäfte und damit auch auf zukünftige Erträge über den aktuellen Anspruch hinaus.

90 Vgl. *Körnert/Wolf* (2007), S. 135.

besondere der Stakeholdergruppe der Mitarbeiter speziell im Rahmen der Formulierung von Visionen und Missionen bzw. Mission Statements berücksichtigt werden. Hier finden verstärkt Sachziele Verwendung, da sie eine stärkere Motivations- und Legitimationswirkung besitzen; zugleich dienen sie jedoch den Mitarbeitern, an welche sie sich richten, als Instrument zur Erreichung ihrer persönlichen, nicht-finanziellen Zielsetzungen wie der Selbstverwirklichung oder der Identifikation mit einem positiv besetzten Produkt.[91]

Im Kontext dieser Arbeit geht es jedoch primär um solche Interessen, aus denen Anforderungen an das Rechnungswesen einer Unternehmung abgeleitet werden können. Da es sich sowohl bei dem internen als auch dem externen Rechnungswesen um „Informationsgeneratoren"[92] handelt, ist hier also nach Interessen zu suchen, die sich auf Informationen über Größen des Rechnungswesens beziehen. Für die weitere Betrachtung ist es sinnvoll, die Informationsgenerierung von der Informationsübermittlung zu trennen. Interessen können sich darauf richten, dass bestimmte Informationen generiert werden oder dies unterbleibt, und für den Fall, dass sie erzeugt werden, ob sie auf öffentlichem Wege allen Stakeholdern zur Verfügung gestellt werden oder ob es sich um nicht-öffentliche Informationen handelt, die nur bestimmten Gruppen zur Verfügung stehen.

Unter Bezug auf die in Tab. 2-1 definierten Stakeholdertypen lässt sich prinzipiell vermuten, dass der Einfluss der Stakeholder auf die Unternehmung von (1) nach (3) sowie von A nach C abnimmt und somit auch die Möglichkeit der Erlangung von Informationen auf nicht-öffentlichem Wege. D.h., dass mit abnehmendem Einfluss ein verstärktes Informationsinteresse verbunden ist, welches auf öffentliche Informationen gerichtet ist.[93] Dabei richtet sich dieses Interesse an Informationen nicht nur auf den Informationsinhalt an sich, da er für die individuelle Entscheidungsfindung benötigt

---

91 Zur Berücksichtigung des Stakeholder-Konzepts im Rahmen der Strategieumsetzung durch die Balanced Scorecard vergleiche *Krönert/Wolf* (2007), S. 135-138.

92 *Schweitzer/Küpper* (2008), S. 3.

93 Dieses Informationsinteresse kann dabei durch Nutzung verschiedener Informationsquellen befriedigt werden, neben der Unternehmenspublizität fungieren insbesondere die Wirtschaftspresse und der Kapitalmarkt als wesentliche Informationsquellen, vgl. PAAinE (2009), S. 6.

wird, sondern auch auf das Ablegen von Rechenschaft[94], also die Pflicht zur Informationsgenerierung und -weitergabe für Kontroll- und Disziplinierungszwecke.[95]

Im Umkehrschluss kann bei den einflussreichen Gruppen ein gegenläufiges Interesse vermutet werden, da ein Vorteil im Sinne eines Informationsvorsprungs aus ihren nicht-öffentlich verfügbaren Informationen nur dann entsteht, wenn diese Informationen nicht auch öffentlich weitergegeben werden.[96]

Eine eindeutige Aussage zu den Informationsinteressen der Stakeholder insgesamt, aber auch nur der Shareholder lässt sich daher an dieser Stelle nicht formulieren, da das Interesse von den Einflussmöglichkeiten der jeweiligen Gruppe abhängt.[97] Da jedoch gem. dem Paretoprinzip den B- und C-Gruppen die deutlich größere Anzahl an Stake- bzw. Shareholdern zuzurechnen ist, und diesen einflussärmeren Gruppen eine gewisse Schutzbedürftigkeit zugesprochen werden kann, liegt es nahe zu vermuten, dass unter dem Begriff der Kapitalmarktorientierung eine Verhaltensweise verstanden wird, welche die Interessen der Mehrzahl der Kapitalmarktteilnehmer berücksichtigt und nicht die Interessen der ohnehin aufgrund ihrer Machtposition bevorzugten Gruppen.[98]

Die Diskussion, inwiefern sich Shareholder- und Stakeholder-Orientierung widersprechen, bezieht sich ebenfalls nur auf die finanzielle Ebene der Unternehmensführung; sie soll im folgenden Kapitel kurz aufgegriffen werden.[99]

---

94 Zu den mit der Rechenschaftsfunktion verbundenen Interessen vgl. *Gjesdal* (1981), S. 208 f.

95 Dass sich die Interessen nicht nur auf die Entscheidungsunterstützung sondern auf beide Funktionen beziehen, konnte auch in jüngsten Studien der PAAinE gezeigt werden, vgl. PAAinE (2009), S. 6 f.

96 Der Vorteil einer privaten Information ist allerdings nicht bereits mit ihrer Veröffentlichung sondern erst mit ihrer Verarbeitung erloschen.

97 Die Heterogenität der Interessen gilt auch für die Shareholder untereinander, vgl. *Windbichler* (2004), S. 190.

98 So zeigt aber die Studie von *Haller/Löffelmann/Etzel*, dass auch Kreditinstitute, also Stakeholder mit bevorzugter Informationsposition die Qualität von Rechnungslegung als verbesserungsfähig einstufen und konkrete Anforderungen an zusätzliche Angaben aufstellen, vgl. *Haller/Löffelmann/Etzel* (2009), S. 219.

99 Zur Diskussion vgl. bspw. *Achatz* (1998), *Bischoff* (1994), *Hachmeister* (1995), *Raster* (1995), *Spremann* (1996).

2.1.2.3 Ausgewählte Aspekte der Shareholder-Stakeholder-Diskussion

Die Shareholder-Stakeholder-Diskussion wird zum Teil sehr emotional geführt; allerdings kann die Orientierung der Unternehmenspolitik an dem Ziel der Unternehmenswertsteigerung inzwischen als weitgehend akzeptiert angesehen werden,[100] obwohl noch im Jahr 2000 aufgrund der Größe des deutschen Kapitalmarkts und der geringen Bedeutung der Aktie als Vermögensform für Deutschland der Shareholder-Value-Ansatz als nicht gerechtfertigt angesehen wurde,[101] wobei die Globalisierung außer Acht gelassen wurde. Ein möglicher Erklärungsansatz für die Unsachlichkeit der öffentlichen Diskussion kann in dem Umstand gesehen werden, dass das Shareholder- und das Stakeholderkonzept häufig als unvereinbar aufgrund konfliktärer Zielsetzungen dargestellt werden.

Ein häufiges Missverständnis liegt im Verständnis des Shareholder-Value-Ansatzes selbst; die Shareholder-Value-Orientierung wurde vielfach mit dem Streben nach einer kurzfristigen Gewinnmaximierung oder einer kurzfristigen Kurssteigerung gleichgesetzt.[102] Zeitgleich mit der Shareholder Value Diskussion kam es zu einigen Bilanzskandalen, die in diese Diskussion als Indiz für eine kurzfristig ausgerichtete Kurssteigerungspolitik herangezogen wurden. Dabei beinhaltet das Ziel einer Maximierung des Unternehmenswertes nichts anderes als die Übertragung des Kapitalwertkalküls aus der Investitionstheorie auf die Unternehmensführung und stellt somit den in der Betriebswirtschaft seit den 30er Jahren als geeignet angesehenen Zielmaßstab im Rahmen einer marktwirtschaftlich organisierten Wirtschaft dar.[103] Die Generierung von Shareholder Value ist also prinzipiell nicht eine kurz- sondern eine langfristig ausgerichtete Strategie, da sich der Unternehmenswert als Zielgröße über eine Diskontierung der Überschüsse aller zukünftigen Perioden berechnet.[104]

---

100 Vgl. *Henselmann* (2000), S. 1, *Coenenberg/Salfeld* (2007), S. 3.

101 Vgl. *Jürgens et al.* (2000), S. 2 – 4.

102 Vgl. zur historischen Entwicklung der medialen Berichterstattung über den Shareholder Value bspw. *Coenenberg* (2003), S. 7 f.

103 Vgl. *Coenenberg* (2003), S. 9 f.

104 Vgl. zur Unternehmensbewertung Kapitel 2.3.

Insbesondere vor dem Hintergrund der Finanzmarktkrise 2008/09 erscheint jedoch eine differenziertere Betrachtung geboten. Auch wenn an dieser Stelle die Ursachen der Finanzmarktkrise nicht analysiert werden können, so ist doch festzuhalten, dass sich das Bild des Kapitalmarkts als einem Ort effizienter Ressourcenallokation und der Rationalität der handelnden Akteure deutlich gewandelt hat. Wurden bislang die Kapitalmärkte unter der Annahme, dass es sich bei ihnen um nahezu vollkommene Märkte handelt, kaum reguliert, so fordert jetzt die Mehrzahl der Regierungen die Einführung strenger Regularien und einer lückenlosen Kontrolle aller Märkte, Produkte und Teilnehmer.[105] Deutliche Zweifel bestehen an der Redlichkeit und der Fachkenntnis einiger Manager, und auch die Rolle der Rechnungslegung ist erneut in der Diskussion.[106]

Deshalb sind von dem theoretischen Konzept des Shareholder Value Managements einerseits die Fälle des Missbrauchs und des Missverständnisses durch einzelne Manager oder Investoren, andererseits die Fälle der Umstellung auf ein neues Führungskonzept zu unterscheiden. So wie jede andere Methode oder jedes andere Führungsinstrument kann auch die Shareholder-Value-Orientierung von Führungskräften für eigene Zwecke missbraucht oder aufgrund mangelnder Kenntnis falsch verstanden werden.[107] Wurde ein Unternehmen bislang nach anderen Maßstäben geführt, beginnt die Umsetzung einer Shareholder-Value-Orientierung in aller Regel mit einer Bestandsaufnahme, d.h., dass der Wert der Unternehmung im aktuellen Zustand und bei Verfolgung der aktuellen Strategie ermittelt wird. Im nächsten Schritt werden dann erste Überlegungen angestellt, um welchen Wert sich der Unternehmenswert und mit ihm der Shareholder Value durch relativ kurzfristig zu realisierende Maßnahmen steigern lässt. Je stärker sich die bisherige Strategie von einer dem Grunde nach wertorientierten Strategie unterschieden hat, einen desto größeren Umfang haben die durch den Strategiewechsel notwendig gewordenen Anpassungsmaßnahmen.

---

105 Vgl. bspw. manager-magazin (2009); F.A.S. (2009).

106 Vgl. bspw. *Mussler* (2008). Zu den Änderungen an IAS 39 vgl. *Freiberg* (2009b).

107 Dabei handelt es sich um Probleme, die durch die Prinzipal-Agenten-Theorie erklärt werden können; einerseits können die Shareholder nicht sicher davon ausgehen, dass die Manager als ihre Agenten tatsächlich in ihrem Sinne handeln, und sie können die Leistung des Agenten nicht direkt beobachten sondern nur das Ergebnis.

Da Unternehmen, die wertorientiert geführt werden, mittel- bis langfristig eine wachsende Mitarbeiterzahl und Produktivität aufweisen,[108] und diese Entwicklung auch den Interessen der Stakeholder im Sinne einer Steigerung des Einkommens entspricht, scheint eine Divergenz zwischen Shareholder- und Stakeholder-Orientierung lediglich kurzfristig zu bestehen.[109]

Der Gegensatz zwischen Shareholder- und Stakeholder-Ansatz lässt sich auch durch die unterschiedlichen Perspektiven erklären. Handelt es sich bei dem Kapital aus Sicht der Unternehmung um die zurzeit knappste Ressource, wird sie sich bei ihrer Planung auf diesen Engpass einrichten.[110] Für Mitarbeiter als eine der wichtigsten Stakeholder-Gruppen stellt nicht Kapital sondern Zeit die wertvollste Ressource dar, da sie im Gegensatz zu finanziellen Mitteln nicht gespart oder übertragen werden kann und ausgegeben werden muss; zudem verfügt jeder Mensch nur über eine ihm unbekannte Menge an Zeit. Aus Sicht der Mitarbeiter wäre daher eine Orientierung an dieser Ressource auszurichten.

Es soll festgehalten werden, dass in dieser Arbeit unter einer Shareholder-Value-Orientierung eine wertorientierte Führung verstanden wird, die sich nicht an kurzfristigen Kursgewinnen orientiert. Auf damit einhergehende Probleme wird an späterer Stelle vertiefend eingegangen.

2.1.3 Zwischenergebnis

Als vorläufiges Ergebnis von Abschnitt 2.1 soll festgehalten werden, dass sich als Ausdruck einer Kapitalmarktorientierung eine Mehrheit der börsennotierten Unternehmen zu einer Strategie bekennen, welche die Steigerung des Unternehmenswertes oder explizit des Shareholder Values in den Mittelpunkt stellt.[111] Dem Kapitalmarkt

108 Vgl. *Koller/Goedhart/Wessels* (2005), S. 12.

109 Vgl. auch *Albach* (2001), S. 645 – 654, *Coenenberg/Salfeld* (2007), S. 3. Es ist jedoch darauf hinzuweisen, dass eine langfristige Konvergenz von Shareholder- und Stakeholder-Orientierung sich mit den dort vorgebrachten Argumentationen nur in Hinblick auf die finanziellen Interessen zeigen lassen.

110 Zur Engpassplanung vgl. bspw. *Schweitzer/Küpper* (2008), S. 542 ff.

111 Vgl. *Pellens/Tomaszewski/Weber* (2000). Neben den am Kapitalmarkt engagierten Unternehmen findet die wertorientierte Unternehmensführung auch zunehmend bei nicht-börsennotierten Unternehmen Anwendung, vgl. *Coenenberg/Salfeld* (2007), S. 6. Vgl. *Müller/Hirsch* (2005), S.

kommt somit in Form der Shareholder-Value-Orientierung ein nennenswerter Einfluss auf die betriebliche Zielsetzung zu. Um das gesetzte Ziel der Shareholder-Value-Maximierung erfolgreich zu verfolgen, ist eine Kenntnis über die Entscheidungsprozesse am Kapitalmarkt notwendig. Es ist daher im folgenden Kapitel zu untersuchen, wie auf dem Kapitalmarkt Entscheidungen getroffen werden.

2.2 Theoretische Grundlagen zur Entscheidungsbildung auf dem Kapitalmarkt

Zur genaueren Betrachtung des Begriffs der Kapitalmarktorientierung erscheint es notwendig, nach einer Klärung der begrifflichen sowie inhaltlichen Grundlagen des Kapitalmarktes die vorliegende Arbeit in die Untersuchungsgebiete der aktuellen Kapitalmarktforschung einzuordnen. Im Anschluss daran soll der Begriff des Kapitalmarktteilnehmers untersucht werden, da dieser Träger von Interessen und somit das Bezugsobjekt einer Kapitalmarktorientierung ist. Da die Kapitalmarktakteure im Rahmen ihrer Entscheidungsprozesse auf Methoden der Preisbildung zurückgreifen und sich daraus konkrete Informationsbedarfe ableiten lassen, sollen die Kernaspekte dieser Methoden zum Abschluss dieses Teils 2.2 kurz dargestellt werden.

2.2.1 Abgrenzung und Charakterisierung des Kapitalmarkts

Der Finanzmarkt wird nach der Fristigkeit der getätigten Geschäfte in Geldmarkt und in Kapitalmarkt unterschieden.[112] Dabei umfasst der Kapitalmarkt den Wertpapierhandel, welcher wiederum in börslichen und außerbörslichen Handel unterschieden werden kann.[113]

---

83 zum aktuellen Stand der Implementierung von wertorientierten Steuerungssystemen bei deutschen Unternehmungen.

112 Vgl. *Perridon/Steiner* (2007), S. 149. Weiter kann bereits auf dieser ersten Ebene der Währungsmarkt angesiedelt werden, vgl. *Pape* (2009a), S. 10.

113 Vgl. *Zemelka* (2002), S. 133.

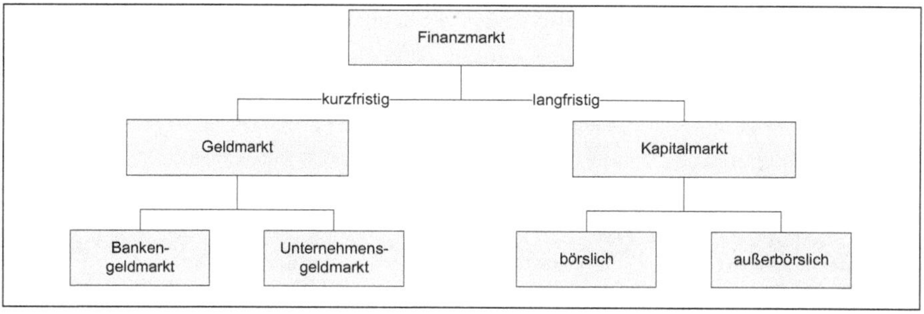

Abb. 2-1: Einordnung des Kapitalmarktes

Quelle: *Perridon/Steiner* (2007), S. 149.

Der Kapitalmarkt wird des Weiteren in Primär- und Sekundärmarkt unterschieden;[114] am Primärmarkt werden neu emittierte Wertpapiere zwischen Emittenten und Investoren gehandelt,[115] am Sekundärmarkt handeln Investoren untereinander mit bereits emittierten Papieren;[116] die Allokationsfunktion des Kapitalmarkts erfolgt über die Aktienpreisbildung[117] und zeigt sich auf dem Primärmarkt.[118] Der Kapitalmarkt umfasst sowohl Eigen- als auch Fremdkapitalinstrumente,[119] des Weiteren kann in Kassa- und Terminmärkte unterschieden werden.[120] An der Höhe der bei Nutzung des Marktes anfallenden Transaktionskosten wird der Organisationsgrad eines Marktes festge-

114 Weiterhin existieren derivative Märkte, auf denen Kontrakte gehandelt werden, die sich auf die eigentlichen Finanztitel auf Primär- und Sekundärmarkt beziehen, also Terminkontrakte, Optionen und Swaps. Die derivativen Märkte können ihrerseits wiederum in Primär- und Sekundärmärkte unterschieden werden, vgl. *Franke/Hax* (2004), S. 54.

115 Vgl. *Franke/Hax* (2004), S. 53. Nicht jede Neuemission muss hingegen auf dem Primärmarkt erfolgen, sie kann auch durch Veräußerung von Aktien durch einen Alteigentümer über den Kapitalmarkt erfolgen. Die Unterscheidung in Primär- und Sekundärmarkt folgt der Funktion für die Finanzierung, nicht den beteiligten Parteien. Vgl. *Brauer/Leven* (2000), S. 30.

116 Der Sekundärmarkt ermöglicht somit einen Wechsel der Kapitalgeber ohne Beeinträchtigung der Unternehmung, vgl. *Brauer/Leven* (2000), S. 30. Da sich die Liquidität eines Wertpapiers am Sekundärmarkt bestimmt, beeinflusst der Sekundärmarkt auch die Preisbildung am Primärmarkt, vgl. bspw. *Perridon/Steiner* (2007), S. 150; *Franke/Hax* (2004), S. 53.

117 Vgl. *Allendorf* (1996), S. 94; *Zemelka* (2002), S. 77.

118 Das Geld wird zu den Unternehmen gelenkt, welche die attraktivste Verzinsung bieten; dieses sind i.d.R. jene Unternehmen, die an den Gütermärkten am erfolgreichsten sind, vgl. *Franke/Hax* (2004), S. 365.

119 So wurden im Dezember 2003 bspw. neben 16.134 Aktien und 21.431 Optionsscheinen auch 7.264 festverzinsliche Wertpapiere an der Deutschen Börse gehandelt, vgl. *Deutsche Börse* (2003), S. 1.

120 Vgl. *Kasperzak* (1997), S. 21.

stellt.[121] Der Kapitalmarkt kann also anhand verschiedener Merkmale stärker differenziert beschrieben werden, wie Tab. 2-3 verdeutlicht.[122]

Kriterium	**Ausprägungen**	
Herkunft der Papiere	Primärmarkt	Sekundärmarkt
Zeitliche Reichweite	Kassamarkt	Terminmarkt
Kapitalart der Papiere	Eigenkapitaltitel	Fremdkapitaltitel
Eigenständigkeit der Titel	Originäre Titel	Derivative Titel
Organisationsform	Börslich	Außerbörslich
Organisationsgrad	[Wertekontinuum: von geringem Org.-grad bis zu hohem Org.-grad]	
Räumliche Reichweite	National	International
Ort	Präsenzmarkt	Virtueller Markt
Vollkommenheit	Vollkommen	Unvollkommen

Tab. 2-3: Möglichkeiten der Kategorisierung von Kapitalmärkten

Quelle: eigene Darstellung

Der Kapitalmarkt bzw. der Eigenkapitalmarkt im Besonderen lässt sich als Bestandsmarkt ansehen.[123] Daraus lässt sich schließen, dass Kurse von Finanztiteln einen höheren Freiheitsgrad besitzen als Preise von Realgütern, da sich die Anpassung nicht durch eine Änderung von Produktionskapazitäten vollzieht sondern durch Änderungen des Preises, wodurch die Preisbildung verstärkt durch Prozesse der Erwartungsbildung und Massenpsychologie beeinflusst wird.[124]

Die Kurse der gehandelten Titel hängen in hohem Maße von den zukünftigen Erträgen ab; da diese jedoch nicht bekannt sind, müssen die Kapitalmarktteilnehmer den Versuch unternehmen, die zukünftigen Entwicklungen in ihrer Einschätzung der Ertragsentwicklung der einzelnen Titel zu antizipieren. Die Kurse repräsentieren also nicht

---

121 Je geringer die Transaktionskosten sind, desto höher ist der Organisationsgrad des Marktes, vgl. *Franke/Hax* (2004), S. 58. Als Instrumente zur Organisation eines Marktes dienen z.B. die Standardisierung der Finanztitel und Vertragstypen, Beschränkung der Haftung der Titelinhaber und Sicherung der Erfüllung von Verträgen, vgl. *Franke/Hax* (2004), S. 59.

122 Die Aufzählung erhebt aufgrund ihres enumerativen Charakters keinen Anspruch auf Vollständigkeit.

123 Da die Finanztitel eher gelagert werden, stellen sie einen Bestand dar, während auf Gütermärkten die Waren eher bewegt werden und sich somit im Gegensatz zu Bestandsmärkten eher Strommärkte ergeben, vgl. *Fuhrmann* (1988), S. 546.

124 Vgl. *Schumpeter* (1961), S. 702; *Shiller* (1993b); *Kasperzak* (1997), S. 25.

aktuelle sondern erwartete zukünftige Erfolge.[125] Der Kapitalmarkt kann daher als ein antizipativer Markt bezeichnet werden.

Die Abgrenzung zwischen Geld- und Kapitalmarkt erfolgt zwar anhand der Fristigkeit der getätigten Geschäfte, dies schließt jedoch insbesondere für den Sekundärmarkt Spekulationsstrategien nicht aus.[126] Dabei wird unter Spekulation das Ausnutzen von Preisunterschieden zu unterschiedlichen Zeitpunkten verstanden,[127] die zwischen den zwei Zeitpunkten liegende Zeitspanne ist indes nicht eindeutig bestimmt.[128] Eine andere Möglichkeit der Unterscheidung von „normaler" Investition (im Sinne einer eher langfristigen Orientierung des Anlegers) und Spekulation liegt im Fehlen der Absicht, bei Aktienkursschwankungen Gewinne zu realisieren.[129]

Für die Beurteilung, inwiefern die Aktienkursbildung durch verfügbare Informationen beeinflusst wird, hat *Fama* das Konzept der Markteffizienz entwickelt;[130] auf die unterschiedlichen Effizienzgrade und die damit verbundenen Prämissen wird in Kapitel 2.2.4.4 eingegangen. Da auf dem Kapitalmarkt eine große Anzahl von Teilnehmern auf Basis individueller Entscheidungsfindungsprozesse agieren, die auch von exogenen Faktoren beeinflusst werden, muss der Kapitalmarkt sowohl als unvollkommener Markt[131] als auch als ein komplexes[132] System bezeichnet werden. Die Komplexität wird ebenfalls durch Antizipation und Spekulation verstärkt. Weiterhin besteht eine

---

125 Bei vollständiger Antizipation kommt es also bei Realisierung des erwarteten Erfolgs zu keiner weiteren Kursreaktion, vgl. *Kasperzak* (1997), S. 26.

126 Die von Spekulationen ausgehenden Beträge bewirken eine Konzentration finanzieller Mittel auf ausgewählte Handelsinstrumente wie Aktien, Optionen und andere Derivate. *Keynes* sah im Aktienmarkt prinzipiell einen rein spekulativen Markt, vgl. *Keynes* (1936), S. 130.

127 Vgl. *Perridon/Steiner* (2007), S. 134; *Kasperzak* (1997), S. 26.

128 So finden sich bspw. in den deutschen Steuergesetzen in Abhängigkeit vom getätigten Geschäft unterschiedliche Spekulationsfristen, für Wertpapiere beträgt sie 1 Jahr, für Immobilien hingegen 10 Jahre. Vgl. § 23 Abs. 1 EStG; siehe auch *Perridon/Steiner* (2007), S. 342.

129 Vgl. *Schumpeter* (1961), S. 699.

130 Zur Markteffizienz vgl. einführend *Fama* (1970) und kritisch *Shleifer* (2000).

131 Vgl. *Rollberg* (2005), S. 486.

132 Komplexität soll in diesem Zusammenhang wie folgt definiert werden: Die Eigenschaft eines Systems bzw. Objekts, welche die Beschreibungen seines Gesamtverhaltens in einer beliebigen Sprache erschwert, selbst wenn man vollständige Informationen über seine Einzelkomponenten und ihre Wechselwirkungen besitzt. Das Gegenteil von Komplexität ist Einfachheit. Vgl. *Härtl* (2008), S. 29.

Wechselwirkung zwischen Kapitalmarkttheorie und Kapitalmarktrealität,[133] da sich die Marktakteure bei ihren Entscheidungsprozessen zumindest zum Teil an den theoretischen Modellen orientieren und sich auf diese Weise die tatsächliche Preisbildung auf dem Kapitalmarkt der Theorie annähert.[134]

Für die vorliegende Untersuchung ist nun zunächst abzugrenzen, auf welchen Bereich des Marktes sich der Begriff der Kapitalmarktorientierung bezieht.[135]

Eine Abgrenzung zwischen Primär- und Sekundärmarkt wäre notwendig, wenn es sich bei den Vertragsparteien systematisch um unterschiedliche Gruppen von Kapitalmarktteilnehmern handeln würde, da in diesem Fall eine differenzierte Analyse der Interessen der Gruppen nur durch eine separate Betrachtung gewährleistet werden würde. Der Sekundärmarkt bildet den Handel von Wertpapieren zwischen allen Investoren ab, der Primärmarkt den Handel zwischen Unternehmen und Investoren.[136] Die Teilnehmer am Primärmarkt bilden also lediglich eine Teilmenge der Sekundärmarktteilnehmer, weiterhin ist die Teilnahme am Primärmarkt keinen besonderen Bedingungen unterworfen. D.h., dass die Teilnahme am Primärmarkt allen Kapitalmarktteilnehmern offen steht und somit allein aus dieser Klassifizierung des Kapitalmarktes keine Differenzierung der Marktakteure gewonnen werden kann.

Die Unterscheidung des Kapitalmarktes anhand des Kriteriums der Handelsorganisation hat zwar einen tendenziell technischen Charakter, die Nutzung der Börse[137] steht allerdings nicht allen Unternehmungen offen; so können bspw. in Deutschland nur Unternehmungen der Rechtsformen Aktiengesellschaft und Kapitalgesellschaft auf Aktien die Börse für den Handel mit Eigenkapitalinstrumenten nutzen,[138] und je nach

133 Vgl. *Kasperzak* (1997), S. 28 – 29.

134 Vgl. *Spremann* (1996), S. 552.

135 *Pellens/Fülbier/Gassen* interpretieren den Begriff der Kapitalmarktorientierung als die Ausrichtung der Rechnungslegung auf lediglich ein Ziel, nämlich das der Informationsvermittlung, vgl. *Pellens/Fülbier/Gassen* (2004), Modul 1, S. 5 – 6.

136 Im Primärmarkt kommt es allerdings aufgrund der unterschiedlichen Akteure – Unternehmensleitung einerseits und Investoren andererseits – systematisch zu Informationsasymmetrien, vgl. *Franke/Hax* (2004), S. 69 – 70.

137 Die Börse stellt einen hoch organisierten Markt dar, vgl. *Franke/Hax* (2004), S. 61.

138 Die Anzahl der Aktiengesellschaften und Kommanditgesellschaften auf Aktien ist zwar in den letzten Jahren in Deutschland drastisch von 7.375 (1999) auf 15.909 (2004) gestiegen, dennoch stellen andere Rechtsformen – allen voran die Gesellschaft mit beschränkter Haftung, 1999 mit

Marktsegment bestehen auch Mindestanforderungen an die Größe des Unternehmens, die Frankfurter Börse bestimmt bspw. als Mindesteigenkapital für eine Notierung im Amtlichen Markt 730.000 Euro.[139] Weiterhin bestehen in bestimmten Marktsegmenten über das Gesetz hinausgehende Pflichten bzgl. der Rechnungslegung und Kapitalmarktkommunikation,[140] so dass sich die Art der Handelsorganisation direkt auf das Verhältnis zwischen Unternehmen und Investor und somit ggf. auch auf die Interessen und Motive der Parteien auswirkt. Die Art der Inanspruchnahme des Kapitalmarkts soll daher als Abgrenzungskriterium für die beteiligten Investoren festgehalten werden.[141]

Von wesentlicher Bedeutung ist die Beurteilung, ob unter dem Begriff der Kapitalmarktorientierung nur eine Fokussierung auf den Markt der Eigenkapitalinstrumente verstanden wird oder den aller langfristigen Finanzinstrumente, so wie die Finanzwissenschaft den Kapitalmarkt definiert,[142] da zumindest in der Theorie der externen Rechnungslegung von zum Teil konfliktären Interessen der Eigen- und der Fremdkapitalgeber ausgegangen wird.[143] Insbesondere für deutsche Unternehmungen handelt es sich im Kontext dieser Arbeit um eine relevante Fragestellung, da sie eine im internationalen Vergleich nur sehr geringe Eigenkapitalquote von 15% – 25% aufweisen.[144]

Es lässt sich feststellen, dass der Begriff unterschiedlich verwendet wird. So bezeichnet die Verordnung der Europäischen Union (EG) 1606/2002 solche Unternehmen als kapitalmarktorientiert, deren Wertpapiere – sowohl Eigen- als auch Fremdkapitaltitel –

---

einem Anteil von 76,9% – den mit Abstand größten Anteil der Unternehmungen dar, vgl. *DAI Fact Book* (2004), S. 01-1 und 01-2-a.

139 Vgl. § 56 Satz 2 FWBO.

140 Die Frankfurter Wertpapierbörse schreibt für eine Notierung im Prime Standard bspw. eine Konzernrechnungslegung nach IFRS oder US GAAP vor, vgl. § 62 FWBO für den amtlichen Markt und § 77 i.V.m. § 62 FWBO für den geregelten Markt. Für eine Notierung an einer US-amerikanischen Börse bestimmt die SEC eine Berichterstattung nach US GAAP, vgl. bspw. *Hayn/Waldersee* (2006), S. 31.

141 Dass sich der Kapitalmarkt nicht allein auf die börsennotierten Unternehmen beschränkt zeigt sich u.a. auch an den Überlegungen des IASB im Rahmen des Projekts „Accounting Standards for Small and Medium-sized Entities", inwiefern die IFRS auch für kleinere Unternehmen genutzt werden können, vgl. *Pacter* (2005), S. 2.

142 Vgl. *Perridon/Steiner* (2007), S. 149.

143 Vgl. z.B. *Weber/Weißenberger* (2006), S. 31 ff.

144 Vgl. *Behr/Güttler* (2004), S. 7; *Jürgens et al.* (2000), S. 2, 7.

an einem geregelten Markt gehandelt werden, sie geht also von einer weiten Definition aus.[145] Andererseits bezeichnen das IASB und das FASB ihre Regelwerke als kapitalmarktorientiert[146] und begründen bislang ihre Aussagen mit der Orientierung an den Interessen der Eigenkapitalgeber, da diese als Empfänger der Residualgröße das größte Risiko tragen und daher das größte Informationsinteresse besitzen.[147] Im Entwurf des neuen Framework werden jedoch die Fremdkapitalgeber explizit als Adressaten aufgenommen.[148] Die häufig zu findende Gleichsetzung der Begriffe Kapitalmarktorientierung, Shareholder-Value-Orientierung und [Unternehmens-] Wertorientierung lässt ebenso darauf schließen, dass sich eine Mehrzahl der Autoren bei ihren Ausführungen auf den Eigenkapitalmarkt beschränkt.[149]

Es ist daher festzuhalten, dass der Begriff der Kapitalmarktorientierung hinsichtlich des Einbezugs von Fremdkapitalgebern nicht einheitlich Verwendung findet. In dieser Arbeit soll der Fokus zwar auch auf den Eigenkapitalgebern liegen, jedoch werden an verschiedenen Stellen auch die spezifischen Interessen der Fremdkapitalgeber berücksichtigt werden.[150] Da anzunehmen ist, dass die Kapitalmarktteilnehmer bzw. im engeren Sinne die Eigenkapitalgeber auch hinsichtlich anderer Faktoren als der bereits betrachteten keine homogene Gruppe darstellen, soll dies im folgenden Abschnitt 2.2.2 näher untersucht werden.[151]

---

145 Vgl. Verordnung (EG) 1606/2002, Art. 17: Aus der angeregten Ausnahmeregelung u.a. für Unternehmen, die nur Schuldtitel handeln, ergibt sich, dass prinzipiell der Handel sowohl von Eigenkapital- als auch von Fremdkapitaltiteln zu einer Kapitalmarktorientierung im Sinne der Verordnung führt.

146 Vgl. für die IFRS Par. 2 (a) IASC Foundation Constitution.

147 Vgl. für die IFRS F.10, obwohl in F.9 die Interessen verschiedener Adressatengruppen aufgezählt werden. Die sich ergebende Schnittmenge der gemeinsamen Interessen aller Gruppen sowie die spezifischen Interessen der Eigenkapitalgeber werden berücksichtigt.

148 Vgl. ED Framework (2008), OB7.

149 *Albach* weist auf die Unterschiede zwischen Unternehmenswert und Shareholder Value hin, vgl. *Albach* (2001), S. 644.

150 Dies erscheint auch vor dem Hintergrund von Basel II notwendig. Die Fremdkapitalsicht wird daher durch die Bildung eines Kapitalmarktteilnehmertyps explizit berücksichtigt, vgl. dazu Kapitel 2.2.3.2.

151 Vgl. beispielhaft für die differenzierten Interessen „einer" Gruppe die Studie von *Haller/Löffelmann/Etzel*, die Kreditinstitute zu Ansprüchen an die Rechnungslegung befragt haben, *Haller/Löffelmann/Etzel* (2009), S: 217 f.

2.2.2 Untersuchungsgegenstände der Kapitalmarktforschung

2.2.2.1 Überblick

Die vorliegende Untersuchung bezieht sich mit ihren Annahmen auf die Erkenntnisse der Neuen Institutionenökonomik. Die Auswirkungen von Transaktionskosten sind vor dem Hintergrund des methodologischen Individualismus, unvollkommener individueller Rationalität sowie der Phänomene der Informationsasymmetrien in ihrer Wirkungsweise auf eine mögliche Kapitalmarktorientierung zu untersuchen.[152] Eine Einordnung in das aktuelle Programm der Kapitalmarktforschung erfolgt in diesem Abschnitt.

Die explikative Kapitalmarkttheorie befasst sich mit der Analyse der Preisbildung auf Kapitalmärkten, also einem Ergebnis des Verhaltens der verschiedenen Marktteilnehmer,[153] während die normative Kapitalmarkttheorie Aussagen über Kapitalkosten treffen will.[154] Der für die Ermittlung der Kapitalkosten zu bestimmende Kalkulationszinsfuß berücksichtigt das durch die Unsicherheit der Anlage innewohnende Risiko.[155] Durch die Erklärung des Entscheidungsverhaltens der Marktteilnehmer leistet die Kapitalmarkttheorie einen wichtigen Beitrag bei der Untersuchung der Interessen der Marktteilnehmer und soll daher näher betrachtet werden.[156]

Es wurden mehrere Kapitalmarktmodelle zur Erklärung von Preisbildungsprozessen entwickelt, die in Preisbildungsmodelle i.e.S. – Random Walk Modell und Fair Game Modell – und in Preisbildungsmodelle i.w.S., so das Capital Asset Pricing Model (CAPM) von *Sharpe*[157], *Lintner*[158] und *Mossin*[159], die auf dem CAPM basierende[160]

---

152 Vgl. *Langerfeldt* (2003a), S. 56 zu den Grundannahmen der Neuen Institutionenökonomik.

153 Vgl. *Betsch/Groh/Lohmann* (2000), S. 94. Die explikative Kapitalmarkttheorie interpretiert den Kapitalmarkt dabei als Sekundär- bzw. Tauschmarkt und versucht, Gleichgewichtskurse abzuleiten, vgl. *Perridon/Steiner* (2007), S. 248 f.

154 Vgl. *Perridon/Steiner* (2007), S. 248.

155 Vgl. *Perold* (2004), S. 5. Dabei ist zu bemerken, dass es erst ab ca. 1960 eine theoretische und empirische Fundierung des Verhältnisses zwischen Rendite und Risiko gab, obwohl bereits seit 1602 Aktien gehandelt werden, vgl. *Perold* (2004), S. 3. Als ein entscheidender Grund dürfte die zuvor fehlende informationstechnologische Unterstützung angesehen werden.

156 Vgl. einführend zu dem Themenbereich der Behavioral Finance *Black* (1986) und *Shleifer* (2000).

157 Vgl. *Sharpe* (1964).

Arbitrage Pricing Theory (APT) von *Ross*[161] oder die Coherent Market Hypothesis (CMH)[162] aufgeteilt werden können. Von den rein auf statistischen Größen basierenden Preisbildungsmodellen sind Methoden der Preisprognose wie die Fundamentalanalyse und die technische Analyse zu unterscheiden.[163]

Das aktuelle Programm der Kapitalmarktforschung widmet sich im Wesentlichen den fünf verschiedenen Forschungsfeldern (a) Markteffizienz, (b) Wertrelevanz, (c) Feltham-Ohlson Modell, (d) Verhalten der Analysten und (e) Willkürliches Verhalten.[164] Bevor genauer auf einzelne Gebiete eingegangen wird, soll ein kurzer Überblick gegeben werden.[165] Die Verknüpfungen unter den einzelnen Forschungsgebieten illustriert Abb. 2-2. Eine Darstellung des CAPM erfolgt in Abschnitt 2.2.4.

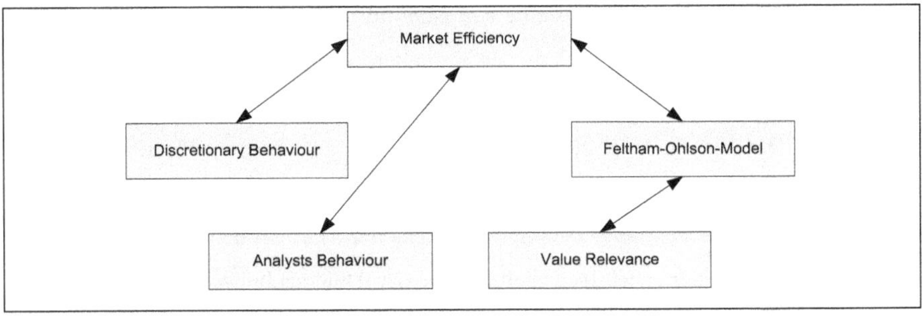

Abb. 2-2: Verknüpfungen der einzelnen Gebiete der Kapitalmarktforschung
Quelle: in Anlehnung an *Beaver* (2001)

2.2.2.2 Markteffizienz

Diese Forschungsrichtung untersucht die Informationsverarbeitung am Kapitalmarkt in Hinblick auf die Informationseffizienz.[166] Frühe Untersuchungen zeigten die Reaktion

158 Vgl. *Lintner* (1965).

159 Vgl. *Mossin* (1966).

160 Vgl. *Betsch/Groh/Lohmann* (2000), S. 94.

161 Vgl. *Ross* (1976).

162 Vgl. *Vaga* (1990).

163 Vgl. *Kasperzak* (1997), S. 23.

164 Vgl. *Beaver* (2001), S. 2.

165 Für einen Überblick über die Studien vgl. *Lindemann* (2006); *Mölls/Strauß* (2007).

166 Erstmalig untersuchte *Bachelier* bereits 1900 die Informationsverarbeitung an Märkten im Rahmen einer mathematischen Arbeit, vgl. Louis *Bachelier* (1900), übersetzt ins Englische von

der Marktpreise auf Gewinnangaben,[167] auf Änderungen bei Bilanzierungsmethoden[168] und auf unterschiedliche Bilanzierungsmethoden,[169] neuere Untersuchungen beschäftigen sich mit der Entwicklung nach Gewinnaussagen[170] und dem Marktwert/Buchwert-Verhältnis[171].

Da anhand der Forschungsergebnisse Aussagen über die Bedeutung bestimmter Faktoren für die Preisbildung am Kapitalmarkt getroffen werden können, ergeben sich aus diesem Forschungsgebiet Implikationen für praktisch alle betroffenen Gruppen, also für Investoren, Management und Prüfer der Unternehmung und für die zuständigen Regulierungsbehörden.[172]

Die Informationseffizienz des Kapitalmarkts stellt einen wesentlichen Parameter in der vorliegenden Untersuchung dar, daher wird in Kapitel 2.2.4.4 ab Seite 68 genauer auf diesen Punkt eingegangen.[173]

2.2.2.3 Wertrelevanz

Die Forschungsrichtung der Value Relevance stellte das Hauptforschungsgebiet in den 90er Jahren dar. Sie untersucht auf empirischer Basis die Beziehung zwischen Marktpreisen und bestimmten Rechnungslegungsinformationen.[174] Als Ergebnis wird eine Information aus der Finanzberichterstattung als wertrelevant bezeichnet, die ein signifikantes Verhältnis zum Marktpreis aufweist.[175] So konnte gezeigt werden, dass be-

---

James Boness: Theory of Speculation, in Paul *Cootner* (1964): The Random Character of Stock Market prices, S. 17 – 78, zitiert nach *Dimson/Mussavian* (1998), S. 91.

167 Vgl. grundlegend *Ball/Brown* (1968).

168 Vgl. *Archibald* (1972) und *Ball* (1972).

169 Vgl. *Beaver/Dukes* (1974).

170 Vgl. *Bernard/Thomas* (1990); *Abarbanell/Lehavy* (2003).

171 Vgl. bspw. *Frankel/Lee* (1998); *Dechow/Sloan/Sweeney* (1995).

172 Vgl. *Beaver* (2001), S. 4.

173 Vgl. Kapitel 2.2.4.4.

174 Vgl. *Lo/Lys* (2000), S. 3. Kritisch zur Bedeutung der Value Relevance Forschung äußern sich *Holthausen/Watts* (2001).

175 Vgl. zur Wertrelevanz der Rechnungslegung insgesamt *Hung* (2001).

stimmte Vermögenswerte in die Bewertung eingehen, obwohl sie lediglich im Anhang erwähnt werden und nicht bilanziert werden.[176]

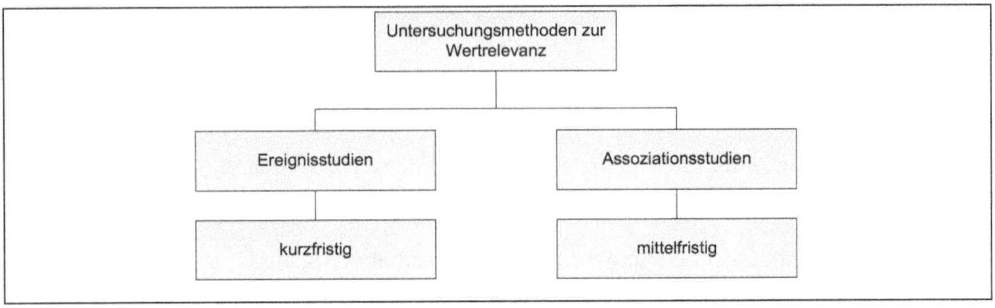

Abb. 2-3: Untersuchungsmethoden zur Wertrelevanz

Quelle: eigene Darstellung

Untersuchungen zur Wertrelevanz werden durch zwei unterschiedliche Formen von Studien durchgeführt, den Ereignisstudien und den Assoziationsstudien.[177] Während Ereignisstudien auf kurzfristige Zusammenhänge ausgerichtet sind und bspw. untersuchen, ob es innerhalb eines kurzen Zeitraums unmittelbar nach der Bekanntgabe einer bestimmten Information – dies stellt das Ereignis dar – zu Kursänderungen gekommen ist, untersuchen Assoziationsstudien für längere Zeitintervalle die Auswirkungen von Rechnungslegung auf Aktienkurse insgesamt.[178]

2.2.2.4 Ohlson Modell und Feltham-Ohlson Modell

Mit der Entwicklung eines Modells zur Erklärung des Zusammenhangs zwischen Rechnungslegungsinformationen und dem Marktwert eines Unternehmens von *Ohlson* (1995) und *Feltham/Ohlson* (1995) wurde eine der wichtigsten Forschungsrichtungen des letzten Jahrzehnts eröffnet, die stark von empirischen Studien geprägt ist und kont-

[176] So konnte gezeigt werden, dass Vermögenswerte und Schulden aus Pensionsverpflichtungen in Pensionsfonds im Marktpreis berücksichtigt werden, vgl. *Choi/Laibson/Madrian/Metrick* (2001). Auch immaterielle Vermögenswerte gehen in den Anteilspreis ein, vgl. *Lev/Sougiannis* (1996).

[177] Vgl. zu den unterschiedlichen Ausprägungen der Wertrelevanzforschung insbesondere *Lindemann* (2006), S. 969 – 972.

[178] Vgl. bspw. zur Auswirkung des Bekanntwerdens von unerwarteten Gewinnen auf den Aktienkurs *Jegadeesh/Livnat* (2004) oder zur Auswirkung der Aktivierung von Softwarekosten auf den Aktienkurs *Aboody/Lev* (2008).

rovers diskutiert wird.[179] Zur Kritik führten u. a. die Vernachlässigung von Informationsasymmetrien und die Implikationen des Modells, die keinen Anreiz bieten, die Rechnungslegungsinformationen zu steuern. Zudem konnte das Modell den empirischen Untersuchungen nicht standhalten, was jedoch zu einer großen Anzahl von Variationen und Erweiterungen des Modells geführt hat.[180]

Die Modelle sollen im Folgenden kurz vorgestellt werden, da sie durch ihren Erklärungsansatz einen engen Bezug zu der vorliegenden Untersuchung, insbesondere zu Kapitel 3 aufweisen.

Das *Ohlson*-Modell stellt nur drei Anforderungen an die eingehenden Größen und ist nicht an ein bestimmtes Rechnungslegungssystem gebunden.

a) Unter der Annahme von Risikoneutralität und symmetrischer Informationsverteilung bestimmt sich der Marktwert eines Unternehmens P_t als Barwert der erwarteten Dividenden d_t (Present Value of Expected Dividends; PVED):[181]

$$\text{PVED:}\quad P_t = \sum_{t=1}^{\infty} R_f^{-\tau} E_t(\tilde{d}_{t+\tau}) \qquad (1)$$

mit

P_t	*Marktwert einer Unternehmung zum Zeitpunkt t*
d_t	*Gezahlte Nettodividende zum Zeitpunkt t*
R_f	*risikofreier Zins plus 1*
$E_t(.)$	*Erwartungswert zum Zeitpunkt t*

b) Die Rechnungslegung entspricht einem Clean-Surplus-Accounting (CSR);[182] die Dividenden reduzieren dabei den Buchwert des Eigenkapitals y_t, sind vom gegenwärtigen Ertrag x_t aber unabhängig; durch die Ausschüttung stehen die Mittel je-

179 Vgl. bspw. *Bartholdy/Peare/Willett* (2000), S. 2.

180 Vgl. *Beaver* (2001), S. 20 – 22; *Bernard* (1995); *Gietzmann/Ostaszewski* (2001); *Liu/Ohlson* (2000).

181 Vgl. *Ohlson* (1995), S. 666.

182 Ein Clean Surplus Accounting oder Konvergenzprinzip liegt vor, wenn sich die Eigenkapitaländerungen (neben den Kapitaltransaktionen mit den Eigenkapitalgebern) nur aus den Erfolgen der Gewinn- und Verlustrechnungen der Perioden zusammensetzen.

doch nicht weiter zur Verfügung und beeinflussen somit die zukünftigen Erträge negativ:[183]

$$\text{CSR: } y_t = y_{t-1} + x_t - d_t \tag{2}$$

$$\text{wobei } \frac{\partial y_t}{\partial d_t} = -1 \text{ und } \frac{\partial x_t}{\partial d_t} = 0 \text{ und } \frac{\partial E(x_{t+1})}{\partial d_t} = -(R_f - 1)$$

mit

x_t	*Erfolg der Periode t*
y_t	*Buchwert des Eigenkapitals zum Zeitpunkt t*

c) Abnormale Erträge x^a, definiert als der Betrag, der über die Verzinsung des Eigenkapitals mit dem risikolosen Zinssatz R_f hinausgeht,

$$x_{1+\tau}^a \equiv x_{1+\tau} - (R_f - 1) y_{t+\tau-1} \tag{3}$$

werden als stochastischer Prozess mit Hilfe eines Linearen Informationsmodells (LIM) erklärt, in das neben dem Erfolg aus der Vorperiode auch als „externer Schock" Informationen v_t und Unsicherheiten ε_t eingehen, während die Informationen v_t teilweise vorhersagbar sind, die Unsicherheiten ε_t jedoch nicht:[184]

$$\text{LIM: } x_{t+1}^a = \psi x_t^a + v_t + \varepsilon_{1,t+1} \tag{4}$$

$$\text{wobei } v_{t+1} = \rho v_t + \varepsilon_{2,t+1} \text{ und } E_t(\tilde{\varepsilon}_{kt+\tau}) = 0, \text{ k=1,2 und } \tau \geq 1$$

mit

ψ, ρ	*bekannte Persistenzparameter mit einem Wert zwischen 0 und 1*

Aus den ersten zwei Annahmen kann das Modell im Sinne eines Übergewinnverfahrens (Residual Income Valuation; RIV) wie folgt formuliert werden:[185]

$$\text{RIV: } P_t = y_t + \sum_{t=1}^{\infty} R_f^{-\tau} E_t(x_{1+\tau}^a) \tag{5}$$

---

183 Es wird angenommen, dass die Dividendenzahlung zu einer Reduzierung der zukünftigen Erträge in Höhe der Verzinsung des verringerten Vermögens mit dem risikolosen Zinssatz führt, vgl. *Lundholm* (1995), S. 753.

184 Die Variablen x_t^a und v_t folgen dabei einer regressiven Erwartungshypothese, vgl.

185 Vgl. *Ohlson* (1995), S. 667.

Durch Integration des LIM und Vereinfachung der Schreibweise ergibt sich das *Ohlson*-Modell als

$$P_t = y_t + \theta_1 x_t^a + \theta_2 v_t \tag{6}$$

mit den Bewertungskoeffizienten

$$\theta_1 = \frac{\psi}{(R_f - \psi)} \geq 0 \text{ und } \theta_2 = \frac{R_f}{(R_f - \psi)}(R_f - \rho) > 0$$

Das *Ohlson*-Modell bestimmt somit den Marktwert des Eigenkapitals unter direktem Bezug auf den Buchwert des Eigenkapitals als bilanzielle Größe und Nettoertrag als Größe der Erfolgsrechnung.[186] Die zukünftigen abnormalen Erfolge sind dabei weder von der aktuellen Dividende noch von der zukünftigen Dividendenpolitik abhängig.[187] Im Kontext dieser Arbeit ist jedoch von besonderer Bedeutung, dass die Anwendung des *Ohlson*-Modells unabhängig von einer bestimmten Bilanzierungsmethode ist, solange die Clean-Surplus-Bedingung eingehalten wird.

Das *Feltham/Ohlson*-Modell[188] erweitert das *Ohlson*-Modell durch eine Differenzierung in operatives Vermögen und Finanzanlagen.[189] Zu diesem Zweck werden die vier sog. „Flow"-Variablen (i) Erträge aus dem operativem Vermögen, (ii) Nettozinserträge, (iii) Cash Flows und (iv) Dividenden und die drei „Stock"-Variablen (v) operatives Nettovermögen, (vi) Nettofinanzanlagen und (vii) Buchwert des Eigenkapitals als Summe aus operativem Vermögen und Finanzanlagen eingeführt.[190]

$$\text{Buchwert: } y_t = fa_t + oa_t \tag{7}$$

$$\text{Erträge: } x_t = i_t + ox_t \tag{8}$$

mit

fa_t	*Nettofinanzanlagen zum Zeitpunkt t (unter Einbeziehung von Verbindlichkeiten)*
oa_t	*Operatives Vermögen zum Zeitpunkt t*

186 Vgl. *Lindemann* (2006), S. 974.

187 Vgl. *Ohlson* (1995), S. 29. Zur Bedeutung von Dividendenpolitik unter Beachtung von *Modigliani/Miller* vgl. bspw. *Brealey/Myers/Allen* (2008), S. 472 – 479.

188 Vgl. *Feltham/Ohlson* (1995), S. 689 – 731.

189 Vgl. *Bartholdy/Peare/Williamsi* (2000), S. 5.

190 Vgl. *Feltham/Ohlson* (1995), S. 691.

i_t *Zinserträge*[191] *der Periode mit* $i_t = (R_f - 1) fa_{t-1}$

ox_t *Operative Erträge der Periode*

Für das Finanzvermögen (Financial Assets Relation; FAR) und das operative Vermögen (Operating Assets Relation; OAR) werden die Buchwerte wie folgt fortgeschrieben:

$$\text{FAR: } fa_t = fa_{t-1} + i_t - (d_t - c_t) \tag{9}$$

$$\text{OAR: } oa_t = oa_{t-1} + ox_t - c_t \tag{10}$$

mit

c_t *Realisierte Cash Flows durch operative Tätigkeiten zum Zeitpunkt t*

Während für die Finanzanlagen annahmegemäß relativ aktuelle Marktdaten vorliegen, hängt die Bewertung des operativen Vermögens in stärkerem Maße von dem verwendeten Rechnungslegungssystem ab. Im *Feltham/Ohlson*-Modell wird daher das operative Vermögen mit den bereinigten Cash Flows bewertet; hierdurch ergibt sich ein ausschließlich den operativen Aktivitäten zuzuordnender Goodwill, der somit auch dem Barwert der erwarteten abnormalen Erträge entspricht:

$$g_t = \sum_{\tau=1}^{\infty} R_f^{-\tau} E_t\left(\widetilde{ox}_{t+\tau}^{a}\right) \tag{11}$$

Damit ergibt sich der Unternehmenswert als Summe aus dem Wert der finanziellen und dem Wert der operativen Tätigkeiten, wobei sich der Wert der operativen Tätigkeiten aus dem Wert des operativen Vermögens zu Buchwerten und dem Barwert der künftigen bereinigten Cash Flows daraus ergibt:

$$P_t = fa_t + (oa_t + g_t) \tag{12}$$

Die Bewertung hängt demzufolge von den Cash Flows aus den künftigen operativen Tätigkeiten ab, was durch Umformung deutlich wird:

$$P_t - fa_t = oa_t + g_t = \sum_{\tau=1}^{\infty} R_f^{-\tau} E_t\left(\widetilde{c}_{t+\tau}\right) \tag{13}$$

---

191 Gem. *Modigliani/Miller* wird ein Barwert der Finanzierungsaktivitäten von null angenommen, vgl. *Modigliani/Miller* (1961), S. 411 – 433. Die Finanzanlagen produzieren also lediglich Erträge in Höhe des risikofreien Zinssatzes (R_f–1).

Anhand der Beurteilung, wie stark der Buchwert des operativen Vermögens von seinen zukünftigen Cash Flows abweicht, kann eine Beurteilung des verwendeten Rechnungslegungssystems in eine unverzerrte Rechnungslegung (unbiased accounting) bei geringer Abweichung und in eine konservative Rechnungslegung (conservative accounting) bei deutlicher Abweichung vorgenommen werden:

$$\text{Unbiased Accounting: } E_t(\tilde{g}_{t+\tau}) \rightarrow 0 \text{ mit } \tau \rightarrow \infty$$

$$\text{Conservative Accounting: } E_t(\tilde{g}_{t+\tau}) \succ 0 \text{ mit } \tau \rightarrow \infty$$

Bei konservativer Rechnungslegung ist also eine getrennte Betrachtung der finanziellen und der operativen Aktivitäten notwendig.[192]

Wie schon das *Ohlson*-Modell enthält auch das *Feltham/Ohlson*-Modell ein lineares Modell zur Prognose der erwarteten Erträge, welches explizit die Persistenz der abnormalen operativen Erträge, das Wachstum des operativen Vermögens und der operativen Erträge sowie den Konservatismus der Rechnungslegung berücksichtigt.[193] Es wird aus den folgenden vier rekursiven Gleichungen modelliert, die zu einer konsistenten Lösung führen, so dass eine Prognose der finanziellen Vermögenswerte und der Dividendenpolitik unterbleiben kann:

$$o\tilde{x}_{t+1} = \omega_{11} oa_t^a + \omega_{12} oa_t + v_{1,t} + \tilde{\varepsilon}_{1,t+1}$$

$$o\tilde{a}_{t+1}^a = \omega_{22} oa_t + v_{2,t} + \tilde{\varepsilon}_{2,t+1}$$

$$\tilde{v}_{1,t+1} = \gamma_1 v_{2,t} + \tilde{\varepsilon}_{3,t+1}$$

$$\tilde{v}_{2,t+1} = \gamma_2 v_{2,t} + \tilde{\varepsilon}_{4,t+1}$$

mit

$v_{i,t}$	*andere Informationen*
$\tilde{\varepsilon}_{j,t+\tau}$	*Unsicherheitsterm mit* $E_t(.) = 0$
γ_i	*zufällige Werte, die* v_{it} *beeinflussen*
ω_{11}	*Persistenz, a priori Restriktion* $\omega_{11} < 1$
ω_{12}	*Konservatismus, a priori Restriktion* $0 < \omega_{12} < 1$
ω_{22}	*Wachstum, a priori Restriktion* $1 < \omega_{22} < R_f$

192 Vgl. *Feltham/Ohlson* (1995), S. 700 f.

193 Vgl. *Feltham/Ohlson* (1995), S. 701 f.; *Stromann* (2002), S. 8.

Der Marktwert ergibt sich dann gem.

$$P_t = y_t + \alpha_1 ox_t^a + \alpha_2 oa_t + \beta v_t \tag{14}$$

mit

$$\alpha_1 = \frac{\omega_{11}}{R_f - \omega_{11}},\ \alpha_2 = \frac{\omega_{12} R_f}{(R_f - \omega_{22})(R_f - \omega_{11})}\ \text{und}\ \beta = \frac{R_f}{(R_f - \omega_{11})(R_f - \gamma_1)}$$

Das *Feltham-Ohlson*-Modell stellt somit einen detaillierteren Erklärungsansatz für die Verbindung von Rechnungslegung, Bewertung und Kapitalmarktreaktionen dar als das *Ohlson*-Modell und kann daher wertvolle Hinweise für die weitere Untersuchung liefern.[194]

2.2.2.5 Verhalten der Analysten

Dieses Forschungsgebiet untersucht die Effizienz der Informationsverarbeitung der Finanzanalysten, die als Intermediäre die Informationen aus der Finanzberichterstattung der Unternehmungen in den Marktpreis einbringen sollen. Auch wird in diesem Kontext untersucht, wie die übrigen Kapitalmarktteilnehmer auf Äußerungen der Analysten reagieren.

Bisher konnte bspw. empirisch gezeigt werden, dass die Prognosen zu optimistisch sind,[195] wobei ein „optimistischer Bias" mit einer Zugehörigkeit zu einem Emissionskonsortium korreliert.[196]

Noch ungeklärt sind bislang die Fragen, warum Finanzanalysten Informationen nicht in ausreichendem Maße verarbeiten, und wie die Bedeutsamkeit von Rechnungslegungsinformationen aus Sicht der Analysten mit dem gewählten Rechnungslegungssystem zusammenhängt.[197] Die Informationsverarbeitung der Informationsintermediäre steht in engem Zusammenhang mit dem Gebiet der Kapitalmarkteffizienz und wird daher an späterer Stelle wieder aufgegriffen.

---

194 Auf Basis des Modells wird der sog. Earnings Response Coefficient (ERC) gebildet, der die Intensität des Zusammenhangs zwischen Kursen und Gewinnen wiedergibt und für Standardsetter Hinweise auf Verbesserungspotenziale der Regelungen deutlich macht, vgl. *Lindemann* (2006), S. 975.

195 Vgl. *McNichols/O'Brien* (1997).

196 Vgl. *Lin/McNichols* (1997).

197 Vgl. *Beaver* (2001), S. 41; *Bradshaw/Richardson/Sloan* (2001).

2.2.2.6 Willkürliches Verhalten

Untersuchungen auf dem Gebiet der Discretionary Behaviour haben zum Ziel, Erkenntnisse über das Verhalten der Rechnungsleger zu gewinnen, das nicht durch Regelungen normiert ist. Hier sind als zentrale Punkte freiwillige Veröffentlichungen, die Bekanntgabe von Prognosen des Managements, die Wahl von Bilanzierungsmethoden und die Steuerung von Zuflüssen zu nennen. Es handelt sich somit um die Untersuchung der Motive für das Betreiben der gewählten Bilanzpolitik i.w.S., zu denen opportunistisches Verhalten, Signaling und auch spezifische Motive wie die Beeinflussung des Kapitalmarkts, der Kompensation oder der Steuer zählen.[198]

Die als Earnings Management bezeichnete Steuerung der Erfolgsgröße[199] stellt im Forschungsgebiet der Discretionary Behaviour einen besonders intensiv untersuchten Teilaspekt dar.[200] Erfolge werden gesteuert, um Verluste, sinkende Gewinne und ein Abfallen des Erfolgs unter die Analystenerwartungen zu vermeiden.[201] Dabei erscheint verwunderlich, dass einerseits das Earnings Management sehr weit verbreitet ist,[202] es aber andererseits relativ leicht von den anderen Marktteilnehmern erkannt wird, was in der Preisbildung Berücksichtigung findet.[203]

Weiterhin liegen auch Untersuchungen vor, die das Ausmaß des Earnings Management in Verbindung zum Rechnungslegungssystem bringen, was einen Schluss auf die Qualität eines Rechnungslegungssystems hinsichtlich der Verlässlichkeit der veröffentlichten Informationen zulässt.[204] Eine Betrachtung der deutschen Unternehmen, die ihre Konzernrechnungslegung auf Basis des § 292a HGB bereits vor 2005 freiwillig

---

198 Vgl. *Beaver* (2001), S. 43 – 44.

199 Gegenstand des Earnings Management ist es, den Erfolg einer Periode zu steuern, indem einzelne Erfolgskomponenten in andere Perioden verschoben werden.

200 Vgl. *Balsam/Bartov/Marquardt* (2002); *Dechow/Sloan/Sweeney* (1995).

201 Vgl. *Burgstrahler/Dichev* (1997).

202 Vgl. *Beaver* (2001), S. 46.

203 Vgl. *Subramanyam* (1996).

204 Vgl. *Ball/Robin/Wu* (2003) zu einer Untersuchung der Qualität der Rechnungslegung in Ländern mit einem Code Law im Vergleich zu regelbasierten Standards. Als Ergebnis kann ein signifikanter Einfluss auf die Rechnungslegungsqualität – gleich unter welchem System – in der Anreizstruktur für das Management gesehen werden. Insofern ist keine zwangsläufige Überlegenheit der regelbasierten Systeme zu erkennen.

auf IFRS umgestellt haben, konnte für die Geschäftsjahre 1999 – 2001 jedoch kein verändertes Verhalten in Hinblick auf das Earnings Management feststellen.[205]

2.2.2.7 Einordnung der vorliegenden Arbeit

Die vorliegende Arbeit untersucht die Anforderungen, die Kapitalmarktteilnehmer an die Rechnungslegung und das interne Rechnungswesen direkt oder indirekt stellen. Sie baut somit auf den Erkenntnissen der Wertrelevanz und des *Feltham/Ohlson*-Modells auf und interpretiert wertrelevante Sachverhalte als vom Kapitalmarkt geforderte Information. Ergebnisse aus den Forschungsbereichen des Analystenverhaltens und der Markteffizienz geben Anlass, aus den aufgedeckten Informationsproblemen weitere Informationsanforderungen abzuleiten.[206]

2.2.3 Klassifikation der Kapitalmarktteilnehmer

2.2.3.1 Klassifikationsmerkmale und Typologien

In der einschlägigen Literatur wurden bereits verschiedene Ansätze zur Klassifikation der Kapitalmarktteilnehmer vorgestellt, von denen einige im Folgenden vorgestellt werden sollen, bevor eine im Kontext dieser Untersuchung geeignete Klassifikationssystematik entwickelt werden soll.

Ernst/Gassen/Pellens haben in ihrer gemeinsam mit der Postbank durchgeführten Untersuchung[207] die Anleger hinsichtlich der drei nicht überschneidungsfreien Merkmale Expertise, Anlagephilosophie und Anlageziel klassifiziert.[208] Für jedes der Merkmale wurden zwei Merkmalsausprägungen festgelegt, so dass sich $2^3 = 8$ verschiedene Anlegertypen ergeben.

Das Merkmal der Expertise bezieht sich auf die fachrelevante Bildung und die Anlageerfahrung, das Merkmal der Anlagephilosophie beschreibt, ob eine Orientierung bei Investitionsentscheidungen an wirtschaftlichen Entwicklungen oder Kursverläufen vorherrscht, und das Merkmal des Anlageziels unterscheidet die Investoren in solche,

---

205 Vgl. *van Tendeloo/Vanstraelen* (2005), S. 155.

206 Vgl. auch *Lindemann* (2006), S. 975.

207 Zu der Untersuchung vgl. Kapitel 2.4.

208 Vgl. *Ernst/Gassen/Pellens* (2005), S. 19.

die an einem langfristigen Vermögensaufbau und solche, die an einer kurzfristigen Gewinnerzielung interessiert sind.[209]

Klassifikationsmerkmal	Merkmalsausprägung 1		Merkmalsausprägung 2	
Expertise	Profis,	5%	Einsteiger,	16%
Anlagephilosophie	Fundamental,	12%	Technisch,	21%
Anlageziel	Value,	76%	Growth,	7%

Tab. 2-4: Klassifikation der Anleger nach *Ernst/Gassen/Pellens*
Quelle: *Ernst/Gassen/Pellens* (2005), S. 19.

Zusätzlich konnten anhand der Angaben zwei besondere weitere Anlegertypen definiert werden, die risikoaversen und die misstrauischen Investoren. Risikoaverse Investoren mit einem Anteil von ca. 4% sind nicht bereit, unternehmerisches Risiko zu tragen, misstrauische Investoren sind solche Investoren, die die Ausbeutungsgefahr durch andere Stakeholder für sehr hoch halten; zu dieser Gruppe zählen 5% der Befragten.

Es können auch demographische Merkmale zur Klassifizierung der Kapitalmarktteilnehmer herangezogen werden, z. B. Alter, Geschlecht, Bildung, Wohnsituation, Einkommen, Familienstand etc.[210]

Darüber hinaus ist jedoch noch eine Vielzahl weiterer Unterscheidungsmerkmale denkbar. So hat *Kames* wie in Tab. 2-5 dargestellt anhand der zwei Anlegertypen „Privater Anleger“ und „Institutioneller Anleger“ weitere Merkmalsausprägungen zugeordnet.[211]

---

209 Vgl. *Ernst/Gassen/Pellens* (2005), S. 19.

210 Durch den Einsatz demographischer Faktoren wurden in der Studie von *Ernst/Gassen/Pellens* eine Kontrolle der Untersuchungsergebnisse ermöglicht und es konnte erkannt werden, dass die Gruppe der gut ausgebildeten, älteren Personen, Männer und Personen mit gehobener Wohnposition überrepräsentiert waren, vgl. dazu *Ernst/Gassen/Pellens* (2005), S. 16.

211 Die zwei von Kames definierten Gruppen sind dabei nicht als unabhängig voneinander zu interpretieren. Private Anleger können ihre Mittel auch in Fonds investieren, so dass ihre Zielvorstellungen in die Zielsetzungen der institutionellen Anleger eingehen. Zur Verdeutlichung der Unterschiedlichkeit der Investoren erscheint die Abgrenzung jedoch zweckgemäß.

Kriterium	Private Anleger	Institutionelle Anleger
Rechtsform	Natürliche Person	Juristische Person
Eigentum an den investierten Mitteln	Eigene Mittel	Fremde Mittel
Verfolgte Ziele	Eigene Ziele	Ziele der Kapitalgeber
Anlagevolumen	Gering	Hoch
Geographische Diversifikation	Gering	Niedrig, aber steigende Tendenz
Performancedruck	Gering	Hoch
Einflussmöglichkeiten auf die Unternehmenspolitik	Gering	Groß
Entscheidungsfindung	Individual	Individual- und Gruppenentscheidungen
Informationsbasis	Geringe Informationsmenge, keine professionelle Informationssuche und –verarbeitung	Große Informationsmenge, professionelle Informationssuche und –verarbeitung, Finanzanalysten
Beispiele	Private Haushalte, Einzelpersonen	Kreditinstitute, Versicherungen, Pensionskassen, Kapitalanlagegesellschaften, Investmentfonds, andere Unternehmen

Tab. 2-5: Möglichkeiten der Kategorisierung von Kapitalmarktteilnehmern

Quelle: *Kames* (2000), S. 17.

Bessler/Kurth/Thies unterscheiden in ihrer Untersuchung zur Aktionärsstruktur bei Börsengängen von jungen Wachstumsunternehmen neben der Pauschalgröße „Streubesitz“[212] mit Management, Venture-Capital-Gesellschaften,[213] anderen Unternehmen und Banken vier spezielle Aktionärstypen.[214] Dabei weisen prinzipiell alle vier Typen die Besonderheit auf, Zugang zu nicht-öffentlichen Informationen zu besitzen.[215] *Betsch/Groh/Lohmann* unterscheiden ebenfalls bei IPO-Situationen drei Gruppen von Akteuren, namentlich den Emittenten selbst, das Konsortium und die Investoren.[216]

212 Der Begriff des Streubesitzes bezieht sich auf die Konzentration der Anteile auf einzelne Aktionäre und wird auch in Börsenzulassungsvorschriften in Form des „Free Float“ verwendet, so auch bspw. in den Zulassungsvorschriften des Neuen Markts, bei dem prinzipiell für einen IPO ein Free Float von mindestens 20% vorgeschrieben war, vgl. *Bessler/Kurth/Thies* (2003), S. 659.

213 Für eine detaillierte Übersicht über verschiedene Formen von Venture-Capital-Gesellschaften vgl. *Engelmann/Heitzer* (2001), S. 216 f.

214 Vgl. *Bessler/Kurth/Thies* (2003), S. 656.

215 Da anderen Kapitalmarktteilnehmern diese Tatsache bekannt ist, wird den Entscheidungen dieser Gruppen eine Signalling-Wirkung beigemessen, vgl. *Bessler/Kurth/Thies* (2003), S. 657.

216 Vgl. *Betsch/Groh/Lohmann* (2000), S. 357 – 358. *Brühl* geht zusätzlich auf Interessenkonflikte beim IPO zwischen Altgesellschaftern und Konsortialbank ein, vgl. *Brühl* (2001), S. 195. *Neu-*

Für die zum IPO konträre Situation des Going Public, also der Aufgabe einer Kapitalmarktorientierung, identifizieren *Eisele/Götz/Walter* (2003) die drei wesentlichen Entscheidungsgruppen der Altaktionäre, der strategischen Investoren und der Finanzinvestoren.[217]

Leven (2005) differenziert Aktionäre hinsichtlich der Art der Aktien, welche sie halten; er unterscheidet dabei Belegschaftsaktien und andere Aktien, woraus sich drei Gruppen von Aktionären (nur Belegschaftsaktien, nur andere Aktien, Belegschaftsaktien und andere Aktien haltende Aktionäre) ergeben.[218]

Eine enumerative Aufstellung von Aktionären findet sich bei *Leven* (2003). Hier werden Private Haushalte, Unternehmen, Staat, Banken, Versicherungen und Pensionsfonds, Investmentfonds und übrige Welt unterschieden.[219]

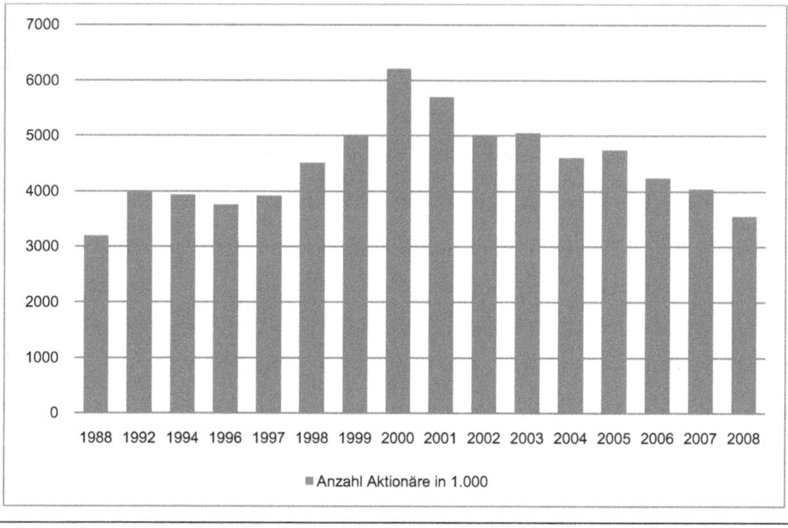

Abb. 2-4: Entwicklung der Anzahl der Aktionäre in Deutschland 1988 – 2008

Quelle: DAI Fact Book (2008), 08.3-Zahl-D

---

haus/Schremper (2003) zeigen einen positiven Zusammenhang zwischen Reputation der Konsortialbank und der langfristigen Aktienperformance bei einem IPO, vgl. *Neuhaus/Schremper* (2003), S. 457 f.

217 Vgl. *Eisele/Götz/Walter* (2003), S. 480 f.

218 Vgl. *Leven* (2005), S. 1.

219 Vgl. *Leven* (2003), S. R512; auch: DAI Fact Book (2004), S. 08.1-1.

Grossmann/Stiglitz unterscheiden die Kapitalmarktteilnehmer systematisch und durch eine Negativ-Definition umfassend in informierte und in nicht-informierte Kapitalmarktakteure,[220] *Kasperzak* nimmt eine inhaltlich weitgehend entsprechende Einteilung in institutionelle und nicht-institutionelle Akteure vor.[221] Die Merkmalsausprägung „Informiertheit" wird dabei über die für die notwendige Informationsverarbeitungskapazität benötigten finanziellen Ressourcen in die Ausprägung „Institutionell" überführt.[222]

Für die vorliegende Untersuchung der Anforderungen einer „Kapitalmarktorientierung" sind alle Kapitalmarktteilnehmer zu erfassen und in zielführender Weise zu unterscheiden, da davon ausgegangen werden soll, dass Marktteilnehmer mit ähnlichen Handlungsgrundlagen weitgehend übereinstimmende Interessen ausprägen werden, da sie homogene Strategien verfolgen bzw. vergleichbare Handlungsmuster entwickeln.[223] Als zielführend werden dabei im Rahmen dieser Arbeit jene Merkmale interpretiert, die einen direkten oder indirekten Bezug zum Rechnungswesen der Unternehmung erkennen lassen.

Als erstes Merkmal soll die Funktion des Akteurs auf dem Kapitalmarkt herangezogen werden. Dabei kann zwischen den primären Marktakteuren, also den Anbietern und Nachfragern, und sekundären Akteuren wie Analysten, Wirtschaftsjournalisten und anderen am Kapitalmarkt tätigen Dienstleistern unterschieden werden. Auf dem Sekundärmarkt bildet dabei die Gruppe der Investoren zugleich Anbieter und Nachfrager ab, auf dem Primärmarkt kommen die Emittenten von Wertpapieren als spezielle Anbietergruppe hinzu. Die explizite Hinzunahme von sekundären Akteuren wie den Informationsintermediären soll gewährleisten, dass diese Nicht-Investorengruppe bei der Analyse berücksichtigt wird, da sich feststellen lässt, dass insbesondere die Gruppe der Finanzanalysten eine bedeutsame Rolle auf dem Kapitalmarkt einnehmen.[224] Da pri-

---

220 Vgl. *Grossmann/Stiglitz* (1980), S. 393 f.

221 Vgl. *Kasperzak* (1997), S. 159.

222 Vgl. *Kasperzak* (1997), S. 160.

223 In diesem Sinne wird hier der handlungstheoretischen Perspektive gefolgt, vgl. dazu ausführlich *Kasperzak* (1997), S. 118 – 159.

224 Dies zeigt sich auch darin, dass sich ein Teilbereich der empirischen Kapitalmarktforschung der Tätigkeit der Finanzanalysten widmet, vgl. dazu Kapitel 2.2.2.5.

märe und sekundäre Gruppen mit ihrer Präsenz auf dem Kapitalmarkt unterschiedliche Zielsetzungen verfolgen, ist davon auszugehen, dass sie zwangsläufig auch voneinander verschiedene Anforderungen an die Informationsgeneratoren entwickeln.

Das zweite Merkmal, das für eine Klassifikation herangezogen werden soll, ist die informatorische Basis, die für Handlungen des Akteurs genutzt wird. Dieses Merkmal entspricht dem Kriterium der Informationsbasis bei *Kames* und stellt gezielt auf die Informationen ab, die der Akteur vom Unternehmen erhält und ist damit von zentraler Bedeutung. Aufgrund der Komplexität der Informationsverarbeitung müssen zumindest die drei Unterkriterien der Menge der verarbeiteten Informationen sowie der Art der Informationsverarbeitung und der Informationssuche berücksichtigt werden. Es ist zu erwarten, dass sich auf Basis dieses Merkmals deutlich unterschiedliche Anforderungen an die Unternehmensrechnung formulieren lassen.

Das dritte Merkmal „Expertise“ entspricht dem Klassifikationskriterium bei *Ernst/Gassen/Pellens* und bildet das beim Kapitalmarktakteur vorhandene Wissen um Theorien und Zusammenhänge auf dem Kapitalmarkt ab. Aus handlungstheoretischer Perspektive liegt hier eine Gruppierung ähnlicher Ausprägungen intrapersoneller Eigenschaften vor, die jeweils ähnliche Handlungsweisen erwarten lassen.[225] Es kann vermutet werden, dass sich in Abhängigkeit der Kenntnis von bestimmten Theorien oder Modellen Unterschiede in der Menge und der Art nachgefragter Informationen ergeben.

Als viertes Merkmal soll die bevorzugte Methode der Preisprognose herangezogen werden. Als mögliche Ausprägungen kommen hier in erster Linie die Fundamentalanalyse und die technische Analyse in Frage. Die Ausprägung dieses Merkmals ist von besonderer Bedeutung, da im Falle der technischen Analyse keine Informationen vom Unternehmen verarbeitet werden und somit prinzipiell auch keine Anforderungen an eine Informationsgenerierung bestehen.

Das fünfte Merkmal besteht in dem Ziel, welches der jeweilige Kapitalmarktakteur mit seiner Teilnahme am Kapitalmarkt verfolgt. Dieses Merkmal ist teilweise abhängig vom ersten genannten Merkmal der Funktion, da die primären Akteure zwangsläufig

---

[225] Vgl. *Kasperzak* (1997), S. 145 – 146.

andere Ziele verfolgen als die sekundären Teilnehmer, deren Ziel aufgrund des fehlenden Handelshintergrundes nicht in Investition oder Spekulation liegen kann. Dieses Merkmal umschließt damit das Kriterium des Anlageziels bei *Ernst/Gassen/Pellens*, erweitert es jedoch um weitere Zielsetzungen.

Tab. 2-6 zeigt zusammenfassend die Klassifikationsmerkmale, auf welche im Rahmen der weiteren Arbeit Bezug genommen wird.

Merkmal	Merkmalsausprägungen
Kapitalmarktfunktion	primär: Investoren, Emittenten sekundär: Analysten, Wirtschaftsjournalisten, Konsortialbanken, sonstige Dienstleister
Informationsbasis	Unterkriterien: Umfang der Informationsmenge: groß ... gering; Art der Informationsverarbeitung: manuell, maschinell; Art der Informationssuche: manuell, maschinell
Expertise	Groß ... gering
Preisprognosemethode	Fundamentale Analyse, Technische Analyse, Intuition, andere Methoden
Partizipationsziel	Merkmal hängt ab von Funktionsmerkmal: Wertaufbau, Spekulation, Finanzierung (primär); Reputationsaufbau, Einkommensverbesserung, Gewinnerzielungsabsicht (sekundär)
Einfluss auf Unternehmensentscheidungen	Entsprechend der Stakeholder-Matrix (Tab. 2-1, S. 20) in Kategorien von A, B und C

Tab. 2-6: Klassifikation der Kapitalmarktteilnehmer

Quelle: eigene Zusammenstellung.

2.2.3.2 Typen von Kapitalmarktteilnehmern

Auf Basis der entwickelten Klassifikationssystematik lassen sich durch Kombination verschiedener Merkmalsausprägungen bestimmte Typen von Kapitalmarktteilnehmern bilden. Die Typenbildung soll sich dabei an der Fragestellung der vorliegenden Untersuchung ausrichten. Es werden daher die typischen aber nicht disjunkten Gruppen

a) institutionelle Investoren,

b) Privatanleger,

c) Finanzanalysten und

d) Fremdkapitalgeber

gebildet.

Die erste typische Gruppe bilden die institutionellen Investoren.[226] Sie verwalten große finanzielle Ressourcen fremden Kapitals und verfügen über einen professionellen Informationsbeschaffungs- und -verarbeitungsapparat. Aufgrund hoher Anlagebeträge üben sie einen bedeutenden Einfluss auf die Unternehmen aus und sind daher tendenziell der Klasse A1 oder zumindest B1 zuzuordnen. Es kann von umfassenden Kenntnissen und Erfahrungen bzgl. der Theorien und Gesetzmäßigkeiten, somit von einer großen Expertise ausgegangen werden. Es soll davon ausgegangen werden, dass die hier beschriebene Gruppe primär fundamentale Daten zur Preisprognose heranzieht. Institutionelle Investoren unterliegen einem hohen Performancedruck.[227]

Wegen ihrer professionellen Ausrichtung und dem Charakter der Gruppenentscheidung und Fremdvermögensverwaltung kann vermutet werden, dass die institutionellen Investoren lediglich Wertziele im Sinne einer Maximierung verfolgen. Das Vorhandensein von institutionellen Investoren erklärt sich durch die Bündelung der Kapitalmarktexpertise und der daraus entstehenden Einkommenserzielungsmöglichkeit.[228] Die von den institutionellen Investoren geführten Fonds verfolgen dabei unterschiedliche Strategien, die u.a. hinsichtlich ihres Risikoprofils unterschieden werden können.[229]

Im Kontrast zur ersten Gruppe soll als zweiter Typ eines Kapitalmarktteilnehmers der „Privatanleger" definiert werden.[230] Dieser ist geprägt von einem deutlich geringeren Anlagevolumen und entsprechend geringer Einflussmöglichkeiten (Kategorie C1), wobei es sich jedoch um eigene Mittel handelt. Aufgrund der in Hinblick auf Umfang

---

226 Zu den institutionellen Investoren zählen Kapitalanlagegesellschaften, Pensionsfonds und -kassen, Versicherungen und Unternehmungen im Allgemeinen, vgl. auch *Kasperzak* (1997), S. 159.

227 So werden zur Beurteilung von Fonds verschiedene Rankings veröffentlicht, die unterschiedliche Performancemaße abbilden, vgl. *Perridon/Steiner* (2007), S. 282. Aufgrund der hohen Mobilität von Kapital können Beteiligungen an Fonds mit schlechter Performance relativ einfach und kostengünstig auf andere Fonds mit besserer Performance umgeschichtet werden.

228 Institutionelle Investoren sind somit mit Händlern auf den Gütermärkten vergleichbar; sie erzielen Einkommen durch eine Leistung – in diesem Fall in erster Linie die Informationsverarbeitung – die von den „Endkunden" selbst nicht oder nur schwer erbracht werden kann.

229 So können ähnlich der Unterteilung bei *Ernst/Gassen/Pellens* Value- und Growth-Fonds unterschieden werden.

230 Vgl. zur Bedeutung der Aktie als Anlageform für private Anleger *Frowein* (2001), 633 f., *Leven* (2005), S. 1.

und Qualität der zur Verfügung stehenden Möglichkeiten der Sammlung und Verarbeitung von Informationen muss der Privatanleger seine Entscheidungen auf einer wesentlich schwächeren informatorischen Basis treffen, als es institutionellen Anlegern möglich ist. Hinsichtlich des Merkmals der Expertise ist für Privatanleger keine Festlegung auf eine Ausprägung zu treffen, da es sowohl erfahrene, gut gebildete und ebenso unerfahrene private Anleger geben kann. Es kann jedoch davon ausgegangen werden, dass die durchschnittliche Expertise unter der der institutionellen Investoren liegt.

Da es sich bei Privatanlegern um auf eigene Rechnung handelnde Investoren handelt, bildet sich ihr Ziel der Kapitalmarktteilnahme in dem Anlageziel ab, welches sie verfolgen. Hier soll davon ausgegangen werden, dass primär langfristiges Wachstum im Sinne eines Vermögensaufbaus verfolgt.[231]

Zu den ersten zwei Typen, die beide der primären Akteursgruppe zuzuordnen sind, sollen die Finanzanalysten als typische Vertreter der sekundären Marktteilnehmer hinzutreten. In diesem Kontext sind hier die Sell-Side-Analysten gemeint, die sich als Informationsintermediäre betätigen und Kursprognosen sowie Kauf- bzw. Verkaufsempfehlungen aussprechen.[232] Bei Finanzanalysten wird aufgrund ihrer professionellen Beschäftigung von einer hohen Expertise ausgegangen. Obwohl sie selbst nicht als Käufer oder Verkäufer von Wertpapieren auftreten, also nicht am eigentlichen Marktprozess teilnehmen, kommt ihnen eine besondere Bedeutung bei der Preisbildung zu.[233] Diese lässt sich insbesondere durch die nur eingeschränkte Informationsverarbeitungskapazität der privaten Anleger erklären, die sich in ihren Entscheidungen zu einem großen Teil auf Analysteneinschätzungen stützen. Sie sind daher den Klassen B1 – B2 zuzuordnen.

Da die Verwendung des Begriffs des Kapitalmarkts hinsichtlich der Einbeziehung des Fremdkapitalmarkts zwar nicht eindeutig ist, sich IASB und FASB aber in ihrem Ent-

---

231 Dies entspricht auch empirischen Beobachtungen, vgl. *Häusele* (1998), S. 95; *Allendorf* (1998), S. 48; *Wichels* (2002), S. 18 f.; *Drill* (1995), S. 59.

232 Vgl. *Achleitner/Bassen/Pietzsch/Wichels* (2002), S. 29. Davon sind die sog. Buy-Side-Analysten zu unterscheiden, die für Kaufinteressenten tätig werden und bestimmte Zielobjekte bewerten.

233 Vgl. *Baumann/Schürmann* (2001), S. 134; *Achleitner/Bassen/Pietzsch/Wichels* (2002), S. 29.

wurf für ein neues, gemeinsames Rahmenkonzept auf die Einbeziehung der Fremdkapitalgeber in die Gruppe der primären Adressaten verständigt haben, soll ein vierter Typ „Fremdkapitalgeber" definiert werden.[234] Die Definition ist stark pauschalisiert, da es primär um die Unterscheidung der Interessen von Eigen- und Fremdkapitalgebern geht. Prinzipiell können sowohl institutionelle als auch private Anleger sowohl in Eigen- als auch Fremdkapitaltitel investieren, daher findet keine Eingrenzung hinsichtlich der Expertise oder der Informationsverarbeitung statt; die Einordnung in die Stakeholdermatrix wird mit B1 – B3 vorgenommen.[235]

Typ	Funktion	Informationsbasis	Expertise	Preis-prognose	Ziel
Institutionelle Anleger	Investor	Umfangreiche Informationen, professionelle Informationssammlung und -verarbeitung	Hoch	Fundamental	Rendite (Maximierung)
Privatanleger	Investor	Geringe Informationsbasis, selektive Informationssammlung, tendenziell einfache Informationsverarbeitung	Nicht festgelegt	Nicht festgelegt	Rendite (tendenziell Satisfaktion)
Finanzanalysten	Intermediär	Umfangreiche Informationen, professionelle Informationssammlung und -verarbeitung	Hoch	Nicht festgelegt	Reputationsaufbau, Einkommenserzielung und -verbesserung
Fremdkapitalgeber	Investor (kein Risikokapital)	Nicht festgelegt	Nicht festgelegt	Nicht festgelegt	Rendite

Tab. 2-7: Kapitalmarktteilnehmertypen

Quelle: eigene Zusammenstellung.

2.2.3.3 Spezifische Interessen der gebildeten Typen von Kapitalmarktteilnehmern

Für die gebildeten Gruppen bzw. Typen können nun spezifische Interessenlagen entwickelt werden, auf deren Basis in den Kapiteln 3 und 4 die Anforderungen an das externe und das interne Rechnungswesen der Unternehmungen hergeleitet werden kann.

234 Vgl. ED Framework (2008), OB7.

235 Eine explizite Berücksichtigung der C-Ebene der Stakeholder wird damit in dieser Untersuchung nicht vorgenommen.

2.2.3.3.1 Interessen institutioneller Investoren

Aufgrund ihrer großen finanziellen Ressourcen halten institutionelle Investoren oftmals bedeutsame Anteile an Unternehmen. Daraus resultiert ein besonderer Einfluss auf das Management des Unternehmens, eine hohe Beteiligung birgt aber auch Nachteile einerseits in Hinblick auf mögliche Kursabschläge,[236] andererseits in Hinblick auf die Handlungsoptionen. Hält ein institutioneller Investor einen wesentlichen Teil der Anteile eines Unternehmens, ist davon auszugehen, dass bei einem Verkauf der Anteile aufgrund des plötzlichen Angebotsüberhangs und der mit dem Verkauf verbundenen Signalwirkung der Kurs signifikant sinkt und Werte vernichtet werden.[237] Die zentrale Option des „Verkaufens“ steht somit nur eingeschränkt zur Verfügung, so dass verstärkt über die vorhandene Machtposition Einfluss auf das Management als alternative Handlungsmöglichkeit genommen werden muss.

Das Interesse institutioneller Investoren richtet sich somit verstärkt auf die Auswirkungen des Haltens von Anteilen.[238] Da ihre eigene Performance anhand der tatsächlichen Kursentwicklung gemessen wird,[239] liegt ihr Interesse einerseits in einer aktuell positiven Entwicklung des Aktienpreises. Dafür ist die Vermittlung positiver Informationen an den Kapitalmarkt notwendig. Eine sofortige öffentliche Vermittlung negativer Informationen hingegen liegt nicht in ihrem Interesse, sofern sie selbst über diese Information bereits auf anderem Wege verfügen können,[240] da sich in diesem Fall der Wert dieser privaten Information in der Vermeidung des Kursverlustes ausdrückt, dem durch rechtzeitige Veräußerung – unter Inkaufnahme der oben beschriebenen negativen Kurseffekte – begegnet werden kann.[241] Dass institutionelle Investoren über priva-

---

236 Aktien von Unternehmen, die nur von einer Anlegergruppe kontrolliert werden, zeigen einen Kursabschlag, da ein konzentrierter Anteilsbesitz die Fehlverwendung von Ressourcen fördert, vgl. *Bessler/Kurth/Thies* (2003), S. 656.

237 Zum Signaling vgl. *Ross* (1977).

238 Dabei handelt es sich um eine Tendenzaussage; institutionelle Investoren sind auch in einem steten Prozess der Reallokation der Ressourcen begriffen.

239 Zur Berücksichtigung von Rendite und Risiko im Rahmen der Performance-Messung vgl. *Perridon/Steiner* (2007). S. 282 – 284.

240 Zum Begriff des Insidergeschäfts vgl. *Graumann* (1993), S. 789.

241 Eben dieses Verhalten – Verkauf aufgrund privater Informationen – begründet die Signalhypothese.

te Informationen verfügen kann gemutmaßt werden,[242] da sie Informationen nicht nur über die Regel- und die Ad-hoc-Publizität erhalten sondern auch in Analystenkonferenzen, Road Shows oder sog. One-on-Ones persönlichen Kontakt zu den Mitgliedern des Managements pflegen.[243] Die Existenz solcher Veranstaltungen kann aus Sicht der Transaktionskostentheorie nur erklärt werden, wenn den Kosten, die durch eine Teilnahme an einer solchen Maßnahme entstehen, ein adäquater Nutzen in Form einer Informationszuwachses gegenübersteht.

Andererseits sind institutionelle Investoren durch die tendenzielle „Gebundenheit" an ihr Anlageobjekt an einer maximalen Unternehmenswertsteigerung interessiert. D.h., dass das interne Rechnungswesen der Unternehmung zum Einen die notwendigen Informationen generieren muss, um dem Management eine wertorientierte Führung zu ermöglichen. Damit ist allerdings noch nicht sicher gestellt, dass die Führungskräfte diese Informationen auch im Sinne der Anteilseigner verwenden. Ein weiteres Interesse muss somit auf die Durchsetzung der eigenen Ziele vor dem Hintergrund der Prinzipal-Agenten-Problematik gerichtet sein.[244]

Der Tatbestand der Informationsasymmetrie zwischen Management und Investoren ist dabei in zweierlei Hinsicht kritisch: einerseits wirkt das Management im Rahmen der Planungsprozesse an der Erzeugung der i.d.R. zukunftsorientierten, also planungsbasierten wertorientierten Führungsinformationen selbst mit und kann daher eigene Informationsvorsprünge durch gezielte Manipulation der Informationsinhalte schützen. Andererseits können die eigenen Anstrengungen durch die Auswahl der zu erzeugenden Informationen und der Methodik durch das Management verschleiert werden.[245]

Investoren haben somit nicht nur ein Interesse an spezifischen Informationsinhalten, sondern es werden auch Ansprüche an den Informationserstellungsprozess an sich gerichtet. Handlungen des Managements, die zum eigenen Vorteil, aber zum Nachteil der Investoren sind, können teilweise durch die Gefahr der Entdeckung vermieden werden.

---

242 Vgl. auch die zahlreichen empirischen Untersuchungen zu Insidergeschäften und privaten Informationen, bspw. *Ke/Huddart/Petroni* (2003) oder *Zhang* (2001).

243 Vgl. zu Informationsasymmetrien aus Telefonkonferenzen *Brown/Hillegeist/Lo* (2003).

244 Vgl. auch *Weber* (2009), S. 4.

245 Vgl. *Schäffer* (2009), S. 48.

Bestehen für bestimmte Sachverhalte regelmäßige Berichtspflichten, üben diese eine Disziplinierungsfunktion aus, die im Interesse der Investoren ist. Zur Beurteilung der Leistungsfähigkeit des Managements wird ferner eine Kontrollfunktion durch die Rechnungslegung wahrgenommen.[246] Diese beiden Informationsfunktionen beziehen sich somit weniger auf den Informationsinhalt als auf die Rückschlusswirkung und werden gewöhnlich unter dem Begriff der Rechenschaft aggregiert.[247]

2.2.3.3.2 Interessen privater Anleger

Privatanleger verfolgen gemäß der Typendefinition eher langfristige Anlageziele. Das aufzubauende Vermögen dient in vielen Fällen der Altersvorsorge, also der Einkommenssicherung in späteren Perioden, in denen andere Möglichkeiten der Einkommenserzeugung entfallen. Dementsprechend verhalten sich Privatanleger tendenziell risikoscheu und bevorzugen eher eine risikoärmere Anlage mit geringerer Rendite, da ein zukünftiger Einkommensverlust schwerer wiegt als evtl. möglicher weiterer Einkommenszugewinn.[248]

Daher liegt es tendenziell im Interesse der Privatanleger, wenn die Unternehmen eine Politik verfolgen, die eher auf die Sicherstellung von Überschüssen abstellt als auf deren Maximierung, die i.d.R. durch ein erhöhtes Risiko erkauft werden muss. Wenn die Unternehmenswertsteigerung als betriebswirtschaftlich akzeptiertes Ziel verfolgt wird, so ist dies aus Sicht der Privatanleger nicht zwangsläufig mit einem Maximierungsauftrag verbunden, da auch kein besonderer Performancedruck besteht.[249]

Aufgrund der geringeren Expertise und der eingeschränkten Möglichkeiten der Beschaffung und Verarbeitung relevanter Informationen sind private Anleger in besonderem Maße an einer effizienten Informationsversorgung interessiert: die von ihnen nachgefragten Informationen sollen auch für Nicht-Experten in gut verständlicher

---

246 Vgl. PAAinE (2007) S. 4 f.

247 Zur stewardship function vgl. *Gjesdal* (1981)

248 Die Einkommenssteigerung, die von einem gegebenen Niveau aus durch zusätzliche Risikoübernahme erzielt werden kann, wiegt aufgrund des abnehmenden Grenznutzens geringer als der bei einem eintretenden Einkommensverlust entstehende Nutzenentgang, zumal der Einkommensverlust auch nicht kompensiert werden kann und unmittelbar zu einer Senkung der zukünftigen Lebensqualität führen würde.

249 Zur Risikobeurteilung durch Privatanleger vgl. ausführlich *Sachse* (2008)

Weise auf einfachem Wege schnell und kostengünstig kommuniziert werden. Darüber hinaus haben private Anleger ein Interesse daran, dass möglichst viele Informationen öffentlich gemacht werden, um aus Informationsasymmetrien zwischen den Kapitalmarktteilnehmern durch Insidergeschäfte resultierende Vorteile insbesondere der institutionellen Anleger zu verhindern.[250]

Wie die institutionellen Anleger sind auch private Anleger vom Management der Unternehmung abhängig, in die investiert worden ist, dementsprechend besteht auch bei ihnen ein Interesse an der Reduzierung des Prinzipal-Agenten-Konflikts, welches durch eine Disziplinierung des Managements durch Berichtspflichten verfolgt werden kann. Die Kontrollfunktion zum Zwecke der Beurteilung des Managements dürfte hingegen für Privatanleger jedoch von nachrangigem Interesse sein, da kaum Sanktionsmöglichkeiten bestehen.[251]

2.2.3.3.3 Interessen von Finanzanalysten

Analysten verfolgen mit ihrer Tätigkeit Ziele der Einkommenserzielung und des Reputationsaufbaus; der Aufbau eines guten Rufs führt seinerseits wiederum zu einer Verbesserung der Einkommenssituation und wird durch die Erstellung qualitativ hochwertiger Prognosen erreicht. Für diesen Zweck setzen Finanzanalysten i.d.R. verschiedene Bewertungsverfahren parallel ein, um Schwächen der einzelnen Verfahren zu kompensieren; durch den Einsatz verschiedener Methoden ergeben sich jedoch sehr viele Informationsinteressen.[252] Finanzanalysten nehmen aufgrund ihrer professionellen Tätigkeit und ihrer Bedeutung für die Informationsverarbeitung am Kapitalmarkt wie institutionelle Investoren an Analystenkonferenzen etc. teil und sind somit ebenfalls in der Lage, über private Informationen verfügen zu können, wenn auch über weniger als

250 D.h., dass diese Gruppe zwar ein Interesse daran hat, dass umfangreiche Informationen publiziert werden, selbst jedoch nicht in der Lage ist, diese Informationen zu verarbeiten. Das Interesse richtet sich also nicht auf den Informationsinhalt sondern auf die Tatsache der Öffentlichkeit einer Information.

251 Durch die geringe Beteiligungsquote privater Anleger ist es für diese Gruppe praktisch unmöglich, gegen ein ineffizient arbeitendes Management vorzugehen. Insofern müssen sich die privaten Anleger auf die institutionellen Investoren verlassen, die ggf. gleiche Interessen besser durchsetzen können. Ist ein Privatanleger mit den Leistungen des Managements nicht zufrieden und erfolgt keine Sanktionierung, bleibt ihm nur die Reaktionsmöglichkeit des Verkaufs der Anteile.

252 Vgl. *Achleitner/Bassen/Pietzsch/Wichels* (2002), S. 35. Auf die verschiedenen Verfahren der Unternehmensbewertung wird in Kapitel 2.3 eingegangen.

institutionelle Anleger, da diese auch über ihre Eigenschaft als Shareholder und ggf. aus der Position eines Aufsichtsratsmandats heraus weitere Informationsmöglichkeiten besitzen.

Da Analysten i.d.R. eine Vielzahl von Unternehmen beobachten, steht ihnen für die Sammlung und Auswertung von Informationen zu einem Unternehmen nur in begrenztem Umfang Zeit zur Verfügung. Daraus ergibt sich das Interesse an einer möglichst effizienten Informationsweitergabe. Wegen der Notwendigkeit, im Rahmen bestimmter Bewertungsverfahren Unternehmensvergleiche anstellen zu müssen, sind Analysten darüber hinaus an einer standardisierten Informationsweitergabe interessiert, die einen einfachen Vergleich zulässt.[253]

Aufgrund der fehlenden Beteiligung haben Analysten keine spezielle Erwartungshaltung gegenüber dem Management, insofern lassen sich auch keine Interessen bzgl. des internen Rechnungswesens als Informationslieferant für die Führungskräfte ableiten.[254] Finanzanalysten haben insofern, anders als die ersten beiden Gruppen, ausschließlich Informationsinteressen.[255]

2.2.3.3.4 Interessen von Fremdkapitalgebern

Im Gegensatz zu den Gruppen, die über den Kapitalmarkt Eigenkapital zur Verfügung stellen, erwerben Fremdkapitalgeber Festbetragsansprüche auf Rückzahlung des gewährten Betrags und zusätzlich den Anspruch auf Zahlung des vereinbarten Zinses. Durch die Verlagerung der Fremdkapitalgewährung an den Kapitalmarkt und die damit einhergehende Verbriefung der Forderungen erzielen die Fremdkapitalgeber auch einen Nutzen aus der Kursbildung der Wertpapiere, welche die jeweils aktuelle Zinssituation reflektiert.

---

253 Vgl. PAAinE (2009), S. 9. Im Rahmen der Multiplikatormethode muss aus vergleichbaren Unternehmen eine sog. Peer Group gebildet werden. Für die Peer Group Bildung sind daher Unternehmensvergleiche anzustellen, vgl. *Achleitner/Bassen/Pietzsch/Wichels* (2002), S. 35.

254 Auch wenn es nicht in ihrem eigenen Interesse liegt, so werden doch auch Finanzanalysten eine wertorientierte Führung erwarten.

255 Dabei handelt es sich hier nur um die Entscheidungsunterstützungs- und nicht um die Rechenschaftsfunktion. Es könnte allenfalls ein Interesse an unverzerrter Informationsweitergabe bestehen, wenn damit eine höhere Qualität der erstellten Prognosen einhergehen würde.

Wie die Gruppen, die Eigenkapital zur Verfügung stellen, sind auch die Fremdkapitalgeber an der Höhe, dem Zeitpunkt und der Sicherheit ihrer Cash Flows interessiert, sowohl was die Zahlungen des Unternehmens betrifft als auch die möglichen Effekte aus Kursänderungen.[256] Durch ihr Interesse an dem Erhalt von Zahlungen ergeben sich daher für Fremdkapitalgeber Informationsinteressen sowie Interessen hinsichtlich der Art und Weise der Unternehmensführung.

Durch die andersartige Risikoposition differieren diese Interessen jedoch von denen der Eigenkapitalgeber: während die Gruppen, die Risikokapital zur Verfügung stellen und somit auf einen gesicherten Anspruch auf Rückzahlung gänzlich verzichten, ein besonders stark ausgeprägtes Interesse an dem für sie verbleibenden Restwert stellen – der sich regelmäßig aus dem Erfolg des Unternehmens ableitet – ist eine bspw. am Wachstum des Unternehmenswertes oder des Aktienkurses gemessene Performance für Fremdkapitalgeber weitgehend uninteressant, da sie daran nicht partizipieren. Für sie ist die Bonität des Schuldners von größerer Bedeutung, d.h. ob bzw. mit welcher Wahrscheinlichkeit die Unternehmung in der Lage sein wird, den Kapitaldienst zu leisten. Für den Fall, dass eine Rückzahlung nicht mehr möglich ist, ist für die Fremdkapitalgeber darüber hinaus die Frage nach Sicherheiten, also dem Schuldendeckungspotenzial entscheidend.[257]

Daraus lässt sich ableiten, dass einerseits Informationsinteressen zum Zwecke der Entscheidungsunterstützung bestehen, die verstärkt auf die Bestands- und weniger auf die zukünftigen Stromgrößen gerichtet sind; sofern zukünftige Bewegungen erfragt werden, steht weniger die erreichbare Höhe als die Wahrscheinlichkeit der Erreichung einer bestimmten, notwendigen Höhe des Erfolgs im Vordergrund.[258] Andererseits sind Fremdkapitalgeber sehr daran interessiert, dass vom Management eine Unternehmenspolitik verfolgt wird, die auf die Erhaltung einer möglichst breiten Haftungsbasis

[256] Vgl. auch ED Framework (2008), OB6 (b).

[257] Zu den Interessen von Kreditinstituten vgl. insbesondere die Studie von *Haller/Löffelmann/Etzel* (2009).

[258] Vgl. *Haller/Löffelmann/Etzel* (2009), S. 218 f.: so wird bspw. die Nachvollziehbarkeit von Bewertungen kritisiert, was darauf hindeutet, dass bestimmte Bewertungsverfahren als weniger verlässlich angesehen werden als andere Verfahren.

abzielt – insofern können die Ansätze der Disziplinierungsfunktion und der Kontrollfunktion auch hier gelten, allerdings mit anderem Fokus.[259]

2.2.3.4 Zwischenergebnis zu den Interessen der verschiedenen Typen von Kapitalmarktteilnehmern

Zusammenfassend lässt sich bereits jetzt festhalten, dass nicht von einer homogenen Interessenlage der Kapitalmarktteilnehmer gesprochen werden kann. Unterschiede ergeben sich dabei in erster Linie durch eine asymmetrische Informationsverteilung aufgrund privater Informationen. Daraus ergibt sich die bemerkenswerte Schlussfolgerung, dass die professionell tätigen Kapitalmarktakteure, welche die Fähigkeit zu einer umfassenden Informationsverarbeitung besitzen, tendenziell weniger an einer zeitnahen, umfassenden Informationspublizität interessiert sein dürften, da sie selbst aufgrund ihrer professionellen Beschäftigung Zugang zu privaten Informationen und somit einen Informationsvorsprung erlangen.[260]

Die Interessen der primären Kapitalmarktteilnehmergruppen, also der institutionellen und der privaten Anleger, ist hinsichtlich des Leistungsziels aber relativ identisch: Eine unternehmenswertsteigernde Geschäftspolitik ist für beide Gruppen von Vorteil, Unterschiede lassen sich wegen unterschiedlich starken Performancedrucks nur hinsichtlich der Ausprägung des gewünschten Zielausmaßes ausmachen.

Auf den Abbau von Prinzipal-Agenten-Probleme gerichtet sind unterschiedliche Interessen vorzufinden. Zwar dürfte keine der Gruppen explizit an einem willkürlich agierenden Management interessiert sein, die Richtung des Interesses ist jedoch bei Eigen- und Fremdkapitalgebern hinsichtlich der mit der Rechenschaft eng verbundenen Verlässlichkeit von Informationen verschieden. Im weiteren Verlauf der Untersuchung wird also näher auf das Wesen der Information einzugehen sein, da die bisher betrach-

---

259 Ob die Rechenschaftsfunktion für Eigen- und Fremdkapitalgeber zu den gleichen Rechnungslegungsregeln führt, kann bezweifelt werden. Der Nachweis zieladäquaten Handelns drückt sich für Eigenkapitalgeber in Maßnahmen aus, die zu einer Unternehmenswertsteigerung beitragen, für Fremdkapitalgeber steht das aktuelle Schuldendeckungspotenzial im Vordergrund. Exemplarisch für den Widerstreit ist die unterschiedliche Akzeptanz des Fair Values: nur wenn er marktgestützt ermittelt wird, findet er bei den Fremdkapitalgebern Zustimmung, vgl. *Haller/Löffelmann/Etzel* (2009), S. 223.

260 Dies mag auch erklären, weshalb die Beteiligung der Analysten bei der Diskussion um eine Verbesserung der kapitalmarktorientierten Rechnungslegung relativ zurückhaltend ausfällt.

teten Interessenbündel bereits zeigen, dass es Unterschiede in der Art der nachgefragten Informationen gibt.[261]

2.2.4 Capital Asset Pricing Model

Das CAPM hat in der Praxis die größte Bedeutung gewonnen, daher sollen im folgenden Abschnitt die für die vorliegende Untersuchung bedeutsamen Aspekte des Modells kurz vorgestellt werden.[262] Auf eine Darstellung der APT, welche *Ross* aus der Kritik am CAPM entwickelt hat,[263] soll an dieser Stelle verzichtet werden, da sie hinsichtlich des Untersuchungsgegenstandes keinen wesentlichen zusätzlichen Erkenntnisgewinn liefert.[264]

2.2.4.1 Portfolio Selection Theory und Tobin Separation als Grundlagen des CAPM

Das CAPM basiert auf der Portfolio Selection Theory von *Markowitz* sowie auf dem Separationstheorem von *Tobin*.[265] *Markowitz* stellte fest, dass das Risiko einer Investition nicht nur von dem Investitionsobjekt selbst sondern auch von den Risiken anderer Investitionsobjekte abhängig ist.[266] Daher nutzt eine Diversifikation im Rahmen einer Portfoliobildung, da bei gleicher Ertragserwartung das mittlere Risiko des Portfolios gesenkt werden kann.[267]

---

261 Auf die unterschiedlichen Merkmale von Informationen wird im Kapitel 3.2.3 eingegangen.

262 Vgl. *Gebhardt/Daske* (2005). S. 649; *Betsch/Groh/Lohmann* (2000), S. 94.

263 Vgl. *Ross* (1976), S. 342 f.

264 Im Gegensatz zum CAPM werden die unterschiedlichen Einflussfaktoren, die auf die Aktienrenditen einwirken, nicht in einem einzigen Faktor (β) zusammengefasst sondern explizit in einem Mehrfaktorenmodell aufgeführt, wobei globale und wertpapierspezifische Faktoren sowie ein Störfaktor unterschieden werden können. Die Einflussfaktoren werden jedoch nicht spezifiziert, so dass aus ihnen keine weiteren Informationsinteressen abgeleitet werden können. Vgl. zum APT *Perridon/Steiner* (2007), S. 257 – 260.

265 Vgl. *Betsch/Groh/Lohmann* (2000), S. 94; *Franke/Hax* (2004), S. 351. Vgl. grundlegend zur Portfolio Selection Theory *Markowitz* (1952), S. 77 – 92 und zum Separationstheorem *Tobin* (1958). S. 65 – 86, *Brealey/Myers/Allen* (2008), S. 149.

266 Vgl. *Perold* (2004), S. 6.

267 Während die erwartete Rendite des Portfolios dem gewichteten Mittel der erwarteten Renditen der einzelnen Werte entspricht, hängt die Varianz des Portfolios zudem auch von der stochastischen Abhängigkeit der einzelnen Papiere voneinander ab; vgl. *Perridon/Steiner* (2007), S. 242, *Perold* (2004), S. 9.

Die ursprüngliche Annahme, dass alle Investitionsobjekte ein Risiko beinhalten, wurde von *Tobin* dahingehend modifiziert, dass es neben den risikobehafteten Titeln für alle Marktteilnehmer die Möglichkeit einer unbegrenzten Verschuldung oder Anlage zu einem sicheren Zinssatz gibt.[268] Durch die Kombination von optimalen Portfolio und einer risikofreien Anlage oder Verschuldung lässt sich somit jedes vom Investor gewünschte Risikoniveau realisieren.[269]

2.2.4.2 Erklärung der Preisbildung eines Wertpapiers mithilfe des CAPM

Die Portfoliotheorie dient dem CAPM zur Erklärung des Verhaltens der Investoren. Unter der Annahme, dass alle Investoren die gleichen Erwartungen hinsichtlich der Renditen, Varianzen und Kovarianzen haben, kann vom Marktgleichgewichtsmodell auf das individuelle optimale Portfolio P_i^* eines Investors geschlossen werden, da es in seiner Zusammensetzung dem Marktportfolio P_M entspricht.[270]

Zu klären ist nun, wie die zu fordernde Rendite eines bestimmten Wertpapiers bestimmt werden kann. Hierzu wird das Risiko des betrachteten Wertpapiers – gemessen durch die Kovarianz der Renditen des Wertpapiers i und des Marktportfolios σ_{iM} – in Beziehung zu dem Risiko des Marktportfolios σ_M^2 gesetzt. Hieraus ergibt sich der für das Wertpapier bzw. für das Unternehmen typische β-Faktor, der das systematische Risiko[271] einer Anlage in diesen Titel widerspiegelt:[272]

$$\beta_i = \frac{\sigma_{iM}}{\sigma_{M^2}} \qquad (15)$$

---

268 Vgl. *Franke/Hax* (2004), S. 351.

269 Alle effizienten Kombinationen liegen auf der sog. Kapitalmarktlinie, die durch die Formel $\mu = r + \frac{\mu_M - r_f}{\sigma_M}\sigma$ beschrieben wird, vgl. *Franke/Hax* (2004), S. 352.

270 Vgl. *Franke/Hax* (2004), S. 351.

271 Vgl. *Timmreck* (2002), S. 301. Das unsystematische Risiko des Marktes, welches durch Diversifikation des Portfolios eliminiert werden kann, wird indes nicht berücksichtigt.

272 In dieser Grundform spiegelt der Beta-Faktor allein das operative Risiko wider, es wird also von einer unverschuldeten Unternehmung ausgegangen, da keine Finanzierungsrisiken bestehen. Es kann daher in sog. Asset-Betas für unverschuldete Unternehmen und Equity-Betas für verschuldete Unternehmen unterschieden werden, vgl. *Brealey/Myers/Allen* (2008), S. 543.

mit:

β_i	*Volatilität der Rendite eines Wertpapiers i im Vergleich zur Marktrendite*
σ_{iM}	*Kovarianz der Renditen des Wertpapiers i und des Marktportfolios*
σ_M^2	*Varianz des Marktportfolios*

Bei börsennotierten Unternehmen kann der β-Faktor direkt aus den vorliegenden und somit vergangenheitsbezogenen[273] Marktdaten ermittelt werden, im Fall eines nicht börsennotierten Unternehmens muss β jedoch indirekt hergeleitet werden, bspw. über eine Gruppe von Vergleichsunternehmen, einer sog. Peer Group.[274]

Die vom Kapitalmarkt und aufgrund der angenommenen Homogenität der Erwartungen und Informationsverarbeitungsprozesse aller Teilnehmer somit auch vom einzelnen Investor erwartete Rendite μ_i setzt sich im CAPM als Summe aus dem Zinssatz für eine risikofreie Anlage[275] r_f und einem Zuschlag für das übernommene Risiko in Abhängigkeit vom β-Faktor, also in Bezug auf das Marktrisiko zusammen:[276]

$$\mu_i = r_f + (\mu_M - r_f) * \beta_i \qquad (16)$$

mit:

μ_i	*erwartete Rendite des Wertpapiers*
μ_M	*erwartete Rendite des Marktportfolios*
r_f	*Rendite eines risikolosen Wertpapiers*

Im Kurs eines Wertpapiers spiegeln sich also gem. dem CAPM die Erwartungen hinsichtlich des Gesamtrisikos des Marktes, des systematischen Risikos des Wertpapiers, der Kovarianz zwischen Markt- und Einzelrisiko sowie die Erwartungen hinsichtlich der zukünftigen Erträge des Marktdurchschnitts und des Papiers wider.[277] Für die Fragestellung, welche Anforderungen der Kapitalmarkt an das Rechnungswesen der Un-

273 Zur Problematik der Verwendung von vergangenheitsbezogenen Risikomaßen für die Bestimmung der in die Zukunft gerichteten erwarteten Renditen vgl. *Ballwieser* (1998), S. 83 und *Copeland/Koller/Murrin* (2005), S. 277 - 279.

274 Vgl. *Timmreck* (2004), S. 65-66.

275 Der risikofreie Zins wird häufig auf Basis historischer Werte ermittelt, obwohl in Übereinstimmung mit den prognostizierten zukünftigen Rückflüssen ein zukunftsorientiert ermittelter risikofreier Zins zweckmäßiger erscheint, vgl. *Gebhardt/Daske* (2005), S. 650 f.

276 Vgl. *Franke/Hax* (2004), S. 352; *Siebert* (2005), S. 15.

277 Wesentlich ist dabei die Erkenntnis, dass die Risikoprämie nicht vom Risiko des allein betrachteten Wertpapiers abhängt sondern von der Kovarianz mit dem Marktportfolio, vgl. *Franke/Hax* (2004), S. 356.

ternehmungen stellt, ist daher zu klären, auf welcher Basis und welche Art und Weise die Kapitalmarktteilnehmer diese Erwartungen bilden. Hierzu sind zunächst die Prämissen des CAPM genauer zu betrachten.

2.2.4.3 Dem CAPM zugrunde liegende Annahmen

Es lassen sich im Wesentlichen sechs Annahmen bzw. Bündel von Annahmen identifizieren, die dem CAPM zugrunde liegen:[278]

a) Die Investoren sind risikoscheu[279] und verfolgen das Ziel der Maximierung des Erwartungswertes des Risikonutzens ihres Vermögens zum Periodenende.

b) Die Erwartungen der Investoren hinsichtlich der Renditen der Wertpapiere sind homogen. Die Renditen weisen eine Normalverteilung auf, die Marktpreise werden von den Investoren als unbeeinflussbar wahrgenommen.

c) Es existiert eine risikolose Kapitalanlagemöglichkeit. Ferner besteht für die Investoren die Möglichkeit einer unbeschränkten Kreditaufnahme zum Sicherheitszinssatz.

d) Die Menge der im Umlauf befindlichen Wertpapiere ist vorgegeben, alle Papiere werden auf dem Markt gehandelt und sind beliebig oft teilbar.

e) Der Kapitalmarkt ist informationseffizient und friktionsfrei, daher sind Transaktionskosten zu vernachlässigen bzw. bestehen nicht.

f) Der Kapitalmarkt ist nicht durch Steuern oder beschränkende Vorschriften beeinflusst.

Diese z. T. sehr restriktiven Annahmen waren Ausgangspunkt für eine Reihe von Modifikationen des ursprünglichen Modells, auf die nicht weiter eingegangen werden soll, da sie die Problemstellung dieser Untersuchung nicht wesentlich beeinflussen.[280] Denn das CAPM zeichnet sich als sozialwissenschaftliches Modell dadurch aus, dass – an-

---

278 Vgl. *Copeland/Weston/Shastri* (2005), S. 147, *Perridon/Steiner* (2007), S. 251, *Betsch/Groh/Lohmann* (2000), S. 95.

279 Unter „risikoscheu" wird die Entscheidung verstanden, bei zwei alternativen Anlagemöglichkeiten mit gleicher Rendite diejenige zu wählen, welche das geringere Risiko aufweist; vgl. hierzu bspw. *Perridon/Steiner* (2007), S. 245.

280 Vgl. *Kasperzak* (1997), S. 127.

ders als in naturwissenschaftlichen Modellen und Theorien – eine Wechselwirkung zwischen Modell und Realität besteht: Durch die breite Akzeptanz des CAPM in der Praxis der Unternehmensbewertung werden die sich einstellenden Kurse maßgeblich durch Marktteilnehmer beeinflusst, die das CAPM für die Entscheidungsfindung verwenden, und somit ergeben sich in der Folge Marktpreise, die dem CAPM tendenziell entsprechen, obwohl die dem Modell zugrunde liegenden Prämissen evtl. nicht zutreffen.[281]

Im Zusammenhang mit dem Rechnungswesen der Unternehmungen ist hier jedoch insbesondere die Prämisse der Informationseffizienz bzw. der Nicht-Existenz von Transaktionskosten von besonderer Bedeutung, weshalb auf die anderen Voraussetzungen an dieser Stelle nicht detailliert eingegangen werden soll.

Bei der Frage der Informationsübermittlung und –verarbeitung, die im CAPM als Black Box behandelt wird, kann in verschiedene Einzelfragen unterschieden werden. Zunächst muss geklärt werden, auf welchem Weg die Information zum Kapitalmarktteilnehmer gelangt. Hier sind technische Aspekte der Informationsübermittlung ebenso zu berücksichtigen wie ökonomische, die sich in einem Teil der Transaktionskosten niederschlagen. Ist der Weg der Information zum Kapitalmarktteilnehmer geklärt, so schließt sich die Frage an, welche der empfangenen Informationen verarbeitet werden und welche nicht, also die Übereinstimmung von Informationsangebot und –nachfrage. Wenn geklärt ist, welche Informationen empfangen und auch nachgefragt werden, bleibt als letzte Frage die der Art und Weise der Verarbeitung der Informationen durch die Kapitalmarktteilnehmer.

Nach einer Vorstellung des Konzepts der Informationseffizienz von *Fama* im folgenden Abschnitt 2.2.4.4 und empirischer Erkenntnisse hierzu soll dann zunächst dargestellt werden, wie die Informationen bei dem Kapitalmarktteilnehmer im Rahmen seiner Bewertungsüberlegungen verarbeitet werden. Auf den Zusammenhang zwischen Information und Kommunikation wird im weiteren Verlauf in Kapitel 3.2 eingegangen.

---

281 Vgl. auch *Kasperzak* (1997), S. 29.

2.2.4.4 Informationseffizienz

2.2.4.4.1 Voraussetzungen für einen informationseffizienten Kapitalmarkt

Die fünfte Annahme setzt für die Gültigkeit des CAPM einen informationseffizienten Kapitalmarkt voraus. *Fama* geht in seiner Markteffizienzhypothese davon aus, dass der Markt die vorhandenen Informationen zur Bestimmung der Gleichgewichtsrenditen nutzt und setzt dabei implizit eine Identität des Informationsstandes der einzelnen Marktakteure mit dem Informationsstand des Gesamtmarktes voraus.[282] Dies ist nur möglich, wenn folgende Bedingungen gegeben sind:[283]

a) Es herrscht vollkommene Markttransparenz, d.h. es fallen keine Informationsbeschaffungskosten oder Informationsverarbeitungskosten an.

b) Alle Marktteilnehmer besitzen einen vollkommenen Informationsstand.

c) Alle Marktteilnehmer bilden die gleichen, rationalen Erwartungen.

d) Die Kursbildung erfolgt mit unendlich hoher Geschwindigkeit.

Auf einem effizienten Kapitalmarkt sind somit zu jedem Zeitpunkt alle Informationen in den Kursen enthalten. Die Effizienz der Verarbeitung von Informationen zeigt sich also in der Geschwindigkeit, mit der Preise auf neue Informationen reagieren.[284]

Fama führte für eine bessere empirische Überprüfbarkeit seiner Markteffizienzhypothese drei Grade der Informationseffizienz ein, die sich darin unterscheiden, welche Informationen im aktuellen Marktpreis berücksichtigt sind, wobei die Informationen danach differenziert werden, ob sie öffentlich verfügbar sind, und denen er bestimmte Tests zur Überprüfung zuordnete:[285]

---

282 Vgl. *Fama* (1970), S. 387.

283 Vgl. *Apostolopoulos* (1986), S. 24.

284 Vgl. *Günther* (1998), S. 86; *Kokalj/Paffenholz* (2001), S. 4.

285 Vgl. *Perridon/Steiner* (2007), S. 199.

Grad der Informationseffizienz	Test zur Überprüfung der Informationseffizienz	Im Kurs enthaltene Informationen
Schwache Informationseffizienz	Test of Return Predictability[286]	Alle Informationen über vergangene Kurse
Halb-strenge Informationseffizienz	Event Studies[287]	Alle öffentlich verfügbaren Informationen
Strenge Informationseffizienz	Tests for Private Information[288]	Alle Informationen

Tab. 2-8: Grade der Informationseffizienz nach *Fama*

Quelle: *Apostolopoulos* (1986), S. 24

Unter schwacher Informationseffizienz wird ein Zustand verstanden, in welchem im aktuellen Marktpreis alle Informationen über die vergangene Kursentwicklung enthalten sind.[289] Unter diesen Bedingungen sind durch technische Analyse keine Überrenditen zu erzielen, da alle historischen Kursinformationen allen Marktteilnehmern bekannt sind. Empirische Tests für den deutschen Kapitalmarkt fallen nicht eindeutig aus.[290]

Bei der halb-strengen Informationseffizienz sind im Marktpreis alle öffentlich verfügbaren Informationen enthalten, damit sind auch die Informationen über die bisherige Kursentwicklung und somit die Anforderungen an die schwache Informationseffizienz enthalten.[291] Bei diesem Zustand könnten durch eine Fundamentalanalyse keine Überrenditen erzielt werden.[292] Die halb-strenge Informationseffizienz wird durch Ereignisstudien überprüft, welche die Einbeziehung von neuen Informationen in die Kursbil-

---

286 Der Test zur schwachen Informationseffizienz wurde zunächst von *Fama* mit „weak-form test" bezeichnet, vgl. *Fama* (1970), S. 383.

287 Dieser Test wurde vormals mit „semi-strong form test" bezeichnet.

288 Dieser Test wurde vormals mit „strong-form test" bezeichnet

289 Vgl. *Perridon/Steiner* (2007), S. 199; *Summers* (1993), S. 158 f.

290 Vgl. *Allendorf* (1996), S. 99; *Wichels* (2002), S. 56. Vgl. für einen Überblick über empirische Untersuchungen zur Informationseffizienz *Möller* (1985), S. 504 – 514.

291 Vgl. *Perridon/Steiner* (2007), S. 199.

292 Vgl. *Kasperzak* (1997), S. 36.

dung untersuchen.[293] Auch diese Form der Informationseffizienz konnte empirisch nicht eindeutig bestätigt werden.[294]

Eine strenge Informationseffizienz liegt vor, wenn alle Informationen – öffentliche sowie nicht öffentliche – in den aktuellen Kursen berücksichtigt werden.[295] Da nicht öffentliche Informationen nur über Insider in den Kapitalmarkt gelangen können, wird vorausgesetzt, dass der Markt diese Informationen ohne zeitliche Verzögerung, also mit unendlich hoher Geschwindigkeit aufnimmt. Da in diesem Zustand keine privaten Informationen existieren, da sie sofort vom Markt aufgenommen werden und damit öffentlich sind, können mit ihnen auch keine Überrenditen erzielt werden. Die empirische Überprüfung wird über die Beobachtung von Kapitalmarktteilnehmern realisiert, von denen angenommen wird, dass sie über einen Zugang zu Insiderinformationen verfügen. Wie aus Untersuchungen hervorgeht, ist es Unternehmensinsidern und Finanzanalysten möglich signifikante Überrenditen zu erzielen, nicht jedoch Fondsmanagern.[296] Daraus folgt, dass eine strenge Informationseffizienz nicht vorliegt.

Das Konzept der Informationseffizienz erklärt also das Zustandekommen von Preisänderungen ausschließlich durch die Einbringung neuer Informationen, die bis zu diesem Zeitpunkt unbekannt waren und somit bei der Preisbildung bisher nicht berücksichtigt worden sind.[297] Dabei werden nicht nur neue quantitative Informationen mit Bezug auf die künftige Ergebnislage sondern auch qualitative, interpretationsbedürftige Informationen berücksichtigt.[298]

---

293 Vgl. auch Kapitel 2.2.2.2 und 2.2.2.3.

294 Vgl. *Cutler/Poterba/Summers* (1993); *Kasperzak* (1997), S. 37; *Möller* sieht aber Hinweise auf die halb-strenge Form bei unternehmensbezogenen Nachrichten, *Möller* (1985), S. 514, ähnlich auch *Fama* (1991), S. 1607.

295 Vgl. *Dimson/Mussavian* (1998), S. 94.

296 Vgl. *Wichels* (2002), S. 57. Andere Ergebnisse für Fondsmanager führt *Kasperzak* (1997), S. 37 f. an.

297 Vgl. *Pierdzioch/Stadtmann* (2003), S. 407; *Dimson/Mussavian* (1998), S. 97. Zur Verwendung des Begriffs der Information in diesem Zusammenhang vgl. auch Kapitel 3.2.1.

298 Vgl. *Dimson/Mussavian* (1998), S. 95.

2.2.4.4.2 Kritische Beurteilung der Informationseffizienz

Das Konzept der Informationseffizienz von *Fama* dominierte die theoretische Erklärung der Preisbildung auf den Kapitalmärkten bis in die achtziger Jahre.[299] Die Vernachlässigung der Kosten der Informationsbeschaffung führte jedoch verstärkt seit 1980 zu Kritik an dem Konzept.[300]

Vor dem Hintergrund dieser Untersuchung ist insbesondere die Annahme eines effizienten Kapitalmarkts im Rahmen des CAPM kritisch zu beurteilen. Im Rahmen von empirischen Untersuchungen findet zwar regelmäßig die Annahme einer halb-strengen Informationseffizienz Anwendung,[301] die Effizienzgrade beziehen sich jedoch lediglich auf die verarbeitete Informationsmenge. Mit der Effizienzhypothese verbunden sind die Prämissen homogener rationaler Erwartungen, die Nicht-Existenz von Transaktionskosten und einer unendlich schnellen Adaption neuer Informationen.

Die homogene Erwartungsbildung entspricht der neoklassischen Sichtweise, welche die Entscheidungsbildung allein auf rationale Kalküle zurückführt. Wie oben bereits ausgeführt, kann den Gedanken der Neuen Institutionenökonomik folgend jedoch nicht davon ausgegangen werden, dass alle Individuen vollkommen rational entscheiden; vielmehr sind bei individuellen Entscheidungsprozessen neben „objektiven“ Restriktionen aus Marktstruktur und finanziellen Ressourcen auch subjektive Faktoren wie Wissen, Erfahrung und Informationswahrnehmung entscheidend.[302]

Die Annahme, dass keine Transaktionskosten existieren, ist ebenfalls dem neoklassischen Bezugsrahmen geschuldet und stellt eine äußerst grobe Vereinfachung des Modells dar. Eng damit verbunden ist die Annahme einer unendlich schnellen Anpassung des Marktpreises bei neuen Informationen. Da jede Sammlung und Verarbeitung von Informationen einen Prozess darstellt, und ein Prozess als eine unumkehrbare zeitliche Abfolge von erreichten Zuständen definiert werden kann, ist mit einem Prozess auf

---

299 Vgl. *Pierdzioch/Stadtmann* (2003), S. 407.

300 Vgl. z.B. *Grossman/Stiglitz* (1980); zum No-Trade-Theorem *Milgrom/Stokey* (1982); zu Noise *Black* (1986); *Froot/Scharfstein/Stein* (1992); zuvor bereits *Roll* (1977).

301 Vgl. *Perridon/Steiner* (2007), S. 250 – 251.

302 Vgl. zur kognitiven Kreation des Handlungsraums *Kasperzak* (1997), S. 144 f. Dass auch anderer Umstände auf die Preisbildung einwirken zeigen bspw. *French/Roll* (1993) hinsichtlich des Handelszeitpunkts oder *Shiller* (1993a) bezüglich Trends.

jeden Fall der Ablauf von Zeit verbunden. Berücksichtigt man nun, dass der Informationsverarbeitungsprozess nicht nur einmal von „dem Markt" durchgeführt werden muss sondern teilweise sequentiell, teilweise zeitlich parallel von den verschiedenen Kapitalmarktakteuren, sind die empirischen Befunde hinsichtlich zeitlicher Verzögerungen in Ereignis- oder Assoziationsstudien zu erklären.

Der Prämissenkritik wurde durch verschiedene Weiterentwicklungen des CAPM begegnet; so wurde auf eine risikolose Anlagemöglichkeit verzichtet,[303] heterogene Erwartungen wurden zugelassen,[304] und die Vollkommenheit des Kapitalmarktes wurde durch Berücksichtigung von Steuern[305] und Transaktionskosten[306] aufgegeben.

2.2.5 Zusammenhang zwischen Kapitalmarkteffizienz und Unternehmensinformationen

Eine Voraussetzung für die Ausrichtung des betrieblichen Rechnungswesens auf die Anforderungen der Kapitalmarktteilnehmer im Allgemeinen und der Anleger im Besonderen ist, dass Handlungen des Unternehmens überhaupt in der Kursbildung am Kapitalmarkt berücksichtigt werden, der Markt also zumindest eine gewisse Informationseffizienz besitzt.[307] Zwar stehen den im Rahmen der Unternehmenspublizität öffentlich gemachten Informationen weitere, teilweise konkurrierende Informationsquellen gegenüber, derer sich Anleger bedienen können,[308] die originären Unternehmensinformationen gehen jedoch als primäre Quelle in viele der anderen sekundären Quellen ein.[309] Würde sich aber keinerlei Beziehung zwischen Fundamentaldaten – unab-

303 Vgl. *Black* (1972).

304 Vgl. *Lintner* (1969).

305 Vgl. *Brennan* (1970).

306 Vgl. *Garman/Ohlson* (1981).

307 So zeigt sich, dass in Ländern ohne breiten Anteilsbesitz in der Bevölkerung die Nachfrage nach Informationen wesentlich geringer ausfällt als in Volkswirtschaften, in denen die Kontrolle des Kapitals nicht bei einem kleinen Kreis von Akteuren liegt, vgl. *Copeland/Koller/Murrin* (1998), S. 38 f.

308 Weitere wichtige Informationsquellen sind bspw. Wirtschaftsjournalisten, die Unternehmensnachrichten über die verschiedenen Pressemedien verbreiten, und Finanzanalysten, die Einschätzungen und Kaufempfehlungen öffentlich abgeben.

309 Der Kapitalmarkt kann als System von Informationsmärkten aufgefasst werden, vgl. zu der Einordnung der Rechnungslgung in dieses System insbesondere Kapitel 3.3.1 ab Seite 160.

hängig von dem Weg der Nachricht zum Anleger – und Kursentwicklung zeigen lassen, wäre eine Ausrichtung an Kapitalmarktinteressen in dieser Hinsicht obsolet, da in diesem Falle der Kapitalmarkt eine solche Bemühung nicht honorieren würde.[310]

Aus Unternehmenssicht stellt der Kapitalmarkt eine Finanzierungsquelle dar, die im Rahmen von Aktienemissionen am Primärmarkt oder anderen Titeln genutzt werden kann.[311] Werden Unternehmensinformationen nicht hinreichend am Kapitalmarkt gewürdigt und erreicht der Kurs (am Sekundärmarkt) nicht das vom Management erwartete Niveau, so wirkt sich dies auf den Emissionspreis (am Primärmarkt) aus und es können mit einer Kapitalmaßnahme[312] nicht so viel finanzielle Mittel beschafft werden wie angenommen bzw. erwartet wurde.[313] Neben den geringeren Einnahmen ist von höheren Kosten für eine kapitalmarktorientierte Rechnungslegung auszugehen.[314] Die Folge eines solchen Zustands kann der Rückzug vom Kapitalmarkt im Rahmen eines Going Private sein; ein solcher wird jedoch nicht vom Management sondern den Eigentümern beschlossen.[315] Als ein Argument für eine kapitalmarktorientierte Informationspolitik ist daher die Aufrechterhaltung der Finanzierungsmöglichkeit über den Kapitalmarkt zu nennen.

Ein weiterer Grund für die Unternehmensberichterstattung liegt im Abbau der Informationsasymmetrie zwischen den Eignern und den Managern, deren Verhältnis sich als Prinzipal-Agenten-Beziehung charakterisieren lässt.[316] Diese Problematik ist je-

---

310 Unter Honorierung wird hier die adäquate Berücksichtigung der verfügbaren Informationen im Rahmen der Preisbildung verstanden.

311 Diese Sichtweise unterstellt, dass das „Unternehmen an sich“ als Institution i.e.S. der Neuen Institutionenökonomik eigene Interessen entwickeln kann, vgl. *Langerfeldt* (2003a), S. 55. Vgl. dazu die Diskussion in Kapitel 2.1 zur Zielbildung im Unternehmen.

312 Dies betrifft sowohl Kapitalerhöhungen zur Stärkung der Eigenkapitalbasis als auch die Ausgabe von Anleihen oder anderen Schuldtiteln, bei denen sich die durch Ratingverfahren ermittelte Bonität des Unternehmens über unterschiedlich hohe Platzierungsvolumina und Kapitalkosten auswirkt.

313 Zur Bestimmung von Emissionspreisen vgl. *Perridon/Steiner* (2007), S. 364 f., zur Bestimmung von Emissionspreisen bei IPOs vgl. *Betsch/Groh/Lohmann* (2000), S. 368 – 370; *Brühl* (2001), S. 195.

314 Vgl. *Eisele/Götz/Walter* (2003), S. 480.

315 Zu den Motiven eines Börsenrückzugs vgl. *Beermann/Masucci* (2000), S. 705 – 707; *Eisele/Götz/Walter* (2003), S. 480 – 483.

316 Vgl. *Hax* (1988), S. 194 – 197; *Zimmermann/Wortmann* (2001), S. 291; *Göx/Budde/Schöndube* (2002), S. 66.

doch nicht kapitalmarktspezifisch sondern kennzeichnend für alle Unternehmen, bei denen eine personelle Trennung von Eigentum und Verfügungsmacht besteht; unter dieser Prämisse erlangt die Rechenschaftsfunktion eine besondere Bedeutung, da durch die ihr zuzuordnenden Aufgaben der Kontrolle und der Disziplinierung des Agenten eine Ausnutzung der Informationsasymmetrie beschränkt werden soll[317] Insofern sind die Prinzipal-Agenten-Beziehungen zwar Grund für Rechnungslegung an sich,[318] nicht aber für eine besondere Kapitalmarktausrichtung. Lediglich der evtl. besonders hohe Grad der Trennung von Eigentum und Verfügungsmacht und die äußerst eingeschränkten Möglichkeiten der Einflussnahme privater Anleger auf das Management mögen dafür sprechen, dass im Rahmen einer kapitalmarktorientierten Rechnungslegung stärker als bei anderen Rechnungslegungstypen auf den Abbau von Informationsasymmetrien geachtet werden soll; diesem Gedankengang folgend würde Kapitalmarktorientierung eine Orientierung an den Interessen der Privatanleger bedeuten.[319]

Es zeigt sich, dass als Ausgangsbasis für weitere Überlegungen von einem Kapitalmarkt ausgegangen werden muss, der eine Verarbeitung von Informationen im Rahmen der Kursbildung ermöglicht, in diesem Sinne einen gewissen Grad von partieller Informationseffizienz aufweist. Unter „partieller Informationseffizienz" soll ein Zustand verstanden werden, in welchem Informationen generell verarbeitet, aber keine Aussage darüber getroffen wird, welche Arten von Informationen in welchem Umfang und in welcher Geschwindigkeit verarbeitet werden. Art, Umfang und Geschwindigkeit der verarbeiteten Informationen hängen dabei sowohl vom Informationssender als auch dem Informationsempfänger ab.[320]

---

317 Vgl. zur Bedeutung der Rechenschaftsfunktion grundlegend *Gjesdal* (1981); *Adams* (2005), S. 2.

318 Vgl. *Hax* (1988), S.198.

319 Vgl. *Croß* (2002), S. 1406 zur Differenzierung aus Sicht der Theorie der Unternehmung. Die Corporate Governance Diskussion der letzten Jahre mit ihren regulatorischen Ergebnissen des Sarbanes-Oxley-Acts und des Deutschen Corporate Governance Kodex sind ebenfalls Ausdruck einer verschärften Beobachtung der Prinzipal-Agenten-Problematik.

320 Die partielle Informationseffizienz ist also abhängig von Eigenschaften des Informationssenders, von Eigenschaften des Informationsempfängers und von Eigenschaften der Information selbst. Es soll mit dem Begriff der partiellen Informationseffizienz keine Aussage zur allokativen oder institutionellen Effizienz getroffen werden.

Ausgehend von der Annahme einer partiellen Informationseffizienz des Kapitalmarkts erscheint es daher sinnvoll, die im vorangegangenen Kapitel erläuterten Kritikpunkte an der Effizienzhypothese als Ansatzpunkt für eine Verbesserung der partiellen Effizienz durch eine kapitalmarktorientierte Berichterstattung zu nutzen. Gelingt es, durch Identifikation der Interessen der Kapitalmarktteilnehmer die zur Verfügung gestellten Informationen derart zu verändern oder zu ergänzen, dass sie von den Kapitalmarktteilnehmern in stärkerem Maße und/oder schneller berücksichtigt werden, dann kann durch eine kapitalmarktorientierte Informationspolitik eine Steigerung der partiellen Effizienz erreicht werden.[321]

Das Bestehen homogener Erwartungen als neoklassischem Konstrukt wird hier nicht vorausgesetzt, so dass heterogene Erwartungen und daraus resultierend unterschiedliche Interessen und unterschiedliche Anforderungen an das unternehmerische Rechnungswesen bestehen können.[322] Hinsichtlich der Steigerung der partiellen Informationseffizienz stellt sich somit die Aufgabe, unterschiedlichen Informationsinteressen Rechnung zu tragen. Sofern es sich um neutrale oder kongruente Informationsinteressen der verschiedenen Gruppen handelt, handelt es sich tendenziell um ein Problem der Optimierung von Kosten und Nutzen einer multiplen Informationspolitik. Liegen allerdings konfliktäre Interessen der Gruppen vor, muss eine Entscheidung zugunsten eines Anspruchs erfolgen. Orientiert sich die Unternehmung dabei an der Vorteilhaftigkeit der Entscheidung zugunsten der einen oder der anderen Gruppe in Hinblick auf die Steigerung der partiellen Effizienz, so kann eine Ausrichtung an den Interessen der einflussreichen Gruppen entstehen, da hier ein größeres Effizienzsteigerungspotential gesehen wird.[323]

---

321 Inwiefern eine Steigerung der partiellen Informationseffizienz zu einer Steigerung der Effizienz im Sinne *Famas* beiträgt ist nicht Gegenstand dieser Untersuchung.

322 Unterschiedliche Interessen können sich auch aus der unvollkommenen Rationalität der Teilnehmer erklären; vgl. *Langerfeldt* (2003a), S. 56.

323 Als ein Indiz für eine Orientierung auf einflussreiche Gruppen wie den institutionellen Investoren lassen sich speziell diesen Parteien offen stehende Informationsangebote wie Analystenkonferenzen etc. interpretieren. Zur Wirkung solcher Investor Relations Instrumente vgl. analytisch *Achleitner/Bassen/Pietzsch/Wichels* (2002), empirisch *Brown/Hillegeist/Lo* (2004).

Durch Bezug auf die Neue Institutionenökonomik wird von der Existenz von Transaktionskosten im Rahmen der Preisbildung am Kapitalmarkt ausgegangen.[324] In diesem Kontext wird jedoch nicht problematisiert, wie die Transaktionskosten funktional mit der Verzerrung der Effizienz verbunden sind, sondern von welchen Faktoren die Höhe der Transaktionskosten abhängt und welche Konsequenzen die Transaktionskosten für die Sammlung und Verarbeitung von Informationen durch die Kapitalmarktakteure haben, da sich daraus direkt Schlussfolgerungen auf deren Informationsnachfrage ziehen lassen.

2.2.6 Zwischenergebnis

Als Zwischenergebnis aus diesem Abschnitt soll festgehalten werden, dass erhebliche Zweifel an einer Effizienz des Kapitalmarkts nach *Fama* bestehen. Diese Zweifel können unter anderem einerseits auf die Vernachlässigung von Transaktionskosten, insbesondere der Kosten der Informationsbeschaffung und –verarbeitung, und andererseits auf die Unkenntnis des individuellen Investorenverhaltens zurückgeführt werden. Diese Kritikpunkte stellen den Ausgangspunkt für die folgenden Überlegungen dar.

Zunächst muss die Entscheidungssituation des Investors untersucht werden, um die wesentlichen Prinzipien und Parameter der Entscheidungen der Kapitalmarktteilnehmer festzuhalten. Erst im Anschluss daran ist es möglich, den gegenwärtigen Stand der Informationsbeschaffung und –verarbeitung zu beurteilen und ggf. Ansätze für die Weiterentwicklung zu erarbeiten.

2.3 Unternehmensbewertung

2.3.1 Fundamentale und technische Analyse als Instrumente der Informationsgewinnung

Da sich Entscheidungen grundsätzlich auf zukünftige Handlungen beziehen, benötigen Investoren für die Generierung rationaler Entscheidungen Informationen über die künftige Entwicklung des von ihnen betrachteten Objekts. Welche Informationen dabei berücksichtigt werden, hängt vom Entscheidungsmodell des einzelnen Investors

[324] Vgl. *Langerfeldt* (2003a), S. 57.

ab.[325] Ein wesentliches Instrument der Informationsgewinnung für Entscheidungszwecke stellen die Preisprognosemodelle dar, die in Methoden der Fundamentalanalyse und der technischen Analyse unterschieden werden können.[326] Bei der technischen Analyse handelt es sich um die Beobachtung von Kursverläufen und die Ableitung von Trends und Umkehrpunkten aus diesen Beobachtungen, während der Begriff Fundamentalanalyse die Untersuchung von Datenmaterial über das zu bewertende Objekt mit dem Ziel beschreibt, den „wahren“ Wert oder auch inneren Wert (intrinsic value) des untersuchten Objekts zu ermitteln.[327] Der Investor kann jedoch aus dem inneren Wert nicht direkt Nutzen schöpfen, da seine Transaktionen i.d.R. auf dem Sekundärmarkt stattfinden und somit von den Entscheidungen bzw. Einschätzungen der anderen Kapitalmarktakteure abhängen. Für die Entscheidung des Investors gewinnt der innere Wert daher nur dann an Bedeutung, wenn angenommen wird, dass die Marktpreise als Ausdruck der Einschätzung der übrigen Marktteilnehmer gegen den inneren Wert streben.[328]

Die Kritik der Vertreter der technischen Analyse konzentriert sich zum einen auf die Vorteilhaftigkeitsüberlegung, zum anderen auf Erklärungsdefizite einer Fundamentalanalyse.[329]

Wird davon ausgegangen, dass eine Fundamentalanalyse in Form der Durchführung einer Unternehmensbewertung je nach Intensität mit mehr oder weniger Aufwand verbunden ist, sind daher auf jeden Fall Transaktionskosten zu berücksichtigen.[330] Ein rational handelnder Kapitalmarktteilnehmer ist bereit, diese Transaktionskosten einzugehen, wenn sie durch den gewonnenen Informationsgewinn mindestens gedeckt werden. Diese Bedingung ist jedoch problematisch, da zu einem Zeitpunkt vor der Durchführung der Unternehmensbewertung das Resultat und somit auch der Nutzen unbe-

---

325 Die Entscheidungsmodelle sind aufgrund unterschiedlicher Ressourcen, Erfahrungen und Kenntnisse individuell verschieden. Zur grundsätzlichen Vorteilhaftigkeit einer Informationsfundierung von Entscheidungen vgl. *Wagenhofer/Ewert* (2007), S. 66 f. Vgl. auch zum Einfluss von Modeerscheinungen auf Anlageentscheidungen *Shiller* (1993a).

326 Vgl. *Kasperzak* (1997), S. 23; *Schiller/Tytko/Marek* (2001), S. 506 f.

327 Vgl. *Mußler* (2009) oder *Perridon/Steiner* (2007), S. 197.

328 Vgl. *Kasperzak* (1997), S. 121.

329 Vgl. *Kasperzak* (1997), S. 122 f.

330 Vgl. *Wagenhofer/Ewert* (2002), S. 74-76.

kannt sind. Der Anleger muss daher eine Entscheidung unter Risiko hinsichtlich der Vorteilhaftigkeit einer fundamentalen Analyse treffen.

Den sicheren Kosten einer Unternehmensbewertung steht der unsichere Nutzen gegenüber. Der potentielle Nutzen resultiert aus einer Differenz zwischen aktuellem und erwartetem Marktpreis; da der aktuelle Marktpreis bekannt ist, kann der einzige Zweck der Fundamentalanalyse nur in der Prognose des erwarteten Preises bestehen. Geht ein Anleger jedoch davon aus, dass er im Rahmen einer Unternehmensbewertung zu einem anderen Wert als dem aktuellen Marktwert gelangt, geht er implizit auch davon aus, dass seine Unternehmensbewertung besser ist als die der anderen Marktteilnehmer. Soll sich der Marktpreis jedoch dem inneren Wert annähern, so müssen auch die anderen Kapitalmarktteilnehmer zum „richtigen" Wert finden, da sonst das Objekt dauerhaft „falsch" bewertet bleibt und sich dem Anleger so keine Transaktionsmöglichkeit und somit keine Nutzengenerierungsmöglichkeit bietet.[331] Die Durchführung einer Fundamentalanalyse kann demzufolge nur dann vorteilhaft sein, wenn der Anleger einerseits davon überzeugt ist, dass der innere Werte vom aktuellen Marktpreis abweicht, und er andererseits glaubt, dass die übrigen Investoren den inneren Wert erst nach ihm selbst erkennen werden.

Die Argumentation, dass sich eine Informationsverarbeitung für den einzelnen Akteur nicht lohne und deshalb unterbleibt, vernachlässigt die Tatsache, dass am Kapitalmarkt empirisch nachweisbar Informationen verarbeitet werden, wie bspw. durch Ereignisstudien gezeigt werden kann.[332] Eine Änderung des Informationsstandes des Marktes kann jedoch nur durch Informationsverarbeitung durch die Marktteilnehmer erfolgen.

Der zweite Schwerpunkt der Kritik greift nicht die Überlegung zur Vorteilhaftigkeit der Durchführung der Fundamentalanalyse sondern ihre generelle Prognosefähigkeit bzgl. zukünftiger Marktpreise an. Investoren treffen ihre Anlageentscheidungen unter Berücksichtigung ihrer individuellen Nutzenfunktion und verfolgen nicht ausschließlich finanzielle Ziele.[333] Die Anlageentscheidung wird somit durch weitere, im Indivi-

---

331 Das Problem der Einbeziehung relevanter Tatsachen bei der Bewertung am Markt stellt sich auch dem Management im Rahmen der wertorientierten Führung, da erst bei Wahrnehmung am Kapitalmarkt die Kapitalkosten sinken, vgl. *Labbé* (2005), S. 2089.

332 Vgl. z.B. *Bhattacharya* (2002); *Clement/Frankel/Miller* (2003).

333 Diese Argumentation folgt somit der Neuen Institutionenökonomik.

duum des Anlegers begründete Motive beeinflusst, deren Auswirkungen auf den Preis nicht durch die Fundamentalanalyse, welche auf die Unternehmung ausgerichtet ist, erklärt werden können. Des Weiteren weisen Unternehmenswerte durch eine Fundamentalanalyse nicht antizipierbare Schwankungen auf. Dafür sprechen entgegen der Kritik zahlreiche empirische Befunde, die einen Zusammenhang von Rechnungslegungsinformationen und den Kursen am Kapitalmarkt belegen.[334]

Als Ergebnis dieser Diskussion soll festgehalten werden, dass eine Ausrichtung des Rechnungswesens oder zumindest der Rechnungslegung am Kapitalmarkt nur dann nutzenstiftend und somit sinnvoll ist, wenn wenigstens ein gewisser Anteil der Anleger am Kapitalmarkt Fundamentalanalysen betreibt und seine Anlageentscheidungen daran ausrichtet, so dass die Informationen über die Preisbildung in den Markt gelangen können. Davon soll im Folgenden ausgegangen werden, da auch die Existenz von Finanzanalysten und ihre Teilnahme an Analystenkonferenzen auf die Aufnahme von Fundamentalinformationen hindeuten.[335] Im weiteren Verlauf dieser Untersuchung soll daher davon ausgegangen werden, dass sich die Preise am Kapitalmarkt zumindest mittel- bis langfristig an den fundamentalen Unternehmenswert annähern und daher die Bereitstellung von Informationen über das Unternehmensgeschehen generell für die Kapitalmarktteilnehmer von Bedeutung ist. Die Überlegung der technischen Analyse, dass sich die Kursbildung am Markt durch Nachfrage und Angebot vollzieht und in die Entscheidungen der Akteure – neben fundamentalen Daten – weitere Faktoren Einfluss nehmen, entspricht der Sichtweise des methodologischen Individualismus. Die Schlussfolgerung, aufgrund bestehender psychologischer Einflüsse auf die Kursbildung für eine Preisprognose nur die Muster in den Verhaltensweisen der Akteure aufdecken zu müssen, greift jedoch auch zu kurz, da nun wiederum die fundamentalen

---

334 So zeigen *Copeland/Koller/Murrin* eine enge Korrelation zwischen Marktwert und dem mit einer DCF-Methode ermittelten Unternehmenswert, vgl. *Koller/Goedhart/Wessels* (2005), S. 75. Vgl. auch Kapitel 2.2.2.3 zur Untersuchung der Value Relevance. Eine andere Einschätzung hinsichtlich der Prognosetauglichkeit des inneren Werts vertreten *Perridon/Steiner* (2002), S. 220.

335 Als sekundäre Kapitalmarktteilnehmergruppe verfolgen Analysten keine eigenen Anlageziele sondern agieren lediglich als Informationsintermediäre, aus Sicht der primären Kapitalmarktteilnehmer also als Informationsanbieter. Würde kein Investor fundamentale Informationen verarbeiten wollen, bestände keine Nachfrage nach dem Angebot der Analysten.

Aspekte vernachlässigt werden.[336] Es bleibt festzuhalten, dass dem Kapitalmarkt zur Verfügung gestellte Informationen prinzipiell bei der Kursbildung berücksichtigt werden.

2.3.2 Grundlagen der Unternehmensbewertung

2.3.2.1 Zweckadäquanz der Unternehmensbewertung

Wird davon ausgegangen, dass der Investor eine Fundamentalanalyse vornimmt, steht er vor dem Problem der Wahl einer geeigneten Unternehmensbewertungsmethode. Nach h. M. bestimmt sich der Wert eines Unternehmens abhängig vom Zweck seiner Ermittlung.[337] Bei der Charakterisierung der einzelnen Unternehmensbewertungszwecke ergeben sich in der Literatur zwar Unterschiede,[338] als wichtige Zwecke können jedoch die in Abb. 2-5 dargestellten angesehen werden. *Coenenberg/Schultze* betonen darüber hinaus als weiteren Zweck die wertorientierte Steuerung.[339]

---

336 Vgl. entsprechend auch *Schiller/Tytko/Marek* (2001), S. 514.

337 Vgl. z.B. *Sieben* (1977), S. 28 – 30; *Mandl/Rabel* (1997), S. 15 – 17; *Ballwieser* (2007), S. 1 f. *Moxter* führte den Begriff des Zweckadäquanzprinzips ein, vgl. *Moxter* (1983), S. 5.

338 So unterteilen *Sieben*, *Krag/Kasperzak* und auch *Peemöller* die Zwecke in drei Hauptzwecke (Beratung, Vermittlung, Argumentation) und Nebenzwecke, vgl. *Sieben* (1983), S. 539 f.; *Krag/Kasperzak* (2000), S. 3; *Peemöller* (2009a), S. 8. *Moxter* unterscheidet die Ermittlung von Grenz- und Schiedspreisen, vgl. *Moxter* (1983), S. 9 – 22. Das WP-Handbuch unterscheidet entsprechend den Hauptzwecken nach *Sieben* in Beratungs-, Vermittlungs- und Argumentationsfunktion der Unternehmensbewertung, vgl. IDW (2002), S. 10. *Mandl/Rabel* nennen die Marktwertermittlung als separaten Zweck, der hier unter dem ersten Punkt subsumiert werden kann, vgl. *Mandl/Rabel* (1997), S. 18 f.

339 Vgl. *Coenenberg/Schultze* (2002a), S. 599 f. Dieser Zweck kann zwar als Element des Entscheidungsvorbereitungszwecks verstanden werden, betont aber durch die gesonderte Nennung die andersartige Zielrichtung der Bewertung, die nicht auf das Bewertungsobjekt als Ganzes gerichtete Entscheidungen wie Kaufen oder Verkaufen vorbereitet sondern Managemententscheidungen innerhalb des Bewertungsobjekts, bspw. Entscheidungen über Geschäftsfeldstrategien.

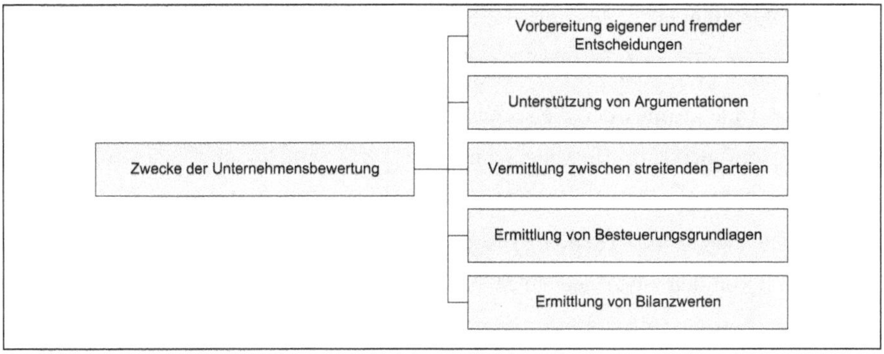

Abb. 2-5: Zwecke der Unternehmensbewertung

Quelle: in Anlehnung an *Ballwieser* (2007), S. 2

Im Rahmen der hier betrachteten Fragestellung sind demnach diejenigen Bewertungszwecke zu identifizieren, die in einer engen Beziehung zur Kapitalmarktorientierung des Rechnungswesens stehen. Hierbei ist die Art des Kapitalmarktteilnehmers[340] und der von ihm durchgeführten Transaktionen von entscheidender Bedeutung; die geplante Transaktion kann somit als Anlass der Bewertung verstanden werden.[341] Institutionelle und private Investoren treffen Entscheidungen über den Kauf oder Verkauf oder das Halten von Unternehmensanteilen, die von ihnen durchgeführte Unternehmensbewertung folgt damit dem Zweck der Vorbereitung der eigenen Entscheidung; bei Durchführung der Bewertung durch einen Dritten handelt es sich entsprechend um die Vorbereitung einer fremden Entscheidung. Dies trifft insbesondere auf den Handel am Sekundärmarkt zu, bei dem nicht Erwerb oder Veräußerung von signifikanten Unternehmensanteilen im Mittelpunkt stehen.

Transaktionen, die darauf abzielen, eine bestimmte Anteilsquote eines Unternehmens zu erwerben, werden regelmäßig von externen Beratern begleitet, die in diesem Zusammenhang im Rahmen von Verhandlungen Bewertungen zur Argumentationsunter-

---

340 Vgl. Kapitel 2.2.3.

341 Vgl. *Peemöller* (2009b), S. 19. *Schultze* unterscheidet Anlässe detailliert nach den zwei Kategorien „mit/ohne Eigentumswechsel" und „abhängig/unabhängig vom Willen der Eigentümer" und differenziert so insgesamt 24 verschiedene Bewertungsanlässe, vgl. *Schultze* (2003), S. 6.

stützung durchführen.[342] Sind die Verhandlungen bereits in einer fortgeschrittenen Phase, treten auch Bewertungen für Vermittlungszwecke hinzu.[343]

Sofern ein Unternehmen der Zielsetzung der Unternehmenswertsteigerung folgt, besteht die Notwendigkeit, den Unternehmenswert zu ermitteln, um Planung und Kontrolle zu ermöglichen. Dies entspricht somit auch dem Zweck der Vorbereitung eigener Entscheidungen bzw. dem Zweck der wertorientierten Steuerung, unterscheidet sich jedoch von den zuvor genannten Aspekten durch den Gegenstand der Entscheidung.

Der häufig als Nebenfunktion bezeichnete Zweck der Bewertung zu Bilanzierungszwecken gewinnt durch verschiedene neue Regelungen der letzten Jahre der international bedeutsamen Standardsetter eine zunehmend größere Bedeutung.[344] Damit entfaltet die Rechnungslegung selbst eine eigene Bewertungsfunktion.

Es zeigt sich somit, dass nahezu unabhängig vom Bewertungszweck ein Kapitalmarktbezug der Unternehmensbewertung hergestellt werden kann. Unterschiede ergeben sich hauptsächlich durch die Stellung des Bewertenden zum Unternehmen, so dass sich insofern indirekt zweckabhängige Forderungen an das externe oder das interne Rechnungswesen richten. Es muss daher in der Folge untersucht werden, welche Implikationen sich daraus für das Rechnungswesen ergeben.

2.3.2.2 Unternehmensbewertungsverfahren

Es wurde eine Vielzahl von Verfahren zu Bewertung eines Unternehmens entwickelt. Die folgende Abb. 2-6 gibt einen systematisierenden Überblick über die Verfahren.[345]

---

342 Zur Argumentationsfunktion vgl. bspw. *Peemöller* (2009a), S. 10 f.

343 Vgl. *Peemöller* (2009a), S. 12.

344 Hier sind die Vorschriften zur Durchführung von Wertminderungstests nach US GAAP und IFRS zu nennen, vgl. FAS 141/142 und IAS 36 i.V.m. IFRS 3.

345 *Drukarczyk/Schüler* und früher auch *Mandl/Rabel* ordnen die Überschlagsrechnungen unter den Gesamtbewertungsverfahren ein, vgl. *Drukarczyk/Schüler* (2007), S. 103; *Mandl/Rabel* (2004), Rn. 403 – 404, aber auch *Mandl/Rabel* (2009), S. 53 für die aktuelle Sichtweise.

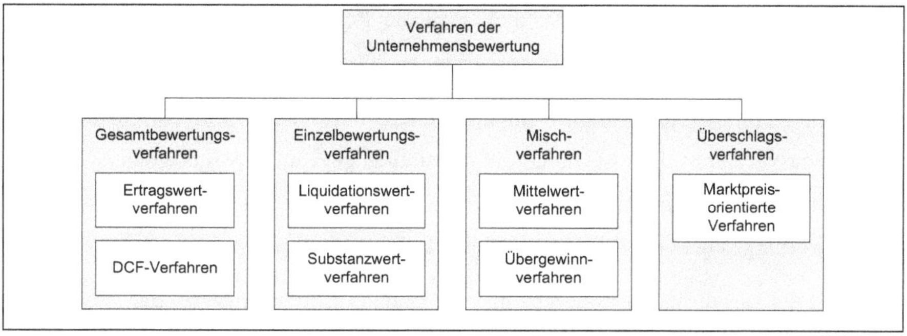

Abb. 2-6: Unternehmensbewertungsverfahren

Quelle: in Anlehnung an *Ballwieser* (2007), S. 8

Die Gesamtbewertungsverfahren bestimmen den Unternehmenswert als Zukunftserfolgswert auf Basis des Kapitalwertkalküls aus den zukünftigen Rückflüssen des Unternehmens als Ganzem, die aus der Nutzung der zur Verfügung stehenden Ressourcen entstehen,[346] wobei regelmäßig von einer unendlichen Lebensdauer der Unternehmung ausgegangen wird, sofern nichts dagegen spricht.[347] Aus der Zukunftsorientierung folgt die Notwendigkeit der Prognostizierung der zukünftigen Werte, aus denen sich die Rückflüsse bestimmen. Zur Reduktion der Komplexität des Prognoseproblems wird die Zukunft als Prognosezeitraum häufig im Rahmen eines Phasenmodells in eine Detailprognosephase und einen Restwert unterteilt.[348] Als zentrale Größen gehen in die Bewertung somit die erwarteten Rückflüsse, der Diskontierungssatz zur Berücksichtigung des Kapitalwertkalküls und das Risiko der Anlage ein.

Im Gegensatz zu den Gesamtbewertungsverfahren bemessen die Einzelbewertungsverfahren den Wert des Unternehmens anhand der Summe der Werte der einzelnen Res-

346 Vgl. *Ballwieser* (2007), S. 8; IDW S 1 (2000) Tz. 4.

347 Vgl. *Ballwieser* (2007), S. 8. Gegen die Annahme einer unendlichen Unternehmenslebensdauer würde sprechen, wenn es sich um eine Projektgesellschaft mit endlich formulierter Zwecksetzung handelt, wie es bspw. bei Betreibergesellschaften für öffentliche Projekte häufig der Fall ist. Gegen die Annahme spräche auch, wenn eine Beendigung der Unternehmung bereits vorgesehen ist oder unabwendbar erscheint.

348 Vgl. z. B. *Stellbrink* (2005), S. 42, 46.

sourcen selbst.[349] Synergieeffekte, die durch die Ressourcenkombination entstehen, bleiben somit bei den Einzelbewertungsverfahren unberücksichtigt.[350]

Die Mischverfahren zeichnen sich durch eine Kombination von Einzel- und Gesamtbewertungsverfahren aus, was durch ein Misstrauen gegenüber den einzelnen Verfahren erklärt werden kann, da u.U. Einzel- und Gesamtbewertungsverfahren für das gleiche Bewertungsobjekt deutlich unterschiedliche Unternehmenswerte ermitteln.[351]

Die Überschlagsverfahren ermitteln den Wert eines Unternehmens durch Vergleich mit anderen Unternehmen. Zu diesem Zweck wird eine Gruppe vergleichbarer Unternehmen ausgewählt und ein sog. Multiplikator berechnet, indem ihr Wert zu einer bekannten Größe wie dem Umsatz oder dem Gewinn ins Verhältnis gesetzt wird. Durch Multiplikation der entsprechenden Größe des zu bewertenden Objekts mit dem Multiplikator wird der Unternehmenswert bestimmt.[352]

Da die Bewertungsverfahren sich in Bezug auf Prämissen, Methodik und Ergebnis unterscheiden, muss in Abhängigkeit des gegebenen Anlasses der Bewertung der sich ergebende Bewertungszweck und die dazu passenden möglichen Bewertungsmethoden ermittelt werden, wie Abb. 2-7 verdeutlicht.

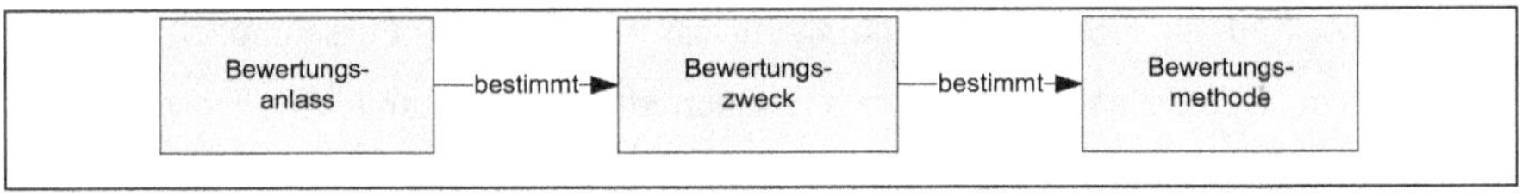

Abb. 2-7: Bewertungsmethode in Abhängigkeit vom Bewertungsanlass
Quelle: *Peemöller* (2004b), S. 19

In den folgenden zwei Kapiteln sollen die am Kapitalmarkt am häufigsten verwendeten Bewertungsverfahren – Discounted Cash Flow- und Multiplikator-Verfahren – in ihren Grundzügen dargestellt werden, um die aus ihnen resultierenden Anforderungen an die Unternehmensrechnung herausarbeiten zu können.

349 Vgl. *Mandl/Rabel* (2009), S. 82.

350 Vgl. *Stellbrink* (2005), S. 10.

351 Vgl. *Mandl/Rabel* (1997), S. 30.

352 Vgl. *Stellbrink* (2005), S. 12; *Betsch/Groh/Lohmann* (2000), S. 230 – 233.

2.3.3 Discounted Cash Flow Verfahren

2.3.3.1 Überblick über die Formen von Discounted Cash Flow Verfahren

Die DCF-Verfahren stellen neben den stark vereinfachenden Multiplikatorverfahren die gängige Praxis der Unternehmensbewertung dar, insbesondere das den Bruttoverfahren zuzurechnende Free Cash Flow Verfahren.[353] Es können die in Abb. 2-8 gezeigten vier Arten von DCF-Verfahren unterschieden werden.[354]

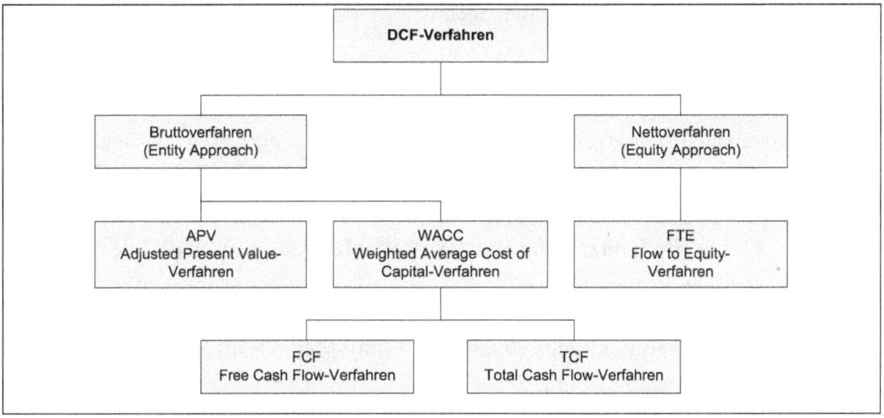

Abb. 2-8: Übersicht über die DCF-Verfahren

Quelle: in Anlehnung an *Ballwieser* (2007), S. 116.

Die Bruttoverfahren ermitteln in einem ersten Schritt durch Diskontierung der zukünftigen Cash Flows den Unternehmensgesamtwert und erst in einem zweiten Schritt durch Abzug des Marktwertes des Fremdkapitals indirekt den Wert des Eigenkapitals.[355] Im Gegensatz dazu ermitteln die Nettoverfahren den Wert des Eigenkapitals direkt, indem sie nur den Eigenkapitalgebern zustehende Cash Flows in die Diskontierung einbeziehen.[356]

---

353 Vgl. z.B. *Essler/Kruschwitz/Löffler* (2005), S. 595; *Coenenberg/Salfeld* (2007), S. 40; *Mandl/Rabel* (2009), S. 65; *Krag/Kasperzak* (2000), S. 83 – 85.

354 Das APV Verfahren wird auch hier als gesondertes Verfahren neben Brutto- und Nettoverfahren verstanden, so bei *Mandl/Rabel* (2009), S. 71 und *Drukarczyk/Schüler* (2007), S. 144, ebenso im IDW S1 unter der Bezeichnung „Konzept des angepassten Barwerts".

355 Vgl. *Krag/Kasperzak* (2000), S. 85.

356 Vgl. *Stellbrink* (2005), S.19; *Krag/Kasperzak* (2000), S. 85.

Die zu den Bruttoverfahren zu zählenden WACC-Ansätze ermitteln durch Diskontierung der Cash Flows sowohl an Eigen- als auch an Fremdkapitalgeber den Unternehmensgesamtwert.[357] Dabei wird ein Zinssatz verwendet, der die unterschiedlichen Renditeansprüche der Kapitalgebergruppen vereint. Zur Bestimmung des Eigenkapitalkostensatzes wird im Rahmen des WACC-Ansatzes und speziell der FCF-Methode regelmäßig auf das CAPM zurückgegriffen, welches eine kapitalmarktorientierte Ermittlung des Renditeanspruchs ermöglicht.[358]

Das Nettoverfahren ermittelt demhingegen den Marktwert des Eigenkapitals nicht indirekt sondern direkt. Dies wird erreicht, indem nur die den Eigenkapitalgebern zustehenden Cash Flows in die Barwertberechnung eingehen. Dis Diskontierung erfolgt mit dem Eigenkapitalkostensatz und nicht wie bei den WACC-Verfahren mit einem gewogenen Zinssatz.[359]

2.3.3.2 Generelle Konzeption der Bruttoverfahren am Beispiel der WACC-Verfahren

Der Unternehmenswert ermittelt sich nach der Entity-Methode als Summe der zukünftigen diskontierten Free Cash Flows:

$$UW = \sum_{t=1}^{\infty} \frac{FCF_t}{(1+k)^t} \tag{17}$$

mit

UW	*Unternehmenswert (Unternehmensgesamtwert)*
t	*Prognosejahr*
FCF_t	*Free Cash Flow des Jahres t*
k	*Diskontierungszinssatz*

Der Wert des Eigenkapitals – der Shareholder Value – ermittelt sich in einem zweiten Schritt aus Subtraktion des Marktwerts des Fremdkapitals vom Unternehmenswert:

$$EK_{MW} = UW - FK_{MW} \tag{18}$$

---

357 Vgl. *Baetge/Niemeyer/Kümmel/Schulz* (2009), S. 345 f.

358 Vgl. *Baetge/Niemeyer/Kümmel/Schulz* (2009), S. 370.

359 Das Nettoverfahren entspricht daher der deutschen Ertragswertmethode, wobei sich allerdings die Ermittlung des Diskontierungszinssatzes unterscheidet, vgl. *Baetge/Niemeyer/Kümmel/Schulz* (2009), S. 352.

mit

EK_{MW}	*Marktwert des Eigenkapitals*
FK_{MW}	*Marktwert des Fremdkapitals*

Die Vorgehensweise bei der Ermittlung eines Unternehmenswertes mithilfe eines Bruttoverfahrens soll am Beispiel des Free Cash Flow Verfahrens in Abb. 2-9 illustriert werden; die Ermittlung des Free Cash Flows erfolgt dabei mit der indirekten Methode, d.h. retrograd durch Korrektur des Ergebnisses um nicht zahlungswirksame Aufwendungen und Erträge sowie zahlungswirksame Änderungen bilanzieller Positionen. Alternativ dazu ist eine direkte Prognose der Cash Flows möglich.[360]

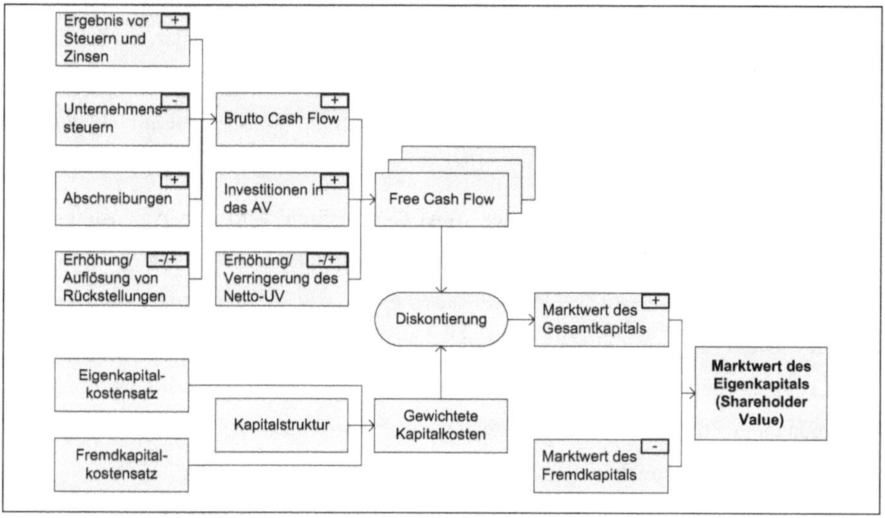

Abb. 2-9; Ermittlung des Shareholder Value im Entity-Ansatz

Quelle: leicht modifiziert nach *Mandl/Rabel* (2009), S. 67

Es wird deutlich, dass die Bewertungsproblematik in die zwei Teilaspekte „Bestimmung der Zahlungsgröße" und „Bestimmung des Diskontierungsfaktors" aufgeteilt werden kann, die im Folgenden kurz dargestellt werden sollen.

Der für Zahlungen an die Eigenkapitalgeber zur Verfügung stehende Freie Cash Flow berechnet sich bei indirekter Bestimmung wie in Abb. 2-10 dargestellt.[361]

360 Vgl. *Stellbrink* (2005), S. 21 f.

361 Vgl. *Koller/Goedhart/Wessels* (2005), S. 165; ähnlich *Mandl/Rabel* (2009), S. 67.

	Operatives Ergebnis vor Zinsen und Steuern	EBIT
./.	Steuerzahlungen auf den EBIT	
=	**Netto-Betriebsergebnis abzgl. angepasster Steuern**	NOPLAT
+	Abschreibungen	
=	**Brutto-Cash Flow**	
./.	Erhöhung des Working Capital	
./.	Erhöhung bei anderen Vermögenswerten (netto)	
=	**Operativer Free Cash Flow**	
+	Cash Flow von nicht-operativen Investitionen	
=	**Free Cash Flow**	

Abb. 2-10: Berechnung des Free Cash Flow

Quelle: in Anlehnung an *Koller/Goedhart/Wessels* (2005), S. 165

Der Free Cash Flow stellt den Einzahlungsüberschuss einer Periode dar, der bei fiktiver vollständiger Eigenkapitalfinanzierung den Kapitalgebern zufließen könnte. Die aus der Fremdfinanzierung resultierenden Steuervorteile werden erst im Diskontierungssatz abgebildet.

In den besonders häufig verwendeten WACC-Verfahren wird der Abzinsungssatz durch Zusammenfassung der Fremd- und der Eigenkapitalkosten in einem gewichteten Kapitalkostensatz bestimmt. Im Regelfall wird dabei davon ausgegangen, dass der für die Gewichtung zu ermittelnde Verschuldungsgrad anhand von Marktwerten sowohl des Eigen- als auch des Fremdkapitals gemessen wird.[362] Es ist jedoch auch eine Bestimmung anhand der Buchwerte möglich, was ein realitätsnäheres Modell ermöglicht, da keine atmende Finanzierung[363] unterstellt werden muss.[364]

2.3.3.3 Konzeption des APV-Ansatzes als Spezialfall der Bruttoverfahren

Bei dem Adjusted Present Value Ansatz (APV) handelt es sich ebenfalls um eine Bruttomethode der Unternehmensbewertung, d.h., dass der Marktwert des Eigenkapitals indirekt ermittelt wird als Differenz aus Unternehmensgesamtwert und Marktwert des

362 Vgl. *Essler/Kruschwitz/Löffler* (2005), S. 595.

363 Vgl. *Essler/Kruschwitz/Löffler* (2005), S. 595. Bei Unterstellung einer starren Kapitalstruktur müsste implizit die Annahme getroffen werden, dass bei Tilgung (Aufnahme) von Fremdkapital auch Eigenkapital an die Investoren zurückgeführt (wieder eingelegt) werden muss, um die Quote stabil zu halten.

364 Neben den zwei oben dargestellten Thematiken wird der Einfluss gewinnabhängiger Steuern auf den Unternehmenswert in jüngster Zeit verstärkt diskutiert, vgl. z. B. *Laitenberger/Bahr* (2002); *Kruschwitz/Löffler* (2004); *Kruschwitz/Löffler* (2005); *Peemöller/Beckmann/Meitner* (2005).

Fremdkapitals. Im Gegensatz zur WACC-Methode wird allerdings der Unternehmensgesamtwert aus anders konzipierten Bewertungskomponenten zusammengesetzt: Der Unternehmensgesamtwert ergibt sich als Summe aus dem Marktwert des fiktiv vollständig eigenfinanzierten Unternehmens und dem Wertbeitrag der Fremdfinanzierung.[365]

Der Marktwert des fiktiv vollständig eigenfinanzierten Unternehmens ergibt sich durch die Bildung des Barwerts der Free Cash Flows durch Diskontierung mit dem Eigenkapitalkostensatz. Die Auswirkungen der vorhandenen aber bis zu diesem Zeitpunkt nicht berücksichtigten Fremdfinanzierung wird als Tax Shield bezeichnet und beinhaltet einerseits die mit der Fremdfinanzierung direkt verbundenen Zahlungen, andererseits die aus einer Finanzierung mit Fremdkapital je nach Steuersystem erzielbaren Steuervorteile aufgrund der Abzugsfähigkeit von Zinsaufwendungen.[366]

Obwohl die verwendeten Größen auf den ersten Blick den Parametern des WACC-Verfahrens gleichen, stellt sich bei der Anwendung des APV-Ansatzes das Problem der Ermittlung der Eigenkapitalrendite dar. Im WACC-Verfahren wird unter Rückgriff auf das CAPM die empirisch vom Kapitalmarkt geforderte Rendite ermittelt; im APV-Ansatz wird jedoch die Renditeforderung bezogen auf ein unverschuldetes Unternehmen benötigt, die i.d.R. empirisch nicht zu beobachten ist.[367]

2.3.3.4 Konzeption der Nettoverfahren

Das Nettoverfahren bzw. der Equity-Ansatz ermittelt den Marktwert des Eigenkapitals einer Unternehmung direkt durch die Berechnung des Barwerts der erwarteten Cash Flows, die den Eigentümern zustehen. Als Diskontierungssatz wird dabei die Renditeforderung der Eigenkapitalgeber herangezogen.[368]

Mit der Anwendung des Equity-Ansatzes sind durch die Zirkularität und Abhängigkeit der Cash Flows von der Finanzierungsstrategie zwei Probleme von besonderer Bedeu-

---

365 Vgl. *Baetge/Niemeyer/Kümmel/Schulz* (2009), S. 351; *Ballwieser* (2009), S. 485.

366 Vgl. *Baetge/Niemeyer/Kümmel/Schulz* (2009), S. 350 f.

367 Vgl. *Ballwieser* (1998), S. 91. Der Zinssatz beinhaltet wegen des fehlenden Kapitalstrukturrisikos nur einen Zuschlag für das operative Risiko, vgl. *Baetge/Niemeyer/Kümmel/Schulz* (2009), S. 351.

368 Vgl. *Baetge/Niemeyer/Kümmel/Schulz* (2009), S. 351.

tung verbunden. Das Zirkularitätsproblem besteht darin, dass die Renditeforderung der Eigentümer nur mit Kenntnis des Marktwerts des Eigenkapitals ermittelt werden kann, dieser jedoch selbst Ergebnis der Berechnung ist. Das zweite Problem betrifft die Tatsache, dass die Cash Flows nicht von der gewählten Finanzierungsstrategie unabhängig sind, die Finanzierungsstrategie selbst jedoch wiederum im Zusammenhang mit dem Zirkularitätsproblem bei Verfolgung einer Wertorientierung den Unternehmenswert als bekannt voraussetzt.[369]

Aufgrund der Anwendungsprobleme wird der Equity-Ansatz häufig kritisiert und soll in der folgenden Untersuchung auch aufgrund der Dominanz des WACC-Ansatzes nicht weiter betrachtet werden.[370]

2.3.4 Multiplikatorverfahren

2.3.4.1 Verwendung und Funktionen von Multiplikatorverfahren

Neben den Gesamt- und Einzelbewertungsverfahren finden Überschlags- oder auch Multiplikatorverfahren eine häufige Anwendung von Kapitalmarktteilnehmern.[371] Daher sollen auch diese Verfahren näher betrachtet werden, um die aus ihnen resultierenden Anforderungen an die Unternehmensrechnung zu bestimmen, auch wenn diese Verfahren einer wissenschaftlichen Überprüfung nicht standhalten.[372]

Der Unternehmenswert ermittelt sich bei Anwendung eines Multiplikatorverfahrens als Produkt aus einer bestimmten Bezugsgröße mit einem Multiplikator;[373] der Multiplikator wird dabei regelmäßig anhand von Vergleichsunternehmen bestimmt. Die Bewertung mit Multiplikatoren findet Anwendung im Rahmen einer Testfunktion, einer Indikationsfunktion oder einer Unterstützungsfunktion.[374]

---

369 Vgl. *Baetge/Niemeyer/Kümmel/Schulz* (2009), S. 387 f..

370 Zur Kritik vgl. *Richter* (1998), S. 388; *Hachmeister* (1996), S. 270.

371 Vgl. dazu bspw. *Löhnert/Böckmann* (2009), S. 573.

372 Vgl. *Löhnert/Böckmann* (2009), S. 569 f.

373 Es haben sich durch Verwendung unterschiedlicher Bezugsgrößen sowie unterschiedlicher Multiplikatoren diverse Verfahren entwickelt, zu den am häufigsten verwendeten Multiplikatoren zählen das Kurs-Gewinn-Verhältnis (KGV; PER) und das Kurs-Umsatz-Verhältnis (KUV; PSR).

374 Vgl. *Löhnert/Böckmann* (2009), S. 572.

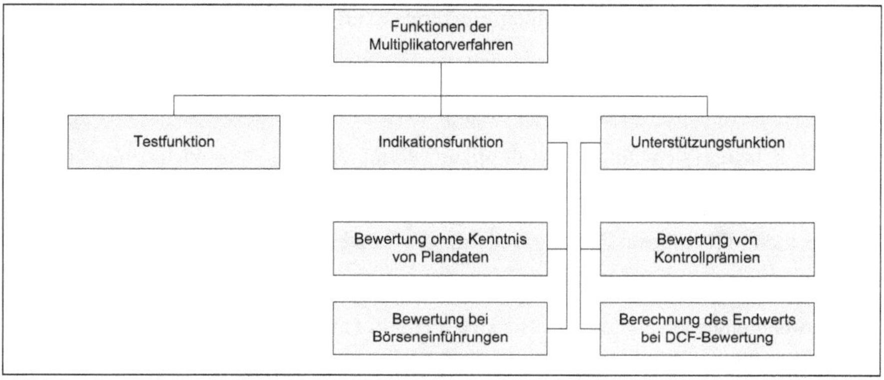

Abb. 2-11: Funktionen der Bewertung mit Multiplikatorverfahren
Quelle: erweitert nach *Löhnert/Böckmann* (2009), S. 572

Unter Testfunktion wird dabei die Möglichkeit verstanden, mithilfe von Multiplikatoren Plausibilitätsprüfungen von Unternehmensbewertungen durchzuführen, die auf Basis von DCF-Verfahren ermittelt wurden. Bei Interpretation des Multiplikators als verdichtete Einschätzung der zukünftigen Ertragsentwicklung deutet eine große Differenz der ermittelten Werte auf eine Diskrepanz bei der Einschätzung einer oder mehrer zukünftiger Faktoren zwischen Bewerter und kumulierter Markteinschätzung hin.[375]

Im Rahmen einer Indikationsfunktion wird die Bewertung mit Multiplikatoren eingesetzt, wenn die für eine Bewertung mit einem DCF-Verfahren notwendigen Kenntnisse nicht vorhanden sind; die Bewertung von stark diversifizierten Konzernen bei gleichzeitig unzureichender Segmentberichterstattung stellt einen speziellen Anwendungsfall von unzureichenden Informationen dar, die am Kapitalmarkt mit einem „Conglomerate Discount" belegt werden.[376] Ebenso finden sie Verwendung, um eine erste Wertvorstellung für einen potentiellen Erwerber im Rahmen von M&A-Prozessen zu bilden.[377] Bei Börsengängen ist eine wesentliche Determinante des Preisbildungsprozesses die maßgeblich von Analysten beeinflusste Einschätzung des

375 Dabei kann es sich bspw. um den Diskontierungssatz, die prognostizierte Wachstumsrate oder die Beurteilung des Branchenzyklus handeln, vgl. *Löhnert/Böckmann* (2009), S. 572 f.

376 Mit diesem Bewertungsabschlag wird neben der ungenügenden Transparenz auch die mangelnde Fokussierung des Unternehmens in die Bewertung einbezogen, vgl. *Löhnert/Böckmann* (2009), S. 573.

377 Vgl. *Löhnert/Böckmann* (2009), S. 573.

Kapitalmarkts, und da die Multiplikatormethode häufig von Analysten eingesetzt wird, stellt sie im Preisbildungsprozess noch vor DCF-Verfahren die wichtigste Bewertungsmethode dar.[378]

Weiterhin lassen sich mit den Multiplikatorverfahren unterstützend die im Rahmen von Unternehmensakquisitionen gezahlten Kontrollprämien bewerten; dabei ist jedoch zu beachten, dass diverse Beweggründe für die Durchführung einer Transaktion bestehen können, die lediglich kumuliert in die Kontrollprämie einfließen.[379] Der Endwert im Rahmen eines DCF-Modells lässt sich alternativ auch mithilfe von Multiplikatoren bestimmen.[380]

2.3.4.2 Prozess der Bewertung mit Multiplikatoren

Der Ablauf einer Multiplikatorbewertung lässt sich in fünf Phasen unterscheiden, wie Abb. 2-12 illustriert:

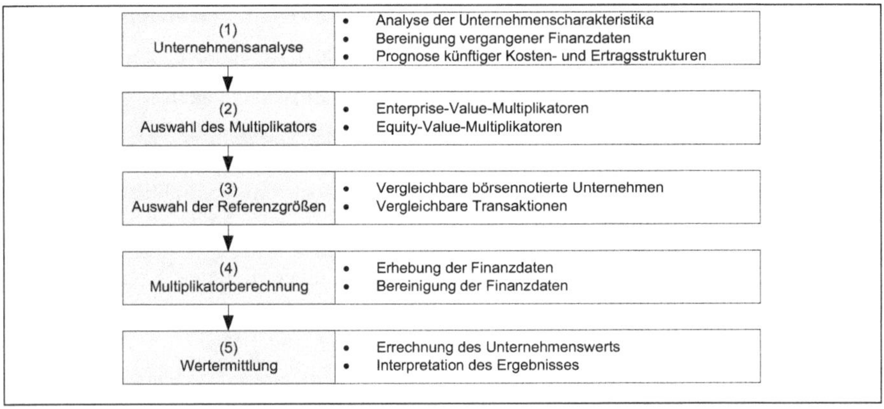

Abb. 2-12: Prozess der Bewertung mit Multiplikatoren

Quelle: modifiziert nach *Löhnert/Böckmann* (2009), S. 575

---

378 Vgl. *Löhnert/Böckmann* (2009), S. 573.

379 Die Kontrollprämie kann als Differenz zwischen gezahltem Preis und dem Stand-Alone-Wert des übernommenen Unternehmens verstanden werden. So werden Kontrollprämien häufig gezahlt bei Akquisitionen mit hohem Synergiepotential für den Käufer und bei Leveraged-Buyouts aufgrund der steigenden zur Verfügung stehenden Mittel, die einen Anlagedruck ausüben, vgl. *Löhnert/Böckmann* (2009), S. 573 f.

380 In diesem Zusammenhang wird von einem "Exit Multiple" gesprochen.

Die unterschiedlichen Phasen führen zu verschiedenen Anforderungen der Anwender an das zur Verfügung stehende Informationsmaterial. Insbesondere in den Phasen der Unternehmensanalyse und der Referenzauswahl werden spezielle Informationen benötigt, die eine sinnvolle Bewertung mittels der Multiplikatorenmethode ermöglichen. Die Qualität der Unternehmensbewertung mithilfe eines Multiplikators hängt von der Güte der sog. Peer Group ab, also der Gruppe von Vergleichsunternehmen oder Vergleichstransaktionen, aus denen der Multiplikator abgeleitet wird. Je stärker sich Bewertungsobjekt und Peer Group in ihren wesentlichen Eigenschaften entsprechen, desto aussagekräftiger ist der ermittelte Unternehmenswert.

Aufgabe der Rechnungslegung wird es daher sein, Informationen zu dem Unternehmen zu liefern, die als Indikatoren für wesentliche Eigenschaften des Bewertungsobjekts zu begreifen sind und aufgrund ihrer Vergleichbarkeit mit anderen Unternehmen die Bildung einer Peer Group ermöglichen.

2.3.5 Vergangenheitsanalyse als notwendige Basis einer Unternehmensbewertung

Die Bewertung eines Unternehmens mithilfe eines Gesamtbewertungsverfahrens wie bspw. dem WACC-Ansatz, aber auch der Multiplikatormethode setzt ein Verständnis des zugrunde liegenden Geschäftsmodells und der Bedingungen an den involvierten Märkten voraus, um die für die Durchführung der Bewertung erforderlichen Prognosen erstellen zu können.[381] Wird davon ausgegangen, dass bis zu einem gewissen Grad eine Kontinuität in genannten Bereichen existiert, ist daher die Prognosequalität entscheidend von dem Wissen um die Struktur der zu prognostizierenden Größen abhängig.

Die Prognosetauglichkeit von Informationen ist ex ante nicht und ex post ebenfalls nicht eindeutig zu bestimmen, da das Prognoseergebnis nicht nur von den zugrundegelegten Daten sondern auch von den verwendeten Methoden abhängt. Werden Prognosen bspw. mit einem linearen Trend der vergangenen Jahre ermittelt, so müssten ggf. die Vergangenheitsdaten manipuliert werden, um eine tatsächlich erwartete Entwick-

---

[381] Vgl. *Koller/Goedhart/Wessels* (2005), S. 151.

lung als Ergebnis der linearen Prognose entstehen zu lassen.[382] Entsprechend gibt es auch unterschiedliche Auffassungen zum Begriff der Verzerrung; der Bias als Maß der Verzerrung kann entweder als Differenz zwischen berichtetem und realistischem Wert oder als Differenz zwischen prognostiziertem und realisiertem Wert interpretiert werden.[383]

Die Abschlussanalyse bildet einen zentralen Bestandteil der Unternehmensbewertung, da ein Großteil der relevanten quantitativen Informationen aus den zum Abschluss zählenden Rechenwerken ermittelt werden muss. So betonen *Werner/Padberg/Kriete* die Trennung von wiederkehrenden und Einmaleffekten:

> „Für Investoren ist es relevant, ob die Erträge und Aufwendungen einer Periode in den zukünftigen Perioden wahrscheinlich wiederholbar sind oder nicht."[384]

Für eine Einschätzung des repititiven Charakters erfolgs- oder zahlungswirksamer Vorgänge sind Detailinformationen notwendig, die regelmäßig über die Segmentberichterstattung für die einzelnen Geschäftsfelder getrennt voneinander gegeben werden. Allerdings gehen nicht alle Anteile in der Segmentberichterstattung auf, so bleiben z.B. die Risiken und Chancen aus Anteilen an assoziierten Unternehmen unaufgedeckt, weshalb auch „[...] die Regelungen über die Bilanzierung von at-equity-Beteiligungen für die Zwecke der Bilanzanalyse [als] nicht ausreichend [...]"[385] erachtet werden.[386]

Die Analyse der Vergangenheit und der aktuellen Situation einer Unternehmung beschränkt sich jedoch nicht auf die Analyse der Abschlüsse dieser Unternehmung; diese stellt vielmehr nur ein Element in der Informationsgewinnung dar. Im Sinne des Fünf-Kräfte-Modells von *Porter* sind für eine umfassende Analyse der Situation auch die

---

382 Vgl. zu den Problemen von trendbasierten Prognosen *Neuhaus/Minx* (2009).

383 Die Prognosetauglichkeit ist optimal, wenn der Nutzer zum optimalen Prognoseergebnis gelangt, vgl. *Ijiri/Jaedicke* (1966) 478 f. Das IAS Framework und SFAC 2 entsprechen dieser Bias-Interpretation jedoch nicht, vgl. *Lorson/Gattung* (2008), S. 559.

384 *Werner/Padberg/Kriete* (2005), S. 31.

385 *Werner/Padberg/Kriete* (2005), S. 40.

386 Vgl. zur Segmentberichterstattung auch *Schildbach* (2008a), S. 393 – 396.

wesentlichen Aspekte der Interdependenzen zwischen Unternehmung und Unternehmensumwelt zu betrachten.

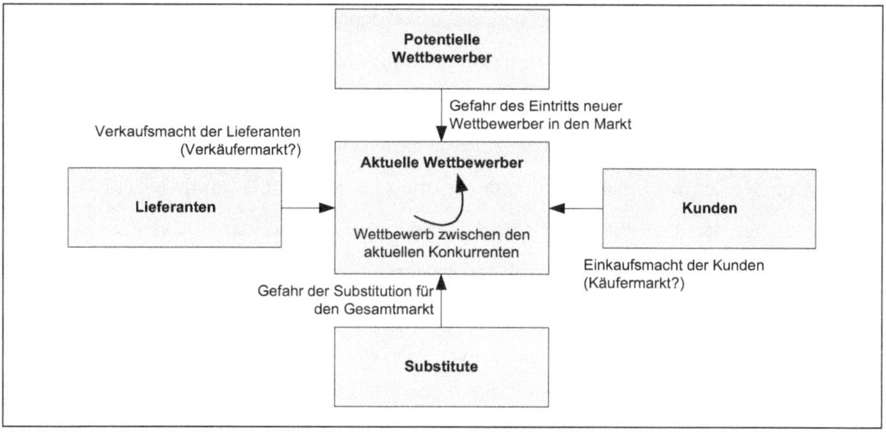

Abb. 2-13: Five Forces Model nach *Porter*

Quelle: vereinfacht nach *Müller-Stewens/Lechner* (2005), S. 193

Neben den Aspekten, die im Modell von Porter agebildet sind, müssen für ein umfassendes Bild auch synergetische Wirkungen aus Kooperationen und aus Netzwerkbeziehungen berücksichtigt werden. Für die Informationsgewinnung werden regelmäßig weitere Quellen verwendet, da der Abschluss aufgrund seines quantitativen Charakters nur wenige qualitative Informationen enthält.[387]

2.3.6 Zwischenergebnis

An dieser Stelle soll zusammenfassend festgehalten werden, welche Anforderungen sich aus den Unternehmensbewertungsverfahren an die Informationsversorgung durch die Unternehmen ableiten lassen.

Bei Anwendung von DCF-Verfahren muss der Bewerter Prognosen über Höhe, zeitliche Struktur und Risiken bzgl. dieser Größen zukünftiger Cash Flows, die zukünftige Finanzierungspolitik und über zukünftige Steuern bilden. Für diese Bereiche, die sich jeweils noch detaillieren lassen, werden Informationen benötigt; der Informationsbedarf ist dabei relativ unabhängig von der konkret angewandten Methode, da die ver-

---

387 Vgl. insgesamt zu der Kritik an den Rechnungslegungsregeln als Begründung für ein Value Reporting *Fischer/Wenzel* (2002), S. 327 f.

schiedenen Verfahren die grundsätzlich gleichen Inputgrößen lediglich unterschiedlich verknüpfen.[388]

Bei Anwendung von Multiplikatormethoden werden insbesondere jene Informationen benötigt, die zur Bestimmung und Bereinigung der Bezugsgröße des jeweiligen Mutipliaktors herangezogen werden, sowie die Informationen über Branche, Geschäftsmodell und weitere typische Eigenschaften, die zur Bildung der Peer Group beitragen. Bei den Informationen handelt es sich in erster Linie um quantitative Informationen, bei denen deshalb die Vergleichbarkeit von besonderer Bedeutung ist, da Berechnung und Bereinigung für alle Unternehmen der Peer Group durchgeführt werden muss. Bei den Angaben zur Bildung der Peer Group sind eher qualitative Informationen zu verwenden, die aufgrund ihres Charakters ohnehin eine schlechtere Vergleichbarkeit aufweisen.

2.4 Empirische Untersuchung der Interessen der Kapitalmarktteilnehmer

2.4.1 Stand der empirischen Forschung

Nachdem die Interessen der Kapitalmarktteilnehmer auf theoretischer Ebene erarbeitet worden sind, stellt sich die Frage der empirischen Überprüfung der angestellten Überlegungen. Als Ergebnis einer Befragung sollte erwartet werden können, dass sich das Interesse auf die zwei Elemente Rendite und Information konzentriert. So stellt auch bspw. *Bärtl* fest: „Die Kapitalgeber fordern eine angemessene Rendite auf ihr eingesetztes Kapital, und darüber hinaus verlangen sie angemessene Informationen, um einerseits die Arbeit des Managements beurteilen zu können [..., a]ndererseits [...] dienen die Informationen dazu, den Wert des Unternehmens [...] abschätzen zu kön-

388 Die Aussage gilt natürlich nur eingeschränkt. So werden in den meisten Anwendungsfällen bspw. keine Zinsstrukturkurven benötigt wie im Modell von *Gebhardt/Daske* (2005), da i.d.R. historische Werte zugrunde gelegt werden, vgl. *Gebhardt/Daske* (2005), S. 649; *Stehle* (2004), S. 906 f.

nen."[389] Zu diesem Ergebnis kommt auch der von der AICPA 1994 veröffentlichte Jenkins-Report, der die Kundenorientierung der Rechnungslegung untersucht.[390]

Die Orientierung der Unternehmensführung maßgeblich an den Interessen der Eigenkapitalgeber auszurichten ist als h. M. anzusehen, und auch die Mehrzahl der börsennotierten Unternehmen betonen diesen Aspekt ihres Führungssystems in ihren Veröffentlichungen.[391]

Um so mehr erstaunt es, dass zu der zentralen Fragestellung nach den Bedürfnissen der Kapitalmarktteilnehmer ein „weitreichende[r] Mangel an empirischen Erhebungen"[392] festzustellen ist.[393] Dies trifft in besonderem Maße auf die Kenntnisse hinsichtlich der Bedürfnisse und Einstellungen der privaten Anleger zu. Aus Sicht der Unternehmungen sind die Investor Relations Abteilungen durch relativ enge Kontakte zu den institutionellen Großinvestoren gut mit deren Interessen und Informationsbedürfnissen vertraut, nicht jedoch mit denen der Kleinanleger. Das Wissen der Unternehmenspraxis um diese Gruppe resultiert i. d. R. aus Befragungen im Rahmen von Hauptversammlungen und Telefongesprächen. Diese Erkenntnisse können daher nicht als repräsentativ angesehen werden, da es sich um sehr geringe Grundgesamtheiten handelt und implizit eine Vorauswahl getroffen wurde: bei einer Befragung im Rahmen einer Hauptversammlung können bspw. nur Anwesende befragt werden; die Anleger, die aber auf einer Hauptversammlung anwesend sind, bezeugen bereits durch das Eingehen von Reisekosten und den Einsatz ihrer Zeit ein evtl. überdurchschnittliches Interesse an ihrer Anlage und würden somit Aussagen über die Gesamtmenge der Anteilseigner verfälschen, da die nicht Anwesenden in der Untersuchung drastisch unterrepräsentiert

389 *Bärtl* (2001), S. 92.

390 Vgl. Jenkins-Report (1994), Chapter 3: Objectives and Approaches of Users: Investors.

391 Von dieser Annahme wird bspw. auch bei der empirischen Untersuchung von PwC/Wolff & Häcker ausgegangen, vgl. PwC/Wolff & Häcker (2001), S. 7.

392 *Ernst/Gassen/Pellens* (2005), Vorwort von *von Rosen*, S. 7.

393 Eine der wenigen umfangreichen Untersuchungen stellt der sog. Jenkins-Report dar, eine vom AICPA beauftragte Studie zur Frage, welche Arten von Informationen von den primären Rechnungslegungsadressaten benötigt werden, vgl. Jenkins-Report (1994); *Kasperzak* (2003), S. 10 f.

wären.[394] Ein ähnliches Ergebnis ergibt sich bei der Auswertung von Hotlinegesprächen, die ebenfalls nur durch überdurchschnittlich interessierte Anleger genutzt werden.[395]

Auch verhaltenswissenschaftliche Untersuchungen zu Interessen und Informationsbeschaffung von Privatanlegern sind mit sechs Studien nur in äußerst geringem Umfang vorhanden, wobei der Rücklauf bei den mit Fragebögen operierenden Untersuchungen lediglich zwischen 76 und 436 Antworten lag.[396] Weitere Untersuchungen beschäftigen sich lediglich mit institutionellen Investoren.[397] Einen Überblick über Studien zu Informationsinteressen und -verarbeitung von privaten Anlegern gibt die folgende Tabelle:

394 Dies trifft allerdings auch auf verhaltenswissenschaftliche Studien zu, die im Rahmen von Hauptversammlungen oder Aktionärstagen durchgeführt werden, vgl. hierzu auch die einzige in Deutschland durchgeführte Befragung von *Hank* (1999), S. 147.

395 Vgl. *Ernst/Gassen/Pellens* (2005), S. 8.

396 Für eine Aufstellung der Studien vgl. *Ernst/Gassen/Pellens* (2005), S. 12. Die Rücklaufquoten lagen zwischen ca. 10% und knapp 39%. Eine der Untersuchungen wurde in Form von Telefoninterviews durchgeführt.

397 Vgl. zu einer ausführlichen Darstellung *Bonse* (2004).

Quelle	Methodik	Land	Untersuchungs-gesamtheit	Rücklauf
Epstein/Pava (1993)	Fragebogen	USA	2.359 US-amerikanische Investoren mit mindestens 100 Aktien	246 (10,4 %)
Andersen/Epstein (1996)	Fragebogen	Australien	2.359 zufällig aus Aktionärsregistern ausgewählte australische Investoren	436 (18,5 %)
Andersen/Epstein (1996)	Fragebogen	Neuseeland	1.000 zufällig aus Aktionärsregistern ausgewählte neuseeländische Investoren	251 (25,1 %)
Bartlett/Chandler (1997)	Fragebogen	UK	300 zufällig ausgewählte britische Aktionäre eines mittelgroßen phramazeutischen Unternehmens	76 (25,3 %)
Hank (1999)	Fragebogen	Deutschland	300 Besucher des Aktionstags Börse Dezember 1997	116 (38,7 %)
Hank (1999)	Telefon	Deutschland	10 Interviewpartner	NA
Hodge (2003)	Fragebogen	USA	13.250 Mitglieder der „National Association of Investors Corporation" (Privatanlegervereinigung)	414 (3,1 %)
Ernst/Gassen/Pellens (2005)	Fragebogen	Deutschland	Ca. 800.000 Privataktionäre	88.655 (11 %)
Hodge/Pronk (2006)	Online-Befragung	Niederlande	Aufrufe des Online-Quartalsberichts des Philips-Konzerns (im Durchschnitt 5.440)	NA
Elliott/Hodge/Jackson (2006)	Fragebogen	USA	13.250 Mitglieder der „National Association of Investors Corporation" (Privatanlegervereinigung)	404 (3,0 %)
Maditinos/Sevic/Theriou (2007)	Fragebogen/ Interviews	Griechenland	520 Privatanleger (insgesamt 1.014 Anleger verschiedener Anlegergruppen)	224 (43,1 %)
Ernst/Gassen(Pellens (2009)	Fragebogen	Deutschland	465.321 Privataktionäre	44.321 (9,5 %)
PAAinE (2009)	Fragebogen	Europa	64 Nutzer-Organisationen aus 10 europäischen Nationen	32 (50 %)

Tab. 2-9: Befragungsstudien zum Informationsverhalten von Privatanlegern

Quelle: ergänzt nach *Ernst/Gassen/Pellens* (2009), S. 16

Im Rahmen des Börsengangs der Postbank AG im Jahr 2004 wurde jedoch von *Ernst/Gassen/Pellens* eine Untersuchung[398] zu den Interessen und Informationsbedürfnissen der Anleger durchgeführt, die mit einem Umfang von über 800.000 schriftlich befragten Aktionären und einem Rücklauf von über 80.000 Fragebögen die mit Abstand größte Untersuchung dieser Fragestellung darstellt. 2009 wurde von *Ernst/Gassen/Pellens* eine Folgestudie durchgeführt, die im Wesentlichen die gleichen Ergebnisse aufzeigt wie die erste Studie aus dem Jahre 2004.[399] Im Folgenden soll daher auf die Ergebnisse der Studien von *Ernst/Gassen/Pellens* Bezug genommen werden.[400]

2.4.2 Zusammenfassung der Untersuchungsergebnisse

2.4.2.1 Befragung der Privatanleger

Die Befragungen von *Ernst/Gassen/Pellens* wurden in die drei Fragegebiete Informationswünsche, Dividendenwunsch und Stimmrecht eingeteilt. Ergänzend wurden Fragen zur Person gestellt, um eine Kategorisierung der Teilnehmer zu ermöglichen.[401] Zur Aktionärstypologie vgl. bereits Kapitel 2.2.3.1.[402] Die Befragung der Privatanleger wurde durch eine entsprechende Umfrage flankiert, die sich an institutionelle Anleger gerichtet hat.

Die technische Analyse wird tendenziell von Einsteigern und Growth Investoren bevorzugt, die erfahrenen Anleger präferieren die Fundamentalanalyse. Mit ca. 58% (2004) bzw. 57% (2009) gibt die Mehrheit der Anleger jedoch an, sich sowohl an der

398 Vgl. *Ernst/Gassen/Pellens* (2005).

399 Vgl. *Ernst/Gassen/Pellens* (2009), S. 10 – 15.

400 Auf eine genaue Darstellung des Untersuchungslayouts soll hier verzichtet werden, da es sich nicht um eine eigene Untersuchung handelt. Die Studie kann im Internet über die Homepage des Deutschen Aktieninstituts DAI http://www.dai.de/ kostenfrei bezogen werden.

401 Zum Fragebogen vgl. *Ernst/Gassen/Pellens* (2005), S. 46 f.

402 In der Studie wurden die befragten Investoren nach ihrer Expertise in Profis und Einsteiger, nach ihrer Anlagephilosophie in fundamental und technisch orientierte, nach ihrem Anlageziel in lang- und kurzfristig orientierte und ggf. als misstrauische oder risikoaverse Investoren eingestuft, vgl. *Ernst/Gassen/Pellens* (2005), S. 19 f.

wirtschaftlichen Entwicklung als auch an der Kursentwicklung der Aktie zu orientieren.[403]

Die Hauptquelle der Informationen stellt mit 74% (2004) bzw. 75% (2009) die Presse dar, während der Geschäftsbericht nur zu ca. 45% (2004) bzw. 44% (2009) in seiner Bedeutung als hoch eingestuft wird.[404] Der Quartalsbericht hat mit einem Verlust von 9%-Punkten 41% (2004) auf nur noch 32% (2009) relativ deutlich an Bedeutung verloren. D.h., dass über die Hälfte der Privatanleger dem Geschäftsbericht und somit auch dem darin enthaltenen Jahresabschluss aufgrund geringer Bedeutung und geringer Verständlichkeit keine besondere Informationsfunktion zuordnet.[405] Diese Einschätzung ist bei den erfahrenen Anlegern sogar stärker verbreitet als bei den unerfahrenen.[406]

Offensichtlich gehen die Vorstellungen von Standardsettern und Kapitalmarktteilnehmern über die Nützlichkeit der Informationen in einem Abschluss für die Adressaten deutlich auseinander. Insofern kann hier in Analogie zum Bereich der Wirtschaftsprüfung auch von einer Erwartungslücke gesprochen werden, die sich allerdings in umgekehrter Richtung öffnet. Während die Öffentlichkeit mehr von einer Abschlussprüfung erwartet als diese zu leisten hat, wird hier nicht von der Öffentlichkeit mehr vom Abschluss erwartet sondern von den Standardsettern. Bereits an diesem Punkt muss daher festgehalten werden, dass aus empirischer Sicht der Kapitalmarktteilnehmer die Rechnungslegung derzeit nicht sonderlich kapitalmarktorientiert zu sein scheint.

Bei der Betrachtung, wie intensiv die einzelnen Abschlussbestandteile genutzt werden – sofern der Geschäftsbericht überhaupt als Informationsquelle herangezogen wird – liegen die traditionellen Instrumente Bilanz und Gewinn- und Verlustrechnung bei intensiver Nutzungsintensität mit 55% bzw. 57% auf gleichem Niveau.

403 Vgl. *Ernst/Gassen/Pellens* (2005), S. 20; *Ernst/Gassen/Pellens* (2009), S.28.

404 Vgl. *Ernst/Gassen/Pellens* (2009), S. 29.

405 Die Bedeutung des Geschäftsberichts hat sogar insgesamt leicht abgenommen, während konkurierenden Informationsquellen wie die Wirtschaftspresse oder Bankberater an Bedeutung zugenommen haben, vgl. *Ernst/Gassen/Pellens* (2009), S. 29.

406 Vgl. *Ernst/Gassen/Pellens* (2005), S. 21 f.

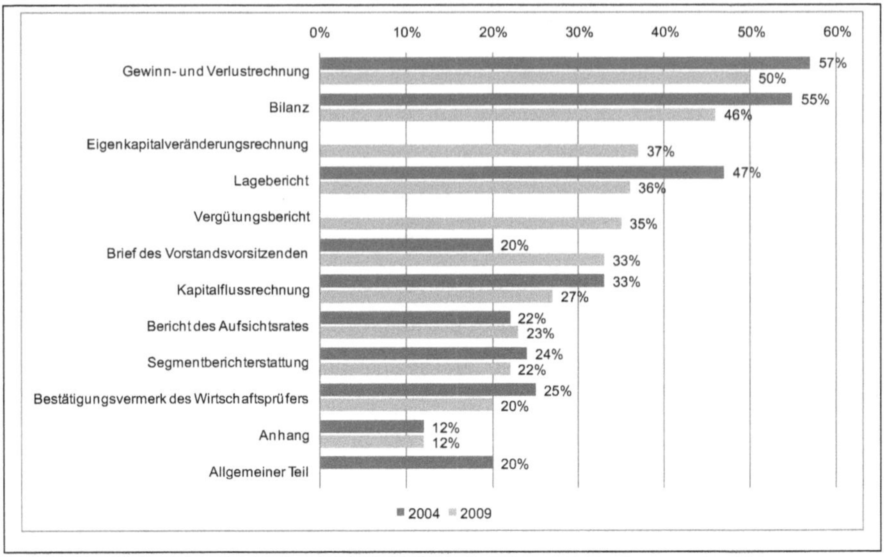

Abb. 2-14: Nutzungsintensität verschiedener Bestandteile des Geschäftsberichts durch private Anleger, Nennungen „sehr intensiv" und „intensiv"

Quelle: *Ernst/Gassen/Pellens* (2009), S. 30

Besonders bedenklich erscheint die gleichbleibend geringe Nutzung des Anhangs durch private Anleger, die nur zu 12% (2004 und 2009) eine intensive Nutzung dieses Instruments bestätigt haben. Bei institutionellen Anlegern ist die Nutzung des Anhangs deutlich von 48% (2004) auf 86% (2009) gestiegen. Noch 2004 wurde selbst bei den US-amerikanischen Investoren nur von ca. 35% der Befragten eine intensive Nutzung des Anhangs bzw. der Notes bejaht – d.h., dass selbst hier ca. 2/3 der Kapitalmarktteilnehmern dem Anhang keine oder nur geringe Bedeutung beigemessen haben, während die Standardsetter verstärkt auf den Anhang als Informationsinstrument setzen.[407] Nach den Ergebnissen der Studie aus dem Jahr 2004 konnte daher der Schluss gezogen werden, dass insbesondere die Möglichkeiten, im Rahmen der Entlastungsfunktion des Anhangs Informationen aus der Bilanz oder der Gewinn- und Verlustrechnung zu ent-

[407] Eine zunehmend starke Betonung des Anhangs kann an dem jährlich steigenden Umfang des Anhangs beobachtet werden. Verschiedene Standards gewähren z. T. auch Wahlrechte, Inhalte in den zentralen Instrumenten oder im Anhang zu zeigen; so gestattet es bspw. IFRS 5, bestimmte Angaben über aufgegebene Geschäftsbereiche direkt in der Gewinn- und Verlustrechnung bzw. in der Kapitalflussrechnung oder „indirekt" im Anhang zu präsentieren, vgl. IFRS 5.33.

fernen und sie stattdessen im Anhang zu präsentieren, anhand der empirischen Erkenntnisse für eine angestrebte Verbesserung der Übersichtlichkeit massiv an Bedeutung verlieren, dass vielmehr jede in den Anhang „verschobene" Information den Grundsatz einer „Fair Presentation" verletzt, da sie an dieser Stelle nicht mehr wahrgenommen wird.[408] Die besseren Werte der Studie aus dem Jahr 2009 – zumindest für die institutionellen Investoren – lässt hier auf ein verbessertes Verständnis der Bedeutung des Anhangs im Konzert des Abschlusses hoffen.[409]

Hinsichtlich der Kapitalflussrechnung stellt sich ein ähnliches, wenngleich auch nicht so drastisches Bild dar. Die Nutzungsintensität dieses Rechenwerks ist unter deutschen Privatanlegern mit durchschnittlich nur 33% (2004) bzw. sogar nur 27% (2009) ebenfalls schwach ausgeprägt, wobei eine intensive Nutzung wesentlich häufiger durch erfahrene Anleger als durch Einsteiger bestätigt wurde.[410] Bei US-amerikanischen Investoren rangiert die Bedeutung der Kapitalflussrechnung häufig noch vor der der Gewinn- und Verlustrechnung. Diese Diskrepanz mag dadurch erklärt werden können, dass die Kapitalflussrechnung nicht Bestandteil des Jahresabschlusses nach HGB ist und daher in Deutschland erst relativ spät eine breitere Verwendung gefunden hat. Ähnliches gilt für die Segmentberichterstattung, die mit durchschnittlich nur 24% (2004) bzw. 22% (2009) ebenfalls wenig genutzt wird.[411]

Als weitere Besonderheit fällt bei der Studie auf, dass bestimmte Bereiche von unerfahrenen Anlegern intensiver genutzt werden als von erfahrenen Investoren. Dabei handelt es sich um den Bericht des Aufsichtsrates und des Bestätigungsvermerk des Wirtschaftsprüfers. Unter der Annahme, dass der Informationsgehalt durch erfahrene Anleger besser beurteilt werden kann als durch unerfahrene Anleger, lassen sich für diese Bestandteile daher geringere Informationsgehalte schlussfolgern.[412]

---

408 Die mangelnde Berücksichtigung des Anhangs kann auf die begrenzten Informationsverarbeitungskapazitäten, aber auch auf mangelnde Kenntnisse der Regelungen zurückgeführt werden. Die Kenntnis solcher Wahrnehmungsphänomene eröffnet dem Management somit neue Spielräume für das Betreiben von Abschlusspolitik.

409 Vgl. zu den Ergebnissen für institutionelle Investoren *Ernst/Gassen/Pellens* (2009), S. 49.

410 Vgl. *Ernst/Gassen/Pellens* (2005), S. 22; *Ernst/Gassen/Pellens* (2009), S. 30.

411 Vgl. *Ernst/Gassen/Pellens* (2009), S. 30.

412 Vgl. *Ernst/Gassen/Pellens* (2005), S. 23.

Die Bedeutung einzelner Informationen für die Investitionsentscheidung folgt für alle Anlegertypen eindeutig der folgenden Rangordnung:

(1) Gewinn > (2) Dividende > (3) Cash Flow

Abb. 2-15: Bedeutung verschiedener Größen für die Anlageentscheidung

Quelle: *Ernst/Gassen/Pellens* (2005), S. 23

Außerdem wurde die Bedeutung von guten und schlechten Nachrichten für die Investitionsentscheidung erfragt. Hier ergab sich eine Ungleichgewichtung zugunsten der guten Nachrichten, d.h., dass positiven Nachrichten, also bspw. steigenden Gewinnen, Dividenden oder Cash Flows, eine größere Bedeutung beigemessen wird als schlechten Nachrichten, also fallenden Werten für die genannten Größen. Diese Asymmetrie scheint daher die verhaltenswissenschaftliche These zu stützen, dass negative Nachrichten tendenziell negiert werden, um das eigene Handeln nicht in Frage stellen zu müssen.[413]

Unter rationellen Gesichtspunkten widerspricht dies jedoch den Erkenntnissen, dass Manager häufig die Möglichkeiten der Bilanzpolitik nutzen, um die Erwartungen des Kapitalmarkts zu erreichen oder leicht zu übertreffen bzw. um negative Nachrichten zu vermeiden. Insofern müsste einer negativen Nachricht eine größere Bedeutung beigemessen werden, da sie (trotz) Bilanzpolitik nicht verhindert werden konnte.[414]

Die Rendite einer Aktie setzt sich aus den Kurssteigerungen und den Dividendenzahlungen zusammen, insofern können bei einer Zerlegung des Investitionszieles in Subziele diese zwei Bestandteile als gegenseitige Substitute interpretiert werden. Die deutschen Privatanleger sind jedoch hinsichtlich der Zusammensetzung ihrer Rendite nicht indifferent[415] sondern bevorzugen ein ausgewogenes Verhältnis von Dividende

---

413 So wurde einem um 10% steigenden Gewinn von ca. 43% aller Befragten eine hohe Bedeutung für die Kaufentscheidung beigemessen, einem um 10% fallenden Gewinn aber nur von 34%, vgl. *Ernst/Gassen/Pellens* (2009), S. 93.

414 So auch. *Ernst/Gassen/Pellens* (2005), S. 24 f.

415 Bei Interpretation der Komponenten als perfekte Substitute müsste eine indifferente Haltung hinsichtlich der Renditekomposition erwartet werden. Diese Antwortmöglichkeit war den Befragten ebenfalls gegeben, sie wurde jedoch nur von 3% der Teilnehmer gewählt.

und Kurssteigerung mit einer leichten Tendenz zu Kurssteigerungen.[416] Kurssteigerungen werden dabei vor allem von kurzfristig orientierten, erfahrenen und technisch handelnden Investoren bevorzugt.[417] Die steuerliche Benachteiligung von Dividenden[418] wird besonders von wohlhabenden Anlegern berücksichtigt.[419]

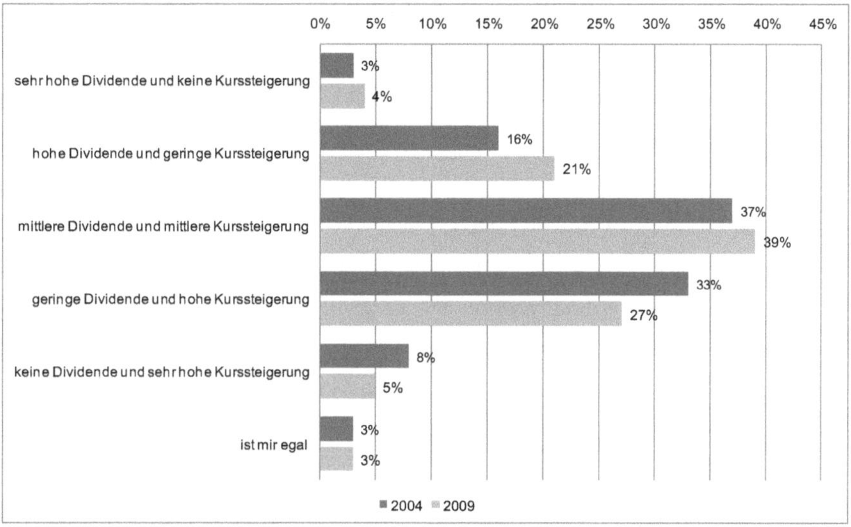

Abb. 2-16: Bedeutung von Dividende und Kurssteigerungen
Quelle: *Ernst/Gassen/Pellens* (2009), S. 36

Die Regulierung der Dividendenbestimmung des deutschen Handels- und Aktiengesetzes[420] wird von 78% (2004) bzw. noch 69% (2009) der Befragten der Anfänger-

416 Vgl. *Ernst/Gassen/Pellens* (2005), S. 25; *Ernst/Gassen/Pellens* (2009), S. 36.

417 Ebenso wird von der Sondergruppe der misstrauischen Investoren die Kurssteigerung bevorzugt, was paradox wirkt, da die von dieser Gruppe vermuteten Übervorteilungen durch die anderen Stakeholder sich auf eine schlechtere Kursentwicklung auswirken muss. Ein Erklärungsversuch besteht darin, einen Teil dieser Gruppe dem statistischen Phänomen der „Extremantworter" zuzuordnen, wordurch eine Überrepräsentation erklärt werden kann, vgl. *Ernst/Gassen/Pellens* (2005), S. 26.

418 Gem. Halbeinkünfteverfahren werden Dividenden unter Berücksichtigung des Sparerfreibetrags mit dem halben Einkommensteuersatz besteuert. Kursgewinne sind hingegen steuerfrei, sofern sie nicht innerhalb der Spekualtionsfrist erzielt werden.

419 Die erfahrenen Investoren sind gem. der demographischen Analyse der Teilnehmer überproportional wohlhabend, vgl. *Ernst/Gassen/Pellens* (2005), S. 26.

420 Gem. § 58 Abs. 2 AktG hat die Hauptversammlung das Recht, über die Verwendung des Bilanzgewinns zu entscheiden. Ferner bestimmt das Aktiengesetz zum Zweck der Kapitalerhal-

gruppe unterstützt, eine Deregulierung nach US-amerikanischem Vorbild wird nicht befürwortet. Mit 29% (2004) bzw. 28% (2009) votierte jedoch ein großer Anteil der Privatanleger für eine Pflichtdividende, der sich hauptsächlich aus unerfahrenen und misstrauischen Anlegern zusammensetzt.[421]

Der dritte Fragenkomplex befasste sich mit der Bedeutung des Stimmrechts. Während lediglich 12% (2004) bzw. 15% (2009) der Anleger überhaupt schon einmal an einer Hauptversammlung teilgenommen haben[422] – der Anteil der erfahrenen Investoren liegt wesentlich höher – sind 43% (2004) bzw. 41% (2009) aller Anleger nicht bereit, stimmrechtslose Aktien zu erwerben, wobei die Ablehnung bei nicht erfahrenen Anlegern mit 58% noch deutlich höher liegt.[423] Während kurzfristig orientierte Investoren in Einklang mit ihrer Zielsetzung sehr häufig bereit sind, Aktien ohne Stimmrecht zu erwerben, sind misstrauische Investoren nur selten bereit, auf das Stimmrecht zu verzichten. Dieses Votum erscheint wiederum paradox, denn die Gruppe der misstrauischen Anleger nutzt das Stimmrecht deutlich weniger als andere Gruppen.[424]

Ein Großteil – 68% (2004) bzw. 63% (2009) – der privaten Anleger, die eine Bereitschaft zur Veräußerung ihres Stimmrechts bejaht haben, sah sich nicht in der Lage, den Wert des Stimmrechts im Verhältnis zum Marktwert der Aktie anzugeben.[425] Die übrigen Aussagen streuten sehr stark, als Mittelwert ergaben sich ca. 20% des Marktwertes. Die Existenz eines Mehrheitsaktionärs wirkt sich nach Ansicht von 84% (2004 und 2009) der Privatanleger negativ auf den Wert des Stimmrechts aus, was die Tatsache abbildet, dass eine Einflussnahme auf das Unternehmensgeschehen entgegen dem Willen des Mehrheitsaktionärs nicht mehr möglich und somit das Stimmrecht nahezu wertlos geworden ist. 51% (2004) bzw. 46% (2009) der privaten Anleger sehen einen

---

tung Höchstgrenzen für die Ausschüttung, vgl. § 150 Abs. 2 AktG zur Bildung und Verwendung der Gesetzlichen Rücklage zusammen mit der Kapitalrücklage, § 269 Satz 2 HGB zur Ausschüttungssperre bei der Bilanzierungshilfe für Aufwendungen für die Ingangsetzung und Erweiterung des Geschäftsbetriebs und § 274 Abs. 2 Satz 3 zur Ausschüttungssperre bei aktiven latenten Steuern. Vgl. dazu bspw. auch *Baetge/Kirsch/Thiele* (2009), S. 98.

421 Vgl. *Ernst/Gassen/Pellens* (2009), S. 39. Erfahrene Anleger stimmten nahezu gar nicht für eine Pflichtdividende, vgl. *Ernst/Gassen/Pellens* (2005), S. 27.

422 Vgl. *Ernst/Gassen/Pellens* (2009), S. 39.

423 Vgl. *Ernst/Gassen/Pellens* (2009), S. 40.

424 Vgl. *Ernst/Gassen/Pellens* (2005), S. 28.

425 Vgl. *Ernst/Gassen/Pellens* (2009), S. 40.

Mehrheitsaktionär auch als schädlich für den Wert der Aktie an und folgen somit eher der Auffassung, dass sich Mehrheitsaktionäre auf Kosten der Minderheitseigner bereichern.[426]

2.4.2.2 Befragung institutioneller Investoren

Die von *Ernst/Gassen/Pellens* flankierend durchgeführten Befragungen von 2.000 (2004) bzw. 1.482 (2009) institutionellen Investoren weisen zwar mit 7% (2004) bzw. 3% (2009)[427] deutlich geringere Rücklaufquoten und auch deutlich geringere Grundgesamtheiten auf, sie stellen dennoch zwei der breitesten Untersuchungen institutioneller Investoren für deutsche Unternehmen dar.[428]

Nach der Bedeutung verschiedener Kriterien für die Kauf- oder Verkaufentscheidung befragt, ergaben sich wie in Abb. 2-17 dargestellt die Ertragslage und die Managementqualität als die zwei wesentlichen Faktoren.[429]

---

426 Vgl. *Ernst/Gassen/Pellens* (2009), S. 42. Die Auswirkung der Existenz eines Mehrheitsaktionärs auf den Marktpreis der Aktie wird von zwei widerstreitenden Thesen zu erklären versucht. Entweder nutzt der Mehrheitsaktionär seine beherrschende Funktion derart aus, dass er sich zuungunsten der anderen Eigner bereichert, oder er verfolgt ein Ziel der Unternehmenswertsteigerung, so dass die Minderheitsaktionäre als Trittbrettfahrer von der einhergehenden Kurssteigerung profitieren.

427 Vgl. *Ernst/Gassen/Pellens* (2009), S.45.

428 Zu weiteren Studien vgl. *Ferber/von Ntzsch* (2004) mit 45 und *Schulz* (1999) mit 80 verwertbaren Datensätzen. Aufgrund der geringen Grundgesamtheit wurden verschiedene Gruppen separat analysiert, um signifikante Abweichungen aufdecken zu können, vgl. dazu *Ernst/Gassen/Pellens* (2005), S. 32.

429 Das Kriterium der Nachhaltigkeit wurde von den Teilnehmern als ökonomische Nachhaltigkeit interpretiert, wie ein Pretest ergab, während von den Fragebogenerstellern eine ökologische Nachhaltigkeit gemeint war, vgl. *Ernst/Gassen/Pellens* (2005), S. 33.

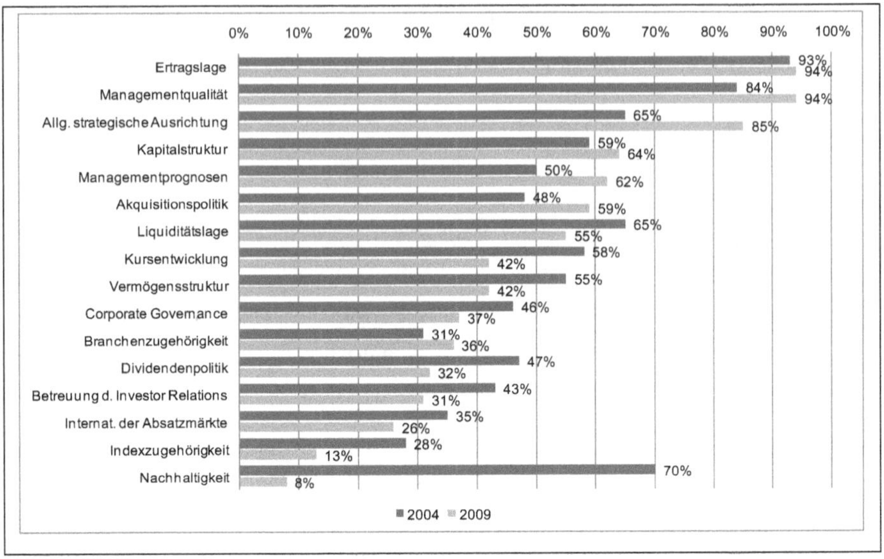

Abb. 2-17: Orientierungsgrößen institutioneller Anleger

Quelle: *Ernst/Gassen/Pellens* (2009), S. 47

Die angeblich geringe Bedeutung der Indexzugehörigkeit eines Titels steht im Widerspruch zur beobachteten Vernachlässigung von sog. Nebenwerten des SDAX und MDAX[430] und auch zu einer früheren Studie von PricewaterhouseCoopers, in welcher die Indexzugehörigkeit als ein wesentliches Entscheidungskriterium erkannt wurde.[431] Weiterhin scheinen die institutionellen Investoren davon überzeugt zu sein, von den Investor-Relations-Bemühungen der Unternehmen relativ unbeeinflusst zu sein.[432]

Auffällig sind auch das weite Auseinanderfallen der drei verwandten Kriterien Managementqualität, Managementprognosen und Corporate Governance.[433] Die teilweise deutlich voneinander abweichenden Ergebnisse der Studien aus den Jahren 2004 und

430 Vgl. *Achleitner/Groth/Pietzsch* (2005), S. 261.

431 Vgl. PwC/Wolff & Häcker (2001), S. 26.

432 In einer früheren Befragung von Analysten und Institutionellen Investoren nahm die Qualität der Investor Relations mit 65% einen höheren Rang bei der Coverage- bzw. Investitionsentscheidung ein, vgl. PwC/Wolff & Häcker (2001), S. 26.

433 Die Qualität der Prognosen des Managements im Sinne einer Planerfüllung wurde in der Umfrage von PwC/Wolff & Häcker mit 83% wesentlich stärker betont, vgl. PwC/Wolff & Häcker (2001), S. 31. Da sich die Umfrage auf den Neuen Markt nach seiner starken Konsolidierung bezogen hat, kann der verstärkte Blick auf die Planerfüllung durch die zuvor häufig verfehlten Prognosen erklärt werden.

2009 können evtl. auf unterschiedliche Vorgehensweisen bei der Befragung zurückgeführt werden und sollen daher nicht zu stark interpretiert werden.[434]

2.5 Zwischenergebnis

Als Ergebnis dieses Kapitels sollen folgende Punkte festgehalten werden:

Der Kapitalmarkt ist nicht als ein Konstrukt mit eigenem Willen zu verstehen, vielmehr agieren auf dem Kapitalmarkt verschiedene Individuen, die bemüht sind, ihren eigenen Nutzen zu maximieren. Der Kapitalmarkt repräsentiert somit eher ein Willenbildungszentrum, wobei sich Entscheidungen als Ausdruck der verschiedenen Zielsetzungen in den resultierenden Kauf- und Verkaufsentscheidungen und in der Folge in den Kursen manifestieren.

Ein individueller Nutzen entsteht durch das Erreichen eigener Ziele, die sich als monetäres Ziel, als Sach- oder Sozialziel darstellen können. Für die Erreichung ihrer Ziele setzen die Individueen Entscheidungsmodelle ein, in die ihre Zielsetzungen eingehen und in denen Informationen verarbeitet werden. Die Individuen nutzen Informationsasymmetrien zur Erreichung ihrer Ziele aus. Gleichzeitig unterliegen die Kapitalmarktteilnehmer als Individuen Beschränkungen ihrer Rationalität, da sie hinsichtlich ihrer Kapazitäten der Informationsbeschaffung, -speicherung und -verarbeitung limitiert sind.

In der Folge haben die Kapitalmarktteilnehmer – je nach Gruppe in verschiedenen Ausprägungen – die zwei grundlegenden Bedürfnisse nach Erfolg ihres Investments und Informationen über ihr Investment.[435]

Abb. 2-18 soll vereinfachend den Fluss von Informationen zwischen Unternehmen und Kapitalmarkt verdeutlichen.[436] Die Pfeilrichtung zeigt dabei die Nutzungsrichtung an. Die Informationsnachfrage verläuft entsprechend den Nutzungspfeilen, jedoch genau in entgegengesetzter Richtung. Für die Frage, welche Informationen ein kapitalmarkt-

---

[434] Die Befragung der institutionellen Investoren wurde in der Studie 2004 von der Postbank selbst durchgeführt, ferner hat sich die Datenbasis geändert, vgl. *Ernst/Gassen/Pellens* (2009), S. 46.

[435] Vgl. *Daum* (2003b); *Baetge/Noelle* (2001), S. 176 f.

[436] So gehen bspw. nicht nur Ergebnisse einer Abschlussanalyse in die Unternehmensbewertung ein sondern auch weitere Analysen im Sinne von *Porter*, vgl. *Porter* (1979), S. 137 ff.

orientiertes Rechnungswesen bereitstellen muss, ist also entlang dem Nutzungspfad die Nachfrage nach Informationen zu ermitteln.

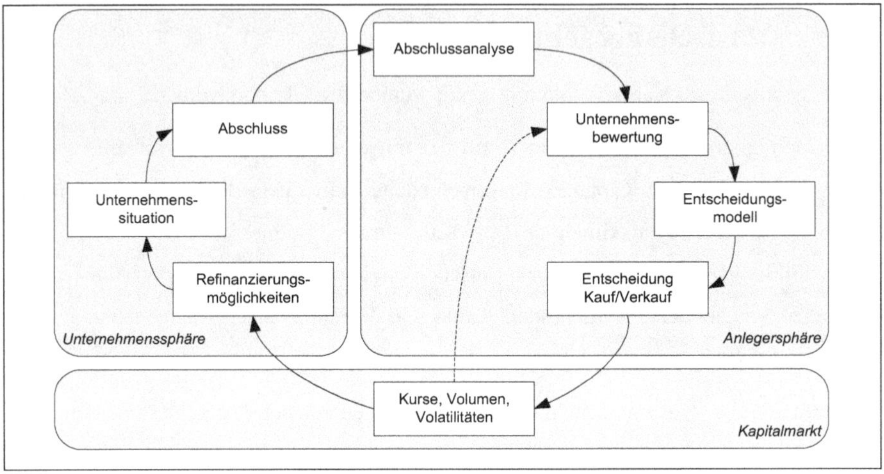

Abb. 2-18: Kreislauf der Informationsverwendung

Quelle: eigene Darstellung

In den folgenden Kapiteln soll untersucht werden, wie die Systeme der Unternehmensrechnung, also einerseits die externe Unternehmensrechnung i.w.S. mit ihren Bestandteilen Rechnungslegung und Investor Relations und andererseits die interne Unternehmensrechnung i.w.S., also insbesondere das Controlling einzurichten sind, damit die Anforderungen der Kapitalmarktteilnehmer erfüllt werden können. Dabei sind teilweise auch Managementthemen anzusprechen; Fokus der Untersuchung soll jedoch die Frage sein, wie die Informationsversorgungssysteme einzurichten sind und nicht die Informationsverwendungssysteme.

3 Orientierung der externen Unternehmensrechnung an den Interessen des Kapitalmarkts

Im vorangegangenen Kapitel wurde gezeigt, dass ein wesentliches Interesse der verschiedenen Gruppen von Kapitalmarktteilnehmern darin besteht, Informationen über die Unternehmung i.w.S. zu erhalten. Die externe Unternehmensrechnung und insbesondere die Rechnungslegung sind u.a. für die Informationsvermittlung an unternehmensexterne Dritte vorgesehen. Um die Kapitalmarktorientierung der Rechnungslegung zu untersuchen, sollen daher zunächst die Funktionen der Rechnungslegung im Allgemeinen (Abschnitt 3.1) und die Informationsfunktion im Speziellen (Abschnitt 3.2) dargestellt werden, bevor auf die Umsetzung der Ausrichtung an den Kapitalmarktinteressen im Rahmen des Standardsetzungsprozesses (Abschnitt 3.3) und der Berichterstattung durch die Unternehmen (Abschnitt 3.4) eingegangen wird.

3.1 Untersuchung der Funktionen der externen Rechnungslegung

3.1.1 Bilanztheoretische Grundlagen

Aufgaben, Inhalt und Ausgestaltung von Abschlüssen sind Gegenstand der Theorien des Jahresabschlusses, die dabei von konkreten Rechnungslegungssystemen abstrahieren.[437] Zu den Ansätzen der klassischen Bilanztheorie zählen die statische, die dynamische sowie die organische Bilanztheorie, die im Folgenden kurz vorgestellt werden sollen.[438]

---

437 Vgl. *Baetge/Kirsch/Thiele* (2009), S. 12.

438 Vgl. *Moxter* (1984), S. 5 f. Neben den klassischen Bilanztheorien werden noch die eudynamische Bilanztheorie nach *Sommerfeld* (1934), die nominale Bilanztheorie nach *Rieger* (1927), die totale oder dualistische Bilanztheorie nach *Le Coutre*, die pagatorische Bilanztheorie nach *Kosiol* (1944), die zukunftsorientierte Bilanztheorie nach *Käfer* (1962) und weiter *Münstermann* (1969), die synthetische Bilanztheorie nach *Albach* (1965), die funktionsanalytische Bilanztheorie nach *Stützel* (1967) sowie die ergänzte Mehrzweckbilanz nach *Heinen* (1958) unterschieden.

Die statische Bilanztheorie stellt die Zeitpunktbetrachtung der Bilanz in den Mittelpunkt des Jahresabschlusses. Nach der sog. Fortführungsstatik nach *Simon* dient die Bilanzierung in erster Linie der Ermittlung des Reinvermögens des Kaufmanns zu dem Bilanzstichtag, ein sich ergebender Unterschied zum Vorjahreswert entspricht dem Erfolg der Periode. Bei der Bewertung wird von einer Fortführung des Unternehmens in der Zukunft ausgegangen, es kommen somit für länger genutzte Gegenstände die fortgeführten Anschaffungskosten zum Ansatz, für zum Verkauf stehende Gegenstände wird der Marktpreis als Bewertungsgrundlage genutzt. Aus der Grundannahme der Fortführung ergibt sich in der Fortführungsstatik auch die Notwendigkeit einer Rechnungsabgrenzung, wobei jedoch die Aktivierungsgrundsätze konservativ ausgestaltet sind, so dass nicht jeder in Zukunft ertragsgenerierende Sachverhalt zum Ansatz gelangt.[439]

Eine andere Ausprägung der statischen Bilanztheorie stellt die sog. Zerschlagungsstatik dar, nach der die Bilanz vorrangig mit dem Ziel aufgestellt wird, das Schuldendeckungspotenzial des Unternehmens zu ermitteln;[440] dies geschieht vor dem Hintergrund des Gläubigerschutzes unter der Annahme der Liquidation des Unternehmens. Bei der Bewertung kommen somit in erster Linie Veräußerungswerte zum Einsatz, angesetzt werden nur veräußerbare Gegenstände und Verpflichtungen gegenüber Dritten.[441]

Nach der dynamischen Bilanztheorie von *Schmalenbach* besteht die primäre Aufgabe des Jahresabschlusses in der Ermittlung des betriebswirtschaftlichen Erfolgs und nicht in der Ermittlung des Vermögens.[442] Der Abschluss erfüllt eine Rechenschaftsfunktion für die abgelaufene Periode und dient der Steuerung des Unternehmens.[443] Ausgehend von der Ermittlung des Totalerfolgs einer Unternehmung über ihre gesamte Existenzdauer hinweg als Differenz zwischen den Ein- und den Auszahlungen, wird eine Unterteilung in Rechnungsperioden vorgenommen und mit den Erträgen und Aufwen-

439 Vgl. zur Fortführungsstatik grundlegend *Simon* (1899), S. 168 f.

440 Die Zerschlagungsstatik entspricht der Auffassung des Reichsoberhandelsgerichts (ROHG) von 1873 zum primären Bilanzzweck, vgl. *Baetge/Kirsch/Thiele* (2009), S. 13.

441 Vgl. *Baetge/Kirsch/Thiele* (2009), S. 13; *Coenenberg/Haller/Schultze* (2009), S. 1209.

442 Vgl. *Kasperzak* (2003), S. 24.

443 Vgl. *Baetge/Kirsch/Thiele* (2009), S. 22.

dungen Wertgrößen definiert, welche die Abgrenzung der Zahlungen in den Ansatz integrieren.[444] Aus der dynamischen, auf die Erfolgsrechnung fokussierten Sichtweise ergibt sich die Bilanz als eine Rechnung zukünftiger Aufwendungen und Erträge, die *Schmalenbach* auch als „Kräftespeicher der Unternehmung“[445] bezeichnet.[446]

In der organischen Bilanztheorie nach *Schmidt* wird der Jahresabschluss aus gesamtwirtschaftlicher Sicht interpretiert: Erst, wenn es einem Unternehmen gelingt, seine relative Stellung im Wettbewerb zu halten, kann von einem positiven Erfolg gesprochen werden.[447] Die organische Bilanztheorie bezieht sich damit auf den Gedanken des Substanzerhalts und die Problematik der Nominalwertrechnung. Daraus folgt eine Bewertung zu Wiederbeschaffungspreisen, um die Bilanzierung von Scheingewinnen zu vermeiden. Durch diese Bewertung wird die Ermittlung eines Reproduktionswerts der Unternehmung angestrebt und verdeutlicht mit dem bilanziellen Fokus eine Parallele zur statischen Bilanztheorie, wenngleich die Überlegungen zum Scheingewinn auch wesentlich auf den Aspekt der richtigen Erfolgsermittlung abstellen.[448]

Keine der vorgestellten Bilanztheorien vermag die Bilanz als Bewertung des gesamten Unternehmens im Sinne des Barwerts aller zukünftigen Ein- und Auszahlungen zu konstruieren, was die kapitaltheoretische Bilanz mithilfe des ökonomischen Gewinns zum Ziel hat.[449] Die Unterschiede zwischen statischer und dynamischer Bilanztheorie liegen währenddessen in der Aussage zur Dominanz der beiden Bestandteile des Jahresabschlusses: Während die statische Bilanztheorie die Ermittlung einer „richtigen“ Bilanz anstrebt und dabei die Erfolgsrechnung lediglich als Hilfsmittel ansieht, sieht

---

444 Vgl. *Schmalenbach* (1953), S. 49-51.

445 *Schmalenbach* (1953), S. 59.

446 Vgl. *Coenenberg/Haller/Schultze* (2009), S. 1211 f.

447 Vgl. *Schmidt* (1929), S. 353.

448 Vgl. *Baetge/Kirsch/Thiele* (2009), S. 24 f.

449 Vgl. zur zukunftsorientierten Bilanzauffasung von *Käfer* auch *Coenenberg/Haller/Schultze* (2009), S. 1213 f. Mit dem Konzept des ökonomischen Gewinns greift die kapitaltheoretische Bilanz diese Aufgabenstellung auf, vgl. dazu ausführlich *Seicht* (1970), S. 511 ff. und zur Bilanz als Zukunftserfolgsrechnung bereits *Rieger* (1928) und *Käfer* (1976), zitiert nach *Kasperzak* (2003), S. 25.

die dynamische Bilanztheorie die Gewinn- und Verlustrechnung als das Hauptinstrument an und die Bilanz lediglich als ergänzende Abgrenzungsrechnung.[450]

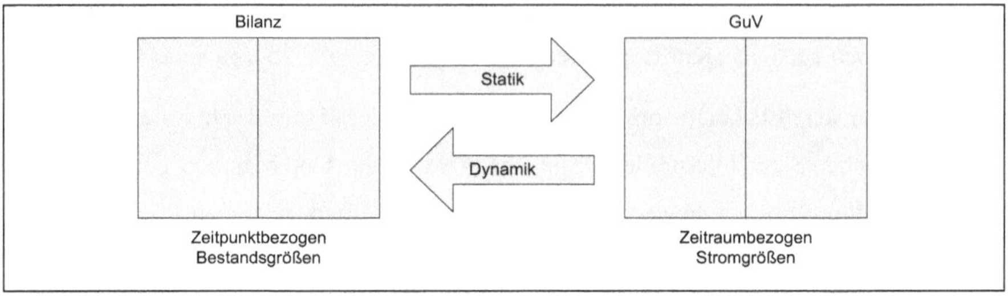

Abb. 3-1: Dominanz der Bilanz/GuV in statischer und dynamischer Bilanztheorie
Quelle: eigene Darstellung

Die Bilanztheorien bilden den Widerstreit der divergierenden Interessen der verschiedenen Stakeholder ab:[451] Soll der Jahresabschluss in erster Linie solchen Interessenten nutzen, die über fixierte Ansprüche verfügen und nicht am Chancenpotenzial beteiligt sind, besteht ein dominantes Interesse an einer Risikominimierung. Das sich daraus ergebende Gläubigerschutzprinzip reduziert das Risiko eines Ausfalls des Festbetraganspruchs einerseits durch Information über einen quasi garantierten Wert – den Wert, der sich im schlechtesten Fall ergeben würden – andererseits durch eine sich daraus ergebende vorsichtige Gewinnermittlung, die in Abhängigkeit von den Ausschüttungsregeln zu einem potentiell niedrigen Abfluss von Mitteln im Rahmen der Gewinnverwendung und somit zu einer potentiell geringen Reduzierung des Schuldendeckungspotenzials führt.[452]

450 Vgl. *Kasperzak* (2003), S. 24.

451 Die explizite Nennung der mit einem Rechnungslegungssystem angesprochenen Adressaten ist daher von zentraler Bedeutung für die Eignungsbeurteilung des Systems. Es soll daher bereits an dieser Stelle auf die Änderung im Entwurf des neuen IASB/FASB-Rahmenkonzepts hingewiesen werden, in welchem nun auch die Gläubiger als Teil der Gesamtgruppe „Capital Provider“ als Anspruchsgruppe berücksichtigt werden sollen, vgl. ED Framework (2008), OB7.

452 Es soll darauf hingewiesen werden, dass die Gläubigerschutzfunktion nicht zwangsläufig mit einer konservativen Bilanzierung und Bewertung umgesetzt werden muss; eine Begrenzung des Abflusses finanzieller Mittel zur Erhaltung des Schuldendeckungspotentials kann auch durch Ausschüttungssperren bei gleichzeitiger unverzerrter Rechnungslegung erfolgen. Dagegen wird regelmäßig das Argument vorgebracht, dass ausgewiesene Gewinne Begehrlichkeiten wecken, denen nur durch eine Nichtbekanntgabe des „wahren“ Gewinns begegnet werden könne.

Soll der Jahresabschluss jedoch vorrangig solchen Interessenten nutzen, die sowohl an den Risiken als auch an den Chancen beteiligt sind und dementsprechend über Residualansprüche verfügen, so stehen die Erfolgsaussichten im Vordergrund. Die Bilanz als Bestandsrechnung tritt in der Bedeutung hinter die der Erfolgsermittlung dienenden Stromgrößenrechnung zurück.[453] Noch besser geeignet als die vergangenheitsorientierten Stromgrößen wäre eine Zukunftserfolgsrechnung auf Basis der Planungs- bzw. Prognoserechnungen, wie es die kapitaltheoretische Bilanzkonzeption vorsieht. Aufgrund ihres geringen Grades an intersubjektiver Überprüfbarkeit und der damit verbundenen Konfliktanfälligkeit konnte sie sich jedoch bislang nicht durchsetzen.[454] Als Lösung wurde von *Moxter* mit der sog. Abkopplungsthese eine separate Berücksichtigung der verschiedenen Zwecksetzungen vorgeschlagen.[455]

Für die hier betrachtete Frage der Kapitalmarktorientierung bedeutet dies, dass ohne eine Differenzierung der Kapitalmarktteilnehmer in Eigen- und Fremdkapitalgeber eine Beurteilung der Bilanztheorien nicht möglich ist. Dies entspricht auch der Sichtweise der funktionsanalytischen Bilanztheorie nach *Stützel*, nach welcher die Bilanzierungsregeln aus dem jeweiligen Zweck der Bilanz abgeleitet werden müssen.[456]

Geht man wie meist impliziert von dem Eigenkapitalmarkt aus, so sollte im Rahmen der Rechnungslegung zumindest eine Bevorzugung der dynamischen bilanztheoretischen Ansätze zu erwarten sein. Auch die Ansätze der kapitaltheoretischen und der organischen Bilanztheorie zur Realwertrechnung und zur Vermeidung von Scheingewinnen sind relevant, da sie durch Einbeziehung des Gedankens der Zukunftsorientierung bzw. der Substanzerhaltung die Prognosetauglichkeit des Abschlusses erhöhen. Lediglich für Fremdkapitalgeber ist die Information über das Schuldendeckungspoten-

---

453 In Abhängigkeit des Bewertungsmodells gehen nur mehr oder weniger viele bilanzielle Werte in die Ermittlung ein, vgl. zu den Bewertungsverfahren bereits Abschnitt 2.3.

454 Vgl. *Kasperzak* (2003), S. 25.

455 Vgl. zur Abkopplungsthese *Moxter* (1984), S. 157 ff.: Bilanz und Gewinn- und Verlustrechnung sollen demnach primär vergangenheitsbezogene, einwertige Aussagen treffen, während – davon abgekoppelt – Lagebericht, Anhang und ggf. weitere zusätzliche Instrumente zukunftsorientierte Informationen geben sollen.

456 Vgl. *Stützel* (1967), S. 314; *Bieg* et al. (2008), S. 2543.

zial und die Aussage über die Wahrscheinlichkeit des Erhalts des Festbetraganspruchs von größerer Bedeutung als die zukünftigen Erfolgsaussichten.[457]

3.1.2 Überblick über die Funktionen der externen Rechnungslegung

Die Aufgaben der Rechnungslegung sind im Gegensatz zu den allgemein gültigen Bilanztheorien vor dem Hintergrund des konkreten Regelungskontextes zu sehen, da in den verschiedenen Rechtskreisen das „Bilanzrecht"[458] in unterschiedlich starkem Maße mit anderen Rechtsgebieten wie dem Steuerrecht, dem Gesellschaftsrecht oder dem Kapitalmarktrecht verbunden ist.[459] Im Allgemeinen werden heute in Deutschland die Informationsfunktion und die Zahlungsbemessungsfunktion als die übergeordneten Zwecke der Rechnungslegung angesehen, wobei sich die Zahlungsbemessungsfunktion sowohl auf die an die Gesellschafter gerichteten Zahlungsflüsse im Sinne einer Ausschüttungsbemessung als auch auf die an den Fiskus gerichteten Zahlungsströme im Sinne einer Steuerbemessungsfunktion bezieht.[460] An den im Rahmen des Jahresabschlusses ermittelten Erfolg ist demzufolge mehr oder weniger direkt der Abfluss von liquiden Mitteln gebunden: Bei Ausweis eines hohen Gewinns fließen Zahlungsmittel an den Fiskus in Form von Steuerzahlungen und die Gesellschafter in Form von Gewinnbeteiligungen bzw. im Fall der Aktiengesellschaften als Dividenden ab.[461]

Die Informationsfunktion des Jahresabschlusses umfasst einerseits die Vermittlung von Fakten hinsichtlich getroffener Entscheidungen des Managements, insbesondere die Verwendung der zur Verfügung gestellten Mittel betreffend, was regelmäßig als

---

457 Vgl. zur Interessenlage bei Kreditgebern auch den Jenkins-Report (1994), Chapter 3: Objectives and Approaches of Users: Creditors,

458 Der Ausdruck wurde in Anführungszeichen gesetzt, um den Umstand zu verdeutlichen, dass nicht in allen Ländern die Bilanzierung gesetzlich geregelt ist.

459 So ist die steuerliche Gewinnermittlung in den USA insbesondere durch den Clearly Reflect Income Grundsatz wesentlich weniger mit den Bilanzierungsregelungen der US GAAP verbunden als es in Deutschland mit dem Maßgeblichkeitsprinzip des Handels- für das Steuerrecht der Fall ist, vgl. *Ditz* (2001), S. 29; *Schreiber* (1995), S. 60.

460 Zum Vergleich der deutschen und der angelsächsischen Abschlussfunktionen vgl. bereits *Kühnberger* (1996), S. 570 f.

461 Die Zahlungswirksamkeit des Gewinns bezieht sich dabei allerdings lediglich auf die induzierten Abflüsse, da sich der Gewinn durch abgegrenzte Größen wie Erträge und Aufwendungen bildet und selbst nicht zwangsläufig zahlungswirksam sein muss.

Rechenschaftsfunktion bezeichnet wird;[462] andererseits sollen den Adressaten des Abschlusses Informationen vermittelt werden, die diese bei dem Treffen von Entscheidungen unterstützen und somit zukunftsorientiert ist.[463] Diese als Entscheidungsunterstützungsfunktion[464] zu bezeichnende Aufgabe der Rechnungslegung ist nicht vollkommen getrennt von der Rechenschaftsfunktion zu sehen, da die Kenntnis über die vergangenen Ereignisse und Entscheidungen Rückschlüsse auf das Geschäftsmodell und die Fähigkeiten des Managements zulässt und somit auf Basis der Vergangenheitsanalyse einen auf die Zukunft gerichteten entscheidungsnützlichen Aspekt aufweist.[465] Die Funktionen lassen sich daher wie in Abb. 3-2 dargestellt kategorisieren,[466] wobei die Entscheidungsunterstützungsfunktion die Informationsfunktion i. e. S. darstellt.[467]

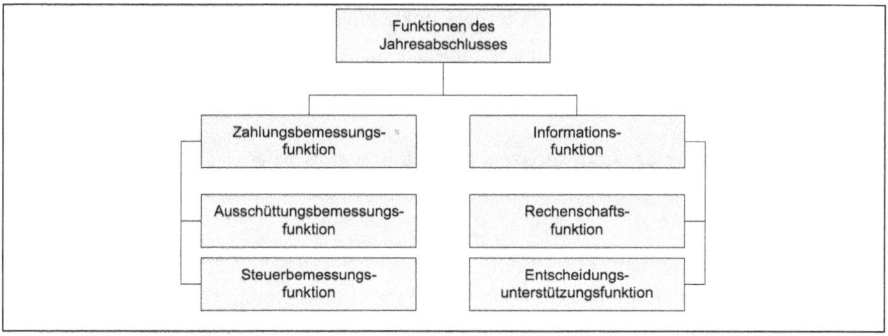

Abb. 3-2: Funktionen des Jahresabschlusses
Quelle: ähnlich *Pellens/Fülbier/Gassen* (2006), S. 13

Das Verständnis der Aufgaben, denen die Abschlusserstellung dienen soll, ist jedoch nicht als unabänderlich anzusehen. Vielmehr unterliegt es in starkem Maße den recht-

462 Zur Rechenschaftsfunktion vgl. grundlegend *Gjesdal* (1981); *Niehus* (2001), S. 738.

463 Vgl. auch *Gruber/Kühnberger* (2001), S. 1733; *Kahle* (2002b), S. 97.

464 Das IASB spricht hier jetzt von der Bewertungsnützlichkeit, vgl. ED Framework (2008), OB10.

465 Auf die Probleme der Entwicklung von Vorstellungen über die Zukunft auf Basis der Vergangenheit weisen *Neuhaus/Minx* hin, insbesondere auf die häufig zu beobachtende mangelnde Konstanz von Trends und die Beschleunigung des Umweltwandels, vgl. *Neuhaus/Minx* (2009), S. 232 f.

466 *Busse von Colbe* spricht hingegen von einem „magischen Dreieck" der Rechnungslegungszwecke Information, Gewinnermittlung und Rechenschaft, vgl. *Busse von Colbe* (1998), S. 370.

467 Vgl. auch *Pellens/Fülbier/Gassen* (2006), S. 7.

lichen und wirtschaftlichen Rahmenbedingungen, welche Funktionen dem Instrumentarium des externen Rechnungswesens zugeordnet werden; im Zeitablauf können neue Funktionen hinzukommen.[468] So hatte der Jahresabschluss nach der Auffassung von *Stützel* aus den 60er Jahren nur die „primären Bilanzzwecke“ zu erfüllen:[469]

- „Bündelung von Buchführungszahlen zur Sicherung von Urkundentatbeständen gegen nachträgliche Inhaltsänderung im Interesse der Rechtspflege,
- Schutz von Gläubigern durch Zwang zur Selbstinformation des Unternehmers über seinen Vermögensstand,
- Transformation gläubigergefährdender Sachverhalte in Tatbestände gläubigerschützender Rechtsfolgen (Ausschüttungssperre),
- Konkretisierung dessen, was unter den Vokabeln Gewinn und Verlust oder Kapitalanteil im Sinne der Verteilungsschlüssel des geltenden Gesellschaftsvertrages verstanden werden soll, und
- Verteilung gewisser Kompetenzen innerhalb von Körperschaften mit mehreren Organen.“

Es zeigt sich, dass bei *Stützel* eine deutliche Betonung des Gläubigerschutzes vorherrscht, die mit der dominanten Stellung der Fremdfinanzierung erklärt werden kann. Fraglich ist, welche Funktionen der Abschluss aus Sicht der Kapitalmarktorientierung zu erfüllen hat. Bezugnehmend auf das Ergebnis des vorangegangenen Kapitels bilden die zwei generellen Anforderungen „Performance“ und „Information“ den Ausgangspunkt für die Ableitung der Abschlussfunktionen.[470]

---

468 So könnten bspw. in einem fiktiven politischen System auch politische Ämter oder Befugnisse anhand des Erfolgs einer Unternehmung verteilt werden; dementsprechend ergäbe sich dann noch eine Machtallokationsfunktion. Ebenso wird in jüngerer Zeit die Abb. von Umweltaspekten im Jahresabschluss diskutiert, hieraus könnte sich zukünftig eine Ressourcenallokationsfunktion ableiten; zum Umweltaspekt vgl. bspw. *Berndt* (2001).

469 *Stützel* (1967), S. 314.

470 Ebenso wie in der funktionalen Werttheorie der Unternehmensbewertung lässt sich hier *Stützels* funktionsanalytischer Bilanztheorie folgend die Kausalkette Zweck → Funktion → Verfahren abbilden.

Die Performance-Forderung drückt ganz allgemein den Wunsch der Kapitalmarktteilnehmer aus, einen Nutzenzufluss zu erhalten.[471] Wirtschaftet die Unternehmung erfolgreich, kann der Nutzenzufluss eines Investors in finanzieller Hinsicht entweder in der Steigerung des Kurses oder in einer Dividendenzahlung bestehen.[472] Mit der Dividendenzahlung könnte also ein Anknüpfungspunkt an die Ausschüttungsbemessungsfunktion bestehen; allerdings besteht das Interesse der Eigenkapitalgeber nicht darin, dass die Dividenden auf Basis des Jahresabschlusses oder genauer auf Basis des im Rahmen des Jahresabschlusses ermittelten Gewinns berechnet werden sondern dass es überhaupt eine Ausschüttung gibt, der Berechnungsweg ist dabei als sekundär anzusehen. Aus Sicht der Gläubiger ist der Berechnungsweg die interessantere Fragestellung, denn durch die Kopplung an den Gewinn wird die Ausschüttung an die wirtschaftliche Leistung gekoppelt und kann somit prinzipiell zu hohe Ausschüttungen vermeiden, die den Bestand der Gesellschaft und damit die Rückzahlung der Verbindlichkeiten gefährden könnten.[473] Bei Anwendung einer konservativen Rechnungslegung wie in Deutschland mit der Anwendung des Vorsichtsprinzips üblich, wird darüber hinaus sogar ein entziehbarer Gewinn ermittelt, der dem Gläubigerschutzgedanken noch stärker entspricht.[474]

Wichtiger erscheint aus Kapitalmarktsicht die Informationsvermittlung als Abschlussfunktion. Die Kapitalmarktteilnehmer benötigen Informationen, um ihre Kauf- oder Verkaufentscheidungen rational treffen zu können.[475] Aufgrund der Globalisierung der Kapitalmärkte agieren die Teilnehmer nicht nur national sondern auch international.

---

471 Diese Forderung kommt auch im Entwurf des neuen Frameworks zum Ausdruck, vgl. dazu ED Framework (2008), OB6 (a).

472 Diese beiden Größen ergeben den TRS (Total Return to Shareholder), vgl. *Coenenberg/Salfeld* (2003), S. 41.

473 Zur Interessenlage der Gläubiger vgl. auch ED Framework (2008), OB6 (b).

474 Vgl. in diesem Sinne auch *Schreiber* (1995), S. 81. In Kombination der bilanztheoretischen Konzepte schlug *Schneider* sogar vor, für die Gewinnausschüttung jeweils den niedrigeren Gewinn von bilanziellem und ökonominschen Gewinn als Bemessungsgrundlage zu verwenden, vgl. *Schneider* (1968), S. 1 ff.

475 Vgl. *Pelger* (2009), S. 159.

Die nachgefragten Informationen müssen daher auch das Kriterium der Vergleichbarkeit in Hinblick auf internationale Verwender erfüllen.[476]

Aus der Forderung nach global vergleichbaren Informationen ergibt sich die Forderung nach einer weltweit einheitlichen Rechnungslegung, da ansonsten sehr hohe Transaktionskosten in Form von Informationsbeschaffungs- und Informationsverarbeitungskosten anfallen und den freien Kapitalverkehr behindern würden. Dieser Forderung kommen die US GAAP sowie die IFRS nach, wobei die IFRS als einziges wirklich internationales Rechnungslegungssystem anzusehen sind.[477]

Aus dem Ansatz, aus Gründen der Vergleichbarkeit weltweit einheitliche Standards zur Verfügung zu stellen, ergibt sich allerdings der Umstand, dass diese global einheitlich konzipierten Regelungen in den einzelnen Ländern auf verschiedene Rechtssysteme stoßen, sich also unterschiedlichen Zwecken ausgesetzt sehen, die aus unterschiedlichen Verknüpfungen von Gesellschafts-, Steuer- und Kapitalmarktrecht resultieren.[478] Da eine synchrone Anpassung an alle weltweit vorhandenen Regelungssysteme, die ihrerseits ebenfalls dynamisch sind, unmöglich erscheint, verzichten die IFRS explizit auf eine Funktion, die auf eine Verbindung zu anderen Rechtsbereichen abzielt. Sie konzentrieren sich stattdessen alleinig auf die wirtschaftliche Betrachtungsweise und somit auf die Informationsfunktion.[479] Da auch die oben angesprochene Ausschüttungsbemessung eine Verknüpfung zu einem fremden Rechtsgebiet – dem Gesellschaftsrecht – darstellt, wird auch diese Funktion nicht vom IASB als Anforderung angenommen. Somit ist die alleinige Funktion der IFRS im Sinne einer kapitalmarktorientierten Rechnungslegung,

> „[…] weltweit vergleichbare, entscheidungsrelevante und zeitnahe Finanzinformationen zur Verfügung zu stellen, auf deren Basis es möglich ist,

---

476 Vgl. auch *Starp* (2009), S. 652. Die Ausweitung internationaler Rechnungslegungsgrundsätze auf das deutsche Bilanzrecht vor dem Hintergrund des BilMoG wird indes teilweise heftig kritisiert, vgl. nur die „Saarbrücker Initiative gegen den Fair Value" bei *Bieg* et al. (2008).

477 Zum Status der US GAAP als Bestandteil des US-amerikanischen Kapitalmarktrechts vgl. *Pellens/Fülbier/Gassen* (2006), S. 56 f.

478 Vgl. *Schwarz* (2003) zu einem Überblick über das deutsche Kapitalmarktrecht.

479 Die Beschränkung auf eine bestimmte Funktion ist aus Sicht der funkionsanalytischen Bilanztheorie auch notwendig, um passende Rechnungslegungsregeln zu formulieren, vgl. *Stützel* (1967), S. 314.

Managemententscheidungen ablesen und ihre Auswirkungen auf künftige Cashflows analysieren zu können."[480]

Dass vom Standardsetter nur die Informationsfunktion als Zielstellung verfolgt wird, heißt jedoch nicht, dass es in einzelnen Staaten nicht dennoch zu Ansätzen kommen kann, der Rechnungslegung auf Basis internationaler Grundsätze weitere Funktionen zuzuordnen. So wird bspw. in Deutschland die Frage diskutiert, ob die Steuerbilanz über ein neues Maßgeblichkeitsprinzip auf Basis eines nach IFRS aufgestellten Abschlusses erstellt werden kann.[481] Ebenso zeigt sich, dass sich Ausschüttungen de facto an dem im Konzernabschluss ausgewiesenen Ergebnis orientieren, auch wenn hierfür keine rechtliche Grundlage gegeben ist.[482]

3.1.3 Überblick über die Formen der Berichterstattung im externen Rechnungswesen

Die im vorangegangenen Abschnitt dargestellten Funktionen, die eine an Unternehmensexterne gewandte Berichterstattung zu erfüllen hat, werden nicht durch ein einziges sondern durch verschiedene Instrumente erfüllt. Es soll deshalb im Folgenden kurz dargestellt werden, welche der existierenden Rechnungslegungsinstrumente für den Kapitalmarkt prinzipiell von Relevanz sein können.

Regelmäßig kann zwischen einer handels- und einer steuerrechtlichen Rechnung unterschieden werden. Während die steuerrechtliche Bilanz allein zum Zwecke der Steuerbemessung erstellt wird, hat die handelsrechtliche Bilanzierung die übrigen o.g. Funktionen zu tragen.[483] Eine Verknüpfung dieser zwei Grundarten externer Rechnungen im Sinne eines Maßgeblichkeitsprinzips, wie es in Deutschland existiert,[484] ist international nicht immer vorzufinden, häufig existieren vielmehr voneinander weitge-

480 *Menn* (2000), S. 199.

481 Vgl. zu der Diskussion um die Nutzung der IFRS als Basis der Steuerermittlung bspw. *Böcking* (2001), Oestreicher/Sprengel (2001), *Kahle* (2002a) oder *Buchholz/Weis* (2002).

482 Vgl. zur Praxis der Ausschüttungsbemessung *Kühnberger* (1996), S. 572.

483 Vgl. *Coenenberg/Haller/Schultze* (2009), S. 16 und 20.

484 Zum Maßgeblichkeitsprinzip vgl. *Baetge/Kirsch/Thiele* (2009), S. 186.

hend unabhängige Systeme.[485] Da die Steuerbilanz i.d.R. nicht für Veröffentlichungszwecke genutzt wird und dem Fiskus als Adressaten vorbehalten ist,[486] dient sie nicht der kapitalmarktorientierten Rechnungslegung. Auch wenn diese formale Einschränkung nicht bestünde, wäre eine Verwendung von Steuerbilanzen für die Informationsversorgung des Kapitalmarkts nicht geeignet, da einerseits die den steuerrechtlichen Prinzipien folgenden Normen nicht oder zumindest nicht primär auf einen Informationszweck ausgerichtet sind[487] und somit diverse Angaben bzw. Instrumente von Interesse fehlen,[488] andererseits weil die Steuergesetzgebung weiterhin nationale Aufgabe ist und daher der Forderung einer international vergleichbaren, also standardisierten bzw. zumindest harmonisierten Rechnungslegung nicht nachkommen kann. Insbesondere durch die Änderungen der handelsrechtlichen Rechnungslegung durch das Bilanzrechtsmodernisierungsgesetz (BilMoG) aus dem Jahre 2009 ist jedoch zu erwarten, dass insbesondere Kreditinstitute als Fremdkapitalgeber verstärkt auf die Steuerbilanz als Informationsinstrument bestehen, da hier weiterhin die gläubigerschutzorientierten Rechnungslegungsgrundsätze mit einer vorsichtigen Bewertung des Schuldendeckungspotenzials gelten.[489]

---

485 Eine stärkere Entkopplung der handelsrechtlichen Bilanzierung vom Steuerrecht ist durch das Bilanzrechtsmodernisierungsgesetz (BilMoG) auch in Deutschland zu beobachten, in welchem zum einen verschiedene Regelungen getroffen worden sind, die eine Durchbrechung der Maßgeblichkeit bedeuten, zum anderen wurde die umgekehrte Maßgeblichkeit aufgehoben, die den Ansatz rein steuerrechtlich fundierter Werte in der Handelsbilanz gestattet hat.

486 Kleinere Unternehmen erstellen allerdings häufig zur Kostenreduktion eine sog. „Einheitsbilanz", die sich an den steuerlichen Grundsätzen orientiert und auch als Handelsbilanz eingesetzt wird. Diese Unternehmen sind jedoch regelmäßig nicht am Kapitalmarkt als Anbieter von Eigen- oder Fremdkapitaltiteln aktiv und sollen daher nicht weiter betrachtet werden, vgl. *Pellens/Fülbier/Gassen* (2006), S. 12.

487 Die steuerliche Gewinnermittlung basiert auf dem entziehbaren, also vorsichtig auf Basis des Imparitätsprinzips ermittelten Gewinn und ist stark vergangenheits- und nicht zukunftsorientiert.

488 So ist für Steuerbemessungszwecke bspw. keine Kapitalflussrechnung oder Segmentberichterstattung anzufertigen.

489 Dies dürfte jedoch nur in einzelvertraglich geregelten Kreditbeziehungen durchsetzbar sein und nicht auf dem anonymen Fremdkapitalmarkt. Vgl. zu der Einschätzung der Änderungen durch das BilMoG durch Kreditinstitute insbesondere *Haller/Löffelmann/Etzel* (2009): Wie sich zeigt, werden die Abschaffung von Wahlrechten und zusätzliche Informationen über stille Reserven begrüßt, eine Verwendung des Fair Value wird jedoch nur bei einer marktorientierten Ermittlung als positiv angesehen.

Die handelsrechtliche Rechnungslegung kann wie in Abb. 3-3 dargestellt nach verschiedenen Merkmalen differenziert werden, so u.a. nach dem Berichtsobjekt, der Periodizität oder dem Verpflichtungsgrad der Publizität.

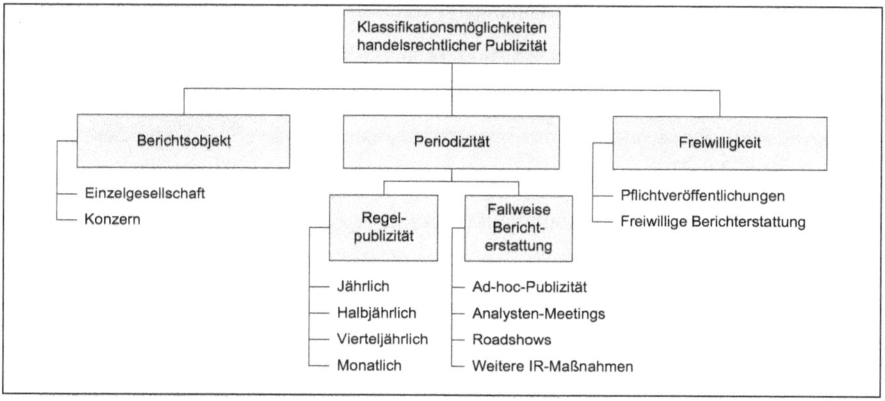

Abb. 3-3: Unterscheidungsmöglichkeiten handelsrechtlicher Publizität
Quelle: eigene Darstellung

Bei der Betrachtung der Berichtsobjekte gelangt man zu der wesentlichen Unterscheidung in Einzel- und in Konzernabschlüsse. Während die Pflicht zur Erstellung eines Einzelabschlusses an die rechtliche Selbständigkeit der Unternehmung anknüpft,[490] basiert die Pflicht zur Erstellung eines Konzernabschlusses auf der wirtschaftlichen Einheit.[491] Dabei folgt der Konzernabschluss der Einheitstheorie, die sowohl im HGB als auch den IFRS der Konzernrechnungslegung zugrunde liegt; im Gegensatz dazu folgen die US GAAP der Interessentheorie.[492]

490 Für Deutschland ist die Pflicht zur Aufstellung eines Jahresabschlusses in § 242 HGB geregelt, der grundsätzlich für jeden Kaufmann gilt. Eine gesetzliche Pflicht zur Aufstellung eines Jahresabschlusses existiert jedoch nicht in allen Ländern, so sehen die gesellschaftsrechtlichen Reglungen der US-Bundesstaaten nur äußerst geringfügige Rechnungslegungspflichten vor, vgl. *Pellens/Fülbier/Gassen* (2006), S. 56..

491 Vgl. *Cremer* (2002), S. 99. Auf den Aspekt der Erstellung von Teilkonzernabschlüssen soll hier nicht weiter eingegangen werden.

492 Die Einheitstheorie unterstellt eine homogene Interessenlage der an der Muttergesellschaft und der an Tochtergesellschaften beteiligten Gesellschafter und interpretiert daher den Konzernabschluss als Quasi-Einzelabschluss des Konzerns. Dahingegen wird bei der Interessentheorie der Konzernabschluss lediglich als erweiterter Einzelabschluss des Mutterunternehmens angesehen; vgl. *Fest/Herold/Huch* (2002), S. 1411.

Ferner können die Rechnungslegungsinstrumente nach der Regelmäßigkeit ihrer Veröffentlichung unterschieden werden, wobei die sog. Regelpublizität von der unregelmäßigen oder fallweisen Informationsweitergabe abgegrenzt wird. Zu der Regelpublizität werden dabei alle Veröffentlichungen gerechnet, die in einem bestimmten Turnus erfolgen,[493] in Abhängigkeit von der Häufigkeit der Berichterstattung können hier Jahresabschlüsse und Zwischenberichte genannt werden, wobei letztere häufig in der Form von Halbjahres- oder Quartalsberichten realisiert werden.[494] Zu dem Bereich der fallweisen Veröffentlichungen zählt insbesondere die Ad-hoc-Publizität,[495] aber auch Instrumente, die speziell der Kommunikation mit den Kapitalmarktteilnehmern dienen und dem Bereich der Investor Relations zuzurechnen sind, die in Abschnitt 3.4.2 näher betrachtet werden.[496]

Neben der Regelmäßigkeit kann auch die Pflichtmäßigkeit von Publizität als Unterscheidungsmerkmal herangezogen werden. Aufgrund gesetzlicher oder funktionsähnlicher Vorschriften müssen verschiedene Veröffentlichungen vorgenommen werden, darunter ist an erster Stelle der Jahres- oder Konzernabschluss anzuführen, der das zentrale Element der Rechnungslegung repräsentiert. Daneben gibt es jedoch wie überblicksartig in Tab. 3-1 dargestellt eine Vielzahl weiterer Instrumente, die der Kommunikation mit den Kapitalmarktteilnehmern und somit der Informationsvermittlung allgemein dienen und daher im Kontext dieser Arbeit auch zum Bereich der externen Unternehmensrechnung zählen sollen.[497]

---

493 Vgl. auch *Knorr* (2001), S. 1.

494 Zur Zwischenberichtspublizität vgl. insbesondere *Alvarez/Wotschofsky* (2000) sowie *Alvarez/Wotschofsky* (2001).

495 Vgl. zur Ad-hoc-Publizität bspw. *Bacher/Dörner* (2002); *Schruff/Nowak/Feinendegen* (2001).

496 Spezielle Instrumente ohne regelmäßige Durchführung sind bspw. Roadshows und One-on-Ones sowie Analystenmeetings, vgl. dazu *Drill* (1995), S. 141.

497 Vgl. zur Publizität auch *Wagenhofer/Ewert* (2002), S. 281-286.

	Pflichtpublizität	Freiwillige Publizität
Anonym	• Jahresabschluss, Konzernabschluss • Zwischenberichte • Ad-hoc-Publizität • Pflichtanzeigen	• Aktionärsbriefe • Pressemitteilungen • Fact Book • Finanzanzeige • Internetpublikationen
Personenbezogen	• Hauptversammlung	• Unternehmens-präsentationen • Analystentreffen • Pressekonferenzen • Roadshows • Einzel- und Gruppen-gespräche • Betriebsbesichtigung • Telefonkonferenzen • Aktionärskorrespondenz

Tab. 3-1: Maßnahmen pflichtmäßiger und freiwilliger Publizität
Quelle: modifiziert nach *Drill* (1995), S. 141

Die verschiedenen vorgestellten Instrumente der externen Unternehmensrechnung dienen in unterschiedlicher Weise den im vorangegangenen Kapitel erläuterten Funktionen der Rechnungslegung. Da die Anforderungen der Kapitalmarktteilnehmer in Bezug auf die externe Unternehmensrechnung auf die Informationsvermittlung gerichtet sind, ist hier zunächst darauf zu verweisen, dass regelmäßig der Konzern als primäres Berichtsobjekt dient. So zeigt bereits die deutsche Rechnungslegung nach HGB eine Funktionsteilung: während der Einzelabschluss in starkem Maße der Zahlungsbemessungsfunktion dient, erfüllt der Konzernabschluss die Informationsfunktion.[498]

Die jährliche Berichterstattung dient in ihren verschiedenen Ausprägungen sowohl der Zahlungsbemessungs- als auch der Informationsfunktion.[499] Die Zwischenberichterstattung hat demhingegen keine Steuer- oder Ausschüttungsbemessungsaufgabe zu erfüllen und ist damit ausschließlich der Informationsfunktion zuzurechnen.[500] Aus Sicht des Kapitalmarkts kann darüber hinaus eine Differenzierung der Zielsetzung der Zwischenberichterstattung in Anlegerschutz und Funktionenschutz erfolgen.

498 Vgl. *Cremer* (2002), S. 98.

499 Vgl. *Alvarez/Wotschofsky* (2000), S. 1790.

500 Dabei erfüllt die Zwischenberichterstattung die Teilaufgaben der Kontrollfunktion, der Prognosefunktion sowie der Verbindungsfunktion, vgl. zu den Teilfunktionen der Informationsfunktion *Alvarez/Wotschofsky* (2000), S. 1795 f. sowie Kapitel 3.2.

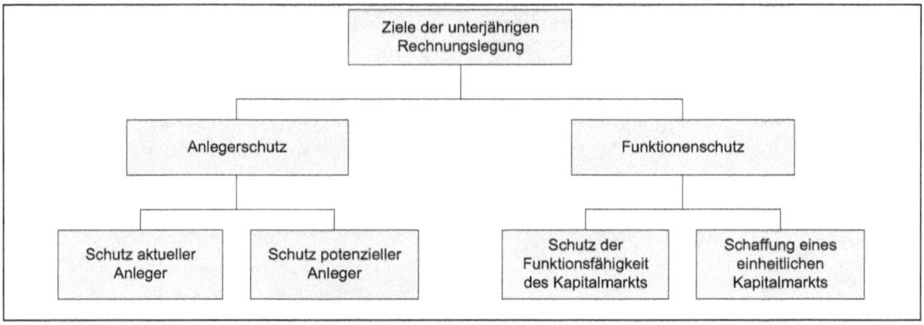

Abb. 3-4: Ziele der Zwischenberichtspublizität

Quelle: verkürzt nach *Alvarez/Wotschofsky* (2000), S. 1793

Die diversen Instrumente freiwilliger Publizität sind auf die gestiegene Bedeutung von Investor Relations zurückzuführen und somit direkt der Kapitalmarktorientierung zuzurechnen. Ihnen ist daher ausschließlich die Informationsfunktion zuzuordnen, da es den anderen Funktionen bereits wegen der fehlenden Verpflichtung an einem Anknüpfungspunkt mangelt.[501]

3.1.4 Untersuchung der weiteren Funktionen der externen Rechnungslegung in Hinblick auf die Interessen der Kapitalmarktteilnehmer

Wie bereits zu erkennen ist, kommt der Entscheidungsunterstützung eine entscheidende Rolle im Rahmen der Rechnungslegung zu, die daher im Kapitel 3.2 näher untersucht werden soll. Zuvor sollen jedoch – der Unterscheidung von *Busse von Colbe* folgend – die zwei weiteren Funktionen des „magischen Dreiecks" von Rechnungslegungszwecken, also die Gewinnermittlung und die Rechenschaft dargestellt werden.[502]

3.1.4.1 Zahlungsbemessungsfunktion

In verschiedenen Rechtskreisen – so auch in Deutschland – ist das Bilanzrecht eng mit dem Gesellschaftsrecht und dem Steuerrecht verbunden. So wird der im handelsrechtlichen Abschluss ermittelte Jahresüberschuss als Basis für die Ermittlung der Ertrag-

501 Zu Investor Relations vgl. ausführlicher Kapitel 3.4.2.

502 Vgl. *Busse von Colbe* (1998), S. 370.

steuern sowie für die Bestimmung der Dividende herangezogen.[503] Da diese Berechnungen allerdings an den Einzelabschluss der rechtlich selbständigen Gesellschaften anknüpfen und nicht an den Konzernabschluss, der im Vergleich zum Einzelabschluss regelmäßig das bevorzugte Instrument zur Informationsübermittlung darstellt, sind die Interessen der Kapitalmarktteilnehmer hiervon kaum berührt, da Einzel- und Konzernabschluss grundsätzlich unabhängig voneinander aufgestellt werden.[504]

Hinsichtlich der Ausschüttungs- bzw. Dividendenbemessung lässt sich jedoch beobachten, dass trotz der formal-juristischen Bindung an den im Einzelabschluss ausgewiesenen Gewinn bei dem Dividendenvorschlag eine Orientierung an dem Konzernergebnis erfolgt.[505] Dies ist insbesondere dann kritisch zu beurteilen, wenn im Konzernabschluss Ermessensspielräume und Wahlrechte derart ausgenutzt werden, dass eine Angleichung des Konzernergebnisses an das Ergebnis der Mutterunternehmung erfolgt, so dass die aus Konzernperspektive vorgeschlagene Dividende auch von der Muttergesellschaft erbracht werden kann, da in diesem Falle die u. U. restriktiven Rechnungslegungsregeln, die für den Einzelabschluss gelten und die Ausschüttung letztendlich limitieren, eine faktische Maßgeblichkeit für den Konzernabschluss erlangen.[506] Dieses „Durchdrücken" der Regeln des multifunktionalen Einzelabschlusses auf den Konzernabschluss ist nicht erwünscht, da dieser ausschließlich der Informationsfunktion dienen und nicht einem pessimistischen Bias unterliegen soll.[507] Eine solche systematische Verzerrung muss jedoch regelmäßig im Rahmen der Ermittlung eines ausschüttungsfähigen Ergebnisses herangezogen werden, um potenzielle Überentnahmen zu vermeiden. Es sollte daher durch verstärkte Informationsmaßnahmen ein Verständnis der Anteilseigner für den Hintergrund des Dividendenvorschlags geschaf-

---

503 Die Gewinnermittlung wird somit zur Basis für eine Zahlungsbemessung. Auf den mittlerweile stark eingeschränkten Anwendungsbereich des Maßgeblichkeitsgrundsatzes weist *Müller* (2001) hin.

504 So können bereits nach HGB bei der Aufstellung des Konzernabschlusses alle Wahlrechte erneut und ohne Ansehen des Einzelabschlusses ausgeübt werden, vgl. *Cremer* (2002), S. 99.

505 Vgl. *Kühnberger* (1996), S. 572.

506 Zur Beurteilung von Wahlrechten aus Gläubigersicht vgl. auch schon *Stützel* (1967), S. 337 f. und *Ballwieser* (1996a), S. 522 f.

507 Eine Kopplung von Einzel- und Konzernabschluss kann auch aus Rechtfertigungsgesichtspunkten gegenüber dem Fiskus resultieren, vgl. *Kühnberger* (1996), S. 572.

fen werden, um nicht zu ungunsten der Informationsfunktion und somit der Anleger ungewollten Diskussionen auf der Hauptversammlung aus dem Weg zu gehen.

Ergänzend ist darauf hinzuweisen, dass bei vielen kapitalmarktorientierten Unternehmen die Dividendenrenditen relativ niedrig ausfallen und stattdessen das Instrument des Aktienrückkaufs genutzt wird, um den Anlegern Kapital zurückfließen zu lassen. Während die Regeln der Gewinnverwendung gesellschaftsrechtlich an den Jahresüberschuss gekoppelt sind, können Aktienrückkaufprogramme bei entsprechender Kapitalausstattung unabhängig von der Gewinnsituation beschlossen bzw. dem Vorstand genehmigt und durchgeführt werden.[508]

In Bezug auf die Steuerbemessung ist für die Kapitalmarktteilnehmer die Steuerwirkung von Interesse. Insbesondere bei international agierenden Konzernen ist den Kapitalmarktteilnehmern bewusst, dass in den einzelnen Ländern, in denen der Konzern Tochtergesellschaften unterhält, verschiedene Steuersysteme mit unterschiedlichen Steuersätzen herrschen.[509] Weniger als die Art und Weise der Ermittlung interessiert die Investoren daher, welche Steuerauszahlungen tatsächlich zu erwarten sind.[510] Als Instrument hierfür dienen innerhalb der Abschlüsse die Angaben über die latenten Steuern.[511] Während das HGB hier bis zur Änderung durch das BilMoG das Timing Concept verfolgend eher GuV-orientiert die latenten Steuern in eher geringem Umfang abgegrenzt hat, wird nach den internationalen Regelungen seit längerem das umfassendere Temporary Concept zur Anwendung gebracht, welches sämtliche temporären Differenzen der Bilanz aufgreift und die zukünftige Zahlungsauswirkung des Steueraufwands oder Steuerertrags zeigt.[512]

---

508 Mit dem sog. Schütt-Aus-Hol-Zurück-Verfahren steht Unternehmen auch ein weiteres Instrument zur kapitalmarktorientierten Gestaltung der Dividendenpolitik zu Verfügung, vgl. *Pape* (1998), S. 1784.

509 Vgl. *Dahlke* (2007) zur Beurteilung der Transparenz bei der Bilanzierung von Steuerrisiken.

510 Da bei der Berechnung der Konzernsteuerquote auch die latenten Steuern berücksichtigt werden, sind diese auch in der Steuerplanung zu berücksichtigen, vgl. dazu eingehend *Lühn* (2007).

511 Die Bilanzierung latenter Steuern ist für die US GAAP in SFAS 109 und für die IFRS in IAS 12 geregelt. Für die IFRS liegt mit dem ED/2009/2 ein Entwurf für die Reformierung der Steuerbilanzierung vor, vgl. dazu ausführlich *Simlacher/Schurbohm-Ebneth* (2009).

512 Vgl. *Bösser/Pilhofer* (2008), S. 297 f. für einen Überblick über die Rechnungslegungsnormen.

3.1.4.2 Rechenschaftsfunktion

Die Rechenschaft[513] bezieht sich – im Gegensatz zur Entscheidungsunterstützungsfunktion oder auch Informationsfunktion i.e.S. – auf einen engeren Adressatenkreis: Das Management legt mit dem Abschluss dar, wie es die ihm anvertrauten Mittel eingesetzt hat; damit richtet sich der Abschluss im Kontext dieser Aufgabe an die aktuellen Gesellschafter und nicht an potenzielle Eigenkapitalgeber.[514] Dies ist nur in solchen Fällen notwendig, in denen eine Trennung von Eigentümerschaft und Geschäftsführung vorliegt und sich somit eine Prinzipal-Agenten-Problematik ergibt, was jedoch bei am Kapitalmarkt tätigen Publikumsgesellschaften regelmäßig der Fall ist.[515] So definiert *Leffson* Rechenschaft als die

> „Offenlegung der Verwendung anvertrauten Kapitals in dem Sinne, daß dem Informationsberechtigten – das kann auch der Rechenschaftslegende selbst sein – ein so vollständiger, klarer und zutreffender Einblick in die Geschäftstätigkeit gegeben wird, daß dieser sich ein eigenes Urteil über das verwaltete Vermögen und die damit erzielten Erfolge bilden kann."[516]

Für die Kapitalmarktteilnehmer beinhaltet die Rechenschaftsfunktion daher zwei Elemente von Interesse.[517] Einerseits können zuvor getroffene Annahmen oder Entscheidungen angesichts der neuen Informationen neu bewertet werden; der Abschluss erfüllt somit eine Aufgabe, die als Kontrollfunktion bezeichnet werden kann.[518] Dies betrifft in erster Linie die aktuellen Investoren, da diese mit ihrer vorangegangenen Kaufentscheidung Annahmen über die Geschäftsentwicklung und die Managementqualitäten getroffen haben und diese nun anhand der Abschlussinformationen überprüfen und ggf. revidieren können. Allerdings können auch potenzielle Investoren oder

---

513 Die Rechenschaft wird in der internationalen Rechnungslegung als stewardship bezeichnet und ist momentan Gegenstand der Diskussion, ob sie als eigenständige Funktion neben der Entscheidungsnützlichkeit adressiert werden soll, vgl. ED Framework (2008).

514 Vgl. *Coenenberg/Straub* (2008), S. 17. Allerdings können Signalwirkungen an potenzielle Investoren ausgehen.

515 Vgl. *Pelger* (2009), S. 159.

516 *Leffson* (1964), S. 64.

517 Vgl. zur Rechenschaftsfunktion grundlegend *Gjesdal* (1981).

518 Zur Kontrollfunktion vgl. *Coenenberg/Straub* (2008), S. 19.

Analysten die Kontrollfunktion für sich nutzen, wenn sie den Titel bereits beobachten, jedoch noch keine Kaufentscheidung getroffen haben.[519]

Andererseits dient die Pflicht zur regelmäßigen Berichterstattung nach bestimmten Rechnungslegungsregeln dem Abbau der Prinzipal-Agenten-Problematik. Das Management verfügt aufgrund seiner Position gegenüber den externen Gesellschaftern über einen Informationsvorsprung und kann Handlungen zum Schaden der Gesellschafter und zum eigenen Nutzen vornehmen. Durch eine regelmäßige, normierte Berichterstattung entsteht für das Management die Gefahr, dass derartige schädigende Handlungen zumindest in ihrer Konsequenz von den Gesellschaftern entdeckt werden können und es in der Folge zu Sanktionen kommen kann. Die Gefahr des „Entdecktwerdens" reduziert somit den Konflikt, es kann daher auch von einer Disziplinierungsfunktion gesprochen werden.[520]

Weiterhin können die vergangenheitsorientierten Informationen der Rechenschaft den Kapitalmarktteilnehmern dazu dienen, im Rahmen der Abschlussanalyse Erkenntnisse über das Geschäftsmodell sowie über Verhaltensmuster und Qualitäten des Managements zu gewinnen. Auf Basis der Vergangenheitsanalyse gewonnene Einschätzungen fließen in die Fundamentalbewertung der Aktie ein und finden somit auch Eingang in die zukunftsorientierte Auswertung des Abschlusses; im Gegensatz zur Kontroll- und Disziplinierungsfunktion handelt es sich hierbei jedoch um die Entscheidungsunterstützungsfunktion.[521]

Die Rechenschaftsfunktion deckt damit einen Teilbereich der Informationsfunktion ab, die im Rahmen der Kapitalmarktkommunikation von Interesse ist. Allerdings erfordern Kontroll-, Disziplinierungs- und Entscheidungsunterstützungsfunktion unterschiedlich ausgeprägte Berichterstattungsgrundsätze. Während die Entscheidungsunterstützung zukunftsorientiert ist und damit dem Merkmal der Relevanz folgt, ist die Kontrollfunktion vergangenheitsorientiert und tendenziell eher der Verlässlichkeit

519 Vgl. *Coenenberg/Straub* (2008), S. 18.

520 Vgl. z. B. auch *Tillner/Schlitzberger/Meyer* (2008), S. 24.

521 Vgl. entsprechend *Coenenberg/Straub* (2008), S. 18. Auch *Gjesdal* unterscheidet zwischen „decision making demand" und „stewardship demand", vgl. *Gjesdal* (1981), S. 208.

verpflichtet. Es ergibt sich demnach ein Zielkonflikt zwischen den Teilfunktionen.[522] Da das primäre Anliegen der Rechenschaft jedoch die Bereitstellung einer Kontrollmöglichkeit ist, dürfte das Merkmal der Verlässlichkeit hierbei Priorität besitzen.

Eine einheitliche Gestaltung der Rechnungslegung erscheint vor diesem Hintergrund bereits dennoch kritisch. Die einzelnen Elemente der Informationsfunktion i.e.S. sollen daher im folgenden Kapitel genauer untersucht werden, um spezifische Anforderungen an Standardsetter und Abschlussersteller ableiten zu können.

3.2 Untersuchung der Informationsfunktion

3.2.1 Zum Begriff der Information

Die „Information" als begriffliches Konstrukt ist von verschiedenen Wissenschaftsdisziplinen als Forschungsgebiet aufgegriffen worden, insbesondere von der Informatik, der Informationstheorie, der Informationswissenschaft, der Nachrichtentechnik, der Informationsökonomik und der Semiotik. Dementsprechend finden sich in der Literatur verschiedene Definitionen des Informationsbegriffs, die teilweise erheblich voneinander abweichen. In den verschiedenen Disziplinen kumulieren sich dabei wie in Abb. 3-5 dargestellt die Eigenschaften zu einem steigenden Gehalt der Bedeutung des Informationsbegriffs.

---

522 Vgl. *Coenenberg/Straub* (2008), S. 25.

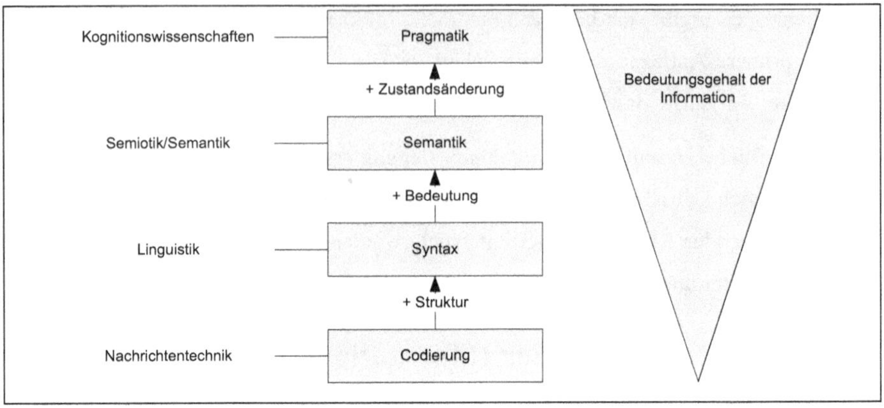

Abb. 3-5: Mögliche Betrachtungsebenen der Information

Quelle: ähnlich *Schreyögg/Geiger* (2003), S. 9

In der Informationsökonomik wird Information definiert als Nachricht, durch die beim Wirtschaftssubjekt bestehende Wahrscheinlichkeitsurteile bezüglich entscheidungsrelevanter Daten oder Ereignisse verändert werden.[523] Informationen dienen aus informationsökonomischer Sicht daher der Verbesserung der Qualität von Entscheidungen.[524] Es lassen sich grundsätzlich die Begriffe Daten, Nachricht, Information, Kommunikation und Wissen unterscheiden.[525]

Aus wirtschaftswissenschaftlicher Perspektive stellen Daten die kleinsten Einheiten dar, die der Codierung dienen und die durch Strukturgebung zu einer Nachricht zusammengefügt werden können. Erst durch die Anwendung von Hintergrundwissen auf eine Nachricht entsteht eine Information; Informationen sind in ihrem Gehalt daher von ihrem semantischen Kontext und somit vom Empfänger abhängig.[526] Der Informationsgehalt bestimmt sich aber für den Empfänger erst aus dem konkreten Kontext, in dem dieser sich befindet. Informationen können als zweckorientiertes Wissen definiert

523 Vgl. zur Informationsökonomik z.B. *Bössmann* (1977), S. 184 – 200.

524 Vgl. *Wagenhofer/Ewert* (2002), S. 56.

525 Zur Kritik an den Abgrenzungen vgl. *Meyer/Sugiyama* (2007).

526 Vgl. auch *Wagenhofer/Ewert* (2002), S. 56.

werden, im Wissensmanagement wird durch die Hinzuführung von Informationen das Wissen vergrößert.[527]

Die internationale Rechnungslegung rechtfertigt ihre Existenz mit der Erfüllung einer Informationsfunktion.[528] Aufgrund der vielfältigen Definitionsmöglichkeiten sollte daher zunächst geklärt werden, welches Informationsverständnis der rechnungslegungsbezogenen Diskussion zugrunde liegt. Diese Fragestellung gilt in gleichem Maße auch für den Bereich der internen Unternehmensrechnung, da es dort ebenfalls primär um die Erzeugung und Verarbeitung von Informationen geht.[529] Daher soll im folgenden Abschnitt zunächst der Begriff der Kommunikation erläutert werden, damit in der Folge Information und Kommunikation voneinander abgregrenzt werden können; dies erscheint notwendig, um ein klareres Bild der Bedeutung des Informationsbegriffs für die Erfüllung der Informationsfunktion zu erlangen.

3.2.2 Zum Begriff der Kommunikation

Die Kommunikation dient der menschlichen Kontaktaufnahme und Interaktion und verfolgt das Ziel, dass sich zwei oder mehr Personen verständigen. Zur Kommunikation werden Zeichen benutzt, die in sprachliche und nichtsprachliche Zeichen unterschieden werden können.[530] In der Kommunikationswissenschaft wird Kommunikation definiert als[531]

> „[...] die menschliche und im weitesten Sinne technisch fundierte Tätigkeit des wechselseitigen Zeichengebrauchs und der wechselseitig adäquaten Zeichendeutung zum Zwecke der erfolgreichen Verständigung, Handlungskoordinierung und Wirklichkeitsgestaltung."[532]

Mithilfe von Kommunikationsmodellen wird versucht, die Komplexität der Wirklichkeit durch Reduktion auf die wesentlichen Einflussfaktoren im Modell zu vereinfa-

---

527 Zu den Abgrenzungen vgl. *Arndt* (2004); *Gaus* (2005).

528 Vgl. *Pellens/Fülbier/Gassen* (2006), S. 106.

529 Die Implikationen für die interne Unternehmensrechnung sind Gegenstand von Kapitel 0.

530 Vgl. *Eichler/Pankau* (2009), S. 1.01.

531 Eine andere Definition von Kommunikation bietet *Luhmann* aus Sicht der soziologischen Systemtheorie, vgl. *Luhmann* (2002), S. 292.

532 *Krallmann/Ziemann* (2001), S. 13.

chen. Das älteste Kommunikationsmodell stammt aus der Nachrichtentechnik und beinhaltet die Basisgrößen folgender Modelle.[533]

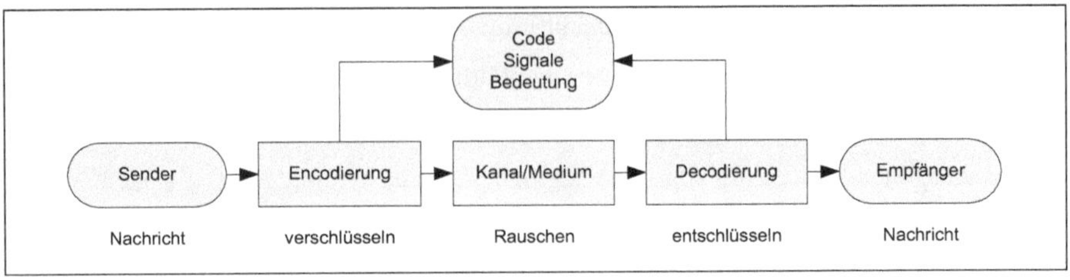

Abb. 3-6: Informationstheoretisches Kommunikationsmodell der Nachrichtentechnik
Quelle: *Eichler/Pankau* (2009), S. 1.01

Sind gesendete und empfangene Nachricht nicht identisch, liegt ein Kommunikationsproblem vor, das mithilfe des Kommunikationsmodells analysiert und auf verschiedene Ursachen zurückgeführt werden kann: Entweder verfügen Sender und Empfänger nicht über den gleichen Code, so dass En- und Decodierung unterschiedlichen Algorithmen folgen, oder die Signale wurden während des Nachrichtentransports mittels des ausgewählten Mediums durch Störeinflüsse verändert. Daneben bestehen weitere Fehlerquellen in der Unterschiedlichkeit zwischen Sender und Empfänger.[534]

Im Kontext dieser Untersuchung nimmt zunächst die Unternehmung die Rolle des Senders ein und der Kapitalmarktteilnehmer die Rolle des Empfängers.[535] Sender/Empfänger-bezogene Kommunikationsprobleme können insbesondere entstehen bei [536]

- mangelnder Fähigkeit, sich in den Kommunikationspartner hineinzuversetzen,
- Desinteresse am Kommunikationspartner oder Desinteresse am Kommunikationsinhalt,

---

533 Vgl. *Eichler/Pankau* (2009), S. 1.01. Zur Übermittlung einer Nachricht benötigen die Kommunikationspartner ein Medium, bspw. Licht- oder Schallwellen; zur Nutzung des Mediums muss die Nachricht vom Sender in eine spezifische Übertragungsform gebracht (encodiert) werden und vom Empfänger wieder entschlüsselt (decodiert) werden.

534 Vgl. *Eichler/Pankau* (2009), S. 1.01.

535 Insbesondere im Rahmen der Investor Relations werden die Rollen jedoch auch getauscht, da das Management durch den persönlichen Kontakt zu den Marktteilnehmern wertvolle Informationen über deren Erwartungen und Einschätzungen erhalten kann.

536 Zu einer umfassenderen Liste von Störfaktoren vgl. *Eichler/Pankau* (2009), S. 1.01.

- einem bestehenden Wissensdefizit bei einem der Kommunikationspartner, und
- Misstrauen dem anderen Kommunikationspartner gegenüber aufgrund negativer Erfahrungen,

Der Begriff der Kommunikation beinhaltet somit nicht nur den Austausch oder die Übermittlung von Informationen sondern auch den Vorgang des Miteinander-in-Verbindung-tretens, des Sich-Verständigens und des Sich-Verstehens. Kommunikation ist damit insbesondere aus einer psychologischen Sichtweise zu betrachten und beschränkt sich im Gegensatz zum Informationsbegriff nicht auf den Nachrichteninhalt.

Einen Ansatz zur Erklärung der psychologischen Elemente der Kommunikation hat *Watzlawick* mit seinen fünf Axiomen über Kommunikation vorgelegt.[537] Genauer wird der Zusammenhang zwischen Inhalt und den Sender/Empfänger-inhärenten Faktoren in dem sog. 4-Ohren-Modell von *Schulz von Thun* analysiert, welches in Abb. 3-7 dargestellt ist.

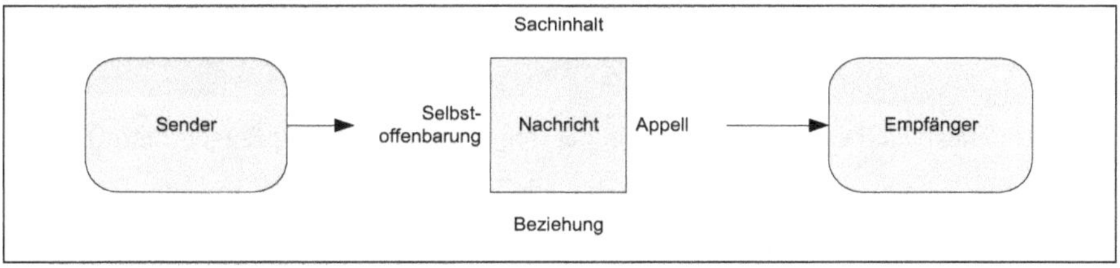

Abb. 3-7: 4-Ohren-Modell
Quelle: *Schulz von Thun* (1998), S. 41.

Das 4-Ohren-Modell der Kommunikation besagt, dass mit jeder Übermittlung einer Nachricht nicht nur die Sachinformationen ausgetauscht werden sondern auch weitere Signale, welche die Sender/Empfänger-spezifischen Umstände adressieren.[538] Der Sachinhalt liegt im Bezug auf die hier betrachtete Kapitalmarktkommunikation in der Vermittlung der für den Kapitalmarktteilnehmer für seinen Entscheidungsprozess als relevant erachteten Informationen. Beispielhaft könnte hier die Nennung eines erwarteten Gewinns für das Geschäftsjahr genannt werden.

---

537 Vgl. *Watzlawick* et al. (2000), S. 64.

538 Vgl. *Eichler/Pankau* (2009), S. 1.06.

Der Aspekt der Selbstoffenbarung beschreibt die Tatsache, dass mit der Art und Weise der Nachrichtenübermittlung ein bestimmtes Selbstbild kommuniziert wird, welches dem Empfänger zur Einschätzung der Authentizität des Senders dient.[539] D.h., bei dem Empfänger wird ein Informationsverarbeitungsvorgang initiiert, in welchem die bisherigen Erfahrungen mit der neu zugegangenen Information abgeglichen und daraufhin der Sender als mehr oder weniger glaubwürdig eingeschätzt wird.[540] Das oben angeführte Beispiel fortführend erfolgt also eine Einschätzung, ob die geäußerte Gewinnerwartung realistisch ist oder der Sender über- oder untertreibt. Damit kann dieser Kommunikationsaspekt als ein Ausdruck der Prinzipal-Agenten-Problematik begriffen werden; bei besonders großer und dem Prinzipal bewusster Informationsasymmetrie – dabei handelt es sich um den Aspekt der Sachinformation – ist das Misstrauen des Prinzipals gegenüber dem Agenten tendenziell größer, der Selbstdarstellung des Agenten wird weniger Vertrauen entgegengebracht werden.[541] Der Aspekt schafft somit eine Verbindung zur Kontrollaufgabe der Rechenschaftsfunktion und dient als Ausgangspunkt für Überlegungen des Reputation Buildings im Bereich der Investor Relations.[542]

Der Appellaspekt besagt, dass der Sender regelmäßig den Empfänger mithilfe der Kommunikation zu einem bestimmten Handeln bewegen möchte.[543] Im Beispiel könnte sich hier also der Finanzvorstand mit der Bekanntgabe einer Gewinnerwartung eine gesteigerte Nachfrage nach den Aktien seiner Unternehmung und in der Folge einen Anstieg des Aktienkurses erhoffen. Der Appellaspekt findet sich in der betriebswirtschaftlichen Diskussion bspw. in Form des Signalling wieder: Durch die Bekanntgabe einer Information wird darauf spekuliert, dass die Empfänger im Rahmen der Informationsverarbeitung und auch unter Abgleich der neuen Information mit dem bisherigen

---

539 Vgl. *Eichler/Pankau* (2009), S. 1.06.

540 Die glaubwürdige Darstellung ist im Rahmenkonzept des IASB einer der Sekundärgrundsätze der Verlässlichkeit, vgl. z.B. *Pellens/Fülbier/Gassen* (2006), S. 112.

541 Vgl. zu der unterschiedlichen Beurteilung eines Informationssystems aus Sicht der Entscheidungsnützlichkeit und aus Sicht der Anreiznützlichkeit, also der Prinzipal-Agenten-Problematik *Wagenhofer/Ewert* (2002), S. 89-94.

542 Vgl. zur Bedeutung der Glaubwürdigkeit des Investor Relations Managers *Hovland/Janis/Kelley* (1953), S. 21-25; *Bittner* (1996), S. 220-222.

543 Vgl. *Eichler/Pankau* (2009), S. 1.06.

Erfahrungsschatz bestimmte Rückschlüsse ziehen und entsprechend handeln. Signalling wird im Bereich der Rechnungslegung insbesondere bei der Ausübung von bilanziellen Wahlrechten oder von relativ offensichtlichen Ermessensspielräumen beobachtet. Die Bekanntgabe des erwarteten Gewinns im obigen Beispiel könnte bspw. die Profitabilität eines in diesem Jahr neu eingeführten Produkts signalisieren und somit die Zukunftserwartungen für die Rückflüsse dieses Geschäftsfeldes beeinflussen.

Der Beziehungsaspekt beschreibt schließlich die Metakommunikation zwischen Personen bzgl. deren persönlichen Verhältnisses zueinander.[544] Auch wenn für die Kapitalmarktkommunikation dieser Aspekt auf den ersten Blick wenig relevant zu sein scheint, so sollte er dennoch nicht vernachlässigt werden. Sicherlich kommt ihm im Rahmen der anonymen Regelpublizität keine Bedeutung zu, im Rahmen der Investor Relations kann es jedoch durch das persönliche Zusammentreffen von CFO und Investor Relations Mitarbeitern mit Finanzanalysten und anderen Kapitalmarkteilnehmern zu Sympathien und Antipathien kommen, die Einfluss auf die Kommunikation und damit auch auf den Informationsempfang seitens des Empfängers haben. Ist bspw. der CFO dem Marktteilnehmer unsympathisch, wird dieser die geäußerte Gewinnerwartung anders aufnehmen und verarbeiten als im umgekehrten Fall.[545] Dieser Aspekt betont wie auch bereits der Selbstoffenbarungsaspekt die Anforderungen an die an der Kapitalmarktkommunikation beteiligten Unternehmensvertreter, also insbesondere den CFO und die Investor Relations Manager bzgl. ihrer Sozialkompetenzen. Dies kommt auch in einem geänderten Anforderungsprofil an den Finanzvorstand zum Ausdruck, wie empirische Untersuchungen zeigen.[546]

An die Rechnungslegung werden verschiedene Anforderungen gestellt. Dabei stellt die Rechnungslegung ein Instrument zur Erfüllung bestimmter Aufgaben oder Funktionen dar, die oben bereits näher erläutert wurden. Insbesondere der Umstand, dass Rechnungslegungsinstrumente publiziert werden, eröffnet die Möglichkeit der Interpretation der Rechnungslegung aus Sicht eines Kommunikationsmodells. Unter Rückgriff auf die in den Abschnitten 3.2.1 und 3.2.2 vorgestellten Modelle aus Abb. 3-5 und

---

544 Vgl. *Eichler/Pankau* (2009), S. 1.06.

545 Vgl. auch *Bittner* (1996), S. 222 zur Bedeutung der physischen Atraktivität.

546 Vgl. *Hirsch* (2008), S. 76; *Daum* (2008), S. 387.

Abb. 3-6 kann die Rechnungslegung als eine Kommunikation zwischen Unternehmen (Sendern) und Kapitalmarktteilnehmern (Empfängern) aufgefasst werden, die sich bestimmter Medien (Printmedien, elektronische Medien, Schall/Licht) zur Übermittlung des Codes (abhängig vom Medium elektronische oder analoge Verschlüsselung von Zeichen und Zahlen) bedient.

Syntaktisch folgt die Rechnungslegung bestimmten Regeln zur En-/Decodierung (Rechnungslegungsstandards). Mit entsprechendem Hintergrundwissen können die Empfänger (Kapitalmarktteilnehmer) in semantischer Hinsicht die durch die Rechnungslegungsregeln übermittelten Nachrichten inhaltlich verstehen. Durch Anwendung der Nachrichten auf ihren spezifischen Kontext erlangen die Nachrichten bei den Nutzern dann eine Bedeutung, die Nachricht wird zu einer Information.

Durch die Anwendung des Kommunikationsmodells auf die Rechnungslegung ergibt sich somit ein neuer Blick auf die Information, die durch die ausschließliche Verfolgung der Informationsfunktion im Mittelpunkt der kapitalmarktorientierten, internationalen Rechnungslegung steht.[547] Die folgende Abb. 3-8 veranschaulicht noch einmal die wesentlichen Elemente des Modells:

[547] Vgl. *Pellens/Fülbier/Gassen* (2006), S. 106.

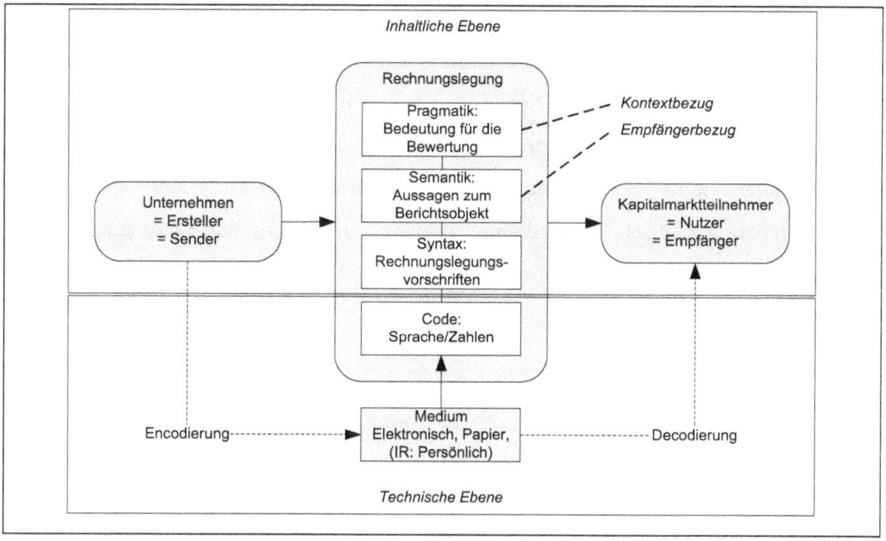

Abb. 3-8: Kommunikationsmodell der Rechnungslegung

Quelle: eigene Darstellung

3.2.3 Merkmale von Informationen

3.2.3.1 Entwicklung eines Bezugsrahmens für die Herleitung von Informationsmerkmalen

Zur Untersuchung der Informationsfunktion ist es notwendig, den Begriff der Information näher einzugrenzen und genauer zu definieren, denn erst wenn geklärt ist, wann überhaupt eine Information vorliegt und worin sie besteht, kann eine Beurteilung erfolgen, ob die hier untersuchten internationalen Rechnungslegungsregeln diese Informationen bereitstellen.[548] Auf Basis des entwickelten Kommunikationsmodells der Rechnungslegung lassen sich zu diesem Zweck unter dem Gesichtspunkt der Informationsfunktion verschiedene Informationsmerkmale identifizieren.

Die Standardsetter wie IASB und FASB entwickeln Vorschriften, wie bestimmte Sachverhalte im Abschluss abzubilden sind. Die Vorschriften sind als Syntax zu verstehen: Sie geben die Form vor, in der berichtet wird. D.h., dass bei dem verfolgten Ansatz der Rechnungslegung – der Vorgabe von Berichtsformaten – die Erfüllung der

---

[548] Vgl. entsprechend *Wagenhofer/Ewert* (2002), S. 55.

verfolgten Informationsfunktion nur dann sichergestellt werden kann, wenn die Anforderungen der anderen Definitionsebenen bei der Gestaltung der syntaktischen Vorschriften berücksichtigt werden. Somit können die Informationsmerkmale den unterschiedlichen Definitionsebenen zugeordnet und entsprechend klassifiziert werden. Es können daher wie in Abb. 3-9 dargestellt unter Zusammenfassung der Medien- und der Codeebene technische Anforderungen sowie semantische und pragmatische Anforderungen an Informationen unterschieden werden.[549]

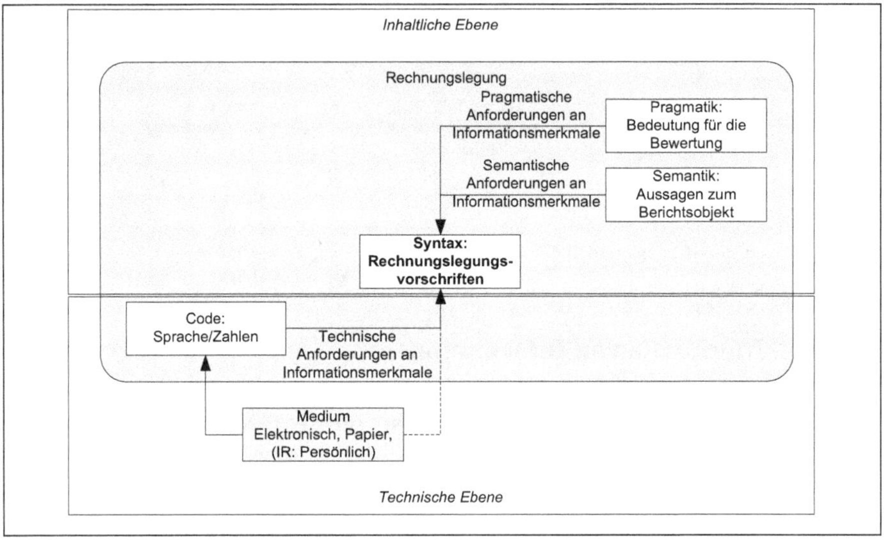

Abb. 3-9: Ableitung von Anforderungen an die Rechnungslegung aus den weiteren Informationsebenen des Kommunikationsmodells

Quelle: eigene Darstellung

3.2.3.2 Überblick über Informationsmerkmale

Für die Beschreibung des Abstraktums „Information“ wird im Rechnungslegungskontext eine Vielzahl von Merkmalen herangezogen. Zu den Anforderungen, die an die Rechnungslegung und somit an die vermittelten Informationen gestellt werden, zählen beispielsweise die Relevanz, die Überprüfbarkeit, die Abwesenheit von Fehlern, die

549 Die Anforderungen an die Rechnungslegung sind dabei auf inhaltlicher Ebene in starkem Maße empfänger- oder kontextbezogen und erschweren damit den Regelierungsprozess, da über die subjektiven Gegebenheiten Adressaten regelmäßig keine Informationen vorliegen, vgl. *Wagenhofer/Ewert* (2002), S. 77.

Quantifizierbarkeit, die Vergleichbarkeit, die Konsistenz, die Zeitnähe oder die Verlässlichkeit.[550] Die Merkmale stehen sich dabei teilweise in komplementärer, in neutraler oder in konkurrierender Haltung gegenüber.[551]

Zur Bedeutung der Informationsmerkmale haben sich IASB und FASB in ihren Rahmenkonzepten geäußert. Bei einem Vergleich des IAS Framework mit SFAC 2 des FASB kann festgestellt werden, dass zum Teil gleiche Merkmale unterschiedlich gewichtet oder interpretiert werden. So wurden im IAS Framework die vier Hauptmerkmale Relevanz, Verständlichkeit, Verlässlichkeit und Vergleichbarkeit – vom IASB als „Qualitative Characteristics" bezeichnet – gleichrangig nebeneinander dargestellt, während in SFAC 2 eine Hierachiebildung vorgenommen wird.[552] Die Kriterien werden teilweise durch nachgeordnete Merkmale konkretisiert und durch Rechtzeitigkeit und Verhältnismäßigkeit relativiert.[553] Die beiden folgenden Abbildungen sollen die Unterschiede zwischen dem IAS Framework und SFAC 2 verdeutlichen.

550 Vgl. *Daigle/Lampe* (2000), S. 2.

551 Vgl. bspw. zu dem Konflikt zwischen glaubwürdiger Darstellung, Nachprüfbarkeit und Neutralität *Lorson/Gattung* (2008), S. 565.

552 Auf eine weitere Darstellung der alten SFAC-Regelungen des FASB soll an dieser Stelle verzichtet werden, da im Folgenden auf das gemeinsame FASB/IASB-Projekt eingegangen wird.

553 Vgl. zu den qualitativen Anforderungen bspw. *Pellens/Fülbier/Gassen* (2006), S. 108-112.

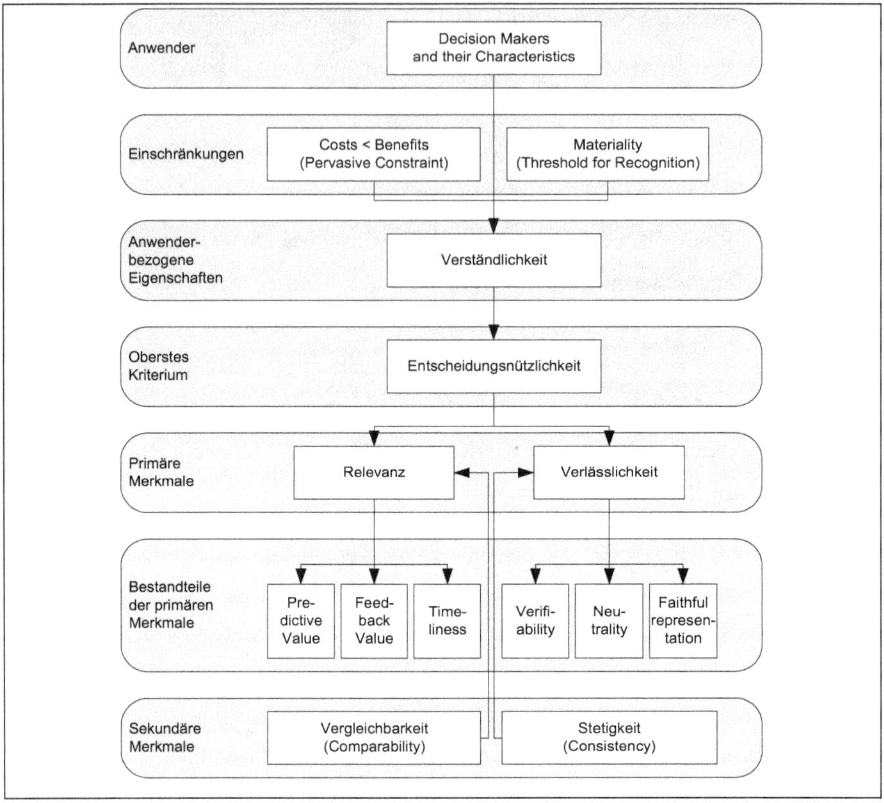

Abb. 3-10: Konzeption der Informationsmerkmale der US GAAP

Quelle: in Anlehnung an *Lillie* (2006), S. 3.1

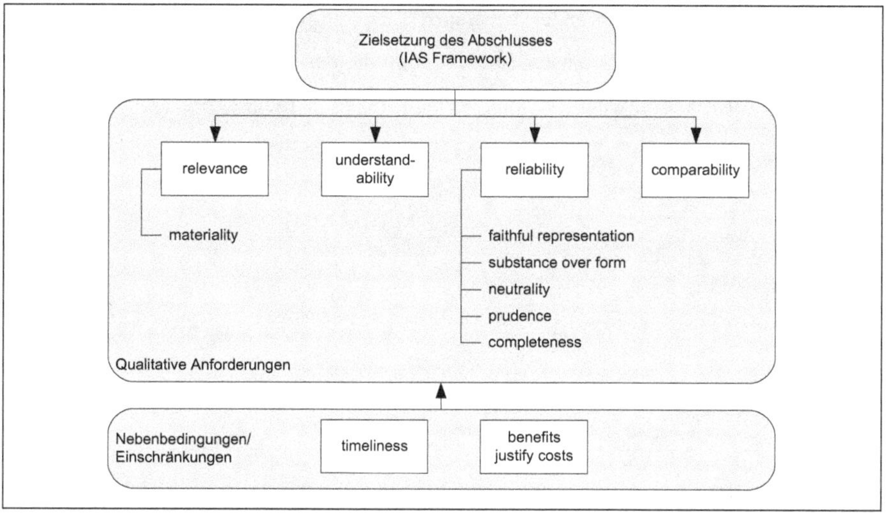

Abb. 3-11: Informationsmerkmale im IAS Framework

Quelle: *Lorson/Gattung* (2008), S. 557

Als das zentrale Begriffs- und Merkmalspaar sind dabei Relevanz und Verlässlichkeit anzusehen, die einander weitestgehend konträr gegenüberstehen, wie dies auch in SFAC 2 durch die hervorgehobene Stellung dieser Eigenschaften deutlich wird.[554] Während die Verlässlichkeit mittels mehrerer Sekundärprinzipien konkretisiert worden ist, fehlt es dem Merkmal der Relevanz im IAS Framework hingegen an einer konkreten Ausformung.[555]

In ihrem gemeinsamen Projekt zur Überarbeitung der Frameworks haben IASB und FASB eine neue Einstufung der Merkmale vorgenommen. Unter stärkerer Bezugnahme auf die Aufgabe der Rechnungslegung, Kapitalgebern entscheidungsnützliche Informationen zu vermitteln, wurde das Merkmal der Relevanz in stärkerer Anlehnung an die Auffasung des SFAC 2 operationaler definiert und eine Hierarchiebildung innerhalb der qualitativen Anforderungen eingeführt.[556] Hinsichtlich des Adressatenkreises enthält der Entwurf des neuen Framework nicht mehr den Verweis

554 Vgl. auch *Pellens/Fülbier/Gassen* (2006), S. 108 f.

555 Das Framework bezieht sich hierbei auf den allgemeinen Zweck der Rechnungslegung – der Vermittlung entscheidungsnützlicher Informationen – und benennt als Zugang zur Relevanz einerseits die „relevance by nature" und andererseits die „materiality"; vgl. F.29-30, IAS 1.29-31.

556 Vgl. *Lorson/Gattung* (2008), S. 556.

auf Investoren sondern verwendet den Begriff „capital provider"; damit werden nicht mehr nur die Interessen der Eigen- sondern auch die der Fremdkapitalgeber als Maßstab für die Ausgestaltung der Rechnungslegungsregeln herangezogen.[557]

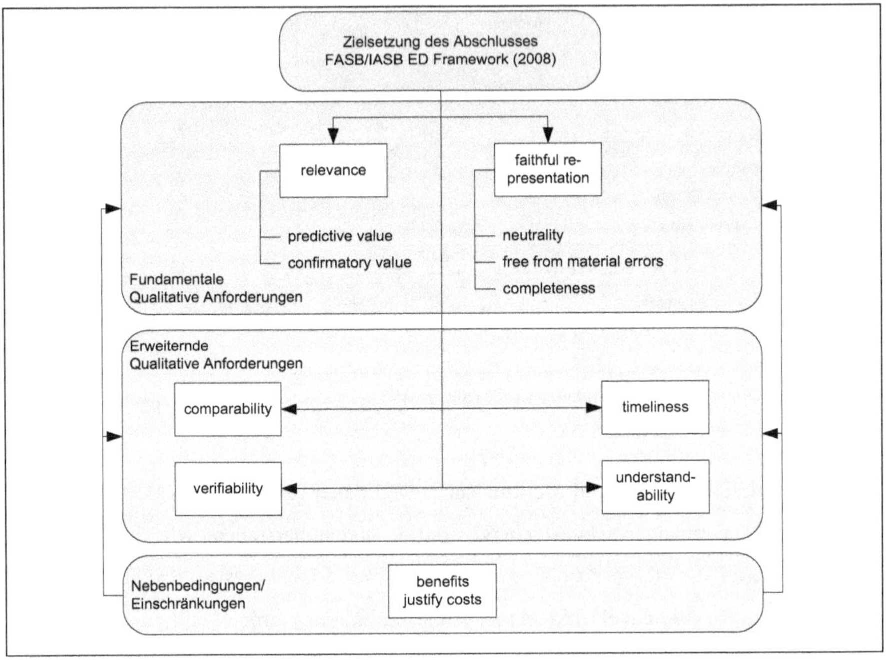

Abb. 3-12: Informationsmerkmale im vorgeschlagenen Entwurf eines neuen Framework
Quelle: *Lorson/Gattung* (2008), S. 557

Im Folgenden sollen die zentralen Merkmale mit Blick auf eine Entscheidungsnützlichkeit im Sinne der Kapitalmarktorientierung untersucht werden; darüber hinaus soll eine Einordnung in das Kommunikationsmodell der Rechnungslegung vorgenommen werden.

557 Vgl. ED Framework (2008), OB10 Satz 1.

3.2.4 Relevanz

3.2.4.1 Differenzierung des Relevanzbegriffs

Informationen werden im Kontext der Rechnungslegung als relevant angesehen, sofern sie dazu geeignet sind, die Entscheidung des Informationsempfängers zu beeinflussen.[558] Somit hängt die Relevanz nicht nur von der Information selbst ab, sondern ebenso von dem bisherigen Informationsstand des Informationsempfängers sowie von dem jeweiligen Entscheidungskontext, in welchem die Information verwendet wird.[559] Aus Sicht des Kommunikationsmodells handelt es sich somit um eine Anforderung der Pragmatik-Ebene.[560] Relevanz kann damit dem höchsten Anforderungsniveau zugewiesen werden, da Addressaten- und Kontextbezogenheit berücksichtigt werden müssen. Aufgrund der Zielsetzung der Entscheidungsnützlichkeit entsteht darüber hinaus die Forderung der Zukunftsbezogenheit.[561]

Durch die Adressatenbezogenheit entsteht das Problem, dass manche vom Sender übermittelte Nachrichten je nach Vorwissen für einen Empfänger informativ sind und für einen anderen Empfänger nicht. Aus dem Kontextbezug ergibt sich dieses Problem erneut, da allein aufgrund unterschiedlicher Entscheidungsmodelle nicht jede Nachricht für jeden Entscheidungskontext von Bedeutung ist. Der Umstand, dass mit der Neuformulierung des Adressatenkreises nun sowohl Eigen- als auch Fremdkapitalgeber angesprochen werden, vergrößert dieses Problem, da zwischen diesen zwei Gruppen fundamental unterschiedliche Entscheidungskontexte bestehen.[562]

---

558 Vgl. *Pellens/Fülbier/Gassen* (2006), S. 108. In den IAS ist die Relevanz im Framework als eine der „Qualitative Characteristics“ aufgeführt, vgl. hierzu F.26.

559 Vgl. sehr kritisch auch *Kahle* (2002b), S. 101.

560 Die pragmatische Informationssicht beinhaltet sowohl Adressaten- und Kontextbezogenheit, vgl. Abschnitt 3.2.1.

561 Dabei ist zu berücksichtigen, dass auch vergangenheitsorientierte Daten Informationen über die Zukunft vermitteln können, vgl. hierzu bspw. das Kriterium des Feedback Values zur Bestätigung von Einschätzungen über Potenzial und Leistungsvermögen von Management und Unternehmung. Diese Interpretation unterliegt allerdings diversen Annahmen, vgl. *Kahle* (2002b), S. 101.

562 Während Eigenkapitalgeber nur am Erfolg partizipieren, gilt dies für Fremdkapitalgeber mit ihren Festbetragsansprüchen gerade nicht; dementsprechend ist das Zukunftsinteresse der Fremdkapitalgeber nur auf die Frage der fortgeführten Existenz und der Kapitaldienstfähigkeit und dnicht auf den Unternehmenswert gerichtet.

Die Rechnungslegung steht damit vor dem Problem, einen Maßstab für Relevanz finden zu müssen, da sie an den anonymen Anwender adressiert ist und daher der Adressatenbezug nur durch eine Hypothesenbildung über die Informationsinteressen einmalig im Rahmen des Prozesses des Standard Settings berücksichtigt werden kann.[563] In dem Bemühen, aufgrund zu hoch angesetzter Erwartungen an die Anwender keine relevanten Informationen „aus Versehen" auszuschließen, kann eine Erklärung für den Trend der internationalen Rechnungslegung zu einem immer größeren Informationsumfang gesehen werden,[564] was auch durch die Arbeiten von *Demski* und *Marshall* gestützt wird, nach denen ein System mit mehr Informationen einem System mit weniger Informationen vorgezogen wird.[565] Dennoch ist keine uneingeschränkte Veröffentlichung aller möglichen, also auch spezifischen internen Informationen vorgesehen, da dies allein wegen der Beschaffungs- und Analysekosten nicht optimal wäre; als ein Instrument der Eindämmung ist hier der Wesentlichkeitsgrundsatz zu sehen.[566]

Die Abstimmung zwischen Informationsangebot seitens der Unternehmen und Informationsnachfrage seitens der Kapitalmarktteilnehmer kann noch weiter differenziert werden, indem die teilweise bestehende Irrationalität der Kapitalmarktteilnehmer in die Betrachtung einbezogen wird: Die Anwender fragen ggf. nicht alle Informationen nach, welche sie im Rahmen ihres Entscheidungsmodells benötigen, und gleichzeitig werden nicht benötigte Informationen abgerufen.[567] Die Situation lässt sich daher mit dem aus dem Controlling bekannten Informations-Misfit wie in Abb. 3-13 darstellen.

---

563 Unterschiede in den Informationsinteressen der verschiedenen Adressaten sieht auch *Lange* (1998), S. 83.

564 Allerdings weisst SFAC 2 bereits auf die Gefahr eines Information Overflow hin.

565 Vgl. *Lange* (1998), S. 75: Die Arbeiten von *Demski* und *Marshall* implizieren, daß mehr Information stets weniger Information vorgezogen wird, vgl. *Demski* (1973); *Marshall* (1972). Dagegen sprechen allerdings die Erkenntnisse von *Hirshleifer* (1971) und *Marshall* (1974).

566 Vgl. *Pellens/Fülbier/Gassen* (2006), S. 108. Vgl. zum damit verbundenen Feinheitstheorem *Wagenhofer/Ewert* (2002), S. 70 f.

567 Im Zusammenhang mit der Frage der Vorteilhaftigkeit der Informationsbeschaffung und Informationsverarbeitung unter Kosten und Unsicherheit bei gleichzeitiger Möglichkeit der Orientierung am Markt wird das sog. Informationsablehnungstheorem diskutiert, nach dem angebotene Informationen trotz ihrer Entscheidungsnützlichkeit nicht nachgefragt werden, vgl. dazu *Wagenhofer/Ewert* (2002), S. 86 f.

Eine Überwindung des Problems scheint nur durch eine Individualisierung der Informationsvermittlung möglich zu sein.[568]

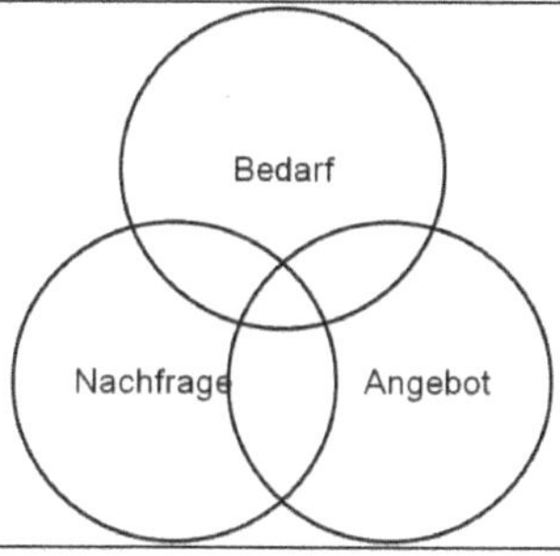

Abb. 3-13: Informationsbedarf, -nachfrage und –angebot

Quelle: *Horváth* (2009a), S. 311; *Stelling* (2003); *Schierenbeck/Lister* (2002), S 68.

Das IAS Framework diskutiert die Relevanz im Abschnitt F.26 – F.30 und ordnet die Relevanz zwei unterschiedlichen Herkunftsmöglichkeiten zu, der Relevanz aus der „Natur der Sache“ und, bei fehlender direkter Relevanz der Wesentlichkeit. Der Ansatz, die Relevanz dadurch zu erklären, dass eine Nachricht dem Adressaten bei der Beurteilung vergangener, derzeitiger oder zukünftiger Ereignisse hilft oder Entscheidungen der Vergangenheit bestätigt oder korrigiert, führt bereits etwas weiter. In SFAC 2 hat das FASB die Relevanz durch Sekundärmerkmale stärker konkretisiert, indem es der Relevanz einen Vorhersagewert (predictive value) und einen Bestätigungswert (feedback value) zugeordnet hat.[569] Ergänzend tritt die Rechtzeitigkeit (timeliness) der Informationsvermittlung hinzu, die vom FASB als Element der Relevanz verstanden wird.[570]

---

[568] Als Ansatz hierfür können die Investor Relations gesehen werden, die neben den anonymen Rechenwerken auch persönliche Kontakte zu Kapitalmarktteilnehmern vorsehen. Daneben sind aber auch technische Systeme vorstellbar, die eine individuelle Datenbereitstellung ermöglichen.

[569] *Schneider* verneint eine Prognosekraft des Abschlusses, vgl. *Schneider* (1983), S. 144.

[570] Vgl. SFAC 2.33 (1980); *Schmidt* (2000), S. 134.

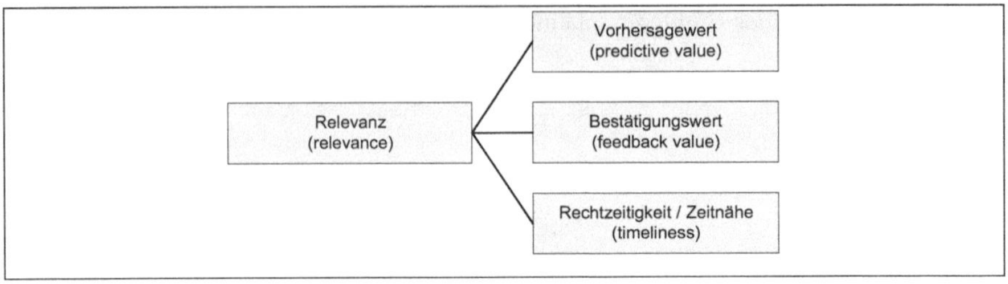

Abb. 3-14: Eigenschaften einer relevanten Information
Quelle: eigene Darstellung

Eine konkretere Aussage über die pragmatische Bedeutung des Relevanzbegriffs findet sich in den IFRS zwar nicht im Framework aber mit den Ausführungen von IAS 16 zum Tausch an anderer Stelle. Bei der Bestimmung der Anschaffungskosten für einen Vermögenswert, den man aus einem Tauschgeschäft erhält, muss bei einem „wirtschaftlich gehaltvollen" Geschäft der Fair Value bestimmt werden. Wirtschaftlich gehaltvoll ist ein Geschäft dann, wenn sich a) die Höhe der Cash Flows, b) die zeitliche Struktur der Cash Flows oder/und c) die Sicherheit der Cash Flows ändert.[571] Diese Parameter des wirtschaftlichen Gehalts einer Transaktion sind für die Investoren interessant, da sie diese Informationen in ihrem Unternehmensbewertungsmodell direkt verwenden können.

Damit erfolgt eine Konkretisierung unter ausdrücklicher Bezugnahme auf die Verwendung der Rechnungslegungsinformationen der Nutzer. Relevant sind solche Informationen, welche die Einschätzung des Unternehmenswerts ändern oder bestätigen. Folgt man der Annahme der Fundamentalbewertung, dass die Aktienkurse zumindest im Zeitablauf dem inneren Wert folgen, so sind Informationen relevant, die als Berechnungsparameter in ein Unternehmensbewertungsmodell eingehen. Die Rechnungslegung dient also als Quelle von Informationen, aus denen die eigentlich interessanten und damit relevanten Größen – die zukünftigen Zahlungsströme – abgeleitet werden müssen.[572]

Bevor auf die Ableitung von einzelnen Informationsinteressen aus den verschiedenen Bewertungsmodellen eingegangen wird, muss jedoch noch auf ein grundlegendes

571 Vgl. IAS 16.25 (2008) zur Verständnis der wirtschaftlichen Substanz einer Transaktion.

572 Vgl. *Zimmermann/Prokop* (2003), S. 134.

Problem der Informationsfunktion des Abschlusses eingegangen werden. Sollen zukünftige Entwicklungen auf Basis vergangener Ereignisse prognostiziert werden, so kann dies nur unter der Annahme eines Zusammenhangs zwischen Vergangenheit und Zukunft geschehen, da ansonsten die Werte der Rechnungslegung keine Prognosekraft besäßen.[573] Die Aussagekraft bzgl. der zukünftigen Entwicklung wird von etlichen Vertretern der Rechnungslegungsprofession äußerst kritisch wenn nicht sogar negierend gesehen; so spricht *Moxter* von einem „Extrapolationsmythos"[574], und *Schneider* äußert sich dahingehend, dass es „schon aus wissenschaftslogischen Gründen keine Informationsfunktion des Jahresabschlusses [gibt], wenn damit entscheidungsrelevantes, zukunftsbezogenes Wissen, also die Prognosekraft irgendwelcher Zahlen gemeint ist."[575] Auch *Kahle* führt an, dass sich zukünftige Ergebnisse aus vergangenen Ereignissen nur unter der Annahme relativ stabiler Umweltverhältnisse im Sinne einer Indikatorfunktion ableiten lassen, bei realisitischer Betrachtung der dynamischen Umweltbedingungen kann hiervon jedoch nicht ausgegangen werden und es erfolgt insofern eine Irreführung der Adressaten, da ihre Annahmen über die Wiederholungswahrscheinlichkeit unzutreffend sind.[576]

Als Lösung für dieses prinzipielle Problem schlug *Moxter* bereits 1966 vor, die Entscheidungsunterstützungsfunktion statt durch die Bilanz und die Gewinn- und Verlustrechnung – was ohnehin unmöglich scheint – mit einem finanzplanorientierten Tableau zu erfüllen.[577] Das vertikal in zehn Klassen von Zahlungen aufgegliederte Tableau zeigt den Anwendern die zeitliche und sachliche Aufgliederung der künftigen Ein- und

---

[573] An einer solchen Verbindung bestehen erhebliche Zweifel, so stellen bspw. *Neuhaus/Minx* fest: „Entscheidend ist jedoch, dass in kaum einem Umweltsektor eine bisherige Kontinuität den zwingenden Schluss auf ihre Fortsetzung in der Zukunft erlaubt." *Neuhaus/Minx* (2009), S. 231.

[574] *Moxter* (2000), S. 2147.

[575] *Schneider* (1983), S. 144.

[576] Vgl. Kahle (2002b), S. 101.

[577] Vgl. *Moxter* (1966), S. 51-57; *Ballwieser* (1996b), S. 16.

Auszahlungen.[578] Das Konzept ist jedoch nicht in der Lage, einen Periodenerfolg zu ermitteln.[579]

Der generellen Kritik der Unmöglichkeit einer Vorhersageentwicklung aus der Vergangenheit heraus sieht sich jedes Instrument im Rechnungswesen ausgesetzt, denn letztendlich können aufgrund fehlender Kenntnisse über die Zukunft immer nur Informationen verwendet werden, die den Erfahrungen aus der Vergangenheit entstammen. Da Entscheidungen sich aber immer auf die Zukunft beziehen, besteht damit ein systematisches Dilemma. Um einen Entscheidungsprozess ausführen zu können, müssen sich die Entscheider somit auf unsichere Informationen und Annahmen stützen, dieses Umstandes sollten sie sich jedoch immer bewusst sein.[580]

3.2.4.2 Relevante Informationen aus Perspektive der DCF-Verfahren

Geht man von der Verwendung eines DCF-Modells als wesentlichem Bestandteil des Entscheidungsmodells der Kapitalmarktteilnehmer aus, so finden sich hier verschiedene Parameter, die als Informationsinput bereitgestellt werden müssen.[581] Als wesentliche Gruppen sind

- die Cash Flows,
- der Diskontierungssatz,
- das Risiko, sofern es nicht in Cash Flows und Diskontierungssatz enthalten ist, und
- die Wachstumsrate

zu nennen. Bei genauerer Betrachtung ergibt sich für die Cash Flows die Frage nach der Höhe, dem Zeitpunkt und der Sicherheit des Eintritts. Da die Cash Flows für den

---

578 Die Gruppen, nach denen das Tableau unterteilt werden soll, sind Eigentümer, Arbeitnehmer, Management, Geldgläubiger, Lieferanten als Warengläubiger, Staat, Kunden, Beteiligungsunternehmen und Mitgliedschaftsrechte, Dienstleistungen u.ä., Geldschuldner und liquide Mittel, vgl. *Moxter* (1966), S. 51 ff.

579 Vgl. *Lange* (1998), S. 72.

580 Die Verbesserung der Vorhersagefähigkeiten wäre ein wünschenswertes Ergebnis weiterer Forschung, das allerdings bislang nicht zu beobachten ist, vgl. *Neuhaus/Minx* (2009), S. 230.

581 Zur Abhängigkeit der Information vom Entscheidungsmodell vgl. *Wagenhofer/Ewert* (2002, S. 56.

betrieblichen Bereich diskontiert werden, findet man für den Bereich des nicht betriebsnotwendigen Vermögens den Veräußerungswert als Bewertungsansatz.[582]

Aus dem ursprünglichen Interesse – der Kenntnis des Marktwerts des Eigenkapitals – lassen sich bei Unterstellung eines bestimmten Bewertungsmodells jene Informationen direkt ableiten, die als relevant einzustufen sind. Die Herleitung, welche Informationen aus Sicht des DCF-Bewertungsmodells relevant sind und daher in der Rechnungslegung berücksichtigt werden sollten, fasst die folgende Abb. 3-15 zusammen.[583]

582 Vgl. zur Vorgehensweise der Unternehmensbewertung mit dem WACC-Verfahren Kapitel 2.3.3.2. Eine mehrfache Berücksichtigung des Risikos muss vermieden werden.

583 Das Merkmal der Rechtzeitigkeit (timeliness) ist jedoch aus dem Bewertungsmodell selbst nicht abzulesen; es ergibt sich durch die Hinzufügung der zeitlichen Dimension des Entscheidungsprozesses. Nachrichten, die bis zum Moment der Entscheidungsfindung nicht zur Verfügung stehen, werden nicht berücksichtigt und sind daher für diese Entscheidung irrelevant, vgl. *Lillie* (2006), S. 3.1.

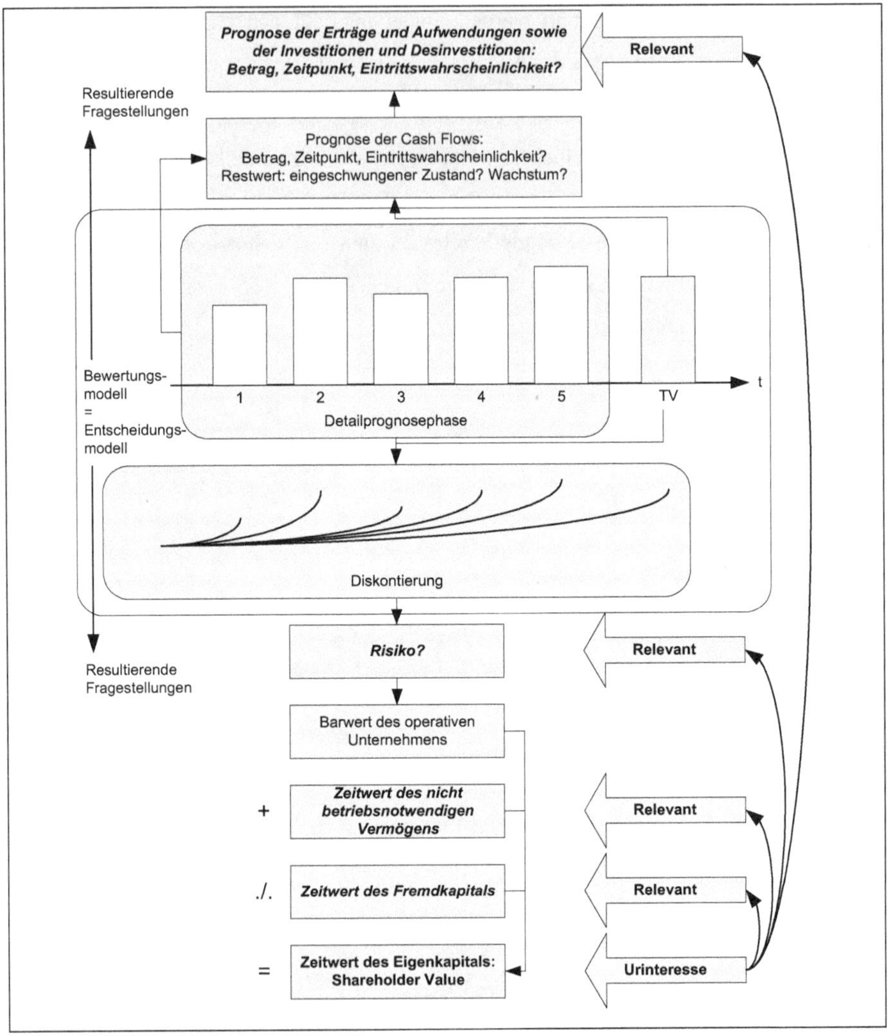

Abb. 3-15: Ableitung der Relevanz aus dem DCF-Modell

Quelle: eigene Darstellung

Im Rahmen der Entwicklung eines neuen, gemeinsamen Rahmenkonzepts haben FASB und IASB diesen Weg eingeschlagen und legen mit dem Entwurf eines gemeinsamen Rahmenkonzepts[584] eine deutlich konkretere Auffassung der Relevanz vor:

584 Vgl. ED Framework (2008).

"An entity's capital providers are directly interested in the amount, timing and uncertainty of cash flows from dividends, interest, and the sale, redemption or maturity of securities or loans."[585]

Mit der Annahme, dass die Kapitalmarktteilnehmer als Anwender der Rechnungslegung einer Fundamentalorientierung folgen und den inneren Wert des Unternehmens als zumindest mittelfristige Konvergenzgröße des Marktwerts mithilfe eines DCF-Verfahrens ermitteln, wird daher dem Bewertungsmodell die Bedeutung eines Entscheidungsmodells zugewiesen. Aus dem Entscheidungsmodell lassen sich wiederum eben jene Daten ableiten, die als Modellinput entscheidungsnützliche Informationen darstellen.[586]

Allerdings kann nicht davon ausgegangen werden, dass alle Marktteilnehmer die DCF-Methode anwenden. Relevant könnten also auch Inputgrößen anderer Bewertungsmodelle – insbesondere der Multiplikatorverfahren und der Residualgewinnmodelle – sein, die daher in der Folge auf ihre Eigenschaft untersucht werden sollen, als Quelle für die Identifikation relevanter Sachverhalte zu dienen.

3.2.4.3 Relevante Informationen aus Perspektive der Multiplikator-Verfahren

Wenn auch stark vereinfacht, so zählen die Multiplikatorverfahren doch auch zu den Verfahren der Fundamentalanalyse, da sie den Wert auf Basis von Unternehmensdaten ermitteln. Daher ist mit einer Unternehmensanalyse zu beginnen, deren Ziel es ist, dem Bewerter „ein sehr gutes Verständnis vom zu bewertenden Unternehmen"[587] zu verschaffen. Dabei bilden Kenntnisse über Branchenzuordnung, Wettbewerbsposition, Wachstumserwartungen, Margenentwicklung und Kapitalstruktur den Kern der benötigten Informationen ab, da sie benötigt werden, um in einem späteren Schritt die passenden Referenzgrößen bestimmen zu können. Für die Ermittlung der Bezugsgröße, auf deren Basis die Bewertung erfolgen soll, sind die entsprechenden finanziellen Da-

585 ED Framework (2008), OB10 Satz 1.

586 Vgl. auch *Wagenhofer/Ewert* (2007), S. 66 f.

587 *Löhnert/Böckmann* (2009), S. 575.

ten der Unternehmung zu erheben und für den Zweck der Normalisierung zu analysieren, da einmalige Effekte eine Bewertung verfälschen würden.[588]

Der aus einem Multiplikatorverfahren resultierende Informationsbedarf lässt sich also den Modellkomponenten entsprechend Abb. 3-16 zuordnen:[589]

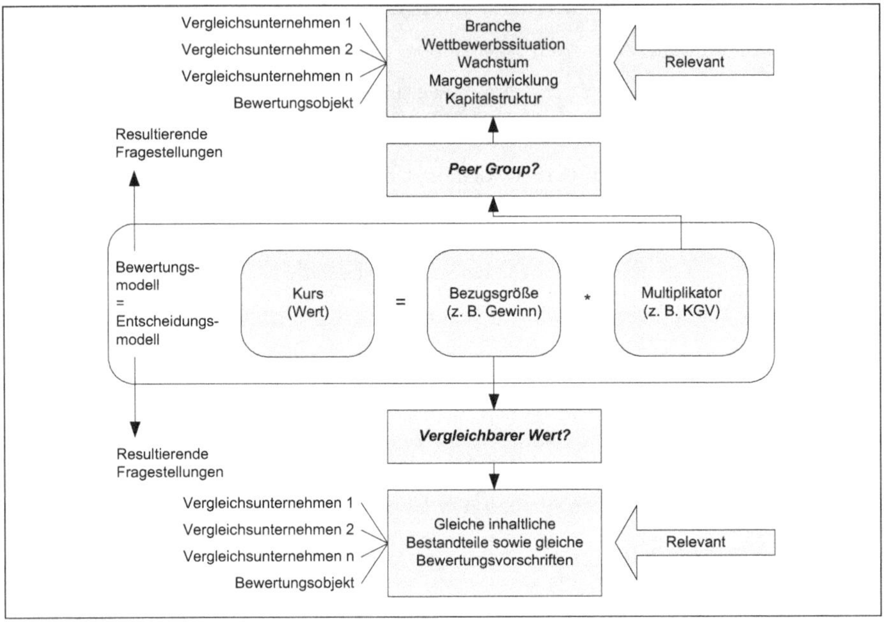

Abb. 3-16: Zusammenhang zwischen Modellkomponente und Informationsbedarf bei Multiplikatorverfahren

Quelle: eigene Darstellung

Im Rahmen der Anwendung eines Multiplikatorverfahrens sind die Angaben nur eines Abschlusses irrelevant, da die Methode erst aus dem Vergleich mehrerer Werte die Informationen von Interesse erzeugt.[590] Von zentraler Bedeutung für die Anwendung der Multiplikatormethode ist daher das Vorhandensein äquivalenter Informationen in allen Unternehmensabschlüssen, die für eine Peer Group Bildung in Frage kommen.[591]

---

588 Die Normalisierung ist nicht nur für das Bewertungsobjekt sondern auch für alle Vergleichsobjekte vorzunehmen.

589 Vgl. auch *Schmidbauer* (2004), S. 150 f.

590 Vgl. *Coenenberg/Schultze* (2002b), S. 697.

591 Vgl. *Coenenberg/Schultze* (2002b), S. 698.

Unter Äquivalenz ist hierbei einerseits eine einheitliche Struktur der Informationen zu verstehen (Syntax),[592] andererseits der gleiche Bedeutungsgehalt der einzelnen Positionen (Semantik). Diese Anforderungen sind im Framework sowohl in der alten als auch in der vorgeschlagenen neuen Fassung als Grundsatz der Vergleichbarkeit enthalten.[593]

In dem hier erörterten Zusammenhang stellt die Vergleichbarkeit jedoch kein Prinzip neben der Relevanz oder zweiter Ordnung dar; erst durch die Vergleichbarkeit wird die Relevanz der zur Verfügung gestellten Informationen erzeugt. Die Vergleichbarkeit ist also als ein notwendiges Merkmal und als Unterprinzip der Relevanz zu verstehen.

Die für die Ermittlung der Bezugsgröße erforderlichen Informationen entstammen regelmäßig den quantitativen Angaben der Abschlüsse der Unternehmen. In Abb. 3-17 sind häufig verwendete Bezugsgrößen für Multiplikatoren zusammengefasst:[594]

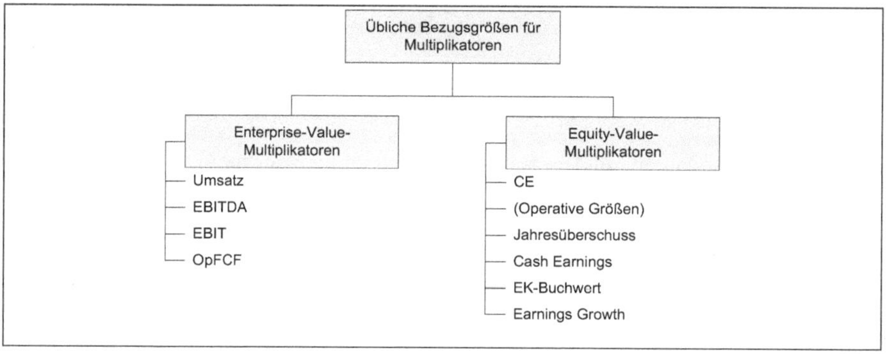

Abb. 3-17: Übliche Bezugsgrößen

Quelle: geringfügig angepasst nach *Löhnert/Böckmann* (2009), S. 577

Aus den Abschlüssen sollten daher entweder die üblichen Bezugsgrößen für die Multiplikatoren selbst hervorgehen oder zumindest die für ihre Ermittlung benötigten Da-

592 Die Standardisierung betrifft dabei sowohl die definitorische Abgrenzung als auch die Bewertung; so muss sichergestellt sein, dass bspw. für das KGV bzw. PER der Gewinn bei allen Unternehmen die gleichen Aufwendungen und Erträge enthält sowie die Bewertung der Aufwendungen und Erträge bei den einzelnen Abschlüssen den gleichen Vorgehensweisen folgt.

593 Vgl. *Pellens/Fülbier/Gassen* (2006), S. 110; *Lorson/Gattung* (2008), S. 557.

594 Vgl. auch *Coenenberg/Schultze* (2002b), S. 701 zu einer Liste typischer Multiplikatoren.

ten. Problematisch wird dies insbesondere bei Multiplikatoren, die sich auf operative Größen beziehen, als Beispiel seien hier nur die „per click"- oder „per view"-Multiplikatoren für Unternehmen der New Economy genannt.[595] Bei diesen Bezugsgrößen handelt es sich um branchenspezifische Maße, die sich einer generellen Erfassung durch allgemeingültige Rechnungslegungsregeln entziehen. Durch die Multiplikatorverfahren wird somit die Frage nach branchenspezifischen Standards aufgeworfen.[596]

3.2.4.4 Relevante Informationen aus Perspektive der Übergewinnverfahren

Anders als bei den DCF-Verfahren werden bei den Übergewinnverfahren die aus der Rechnungslegung gewonnenen Größen zur Berechnung des Unternehmenswerts verwendet.[597] DCF- und Übergewinnverfahren kommen bei theoretisch konsistenter Anwendung zum gleichen Ergebnis.[598] Die Gültigkeit des Lücke-Theorems ist jedoch nur bei Einhaltung des Kongruenzprinzips gegeben; das bedeutet, dass die Rechnungslegungsdaten insgesamt nur dann Relevanz besitzen, wenn sie für die Übergewinnmethode verwendet werden können.[599]

Das zur Kommunikation mit dem Kapitalmarkt gewählte bzw. verwendete Rechnungslegungssystem ist daher darauf zu überprüfen, inwiefern es diese modelltheoretische Anforderung erfüllt. Dabei ist zu beachten, dass im Bewertungszeitpunkt alle in der Vergangenheit liegenden Geschäftsvorfälle bereits im Eigenkapital erfasst sind, unabhängig davon, ob sie direkt oder über die Gewinn- und Verlustrechnung den Rücklagen zugeführt worden sind. Für die Konsistenz des Bewertungsmodells ist es somit lediglich von Bedeutung, dass für alle in die Bewertung eingehenden zukünftigen Perioden die Clean Surplus Relation gilt.[600]

---

595 Vgl. auch *Becker* (2001), S. 186; *Behr/Caliz* (2001), S. 1144 f.

596 Während die IFRS Branchenstandards ablehnen, sind in den US GAAP verschiedene branchenspezische Regelungen zu finden.

597 Vgl. zu einem Vergleich von DCF-Verfahren und der Residualgewinnmethode *Prokop* (2004).

598 Vgl. *Prokop* (2004), S. 188.

599 Vgl. *Zimmermann/Prokop* (2002), S. 273.

600 Vgl. *Zimmermann/Prokop* (2003), S. 136.

Die Einhaltung des Clean Surplus Accounting ist indes nicht unumstritten;[601] die Vertreter der Gegenposition – dem sog. Dirty Surplus Accounting – begründen ihren Standpunkt mit einem höheren Prognosewert des Gewinns, wenn einzeln auftretende Erfolgsbestandteile nicht über die Gewinn- und Verlustrechnung in das Eigenkapital eingehen und die Erfolge somit eine Glättung erfahren.[602] Den zwei Standpunkten können dementsprechend zwei unterschiedliche Erfolgskonzeptionen zugeordnet werden: Während das Clean Surplus Accounting alle Eigenkapitaländerungen als Erfolg interpretiert und es sich um eine „all inclusive performance" handelt, folgt das Dirty Surplus Accounting einer Trennung der Erfolgsbestandteile nach dem Grad der Prognosetauglichkeit und verfolgt insofern ein Konzept der „current operating performance".[603]

Mit dem verbundenen Erfolgskonzept einhergehend lassen sich auch Vermutungen über die Grundtendenz des Rechnungslegungssystems bilden. Da im Rahmen eines Clean Surplus Accounting jeder Bewertungsvorgang erfolgswirksam ist, liegt es nahe, eine gewisse Vorsicht bei Bewertungen zugrunde zu legen, um nicht den Ausweis ungerechtfertigter Erfolge zu bewirken. Bei dem Dirty Surplus Accounting besteht indes kein Grund zu besonderer Vorsicht, da im Falle eine unsicher wirkenden Bewertung die bilanzielle Erfassung erfolgsneutral gestaltet werden kann. Es liegt daher die Vermutung nahe, dass Rechnungslegungssysteme, die tendenziell dem Clean Surplus Accounting folgen, auch eher als konservativ einzustufen sind.[604]

Die bestehenden und hier betrachteten Rechnungslegungssysteme stellen einen Kompromiss zwischen den zwei vorgestellten Extremen dar. Keines der Systeme befolgt das Kongruenzprinzip ohne Einschränkung. Während das HGB in nur sehr geringem Umfang ein Dirty Surplus Accounting ermöglicht,[605] wurde in den US GAAP und den

---

601 Die Diskussion um Clean und Dirty Surplus Accounting ist stark anglo-amerikanisch geprägt, vgl. hierzu *Schildbach* (1999), S. 1813.

602 Vgl. *Zimmermann/Prokop* (2003), S. 136.

603 Vgl. *Kiger/Williams* (1977), S. 63; *Zimmermann/Prokop* (2003), S. 136.

604 Diese Tendenz wird bei Zurechnung einer Zahlungsbemessungsfunktion noch verstärkt, wie es im deutschen Bilanzrecht der Fall ist.

605 Die wesentlichste Durchbrechung des Kongruenzprinzips bestand in dem Wahlrecht nach HGB § 309 Abs. 1 Satz 3, im Konzernabschluss einen aus einem Unternehmenserwerb entstandenen Geschäftswert mit den Rücklagen zu verrechnen. Dieses Wahlrecht wurde im Zeitraum von

IFRS mit dem „other comprehensive income“ ein Instrumentarium eingerichtet, das eine Zuführung zum Eigenkapital ermöglicht, ohne diese als Erfolg zu bezeichnen. Tab. 3-2 führt die einzelnen Verletzungen des Clean Surplus Accounting in den betrachteten Rechnungslegungssystemen auf. Die oben formulierte Annahme, dass bei einer Bilanzierung nach dem Clean Surplus Accounting eine eher konservative, also vorsichtigere Bilanzierung erfolgt, wird durch die Ausprägungen des HGB unterstützt. Ebenfalls scheinen die Gestaltungen des IASB und FASB einen Zusammenhang zwischen Dirty Surplus Accounting und nicht-konservativer Rechnungslegung zu belegen.[606]

1987 bis 1994 in ca. 2/3 aller Fälle in Anspruch genommen, vgl. *Zimmermann/Prokop* (2003), S. 137. Durch DRS 4.37/38 wurde dieses Wahlrecht im Jahr 2000 jedoch aufgehoben.

606 Von einem empirischen Beleg kann indes bei einer derart kleinen Grundgesamtheit nicht gesprochen werden.

	IFRS	US GAAP	HGB/GoB
Währungsumrechnung ausländischer Tochtergesellschaften	Erfolgsneutrale Behandlung der Umrechnungsdifferenzen bei Anwendung der Stichtagskursmethode	Erfolgsneutrale Behandlung der Umrechnungsdifferenzen bei Anwendung der Stichtagskursmethode	Erfolgsneutrale Behandlung der Umrechnungsdifferenzen bei Anwendung der Stichtagskursmethode
Bilanzierung des Goodwill			Bis 2000: Wahlrecht zur Verrechnung des Goodwill mit dem Eigenkapital (HGB § 309 Abs. 1 Satz 3), jedoch aufgehoben durch DRS 4.37/38
Bewertung von Sachanlagen	Methodenwahlrecht zur Folgebilanzierung: erfolgsneutrale Neubewertung (IAS 16)		
Bewertung von selbst erstellten Immobilien als Finanzinvestition	Erfolgsneutrale Neubewertung bei Übergang von IAS 16 zu IAS 40		
Bewertung von immateriellen Vermögenswerten	Methodenwahlrecht zur Folgebilanzierung: erfolgsneutrale Neubewertung[607] (IAS 38)		
Bewertung von Explorationskosten	Methodenwahlrecht zur Folgebilanzierung: erfolgsneutrale Neubewertung (IFRS 6)		
Bewertung von Wertpapieren	Teilweise Methodenwahlrecht zur Folgebilanzierung: erfolgswirksame oder erfolgsneutrale Neubewertung (IAS 39)		
Pension Accounting	Methodenwahlrechte zur Bewertung (IAS 19)		
Berichtigung von Fehlern	(IAS 8.42)		
Bilanzierung bei Methodenänderungen	(IAS 8.22)		

Tab. 3-2: Durchbrechungen des Kongruenzprinzips bei IFRS, US GAAP und HGB/GoB

Quelle: ergänzt und aktualisiert, in Anlehnung an *Zimmermann/Prokop* (2003), S. 137

607 Die Anwendung der Neubewertungsmethode bei immateriellen Vermögenswerten setzt das Vorhandensein eines aktiven Marktes voraus, vgl. IAS 38.81. IAS 38.78 stellt aber fest, dass aktive Märkte für immaterielle Vermögenswerte nur im Ausnahmefall existieren, so dass die Neubewertungsmethode weniger als gleichrangiges Wahlrecht sondern eher als Ausnahmemöglichkeit verstanden werden kann.

Wie empirische Studien zeigen, findet bspw. die nach IAS 16 und IAS 38 eingeräumte Möglichkeit zur erfolgsneutralen Neubewertung allerdings nur wenig Anwendung: So hat in Deutschland keines der 100 untersuchten Unternehmen[608] die Neubewertungsmethode gem. IAS 38 für immaterielle Vermögenswerte angewendet,[609] die Neubewertungsmethode gem. IAS 16 wurde lediglich von einem der untersuchten 100 Unternehmen verwendet.[610]

Fraglich ist daher, welchen Einfluss die durch die Normen ermöglichten Durchbrechungen des Kongruenzprinzips auf den Erfolgsausweis haben und wie sich eventuelle Abweichungen auf die Verwendung der Informationen im Rahmen der Unternehmensbewertung auswirken.

Für den US-amerikanischen Kapitalmarkt haben *Lo/Lys* gezeigt, dass für die Jahre 1962 bis 1997 der Dirty Surplus – definiert als Differenz zwischen Comprehensive Income und Net Income – im Durchschnitt über 15% des Comprehensive Income aufweist.[611] Für die weiteren Ergebnismaße gem. US GAAP, mit denen regelmäßig in Übergewinnmodellen gearbeitet wird,[612] Income Before Extraordinary Items und Income Before Extraordinary and Special Items, liegt der prozentuale Anteil mit ca. 22% bzw. 29% sogar noch höher.[613]

Zimmermann/Prokop haben für den deutschen Kapitalmarkt[614] für den Zeitraum von 1990 bis 2000 eine entsprechende Untersuchung angestellt.[615] Das Ergebnis zeigt

---

608 In der Untersuchung von KPMG unter der Leitung von *von Keitz* wurden für die Jahre 2001 – 2003 Abschlüsse von 100 Unternehmen aus dem Kreis der in DAX, MDAX, SMAX oder im Neuen Markt gelisteten Unternehmen, die bereits 2001 nach IAS bilanzierten, untersucht, zur genauen Zusammensetzung vgl. *von Keitz* (2005), S. 10 – 12.

609 Vgl. *von Keitz* (2005), S. 43.

610 Vgl. *von Keitz* (2005), S. 59; dabei wurden auch nur Vermögenswerte der Gruppe der Grundstücke neubewertet.

611 Das Comprehensive Income ist dabei definiert als die Änderung in den Gewinnrücklagen abzgl. Dividenden auf Stamm- und Vorzugsaktien, vgl. *Lo/Lys* (2000), S. 44.

612 Vgl. z.B. *Dechow/Hutton/Sloan* (1998); *Myers* (1999); *Zimmermann/Prokop* (2003), S. 138.

613 Vgl. *Lo/Lys* (2000), S. 44.

614 Untersucht wurden die Unternehmen des DAX 30 sowie des MDAX, vgl. *Zimmermann/Prokop* (2003), S. 138.

615 Aufgrund der Kritik an der Definition des Comprehensive Income bei *Lo/Lys* wurde in der Untersuchung für den deutschen Markt die Berechnung des Clean Surplus Gewinns enger an die Kongruenzbedingung gebunden, vgl. *Zimmermann/Prokop* (2003), S. 138.

ebenfalls signifikante Abweichungen vom Clean Plus Accounting, mit ca. 55% ist der mittlere Anteil des Dirty Surplus im Verhältnis zum Jahresüberschuss sogar deutlich größer als am US-amerikanischen Kapitalmarkt.[616] Dieses Ergebnis deutet darauf hin, dass die Rechnungslegung nach handelsrechtlichen Normen weiter von einem Clean Surplus Accounting entfernt ist als die internationale Rechnungslegung, und sie somit zu einer geringeren Eignung für Zwecke der Unternehmensbewertung mit einem Übergewinnmodell führt.[617]

Wird von einer generellen Eignung der von den Unternehmungen zur Verfügung gestellten Daten ausgegangen, so ergeben sich aus den Übergewinnmodellen und hier insbesondere aus dem EVA-Modell weitere Anforderungen an die Informationen und definieren damit die Relevanz der Rechnungslegung.[618] Die Berechnung des Economic Value Added (EVA) basiert zwar auf den Rechnungslegungsdaten, nimmt aber in der Folge eine Reihe von Anpassungen, den sog. Conversions vor. In Abhängigkeit vom zugrunde liegenden Rechnungslegungssystem kann es sich dabei um über 160 Korrekturmaßnahmen handeln. Die Anpassungen werden durchgeführt, um eine konservative Rechnungslegung an betriebswirtschaftliche Maßstäbe anzupassen.[619]

Will der Kapitalmarktteilnehmer im Rahmen seines Entscheidungsmodells den EVA-Ansatz verwenden, so ist er von der Zurverfügungstellung der Angaben abhängig, die er für die Durchführung der Anpassungsrechnungen benötigt. Durch die große Bedeutung der Conversions im Rahmen des Modells wächst den notwendigen Zusatzangaben eine entsprechende Relevanz zu.[620]

---

616 Der betrachtete Zeitraum (1990 – 2000) weist dabei keine einheitliche Entwicklung auf; Mitte der 90er Jahre konnte ein deutlicher Einbruch des Verhältnisses Dirty Surplus/Jahresüberschuss beobachtet werden, die Relation stieg dann wieder an. Es zeigt sich auch, dass die DAX 30 Unternehmen einen geringeren Dirty Surplus aufweisen als die Unternehmen des MDAX.

617 Vgl. *Zimmermann/Prokop* (2003), S. 141.

618 Zum EVA-Modell vgl. Abschnitt 4.3.2.3; *Behringer* (2000); *Crasselt/Schremper* (2000).

619 Vgl. auch *Götze/Glaser* (2000), S. 32.

620 Die Relevanz bezieht sich dabei auf den Informationsinhalt und nicht auf die Stellung einer Information im Rechnungslegungskontext; wird eine Regelung so geändert, dass nicht mehr wie bisher eine konservative Rechnungslegung umgesetzt wird, wird die Information von außerhalb der Bilanz/GuV in die Bilanz/GuV verschoben, relevant ist sie aber in beiden Fällen.

3.2.4.5 Zwischenergebnis: Relevanz aus Sicht der verschiedenen Kapitalmarktteilnehmertypen

Es lässt sich festhalten, dass sich aus Sicht der Kapitalmarktteilnehmer verschiedene Interessen bzgl. der Ausprägung der Relevanz ergeben.[621] Ein wesentlicher Unterschied in der Interessenlage lässt sich zwischen den Fremdkapitalgebern und allen anderen Gruppen ausmachen, da die Fremdkapitalgeber als einzige Gruppe Festbetragsansprüche besitzt und nicht an dem Unternehmenserfolg beteiligt ist außer in der Weise, dass erfolgreiche Unternehmen kapitaldienstfähig sind und nicht auf die second-best-Lösung der Liquidation zur Durchsetzung der eigenen Ansprüche zurückgegriffen werden muss.[622]

Fremdkapitalgeber haben daher ein starkes Interesse daran, Informationen darüber zu erhalten, ob a) der Kapitaldienst in Zukunft gewährleistet ist, und b) wie groß notfalls das Schuldendeckungspotenzial des Unternehmens ist. Das Schuldendeckungspotenzial ergibt sich aus den möglichen Veräußerungswerten der vorhandenen veräußerbaren Vermögenswerte, während sich die zukünftige Kapitaldienstfähigkeit aus der Höhe und der Sicherheit der zukünftigen Erträge ergibt. Nach dem Abzug der Kapitalkosten verbleibende Übergewinne sind dabei nicht von Interesse, insbesondere dann nicht, wenn ihre Einbeziehung zu einer Verringerung der Qualität der Aussage bzgl. der Normalgewinne geht.[623]

Institutionelle und private Anleger nutzen individuelle und aufgrund der verschieden ausgeprägten Professionalität unterschiedlich komplexe Entscheidungsmodelle. Die institutionellen Anleger dürften wegen ihrer größeren Informationsverarbeitungskapazität über die detaillierteren Bewertungsmodelle verfügen und müssten demnach auch mehr und detailliertere Informationen nachfragen. Privatanleger nutzen hingegen einfacherere Modelle mit weniger Inputvariablen, welche sie aus dem Abschluss möglichst direkt ablesen können wollen, während für die professionell agierenden Gruppen

---

621 Vgl. auch *Kürsten* (2000), S. 374 f.

622 Vgl. *Pellens/Fülbier/Gassen* (2006), S. 21.

623 Vgl. zu den Interessen bspw. *Pellens/Fülbier/Gassen* (2006), S. 105; Jenkins-Report (1994), Chapter 3: Objectives and Approaches of Users: Creditors; *Haller/Löffelmann/Etzel* (2009), S. 219.

eine direkte Nennung nicht erforderlich ist, solange die Information aus anderen Informationen rekonstruiert werden kann. Insbesondere für den Fall, dass zu einer aggregierten Information, die direkter Input eines Entscheidungsmodells ist, keine Detailinformationen zur Verfügung stehen, stellen sich die Interessen der Anleger als konfliktär dar: Die privaten Anleger wünschen die aggregierte Information, da sie diese direkt verwenden, die professionellen Kapitalmarktteilnehmer bevorzugen hingegen die disaggregierten Informationen, da sie sich selbst ein Bild der Lage machen und sich nicht auf die Einschätzung des Managements verlassen wollen.[624]

Grundsätzlich kann von einer ähnlichen Interessenlage der professionellen Kapitalmarktteilnehmer ausgegangen werden, hier also der institutionellen Anleger und der Analysten, da zwar unterschiedliche Entscheidungs-, jedoch ähnliche oder gleiche Bewertungsmodelle Verwendung finden und aufgrund der professionellen Beschäftigung ähnliche Annahmen bzgl. der Informationsverarbeitungskapazität und der Regelkenntnis angenommen werden können.[625]

Ein weiterer qualitativer Unterschied besteht zwischen den professionell und den nicht professionell agierenden Gruppen: Institutionelle Investoren und Analysten nutzen i.d.R. mehr Informationsquellen und sind daher nicht nur auf die Rechnungslegung als zwar primärem, aber nicht alleinigem Instrument der Investor Relations angewiesen. Durch den Erhalt von privaten Informationen im Rahmen anderer Veranstaltungen wie Analystenmeetings oder One-on-Ones erreichen diese Gruppen einen Informationsvorsprung vor den anderen Marktteilnehmern. Es könnte argumentiert werden, dass zwecks Wahrung dieser Informationsasymmetrie von den professionellen Gruppen eine weniger relevante Rechnungslegung gefordert wird um dadurch jene Gruppen

---

624 Dies gilt bereits ganz allgemein für den Unternehmenswert; die Einschätzung des inneren Werts durch das Management erfüllt für professionelle Kapitalmarktteilnehmer nur eine Indikationsfunktion, die Berechnung erfolgt aber anhand des eigenen Modells und benötigt daher die Modellvariablen als informatorischen Input. Ähnlich verhält es sich mit Angaben über immaterielle Werte.

625 Da Analysten keine eigenen Investitionsentscheidungen auf Basis der Kapitalmarktdaten treffen, handelt es sich bereits bzgl. der Zielsetzung um ein anderes Entscheidungsmodell als bei den institutionellen Investoren. Hinsichtlich der Frage nach der Regelkenntnis muss die Annahme weitreichender Kenntnisse allerdings als nicht unbedingt realistisch eingestuft werden.

strukturell zu benachteiligen, die stärker auf die Rechnungslegung als Informationsinstrument angewiesen sind.[626]

Allerdings ist dieser Argumentation zu erwidern, dass der Informationsvorsprung für sich genommen wertlos ist; wenn die anderen Marktteilnehmer niemals diese Information erhalten, werden sie sie auch nie in ihr Entscheidungsmodell einfließen lassen können mit der Folge, dass sich der Marktpreis, also der Aktienkurs nicht ändert. Vorteilhaft ist die Informationsasymmetrie also nur für die professionellen Gruppen in Hinblick auf einen zeitlichen Vorsprung, es ist also eine dynamische und nicht eine statische Betrachtungsweise. Als weiteres Argument gegen die Annahme, dass sich die professionellen Gruppen gegen eine sich an der Relevanz ausrichtende Rechnungslegung richten, ist der Mengenaspekt anzuführen. Im Rahmen ihrer Tätigkeit sind nicht einzelne Bewertungen vorzunehmen sondern im Gegensatz eine Vielzahl, um entweder die optimale Investitionsmöglichkeit zu finden oder um eine besondere Expertise bspw. für eine Branche zu entwickeln. Es muss also eine große Anzahl an Informationen verarbeitet werden, diese können nicht alle über persönliche Investor Relations Maßnahmen bezogen und dann manuell in die Bewertungsmodelle eingepflegt werden; die privaten Informationen stellen somit nur ein kleinen, wenn auch wichtigen Teil aller verarbeiteten Informationen dar. Somit müssen auch die professionellen Gruppen an der Verfügbarkeit relevanter Informationen interessiert sein, ggf. mit einem Abschlag bzgl. der Zeitnähe.

Die Ergebnisse fasst Tab. 3-3 zusammen.

---

626 Vgl. *Lange* (1998), S. 76.

Kapitalmarktteilnehmertyp	Generelles Interesse	Relevante Nachrichten
Institutionelle Anleger	Informationen für die Berechnung des Unternehmenswerts	Inputvariablen der verwendeten Bewertungsmodelle mit hohem Detaillierungsgrad
Privatanleger		Inputvariablen der verwendeten Bewertungsmodelle mit geringem Detaillierungsgrad
Finanzanalysten		Inputvariablen der verwendeten Bewertungsmodelle mit hohem Detaillierungsgrad
Fremdkapitalgeber	Informationen über Kapitaldienstfähigkeit und Schuldendeckungspotenzial	Veräußerungswerte des Vermögens, Insolvenzwahrscheinlichkeit

Tab. 3-3: Anforderungen der Kapitalmarktteilnehmertypen an die Relevanz

Quelle: eigene Darstellung

3.2.5 Verlässlichkeit und glaubwürdige Berichterstattung

3.2.5.1 Merkmalskonkurrenz von Verlässlichkeit und Relevanz

Die Verlässlichkeit der Rechnungslegung stellt das am stärksten mit der Relevanz konkurrierende Merkmal dar.[627] Im IAS Framework stellt es bisher eine weitere der vier qualitativen Eigenschaften dar, die Informationen erfüllen sollen. Bei einer Analyse der Standards IAS 1 – IAS 41 kann sogar fast die dreifache Anzahl von Nennungen gegenüber dem Relevanzbegriff verzeichnet werden,[628] obwohl sich eher die deutschen Rechnungslegungsgrundsätze durch Betonung des Gläubigerschutzprinzips und der daraus resultierenden vorsichtigen Bilanzierung und Bewertung der Verlässlichkeit als wesentlichem Merkmal zuwenden. Im Rahmen der internationalen Rechnungslegung und der damit verbundenen Forderung nach stärker zukunftsorientierten Informationen wurde demhingegen die Relevanz stärker betont.[629]

Die Konkurrenz zwischen den beiden zentralen Merkmalen der Relevanz und der Verlässlichkeit lässt sich bspw. an der Rückstellungsbildung verdeutlichen: Ein kurz vor dem Bilanzstichtag eintretender Schadensfall verursache potenzielle Schadenersatzan-

627 Vgl. zu dem Spannungsverhältnis ausführlich *Naumann* (2006).

628 Nennung "Relevant", "Relevance": 123 und Nennung "Reliable", "Reliablity": 342. Diese Zählung basiert auf der automatischen Durchsuchung eines PDF-Dokuments, das die IAS Standards 1 – 41 in der englischen Fassung enthält. Gesucht wurde nach den Begriffen „relevan" und „reliab".

629 Vgl. *Pellens/Fülbier/Gassen* (2006), S. 108.

sprüche in möglicherweise beträchtlicher Höhe. Eine möglichst zeitnahe Information über den Vorfall ist für die Kapitalmarktteilnehmer von Interesse, da sie sonst aufgrund eines Informationsdefizits evtl. bereit wären, einen unter Kenntnis des Vorfalls zu hohen Kaufpreis zu zahlen. Soll jedoch eine schnelle Berichterstatung erfolgen, um eine Informationsübermittlung noch rechtzeitig vor der Entscheidungsfindung des Adressaten zu ermöglichen, bleibt nicht genügend Zeit für eine ausführliche Bewertung des Sachverhalts;[630] die weitergegebene Information ist bzgl. ihres Wertes relativ ungenau. Bei Betonung der Verlässlichkeit würde zunächst eine ausführliche Prüfung und Bewertung des Vorfalls vorgenommen werden, ehe die Nachricht in die Rechnungslegung Eingang findet.

Insbesondere der Aspekt des Zeitablaufs erklärt die Merkmalskonkurrenz zwischen Relevanz und der Verlässlichkeit. Darüber hinaus kann ein Unterschied aber auch auf Basis des oben eingeführten Kommunikationsmodells festgestellt werden: Während die Relevanz in großem Maße wie im vorangegangenen Kapitel aufgezeigt adressaten- und kontextabhängig ist, ist das Merkmal der Verlässlichkeit unabhängig vom Anwender, da es sich ausschließlich auf Umstände innerhalb des Unternehmens bezieht. Damit erweist sich die Verlässlichkeit als ein nicht nur inhaltlich sondern auch strukturell wesentlich objektiveres Merkmal als die Relevanz.[631]

Die Verlässlichkeit – durch ihre Nähe zur Kontrollfunktion eng mit der Rechenschaftsfunktion verbunden – wird im IAS Framework durch verschiedene Sekundärprinzipien konkretisiert, dazu zählen die Glaubwürdige Darstellung, der Grundsatz der wirtschaftlichen Betrachtungsweise, die Neutralität, die Vollständigkeit und das Vorsichtsprinzip. Durch die Betonung der Entscheidungsnützlichkeit war bereits seit Beginn der IAS-Rechnungslegung eine Betonung des Relevanzkriteriums in dem System angelegt, das jedoch insbesondere mit der Einführung von IFRS 3 eine beachtliche Ausweitung erfahren hat. War bis dahin die generelle Voraussetzung für den Ansatz von Vermögenswerten die Erfüllung der zwei fundamentalen Ansatzkriterien „Überwiegende Wahrscheinlichkeit des Nutzenzuflusses" – das Kriterium der Relevanz ab-

[630] Vgl *Lillie* (2006), S. 3.1.

[631] Die bessere Zugänglichkeit zur Objektivierung hat möglicherweise auch dazu beigetragen, dass in der Literatur die mit der Verlässlichkeit verbundenen Grundsätze intensiver diskutiert werden, während die Relevanz relativ unscharf bleibt, so auch im IAS Framework.

bildend – und „Verlässliche Bewertung“ – Entsprechung des Kriteriums der Verlässlichkeit –, so wurde mit IFRS 3 der Ansatz von Vermögenswerten im Rahmen der Kaufpreisallokation ohne die Notwendigkeit eines Nachweises einer verlässlichen Bewertung in die Regelungssystematik der IFRS eingeführt; die Verlässlichkeit der Bewertung wird stattdessen einfach vorausgesetzt.[632]

3.2.5.2 Konkretisierung der glaubwürdigen Berichterstattung

Mit der Vorstellung des Entwurfs des gemeinsamen neuen Frameworks von FASB und IASB wird die eingeleitete Entwicklung fortgesetzt.[633] Wie in Abb. 3-12 auf Seite 144 dargestellt, entfällt das Kriterium der Verlässlichkeit gänzlich und wird auf der obersten Ebene durch das Kriterium der Faithful Representation ersetzt,[634] welches eine reale Existenz des dargestellten Phänomens und eine damit übereinstimmende Darstellung im Sinne der Korrespondenztheorie voraussetzt.[635] Eine Konkretisierung erfährt dieses Kriterium durch die Gebote der Neutralität, der Fehlerfreiheit und der Vollständigkeit.[636] *Lorson/Gattung* betonen demhingegen als zentrale Bestandteile einer Glaubwürdigen Berichterstattung die Objetkivität und die Unverzerrtheit.[637]

Unter Objektivität wird dabei eine möglichst weitgehende Ausschaltung von subjektiven Einflüssen verstanden, da eine vollständige Objektivität im Kontext von Geisteswissenschaften unmöglich ist. Bei der Interpretation des Begriffs haben sich unterschiedliche Auffassungen herausgebildet, die von einem Verständnis der Objektivität im Sinne einer Objektivierung und damit eher der Nachprüfbarkeit[638] bis hin zu dem Verständnis der Objektivität als Freiheit von verzerrenden Einflüssen und der Not-

---

632 Vgl. IAS 38.33.

633 Vgl. zur Diskussion auch bereits *Lorson/Gattung* (2007).

634 Vgl. ED Framework (2008), QC2. Bei der Übersetzung des Begriffs ins Deutsche zeigen sich gravierende Differenzen, es finden sich in den IFRS die Begriffe „glaubwürdige Darstellung“ und „den tatsächlichen Verhältnissen entsprechende Darstellung“, im Schrifttum differenzierter „messbar“, „richtig“, „sorgfältig“, „abbildungsgetreu“, „wahrheitsgetreu“, „wahrhaftig“ oder „verlässlich“, vgl. zu den Einzelnachweisen *Lorson/Gattung* (2007), S. 658.

635 Vgl. *Lorson/Gattung* (2007), S. 659; ED Framework (2008), QC7-8.

636 Vgl. ED Framework (2008), QC7.

637 Vgl. *Lorson/Gattung* (2008), S. 556.

638 Vgl. zu dieser Auffasung *Paton/Littleton* (1940).

wendigkeit einer Übereinstimmung der Einschätzungen verschiedener Fachleute reicht.[639]

Die Unverzerrtheit beschreibt die Eigenschaft, dass keine verzerrenden Einflüsse die Rechnungslegung beeinflussen, wobei unter Verzerrung die Tendenz zu einer regelmäßigen bzw. systematischen Auswahl eines zu hohen oder zu niedrigen Wertansatzes verstanden wird; der Grad der Verzerrung kann daher anhand der systematischen Abweichung gemessen werden.[640] Die Verzerrung ist somit systemimmanent und nicht identisch mit den Störeinflüssen des Kommunikationsmodells von Seite 134. Über den nachprüfbaren Betrag hinaus kann Verzerrung auch auf den Wert bezogen werden, der zur Herstellung einer optimalen Prognosetauglichkeit erforderlich ist.[641]

Unter Neutralität wird in SFAC 2 der Umstand verstanden, dass die Anwender bei der Bilanzierung in der Hauptsache den primären Grundsätzen der Relevanz und der Verlässlichkeit folgen sollen, eine Berücksichtigung unerwünschter Konsequenzen und eine in der Folge geänderte Bilanzierung ist daher nicht zulässig.[642] Der Grundsatz der Neutralität bringt damit zum Ausdruck, dass die Interpretation des wirtschaftlichen Sachverhalts Aufgabe des Nutzers ist und nicht die des Anwenders.[643] Die Neutralität bezieht sich dabei sowohl auf den Standardsetter als auch auf den Anwender, stellt jedoch keine absolute sondern eine relative Anforderung dar, da – zumindest im bisherigen IASB-Framework – die Nachprüfbarkeit nicht als Kriterium enthalten ist. Die

639 Diese Interpretation kann als die herrschende Meinung angesehen werden, vgl. *Moontiz* (1961); *Baetge* (1980), S. 16 f.; *Riahi-Belkaoui* (2004), S. 223. Eine weitere Auffasung vertreten *Ijiri/Jaedicke*, die sich nicht auf Nachweise im Sinne der Nachprüfbarkeit sondern auf die wahrgenommene externe Realität stützen, vgl. *Ijiri/Jaedicke* (1966).

640 Vgl. *Lorson/Gattung* (2008), S. 558.

641 Die Prognosetauglichkeit und somit der predictive value ist optimal, wenn der Nutzer unter Verwendung dieser Information zum optimalen Prognoseergebnis gelangt, vgl. *Ijiri/Jaedicke* (1966) 478 f. Da der predictive value als Funktion der Relevanz interpretiert wird, folgt bspw. SFAC 2 dieser erweiterten Bias-Interpretation nicht, vgl. *Lorson/Gattung* (2008), S. 559.

642 Vgl. SFAC 2.98.

643 Vgl. *Lorson/Gattung* (2008), S. 559. Während das FASB bewusste bzw. beabsichtigte Abweichungen adressiert, subsummiert das IASB offensichtlich auch unbeabsichtigte Verzerrungen, da das IASB-Framework Neutralität mit der Freiheit von Verzerrungen gleichsetzt, vgl. F.36.

Neutralität bedeutet also weder eine Gleichstellung aller Adressaten noch ein abschließendes Verbot der Beeinflussung der Adressaten durch Wahlrechtsausübung.[644]

Die vorgestellten konkretisierenden Grundsätze der glaubwürdigen Berichterstattung weisen wie die Verlässlichkeit im Wesentlichen semantische Eigenschaften auf, da sie jeweils im Unternehmenskontext durch den Anwender zu beurteilen sind. Insbesondere die Forderungen nach Neutralität und Nachprüfbarkeit betreffen die Erstellung bzw. Generierung einer Nachricht und nicht den Empfang.

3.2.5.3 Zwischenergebnis: Verlässlichkeit aus Sicht der verschiedenen Kapitalmarktteilnehmertypen

Aus Sicht der Kapitalmarktteilnehmer ergeben sich verschiedene Interessen bzgl. der Ausprägung der einzelnen Grundsätze. Während die Eigenkapitalgebergruppen besonders bei der Relevanz-Frage Anforderungen stellen, bezieht sich das Interesse hinsichtlich der Verlässlichkeit im Wesentlichen auf die Datenqualität. Aufgrund der Erwartung stark zukunftsorientierter Angaben kann unterstellt werden, dass ein mehr oder weniger großes Maß an Unsicherheit der zur Verfügung gestellten Werte besteht; hier ist allerdings zwischen institutionellen und privaten Anlegern zu unterscheiden, da die Privatanleger wegen der angenommenen geringeren Professionalität eher dazu geneigt sein dürften, die publizierten Werte als „richtig“ oder „wahr“ zu interpretieren, unabhängig davon, ob es sich um Vergangenheits- oder Zukunftswerte handelt.[645]

Das Interesse dieser Gruppen zielt daher eher darauf ab, dass die ihnen zur Verfügung gestellten Daten möglichst vollständig und nicht absichtlich verfälscht werden, da eine Verletzung dieser Annahmen wertmäßige Auswirkungen in ihren Entscheidungsmodellen nach sich ziehen würden. Im Vordergrund stehen also die Grundsätze der Vollständigkeit und der Unverzerrtheit bzw. der Neutralität. Ob diese Eigenschaften durch eine Nachprüfbarkeit erreicht werden, dürfte für diese Gruppen von nachrangigem Interesse sein.

---

644 Vgl. *Lorson/Gattung* (2008), S. 559. Zur Beeinflussung der Adressaten durch die Anwender vgl. auch Abb. 4-6, S. 180.

645 Vgl. auch *Lange* (1998), S. 83 f.

Für die Finanzanalysten hängt ihre Reputation und somit ihre Einkommenssituation von der Güte ihrer Prognosen ab, die wiederum von der Güte der ihnen zur Verfügung stehenden Daten abhängig ist. Die Beurteilung einer Prognosegüte ist ein Bewertungsvorgang und kann somit auch relativ interpretiert werden, d.h., dass es besonders reputationsförderlich wäre, wenn die eigene Prognose zutreffend, die Prognosen anderer Analysten jedoch nicht zutreffend wäre. Da Analysten regelmäßig über private Informationen aus Einzelgesprächen, Roadshows etc. verfügen, könnte auf Basis dieser Überlegungen vermutet werden, dass sie kein besonderes Interesse an der Verlässlichkeit der Rechnungslegung hegen. Im Gegenteil profitieren sie sogar von einer unzuverlässigen Rechnungslegung, solange sie selbst über bessere Informationen verfügen.[646] Nur wenn dies nicht der Fall ist, entspricht ihr Interesse aufgrund des gleichen professionellen Hintergrunds dem der institutionellen Anwender.

Die Fremdkapitalgeber stellen den Kapitalmarktteilnehmertyp mit den größten Anforderungen an die Verlässlichkeit der Aussagen der Rechnungslegung dar. Da für sie nicht wie für die Eigenkapitalgeber die Erreichung eines Maximierungsziels sondern vielmehr die Erreichung eines Satisfaktionsziels – der Gewährleistung des Kapitaldienstes, oder notfalls die Schuldendeckung durch Liquidation – im Vordergrund steht, ist aus ihrer Perspektive diese Information mit größter möglicher Sicherheit zu vermitteln. Die Unzuverlässigkeit einer darüber hinausgehenden Bewertung sind sie nicht bereit zu tragen, da der Informationsinhalt nicht in ihr Entscheidungsmodell eingeht und sich daher in diesem Falle lediglich seine Entscheidungsqualität reduzieren würde, da die Wahrscheinlichkeit des Ereigniseintritts abnimmt. Es besteht somit eine Tendenz zu einer vorsichtigen, konservativen Bilanzierung, die einen quasi garantierten Wert ermittelt.[647]

Die Ergebnisse fasst Tab. 3-4 zusammen.

---

646 Vgl. *Lange* (1998), S. 76.

647 Vgl. empirisch auch *Haller/Löffelmann/Etzel* (2009), S. 219.

Kapitalmarktteilnehmertyp	Generelles Interesse	Anforderungen an die Verlässlichkeit
Institutionelle Anleger	Input für das eigene Entscheidungsmodell, der zu realistischen Ergebnissen führt	Möglichst vollständig und unverzerrt
Privatanleger		Möglichst fehlerfrei, vollständig und unverzerrt
Finanzanalysten		Keine besonderen Anforderungen, solange private Informationen vorhanden, sonst möglichst vollständig und unverzerrt
Fremdkapitalgeber		Fehlerfrei, vollständig und unverzerrt: tendenziell vorsichtig

Tab. 3-4: Anforderungen der Kapitalmarktteilnehmertypen an die Verlässlichkeit

Quelle: eigene Darstellung

3.2.5.4 Wert und Kosten von Informationen

Nachdem die zwei wesentlichen Merkmale der Relevanz und der Verlässlichkeit bzw. die in der neuen Ausprägung formulierte Forderung nach einer glaubwürdigen Berichterstattung diskutiert worden sind, stellt sich die Frage nach dem resultierenden Wert der Informationen, die diesen Merkmalen entsprechen, da die Orientierung an den genannten Eigenschaften stets unter dem einschränkenden Gesichtspunkt der Wirtschaftlichkeit zu erfolgen hat.[648] Zur Feststellung, ob der Nutzen der Informationsgenerierung und Publikation die entsprechenden Kosten übersteigt, muss eine Bewertung der Größen erfolgen. Unter Berücksichtigung der Transaktionskostentheorie und des eingeführten Kommunikationsmodells sind daher sowohl Kosten als auch Nutzen sowohl bei dem Sender als auch bei dem Empfänger, also bei Anwender und Nutzer zu identifizieren und in der Folge zu bewerten.[649]

---

648 Dies ist auch im Framework-Entwurf vorgesehen, vgl. ED Framework (2008), QC29.

649 Vgl. entsprechend auch ED Framework (2008), QC30.

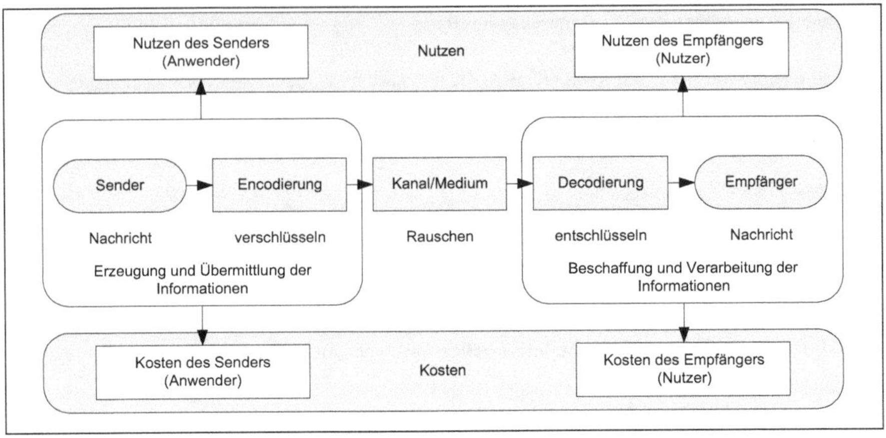

Abb. 3-18: Transaktionskosten im Kommunikationsmodell
Quelle: eigene Darstellung

Im hier untersuchten Kontext sind insbesondere ex ante die Kosten der Informationsbeschaffung und der Informationsverarbeitung und ex post die Kontrollkosten von Interesse, da sie einen direkten Bezug zur Unternehmensrechnung bzw. zur Rechnungslegung aufweisen.[650] Aus beiden Aufgabestellungen ergeben sich Anforderungen an die Relevanz und die Verlässlichkeit der Informationen. Auch wenn eine quantitative Betrachtung schwierig erscheint,[651] können doch einige Aussagen zu den zu berücksichtigenden Faktoren getroffen werden.

Der Wert einer Information ist nicht eine Eigenschaft dieser Information sondern besteht in der nutzerspezifischen Verwendung: Der Wert einer Information zeigt sich als Verbesserung der Qualität einer Entscheidung, also als Differenz zwischen zwei Zustandsniveaus, die kontext- und adressatenbezogen sind.[652] Zusätzliche Informationen sind generell vorteilhaft, wenn sie zu einem feineren Informationssystem führen, da die Zielerreichung bzw. der Bruttonutzen des Nutzers nicht abnehmen kann; dies gilt

650 Die Transaktionskosten können in ex-ante- und ex-post-Transaktionskosten unterschieden werden, wobei zu den ex-ante-Transaktionskosten neben den Informationsbeschaffungskosten auch die Anbahnungs- und Vereinbarungskosten und zu den ex-post-Transaktionskosten neben den Kontrollkosten die Abwicklungs- und die Änderungskosten zählen, vgl. zur Transaktionskostentheorie grundlegend *Williamson* (1990).

651 Vgl. ED Framework (2008), QC29.

652 Vgl. *Wagenhofer/Ewert* (2002), S.56.

jedoch nur unter der stark vereinfachenden Annahme, dass keine Informationskosten existieren.[653]

Zudem ist der Wert einer Information – gemessen an der Verbesserung der Entscheidungsqualität – sowohl zeitabhängig als auch reihenfolgeabhängig. So kann die gleiche Nachricht einen Nutzer vor seiner Entscheidungsfindung erreichen und einen anderen Nutzer nach seiner Entscheidungsfindung; während für den erstgenannten Nutzer die Nachricht die Entscheidung noch beeinflussen und damit die Qualität der Entscheidung verbessern kann, verliert sie bei dem zweiten Nutzer jeglichen Wert, da sie zu spät eingetroffen ist.[654]

Werden hingegen zwei Nachrichten von einem Nutzer empfangen, die zum Teil den gleichen Sachverhalt erläutern, so hat die zweite verarbeitete Information einen geringeren Wert, da ein Teil ihres Bedeutungsgehalts bereits mit der ersten verarbeiteten Nachricht in die Entscheidungsqualität eingegangen ist. Wäre die Reihenfolge der Verarbeitung umgekehrt, so ergäbe sich eine entsprechende Beurteilung für die andere Nachricht; lediglich die insgesamt erzielbare Qualitätssteigerung durch diese beiden Nachrichten ist identisch. Es zeigt sich somit, dass sich die Nutzenbewertung in der Tat als sehr unzugängliches Thema darstellt, da schon keine Informationen über die einzelnen Nutzer vorliegen. Die Auswahl eines „besten" Rechnungslegungssystems anhand des Informationswerts kann daher durch die Standardsetter nicht erfolgen.[655]

Ein anderer Ansatz zur Bewertung von Informationen kann in der Interpretation der Information als Produktionsfaktor gesehen werden, womit eine Anwendung der produktions- und kostentheoretischen Ansätze auf die Informationsbewertung ermöglicht wird. Es liegt daher nahe, die Übertragbarkeit der Erkenntnisse der Produktionstheorie auf Informationen zu prüfen.[656]

---

653 Vgl. *Wagenhofer/Ewert* (2002), S. 73.

654 Auf die Bedeutung der rechtzeitigen Informationsübermittlung vor der Entscheidungsbildung weißt *Lillie* hin, vgl. *Lillie* (2006), S. 3.1.

655 Vgl. so auch *Wagenhofer/Ewert* (2002), S. 77.

656 Es wurden mehrere Ansätze zur Erklärung des Transformationsprozesses in Volks- und Betriebswirtschaftslehre entwickelt. Die Produktionsfunktionen werden in die Typen A – F unterschieden, die teilweise aufeinander aufbauen. Im Rahmen dieser Arbeit können nicht alle Produktionsfunktionen untersucht werden, daher soll eine Beschränkung auf die grundlegenden Formen erfolgen, um eine generelle Übertragbarkeit des Prinzips zu überprüfen.

Produktionsfunktionen beschreiben den Transformationsprozess von Input in Output.[657] Als älteste Produktionsfunktion gilt das klassische Ertragsgesetz, welches auch als Produktionsfunktion vom Typ A bezeichnet wird. Diese von *Turgot* (1727-1781) entwickelte Funktion stellt die Effizienz eines Wertschöpfungsprozesses bei Variation nur eines Produktionsfaktors dar.[658]

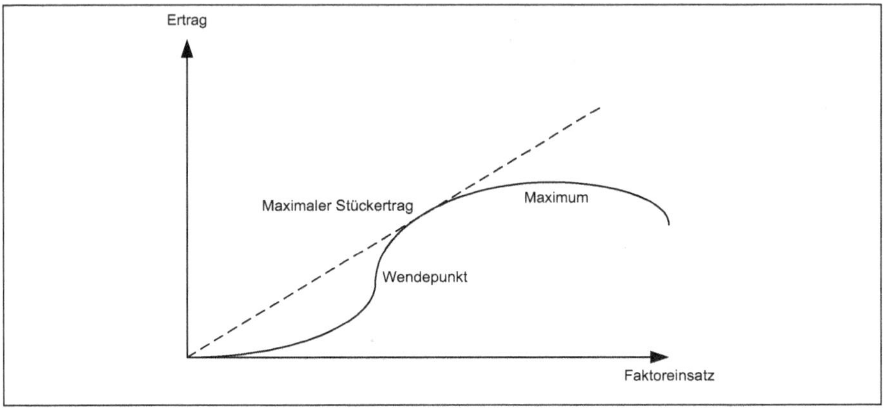

Abb. 3-19: Ertragsgesetz, Produktionsfunktion Typ A

Quelle: in Anlehnung an *Cezanne* (1993), S.112

Als charakteristisch sind die zwei Wendepunkte anzusehen, die bei steigendem Faktoreinsatz zunächst einen abnehmenden Ertragszuwachs und später gar eine Ertragsverringerung verdeutlichen. Bei Interpretation von Information als dem variablen Produktionsfaktor bedeutet dies zum einen, dass eine zusätzliche Informationsbeschaffung und -verarbeitung bis zu einem bestimmten Punkt den Output zunehmend erhöht, ab diesem Punkt der Zuwachs jedoch sinkt. Interessanter erscheint jedoch der zweite Wendepunkt, ab welchem der Output absolut sinkt. Dies würde bedeuten, dass eine Informationsverarbeitung über diesen Punkt hinaus Wert vernichtet.[659] Unter Berücksichtigung der durch die Beschaffung und Verarbeitung der Informationen anfallenden Kosten und dem bei zunehmend hohem Kenntnisstand abnehmenden zusätzlichen Nutzen kann diese Produktionsfunktion zunächst als plausibel angesehen werden.

---

657 Dabei kann in eine inputorientierte und eine outputorientierte Darstellung unterschieden werden.

658 Vgl. *Bontrup* (2004), S. 162.

659 Vgl. *Halver/Reske* (2003), S. 58.

Die limitationalen Produktionsfunktionen wie die *Leontief*-Produktionsfunktion, die *Gutenberg'*sche Produktionsfunktion oder die von *Heinen* entwickelte Produktionsfunktion vom Typ C setzen die Produktionsfaktoren in ein bestimmtes, in der mathematischen Gleichung durch Koeffizienten beschriebenes Verhältnis zueinander.[660] Steht ein Produktionsfaktor, hier also die Information, nicht in ausreichendem Maße zur Verfügung, so erfolgt keine Transformation in Output.

Abb. 3-20: Limitationale Produktionsfunktion
Quelle: modifiziert nach *Lorenz* (2009)

An dieser Stelle wird deutlich, dass sich Information von den in der Vergangenheit betrachteten Produktionsfaktoren – ursprünglich Boden, Arbeit und Kapital – unterscheidet. Während üblicherweise die Produktionsfaktoren eines Typs untereinander gleich sind, darf dieses für die Informationen gerade nicht gelten, da eine Information nur bei Änderung des Kenntnisstandes vorliegt. Geht eine identische Nachricht ein zweites Mal ein, so stellt sie keine Information mehr dar bzw. nicht dieselbe Information wie die zuerst eingegangene Nachricht. Bei der Bestimmung der Mindestmenge des benötigten Produktionsfaktors ist also nicht nach der Information i. S. einer Änderungsgröße sondern vielmehr nach der Bestandsgröße, also dem Kenntnisstand oder dem Wissen zu fragen.

660 Während die *Leontief*-Produktionsfunktion als linear limitational bezeichnet wird, da sie nur konstante Koeffizienten zulässt, können bei der *Gutenberg'*schen Produktionsfunktion (Typ B) auch nicht-lineare Produktionskoeffizienten berücksichtigt werden.

Die Produktionsfaktoren weisen ebenfalls einen Unterschied hinsichtlich ihrer Verbrauchbarkeit auf: Während Boden prinzipiell nicht verbraucht wird, stellt das Kapital in Form von Sachanlagevermögen eine Ressource dar, die i. d. R. über mehrere Perioden verbraucht wird, und die Arbeitsleistung wird im Moment der Erbringung verbraucht.

Die Kosten der Informationsbeschaffung und -verarbeitung beim Empfänger, also bei den Kapitalmarktteilnehmern, richten sich nach dem Umfang der verarbeiteten Informationen, nach der Kapazität des verwendeten Informationsverarbeitungssystems und nach dem Aufwand der Decodierung, also der Transformation der Nachricht von dem Sendecode in den Code des Informationsverarbeitungssystems.[661]

An dieser Stelle soll daher festgehalten werden, dass hinsichtlich der Informationsverarbeitung am Kapitalmarkt in Beziehung auf die Übertragbarkeit von Produktionsfunktionen noch weiterer Forschungsbedarf besteht. Festgehalten werden können jedoch schon die Erkenntnisse bzgl. des limitationalen Charakters von Informationen und des Kostenaspekts der Informationsbeschaffung und -verarbeitung, die als Unter- und Obergrenze von adäquaten Informationssystemen aufgefasst werden können.

3.2.6 Erweiterung der Informationsbeschreibung

Die in der Rechnungslegung berücksichtigten Informationsmerkmale sind wie in 3.2.3.2 dargestellt sämtlich inhaltlicher Natur. Sie bewegen sich somit lediglich auf der pragmatischen Ebene und vernachlässigen die vorgelagerten Ebenen der Codierung, Syntax und Semantik.[662] Diese Vorgehensweise bei der Informationsdefinition im Rahmen der Rechnungslegung wird den Ansprüchen des Kapitalmarkts, aber auch der Standardsetter selbst nicht gerecht. Dieses kann an verschiedenen Merkmalen gezeigt werden, die einer Information zugeschrieben werden.

Sowohl das IASB als auch das FASB führen die Vergleichbarkeit als Informationskriterium an, ohne dabei aus dem Prozess des Vergleichens Konsequenzen für ihr Anforderungsprofil abzuleiten. Auf inhaltlicher Ebene wird die Vergleichbarkeit weiter in intertemporale Vergleichbarkeit innerhalb eines Unternehmens und in Vergleichbar-

---

661 Vgl. zu Transaktionskosten auch *Picot/Reichwald/Wiegand* (2003), S. 27.

662 Zur Informationsdefinition vgl. Kapitel 3.2, S. ff.

keit zwischen Unternehmen unterschieden. Die sich für den Kapitalmarktteilnehmer auf der prozessualen Ebene ergebenden Probleme in Bezug auf die Vergleichbarkeit werden hingegen ignoriert. Bevor es zu einem Vergleich auf inhaltlicher Ebene kommen kann, müssen die entsprechenden Informationen zunächst derart erfasst werden, dass sie einem Vergleich zugeführt werden können. Wie in Kapitel 2.3 dargestellt, stellt die Risikobeurteilung einen zentralen Punkt in der Unternehmensbewertung dar; das Risiko einer Anlagemöglichkeit stellt jedoch keine absolute, von anderen Parametern unabhängige Größe dar, sondern ergibt sich vielmehr im Gegenteil aus einem Vergleich mit anderen Investitionsalternativen. Zur Beurteilung einer Alternative sind also möglichst viele Alternativen zeitgleich in den Vergleich einzubeziehen.

Entscheidende Bedeutung kommt nun der Annahme zu, die für die Art der Informationsverarbeitung getroffen wird. Wird davon ausgegangen, dass die Abschlussinformationen nur durch Menschen durch visuelle Aufnahme aufgenommen und geistig verarbeitet werden, mögen die bestehenden Regelungen als ausreichend angesehen werden. Allerdings wird die Realität der Informationsverarbeitung nicht berücksichtigt. Viele Vergleichsrechnungen könnten automatisiert von Computerprogrammen vorgenommen werden, wenn die eingehenden Daten in maschinenlesbarer Form vorliegen würden. Die mangelnde Standardisierung auf diesem Gebiet verhindert dies jedoch und führt zu einem Medienbruch, der die Ursache für einen Großteil der Kosten der Informationsbeschaffung und -verarbeitung darstellt. Vor diesem Hintergrund hat bereits *Gassen* das Konzept einer datenbankbasierten Publizität entwickelt, durch welches es den Anwendern ermöglicht werden soll, die gesuchten Informationen individuell an den freigegebenen, unternehmenseigenen Datenbanken abzufragen.[663]

Die Globalisierung insbesondere der Kapitalmärkte wurde maßgeblich durch den Einsatz moderner Informationstechnologie ermöglicht – Transaktionen lassen sich heute denkbar einfach weltweit ausführen. Die Rechnungslegung hat diese Entwicklung bislang verpasst,[664] so dass die heutigen Kapitalmärkte gleichsam mit unterschiedlichen Geschwindigkeiten arbeiten: Einerseits können Kurse höchstaktuell im Rahmen der

663 Vgl. zu dem Konzept der datenbankgestützten Rechnungslegungspublizität ausführlich *Gassen* (2000).

664 So trägt die Arbeit von *Gassen* zu Recht den Untertitel „Ein Beitrag zur Evolution der Rechnungslegung", vgl. *Gassen* (2000).

technischen Analyse automatisiert verarbeitet, Transaktionen können durch ausgebaute Systeme hoch-automatisiert durchgeführt werden, andererseits ist die Informationsbeschaffung und -verarbeitung für die Fundamentalanalyse heute noch wie früher letztendlich papierbasiert.[665] Dieser Bruch trägt maßgeblich zur Ineffizienz der Kapitalmärkte bei, da so die Fundamentalinformationen nur durch den kognitiven Engpass der menschlichen Informationsverarbeitung in den Kapitalmarkt gelangen können.

Mit der Entwicklung von XBRL, der eXtensible Business Reporting Language, wird bereits seit mehreren Jahren ein Modell zur Überwindung dieses Medienbruchs entwickelt, welches jedoch nur sehr zögerlich von den Unternehmen angenommen wird. Obwohl IASB und FASB die XBRL-Initiative unterstützen, konnte noch kein Durchbruch bei der Anwendung erzielt werden.[666]

Um der Informationsfunktion, die sich IASB und FASB nun in einem gemeinsamen Rahmenkonzept als Aufgabe stellen, wirklich gerecht zu werden, sind alle Anforderungen hinsichtlich der Informationsvermittlung zu berücksichtigen. Bezieht man sich hier auf das vorgestellte Kommunikationsmodell, so bedeutet dies, dass nicht nur pragmatische und semantische Anforderungen in die Rechnungslegung einfließen müssen sondern auch die technischen Anforderungen, die Übertragungsweg und Verarbeitung problematisieren. Ohne eine Beachtung der technischen Ebene kann die Informationsfunktion nicht erfüllt werden.

Fraglich ist daher, wie die technischen Anforderungen formuliert werden können. Da hier insbesondere auf die Anforderungen der IT-Systeme abgestellt wird, liegt eine Bezugnahme auf bereits existierende, IT-typische Standards nahe.

Im Bereich der Software- und Webentwicklung hat sich als wesentliches Kriterium die sog. „Usability" entwickelt. Usability bezeichnet dabei die Benutzerfreundlichkeit und allgemeiner die Gebrauchstauglichkeit eines Systems und ist in ISO 9241 Teil 11 als

---

665 Die übliche Publikationsform von Geschäftsberichten im Internet per pdf ist aufgrund der fehlenden strukturellen oder gar semantischen Eigenschaften lediglich als eletronische Variante der gedruckten Information anzusehen.

666 Der IASB schenkt Thema XBRL durchaus Beachtung, wie auch die Präsenz des Themas auf der Internetseite des Standardsetters deutlich macht, siehe dazu bereits auf der Startseite den Link auf die IFRS Taxonmy unter http://www.iasb.org/XBRL/XBRL.htm.

das Produkt aus Effektivität, Effizienz und Zufriedenheit des Anwenders definiert.[667] Als Konkretisierung der Usability werden in ISO 9241 Teil 10 verschiedene Hauptprinzipien benannt, die in Abb. 3-21 überblicksartig dargestellt werden:

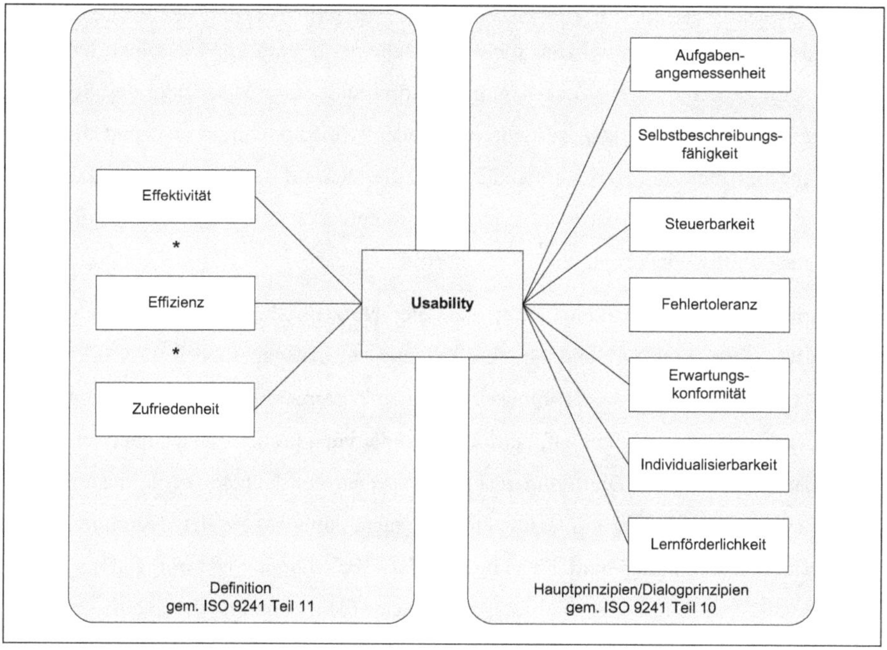

Abb. 3-21: Usability gem. ISO 9241
Quelle: eigene Darstellung

Unter Aufgabenangemessenheit wird dabei verstanden, dass der Nutzer bei der Durchführung seiner Aufgabe nicht durch Eigenschaften des Systems belastet oder eingeschränkt wird.[668] Die gegenwärtige Form der Berichterstattung zwingt die Kapitalmarktteilnehmer dazu, Informationen selbst aufzunehmen und manuell in ihr Bewertungsmodell zu überführen; das gegenwärtige System belastet somit die Nutzer, da es ihnen eine bestimmte Vorgehensweise aufzwingt und sie nicht bei der Nutzung anderer Möglichkeiten unterstützt. Die Rechnungslegung in ihrer aktuellen Form erfüllt also nicht das Kriterium der Aufgabenangemessenheit nach ISO 9241.

667 Vgl. ISO 9241 Teil 11.

668 Vgl. ISO 9241 Teil 10; *Hartwig* (2007).

Der Grundsatz der Selbstbeschreibungsfähigkeit bezieht sich sehr stark auf die Kommunikationsebene und ist deutlich als Dialogprinzip zu erkennen. Er besagt, dass ein Dialog unmittelbar verständlich sein soll und bei Bedarf Erläuterungen verfügbar sein sollen.[669] Übertragen auf die Rechnungslegung lässt sich feststellen, dass es sich hier zumindest bei der Regelpublizität nicht um Dialoge sondern um Monologe handelt, d.h., es findet keine Zwei-Wege-Kommunikation statt. Eine Rückfrage des Senders mit der Bitte um Erläuterung ist nicht vorgesehen. Umso wichtiger erscheint die Anforderung der unmittelbaren Verständlichkeit, die sich auf den ersten Kommunikationsweg bezieht und die sich auch in den Frameworks von IASB und FASB als Understandability wiederfindet.

Das Prinzip der Steuerbarkeit besagt, dass der Nutzer Arbeitstempo, Auswahl und Reihenfolge von Arbeitsmitteln, Art und Umfang von Ausgaben beeinflussen können soll.[670] Die Steuerbarkeit weißt somit einen engen Zusammenhang mit dem Grundsatz der Aufgabenangemessenheit auf, betont aber zudem den prozessualen Charakter eines Informationsaustauschs. Die Standardsetter schreiben den Nutzern keine bestimmten Verarbeitungssysteme vor, unterstützen aber auch keine speziellen Systeme. Eine deutliche Einschränkung wird hinsichtlich des Arbeitstempos bewirkt, indem keine Regelungen zum Bereitstellungsformat gemacht werden, denn erst durch eine standardisierte elektronische Bereitstellung der Rechnungslegungsinformationen könnte eine deutlich höhere Verarbeitungsgeschwindigkeit erreicht werden.

Der Grundsatz der Fehlertoleranz ist wiederum stark auf die Dialogsituation zugeschnitten und fordert die Hervorhebung fehlerhafter Eingaben und die einfache Korrektur entweder durch den Nutzer oder automatisiert durch das System.[671] Hier könnte eine Parallele zur Verständlichkeit gesehen werden; durch die fehlende Dialogsituation ist es allerdings momentan dem Unternehmen im Rahmen der Rechnungslegung nicht möglich, bei Missverständnissen seitens des Nutzers korrigierend einzugreifen.

Das Kriterium der Erwartungskonformität ist wiederum sehr umfassend und fordert, dass ein Dialog den Erwartungen, Erfahrungen und Bedürfnissen des Benutzers ent-

---

[669] Vgl. ISO 9241 Teil 10.

[670] Vgl. *Hartwig* (2007).

[671] Vgl. *Hartwig* (2007).

sprechen soll.[672] Die Erwartungskonformität zielt damit explizit auf die pragmatische Ebene ab, indem auf personenbezogene und kontextbezogene Gegebenheiten verwiesen wird. Die Standardsetter sind bemüht, die Erwartungskonformität in ihren Standards zu berücksichtigen, beachten dabei aber alleine die inhaltliche Ebene. In dem hier diskutierten Kontext geht es aber auch um die Erwartungen und Bedürfnisse der Nutzer hinsichtlich der technischen Zurverfügungstellung, die bislang nicht problematisiert wird.

Der Grundsatz der Individualisierbarkeit verlangt, dass das System vom Nutzer an seine Anforderungen, Fähigkeiten und Vorlieben angepasst werden kann.[673] Im Rechnungslegungskontext könnte hierunter die Informationsauwahl verstanden werden; nicht jeder Nutzer will alle Nachrichten aus dem Jahresabschluss verwenden, ein spezifischer Zugriff auf einzelne Informationen ist aber wegen des papierhaften Formats nicht möglich, da zunächst der gesamte Abschluss empfangen werden muss, ehe im Rahmen einer Auswertung durch einen Selektionsvorgang die gewünschten Informationen verfügbar sind.

Schließlich stellt das Prinzip der Lernförderlichkeit die Forderung nach einer leichten Erlernbarkeit des Systems auf.[674] Im Rechnungslegungskontext kann wieder die Verständlichkeit als äquivalentes Kriterium herangezogen werden.

Um die Erkenntnisse aus ISO 9241 auf die Rechnungslegung zu übertragen, ist eine rechnungslegungsspezifische Ausformung der konkretisierenden Prinzipien vorzunehmen. Dreh- und Angelpunkt der Überlegungen war das Fehlen des technischen Aspekts der Informationsbeschreibung. Als Mangel wurde die fehlende Unterstützung von IT-Systemen bei der Sammlung und Verarbeitung von Rechnungslegungsinformationen erkannt. Daher sollten die Unterprinzipien eine bessere technische Unterstützung sicherstellen. Es wird daher die Einführung eines zusätzlichen qualitativen Charakteristikums „Usability" vorgeschlagen, das durch die Kriterien Kompatibilität, Zugreifbarkeit und Verarbeitbarkeit konkretisiert wird, vgl. dazu Abb. 3-22:

672 Vgl. ebenfalls *Hartwig* (2007).

673 Vgl. ISO 9241 Teil 10; *Hartwig* (2007).

674 Vgl. ISO 9241 Teil 10.

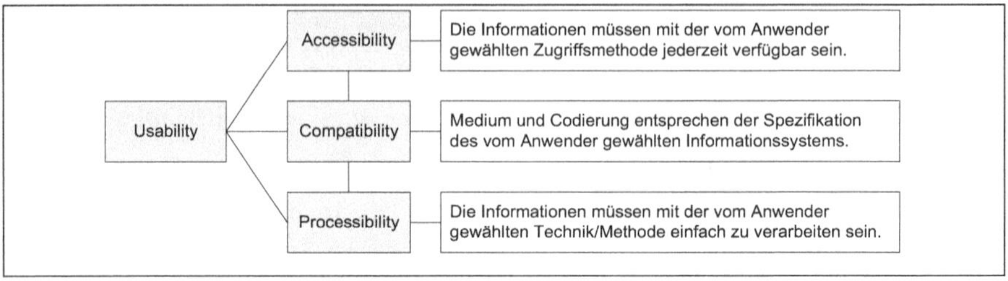

Abb. 3-22: Usability im Rechnungslegungskontext
Quelle: eigene Darstellung

Zentral bei der Umsetzung einer Gebrauchstauglichkeit der Rechnungslegung ist die Forderung nach einem Datenaustauschformat, das kompatibel zu dem beim Nutzer verwendeten System ist (Compatibility). Damit ist nicht gemeint, dass jeder Nutzer dem Unternehmen sein Wunschformat mitteilen können soll und das Unternehmen den Abschluss dann in diesem Format bereitstellen muss. Vielmehr ist hier die Forderung nach der Verwendung standardisierter, allgemein verwendeter Datenaustauschformate formuliert, da diese allgemein üblichen Formate durch alle Systeme interpretiert und somit die Informationen importiert werden können. Die Kompatibilität reicht dabei von der Medienbestimmung (Papier, Film, CD, Internet, etc.) über den Code (Textdatei, Exceldatei, etc.) bis hin zur Semantik des Formats (XML, XBRL, etc.). Konkret sollte also bspw. eine Publikation aller Abschlüsse im Internet im XBRL-Format vorgeschrieben werden.[675]

Eng verbunden aber doch separat zu betrachten ist die Frage des Datenzugriffs (Accessibility). Selbst, wenn die Daten in einem kompatiblen Format vorliegen, sind sie für den Nutzer wertlos, wenn er nicht zu dem von ihm gewählten Zeitpunkt auf sie zugreifen kann. Da nur der Nutzer selbst weiß, wann er seine Entscheidung fällen will, kann auch nur er den Zeitpunkt bestimmen, wann Informationen noch rechtzeitig eintreffen, daher ist ihm die Funktion des Initiators der Kommunikation zuzuschreiben und nicht dem Unternehmen.[676]

---

675 Anders hier *Gassen* (2000), der eine Informationsversorgung durch eine Client-Server-Struktur vorschlägt.

676 Die Situation ähnelt der juristischen Wertung von anonymer Werbung, die zwar vom Unternehmen durchgeführt wird, jedoch im Vertragsprozess nicht als Angebot und somit erster Schritt gewertet wird sondern lediglich als Aufforderung zur Abgabe eines Angebots durch den

Die Verarbeitbarkeit (Processibility) der Daten bezieht sich ebenfalls stark auf die Kompatibilität, erweitert die Sichtweise jedoch um die Granularität bzw. die Semantik. Im Rahmen des Bewertungsprozesses werden Daten aus einer Vielzahl von Quellen verarbeitet, die mit höchster Wahrscheinlichkeit nicht die gleiche Struktur aufweisen werden; so verwenden die Unternehmen nicht die gleichen Kontenrahmen, Bilanzgliederungen, Anhangsgliederungen, Geschäftsjahre etc. D.h., dass eine automatisierte Auswertung der Daten nur dann möglich ist, wenn das System aus den Daten selbst ihren Bedeutungsgehalt erkennen kann, die Daten also semantisch angereichert sind, wie dies bei XML und XBRL durch die Verwendung von sog. „Tags“ der Fall ist. Eine vergleichende Berechnung innerhalb eines Modells kann jedoch auch dann nur auf Basis des „kleinsten gemeinsamen Nenners“ erfolgen. Die Verarbeitbarkeit soll daher sicherstellen, dass die Informationen in standardisierten Informationseinheiten abgegeben werden; bspw. könnte vorgeschrieben werden, dass alle Stromgrößen generell auf Monatsbasis publiziert werden, so dass ein Unternehmensvergleich auch unabhängig von ggf. unterschiedlichen Geschäftsjahren durchgeführt werden kann, ohne Anpassungsrechnungen durchführen zu müssen.[677]

Auf Basis des neu entwickelten Informationsmerkmals der Usability im Rechnungslegungskontext wird daher eine Erweiterung der Beschreibung der qualitativen Eigenschaften vorgeschlagen, die sich stärker an dem gesamten Umfang des Informationsbegriffs orientiert und zugleich eine Rangfolge der Kriterien konstruiert, die aus dem prozessualen Charakter der Kommunikation zwischen Unternehmen als Anwendern der Rechnungslegung und den Kapitalmarktteilnehmern als den Nutzern der Rechnungslegung resultiert.

Ausgangspunkt sind die Interessen, in diesem Kontext die Informationsinteressen der Nutzer. Daraus ergibt sich im ersten Schritt, welche Informationen relevant sind; die Relevanz definiert somit den Umfang der abzubildenden Sachverhalte und stellt somit

---

Kunden. Hier stellt die Unternehmung die Rechnungslegungsdaten generell zur Verfügung, aber der Dialog beginnt erst durch Zugriff der Kapitalmarktteilnehmer auf die Informationen.

677 Das Konzept von *Gassen* basiert hingegen auf dem Ansatz einer mehrdimensionalen, zeitkontinuierlich Publizität und ist insofern als noch ambitionierter anzusehen. Die freie Wahl des Berichtszeitraums durch den Nutzer im Moment der Datenbankabfrage würde u.a. die Notwendigkeit einer permanenten Bewertung mit sich bringen.

die erste Fragestellung dar, der sich die Rechnungslegung zu stellen hat. Ähnlich der Ansatzfrage in der Bilanzierung klärt die Relevanz also die Frage nach dem Ob.

Wenn eine Information aufgrund ihres Bezugs zu einem typischen Entscheidungsmodell von Anwendern als relevant erkannt worden ist, stellt sich die Frage, was hinsichtlich dieser Information publiziert werden sollte. An dieser Stelle kommt die Verlässlichkeit gleichsam als einschränkende Bedingung zur Geltung und gleicht dem obigen Vergleich folgend dem zweiten Schritt in der Bilanzierung, der Bewertung. Zwar gibt die Relevanz einen Informationsbedarf vor, die Unterkriterien der Verlässlichkeit sollen auf eine sinnvolle Verwendbarkeit der Daten hinwirken.

Nachdem somit der Sachinhalt der Information durch Zusammenwirken von Relevanz und Verlässlichkeit als Korrektiv definiert ist, wird die Form der Übermittlung festgelegt, also die Frage nach dem Wie beantwortet. Nach Ansatz und Bewertung wäre in der Bilanzierung hier die Frage nach der Darstellung das entsprechende Element.

Die Prinzipien werden jeweils durch nachgeordnete Grundsätze konkretisiert und durch Rahmenbedingungen definiert bzw. eingeschränkt. Die vorgeschlagene Anordnung von qualitativen Eigenschaften erweitert somit das Konzept des vorliegenden Entwurfs des Rahmenkonzepts und kann wie in der folgenden Abb. 3-23 dargestellt zusammengefasst werden:

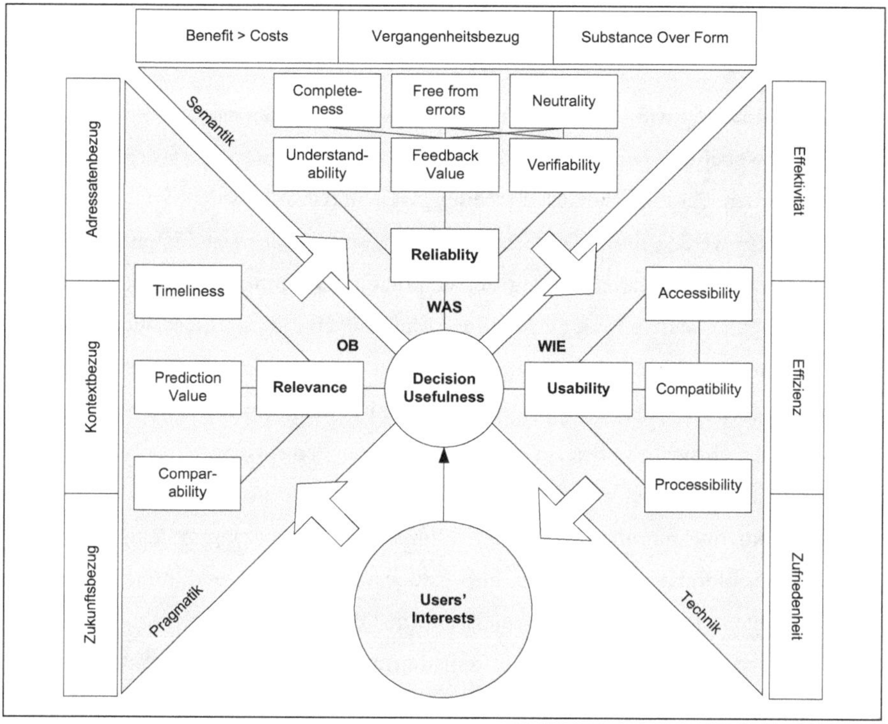

Abb. 3-23: Erweiterter Entwurf qualitativer Anforderungen an die Rechnungslegung

Quelle: eigene Darstellung

3.3 Orientierung an den Interessen des Kapitalmarkts auf der Stufe der Entwicklung von Rechnungslegungsregelungen

3.3.1 Die Verwendung von Informationen am Kapitalmarkt

3.3.1.1 Einordnung der Rechnungslegung in das Kapitalmarktsystem

Nachdem in den vorangegangenen Kapiteln auf die Funktionen der Rechnungslegung und speziell auf die Informationsfunktion eingegangen worden ist, ist nun die Frage zu klären, wie die Anforderungen der Kapitalmarktteilnehmer im Rahmen der Bildung von Rechnungslegungsregeln umgesetzt werden können. Dazu ist zunächst die Rechnungslegung im Kapitalmarktkontext zu lokalisieren, wofür sich eine systemtheoretische Analyse des Kapitalmarkts anbietet.

Der Kapitalmarkt i.w.S. kann als ein System von Informationsmärkten verstanden werden,[678] wobei der Kapitalmarkt i.e.S. als der Markt, auf dem die Wertpapiere gehandelt werden, ein Informationsverarbeitungssystem darstellt, welches mit Informationen versorgt werden muss. Diese Versorgung geschieht einerseits durch die Unternehmen in Form der Bereitstellung der ursprünglichen Informationen durch Rechnungslegung und andere Investor Relations Maßnahmen – diese Informationen sollen im Folgenden als Primärinformationen bezeichnet werden – sowie andererseits durch andere Akteure wie Analysten, die Informationen aufnehmen und weiterverarbeiten, um sie wieder abzugeben; diese Informationen können dementsprechend als Sekundärinformationen bezeichnet werden. Der Markt der Primärinformationen ist aus Sicht der Kapitalmarktteilnehmer in erster Linie ein Informationsversorgungssystem, der Markt für Sekundärinformation ist zugleich Informationsverarbeitungs- und Informationsversorgungssystem. Der Markt für Sekundärinformationen bezieht Informationen jedoch noch von anderen, systemexternen Informationsmärkten und verarbeitet diese Informationen zur Weitergabe an den Kapitalmarkt i.e.S. weiter. Abb. 3-24 veranschaulicht die Zusammenhänge zwischen den Subsystemen.[679]

---

678 Statt der Bezeichnung Informationssystem wurde für die vorliegende Systembildung der Begriff des Informationsmarktes gewählt, um des Aspekt der Transaktion zu betonen. Informationen werden von Informationsanbietern bereitgestellt und von Informationsnachfragern entgegen genommen und verarbeitet. Auch wenn viele Informationen unentgeltlich bezogen werden können, so sind sie dennoch nicht als umsonst oder kostenlos zu bezeichnen, da der Transaktionskostenbegriff auch auf die Kosten der Suche und der Verarbeitung abstellt. Da im vorangegegangenen Abschnitt gezeigt worden ist, dass ein Defizit bei der Berücksichtigung der Transaktionskosten seitens der Rechnungslegung besteht, soll dieser Aspekt hier betont werden.

679 Eine etwas andere Einteilung in Originär- und Surrogatinformationen findet sich bei *Freter/Sänger* (2000), S. 779 f.

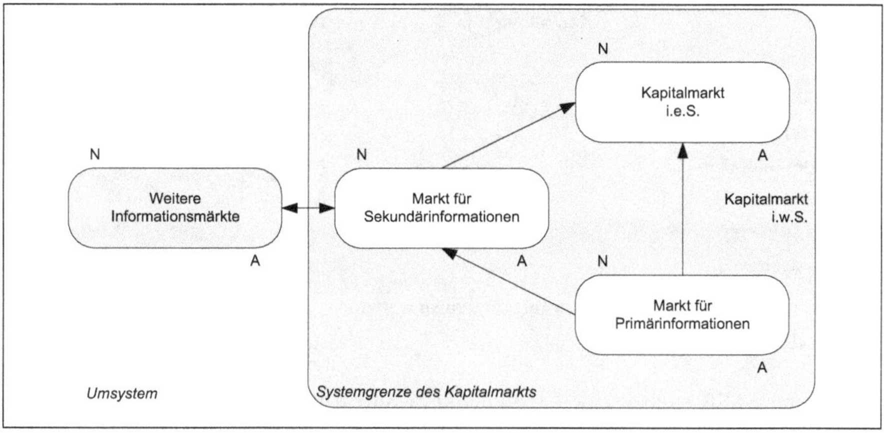

Abb. 3-24: Kapitalmarkt als System von Informationsmärkten

Quelle: eigene Darstellung, ähnliche Systematik bei *Wichels* (2002), S. 32

Auf dem Kapitalmarkt i.e.S. werden Wertpapiere zwischen Anbietern und Nachfragern gehandelt.[680] Andere, regelmäßig auch unter den Kapitalmarktteilnehmern subsumierte Gruppen wie etwa die Finanzanalysten, agieren hingegen nicht auf dem Kapitalmarkt i.e.S. sondern auf den vorgeschalteten Informationsmärkten.[681] Einen Überblick über die Zuordnung der verschiedenen Gruppen von Kapitalmarktteilnehmern zu den Einzelmärkten und der von ihnen dort eingenommenen Rolle gibt Tab. 3-5. Eine Sonderstellung nehmen dabei die Standardsetter ein, die weder direkt als Anbieter (A) oder Nachfrager (N) zu klassifizieren sind, die jedoch strukturgebend am Markt beteiligt sind und daher neutral (X) zugeordnet werden.[682]

680 Auf eine weitere Differenzierung des Kapitalmarkts i. e. S. in Primärmarkt und Sekundärmarkt soll hier verzichtet werden, da diese Betrachtungsweise für die Klärung des Informationsflusses nicht wesentlich erscheint.

681 Vgl. *Achleitner/Bassen/Pietzsch/Wichels* (2002), S. 29.

682 Zu den Standardsettern zählen in diesem Kontext alle Institutionen, die den Kapitalmarkt regeln.

Gruppe	Kapitalmarkt i.e.S.	Markt für Sekundär informationen	Markt für Primär informationen
Unternehmen	A/N[683]		A
Investoren	A/N	A/N	N
Sell-Side Analysten		A/N	N
Journalisten		A/N	N
Ratingagenturen		A/N	N
Standardsetter			X

Tab. 3-5: Akteure auf den einzelnen Informationsmärkten

Quelle: eigene Darstellung

IASB und FASB streben eine kapitalmarktorientierte Rechnungslegung an. Im Kontext dieses dreistufigen Modells stellen die von den Unternehmen publizierten Rechnungslegungsinstrumente des Jahresabschlusses und der Zwischenberichte einen wesentlichen Bestandteil der auf dem Markt für Primärinformationen angebotenen Informationen dar. Die Aufgabe der Standardsetter bezieht sich also weniger auf die Funktionsfähigkeit des Kapitalmarkts i.w.S. sondern auf die des Markts für Primärinformationen und der Kopplung dieses Informationsmarktes mit dem Kapitalmarkt i.e.S.[684]

Fraglich ist, inwiefern bei dem Entwurf von Rechnungslegungsregeln auch auf Bedürfnisse des Markts für Sekundärinformationen einzugehen ist. Daher soll im folgenden Abschnitt die Rolle des Markts für Sekundärinformationen näher betrachtet werden. Kennzeichnend für diesen Markt ist die Gruppe der Analysten, die als Meinungsbildner zwar als eine wesentliche Gruppe von Kapitalmarktteilnehmern anzusehen sind,[685] die jedoch selbst nicht auf dem Kapitalmarkt i.e.S. agieren, daher soll sich die Analyse auf diese Kapitalmarktteilnehmergruppe konzentrieren.

---

683 Unternehmen treten als Akteure im Primärmarkt bei der Emission neuer Wertpapiere und im Sekundärmarkt bei dem Rückkauf eigener Anteile auf.

684 Als Anwender der Rechnungslegungsregeln agieren nur die Unternehmen, Nutzer von Rechnungslegung finden sich auch auf den anderen Märkten.

685 Vgl. *Achleitner/Bassen/Pietzsch/Wichels* (2002), S. 29.

3.3.1.2 Informationsverarbeitung durch Informationsintermediäre

Sell-Side-Analysten erfüllen durch ihre Tätigkeit die Funktion eines Informationsintermediärs und tragen auf diese Weise zu einer Verbesserung der Informationseffizienz des Kapitalmarkts bei.[686] Es handelt sich somit aus Marktperspektive um einen Funktionsschutz, und auch aus Sicht der Unternehmen kann sich eine zu geringe Berücksichtigung durch Analysten negativ auswirken. Wird ein Unternehmen nicht in ausreichendem Maße von Sell-Side-Analysten beobachtet, zeigt sich dies in einer unzureichenden Informationsverarbeitung am Kapitalmarkt, die zu einem „Teufelskreislauf der Illiquidität“[687], also einer Negativspirale führen kann.[688] Daher ist zu untersuchen, welche Faktoren die Tätigkeit der Analysten determinieren.

Bei der Definition seiner Tätigkeit werden von einem Sell-Side-Analysten grundlegende Entscheidungen über Coverage, Effort und Reporting getroffen.[689] Die Coverage-Entscheidung kann dabei durch das Kosten-Nutzen-Kalkül des Analysten erklärt werden, wie dies in Abb. 3-25 gezeigt wird.

686 Vgl. *Wallmeier* (2005), S. 744. Vgl. auch zu einer positiven Beurteilung der Qualität von Analystenempfehlungen *Henze/Röder* (2005).

687 *Achleitner/Groth/Pietzsch* (2005), S. 261.

688 Vgl. *Achleitner/Bassen/Pietzsch/Wichels* (2002), S. 32; *Achleitner/Groth/Pietzsch* (2005), S. 261.

689 Coverage bezeichnet die Abdeckung von Unternehmen durch Analysten, also welche und wie viele Unternehmen ein Analyst beobachten soll. Unter der Effort-Entscheidung wird die Bestimmung des jeweiligen Arbeitseinsatzes verstanden. Die Festlegung, in welcher Form die Kommunikation des Anlageurteils erfolgen soll, wird als Reporting-Entscheidung bezeichnet, vgl. *Achleitner/Groth/Pietzsch* (2005), S. 262.

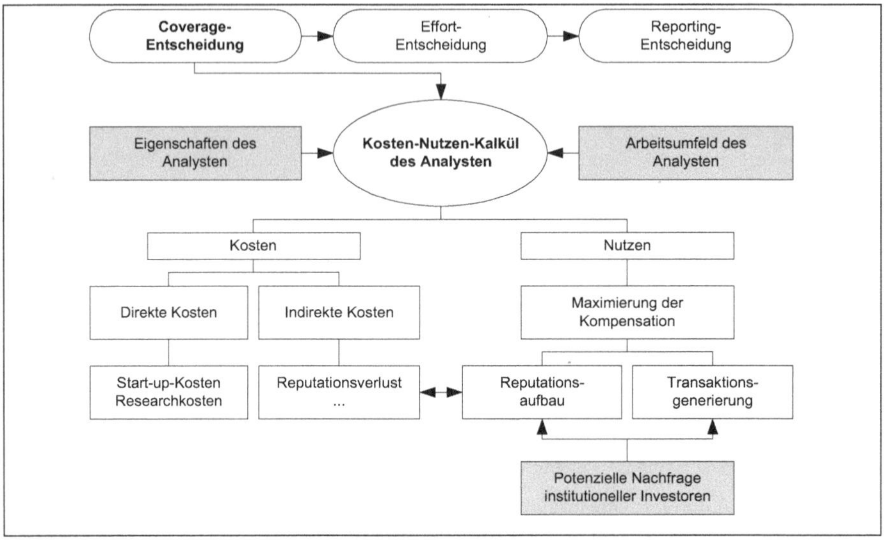

Abb. 3-25: Coverage-Entscheidung bei Sell-Side-Analysten

Quelle: *Achleitner/Groth/Pietzsch* (2005), S. 262, um Einflussfaktoren erweitert

Stehen Informationen nur in ungenügender Qualität und in zu geringem Umfang zur Verfügung, besteht für Unternehmen die Gefahr einer geringen Coverage, da die Kosten der Informationsbeschaffung und -verarbeitung aus Sicht des Analysten steigen.[690] Da der Nutzen einer angemessenen Coverage für das Unternehmen in der Senkung der Kapitalkosten einhergehend mit einer besseren Visibilität, Liquidität und höherem Handelsvolumen besteht, erscheint eine verstärkte individuelle Kommunikation mit Analysten aus Unternehmenssicht rational, auch wenn diese Investor Relations Maßnahmen zusätzliche Kosten neben denen der Pflichtpublizität in Form der Rechnungslegung verursachen.[691] Eine geringe oder gänzlich ausbleibende Coverage führt ggf. zu dem sog. „Neglected Firm Effect", d.h., dass aufgrund der geringeren oder fehlenden Coverage die Investoren eine mangelnde Transparenz des Unternehmens unterstellen

690 Vgl. *Achleitner/Bassen/Pietzsch/Wichels* (2002), S. 32.

691 Vgl. *Achleitner/Bassen/Pietzsch/Wichels* (2002), S. 32.

und somit aus Sicht der Prinzipal-Agenten-Theorie ein höheres Kontrolldefizit in Form eines Kursabschlags berücksichtigen.[692]

Die Effort-Entscheidung betrifft den Einsatz von Zeit und Ressourcen, die der Analyst zu leisten bereit ist, um die Informationen zu beschaffen und zu verarbeiten; es handelt sich somit um eine Budgetentscheidung, da kein Mengengerüst vorliegt und das Ergebnis der Informationssuche im Vorhinein nicht bekannt ist. Mit sinkender Effizienz der Informationsverarbeitung werden daher weniger Informationen durch den Analysten aufgenommen, verarbeitet und in der Folge an den Kapitalmarkt i.e.S. weitergegeben.[693] Die Effort-Entscheidung betrifft somit einerseits technische Aspekte, da Analysten in Abhängigkeit von ihren Covarage-Entscheidungen eine mehr oder weniger große Anzahl von Unternehmen laufend analysieren und bewerten müssen und daher auf einfach zu verarbeitende Daten angewiesen sind. Andererseits müssen die Daten auch von den Analysten inhaltlich verstanden werden, sie benötigen daher entsprechende Kenntnisse der zugrundeliegenden Rechnungslegungssysteme. Die gleichzeitige Kenntnis mehrerer Systeme stellt einen bedeutsamen Faktor der Transaktionskosten dar, gleiches gilt für die Verfolgung der Änderungen in den Rechnungslegungssystemen. Sollte daher ein Unternehmen, das nicht nach einem von dem Analysten favorisierten Rechnungslegungssystem berichtet, nicht bereits bei der Coverage-Entscheidungen aussortiert worden sein, so führt spätestens im Rahmen der Effort-Entscheidung die unbekannte Rechnungslegungssystematik und das damit verbundene Risiko zu Bewertungsabschlägen.[694] Dies gilt daher in gleicher Weise für nicht der Erwartung des Analysten entsprechende Rechnungslegungsstandards.[695]

Die Verbesserung der Kapitalmarkteffizienz durch Finanzanalysten ist nicht unumstritten.[696] Insbesondere nach den negativen Erfahrungen der Aktienmarktentwicklungen

---

692 Vgl. *Achleitner/Bassen/Pietzsch/Wichels* (2002), S. 32. Allerdings handelt es sich dabei häufig um kleine Unternehmen, die in der Folge Überrenditen erzielen, die durch das CAPM nicht erklärt werden können, vgl. *Achleitner/Bassen/Pietzsch/Wichels* (2002), Fn. 41.

693 Vgl. auch *Achleitner/Groth/Pietzsch* (2005), S. 262 f.

694 Vgl. auch zu den Konsequenzen der Coverage- und der Effort-Entscheidung *Achleitner/Groth/Pietzsch* (2005), S. 262 f.

695 Hier zeigt sich die Verbindung zu ISO 9241, der als Kriterium die Entsprechung mit der Erwartung des Nutzers aufführt, vgl. Abschnitt 3.2.6.

696 Vgl. zur Qualität von Aktienempfehlungen in Deutschland *Henze/Röder* (2002).

zu Beginn dieses Jahrzehnts wird den Analysten vorgeworfen, durch unseriöse Kaufempfehlungen den „irrationalen Überschwang“[697] begünstigt zu haben.[698] Eine empirische Untersuchung der Qualität von Gewinnprognosen anhand von Konsensmeinungen konnte jedoch für den Zeitraum der späten neunziger Jahre keine starken Verzerrungen feststellen, vielmehr konnte im Gegensatz zu den frühen neunziger Jahren sogar eine Verringerung bzgl. optimistisch verzerrter Prognosen gezeigt werden.[699]

Wird von einer wesentlichen Bedeutung der Analysten für die Informationsverarbeitung am Kapitalmarkt ausgegangen, so sollten auch die spezifischen Informationsinteressen dieser Gruppe beim Standardsetzungsprozess berücksichtigt werden.[700] Dass hier Defizite zu bestehen scheinen zeigt sich an den Bemühungen der Unternehmen, Informationsdefizite durch Investor Relations Maßnahmen abzubauen.[701]

3.3.1.3 Empirische Überprüfung der Verwendung von Rechnungslegungsinformationen

Der Frage, ob Informationen aus der Rechnungslegung überhaupt und ggf. in welchem Ausmaß in die Aktienkursbildung eingehen, widmet sich die empirische Kapitalmarktforschung, die besonders in den USA stark ausgeprägt ist.[702] Die bereits in Kapitel 2.2.2 vorgestellten Ausprägungen der empirischen Kapitalmarktforschung konzentrieren sich insbesondere in den Forschungseldern *Feltham/Ohlson*-Modell und Value Relevance auf diese Fragestellung.[703]

Die Forschungsrichtung der Value Relevance versucht die Beziehung zwischen Marktpreisen und bestimmten Rechnungslegungsinformationen empirisch nachzuwei-

---

697 Der Begriff „irrational exuberance“ geht auf Alan Greenspan zurück, vgl. *Wallmeier* (2005), S. 744.

698 Vgl. *Wallmeier* (2005), S. 744.

699 Es wurden 8 europäische Länder für den Zeitraum 1991 – 2000 in die Untersuchung einbezogen; zu den Details der Studie vgl. *Wallmeier* (2005).

700 Vgl. auch *Ballwieser* (2001a), S. 160 f.

701 Zur abnehmenden Bedeutung der Rechnungslegung insbesondere in der New Economy vgl. *Behr/Leibfried* (2001). Zur Verbreitung der Investor Relations Maßnahmen auch im Internet vgl. bereits *Gassen/Heil* (2001).

702 Vgl. auch *Mölls/Strauß* (2007), S. 957.

703 So verwenden auch *Mölls/Strauß* das *Ohlson*-Modell als Basis für die Auswahl des Studienvergleichs, vgl. *Mölls/Strauß* (2007), S. 959.

sen.[704] Als wertrelevant werden Informationen aus der Rechnungslegung bezeichnet, die ein signifikantes Verhältnis zum Marktpreis aufweisen.[705] Dabei werden nicht nur die in der Bilanz oder der Gewinn- und Verlustrechnung erfassten Sachverhalte berücksichtigt, auch nur im Anhang erwähnte Umstände können sich als wertrelevant erweisen.[706]

Als Untersuchungsformen werden Ereignisstudien und Assoziationsstudien eingesetzt. Während Ereignisstudien auf kurzfristige Zusammenhänge zwischen Ereignis (Informationsbekanntgabe) und Kursänderung ausgerichtet sind, untersuchen Assoziationsstudien für längere Zeitintervalle die Auswirkungen von Rechnungslegung auf Aktienkurse insgesamt.[707] Einen Überblick über die Forschungsergebnisse geben *Mölls/Strauß* und *Leuz/Wysocki*, der hier lediglich zusammenfassend dargestellt werden soll.[708]

Den ersten Block bilden Studien, die der Frage nachgehen, wie stark Rechnungslegungsgrößen wie Gewinn und bilanzielles Eigenkapital mit der Kursentwicklung korrelieren.[709] Die Studien zeigen insgesamt, dass sich auch unternehmensspezifische Faktoren auf die Wertrelevanz von Gewinn und Eigenkapital auswirken, so unterscheiden sich die Maßgrößen bspw. nach Höhe der Eigenkapitalrendite, der Lebensphase oder der Branche des Unternehmens.[710] Es scheint aber einiges für eine abnehmende Relevanz der Rechnugslegungsgrößen zu sprechen.[711]

---

704 Vgl. *Lo/Lys* (2000), S. 3; kritisch *Holthausen/Watts* (2001).

705 Vgl. grundlegend *Hung* (2001).

706 Vgl. zu Vermögenswerten und Schulden aus Pensionsverpflichtungen in Pensionsfonds *Choi/Laibson/Madrian/Metrick* (2001), zu immateriellen Vermögenswerten vgl. *Lev/Sougiannis* (1996).

707 Vgl. *Mölls/Strauß* (2007), S. 957. Vgl. bspw. zum Bekanntwerden unerwarteter Gewinne *Jegadeesh/Livnat* (2004) oder zur Auswirkung der Aktivierung von Softwarekosten auf den Aktienkurs *Aboody/Lev* (2008).

708 Vgl. *Mölls/Strauß* (2007); *Leuz/Wysocki* (2008).

709 Das Ergebnis, dass in anglo-amerikanisch geprägten Ländern eher das Eigenkapital die höhere Korrelation aufweist, deutet darauf hin, dass hier durch die Verletzungen des Kongruenzprinzips durch die US GAAP oder auch IFRS der Gesamtänderung des Eigenkapitals eine größere Bedeutung zukommt als dem Gewinn, der nur einen Teil des Erfolgs erfasst.

710 Vgl. *Mölls/Strauß* (2007), S. 962.

711 Die abnehmende Relevanz kann ferner durch die steigende Anzahl von Unternehmen erklärt werden, für die immaterielle Vermögenswerte von größerer Bedeutung sind, sowie durch die

Da häufig eine Bevorzugung von Cash Flow Informationen dem Gewinn vorgezogen wird, war auch die Frage nach der relativen Aussagekraft dieser beiden Größen Gegenstand von Untersuchungen. Hierbei gelangen verschiedene Studien zum Ergebnis, dass der Gewinn die größere Korrelation aufweist.[712]

Forschungsfrage	**Zentrale Forschungs-ergebnisse**	**Studien**	**Studienmerkmale**
Entwicklung der Erklärungskraft von Gewinn und Eigenkapital	Ermittlung einer steigenden Bewertungsrelevanz	*Collins/Mayden/Weiss* (1997)	USA, 1953 – 1993 N=115.154
		Ely/Waymire (1998)	USA, 1927 – 1993 N=6.591
		Francis/Schipper (1999)	USA, 1952 – 1994 N=97.386
	Ermittlung einer abnehmenden Bewertungsrelevanz	*Amir/Lev* (1996)	USA, 1952 – 1993 N=1.064
		Lev/Zarowin (1999)	USA, 1978 – 1996 N=97.485
		Brown/Lo/Lys (1999)	USA, 1958 – 1996 N=101.552
		Schloemer (2003)	Deutschland, 1962 – 2000 N=12.175
		Vorstius (2004)	Deutschland, 1980 – 2000 N=3.872
		Balachandran/Mohanram (2005)	USA, 1978 – 2002 N=100.729
Relative Entwicklung der Erklärungskraft: Gewinn vs. Eigenkapital	Stärkere Bedeutungs-zunahme des Eigenkapitals im Zeitablauf	*Hayn* (1995)	USA, 1962 – 1990 N=85.919
		Collins/Mayden/Weiss (1997)	USA, 1953 – 1993 N=115.154
		Collins/Pincus/Xie (1999)	USA, 1974 – 1993 N=69.577

Tab. 3-6: Studien zum Erklärungszusammenhang von Gewinn und Eigenkapital im Zeitablauf
Quelle: *Mölls/Strauß* (2007), S. 963

In weiteren Untersuchungen wird der Frage nachgegangen, ob bestimmte Rechnungslegungssysteme einen engeren Zusammenhang mit den Kursentwicklungen aufweisen als andere Systeme. Es zeigt sich, dass die Wahl der Variablen, anhand derer

steigende Anzahl kleiner Unternehmen in den Stichproben im Zeitablauf, vgl. *Mölls/Strauß* (2007), S. 962.

712 Vgl. *Mölls/Strauß* (2007), S. 966; *Black* (1998); *Biddle/Seoq/Siegel* (1995). Neben dem Cash Flow wurden auch weitere Performancemaße untersucht, vgl. für eine Übersicht die Aufstellung bei *Mölls/Strauß* (2007), S. 968 f.

die Untersuchung modelliert wird, einen entscheidenden Einfluss auf das Ergebnis hat. Es scheint jedoch die Tendenzaussage vertretbar zu sein, dass sich Systeme in Ländern, in denen sich die Unternehmen stärker an der Eigen- als an der Fremdfinanzierung orientieren, besser für die Abb. von Kursentwicklungen eignen als in eher fremdkapitalorientierten Ländern wie Deutschland.[713] Da es sich bei den eher eigenkapitalorientierten Ländern meist um anglo-amerikanische Staaten handelt, gilt somit die Aussage auch für die so geprägten Rechnungslegungssysteme.[714]

713 Vgl. auch *Chan/Seow* (1996).

714 Vgl *Mölls/Strauß* (2007), S. 964.

Forschungsfrage	Zentrale Forschungsergebnisse	Studien	Studienmerkmale
Erklärungskraft verschiedener nationaler Rechnungslegungssysteme vs. US GAAP (bzw. Überleitungsrechnung)	Höhere Bewertungsrelevanz insbesondere der nationalen Systeme von Ländern mit eher eigenkapitalorientierter Unternehmensfinanzierung	*Alford* et al. (1993)	16 Länder, 1983 – 1990 N=4.559 bzw. 3.676
		Chan/Seow ((1996)	Div. Länder, 1987 – 1992 N= 147
		Ali/Hwang (2000)	16 Länder, 1986 – 1995 N=6.410
Vergleich der relativen Erklärungskraft US/UK GAAP vs. HGB	Höhere relative Bewertungsrelevanz der US GAAP	*Ali/Hwang* (2000)	16 Länder, 1986 – 1995 N=6.410
		Stromann (2003)	Deutschland, USA, 1987/89 – 2000 N=8.546
	Keine signifikanten Unterschiede in der relativen Bewertungsrelevanz	*Joos/Lang* (1994)	Frankreich, Deutschland, UK, 1982 – 1990 N=6.475
		Harris/Lang/Möller (1994)	Deutschland, USA, 1981 – 1990 N≤2.686
		Harris/Lang/Möller (1995)	Deutschland, USA, 1981 – 1990 N≤2.686
	Uneinheitliche Ergebnisse	*Black/White* (2003)	Deutschland, Japan, USA, 1982 – 1990 N=36.143
Erklärungskraft von Gewinn und Eigenkapital nach Ländern	Stärkere Erklärungskraft des Gewinns nach HGB und des Eigenkapitals nach US/UK GAAP	*Joos/Lang* (1994)	Frankreich, Deutschland, UK, 1982 – 1990 N=6.475
		Harris/Lang/Möller (1995)	Deutschland, USA, 1981 – 1990 N=2.686
Vergleich der relativen Erklärungskraft bei paralleler Anwendung verschiedener Systeme in einem Land	Höhere Bewertungsrelevanz von US GAAP gegenüber IFRS und von IFRS gegenüber HGB bzw. ARR	*Babalyan* (2001)	Schweiz, 1997 – 1999 N=288
		Bartov/Goldberg/Kim (2005)	Deutschland, 1998 – 2000 N=917
	Keine höhere Bewertungsrelevanz von „Nicht-HGB-Abschlüssen"	*Vorstius* (2004)	Deutschland, 1998 – 2000 N=776

Tab. 3-7: Studien zum Relevanzvergleich unterschiedlicher Rechnungslegungssysteme

Quelle: *Mölls/Strauß* (2007), S. 965

Insgesamt lässt sich jedoch zumindest festhalten, dass sich die Verwendung von Rechnungslegungsinformationen am Kapitalmarkt empirisch bestätigen lässt, sowohl in einem kurz- als auch in einem mittelfristigen Zeithorizont, wobei allerdings nicht alle

Informationen die gleiche Wertrelevanz aufweisen. Die Wertrelevanzforschung ist somit eine wertvolle Quelle, die den Standardsettern Hinweise auf die Art und Weise der Informationsverarbeitung am Kapitalmarkt geben kann.[715]

Da bei theoretisch richtiger Ableitung der Informationsinteressen aus den verschiedenen Entscheidungsmodellen sämtliche Informationen der Rechnungslegung eine hohe Wertrelevanz, also eine hohe Korrelation zu Aktienkursänderungen aufweisen müssten, müssen die verzerrenden Effekte im Rahmen der Informationsübermittlung oder der Informationsverarbeitung bei den Akteuren auftreten. Werden Rechnungslegungsinformationen nicht in ausreichendem Maße gewürdigt, so kann dies also an einem Defizit in der Kommunikation liegen oder an Einschränkungen der Informationen hinsichtlich Verständlichkeit oder Verarbeitbarkeit; dies betrifft möglicherweise die Usability der Rechnungslegungsinformationen, wie im Kapitel 3.2.6 erläutert wurde. Eine stärkere Berücksichtigung dieser den Nutzern zuzurechnenden Faktoren bei der Gestaltung der Rechnungslegungsstandards sollte daher zu einer Steigerung der Wertrelevanz der Rechnungslegung und in der Folge zu einer Verbesserung der Markteffizienz führen.

3.3.2 Grundlegende Gestaltungsvariablen einer kapitalmarktorientierten Rechnungslegung

3.3.2.1 Wettbewerb im Bereich der Rechnungslegungsregelungen

Als eine der zentralen Forderungen zur Erfüllung einer auf die Kapitalmarktteilnehmer abgestimmten Informationsfunktion wurde in Kapitel 3.2 die Vergleichbarkeit bezeichnet. Erst durch die Vergleichbarkeit von Informationsinhalten wird eine Bewertung der Wertpapiere am Kapitalmarkt möglich. Es liegt daher nahe, aus dem Kriterium der Vergleichbarkeit die Forderung nach einem einzigen Rechnugslegungssystem abzuleiten, welches die Aufgabe der Informationsversorgung der Kapitalmärkte über-

---

715 Vgl. auch *Mölls/Strauß* (2007), S. 963. Ferner werden auch spezifische Rechnungslegungsfragen einer Untersuchung unterzogen, etwa der Einfluss einer Fair Value Bilanzierung, die Goodwill-Bilanzierung oder die Bilanzierung immaterieller Vermögenswerte, vgl. dazu *Mölls/Strauß* (2007), S. 970-975.

nehmen soll,[716] da zwei oder mehr parallel bestehende Systeme nur dann rational sind, wenn sie unterschiedlich ausgestaltet sind und deshalb unterschiedliche Informationen generieren;[717] eine unterschiedliche Ausgestaltung von Systemen führt aber gerade wieder zu einer schlechteren Vergleichbarkeit oder zumindest zu höheren Transaktionskosten, da zum Anstellen von Vergleichen Überleitungsrechnungen notwendig sind.[718]

Auch die IASC Foundation als Dachorganisation des IASB formuliert explizit als Ziel,

> „im öffentlichen Interesse *einen* [Hervorhebung durch den Verfasser] gültigen Satz an hochwertigen, verständlichen und durchsetzbaren globalen Standards der Rechnungslegung [zu] entwickeln, die hochwertige, transparente und *vergleichbare* [Hervorhebung durch den Verfasser] Informationen in Abschlüssen und sonstigen Finanzberichten erfordern, um die Teilnehmer an den Kapitalmärkten der Welt und andere Nutzer beim Treffen von wirtschaftlichen Entscheidungen zu unterstützen."[719]

Tatsächlich bestehen aber mit den IFRS und den US GAAP weltweit zwei wesentliche Standardsysteme, die um die Stellung des primären kapitalmarktorientierten Rechnungslegungssystems konkurrieren. In der Arbeit des IASB stellt das Streben nach einer stärkeren Konvergenz mit den US GAAP zur Erreichung des formulierten Ziels jedoch einen wesentlichen Schwerpunkt dar, was auch in einem gemeinsamen Memorandum von IASB und FASB, dem sog. Norwalk Agreement festgehalten worden ist.[720]

Allerdings kann die Frage aufgeworfen werden, ob es nicht vorteilhafter wäre, durch Wettbewerb zwischen verschiedenen Systemen Marktmechanismen zur Regulierung zu verwenden, statt ein System nur aus Gründen der Einheitlichkeit und der damit ver-

---

716 Vgl. *Watrin* (2001), S. 935.

717 Es sei denn, es handelt sich bei einem System A um ein feineres System als das System B, da sich in diesem Fall sämtliche Informationen des Systems B aus den Informationen aus System A rekonstruieren lassen, vgl. zum Feinheitstheorem *Wagenhofer/Ewert* (2002), S. 70-74.

718 Dabei können die Überleitungsrechnungen von den Anwendern oder den Nutzern selbst erstellt werden. Durch Mengeneffekte dürften die Transaktionskosten niedriger ausfallen, wenn die Anwender die Überleitungen für eine Vielzahl von Nutzern erstellen.

719 IASCF Satzung, Par. 2.

720 Vgl. zur Übereinkunft zwischen IASB und FASB das Norwalk Agreement (2002).

bunden Vergleichbarkeit vorzuschreiben.[721] Eine solche Möglichkeit zur Konkurrenz zwischen den Systemen hatte der deutsche Gesetzgeber 1998 mit der Verabschiedung des KapAEG und der Einführung des §292a HGB eröffnet, was den Unternehmen für einen begrenzten Zeitraum das Wahlrecht eingeräumt hat, für den Konzernabschluss anstelle des HGB international anerkannte Standards zu verwenden, zu denen zu diesem Zeitpunkt die IAS und die US GAAP zählten.[722]

Wird dem Markt die Auswahl eines Systems überlassen, so sind für das Ergebnis maßgeblich die Einflussfaktoren Marktmacht und Netzwerkeffekte ausschlaggebend.[723] Hinsichtlich der Marktmacht wäre fraglich, welche der an der Rechnungslegung beteiligten und interssierten Gruppen sich durchsetzen würde; da die Rechnungslegung als Informationsinstrument ausschließlich für die Nutzer betrieben wird und diese daher als die wichtigste Gruppe anzusehen ist, sollte auch diese Gruppe über die Auswahl entscheiden. Da jedoch die Auswahl des Rechnungslegungssystems durch die Anwender, also die Unternehmen erfolgt, besteht hier nur eine indirekte Beziehung zwischen Nutzern und Rechnungslegungssystem; die Auswahl eines nicht erwünschten Systems könnte nur über den Kapitalmarkt sanktioniert werden.[724] Ob indes die Manager eines kapitalmarktorientierten Unternehmens bei einer freien Auswahl eines Rechnungslegungssystems nur die Interessen der Nutzer und nicht die eigenen Interessen berücksichtigen würden darf angezweifelt werden, da sie im Sinne der Prinzipal-Agenten-Theorie ihren eigenen Nutzen maximieren könnten, indem sie durch Auswahl eines für sie geeigneten Systems die bestehenden Informationsasymmetrien erhalten könnten.[725]

---

721 Als Beispiel für einen vom Markt dominierten Standardisierungsprozess führen *Pellens/Fülbier/Gassen* die Entwicklung auf dem Homecomputermarkt in den 80er und 90er Jahren an, der zu einem faktischen Standard des IBM PC geführt hat, vgl. *Pellens/Fülbier/Gassen* (2006), S. 29.

722 Vgl. *Watrin* (2001), S. 933.

723 Vgl *Pellens/Fülbier/Gassen* (2006), S. 29.

724 Vgl *Pellens/Fülbier/Gassen* (2006), S. 29. Da jedoch in die Kursbildung bereits etliche andere Faktoren eingehen erscheint fraglich, ob eine Sanktionierung eines bestimmten Rechnugslegungssystems über den Kurs wahrgenommen werden würde.

725 Vgl. *Ballwieser* (2001b), S. 644; *Watrin* (2001), S. 936.

Netzwerkeffekte liegen vor, wenn der Nutzen eines Gutes von der Anzahl der Nutzer insgesamt abhängt.[726] Rechnungslegungsstandards stellen damit prinzipiell einen Fall dar, der Netzwerkeffekte erzeugt, da durch die Verbreitung eines Standardsystems die Anzahl der nach diesem System bilanzierenden Unternehmen steigt und somit für alle Nutzer die Transaktionskosten sinken und die Vergleichbarkeit verbessert wird.[727] Allerdings steigt das Niveau der Vergleichbarkeit nicht automatisch an sondern nur unter der Annahme, dass die in dem betrachteten System enthaltenen Regelungen selbst eine Vergleichbarkeit gewährleisten. Wären bspw. etliche Wahlrechte ohne gleichzeitige Pflicht zur Erläuterung enthalten, würde der Netzwerkeffekt alleine die auf dieser Basis erstellten Abschlüsse kaum vergleichbarer machen.

Aus Sicht der Anwender und der Nutzer bestehen aber noch weitere Netzwerkeffekte, die in Abb. 3-26 zusammengefasst sind. Neben dem Aspekt der Vergleichbarkeit sind auch Kostenvorteile zu nennen, die durch die starke Verbreitung eines Systems hervorgerufen werden. So müssen sich Arbeitnehmer bei ihrer Qualifikationsentscheidung nicht zwischen verschiedenen Systemen entscheiden, was zu einer Partitionierung der potentiellen Mitarbeiter einer Rechnungslegungsabteilung und somit zu einer künstlichen Verknappung führt, für Prüfungs- und Beratungsgesellschaften entstehen ebenfalls keine Nischenmärkte, in denen jeweils relativ wenige Anbieter den Preis der Leistung aufgrund ihrer Marktmacht erhöhen können.[728]

---

726 Vgl. *Watrin* (2001), S. 935.

727 Vgl. *Ballwieser* (2001b), S. 645; *Watrin* (2001), S. 935.

728 Vgl. *Ballwieser* (2001b), S. 645.

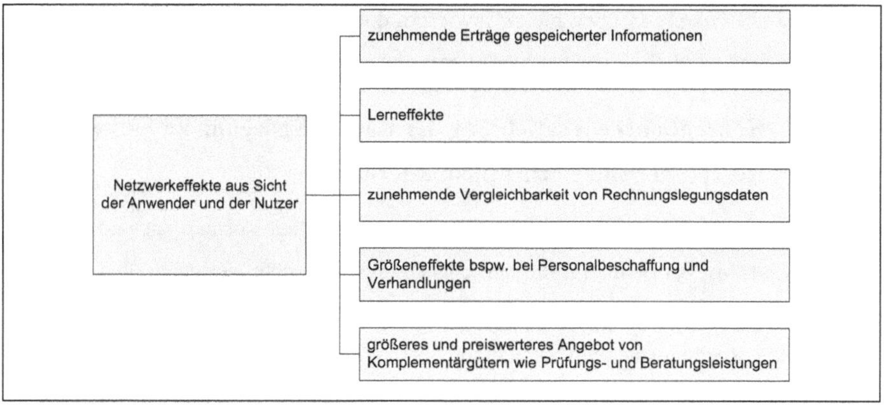

Abb. 3-26: Netzwerkeffekte in der Rechnungslegung
Quelle: *Ballwieser* (2001b), S. 645.

Sofern Auswahlmöglichkeiten bestehen, wird mit dem Treffen einer Auswahl ein bestimmter Entscheidungshintergrund signalisiert. Die Messung bzw. Zuordnung gestaltet sich dabei aber regelmäßig schwierig und führt zu keinen greifbaren Erkenntnissen.[729]

Insgesamt lässt sich in der Diskussion über den Wettbewerb von Rechnungslegungssystemen die implizite Annahme finden, dass Unternehmen ihre Finanzberichterstattung nach jeweils nur einem System durchführen. Bezieht man moderne Möglichkeiten der Informationstechnologie mit ein, kann die Idee entwickelt werden, dass zukünftig Unternehmen auf Basis einer neutralen Grundrechnung dialoggesteuert verschiedene Auswertungmöglichkeiten anbieten, welche die verschiedenen Rechnungslegungsstandards repräsentieren. Durch die interaktive Abgabe der Abschlussinformationen über das Internet könnten Informationen über die Häufigkeit der Nutzung der einzelnen Standards erhoben werden, was die Möglichkeit einer direkten Messung der Kapitalmarktteilnehmerinteressen eröffnen würde. Theoretisch denkbar wäre auch eine Vermischung der Regelwerke, sozusagen ein nutzerspezifischer Mix aus bspw.

729 Vgl. *Ballwieser* (2001b), S. 646; *Pellens/Fülbier/Gassen* (2006), S. 29 f.

IFRS und US GAAP; fraglich bleibt, inwiefern dies aus Sicht der Standardsetter, der Anwender und letztlich der Nutzer vorteilhaft und damit wünschenswert wäre.[730]

3.3.2.2 Konzeptionelle Ausrichtung der Rechnungslegung im Sinne einer Regel- oder einer Prinzipienbasierung

Rechnungslegungssysteme stellen einen Teil der rechtlichen Normen dar und müssen daher jeweils vor dem Hintergrund der Entstehungsgeschichte, der generellen Rechtsphilosophie und der gesellschaftlichen, wirtschaftlichen und politischen Einflussfaktoren auf die Rechnungslegung verstanden werden. Es werden regelmäßig die zwei Rechtssysteme des Case Law und des Code Law unterschieden; die wesentlichen Merkmale gibt Tab. 3-8 wider:[731]

Kriterium	Case Law / Common Law	Code Law
Vertragsfreiheit	Weitgehende Vertragsfreiheit mit begrenzt einschränkenden gesetzlichen Vorschriften	Grundsätzliche Vertragsfreiheit mit umfangreichen gesetzlichen Vorschriften zur Standardisierung
Abstraktionsgrad	Gering; Regeln gelten nur für den Spezialfall, für den sie entwickelt wurden	Hoch; Normen gelten für alle jeweils gleichartigen Fälle
Quelle der Rechnungslegungsvorschriften	Rechnungslegungsregeln werden regelmäßig von privaten Institutionen erstellt und beruhen nicht auf gesetzlichen Vorschriften	Rechnungslegung beruht größtenteils auf Gesetzesvorschriften
Vertreter	Australien, Großbritannien, Indien, Irland, Kanada, Neuseeland, USA	Deutschland, Frankreich, Italien, Japan, Portugal, Spanien
Rechnungslegungskonzept	Regelbasierte Rechnungslegung	Prinzipienbasierte Rechnungslegung

Tab. 3-8: Vergleich von Case Law und Code Law

Quelle: geringfügig modifiziert nach *Pellens/Fülbier/Gassen* (2006), S. 36

Diese Differenzierung wirft die Frage auf, ob einer dieser Ansätze eine systematische Überlegenheit bzgl. der hier untersuchten Fragestellung einer Kapitalmarktorientierung aufweist. Hinsichtlich der Kriterien der Vertragsfreiheit und der Herkunft der

---

730 Ein Standardmix würde die Kommunikation zwischen Anwendern und Nutzern erheblich erschweren, da dem Anwender regelmäßig die durch den Nutzer gewählte Kombination nicht bekannt sein dürfte.

731 Vgl. *Pellens/Fülbier/Gassen* (2006), S. 36.

Rechnungslegungsregelungen ergeben sich Vorteile für die regelbasierte Rechnungslegung, da es an einem Weltgesetzgeber bislang fehlt und sich auf absehbare Zeit hieran wohl nichts ändern dürfte; durch den Rückgriff auf nationale Gesetzgeber entsteht jedoch wieder eine große Anzahl unterschiedlicher Regelungen, die eine schlechte Vergleichbarkeit und damit verbunden hohe Transaktionskosten nach sich ziehen würden.

Hinsichtlich des Abstraktionsgrades, also der generellen Vorgehensweise, Bestimmungen in Form von Prinzipien allgemein zu formulieren und die sinnvolle Umsetzung den Anwendern zu überlassen oder im Gegensatz dazu Sachverhalte möglichst detailliert bei Auftreten individuell zu regeln,[732] kann eine Rangordnung nur schwer ermittelt werden.[733] Für die regelbasierte Rechnungslegung scheint zu sprechen, dass sie in den Ländern üblich ist, die auch traditionell über starke Kapitalmärkte verfügen, während in den kontinentaleuropäischen Ländern, die eine prinzipienbasierte Rechnungslegung favorisieren, die Finanzierung über Kapitalmärkte eher gering ausfällt. Dieser Umstand kann im Sinne des vorangegangenen Kapitels als Marktentscheidung gewertet werden; die Kapitalmarktnutzer haben sich überwiegend für regelbasierte Systeme entschieden, was zu einer Verbreitung dieser Systeme in den entsprechenden Ländern geführt hat.[734]

Durch die internationale Zusammensetzung des IASB wird bei den IFRS ein Mittelweg verfolgt; generell folgen sie zwar einem regelbasierten Ansatz wie die US GAAP, bei der Ausgestaltung der Regeln, also der einzelnen Standards wird jedoch wesentlich konzeptioneller bzw. prinzipienorientierter vorgegangen. So wird insbesondere im Rahmen der Annual Improvement Projects auf eine einheitliche Verwendung von Begriffen in den verschiedenen Standards geachtet.[735]

Die internationale Zusammensetzung des IASB stellt zugleich die Berücksichtigung vieler Interessengruppen am ehesten sicher und ist dem Ziel eines global einheitlichen

---

732 Vgl. zur Prinzipienbasierung grundlegend *Lüdenbach/Hoffmann* (2003).

733 Sehr kritisch zur Vorziehenswürdigkeit der US GAAP allerdings *Schildbach* (1998), S. 80 f.

734 Vgl. dazu auch die Entscheidung deutscher Unternehmen im Rahmen des Wahlrechts des §292a HGB, bspw. bei *Küting/Dürr/Zwirner* (2002).

735 Vgl. auch *Kümpel* (2002c), S. 18 f., *Ruhnke/Schmidt/Seidel* (2000).

Rechnungslegungssystems am angemessensten. Insgesamt scheinen somit die IFRS von den bestehenden Systemen am ehesten geeignet zu sein, eine kapitalmarktorientierte Rechnungslegung umzusetzen.

3.3.3 Eignung zentraler Elemente der internationalen Rechnungslegung zur Erfüllung der Informationsfunktion

Nachdem die Anforderungen der Abschlussnutzer im Sinne eines Informationsbedarfs geklärt worden sind, ist nun zu prüfen, inwiefern diesen Bedürfnissen durch die Rechnungslegungsregeln tatsächlich entsprochen wird. Zu diesem Zweck sollen neben den Ansatzregelungen der Fair Value als zunehmend bedeutsamer Wertmaßstab und die Erfolgsrechnung als für Prognosezwecke wichtiges Instrument untersucht werden. Dies soll vorrangig an den Standards des IASB erfolgen.

3.3.3.1 Eignung der Ansatz- und Ausweisregelungen der IFRS

Das IFRS-Regelwerk unterstellt eine Rechnungslegung auf Basis des Prinzips der Periodenabgrenzung und beinhaltet somit als Kernelemente die Bilanz als Bestands- oder Abgrenzungsrechnung und die Gewinn- und Verlustrechnung als Stromgrößen- bzw. Erfolgsrechnung als Aggregation der Bestands- und Erfolgskonten. Mit IAS 1 (2008) wurden die Bestandteile des Abschlusses teilweise umbenannt oder neu strukturiert, so wird in Zukunft die Bilanz oder balance sheet als statement of financial position bezeichnet, und die Gewinn- und Verlustrechnung wird um erfolgsneutrale Eigenkapitaländerungen ergänzt und in statement of comprehensive income umgewidmet.[736] Hier sollen zunächst noch die bekannten Begriffe Bilanz und Gewinn- und Verlustrechnung verwendet werden.

Die Bilanz beinhaltet lediglich Positionen, die den Definitionen und Ansatzkriterien der drei Typen Vermögenswert (asset), Schuld (liability) oder Eigenkapital (equity) entsprechen.[737] Die Ansatzregelungen bestimmen, ob Ausgaben als Vermögenswert in

---

736 Vgl. IAS 1.10 (2008). Die deutsche Übersetzung sieht die Begriffe Bilanz und Gesamtergebnisrechnung vor.

737 Die Abgrenzung von Eigen- und Fremdkapital ist zurzeit ohnehin in der Diskussion, vgl. bspw. *Weidenhammer* (2007), *Weidenhammer* (2008), *Bömelburg/Landgraf/Luce* (2008).

die Bilanz oder als Aufwand in die Gewinn- und Verlustrechnung eingehen, bzw. ob Einnahmen als Ertrag oder als Schuld verbucht werden müssen. Die Ansatzentscheidung unterliegt dabei einem zweistufigen Konzept, welches zunächst die abstrakte Bilanzierungsfähigkeit anhand von Definitionsmerkmalen überprüft, und bei Erfüllung der Definition eine konkrete Ansatzprüfung anhand von bestimmten Erfassungskriterien vorschreibt. Grundlegend sind sowohl Definitionen als auch Ansatzkriterien bereits im Rahmenkonzept hinterlegt, diese werden in einzelnen Standards durch weitere Vorschriften ergänzt.[738]

So definiert das Rahmenkonzept einen Vermögenswert als

> „eine in der Verfügungsmacht des Unternehmens stehende Ressource, die ein Ergebnis von Ereignissen der Vergangenheit darstellt und von der erwartet wird, dass dem Unternehmen aus ihr künftiger wirtschaftlicher Nutzen zufließt.“[739]

Als wesentliches Definitionsmerkmal ergibt sich dementsprechend neben der Verfügungsmacht und der Basis eines bereits in der Vergangenheit liegenden Grundes die Orientierung am zukünftig erwarteten Nutzen. Damit entspricht die Vermögenswertdefinition tendenziell der Idee einer Investition und damit dem auch den Bewertungsverfahren zugrundeliegenden Kapitalwertkalkül.

Schulden sind entsprechend definiert als

> „eine gegenwärtige Verpflichtung des Unternehmens, die aus Ereignissen der Vergangenheit entsteht und deren Erfüllung für das Unternehmen erwartungsgemäß mit einem Abfluss von Ressourcen mit wirtschaftlichem Nutzen verbunden ist.“[740]

Hier stehen ebenfalls die erwarteten Zahlungsströme im Vordergrund, die hinter dem Ressourcenabfluss gesehen werden können, und bilden somit ebenfalls scheinbar eine direkte Verbindung zu den zahlungsstromorientierten Bewertungsverfahren. Das Ei-

---

738 Vgl. F.49 zu den Definionen und F.82-83 zu den Ansatzkriterien, ergänzende Vorschrfiten finden sich bspw. in IAS 38 für immaterielle Vermögenswerte.

739 F.49(a).

740 F.49(b).

genkapital bildet die Residualgröße aus Vermögenswerten aus Schulden und aggregiert somit die Ansatzregelungen.[741]

Ohne weitere Kenntnis der folgenden Ansatzkriterien und Bewertungsvorschriften könnte an dieser Stelle die Hypothese gebildet werden, dass die Bilanz nach IFRS in der Lage ist, den Unternehmenswert abzubilden,[742] da alle künftigen Zahlungsströme berücksichtigt werden, seien es die zukünftigen Einzahlungen, die in Form von Vermögenswerten Eingang in die Bilanz finden oder die kommenden Auszahlungen, die zu Schulden führen.[743] Wäre dies der Fall, so könnte das Eigenkapital im Sinne des Shareholder Values aufgefasst werden, und die Änderungen im Eigenkapital würden den ökonomischen Gewinn abbilden.[744] Unter der ergänzenden Annahme, dass die Investoren keine feineren Informationen wünschen, wäre somit bereits mit der Bilanz die Informationsfunktion für die an den Zukunftserfolgen interessierten Kapitalmarktteilnehmer erfüllt.[745]

Durch die Einschränkungen, welche die Ansatzregeln durch die Ansatzkriterien im Rahmen der konkreten Bilanzierungsfähigkeit erfahren, kommen jedoch viele Sachverhalte, die zukünftige Zahlungsströme repräsentieren, nicht zum bilanziellen Ansatz. So bindet das Rahmenkonzept den Ansatz sowohl von Vermögenswerten als auch von Schulden an Wahrscheinlichkeitsgrenzen, unterhalb derer kein Ansatz erfolgen darf. Bereits durch diese Einschränkung kann der bilanzielle Wert des Eigenkapitals nicht mehr als Shareholder Value interpretiert werden, da ggf. relevante Bestandteile des Zukunftserfolgswerts fehlen.[746]

---

741 Vgl. F.49(c).

742 Vgl. auch *Haaker* (2007), S. 256.

743 Dies gilt allerdings nur, wenn der Hypothese die Annahme einer Bewertung der Vermögenswerte und der Schulden mit den Barwerten ihrer Zahlungsströme hinzugefügt wird.

744 Dabei handelt es sich um die Verzinsung auf den Ertragswert zu Periodenbeginn, vgl. *Kahle* (2002b), S. 98.

745 Vgl. *Haaker* (2007), S. 256.

746 Als Gründe für die in diesem Sinne restriktiven Ansatzregelungen können Ausschüttungs- oder Steuerbemessungsfunktion entgegen *Kahle* (2002b), S. 98 nicht angeführt werden, da das IFRS-Regelwerk nicht zur Erfüllung dieser Aufgaben vorgesehen ist. Allerdings besteht durchaus traditionell eine Grundtendenz zur Objektivierung, die häufig durch den Einzelbilanzierungsgrundsatz umgesetzt wird. Wesentlich zur Begründung der Ansatzregeln trägt auch das Prinzip der Neutralität bei, da eine willkürfreie Bilanzierung vieler Sachverhalte schwierig erscheint, vgl. ebenfalls *Kahle* (2002b), S. 98.

Wenn das bilanziell ausgewiesene Eigenkapital als Aggregat schon nicht für die institutionellen und privaten Eigenkapitalgeber und die Analysten in ihrer Komplettheit informativ ist, so ist fraglich, ob zumindest für die Fremdkapitalgeber das Eigenkapital eine entscheidungsnützliche Information darstellt. Das Interesse der Fremdkapitalgeber richtet sich auf die Einschätzung der Wahrscheinlichkeit des Rückerhalts ihres Kapitals und des Erhalts der Zinszahlungen. Für die erste Interessenlage ist das Schuldendeckungspotenzial für den Fall der Insolvenz von besonderem Interesse, an dieser Stelle interessieren daher die bei Verkauf der Vermögenswerte erzielbaren Erlöse. Der Vermögenswertbegriff umfasst jedoch aufgrund seiner dynamischen Definition im Gegensatz zum deutschen, statisch geprägten Begriff des Vermögensgegenstandes auch Sachverhalte, die unter der Annahme der Unternehmensfortführung zu zukünftigen Nutzenzuflüssen führen würden, für die aber kein Dritter bereit wäre einen Preis zu zahlen;[747] nicht alle Vermögenswerte dienen daher als Bestandteil des Schuldendeckungspotenzials, deshalb ist das Eigenkapital nach IFRS systematisch auch nicht als Schuldendeckungspotenzial zu verstehen. Hinsichtlich der Aussagekraft bzgl. der zukünftigen Fähigkeit zur Leistung des Kapitaldienstes muss das IFRS-Eigenkapital auch kritisiert werden, da hier wiederum die fehlenden Bestandteile ein vollständiges Bild vermeiden. Für Fremdkapitalgeber ist somit die Eigenkapitalposition für sich genommen ebenfalls nicht aussagekräftig.

Möglicherweise sind die Ansatzregeln jedoch geeignet, Informationen über spezifische Sachverhalte zu vermitteln, die im Rahmen der Bewertungsmodelle als Inputparameter benötigt werden; neben der oben beschriebenen direkten Ermittlung des Unternehmenswerts aus der Bilanz könnten diese Informationen den Weg zu einer indirekten Ermittlung des Unternehmenswerts über das Bewertungsmodell des Nutzers sicherstellen.[748] Hierbei kann es einerseits um einzelne Posten in der Bilanz gehen, andererseits aber auch um die Kehrseite des Ansatzes, also die Auswirkungen der Ansatzentschei-

---

[747] Als Beispiel kann hier eine selbsterstellte Software dienen, die genau auf die betrieblichen Gegebenheiten zugeschnitten und in einem anderen Unternehmen nicht effizient eingesetzt werden kann. Ihren Wert entfaltet diese Software daher nur durch eigene Nutzung und nicht durch Veräußerung.

[748] Vgl. *Haaker* (2007), S. 256.

dungen in der Gewinn- und Verlustrechnung.[749] Im Folgenden soll zunächst auf die bilanzielle Seite abgestellt werden, ehe die Auswirkungen auf die Gewinn- und Verlustrechnung im Zusammenhang mit der Bewertung und dem Performance Reporting diskutiert werden.

Wenn zur Bestimmung des Unternehmenswerts ein DCF-Verfahren verwendet wird, dann werden regelmäßig nur die Zahlungsströme des Kernbereichs prognostiziert, während die nicht betriebsnotwendigen Vermögenswerte und Schulden zu ihren Marktwerten bewertet werden, wie in Kapitel 3.2.4 gezeigt worden ist. Das führt zu einem Interesse an den Markt- oder Zeitwerten der nicht betriebsnotwendigen Vermögenswerte und Schulden. Zur Lieferung dieser Informationen im Rahmen der Bilanz wäre daher neben einer zunächst vollständigen Erfassung der veräußerbaren Positionen eine Ausweismethode erforderlich, die es den Abschlussnutzern ermöglicht, betriebsnotwendige und nicht betriebsnotwendige Positionen voneinander zu unterscheiden.

Die Kritik an der Unvollständigkeit der Bilanz ist daher an dieser Stelle begrenzt zu wiederholen, denn u.U. bestehen verschiedene veräußerbare Positionen, die nicht betriebsnotwendig und daher veräußerbar sind, die jedoch nicht angesetzt werden dürfen; hier könnten bspw. selbst entwickelte aber nicht genutzte Patente angeführt werden. Allerdings dürfte die Mehrzahl der nicht betriebsnotwendigen, veräußerbaren Positionen in der Bilanz angesetzt sein.[750] Eine Ausweisvorschrift, die Vermögen und Schulden in betriebsnotwendig und nicht betriebsnotwendig trennt, kennen die IFRS in dieser Form aber noch nicht.[751] Es lässt sich jedoch das Bemühen des Standardsetters erkennen, diesem Informationsinteresse nachzukommen, da bereits einzelne Standards auf die Separation eben dieser Positionen hinwirken. So wurde mit IAS 40 ein Standard geschaffen, der eine getrennte Bilanzierung nicht betriebsnotwendiger Immobi-

[749] Hierbei entsteht wieder die Frage der zu verfolgenden Bilanztheorie, vgl. dazu statt aller *Moxter* (1984), S. 6.

[750] Die Bilanz wird bislang in langfristige und kurzfristige Vermögenswerte bzw. in Eigenkapital, lang- und kurzfristige Schulden unterteilt. Eine Überarbeitung der Ausweisstrukturen wird aber im Rahmen des Projekts „Financial Statement Presentation" diskutiert, vgl. *Kirsch* (2009), S. 201 f.

[751] Vgl. DP Financial Statement Presentation (2009) und auch *Kirsch* (2009), S. 202.

lien vorschreibt,[752] und mit IFRS 5 wurden Regelungen für Vermögenswerte und Schulden aufgenommen, die veräußert werden sollen und daher ihre Betriebsnotwendigkeit zumindest fraglich ist.[753]

Eine generelle Neustrukturierung der Ausweisvorschriften schlägt das IASB mit dem Diskussionspapier „Preliminary Views on Financial Statement Presentation" vor.[754] Zukünftig sollen sich die drei zentralen Rechenwerke – die Bilanz, die Gesamtergebnisrechnung und die Kapitalflussrechnung – nach einer einheitlichen und durchgängigen Gliederungssystematik richten, die sich im Wesentlichen an der derzeitigen Struktur der Kapitalflussrechnung orientiert. Tab. 3-9 gibt die wesentlichen Elemente wieder:

	Statement of financial position	**Statement of comprehensive income**	**Statement of cash flows**
Business	• Operating assets and liabilities • Investing assets and liabilities	• Operating income and expenses • Investment income and expenses	• Operating cash flows • Investing cash flows
Financing	• Financing assets • Financing liabilities	• Financing asset income • Financing liabilities expenses	• Financing asset cash flows • Financing liability cash flows
Income Taxes	• Income taxes	• Income taxes on continuing operations (business and financing)	• Income taxes
Discontinued Operations	• Discontiued operations	• Discontinued opeations, net of tax	• Discontinued operations
Equity	• Equity	• ---	• Equity

Tab. 3-9: Vorgeschlagenes generelles Gliederungsschema

Quelle: DP Financial Statement Presentation (2009), S. 5

752 Dabei erfolgt konsequent auch die Forderung nach der Ermittlung des Fair Values dieser Position, obwohl ein bilanzielles Bewertungswahlrecht besteht, vgl. IAS 40.32A (2008) i.V.m. IAS 40.79 (e) (2008).

753 Vgl. zur Zielsetzung IFRS 5.1 (2008).

754 Vgl. DP Financial Statement Presentation (2009), S4.

Sofern die Vorschläge des Diskussionspapiers Eingang in die IFRS-Rechnungslegung finden, stehen den Kapitalmarktteilnehmern Informationen zur Verfügung, die besser zu ihren Bewertungsmodellen passen, da durch die Einführung der bilanziellen Kategorie „Business" die betriebsnotwendigen Positionen ausgewiesen werden und daher auch die nicht betriebsnotwendigen Elemente greifbar gemacht werden. Auch bezüglich des unterschiedlichen Kenntnisstandes von institutionellen und privaten Investoren erscheint die Neuordnung positiv, da sie in stärkerem Maße selbsterklärend ist und somit eine der Anforderungen der Usability erfüllt.[755] Für Fremdkapitalgeber dürfte die neue Gliederungssystematik ebenfalls nutzenstiftend sein, denn aufgrund der neuen Einteilung kann eine Abschätzung vorgenommen werden, welches Schuldendeckungspotenzial genutzt werden kann, ohne eine Insolvenz herbeiführen zu müssen und somit auf seine zukünftigen Zinseinkünfte zu verzichten; eine spezifischere Betrachtung der beiden Interessen wird nun möglich.

Insbesondere in Anbetracht der aktuellen Entwicklungen kann daher eine grundsätzliche Eignung der IFRS-Ansatzregeln für eine kapitalmarktorientierte Informationsversorgung zumindest für die indirekte Unternehmenswertkommunikation konstatiert werden, die jedoch für die Kapitalmarktteilnehmer ohnehin von größerem Interesse ist.[756]

3.3.3.2 Eignung der Bewertungsregelungen der IFRS

Ansatzregeln legen zwar die Basis für eine Eignung des Rechnungslegungssystems, durch sie alleine kann jedoch eine endgültige Zweckdienlichkeit nicht hergestellt werden. Erst durch die inhaltliche Ausfüllung – die Bewertung – der durch den Ansatz entstehenden „Container" wird der Informationsinhalt generiert.[757]

Systematisch wird bei den IFRS in Zugangs- und Folgebewertung unterschieden. Die Zugangsbewertung, also die erstmalige Bewertung eines Vermögenswerts oder einer

---

755 Vgl. ISO 9241 Teil 10 zur Forderung nach einer Selbsterklärungsfähigkeit von Dialogsystemen.

756 Vgl. ähnlich *Haaker* (2007), S. 257.

757 In Einzelfällen kann auch alleine die Existenz einer bestimmten Position die eigentliche Information darstellen, ohne dass die Bewertung noch eine besondere Rolle spielt. Beispielhaft könnte hier die Schadenersatzklage gegen die amerikanische Zigarettenindustrie angeführt werden, die durch ihr bloßes Bekanntwerden auch ohne konkrete, ohnehin stark subjektive Schätzwerte Auswirkungen auf die Entscheidungsmodelle der Investoren hatte.

Schuld nach positiver Ansatzentscheidung orientiert sich teilweise im Gegensatz zur Ansatzentscheidung nicht konsequent an zukünftigen Nutzen- bzw. Zahlungsströmen: Schulden werden zwar anhand des erwarteten Rückzahlungsbetrags bewertet, Vermögenswerte bilden jedoch nicht den Barwert der von ihnen ausgelösten künftigen Zahlungsströme ab sondern die für sie getätigten Ausgaben. Somit entsteht wie bereits dargestellt eine asymmetrische Bewertung von Vermögenswerten und Schulden im Moment der erstmaligen Aufnahme in die Bilanz. Spätestens durch die vergangenheitsorientierte Bewertung der Vermögenswerte würde die Möglichkeit, aus der IFRS-Bilanz den Unternehmenswert bzw. den Shareholder Value direkt abzulesen, vernichtet werden, auch wenn die Ansatzregeln die Erfassung aller zukünftigen Cash Flows in Form von Vermögenswerten und Schulden ermöglichen würden.[758]

Bedeutsamer als die Zugangsbewertung ist für die Kapitalmarktorientierung allerdings die Folgebewertung, da sie final zu den publizierten Werten führt. Hier sind mit dem Prinzip der fortgeführten Anschaffungskosten und dem Fair Value Accounting zwei entgegengesetzte Bewertungsansätze bei den IFRS vorzufinden,[759] die hinsichtlich ihrer Eignung für die Kapitalmarktteilnehmer diskutiert werden sollen.[760]

Die Entscheidungsnützlichkeit des Fair Values wird häufig einfach angenommen und kaum hinterfragt, so würden bspw. laut *Kußmaul/Weiler* Fair Values „[...] *unzweifelhaft* [Hervorhebung durch den Verfasser] den Informationsgehalt des Jahresabschlusses erhöhen“,[761] und später wird erneut diese Annahme getroffen:

---

758 Das Problem könnte zwar durch eine konsequente Folgebewertung anhand der künftigen Cash Flows geheilt werden, jedoch ergäbe sich dann immer noch die Frage nach dem angemessenen Diskontierungssatz, vgl. *Kahle* (2002b). S. 99.

759 Auf eine Erläuterung der Bewertung mit fortgeführten Anschaffungs- und Herstellungskosten soll hier verzichtet werden, da sie als bekannt vorausgesetzt werden darf.

760 Die Diskussion hinsichtlich der Eignung insbesondere des Fair Values im Rahmen des Controllings ist in Kapitel 4.5.2 zur Frage der Konvergenz des Rechnungswesens abgebildet.

761 *Kußmaul/Weiler* (2009), S. 163. Zwar schränken *Kaußmaul/Weiler* ihre Aussage auf den Fall des Vorliegens von Marktpreisen ein und äußern sich in der Folge auch kritisch zum Fair Value, allerdings wird nicht die generelle Eigenschaft als Information in Frage gestellt, vgl. *Kußmaul/Weiler* (2009), S. 167 – 171.

„*Zweifelsohne* [Hervorhebung durch den Verfasser] versorgt eine marktnahe Zeitbewertung zu fair values die Bilanzleser in der Theorie mit aktuelleren und realitätsnäheren Informationen.“[762]

Wie in Kapitel 3.2 gezeigt wurde, erfüllt der Abschluss eine Informationsfunktion, die Unternehmen als Anwender der Rechnungslegung senden aber mit ihren Abschlüssen keine Informationen sondern nur Nachrichten – eine Information wird aus einer Nachricht erst bei dem einzelnen Empfänger, also den Kapitalmarktteilnehmern als Nutzern der Rechnungslegung.[763] Es ist aber dennoch richtig, von einer Informationsfunktion und nicht von einer Nachrichtenfunktion zu sprechen, denn Anliegen der Rechnungslegung muss es sein, auch im Sinne der Kapitalmarkteffizienz die Entscheidungen der Marktteilnehmer möglichst gut zu untertsützen.[764] D.h. nichts anders als dass die Rechnungslegungsregeln den Nettowert der in den Abschlüssen enthaltenen Informationen maximieren sollen, dies kann einerseits durch Erhöhung des Bruttowerts der Information passieren, andererseits durch Senkung der Transaktionskosten, die negativ auf den verbleibenden Nettowert der Informationen wirken.[765] Eine Senkung der Transaktionskosten wiederum, die sich maßgeblich aus Informationsbeschaffungs- und Informationsverarbeitungskosten zusammensetzen, kann in der Reduzierung der Nachrichten oder in der Vereinfachung der Beschaffung und Verarbeitung der Nachrichten bestehen.[766] Es soll deshalb festgehalten werden, dass der Fair Value also zunächst nur eine Nachricht ist und keine Information.

Ob der Fair Value zu einer Information werden kann, soll anhand der generellen Aufgabenstellung des Abschlusses überprüft werden: der Abschluss soll eine Informationsfunktion erfüllen, und diese ist darauf gerichtet, die Adressaten – in dem hier behandelten Kontext also die verschiedenen Gruppen der Kapitalmarktteilnehmer – in ihren wirtschaftlichen Entscheidungen zu unterstützen und eine Kontrolle der eigenen

---

762 *Kußmaul/Weiler* (2009), S. 165.

763 Vgl. dazu die in Kapitel 3.2.1 vorgestellte differenzierte Informationsdefinition und das Kommunikationsmodell in Abschnitt 3.2.2.

764 Vgl. *Kahle* (2002b), S. 96.

765 Auch *Kahle* attestiert der Rechnungslegung keine Kostenfreiheit, vgl. *Kahle* (2002b) S. 99.

766 Hier besteht wiederum ein Hinweis auf das bislang fehlende Element der Usability in der Herangehensweise des IASB.

Annahmen und des Managements zu ermöglichen.[767] Dabei steht die Ermittlung des Shareholder Values im Mittelpunkt des Interesses der privaten und institutionellen Investoren sowie der Analysten, während für die Fremdkapitalgeber die Sicherheit ihres Engagements wichtiger ist. Zur Vermittlung dieser Informationen stehen mit der direkten und der indirekten Wertvermittlung prinzipiell zwei Wege offen, wie Abb. 3-27 für die Gruppen der Eigenkapitalgeber und Analysten verdeutlicht.

Keine der vorgestellten Bilanztheorien vermag die Bilanz als Bewertung des gesamten Unternehmens im Sinne des Barwerts aller zukünftigen Ein- und Auszahlungen zu konstruieren, was die kapitaltheoretische Bilanz mithilfe des ökonomischen Gewinns zum Ziel hat. Würde wie im vorangegangenen Abschnitt beschrieben die Bilanz sämtliche zukünftigen Zahlungsströme diskontiert abbilden, so würde das bilanzielle Eigenkapital den Shareholder Value repräsentieren[768] und somit der Anwender den Nutzern direkt die gesuchte Information darstellen.[769] Da dies nicht der Fall ist, müssen sich die Nutzer im Rahmen ihrer Entscheidungsmodelle selbst geeigneter Bewertungsmodelle bedienen und benötigen dafür disaggregierte Informationen zur Bildung ihrer eigenen Prognosen.[770]

---

767 Vgl. *Coenenberg/Straub* (2008), S. 20.

768 Die Bilanzierung würde in diesem Fall dem kapitaltheoretischen Bilanzkonstrukut mit dem Konzept des ökonomischen Gewinns folgen, vgl. *Seicht* (1970), S. 511 ff.; *Rieger* (1928); *Käfer* (1976), zitiert nach *Kasperzak* (2003), S. 25.

769 Vgl. *Kahle* (2002b), S. 98.

770 Vgl. *Haaker* (2007), S. 255.

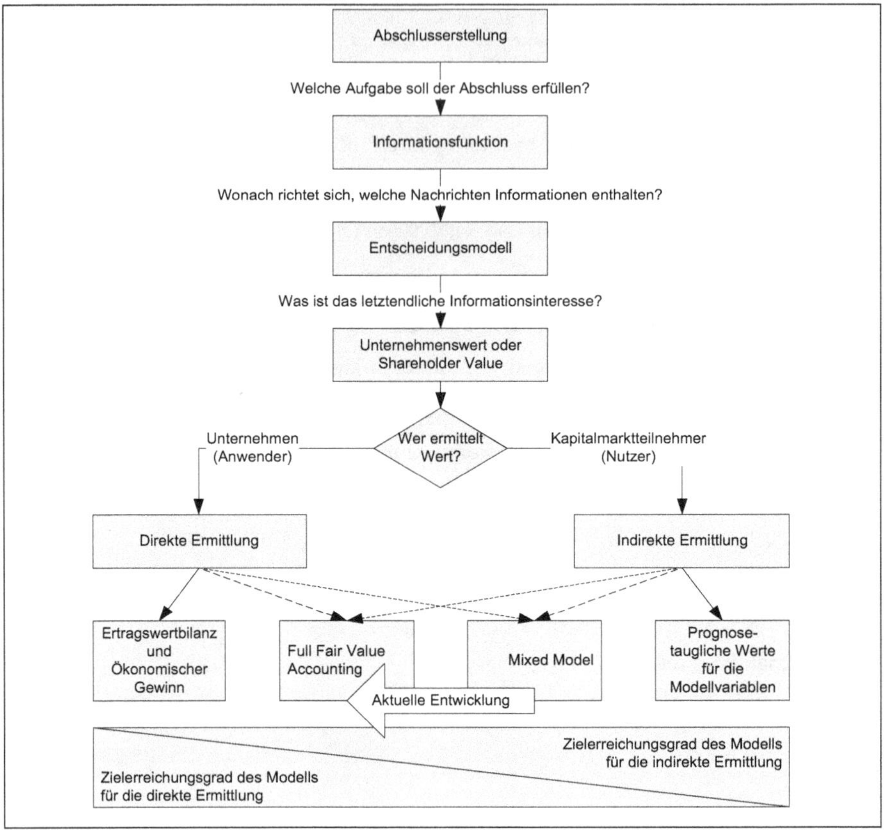

Abb. 3-27: Einordnung der generellen Bewertungsmodelle in die Informationsfunktion
Quelle: eigene Darstellung

Momentan folgt die IFRS-Bilanzierung einem sog. „Mixed Model", da sowohl fortgeführte Anschaffungs- und Herstellungskosten neben Fair Values Verwendung finden. Das IASB sieht aber in zunehmendem Maße die bilanzielle Bewertung mit dem Fair Value vor[771] und folgt somit dem Trend hin zu einem sog. „Full Fair Value Accounting".[772]

771 Vgl. *Kessler* (2005), S. 60.

772 Vgl. *Kußmaul/Weiler* (2009), S. 167.

Der Fair Value ist in den IFRS zwar nicht an einer Stelle,[773] so aber doch weitestgehend einheitlich in den verschiedenen Standards definiert als jener Betrag, zu dem zwischen sachverständigen, vertragswilligen und voneinander unabhängigen Geschäftspartnern ein Vermögenswert getauscht oder eine Schuld abgelöst bzw. übertragen werden könnte.[774] Somit handelt es sich bei dem Fair Value konzeptionell um einen objektivierten Marktwert, der sich jedoch regelmäßig nur schwer ermitteln lässt.[775] Die Standards, die auf den Fair Value als Bewertungsmaßstab zurückgreifen, beinhalten daher auch unterschiedliche Bewertungshierarchien, welche die Vorziehenswürdigkeit bestimmter Ermittlungsmethoden für den Fair Value festlegen.[776] Der Fair Value selbst kann daher im Ergebnis als ein „Wertkonglomerat"[777] bezeichnet werden.

---

773 Für eine stärkere Vereinheitlichung der Fair Value Bilanzierung wurde 2009 der Entwurf für einen entsprechenden Standard vorgelegt, vgl. ED Fair Value Measurement (2009).

774 Vgl. IAS 16.6; IAS 18.7; IAS 21.8; IAS 32.11; IAS 38.8; IAS 39.9; IAS 40.5; IAS 41.8. IFRS 2 erweitert diese Definition bzgl. des Verhältnisses zu Eigenkapitalinstrumenten.

775 Vgl. *Bieg* et al. (2008), S. 2543.

776 Vgl. *Brandt/Schmidt* (2008), S. 21.

777 *Kußmaul/Weiler* (2009), S. 168.

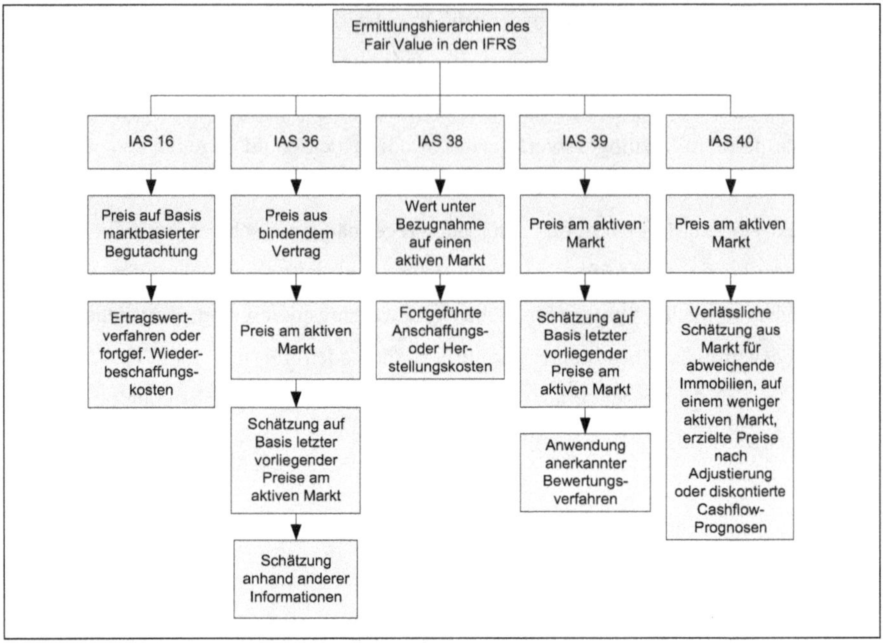

Abb. 3-28: Ermittlungshierarchien des Fair Value in den IFRS
Quelle: *Kußmaul/Weiler* (2009), S. 169

Der Fair Value kann also vereinfachend als Zeitwert i.w.S. interpretiert werden. Ein Full Fair Value Accounting stellt damit eine Umsetzung der Idee der statischen Bilanz dar, führt jedoch nicht zu einer Bilanz, die den ökonomischen Gewinn ausweist, denn allein aufgrund der Ansatzregeln bleiben Wertlücken bspw. hinsichtlich immaterieller Werte und des originären Geschäftswerts bestehen, die eine totale Bewertung unmöglich machen.[778]

Somit bleibt als Weg der Informationsvermittlung nur die indirekte Bewertung durch den Nutzer. Der Fair Value als aggregierte Größe ist für diesen Zweck jedoch in vielen Fällen nicht geeignet.[779] Wird der Fair Value mittels diskontierter Cash Flows ermittelt, kann er als Funktion der Einflussgrößen Höhe, Zeitpunkt, Sicherheit und Alternativverzinsung angesehen werden: $FV_{CF} = f(CF_t, P, i)$; durch Variation der Parameter

778 Der Bewertung in der Bilanz steht auch die funktionale Werttheorie entgegen, die den Wert von dem jeweiligen Bewertungszweck und somit auch vom Adressaten abhängig macht.

779 Vgl. *Bieg* et al. (2008), S. 2543.

lässt sich als Ergebnis der Funktion der gleiche Fair Value durch unterschiedliche Wertkombinationen berechnen. Die enthaltenen Annahmen gehen im Aggregat unter, stellen aber gerade die Informationen dar, welche die Investoren für ihr eigenes Modell benötigen. Sie spiegeln lediglich die Einschätzung des Managements wider, der Investor kann, wenn sie ihm transparent vorliegen, dieser Einschätzung zustimmen und sie in seine Bewertung übernehmen oder er kann sie modifizieren bzw. sogar ganz gegen seine eigene Einschätzung austauschen.[780] Berücksichtigt das Bewertungsmodell der Nutzer den Unterschied zwischen betriebsnotwendigen und nicht betriebsnotwendigen Vermögenswerten, so wird der Fair Value selbst als aggregierte Größe zumindest für die nicht betriebsnotwendigen Vermögenswerte benötigt, sonst jedoch nicht.

Fraglich ist, ob die aus statischer Sicht richtige Bilanzierung zum Fair Value – wenn schon aus bilanzieller Perspektive nicht relevant – wenigstens richtige und relevante Werte in der Gewinn- und Verlustrechnung bewirkt. Da sich der Fair Value jedoch letztendlich an den Marktpreisen orientiert, wird durch eine ergebniswirksame Erfassung des Fair Values nicht nur das Ergebnis der Anstrengungen der Mitarbeiter des Unternehmens abgebildet sondern auch marktbedingte Verzerrungen.[781] Der Unternehmenserfolg beinhaltet in der Folge auch nicht dem Management zuzurechnende Ergebnisbeiträge, was die Unternehmenssteuerung bei Verwendung von Fair Values erschwert und auch die Kontrollfunktion aus Perspektive der Prinzipal-Agenten-Beziehung nicht fördert.[782]

Somit muss festgehalten werden, dass aus konzeptioneller Sichtweise der Fair Value für die Kapitalmarktteilnehmer, die an der Ermittlung des Unternehmenswerts als innerem Wert interessiert sind, weitgehend irrelevant sein dürfte. Lediglich für die nicht

---

780 Insbesondere die mangelnde Transparenz der Ermittlung und die daraus resultierende Entobjektivierung und Ausweitung von Gestaltungsspielräumen sehen viele äußerst kritisch, vgl. nur *Bieg* et al. (2008), S. 2543 f.

781 Bei der modellgestützen Ermittlung, die regelmäßig auf den Cash Flow Prognosen aus der Unternehmensplanung beruht und die daher Marktschwankungen nicht beinhaltet, da diese i.d.R. nicht geplant werden, entfällt dieser Kritikpunkt.

782 Allerdings weisen empirische Studien auf eine Wertrelevanz des Fair Value hin, vgl. *Mölls/Strauß* (2007), S. 970 f.

betriebsnotwendigen Vermögenswerte ist die Nachricht über den Marktwert im Rahmen der Unternehmensbewertung nützlich.

Aus Sicht der Fremdkapitalgeber könnte eine Fair Value Bilanzierung interessanter erscheinen, da ihnen hiermit die Information über das tatsächliche Schuldendeckungspotenzial zugänglich gemacht werden würde.[783] Allerdings ergibt sich hier das Problem, dass die Ermittlung des Fair Values aufgrund der vielen Modellannahmen und praktischen Schwierigkeiten in hohem Maße subjektiv und ermessensbehaftet ist, auch wenn es sich um einen objektivierten Marktwert handeln soll.[784] Die Unzuverlässigkeit und die Sinnhaftigkeit des Fair Values ist insbesondere im Rahmen der Finanzmarktkrise erneut Gegenstand der Diskusssion geworden.[785] Im Ergebnis kann die Feststellung getroffen werden, dass auch aus Sicht der Fremdkapitalgeber der modellgestützt ermittelte Fair Value uninteressant ist und „von einer Fair Value-Bewertung zugunsten einer objektivierten Bewertung abgesehen werden sollte."[786]

Während aus theoretischer Sicht wenig für eine Relevanz des Fair Values zu sprechen scheint, ergibt sich aus empirischer Perspektive ein etwas anderes Bild. Assoziationsstudien zum Fair Value liegen bislang nur für Unternehmen mit einem großem Anteil an Finanzinstrumenten vor, zeigen dort allerdings tendenziell eine Erhöhung der Wertrelevanz der Rechnungslegungsdaten durch eine Fair Value Bilanzierung.[787] Da bei verschiedenen Standards die Möglichkeit einer erfolgsneutralen Bewertung zum Fair Value besteht, kann die höhere Wertrelevanz des Eigenkapitals gegenüber dem Gewinn ggf. auch durch die Fair Value Bilanzierung und ihren Niederschlag im bilanziellen Eigenkapital, nicht aber im Gewinn erklärt werden.[788] Aufgrund der Besonderheiten der untersuchten Unternehmen – ein Großteil der Vermögenswerte und Schulden stehen einer Fair Value Bilanzierung offen, und der Fair Value lässt sich zu großen

---

783 Vgl. *Haller/Löffelmann/Etzel* (2009), S. 219.

784 Vgl. *Bieg* et al. (2008), S. 2543; *Brandt/Schmidt* (2008), S. 21.

785 Zur Kritik am Fair Value vgl. *Bieg* et al. (2008).

786 *Kußmaul/Weiler* (2009), S. 171.

787 Vgl. *Mölls/Strauß* (2007), S. 970 f.

788 Vgl. *Mölls/Strauß* (2007), S. 964.

Teilen marktgestützt ermitteln – scheint eine Übertragung auf Unternehmen anderer Branchen und Regionen noch sehr kritisch.[789]

Die Studien von *Ali/Hwang* und *Ball/Kathari/Robin* aus dem Jahr 2000 zeigen eine geringere Bewertungsrelevanz von Rechnungslegungsinformationen in Ländern mit bankendominierter Finanzmarktorganisation.[790] Dies spricht dafür, dass bei einem ausreichendem Maß an privater Informationsversorgung das Interesse an der Güte der öffentlichen Information nachlässt.[791]

Wenn dem Fair Value Accounting keine wesentliche Informationsfunktion zugesprochen werden soll, so erfüllt es im Rahmen der Kapitalmarktorientierung doch einen anderen Zweck. In dieser Untersuchung wurden die Kapitalmarktteilnehmer in unterschiedliche Typen eingeteilt, um die unterschiedlichen Interessen und die daraus resultierenden unterschiedlichen Anforderungen an Rechnungslegung und Controlling abzuleiten. Die privaten Anleger waren als einziger Typ dadurch gekennzeichnet, dass sie wegen der fehlenden Professionalität über keine ausgebauten Rechnungslegungskenntnisse verfügen.[792] Die in der rechnungslegungsspezifischen Fachliteratur ausgiebig diskutierten Bewertungsprobleme erschließen sich dem privaten Anleger nicht, denn seine Lebenserfahrung sagt ihm, dass jede Sache ihren Preis hat; dieser mag innerhalb einer gewissen Bandbreite variieren, aber letztendlich gibt es einen richtigen Wert. Diesen Wert, den der private Anleger aus seinem täglichen Leben als Marktpreis kennt, erwartet er intuitiv auch in der Bilanz zu sehen. Durch eine Fair Value Bilanzierung, die sich an den Marktpreisen orientiert, wird somit die Usability-Anforderung der Erwartungsentsprechung erfüllt.[793] Damit gewinnt die Rechnungslegung für private Anleger an Wert, da sie in ihren Augen glaubwürdiger wird und sie in der Folge eher bereit sind, die in den Abschlüssen enthaltenen Werte bei der Entscheidungsfindung zu berücksichtigen.

789 Vgl. auch *Mölls/Strauß* (2007), S. 971. Dennoch stimmt das den theoretischen Überlegungen entgegenstehende empirische Ergebnis nachdenklich und bietet somit den Ansatzpunkt für weitere empirische Forschung.

790 Vgl. *Ali/Hwang* (2000); *Ball/Kothari/Robin* (2000), *Lindemann* (2006), S. 987.

791 Vgl. *Lindemann* (2006), S. 987.

792 Vgl. zu den Eigenschaften der Typen Kapitel 2.2.3 ab Seite 50.

793 Vgl. zur Anforderung der Erwartungsentsprechung Kapitel 3.2.6.

3.3.3.3 Eignung des Performance Reportings nach IFRS

Nachdem die bilanziellen Aspekte der Rechnungslegung in den vorangegangenen Kapiteln behandelt worden sind, soll nun noch der Aspekt der Ergebnisermittlung in Hinblick auf die Eignung für die verschiedenen Kapitalmarktteilnehmer untersucht werden. Durch die Systematik der doppelten Buchführung ergeben sich hier naturgemäß enge Beziehungen zu den Ansatz- und Bewertungsregeln, allerdings werden diese in ihrem Ausmaß die Umsetzung des Konvergenzprinzips bestimmt, was bei strenger Anwendung zu einem Clean Surplus Accounting und bei weniger strenger Anwendung zu einem Dirty Surplus Accounting führt.[794]

Die Ausdehnung des Fair Value Accounting hat daher zu einer intensiven Folgediskussion bzgl. der Frage der Erfolgsberichtserstattung, dem sog. Performance Reporting geführt,[795] was IASB und FASB zur Durchführung eines gemeinsamen Projekts bewogen hat, welches in das Projekt zur Darstellung des Abschlusses eingegangen ist.[796] Neben Ausweisfragen, die das Problem der mangelnden Vergleichbarkeit von IFRS-Abschlüssen aufgrund fehlender struktureller Vorgaben adressieren, stellt die Frage nach der Erfolgswirksamenkeit von Bewertungsvorgängen, also insbesondere von Fair Value bedingten Bewertungsanpassungen das konzeptionelle Zentrum dar.[797]

Aufgrund der generellen Systematik eines regelungsbasierten Rechnugslegungsansatzes steht das IASB mit jedem neuen Standard, in welchem eine Fair Value Bilanzierung vorgesehen werden soll, erneut vor der Frage, ob diese Bewertung erfolgneutral oder erfolgswirksam erfolgen soll, da es an einem zugrundeliegenden Prinzip fehlt.[798] Mit zunehmender Anzahl der Fälle der Fair Value Bilanzie-

---

794 Das Performance Reporting ist auch Gegenstand der empirischen Kapitalmarktforschung, vgl. für eine Übersicht AICPA/*Maisel* (2001).

795 Vgl. zu dem auch aus Controllingsicht besonders relevanten Thema für die Telekombranche *Binder* (2004), für die Bankenbranche *Bohnenkamp* (2002) oder für Leasinggeschäfte im Automobilgeschäft *Breckner/Lamla* (2003).

796 Vgl. DP Financial Statement Presentation (2009).

797 Vgl. *Haller/Schloßgangl* (2003), S. 317 f.

798 Hier soll mit einem Standard zum Fair Value Measurement zumindest teilweise Abhilfe geschaffen werden, vgl. ED Fair Value Measurement (2009).

rung wurde offenbar, dass es dem gesamten Rechnungslegungssystem an einem zentralen Element fehlt, nämlich einer Erfolgskonzeption.[799]

Dieser Umstand mag überraschen, da eine Rechnungslegung, die sich selbst als entscheidungsnützlich bezeichnet und explizit die Investoren als primäre Adressatengruppe benennt und auch darauf verweist, dass Entscheidungen auf Basis der zukünftig erwarteten Erfolge getroffen werden, wohl in der Frage, was überhaupt Erfolg ist, eine der ersten Fragestellungen sehen sollte, die sie zu beantworten hat. Wird der Blick auf das HGB gerichtet, so scheint sich dieses Phänomen teilweise zu erklären: Im deutschen Bilanzrecht ergibt sich Erfolg aus den Änderungen des Eigenkapitals, die nicht auf Transaktionen mit den Gesellschaftern zurückzuführen sind. Da im HGB das Konvergenzprinzip relativ streng eingehalten wird, ist somit auch die Erfolgsdefinition relativ eindeutig: Jede Änderung in der Bewertung eines Vermögenswertes oder einer Schuld ist ergebniswirksam.[800] Aus dieser engen Kopplung von bilanzieller Bewertung und Erfolg resultieren im Zusammenspiel mit dem Ansinnen des Gläubigerschutzes die bekannten Prinzipien der vorsichtigen Bilanzierung und die daraus entwickelten Konkretisierungen wie das Imparitätsprinzip, das Verlustantizipationsprinzip oder das Niederstwertprinzip. Bilanzielle Ansatz- und Bewertungsregeln führen zur Erfolgsbestimmung, daher wirken sich die erfolgsabhängigen Vorgänge im Sinne der Zahlungsbemessungsfunktion in einer Rückkopplungsfunktion auf die Bilanzierungsgrundsätze aus.[801]

Da in ihrer Anfangsphase die IAS viele Elemente der nationalen Rechnungslegungssysteme übernommen haben, wiesen sie anfangs dementsprechend die gleiche Er-

---

799 Vgl. *Küting/Heiden* (2003), S. 1551; *Haller/Schloßgangl* (2003), S. 319. Stattdessen beschäftigt sich der Standardsetter mit Detailproblemen, bspw. mit der Bilanzierung einzelner Finanzinstrumente; hier scheint eine Schwäche des regelbasierten Ansatzes deutlich zu werden, da durch fehlende Prinzipien bzw. konzeptionelle Herangehensweise in der Folge Inkonsistenzen zwischen Einzelfallregelungen auftreten.

800 Damit wird im HGB ein positiver Erfolg mit der Erhöhung des bilanziell erfassten und bewerteten Kapitals definiert; durch die unterschiedlichen Bewertungsansätze des HGB kann daher von einem gemischten Ansatz in Hinblick auf die Kapitalerhaltungsansätze gesprochen werden, vgl. dazu auch *Coenenberg/Haller/Schultze* (2009), S. 1229.

801 Vgl. grundlegend *Ordelheide* (1988), S. 279 f. zur Bewertung der Aktiva im Rahmen der Erfolgsermittlung.

folgskonzeption auf, die sich auch im aktuellen Rahmenkonzept noch wiederfinden.[802] Erst mit Einführung der Fair Value Bilanzierung wurde dieses System ausgehölt, und durch die Regelungsbasierung hat es sich dabei um einen schrittweisen, schleichenden Vorgang gehandelt, der einige Zeit relativ unbemerkt geblieben ist. Inzwischen ist der Fair Value als Wertmaßstab weit verbreitet, und die Einführung eines Erfolgskonzepts gestaltet sich mit jeder neuen Fair Value Regelung als zunehmend schwieriger, da es sich dabei um einen prinzipienbasierten Ansatz handelt, der dem Grundkonzept des Regelungsbasierten Rechnungswesens widerspricht.[803]

Im Laufe der Zeit konnte auch eine Entwicklung der Fair Value Bilanzierung beobachtet werden. Sahen die ersten Standards, die eine Bewertung zum Zeitwert ermöglichten, noch eine freiwillige sowie erfolgsneutrale Anwendung im Rahmen eines Wahlrechts vor,[804] so schreiben neuere Standards eher eine erfolgswirksame und verbindliche Fair Value Ermittlung vor.[805] Während also zunächst die Bewertungsunterschiede nicht als Erfolg angesehen worden sind, werden sie heute zunehmend als Erfolsgkomponente verstanden.

Eine der ersten Reaktionen des Standardsetters auf die Problematik des Performance Reportings war die Einführung der Eigenkapitalveränderungsrechnung, welche die Änderungen des Eigenkapitals transparent machen sollte, die nicht aus der Gewinn- und Verlustrechnung herrührten.[806] Da allerdings festgestellt werden musste, dass die Rechnungslegungsnutzer diesem Instrument wenig Beachtung schenkten und andererseits die Unternehmen als Anwender in der Eigenkapitalveränderungsrechnung eine Möglichkeit sahen, negative Wertbeiträge hier ohne Erfolgswirkung unterzubringen, hat sich das IASB mit der Neugestaltung der Ergebnisrechnung dazu entschlossen, die erfolgswirksamen und die erfolgsneutralen Bestandteile in Ablösung der Gewinn- und

---

[802] Vgl. *Haller/Schloßgangl* (2003), S. 317. So beurteilt das Framework den Gewinn bspw. als den zentralen Leistungsmaßstab, vgl. F.69.

[803] Vgl. ausführlich zur Problematik der Verbindung von Fair Value und Performance Reporting *Hachmeister* (2005).

[804] So sehen IAS 16 und IAS 38 ein Wahlrecht in Form des sog. Neubewertungsmodells vor, das eine erfolgsneutrale Erfassung in der Neubewertungsrücklage vorsieht.

[805] Vgl. z.B. IAS 40 oder IAS 41, die erfolgswirksame Fair Value Bewertungen beinhalten.

[806] Die Eigenakpitalveränderungsrechnung wird in IAS 1 geregelt. Mit den aktuellen Änderungen von IAS 1 wurde jedoch bereits eine Umstellung der Erfassung der erfolgsneutralen Bestandteile in IAS 1 implementiert, vgl. dazu auch *Freiberg* (2009a).

Verlustrechnung in eine neue Gesamtergebnisrechnung, dem comprehensive income statement zu überführen.[807] Damit werden die erfolgsneutralen Bestandteile in die gleiche Rechnung wie die erfolgswirksamen Größen einbezogen und damit sichtbarer, wenn auch unklar bleibt, welcher Logik die Zuordnung folgt.

Dass die fehlende Erfolgskonzeption tatsächlich auch am Kapitalmarkt ein Problem darstellt, konnte an der zunehmenden Verwendung von Pro-Forma-Ergebnissen festgestellt werden.[808] Unternehmen verwenden Pro-Forma-Gewinne häufig zur Ablenkung von nach Rechnungslegungsstandards ermittelten schlechten Ergebnissen.[809] Der wahllosen Entwicklung beliebiger Pro-Forma-Kennzahlen haben die Regelungsgeber allerdings inzwischen Einhalt geboten; als Hinweis auf ein strukturelles Defizit können sie aber dennoch interpretiert werden.[810]

Aus Sicht der verschiedenen Gruppen von Kapitalmarktteilnehmern erscheinen sowohl eine aussagekräftige und glaubwürdige Erfolgsberichterstattung als auch eine zumindest partielle Fair Value Bilanzierung vorteilhaft.[811] Aus Sicht der privaten Anleger könnte eine intuitiv vermutete stärkere Fair Value Bilanzierung begrüßt werden, aus Sicht der Fremdkapitalgeber wäre eine verlässliche Ermittlung des Schuldendeckungspotenzials wünschenswert.[812] Zugleich besteht durch die empirische Kapitalmarktforschung im Rahmen des *Feltham/Ohlson*-Modells die Vermutung, dass Rechnungslegungssysteme, die ein Clean-Surplus-Accounting repräsentieren, eine größere Wertrelevanz besitzen als Dirty-Surplus-Systeme.[813]

Damit besteht ein Dilemma, denn scheinbar können nicht alle drei Ziele gleichzeitig erreicht werden – entweder es wird eine enge Kopplung zwischen Bilanz und Erfolgsrechnung etabliert, um ein Clean Surplus zu gewährleisten, dann können jedoch nicht

807 Vgl. *Freiberg* (2009a), S. 177.

808 Vgl. *Kley/Vater* (2002), S. 1085.

809 Vgl. *Kley/Vater* (2003), S. 45.

810 Vgl. zur Verwendung von Pro-Forma-Kennzahlen *Küting/Heiden* (2003).

811 Vgl *Mölls/Strauß* (2007), S. 971.

812 Dies wird von Kreditinstituten allerdings nur angenommen, wenn marktmäßig ermittelte Fair Values Verwendung finden, vgl. *Haller/Löffelmann/Etzel* (2009), S. 219.

813 Dies gilt zumindest, wenn der Gewinn als Maßstab herangezogen wird. In Ländern mit einem Dirty Surplus Accounting ist dahingegen die umfassendere Größe des Eigenkapitals wertrelevanter als der Gewinn, vgl. dazu *Mölls/Strauß* (2007), S. 964.

gleichzeitig Bilanz und Erfolgsrechnung richtig sein, da ein System dem anderen folgen muss und die Fair Value Änderungen meist nicht als Erfolg der Unternehmung interpretiert werden sollen, da sie lediglich Wertverschiebungen innerhalb des ruhenden Vermögens repräsentieren; sofern der Fair Value marktgestützt ermittelt wird, kann auch ein Wert gezeigt werden, der nicht mit dem Wert aus der vorgesehenen Nutzung übereinstimmt; in diesem Fall stellt sich die Problematik auch als Widerstreit der statischen und der dynamischen Bilanztheorie dar. Wird jedoch die bilanzielle Bewertung von dem Erfolgsausweis entkoppelt, so kommt es zu dem Dirty Surplus und den oben beschriebenen Problemen des unklaren Erfolgskonzepts und dem damit verbundenen mangelhaften Performance Reporting.[814]

3.3.3.4 Erweiterung des Performance Reportings

Als Auflösung des Konflikts zwischen dynamischer und statischer Bilanztheorie kann die konsequente Einführung einer Rechnung genutzt werden, welche die Bewertungsunterschiede aufnimmt: einerseits kann eine den statischen Interessen entgegenkommende (Full) Fair Value Bilanzierung durchgeführt werden, andererseits wird ein konsequenter Ergebnisausweis inklusive einer konsistenten Erfolgsdefinition möglich.[815] Dies wird dadurch erreicht, dass Differenzbeträge nicht direkt im Eigenkapital sondern zunächst in einer neutralen Position erfasst werden. Diese Position kann als Bewertungspuffer aufgefasst werden, der Bewertungsdifferenzen solange aufnimmt, wie sie noch nicht realisiert werden. Mit Realisation wird die verbleibende Differenz erfolgswirksam aus dem Puffer übertragen.[816]

Wird diese als Recycling bezeichnete Technik konsequent umgesetzt, wird dem Konvergenzprinzip gefolgt und ein Clean Surplus Accounting erreicht, denn alle Eigenkapitaländerungen erfolgen ausschließlich über den Erfolg;[817] die Bewertung von Vermögenswerten und Schulden zu Zeitwerten wird ebenfalls möglich, da keine Erfolgs-

---

814 Vgl. auch *Freiberg* (2009a), S. 179.

815 Das hier vorgeschlagene Konzept stellt lediglich eine buchungstechnische Möglichkeit der Abb. von Fair Values dar, die Ermittlung der Fair Values ist hier nicht Gegenstand.

816 Vgl. dafür beispielhaft *Freiberg* (2009c) zur Behandlung von Währungsumrechnungsdifferenzen, die allerdings nicht einem konsequenten Recycling unterliegen.

817 Vgl. auch *Kessler* (2010), S. 78.

verzerrung durch Bewertungsvorgänge befürchtet werden muss, und die Erfolgsdefinition kann an klare Grundsätze wie die Realisation mit einem Dritten anknüpfen und reine Bewertungseffekte unberücksichtigt lassen. Bilanziell würde daher eine Art Vorschau auf künftige Erfolgswirkungen ermöglicht werden.[818]

Es wird daher die Überarbeitung der Definition der Bilanzpositionen und die Ergänzung um eine weitere Position „Valuation Buffer“ (VB), „Bewertungspuffer“ bzw. „Ausgleichsposten für Bewertungsdifferenzen“ als Bestandsgröße vorgeschlagen.[819]

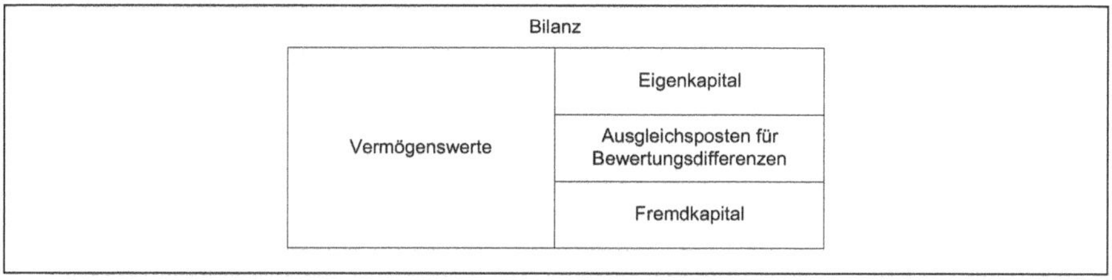

Abb. 3-29: Ergänzung der Bilanzpositionen um einen Ausgleichsposten für Bewertungsänderungen

Quelle: eigene Darstellung

Für die Erfassung der Stromgrößen werden zwei separate Rechenwerke vorgeschlagen, um die Änderungskomponenten transparent voneinander zu trennen.[820] Es muss ein expliziter Ausweis der Änderungen des VB (=Bestand) in dem Statement of Valuation Effects (SVE) (=Stromgröße) erfolgen, so wie die Gewinn- und Verlustrechnung die Änderung des Eigenkapitals erläutert.

818 Dieser Vorschlag reiht sich somit auch in die Diskussion um die Struktur der Kapitalseite der Bilanz ein, vgl. dazu auch das IASB Agenda Project Liabilities and Equity mit verschiedenen disktuierten Ansätzen wie dem basic-ownership-Ansatz, dem ownership-settlement-Ansatz oder dem reassessed-expected-outcomes-Ansatz, vgl. IASB Agenda Paper 4 (2007).

819 Bei Einführung dieses Konzepts müsste notwendigerweise eine neue Diskussion zum Realisationszeitpunkt einsetzen, also zum Kern eines Erfolgskonzepts, nämlich wann etwas verdient ist, da auf dieser Abgrenzung die Zuordnung zu den verschiedenen Rechnungen erfolgen muss. Dies betrifft u.a. auch die Beurteilung von planmäßigen Abschreibungen und Verbrauchsfolgeverfahren.

820 Die Änderung von IAS 1 sieht eine Einbeziehung sowohl der erfolgswirksamen als auch der erfolgsneutralen Eigenkapitaländerungen in das comprehensive income statement vor. Die hier vorgeschlagene inhaltliche Trennung kann auch in einem Rechenwerk umgesetzt werden, solange die Zuordnung zu den Bereichen konsistent und transparent sind.

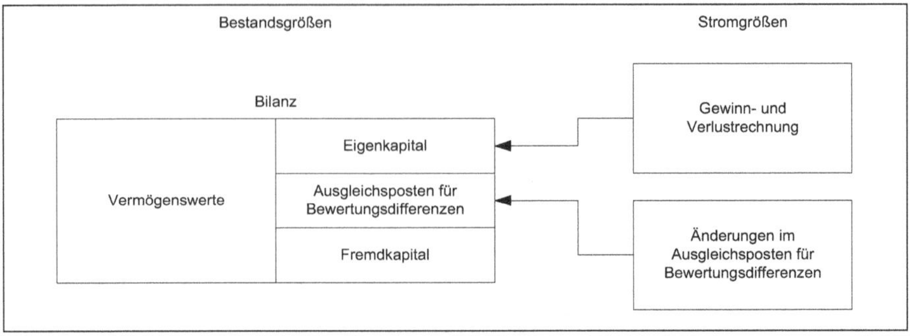

Abb. 3-30: Ergänzung der Abschlussbestandteile um eine Veränderungsrechnung für den Ausgleichsposten für Bewertungsänderungen

Quelle: eigene Darstellung

Im neu eingeführten comprehensive income statement in IAS 1 ist eine ähnliche Unterteilung zu finden, allerdings innerhalb eines Instruments. Für die buchungstechnische Verknüpfung mit zwei unterschiedlichen Passivpositionen ergibt sich damit lediglich das Problem, dass nicht die Saldogröße des Instruments zur Bestandsfortschreibung genutzt wird sondern die zwei Teilsalden, wie in der folgenden Abb. dargestellt.[821]

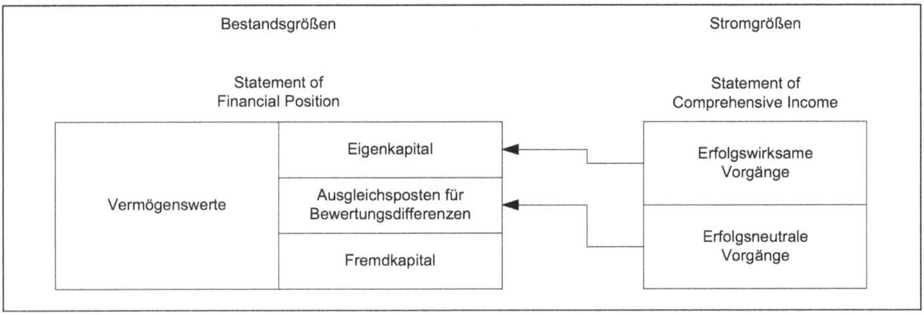

Abb. 3-31: Ergänzung der Abschlussbestandteile um eine Veränderungsrechnung für den Ausgleichsposten für Bewertungsänderungen

Quelle: eigene Darstellung

821 Da der Abschluss als frei gestaltbare Auswertung der Buchhaltungsdaten angesehen werden kann, stellt dies jedoch kein schwerwiegendes Problem dar. Als vorteilhaft ist evtl. anzusehen, dass durch ein Instrument die Aufmerksamkeit des Nutzers verstärkt auf die nicht erfolgswirksamen Bestandteile gelenkt werden kann. Im Folgenden soll jedoch zur besseren Verdeutlichung der zwei Bestandteile weiter von zwei separaten Rechenwerken ausgegangen werden.

Zur Sicherstellung eines Clean Surplus Accountings ist durch ein konsequentes Recycling sicherzustellen, dass die Summe der Perioden-SVE-Salden in der Totalperiode null ergibt, d.h., dass alle Eigenkapital-Änderungen früher oder später über die Gewinn- und Verlustrechnung geführt werden.[822] Die folgende Abb. verdeutlicht die getrennte Erfassung der Stromgrößen sowie die getrennte Aggregation; ebenso zeigt sie den Aufbau von Eigenkapital durch die Gewinn- und Verlustrechnung, den Aufbau der Pufferposition durch die SVE und die Realisierung mit Gewinn über das Recycling.

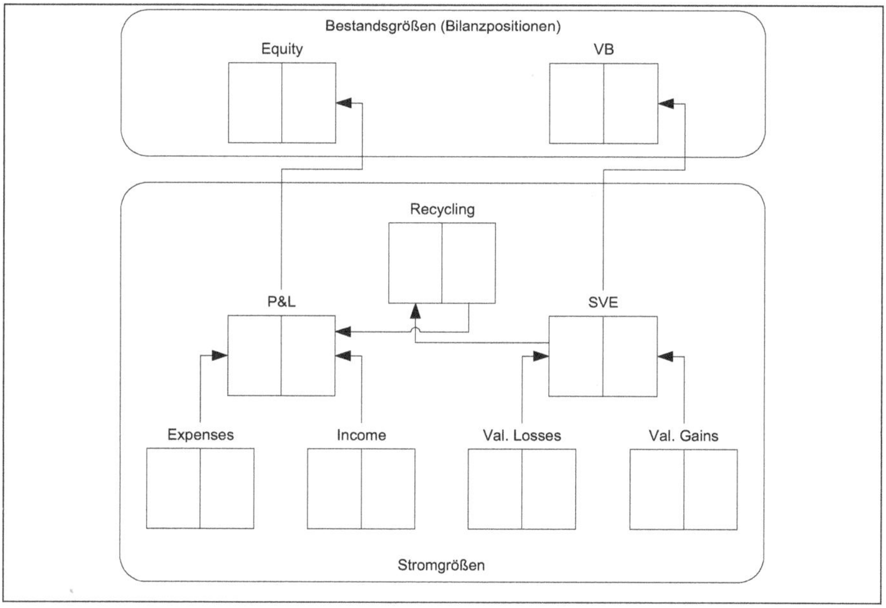

Abb. 3-32: Getrennte Erfassung von Erfolgskomponenten und reinen Bewertungseffekten[823]
Quelle: eigene Darstellung

Die Auswirkungen des Recyclings sollten entweder als eigenes Instrument oder im Anhang erläutert werden. Denkbar wäre eine Darstellung, wie sich der Nettowert des Recyclings zusammensetzt, aufgeschlüsselt nach den in der Bilanz vorhandenen Posi-

822 Vgl. zur Bedeutung des Clean Surplus auch im Zusammenhang mit der Bereinigung von Wahlrechten *Kessler* (2010), S. 78.

823 In der Abb. wurde für die Erfolgsrechnung die Bezeichnung P&L und nicht Income Statement gewählt, um Verwechslungen mit der alten oder der neuen Form der Erfolgsrechnung nach IAS 1 zu vermeiden und den Charakter als reine Erfolgsrechnung zu betonen.

tionen und unter unsaldierter Angabe sowohl der positiven als auch der negativen Beiträge.

Auf Basis der vorgestellten Änderungen bei den Elementen des Abschlusses nach IFRS würden die Abschlussnutzer in die Lage versetzt werden, im Rahmen der Abschlussanalyse neue Kennzahlen zu errechnen, welche die Informationsgewinnung für Prognosezwecke verbessern können; es ließe sich somit eine Verbesserung der Entscheidungsnützlichkeit erreichen.[824]

Bezeichnung	Formel	Bedeutung
Comprehensive Income (CI)	$CI = Net\ Income + SVE$	Absolute Änderung des Eigenkapitals, gäbe es keine separate Behandlung von Bewertungseffekten
Revaluation per Profit (RevP)	$RevP = \frac{SVE}{Net\ Income}$	Verhältnis von Bewertungsänderungen zu Gewinn RevP < 1: Gewinn > Bewertungseffekte RevP = 1: Gewinn = Bewertungseffekte RevP > 1: Gewinn < Bewertungseffekte
Revaluation Ratio (RevR)	$RevR = \frac{VB}{Assets}$	Anteil der Bilanzsumme bzw. der Summe aller Vermögenswerte, die auf Bewertungsänderungen basiert

Tab. 3-10: Neue Kennzahlen durch Ausweis eines SVE und eines Revaluation Buffers

Quelle: eigene Darstellung

Durch die Nutzung eines separaten Verrechnungskontos für das Recycling, welches in Erfolgsrechnung und SVE ausgewiesen wird, kann zudem die Transparenz der Erfolgsdarstellung gesteigert werden. So können weitere Kennzahlen gebildet werden, durch welche das Ergebnis der Periode in Beziehung zu der Leistung der Periode gesetzt werden kann. Die Offenlegung der Entwicklung nach der Fair Value Ermittlung zwingt das Management, die getroffenen Einschätzungen zu vertreten und kann somit auch disziplinierend wirken.[825] Denkbar sind z. B. folgende neue Kennzahlen:

---

824 Allerdings handelt es sich auch bei einem konsequenten Recycling lediglich um die Verarbeitung vergangenheitsbezogener Werte, die Hinweise von *Neuhaus/Minx* (2009) zur Prognoseproblematik gelten hier also ebenso.

825 Die großen Ermessensspielräume sind ein wesentlicher Kritikpunkt der Fair Value Bilanzierung, vgl. *Bieg* et al. (2008), S. 2544, oder auch umfassend *Kessler* (2005).

Bezeichnung	Formel	Bedeutung
Recycling Ratio	$RecR = \frac{Recycling}{Net\ Income}$	Anteil des Gewinns, der aus Bewertungsänderungen der Vorperioden resultiert
Annual Recycling Ratio	$ARecR = \frac{Recycling}{SVE}$	Anteil der aktuellen Bewertungsänderungen, die in dieser Periode erfolgswirksam geworden sind
Total Recycling Ratio	$TRecR = \frac{Recycling}{VB}$	Anteil der kumulierten Bewertungsänderungen, die in dieser Periode erfolgswirksam geworden sind

Tab. 3-11: Neue Kennzahlen durch Recycling

Quelle: eigene Darstellung

Durch die vorgeschlagenen Ergänzungen würden im Zusammenspiel mit den Änderungen im Framework und einer Berücksichtigung der Usability bspw. durch die verbindliche Einführung einer Berichterstattung per XBRL die Interessen der Kapitalmarktteilnehmer in höherem Maße berücksichtigt werden. Davon ausgenommen sind allerdings die Interessen der professionellen Gruppen, ihren Informationsvorsprung und damit ihre privilegierte Position zu sichern; im Sinne der Kapitalmarkteffizienz wäre es jedoch sicherlich zu begrüßen, wenn mehr Marktteilnehmer Informationen aktiv verarbeiten würden. Hier ist ein Ansatzpunkt für weitere Forschungsarbeiten gegeben.[826]

3.3.3.5 Weitere Ansätze der Weiterentwicklung der Rechnungslegung

Neben den in Kapitel 3.2.6 und im vorangegangenen Kapitel 3.3.3.4 entwickelten Vorschlägen wurden in der Literatur bereits andere Ansätze diskutiert, wie die Rechnungslegung den Bedürfnissen des Kapitalmarkts besser angepasst werden kann. Dazu zählen die Ansätze von *Wallman* und *de Piazza/Eccles*, die kurz vorgestellt werden sollen.

Im Zentrum der Kritik von *Wallman* steht die Einwertigkeit der Abschlüsse. Auf Basis der Annahme, dass Sachverhalte zweckabhängig unterschiedlich zu bewerten sind, ist die Angabe nur eines Wertes für eine Position lediglich als ein stark eingrenzender Kompromiss zu sehen. Als Lösungsansatz schlägt *Wallman* daher ein fünfstufiges Konzept vor, bei dem mit jeder Stufe bzw. Datenebene die Verlässlichkeit oder Si-

[826] Eine ähnliche Einschätzung treffen *Saitz/Wolbert* (2002), S. 321.

cherheit der Information abnimmt und zugleich eine größere Nützlichkeit der Werte vermutet wird. *Wallman* bildet damit ebenfalls den Widerstreit zwischen Relevanz und Verlässlichkeit ab und löst ihn in einem Wertekontinuum auf, das es dem Abschlussnutzer überlässt, welchen Grad an Verlässlichkeit er nutzen möchte. Die folgende Abb. 3-33 stellt das Konzept von *Wallman* überblicksartig dar.[827]

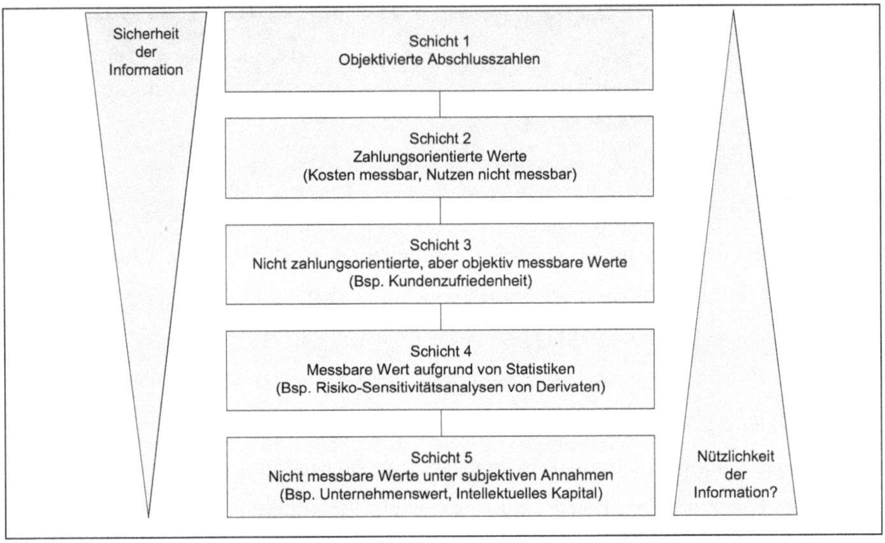

Abb. 3-33: Schichtenmodell nach *Wallman*

Quelle: eigene Darstellung in Anlehung an *Wallman* (2001)

Positiv sind dabei die Ansätze zur Erfassung der bislang in der Rechnungslegung wenig beachteten Größen der immateriellen Vermögenswerte und des intellektuellen Kapitals zu bewerten.[828] Auch die Verlagerung der Entscheidung zum Nutzer, welche Informationen genutzt werden sollen, ist grundsätzlich zu begrüßen. Jedoch besteht bei einem mehrwertigen Modell die Gefahr, dass aufgrund der Nachrichtenfülle die Transparenz verloren geht. Ebenso wird die Kommunikation erschwert, da für verschiedene Größen mehrere Werte veröffentlicht werden, und die Verständlichkeit dürfte zumindest bei der Gruppe der privaten Anleger eher abnehmen.

---

827 Vgl. zu dem Konzept *Wallman* (2001). Steven *Wallman* war SEC Commissioner.

828 Vgl. auch die Ansätze des Value Reporting, z.B. bei *Zimmermann/Schütte* (2004), S. 55.

Ausgelöst durch die Bilanzskandale von Enron, Worldcom etc. wurden Ursachen für die Mängel in der Rechnungslegung gesucht. In ihrem Modell eines dreistufigen Corporate Reporting entwickeln *de Piazza/Eccles* ein Konzept der Berichterstattung, das auf Basis der Kritik an der Vergangenheitsorientierung der Rechnungslegung und der Intransparenz bzgl. der Werttreiber aufsetzt und die Transparenz in den Mittelpunkt der Betrachtungen rückt. Die drei Stufen des Konzepts bestehen in

1. der Erarbeitung weltweiter Standards der Rechnungslegung;
2. der Entwicklung branchenspezifischer Standards für die Leistungs- und Erfolgsmessung; und
3. der Durchsetzung einer wertorientierten Unternehmensführung.

Auf der ersten Stufe zielen die Vorschläge von *de Piazza/Eccles* in erster Linie auf die Vergleichbarkeit zwischen den Unternehmen ab, während die zweite Stufe verstärkt auf die Generierung aussagekräftiger Kennzahlen zu Bewertungszwecken abstellt; zu diesem Zweck wird auf die Entwicklung von Standards gesetzt, die nur für bestimmte Branchen gelten und nicht für alle Wirtschaftszweige.[829] Auf der dritten Ebene bezieht sich das Konzept stärker auf die Identifikation und Kommunikation von Werttreibern, um eine Orientierung am Unternehmenswert zu ermöglichen.[830]

Die Ansätze von *de Piazza/Eccles* bzgl. globaler Standards finden bereits durch die enge Zusammenarbeit von IASB und FASB ihre Umsetzung, die Ansätze bzgl. der branchenspezifischen Standards, die aufgrund ihres Regelungscharakters eher typisch für die US GAAP sind allerdings eher nicht. Ein Value Reporting betreiben viele Unternehmen freiwillig, allerdings in einer unstandardisierten Form, wodurch die Vergleichbarkeit erheblich erschwert wird.[831]

829 Die Kritik an der mangelnden Orientierung der Rechnungslegung an der Vermittlung wertorientierter Informationen führt auf Unternehmensebene in Ermangelung gemeinsamer Standards zu dem sog. Value Reporting. Eine Standardisierung wäre jedoch wünschenswert, um die Berichterstattung nicht ausufern zu lassen, vgl. *Kley* (2003), S. 843.

830 Vgl. ausführlich zu dem Konzept *de Piazza/Eccles* (2003).

831 Vgl. zum Value Reporting bspw. *Fischer/Wenzel* (2004); *Saitz/Walbert* (2002).

3.4 Orientierung an den Interessen des Kapitalmarkts auf der Stufe der Unternehmen

3.4.1 Vorüberlegungen

Nachdem im vorangegangenen Abschnitt untersucht worden ist, wie von regulatorischer Seite, also insbesondere von den Standardsettern die Rechnungslegung stärker auf die Interessen der Kapitalmarktteilnehmer abgestimmt werden kann, sollen in diesem Kapitel die Möglichkeiten der Unternehmen als Anwender von Rechnungslegung überprüft werden, inwiefern die Finanzberichterstattung den Anforderungen des Kapitalmarkts gerecht werden kann.

Auf Basis der Analyse der Informationsfunktion in Kapitel 3.2 müssen unter Beachtung der Transaktionskosten der ursprüngliche Bruttonutzen und der beim Nutzer verbleibende Nettonutzen unterschieden werden.

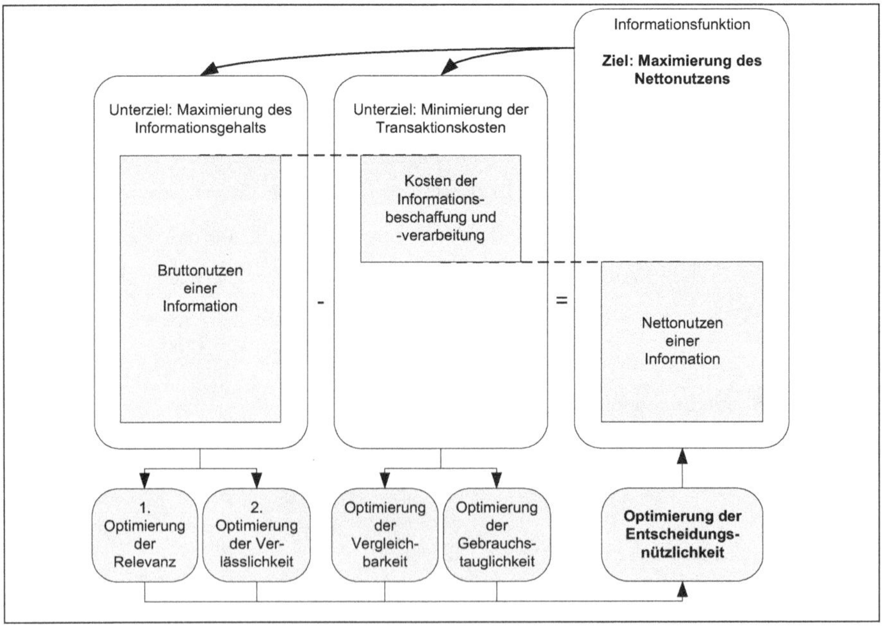

Abb. 3-34: Zielsystem der Informationsfunktion

Quelle: eigene Darstellung

So wie es das Anliegen der Standardsetter sein muss, die Informationsfunktion auf den Nettonutzen zu beziehen, sollten auch die Unternehmen als Anbieter der Informationen den bei den Nutzern entstehenden Nettonutzen zu vergößern suchen. Das bedeutet, wie in Abb. 3-34 dargestellt, dass das Oberziel der Informationsfunktion im Sinne der Entscheidungsunterstützung in die zwei Unterziele Bruttonutzen-Erhöhung und Transaktionskosten-Senkung differenziert werden kann.[832] Während jedoch den Standardsettern normative Möglichkeiten der Zielerreichung offen stehen, können Unternehmen nur die ihnen zur Verfügung stehenden Spielräume zur Zielerreichung nutzen.

Als wesentliche Instrumente können in erster Linie die Investor Relations genannt werden, aber auch die Thematik des Fast Close, des Value Reporting und die Verwendung von Internet und insbesondere XBRL sollen in Hinblick auf die Kapitalmarktorientierung untersucht werden. Die verschiedenen Instrumente stehen dabei zu den oben skizzierten zwei Unterzielen der Informationsfunktion in unterschiedlichen Zielbeziehungen, die Tab. 3-12 übersichtsartig zusammenfasst.[833]

Instrument	Bruttonutzen	Transaktionskosten
Investor Relations	+	-
Fast Close	+	0
Value Reporting	+	+
Internet und XBRL	0	-

Tab. 3-12: Instrumente der Kapitalmarktorientierung
Quelle: eigene Darstellung

Während die unter dem Begriff Investor Relations zusammengefassten Instrumente der Kommunikation sowohl genauere und zusätzliche Informationen vermitteln, also den Bruttonutzen erhöhen, als auch die Verständlichkeit zu verbessern und damit die Transaktionskosten zu senken, ist das Fast Close Konzept lediglich auf den Aspekt der Zeitnähe und somit auf den Bruttonutzen ausgerichtet. Die Nutzung von Internet und XBRL-Format sind alleine auf die Kommunikation selbst und nicht auf die Informationsinhalte gerichtet und dienen somit der Senkung der Transaktionskosten. Das Value

832 Dabei sind wiederum Interdependenzen zu berücksichtigen; so führt bspw. eine Senkung von Transaktionskosten nicht zu einem höheren Nettonutzen, wenn durch die Maßnahme zugleich der Bruttonutzen in noch größerem Umfang reduziert wird.

833 Die Erläuterung der Einschätzungen der Zielbeziehungen folgt in den weiteren Abschnitten dieses Kapitels.

Reporting, also die i.d.R. freiwillige Berichterstattung über Werttreiber, immaterielle Vermögenswerte etc. ist zwar einerseits auf die Vermittlung zusätzlicher, relevanter Informationen gerichtet, durch die Freiwilligkeit aufgrund der mangelnden Standardisierung leidet jedoch die Vergleichbarkeit und erhöht somit die Transaktionskosten.

3.4.2 Investor Relations

3.4.2.1 Begründung der Investor Relations durch die Wahrnehmungslücke

Wie in Kapitel 2.2.4.4.2 gezeigt wurde, ist die Informationseffizienz des Kapitalmarkts als nicht besonders hoch einzustufen und somit nicht davon auszugehen, dass der Börsenkurs alle bewertungsrelevanten Informationen widerspiegelt. Bedingt durch die asymmetrische Informationsverteilung zwischen Management und Kapitalmarktteilnehmern entsteht daher eine Bewertungsdifferenz zwischen dem Wert des Unternehmens aus interner und externer Sicht, also zwischen innerem Wert und Kurswert.[834] Es kann daher die Annahme getroffen werden, dass sich die Bewertungsdifferenz durch Abbau der Informationsasymmetrie reduzieren lässt. Im Sinne einer Kapitalmarktorientierung sollten sich Unternehmen daher dieser Aufgabe stellen; als Instrument dazu dienen die Investor Relations.

Investor Relations lassen sich im Rahmen einer dreidimensionalen Systematisierung definieren, wobei nach der Abgrenzung nach Ansprechpartnern, der Freiwilligkeit der Kommunikation und den Komponenten des Marketing-Mixes unterschieden wird.[835] Generell lassen sich Investor Relations als ein umfassendes Instrumentarium zum Abbau von Informationsasymmetrien in Form einer Reputations- und Informationspolitik begreifen: Sie umfassen die planmäßige und strategische Gestaltung der Beziehung zwischen Unternehmen und seinen gegenwärtigen und potenziellen Aktionären sowie

---

834 Vgl. *Preis* (2002), S. 213.

835 Vgl. *Allendorf* (1996), S. 6 f. Zum Finanzmarketing vgl. *Süchting* (1980), S. 218; *Link* (1991), S. 7-10; *Link* (1995), Sp. 694-700; *Simon/Ebel/Pohl/Hofer* (2002), S. 119. Kritisch äußert sich *Drill* (1995), S. 54.

den Informationsmittlern, die mit der Summe aller möglichen kommunikativen Maßnahmen angesprochen werden sollen.[836]

Die Stellung der Investor Relations zu den Public Relations ist Gegenstand der Diskussion.[837] Public Relations werden als planmäßige und systematische Gestaltung der Beziehungen zwischen Unternehmen und einer nach Gruppen gegliederten Öffentlichkeit definiert und haben zum Ziel, Vertrauen und Verständnis bei den Adressatengruppen zu gewinnen oder auszubauen.[838] Investor Relations sind demhingegen auf eine zielgruppengerechte Finanzkommunikation ausgerichtet. Ursprünglich wurden die Erkenntnisse der Public Relations in den Bereich der Investor Relations übertragen, mittlerweile sind die Investor Relations jedoch als eigenständige Disziplin anzusehen.[839]

Die Investor Relations stellen zwar insgesamt ein Kommunikationsinstrumentarium dar, dienen aber im Sinne dieser Untersuchung nicht ausschließlich dem Informationsinteresse der Kapitalmarktteilnehmer sondern auch dem Erfolgsinteresse. Durch den Abbau der Informationsasymmetrien soll eine Reduzierung des Risikozuschlags erfolgen, was eine direkt positive Wirkung auf den Unternehmenswert bzw. den Kurs hat. Investor Relations bilden somit ein Kernelement wertorientierter Führungskonzepte ab, indem sie explizit die Risikokomponente der Bewertung adressieren.[840]

Die Kapitalmarktteilnehmer benötigen wie bereits diskutiert Informationen für ihre Entscheidungsmodelle; erfolgt die Kommunikation der relevanten Werte intransparent oder unvollständig, können die Erfolgspotenziale des Unternehmens durch die Kapitalmarktteilnehmer nicht so wie vom Management eingeschätzt werden. Aufgrund dieser Wahrnehmungslücke bildet sich eine Bewertungsdifferenz zwischen innerem Wert und Marktwert heraus.[841]

---

836 Diese Definition kann auch als Investor Relations i.e.S. betrachtet werden.

837 So werden die Investor Relations als Teilbereich der Public Relations betrachtet von *Täubert* (1998), S. 3; *Krystek/Müller* (1993), S. 1786.

838 Vgl. *Drill* (1995), S. 53; *Link* (1991), S. 9.

839 Vgl. *Kirchhoff* (2000), S. 34; *Mindermann* (2000), S. 25.

840 Vgl. *Drill* (1995), S. 27 f.

841 Vgl. *Zieschang* (2000), S. 133; *Zemelka* (2002), S. 126.

Soll diese Wahrnehmungslücke durch Kommunikationsmaßnahmen abgebaut werden, ist eine differenziertere Betrachtung notwendig. PricewaterhouseCoopers hat in verschiedenen Kapitalmarktstudien die Kommunikation und die Wahrnehmung von Informationen untersucht.[842] Auf Basis der gewonnen Erkenntnisse wurde die sog. Gap-Analyse als Hilfsmittel zur Analyse von Kommunikationsproblemen zwischen Unternehmen und Kapitalmarktteilnehmern entwickelt.[843] Im Ergebnis ergeben sich die in Abb. 3-35 dargestellten fünf Kommunikationslücken.[844]

Quality Gaps entstehen, wenn das Management eine Information zwar als relevant ansieht, diese Information aber nicht in genügender Qualität durch die interne Unternehmensrechnung abgebildet wird.[845] Understanding Gaps liegen vor, wenn Management und Kapitalmarktteilnehmer die Relevanz einer Information unterschiedlich beurteilen.[846] Understanding Gaps deuten an, dass Wertindikatoren, die von den Kapitalmarktteilnehmern als wesentlich angesehen werden, vom Management in nicht ausreichendem Maße berücksichtigt werden.[847]

Information Gaps entstehen, wenn die Kapitalmarktteilnehmer keine oder keine ausreichenden Informationen über von ihnen als relevant erachtete Sachverhalte erhalten. Information Gaps stehen damit in engem Zusammenhang mit den Understanding Gaps, da die unzureichende Informationslage i.d.R. auf eine abweichende Einschätzung der Bedeutung durch das Management zurückgeht.[848]

---

842 Vgl. PwC (2001a), S. 11.

843 Vgl. auch *Gössi/Simon-Keuenhof* (2001), S. 682.

844 Vgl. *Eccles/Fletcher* (1999), S. 11.

845 In der Bankenbranche liegen bspw. Quality Gaps vor für die Informationen über die Qualität des Managements, Produktinnovationsstrategien und Kundensicherung, vgl. *Eccles/Fletcher* (1999), S. 24 f. Ähnliche Lücken finden sich in der Versicherungsbranche, vgl. *Eccles/Nelligan* (1999), S. 24 f. oder der Pharmabranche, vgl. PwC (2001a), S. 24.

846 Vgl. PwC (2001b), S. 8.

847 Understanding Gaps treten bspw. in der Versorgungsgüterindustrie auf, vgl. PwC (2002d), S. 12-15.

848 Vgl. PwC (2002b), S. 3. So werden als wesentliche Information Gaps in der Metallindustrie Informationen über den WACC und makroökonomische Rahmenbedingungen empirisch belegt, vgl. PwC (2002a), S. 13.

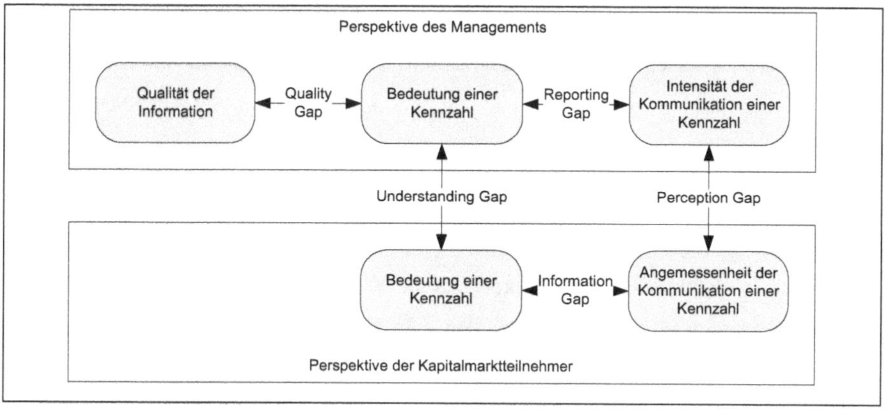

Abb. 3-35: Five Communication Gaps

Quelle: in Anlehnung an *Eccles/Fletcher* (1999), S. 11

Reporting Gaps entstehen aus einem Missverhältnis zwischen durch das Management wahrgenommener Bedeutung einer Information und den Kommunikationsbemühungen.[849] Perception Gaps schließlich beschreiben die Unterschiedlichkeit der Einschätzungen von Management und Kapitalmarktteilnehmern hinsichtlich der Angemessenheit der Kommunikation einer Information.[850]

Die fünf Communication Gaps sind nicht unabhängig voneinander zu sehen, vielmehr können starke Interdependenzen bestehen.[851] Durch die Differenzierung der Wahrnehmungslücke in die vorgestellten fünf Detailfälle wird weiterhin deutlich, dass die Schließung einer der fünf Lücken nicht notwendigerweise die Schließung der anderen Lücken bewirkt.[852] Die Gap-Analyse bietet somit einen geeigneten Ausgangspunkt zur Entwicklung von Instrumenten der Investor Relations.

3.4.2.2 Ziele der Investor Relations

Die generelle Zielsetzung von Investor Relations besteht darin, eine angemessene Bewertung des Unternehmens am Markt zu erreichen, d.h. eine mit der Sicht des Mana-

---

849 Vgl. *Eccles/Fletcher* (1999), S. 18.

850 Vgl. *Eccles/Fletcher* (1999), S. 21. Perception Gaps können positiv oder negativ sein; bei positiven Lücken überschätzt das Management die Kommunikationsleistung, bei negativen Lücken unterschätzt es sie.

851 Vgl. PwC (2001b), S. 9.

852 Vgl. ebenfalls PwC (2001b), S. 9.

gements übereinstimmende Kursbildung zu unterstützen. Die Ziele zur Erreichung dieses Oberziels lassen sich in reputationspolitische und finanzpolitische Ziele unterteilen.[853] Eine zusammenfassende Übersicht über das Zielsystem gibt Abb. 3-36.[854]

Eine angemessene Bewertung erfüllt mehrere Funktionen. Aus Perspektive des wertorientierten Managements ist in der Senkung der Kapitalkosten die zentrale Aufgabe zu sehen;[855] die Kapitalkosten setzen sich aus den Fremd- und den Eigenkapitalkosten zusammen, wobei die Eigenkapitalkosten eine Risikoprämie enthalten. Die Risikoprämie richtet sich in ihrer Höhe nach den vom Kapitalmarktteilnehmer wahrgenommenen Unsicherheiten seines Investments, dazu zählen insbesondere auch die aus der Informationsasymmetrie herrührenden Kontrollkosten. Je größer das Vertrauen in die Aussagen des Managements ist, desto geringer wird die Informationsasymmetrie eingeschätzt, und umso geringer fällt die Kontrollprämie und somit der Risikozuschlag aus, was zu Werterhöhung führt.

Durch Investor Relations sollen keine möglichst hohen Kurse und auch nicht bewusst unterbewertete Kurse bewirkt werden, da beide Ausprägungen nicht mit den Grundgedanken des Shareholder Value Managements übereinstimmen, denn beide Ansätze weichen von dem Wert aus Sicht des Managements ab, der mit dem inneren Wert gleichgesetzt wird. Über einen mehr oder weniger langen Zeitraum wird eine Korrektur der Markteinschätzung erfolgen, die dann zu einem Vertrauensverlust führt. Zur Sicherung langfristig niedriger Eigenkapitalkosten durch einen geringen Risikoaufschlag wegen eines guten Vertrauensverhältnisses ist daher der angemessene Kurs oberstes Ziel der Investor Relations.[856]

---

853 Vgl. *Allendorf* (1996), S. 44 f.; *Täubert* (1998), S. 31-35.

854 Auf eine ausführliche Beschreibung aller Teilziele der Investor Relations muss an dieser Stelle aus Rücksicht auf den Umfang der Untersuchung verzichtet werden.

855 Zu einer empirischen Untersuchung der Auswirkungen einer IFRS-Umstellung auf die Risikoprämie von Unternehmensanleihen vgl. *Kiefer/Schorn* (2009).

856 Zu gleichem Ergebnis kommen *Zemelka* (2002), S. 133-135 und *Drill* (1995), S. 68, auch unter Bezugnahme auf Emissionserlöse und Dividendenbelastungen.

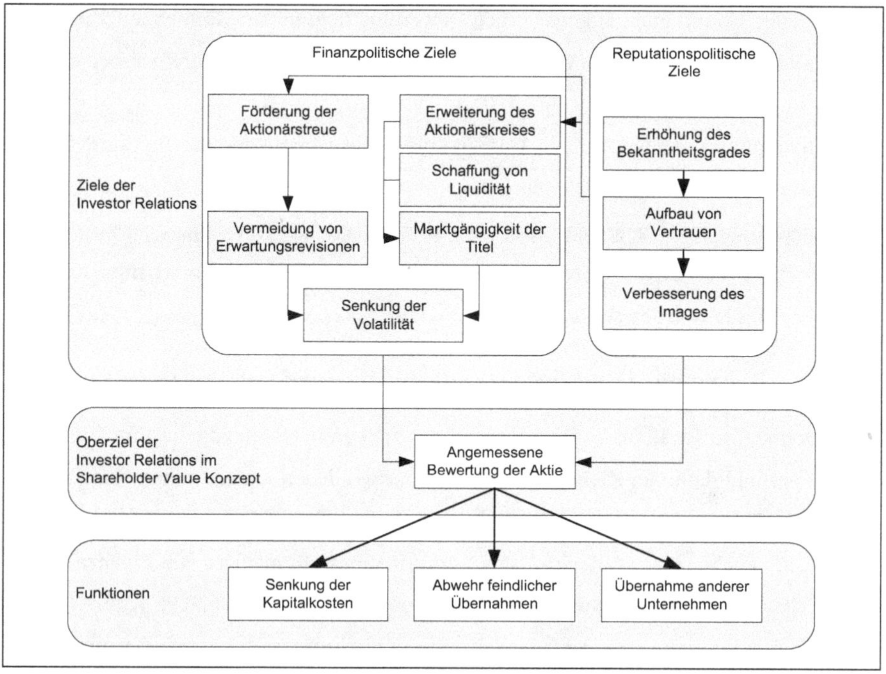

Abb. 3-36: Zielsystem der Investor Relations

Quelle: eigene Darstellung

Eine angemessene Bewertung der Aktie verhindert weiterhin feindliche Übernahmen, da es durch eine faire Bewertung am Markt keinem Erwerber möglich ist, unechte Synergien durch den Kauf zu realisieren, weil sie im Marktpreis bereits abgebildet sind. Übernahmen ergeben sich in der Folge nur noch dann, wenn der Erwerber durch den Zusammenschluss echte Synergiepotenziale identifizieren kann.[857]

Die Abwehr feindlicher Übernahmen war einer der Gründe für die Entwicklung des Shareholder Value Managements und ist insbesondere aus Sicht des Managements von besonderer Bedeutung, da hier eigene Einkommens- und Reputationsinteressen gefährdet sind. Aus Sicht der Kapitalmarktteilnehmer sind Übernahmen nicht grundsätzlich nachteilhaft, die Vermeidung von Akquisitionen unter Wert liegt aber durchaus im Interesse der Anteilseigner des zu kaufenden Unternehmens.[858]

---

857 Vgl. zu einer genaueren Unterscheidung von Synergien *Sellhorn* (2000), S. 889.

858 Vgl. auch *Drill* (1995), S. 66 f.; *Dürr* (1995), S. 24 f.; *Zemelka* (2002), S. 140.

Ein weiterer Vorteil einer angemessenen Bewertung liegt in der Möglichkeit, die eigenen Aktien als Akquisitionswährung bei der Übernahme anderer Unternehmen einzusetzen und somit die eigene Liquidität zu schonen. Allerdings könnte hier durchaus kritisch angeführt werden, dass in Vorbereitung einer Übernahme das Investor Relations Ziel tatsächlich auf die Erhöhung des Kurses abzielen sollte und nicht auf den angemessenen Kurs. Der angemessene Kurs ist in diesem Kontext daher eher als mittel- bis langfristig geeigneter Wert zu interpretieren, der nicht durch kurzfristige Verzerrungen gefährdet werden sollte.[859]

3.4.2.3 Zielgruppen und Instrumente der Investor Relations

Die Instrumente der Investor Relations richten sich an unterschiedliche Kapitalmarktteilnehmer und damit an Zielgruppen mit unterschiedlichen Kommunikationserfordernissen. Im Zentrum stehen dabei aktuelle und potenzielle Investoren – sowohl institutionelle als auch private Anleger – sowie Informationsintermediäre wie Finanzanalysten, Wirtschaftsjournalisten und Vermögens- und Anlageberater.[860] Die Kommunikation mit den Investoren kann also direkt oder indirekt über Dritte erfolgen und folgt somit einem mehrstufigen Konzept, wie auch bereits in Abb. 3-24 auf S. 187 dargestellt.

Aus Sicht der Investor Relations stellen die institutionellen und die privaten Anleger zwei deutlich unterschiedliche Zielgruppen dar. Private Anleger halten derzeit noch einen relativ geringen Teil der Unternehmensanteile, eine Ansprache ist zeit- und kostenintensiv und aufgrund der Größe und der Heterogenität der Zielgruppe wenig effizient; allerdings zeigen private Anleger durch ihre tendenziell langfristigere Orientierung ein größeres Maß an Loyalität, was sich besonders in Zeiten einer Baisse kursstabilisierend auswirkt.[861] Die institutionellen Investoren stellen aufgrund ihrer Kapitalvolumina die wichtigste Gruppe von Entscheidungsträgern und somit die primäre Investor Relations Zielgruppe dar. So urteilt *Wichels*:

---

859 Vgl. auch *Günther/Otterbein* (1996), S. 398.

860 Vgl. *Nix* (2000), S. 35; *Häusele* (1998), S. 94; *Täubert* (1998), S. 67. Die Journalisten stellen allerdings eine relativ unbedeutende Zielgruppe dar, vgl. *Günter/Otterbein* (1996), S. 402.

861 Vgl. zur Einschätzung der privaten Anleger *Nix* (2000), S: 41-43; *Häusele* (1998), S. 95; *Allendorf* (1998), S. 48; *Wichels* (2002), S. 18 f.; *Drill* (1995), S. 59.

„Nur wenn das Unternehmen sich die Gunst der institutionellen Investoren erhalten kann, wird es Zugang zum Kapitalmarkt finden, in einem globalen Markt wettbewerbsfähig sein und letztlich langfristige Kurssteigerungen erzielen können.“[862]

Die Analysten stellen eine weitere wichtige Zielgruppe dar, wenn auch ihre Bedeutung im Vergleich zu den institutionellen Investoren abzunehmen scheint. Sie können je nach Stellung zum Auftraggeber in Sell-Side-Analysten und Buy-Side-Analysten unterschieden werden, wobei in erster Linie die Sell-Side-Analysten durch Verkauf ihrer Analystenberichte eine Multiplikatorwirkung entfalten.[863]

Die empirische Kapitalmarktforschung beschäftigt sich in den Forschungsfeldern der Analysts Behaviour und der Value Relevance mit den Funktionen der Analysten. Ereignisstudien zeigen, dass durch Analystenempfehlungen Erwartungsrevisionen bei Investoren ausgelöst werden, die Beachtung dieser Zielgruppe ist daher unbedingt geboten.[864]

Wenig Erwähnung finden Fremdkapitalgeber als explizit benannte Zielgruppe im Rahmen der Investor Relations Diskussion. Sofern es sich um institutionelle Fremdkapitalgeber handelt, dürfte eine ähnliche Bedeutung wie für Eigenkapitalgeber bestehen. In Abhängigkeit von der Kapitalstruktur sind Unternehmen daher gut beraten, wenn die Investor Relations um einen eigenen Bereich der Creditor Relations ergänzt wird, um die Informationsanforderungen seitens der Kreditinstitute professionell erfüllen zu können.

Für den Abbau von Informationsasymmetrien steht eine Vielzahl von persönlichen und unpersönlichen Instrumenten zur Verfügung, die auch in pflichtmäßige und freiwillige Kommunikationsmaßnahmen unterteilt werden können. Die Unternehmen müssen zur Erreichung der hier untersuchten Zielsetzung, sich verstärkt an den Interessen der Ka-

862 *Wichels* (2002), S. 17.

863 Vgl. *Wichels* (2002), S: 20; *Liener* (1993), S. 332.

864 Vgl. *Nix* (2000), S. 36; *Wichels* (2002), S: 75-80.

pitalmarktteilnehmer zu orientieren, einen geeigneten Maßnahmenmix generieren, um mit den unterschiedlichen Gruppen effektiv und effizient zu kommunizieren.[865]

Das zentrale Element stellt dabei die Rechnungslegung dar, insbesondere die Konzernrechnungslegung als primäres Informationsinstrument. Diese sollte zur grundlegenden Erfüllung der Erwartungen der meisten der hier betrachteten Gruppen auf jeden Fall nach IFRS aufgestellt werden, da sonst erhebliche Einschränkungen bzgl. der Vergleichbarkeit und der generellen Akzeptanz drohen; aufgrund der Zugangsvorschriften zu den Kapitalmärkten und der IAS-Verordnung der EU sind die Unternehmen allerdings von dieser Entscheidung weitestgehend enthoben. Lediglich die Fremdkapitalgeber dürften aufgrund der weitgehenden Dissonanz zwischen ihren Informationsanforderungen und den von den IFRS bereitgestellten Werten bestenfalls geringe Vorteile in einer Vereinheitlichung der Rechnungslegung auf Basis des Standards des IASB sehen.

Eine Übersicht über weitere Instrumente der Investor Relations gibt bereits Tab. 3-1: Maßnahmen pflichtmäßiger und freiwilliger Publizität auf Seite 125, daher soll an dieser Stelle auf eine wiederholte Darstellung verzichtet werden. Bei der Auswahl ist jedoch darauf zu achten, dass das Instrument im Sinne einer optimalen Kommunikation auf den personen- und kontextbezogenen Rahmen des Empfängers, also des Kapitalmarktteilnehmers angepasst ist.[866] Während dies bei den persönlichen Instrumenten durch die direkte Kommunikationssituation und die Feedbackmöglichkeiten für den Sender eher möglich erscheint, stellt sich die Situation bei den unpersönlichen Formen wie der Rechnungslegung schwieriger dar. Besonders problematisch erscheint hier, dass die professionellen Gruppen tendenziell stärker mit persönlichen Instrumenten betreut werden als die große und heterogene Gruppe der privaten Anleger, die gerade aufgrund ihrer geringen fachlichen Kenntnisse eine intensivere Betreuung benötigen würde, aber regelmäßig über die anonymen Instrumente der Jahres- und Quartalsabschlüsse informiert wird.[867] Eine mögliche Lösung ergibt sich ggf. durch einen verstärkten Einsatz des Internets, der als eine dialogbasierte Kommunikationsform eine

865 Vgl. *Drill* (1995), S. 140.

866 Ähnlich *Drill* (1995), S. 140.

867 Vgl. *Drill* (1995), S. 131; *Nix* (2000), S. 43.

Position zwischen direkter persönlicher und indirekter anonymer Kommunikation ermöglicht.[868]

Bei dem Einsatz von Investor Relations ist darauf zu achten, dass alle Adressatengruppen die gleichen Informationen erhalten. Einerseits verbietet § 14 WpHG die Weitergabe von Insiderinformationen, andererseits ergibt sich auch aus der Zielsetzung des Vertrauensaufbaus die gleiche Konsequenz, denn ein Anleger, der eine Benachteiligung gegenüber anderen Anlegern vermutet, wird nur erschwert Vertrauen in das Unternehmen aufbauen und somit auch kein loyales Verhalten entwickeln können.[869]

Allerdings stellt sich dann die Frage, warum Analysten und institutionelle Investoren den zeitlichen Aufwand auf sich nehmen, an persönlichen Investor Relations Maßnahmen wie Analystenmeetings und One-on-Ones teilzunehmen, wenn sie hier keine Informationen erhalten, die über die ohnehin öffentlich zugänglichen Informationen hinausgehen.[870] Es muss daher davon ausgegangen werden, dass es hier doch in einer Art „Grauzone“ zu einer Bekanntgabe spezifischer Informationen kommt, die allerdings durch die Insider-Regelungen beschränkt werden. Die Investor Relations sind damit vor dem Hintergrund eines Spannungsverhältnisses zwischen rechtlichem Regelungsrahmen und wirtschaftlichen Interessen zu sehen.[871]

Die Investor Relations sind somit insgesamt als ein Instrumentarium anzusehen, mit welchem von dem Unternehmen der zu beobachtenden Bewertungsdifferenz zwischen innerem Wert und Marktwert durch Reduzierung der Wahrnehmungslücke begegnet werden sollte.[872] Auf Basis der Gap-Analyse kann festgestellt werden, dass die Investor Relations somit einerseits dazu dienen, weitere Informationen zu vermitteln, die von den Kapitalmarktteilnehmern als relevant eingestuft werden, wie dies bei Instrumenten der Fall ist, die zum Abbau der Information Gap (extern) und der Reporting

868 Vgl. dazu Abschnitt 3.4.4.

869 Vgl. *Allendorf* (1996), S. 62.

870 Analysten bevorzugen sogar die persönliche Kommunikation und führen durchschnittlich 45 Einzelgespräche pro Jahr (ohne Telefonate), vgl. *Achleitner/Bassen/Pietzsch/Wichels* (2002), S. 35.

871 Allerdings nutzen Investoren die persönlichen Gespräche auch zur Einwirkung auf das Management, vgl. *Achleitner/Bassen/Pietzsch/Wichels* (2002), S. 36.

872 Eine klare Empfehlung sprechen auch *Achleitner/Bassen/Pietzsch/Wichels* (2002), S. 43 f. aus.

Gap (intern) eingesetzt werden, was letztlich als Erhöhung des Bruttonutzens der Unternehmensberichterstattung aufgefasst werden kann, andererseits dienen sie auch zur Erklärung publizierter Informationen und wirken damit tendenziell mindernd auf die Transaktionskosten der Nutzer ein.

3.4.3 Value Reporting

Im vorangegangenen Kapitel wurden die Kommunikation der Unternehmen mit dem Kapitalmarkt unter dem Stichwort Investor Relations diskutiert, wobei auf Zielgruppen und zielgruppengerechten Medieneinsatz hingewiesen wurde. Die Betrachtung hat sich in Anwendung der Gap-Analyse zunächst eher auf die Kommunikation als solche konzentriert als auf die zu vermittelnden Inhalte.

Die Rolle der Kapitalmarktkommunikation, die durch die Investor Relations seitens des Unternehmens abgebildet wird, hat sich im Zuge der zunehmenden Bedeutung einer wertorientierten Führung gewandelt und ist als „konstituierende Komponente“[873] des Shareholder-Value-Ansatzes geworden. Allerdings ergeben sich durch eine verstärkte Wertorientierung veränderte und zusätzliche Informationsinteressen, denen die Rechnungslegung als Basisinstrument nicht gerecht wird.[874] So lassen sich bspw. wegen der erschwerten Informationslage Abschläge von durchschnittlich 10% für – vermutete –mangelnde Corporate Governance feststellen, andererseits jedoch Zuschläge von durchschnittlich 15% für die Position des Marktführers.[875]

Es haben sich daher verschiedene Formen der freiwilligen Berichterstattung etabliert, die aufgrund ihrer Zielsetzung bzw. ihrer Inhalte als Value Reporting bezeichnet werden. Unter Value Reporting ist keine eigenständige Berichtsdisziplin zu verstehen sondern vielmehr eine wertorientierte Ergänzung, die im Rahmen der freiwilligen aber auch der Pflichtpubliziztät eingesetzt wird.[876]

---

873 *Zimmermann/Wortmann* (2001), S. 293.

874 Zu dieser Beurteilung vgl. bspw. *Achleitner/Bassen/Pietzsch/Wichels* (2002), S. 33.

875 Vgl. zu den empirischen Ergebnissen *Kames* (2000), S. 109 f.; *Achleitner/Bassen/Pietzsch/Wichels* (2002), S. 35.

876 Vgl. AK Externe Unternehmensrechnung (2002), S. 2337.

Zentrale Kritikpunkte an den Rechnungslegungsstandards, die den Ausgangspunkt für die Ausgestaltung eines Value Reportings bilden, sind

- die mangelnde Vergleichbarkeit,
- die starke Vergangenheitsorientierung der vermittelten Informationen,
- das Fehlen von Informationen zu immateriellem Vermögen, sowie
- die Vernachlässigung von Branchenbesonderheiten.[877]

Der Abbau dieser Liste von Negativfaktoren kann als „Maximalstrategie"[878] für die Kapitalmarktkommunikation verstanden werden, die eine wertorientierte und somit inhaltliche Ausgestaltung der Investor Relations darstellt.[879] Durch die Kritik am traditionellen Rechnungswesen rücken im Value Reporting insbesondere nicht-finanzielle Kenngrößen in den Vorergrund, die einen engeren Bezug zum strategischen Management aufweisen als die eher operativen monetären Größen.[880] Der freiwilligen Berichterstattung sind allerdings unter anderem durch haftungsrechtliche Risiken auch Grenzen gesetzt.[881]

Die Bereiche des Value Reportings werden unterschiedlich systematisiert,[882] so unterscheidet der Arbeitskreis Externe Unternehmensrechnung der Schmalenbach-Gesellschaft die drei Bereiche (1) Kapitalmarktorientierte Daten, (2) Informationen über nicht bilanzierte Werte des Unternehmens, und (3) Informationen über Strategie und Performance des Unternehmens;[883] eine etwas andere Einteilung sieht die Unterscheidung in (1) Total Return Reporting, (2) Value Added Reporting und (3) Strategic Advantage Reporting vor.[884]

877 Vgl. *Achleitner/Bassen/Pietzsch/Wichels* (2002), S. 33; *Baetge/Noelle* (2001), S. 175 f.

878 *Küting/Hütten/Lorson* (1995), S. 1849.

879 Vgl. *Volkart/Labhart* (2009), S. 146 ff.

880 Vgl. AK Externe Unternehmensrechnung (2002), S. 2339.

881 Vgl. AK Externe Unternehmensrechnung (2002), S. 2337.

882 Zum gleichen Ergebnis kommt *Kley* (2003), S. 841.

883 Vgl. AK Externe Unternehmensrechnung (2002), S. 2337.

884 Vgl. *Fischer/Wenzel* (2002), S. 327.

Den verschiedenen Systematisierungsansätzen ist gleich, dass zusätzliche Informationen einerseits über immaterielles Vermögen, andererseits über strategische Aspekte zur Verfügung gestellt werden sollen, um den Kapitalmarktteilnehmern einen besseren Einblick in die Unternehmenssituation hinsichtlich der Wertorientierung zu verschaffen.[885] *Labhart* hat mit seiner Systematisierung der Inhalte eines Value Reporting Systems noch die Aspekte der Berichtsebene und der Qualität der Informationen hinzugefügt, vgl. dazu Tab. 3-13.[886]

[885] Kley sieht als wesentliche Bausteine die Darstellung von Wertpotenzialen und den Wertbezug der Rechnungslegung, vgl. *Kley* (2003), S. 841 f.

[886] Vgl. zum Value Reporting grundlegend *Labhart* (1999). Vgl. zu einer empirischen Überprüfung des Value Reporting *Fischer/Wenzel* (2004), S. 308 f.

Perspektive		Mögliche Ebene	Mögliche Inhalte
Finanziell		Konzern und Segment	• traditionelle Unternehmens-publizität • Wertorientierte Kennzahlen • Herleitung zentraler Wert-größen (NOPAT, WACC etc.) • Risikokennzahlen • Quantitative Prognosen
Nicht finanziell	Management	Konzern	• Strategien und Ziele • Diskussion der Zielerrei-chung und Abweichungen • Trends • Erfolgsfaktoren • Realoptionen • Marktsituation • Managementkompensation • Investitionen in Intangibles
	Kunden	Segment	• Marktanteil • Kundenzufriedenheit • Kundenbindung • Markenwert • Marketinginvestitionen
	Prozesse (Wertkette)	Segment	• Produktqualität • Prozessqualität • Neue Patente • Informationstechnologie • Prozessverbesserungen
	Entwicklung	Segment	• Neue Produkte mit Umsatz-anteil • Innovationsfähigkeit • Forschungs- und Entwick-lungsschwerpunkte

Tab. 3-13: Inhaltsstruktur des Value Reporting nach Labhart

Quelle: *Labhart* (1999)

Die Aufstellung von *Labhart* erinnert stark an das Konzept der Balanced Scorecard von *Kaplan/Norton*, die ebenfalls zur Überwindung der Fixierung auf finanzielle Größen in der Unternehmenssteuerung weitere Perspektiven in ihr Kennzahlensystem eingefügt haben, um Werttreiber besser berücksichtigen zu können.[887] Value Reporting verdeutlicht somit noch einen weiteren Aspekt: im Rahmen einer wertorientierten Un-

[887] Zum Konzept der Balanced Scorecard vgl. grundlegend *Kaplan/Norton* (1992).

ternehmensführung nähern sich die Informationsinteressen von Management und Kapitalmarktteilnehmern einander an, da beide Gruppen ihre Entscheidungen anhand der gleichen Zielgröße treffen wollen; während sich das Management über das Controlling der unternehmensinternen Informationsversorgungssysteme bedient, ist der Kapitalmarktteilnehmer auf das externe Rechnungswesen zur Erlangung wesentlicher Erkenntnisse über die Unternehmung angewiesen.[888] Durch das Value Reporting wird daher die enge Verbindung zwischen Controlling und Accounting besonders deutlich.[889]

Ohne auf die konkreten Ausgestaltungen der verschiedenen Value Reporting Ansätze einzugehen wird deutlich, dass sich mit diesem Phänomen der Berichterstattung eine Marktreaktion auf fehlende regulatorische Elemente eingestellt hat. Die im vorangegegangenen Abschnitt vorgestellten Vorschläge und Forderungen von *Wallman* und *de Piazza/Eccles* finden demnach in der Berichtspraxis ihre Bestätigung, da die in den Konzepten geforderten Verbesserungen der Rechnungslegung durch das Value Reporting kompensiert werden.[890]

Bei Betrachtung der Qualität der Erfüllung der Informationsfunktion muss allerdings festgestellt werden, dass die fehlende Standardisierung auch zu einem gegenläufigen Effekt des Value Reportings führt. Da die Informationen freiwillig publiziert werden, kann jedes Unternehmen frei über Inhalt, Struktur und Form der Informationsabgabe entscheiden; für den Kapitalmarktteilnehmer ergibt sich damit bzgl. des Informationsverarbeitungsprozesses eine gewissermaßen katastrophale Situation, da ihm zwar partiell Informationen zur Verfügung gestellt werden, er sich darauf aber wegen weitgehend fehlender Prüfungspflicht nicht verlassen kann, die Datenübernahme wegen fehlender Standardisierung manuell erfolgen muss, die Bedeutungsgehalte der Informationen zunächst verstanden werden müssen und eine Vergleichbarkeit nicht gegeben ist.[891] Mit anderen Worten steigen die Transaktionskosten bei Berücksichtigung des

---

888 Vgl. empirisch zur wertorientierten Unternehmensführung *Pellens/Tomaszewski/Weber* (2000).

889 Vgl. *Saitz/Wolbert* (2002), S. 321. Zu den Möglichkeiten einer Zusammenführung der Bereiche vgl. Kapitel 4.5.

890 Vgl. *Baetge/Noelle* (2001), S. 175.

891 Vgl. AK Externe Unternehmensrechnung (2002), S. 2339 f. zum Grundsatz der Vergleichbarkeit.

Value Reportings drastisch, was dazu führt, dass es von Kapitalmarktteilnehmern zwar gewünscht, aber wegen fehlender Netzwerkeffekte nicht genutzt wird. Hierin liegt evtl. auch die Erklärung für die bereits seit langem geführte Diskussion um eine Berichterstattung immaterieller Werte.[892]

Generell ist daher eine inhaltliche Ausgestaltung der Investor Relations mittels eines Value Reportings zu empfehlen, jedoch sollte mit einer Konzentration auf die wesentlichen Inhalte einem ausufernden Berichtsvolumen entgegengewirkt werden, da dieses u.U. zu einer Nichtaufnahme der Informationen führen kann.[893]

3.4.4 Fast Close, Internet und XBRL

3.4.4.1 Kritikpunkte an dem bisherigen System der Rechnungslegung als Ausgangspunkt

Die beiden letzten Abschnitte haben sich mit der Erweiterung der Kapitalmarktkommunikation um weitere formale und inhaltliche Elemente befasst. Wie bereits in Kapitel 3.2.6 ab Seite 176 festgestellt worden ist, hängt die Effizienz der Kapitalmarktkommunikation und in der Folge auch die Effizienz des Kapitalmarkts selbst jedoch nicht nur von dem Senden relevanter Nachrichten ab sondern auch von dem Empfang und der Verarbeitung beim Empfänger.[894] Der wesentliche Aspekt der Informationsübermittlung wurde bislang in der Rechnungslegung weitgehend ignoriert, während andere Bereiche die Entwicklungen in der Informations- und Kommunikationsindustrie in vollem Umfang für sich genutzt haben. So sind die Kapitalmärkte heute maßgeblich deshalb so global aufgestellt, weil die Möglichkeiten des Internets zur zeitnahen Übermittlung von Informationen und zur standardisierten und preiswerten Abwicklung von Transaktionen konsequent genutzt werden; als Beispiel sei nur an die kostenlosen Gadgets erinnert, mit denen jeder Internetnutzer sich aktuelle Kurse in Echtzeit oder mit absichtlich erzeugter Verzögerung auf seinem Bildschirm anzeigen lassen kann.

---

892 Vgl. zur Erfassung immaterieller Werte in der Kapitalmarktkommunikation *Dawo/Heiden* (2001) und mit einem Überblick über die Entwicklung *Fincham/Roslender* (2003).

893 Ähnlich formuliert *Kley* (2003), S. 843 das Problem.

894 Vgl. *Küting/Dawo/Heiden* (2001), S. 123.

Ein entsprechendes Programm für die aktuellen Umsatzerlöse oder Gewinne von Unternehmen gibt es jedoch bislang noch nicht.

Bei näherer Betrachtung der technologischen Entwicklung bzw. des Reifegrads der dicht beieinander liegenden Märkte i.S. der Abb. 3-24 auf Seite 187, dem Kapitalmarkt i.e.S., auf dem die Transaktionen durchgeführt werden, und den vorgeschalteten Informationsmärkten muss konstatiert werden, dass die Rechnungslegung als maßgebliche Institution auf dem Markt für Primärinformationen Jahrzehnte hinter den anderen Märkten zurückliegt. So stellen auch *Saitz/Wolbert* vollkommen zutreffend fest:

> „In einer Zeit, in der das Controlling die Unternehmensleistung erheblich schneller messen und via Internet gesicherte Unternehmensberichterstattung in Echtzeit realisiert werden kann, mutet es schon verwunderlich an, dass sich die Verfahren zur Information der Kapitalmärkte in den vergangenen hundert Jahren so gut wie nicht verändert haben.“[895]

Die Kritik richtet sich einerseits gegen die zeitlichen Verzögerungen der Informationsweitergabe, die im externen Rechnungswesen deutlich größer sind als im internen Bereich; in diesem Kontext wird das Konzept des Fast Close diskutiert. Andererseits muss den Standardsettern vorgeworfen werden, dass sie im Rahmen der von ihnen angeblich verfolgten Kapitalmarktorientierung die tatsächlichen Interessen der Marktteilnehmer nicht ausreichend untersucht haben; weiterhin haben sie Erkenntnisse der Transaktionskostentheorie und der Informationstechnologie schlichtweg ignoriert. Durch eine verbindliche Vorgabe eines standardisierten elektronischen Kommunikationsformats wäre „mit einem Schlag“ ein Netzwerkeffekt geschaffen und die Effizienz des Kapitalmarkts deutlich verstärkt.

3.4.4.2 Zeitnahe Berichterstattung durch einen Fast Close

Unter dem Begriff „Fast Close“ wird eine im Vergleich zur bisherigen Vorgehensweise erheblich beschleunigte Abschlusserstellung verstanden, die zu einer Bereitstellung der Informationen innerhalb weniger Tage führt.[896] Ziel ist somit die zeitnahe Versorgung der Adressaten mit Informationen. Forciert werden die Anstrengungen zu einer

---

[895] *Saitz/Wolbert* (2002), S. 321.

[896] Vgl. *Schulte* (2006), S. 23.

beschleunigten Abschlusserstellung auch durch die Pflicht zur Zwischenberichterstattung sowie durch verkürzte Fristen für die Veröffentlichung der Jahres- und Quartalsabschlüsse.[897]

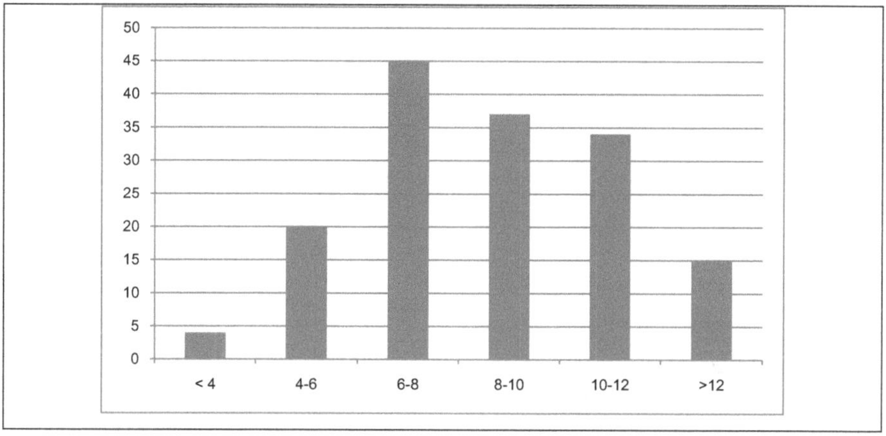

Abb. 3-37: Häufigkeit der Zeiträume von Bilanzstichtag bis Bestätigungsvermerk in Deutschland 2002 in Monaten

Quelle: *Küting/Weber/Boecker* (2004), S. 9

Ermöglicht wird die schnelle Aufstellung und Prüfung eines Abschlusses einerseits durch die konsequente Nutzung moderner Informations- und Kommunikationstechnologie, andererseits durch eine Optimierung des Abschlusserstellungs- und des Prüfungsprozesses.[898]

Als grundsätzliche Ansatzpunkte sind daher

- die Verlagerung des Teilprozesses der Datenbeschaffung auf einen Zeitraum, der sich möglichst weit vor dem Abschlussstichtag befindet;
- die Verkürzung der innerbetrieblichen Informationswege und Entscheidungsprozesse; sowie
- die Vereinfachung bzw. Standardisierung von Bilanzierungs- und Bewertungsmethoden.[899]

---

897 Vgl. *Küting/Weber/Boecker* (2004), S. 5.

898 Vgl. ifb (2005), S. 1 f.; *Küting/Weber/Boecker* (2004), S. 5 f.

899 Vgl. *Ax* (2005).

Im Rahmen eines Fast Close Projekts werden regelmäßig verschiedene Optimierungspotenziale des Abschlusserstellungsprozesses identifiziert. Die folgende Tab. gibt eine Übersicht über die typischen Problemfelder und die für die Optimierung nutzbaren Ansatzpunkte.

Prozesse	Systeme	Methoden	Mitarbeiter
Datenqualität der Einzelabschlüsse	Wartezeiten auf Auswertungen	Interpretation von Rechnungslegungsstandards	Motivation zur Veränderung
Termindisziplin der Gruppengesellschaften	Manuelle Datenübertragung	Aktualisieren der Konzernstrukturen	Abteilungsübergreifende Kommunikation
Gruppeninterne Abstimmung	Schnittstellen	Berücksichtigung der Wesentlichkeit	Aufbau von Fachwissen (z.B. IFRS)
Konsolidierung in der Konzernzentrale	Zulieferung von Daten	Interne Ergebnis- und Konsolidierungsstufen	Aufgabendelegation und Wissenstransfer
Koordination mit dem Wirtschaftsprüfer	Nutzung von Standards		
Vermeidung von Leerläufen	Antwortzeitverhalten		

Tab. 3-14: Optimierungspotenziale in der Abschlusserstellung

Quelle: ifb (2005), S. 1

Kritik wird am Fast Close Ansatz hinsichtlich der Zielkonkurrenz zwischen Zeitnähe und Verlässlichkeit geübt. Mit Beschleunigung der Prozesse der Abschlusserstellung aber auch der Abschlussprüfung steigt die Wahrscheinlichkeit, dass wegen der Verkürzung des Wertaufhellungszeitraums nicht verifizierte Informationen veröffentlicht werden oder Informationen fehlen, so dass neben der Verlässlichkeit auch die Vollständigkeit gefährdet sein kann.[900] Weiterhin werde durch die Verlagerung von Prozessen in das laufende Geschäftsjahr „das Stichtagsprinzip ausgehöhlt".[901] Durch die Optimierung des Abschlussprozesses wird allerdings auch die Möglichkeit der Verbesserung der Qualität des Abschlusses gesehen.[902]

Der Fast Close Ansatz macht den Unterschied zwischen der besonders von der Verlässlichkeit geprägten Rechnugslegung und der eher an der Relevanz orientierten internationalen Rechnungslegung aus der Prozessperspektive deutlich. Im Kontext dieser

900 Vgl. *Küting/Weber/Boecker* (2004), S. 8.

901 *Küting/Weber/Boecker* (2004), S. 8.

902 Vgl. *Schulte* (2006), S. 24.

Untersuchung ist dabei von Interesse, dass moderne Informationstechnologien nicht nur im Controlling sondern sehr wohl auch in der Rechnungslegung eingesetzt werden. Einen weitgehenden Verzicht auf die Instrumente der IT übt also lediglich der Kommunikationsprozess aus, während die Erstellung der Informationen auch unter der Beachtung der Bedingung der Zeitnähe bereits umgesetzt wird.[903]

3.4.4.3 Senkung der Transaktionskosten durch Nutzung von XBRL

Als einer der zentralen Kritikpunkte hat sich in dieser Untersuchung bisher die mangelnde Orientierung der Rechnungslegung an technologischen Fortschritten herausgebildet. Während die Unternehmen das Internet bereits seit längerem intensiv für ihre Investor Relations nutzen, konnten sich die Standardsetter noch nicht zu einer verbindlichen Einführung entsprechender Standards entschließen.[904] D.h. allerdings nicht, dass IASB und FASB die Zusammenarbeit insbesondere mit der XBRL Organization ablehnen würden, sie unterstützen vielmehr die Entwicklung dieser speziell auf die Bedürfnisse der Rechnungslegung konzipierten Markup Language. Problematisch ist lediglich, dass die XBRL-Anwendung freiwillig ist und somit kein Netzwerkeffekt entsteht, solange nicht genügend Unternehmen ihre Finanzdaten mittels XBRL-Format zur Verfügung stellen; solange jedoch nur wenige Unternehmen XBRL nutzen, bleibt es für die Nutzer ebenfalls uninteressant, da jeweils nur eine ungewisse Teilmenge der Informationen bezogen werden kann und daher die Transaktionskosten kaum gesenkt werden, da nun noch Kosten des Vergleichs hinzukommen, welche Daten schon vorliegen und welche nicht.

Der Informationsbeschaffungsprozess ist heute von Medienbrüchen gekennzeichnet. Das Unternehmen erstellt mit – wie im vorangegangenen Kapitel gezeigt – fortschrittlichen Softwaresystemen Abschlüsse und exportiert die Angaben regelmäßig in pdf-Dateien, um sie im Internet zu publizieren. Häufig sind auch pdf-Dokumente vorzufinden, die den gedruckten Exemplaren der Geschäfts- oder Zwischenberichte entsprechen. Der Nutzer muss dieses pdf-Dokument herunterladen und durchlesen, um

---

903 Vgl. zur Verbreitung und zu der erwarteten Entwicklung *Küting/Weber/Boecker* (2004), S. 10.

904 Vgl. zum Einfluss des Internets auf die Unternehmenspublizität bereits früh *Küting/Dawo/Heiden* (2001). Allerdings gab es bereits entsprechende Ansätze, vgl. *Küting/Dawo/Heiden* (2001), S. 123.

die gesuchten Informationen zu finden. Die fraglichen Werte werden dann per Hand in die eigene Softwareapplikation, also regelmäßig eine Tabellenkalkulationsprogramm wie Microsoft Excel übertragen, um dort weiterverarbeitet und Vergleichen zugänglich gemacht zu werden.

Die Schwachstellen einer solchen Vorgehensweise sind offensichtlich: Medienbrüche fördern Übertragungsfehler und Übertragungsverluste, weiterhin entstehen unnötige Prozesse der Codierung und der Decodierung, die zudem häufig manuell und deshalb zeit- und kostenintensiv vorgenommen werden müssen. Das Internet wird also lediglich als Vertriebsweg genutzt, nicht jedoch als effizienzkonstituierendes Element begriffen.

Internetseiten bestehen lediglich aus Textdateien, die bestimmte Angaben zur Formatierung der ebenfalls enthaltenen Inhalte machen, es handelt sich dabei nicht um Programmiersprachen sondern nur um Formatbeschreibungen, den sog. Markup Languages. Das Internet basiert im Wesentlichen auf HTML, der Hypertext Markup Language. Die Darstellung auf dem Bildschrim bei dem Nutzer wird erst durch die Interpretation dieser HTML-Angaben durch den Browser generiert.

HTML beinhaltet selbst keine Elemente, die einen Hinweis auf die dargestellten Inhalte geben können. Es wurden daher Erweiterungen entwickelt, hier ist in erster Linie auf XML, die Extensible Markup Language zu verweisen. XML verbindet mit den darzustellenden Inhalten neben Formatangaben auch Beschreibungen des Inhalts. Die in den sog. Tags enthaltenen Beschreibungen des Inhalts ermöglichen in der Folge eine datanbankähnliche Abfrage über Suchmaschinen.

```
<Börsenkurs>
        <WKN>555750</WKN>
        <Name>Deutsche Telekom</Name>
        <Börse>XETRA</Börse>
        <Handelstag>12.08.2002</Handelstag>
        <Kurs>
                <Erster>11,31</Erster>
                <Hoch>11,54</Hoch>
                <Tief>11,12</Tief>
                <Letzter>11,16</Letzter>
        </Kurs>
        <Umsatz>10.773.206</Umsatz>
</Börsenkurs>
```

Abb. 3-38: Beispiel einer XML-Syntax

Quelle: *Achnitz* (2003), S. 54

Die Vorteile der Nutzung einer XML-Methodik lassen sich sechs verschiedenen Aspekten zuordnen:[905]

- Plattformunabhängigkeit
- Datenarchivierung
- Flexibilität
- Automatisierte Verarbeitung
- Lizenzfreiheit
- Toolunterstützung

Eine weitere Entwicklung stellt XBRL, die Extensible Business Reporting Language dar, indem sie die Beschreibungen zu den Inhalten im Rahmen sog. Taxonomies standardisiert. Eine Taxonomy enthält vereinfacht ausgedrückt eine Liste aller möglichen Inhalte eines Rechnungslegungssystem und weißt jedem Informationselement eine eindeutige Variablenbezeichnung zu, die innerhalb des Tags benutzt wird.[906]

Bei einer Publikation der Rechnungslegungsdaten mithilfe von XBRL werden also Textdateien erzeugt, die neben der eigentlichen Information einen Variablennamen enthält, der durch Verknüpfung mit der zentral im Internet hinterlegten Taxonomy einen semantischen Gehalt erfährt.[907]

Zur Verdeutlichung der Wirkungsweise soll folgendes kleines Beispiel angeführt werden: Sucht ein Nutzer die Umsatzerlöse der DAX-100-Unternehmen, so wird er heute höchstwahrscheinlich in eine Suchmaschine wie Google die Begriffe Umsatzerlöse und DAX 100 eingeben. Er erhält eine lange Liste an Suchergebnissen und muss nun selbst aus dieser Liste die Internetseiten herausfinden, die tatsächlich auf DAX-100-Unternehmen verweisen. Diese muss er einzeln ansteuern und auf der Internetseite die Information über den Umsatz finden. Konnte er sie lokalisieren, überträgt er sie entweder durch Copy/Paste-Verfahren in seine Exceldatei oder er tippt den Wert ab. Das

---

905 Vgl. *Achnitz* (2003), S. 54.

906 Vgl. XBRL (2009b).

907 Vgl. XBRL (2009b).

zugrundeliegende Problem ist, dass der Nutzer zwar nach dem Umsatz sucht, er als Antwort aber nicht „Umsatz“ erwartet sondern den Wert, also z.B. „1.000.000“.

Wäre eine XBRL-Nutzung vorgeschrieben, könnte der Nutzer stattdessen in einer XBRL-Suchmaschine seine Anfrage starten. Die Suchmaschine nimmt seine Suchkriterien auf und ordnet sie den entsprechenden Tags der Taxonomy zu. Anschließend sucht sie das Internet ab und überprüft dabei nicht den dargestellten Inhalt sondern den Inhalt der Tags. Als Ergebnis präsentiert sie dem Nutzer eine Liste aller Inhalte – also der Umsatzzahlen – der durch die Suchanfrage gefilterten Unternehmen. Bei entsprechender Integration der XBRL-Suchmaschine können die Daten direkt in eine Datenbank oder ExcelTab. übernommen werden.[908]

Während die Informationssuche im HTML-Modell vielleicht einen halben Tag dauert, ist die Informationsbeschaffung mit XBRL innerhalb von Minuten beendet. Wird die Zeitdifferenz mit dem Stundensatz des Mitarbeiters und mit der Anzahl der zu beschaffenden Informationen multipliziert, lässt sich die Dimension der heute unnötig verursachten Transaktionskosten erahnen.[909]

Die Nutzung der XBRL-Technologie ist daher dringend zu empfehlen, da durch sie im Gegensatz zu verschiedenen anderen Investor Relations Maßnahmen dem Unternehmen keine hohen Kosten entstehen und zugleich für die Kapitalmarktteilnehmer keine Verschlechterung der Transparenz aufgrund eines Information Overflow eintritt, da die zusätzlichen Informationen in den Tags für den Menschen nicht sichtbar sind.

3.5 Zwischenergebnis

Wie gezeigt wurde, ist die Rechnungslegung nach IFRS bislang nur bedingt geeignet, den Informationsinteressen der Kapitalmarktteilnehmer gerecht zu werden, wie Entwicklungen im Bereich der freiwilligen Berichterstattung dies auch andeuten.

Um die verschiedenen Gruppen von Kapitalmarktteilnehmern effektiv zu unterstützen, sollten Unternehmen ihre relevanten Informationen zeitnah und gebrauchstauglich zur Verfügung stellen. Daher sollte einerseits das IASB die Gebrauchstauglichkeit und die

---

908 Vgl. XBRL (2009a).

909 Vgl. XBRL (2009c).

XBRL-Publizität verbindlich in das Framework bzw. in IAS 1 aufnehmen, andererseits sollten die Unternehmen die Lücke selbständig schließen, solange keine Standardisierung vorgenommen wird.

4 Orientierung der internen Unternehmensrechnung an den Interessen des Kapitalmarkts

4.1 Grundsätzliche Überlegungen zur Berechtigung von Kapitalmarktanforderungen an die interne Unternehmensrechnung

Die Anforderungen, die vom Kapitalmarkt an die interne Unternehmensrechnung gestellt werden, lassen sich grundsätzlich hinsichtlich ihrer Herkunft in zwei unterschiedliche Typen unterscheiden.

Zum einen ergeben sich aus den Entscheidungsmodellen der Kapitalmarktteilnehmer direkte Erwartungen an die Unternehmensführung und somit unmittelbar Anforderungen an das Controlling als zentrale Führungsunterstützungsfunktion. Dies betrifft in erster Linie die Sicherstellung einer wertorientierten Führung des Unternehmens im Sinne einer Shareholder Value Orientierung.[910] Zum anderen ergeben sich aus der Rechnungslegung als wesentlichem Kommunikationsinstrument dem Kapitalmarkt gegenüber spezifische Anforderungen, da die für die Veröffentlichung erforderlichen Daten bereitgestellt werden müssen.[911] Insofern kann von direkten und indirekten oder originären und derivativen Anforderungen an das Controlling gesprochen werden.

Besonders im Zuge einer Umstellung auf internationale Rechnungslegungsgrundsätze wird jedoch die Bedeutung eines eigenständigen internen Rechnungswesens kontrovers diskutiert.[912] Es müssen daher die Möglichkeiten und Grenzen einer Konvergenz von interner und externer Unternehmensrechnung untersucht werden, um der Frage-

---

910 Vgl. bspw. *Happel* (2002), S. 275 oder *Erdmann/Zülch* (2007), S. 407.

911 Die sich aus den IFRS ergebenden Anforderungen sind regelmäßig Thema von Controller-Konferenzen, vgl. bspw. *Schaier* (2006), S. 20 – 21, *Reiter/Hofmann* (2008), S. 286, *Preis/Icks* (2008), S. 139, *Strauß/Veit* (2008), S. 208 oder *Zecher* (2008), S. 144.

912 Vgl. *Quadt/Tiskens/Vits* (2005), S. 1082.

stellung nachgehen zu können, wie eine Zusammenführung der Systeme möglich erscheint und welche Faktoren für eine weitere Trennung sprechen.

In der Literatur wird üblicherweise zwischen der internen Unternehmensrechnung und dem Controlling unterschieden. Dies wird bspw. in dem koordinationsorientierten Systemansatz von *Horváth* deutlich, in welchem die interne Unternehmensrechnung lediglich einen Teil des Informationsversorgungssystems darstellt, das Controlling hingegen die beiden Teilsysteme der Informationsversorgung und der Informationsverwendung miteinander koppelt; beide sind Teile des Führungssystems, wie in Abb. 4-1 dargestellt.

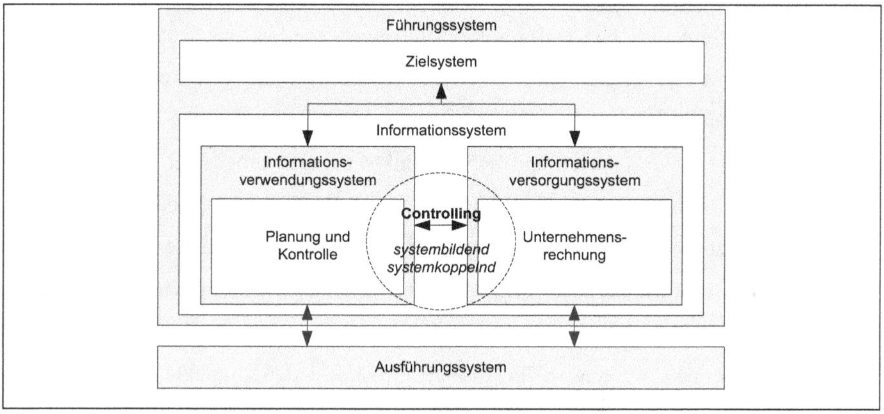

Abb. 4-1: Einordnung des Controllings in das System Unternehmung
Quelle: in enger Anlehnung an *Horváth* (2009a), S. 92

In der Unternehmenspraxis ist jedoch zu beobachten, dass das Controlling in institutioneller Hinsicht an einer hohen Hierarchieebene platziert wird und die verschiedenen Bereiche des internen, teilweise sogar die des externen Rechnungswesens unterhalb der Controllingleitung angesiedelt werden.[913] Daher soll in dieser Arbeit und insbesondere in diesem Kapitel unter dem Begriff Controlling sowohl die Gesamtheit der an unternehmensinterne Adressaten gerichteten Rechnungen und Datenerhebungen als

913 Zur aktuellen Controllingpraxis vgl. *Weber* (2008), insbesondere S. 54 ff.

auch die Koordinationsaufgaben und -prozesse zwischen Informationsverwendungs- und Informationsversorgungssystem verstanden werden.[914]

4.2 Überblick über Funktionen, Instrumente und Organisation des Controllings

4.2.1 Funktionen des Controllings

4.2.1.1 Definition und Kategorisierung des Controllings

Es bestehen in Wissenschaft und Praxis unterschiedliche Controllingansätze, so dass nicht von einer einheitlichen Definition ausgegangen werden kann.[915] Zwar stimmen die verschiedenen Konzepte darin überein, dass dem Controlling eine Führungsunterstützungsfunktion zukommt, allerdings wird diese Aufgabe durch unterschiedliche Herangehensweisen und Schwerpunktsetzungen umgesetzt. Der Mehrzahl der Ansätze ist ebenfalls gemeinsam, dass die Systemtheorie als theoretischer Bezugsrahmen genutzt wird;[916] so wird regelmäßig in die Teilsysteme Informationsverwendung und Informationsversorgung unterschieden. Controlling wird daher in den meisten Konzepten mit der Koordination dieser beiden wesentlichen Subsysteme in Verbindung gebracht, wenn auch die Ansätze auf verschiedene Aspekte fokussieren.[917]

Im Rahmen dieser Arbeit erscheint eine Orientierung an dem koordinationsorientierten Controllingansatz von *Horváth* am zweckmäßigsten, da dieses Konzept mit seiner expliziten Referenz auf die unterschiedlichen Teilsysteme der hier nachgegangenen Fra-

---

[914] Zu den genannten Systemen zählen somit auch die Finanz- und die Investitionsrechnung, vgl. zum Finanzcontrolling *Gillenkirch* (2008), S: 19 – 22.

[915] So wird häufig in rechnungswesen-, informationssystem- und koordinationsorientierte Konzepte unterschieden, vgl. z. B. *Stelling* (2003), S. 10 f.

[916] Die Systemtheorie wird über die Controllingkonzeption hinaus auch für einzelne Controllinginstrumente als theoretischer Bezugsrahmen genutzt, vgl. so zur Anwendung für die Balanced Scorecard *Körnert/Wolf* (2007), S. 131 – 133.

[917] So steht das Informationsversorgungssystem im Mittelpunkt der Controllingauffassung von *Reichmann*, vgl. *Reichmann* (2006), S. 6 f., und das Informationsverwendungssystem mit den Elementen Planung und Kontrolle im Zentrum der Überlegungen von *Hahn/Hungenberg*, vgl. *Hahn/Hungenberg* (2001), S. 219 f. Im rationalitätsorientierten Konzept von *Weber* wird gar die Sicherstellung der Rationalität der Führung zur zentralen Controllingaufgabe, vgl. *Weber* (2000), S. 1932 und *Weber* (2002), S. 66.

gestellung der Auswirkungen einer Kapitalmarktorientierung – also einer Zielsetzung aus dem Informationsverwendungssystem – auf die Unternehmensrechnung – also dem Informationsversorgungssystem – am besten entspricht.

Controlling dient demnach der Sicherung der Koordinations-, Reaktions- und Adaptionsfähigkeit der Führung, somit ist die generelle Funktion des Controllings in einer ergebniszielorientierten Koordination der Unternehmenssubsysteme der Informationsverwendung und der Informationsversorgung zu sehen.[918] Die Koordination erfolgt regelmäßig durch die Bildung neuer und die Kopplung bereits vorhandener Systeme. Die konkreten Aufgaben des Controllings umfassen dabei alle Maßnahmen, die zur Erreichung des Controllingziels notwendig sind.[919]

Die Funktionen des Controllings lassen sich nach verschiedenen Merkmalen differenzieren. Eine Übersicht über übliche Unterscheidungsansätze gibt Tab. 4-1 wieder.

Merkmal	Merkmalsausprägungen		
Zielbezug	Operativ	Taktisch / Projekt	Strategisch
Verrichtung	Systembildend	Systemkoppelnd	
System	Planungs- und Kontrollsystem	Informationsversorgungssystem	
Wirkungsweise	Entscheidungsunterstützung	Verhaltenssteuerung	
Objekt	Erlöse, Kosten, Geschäftsfeld, Kapitalstruktur, Risiko, Goodwill, ...		

Tab. 4-1: Differenzierungsmöglichkeiten der Controllingfunktionen
Quelle: in Anlehnung an *Horváth* (2009a), S. 123 – 126

Von besonderer Bedeutung im Kontext dieser Arbeit ist neben der Differenzierung nach dem Zielbezug die Unterscheidung nach der Wirkungsweise des Controllings, der sich die folgenden zwei Abschnitte widmen.

4.2.1.2 Wirkungsweise des Controllings

Unter der Entscheidungsunterstützungsfunktion der Unternehmensrechnung im allgemeinen und des internen Rechnungswesens im speziellen wird die Aufgabe verstanden, die Führungskräfte des Unternehmens bei den von ihnen zu treffenden Entschei-

---

918 Einen umfassenderen Ansatz verfolgen *Weber/Schäffer*, die als wesentliche Funktion des Controllings die Rationalitätssicherung der Führung sehen, vgl. dazu grundlegend *Weber/Schäffer* (1999) und auch *Weber* (2009), S. 4 f.

919 Vgl. bspw. *Horváth* (2009a), S. 100-105.

dungen zu unterstützen, sei es durch die Zurverfügungstellung geeigneter Methoden oder die Bereitstellung relevanter Informationen.[920] Unter der Annahme rational und im Sinne der Unternehmung handelnder Individuen muss eine vollständig durchgeführte Entscheidungsunterstützung jeweils zur Wahl der vorteilhaftesten Alternative führen und somit zum optimalen Ergebnis der Entscheidungssituation aus Sicht des Unternehmens als einer Willens- und Entscheidungseinheit.[921] Um im Rahmen einer gegebenen Entscheidungssituation die jeweils vorteilhafteste Alternative zu selektieren, muss die Führungskraft vollständige Transparenz über die zu verfolgenden Ziele und die Folgen hinsichtlich der Zielerreichung der einzelnen Alternativen besitzen; im Falle von Zielsystemen sind darüber hinaus auch Kenntnisse der Zielhierarchie und der Zielbeziehungen sowie Methoden zur Entscheidungsfindung bei multiplen Zielen vom Controlling bereitzustellen.[922]

Die Entscheidungsunterstützungsfunktion basiert auf der Annahme des homo oeconomicus und setzt damit rational handelnde Entscheider ohne kognitive Begrenzungen voraus.[923] Gelten diese Prämissen jedoch nicht, sind auch die erzielten Ergebnisse aus Unternehmenssicht nicht optimal, wie die Erkenntnisse der Prinzipal-Agenten-Theorie und der verhaltensorientierten Forschung zeigen.[924] Beispielhaft für die Relevanz des individuellen Verhaltens sind die Untersuchungen, die eine Vorteilhaftigkeit des Vollkostensystems gegenüber dem Teilkostensystem bei opportunistischem Verhalten belegen, obwohl aus Sicht der Entscheidungsunterstützungsfunktion die Deckungsbeitragsrechnung dem Vollkostensystem klar überlegen ist.[925]

Für das Controlling tritt somit zu der ursprünglichen, weitgehend objektiven Aufgabe der Unterstützung bei Entscheidungen die Berücksichtigung der Verhaltensweisen von Führungskräften und Mitarbeitern bei dem Treffen von Entscheidungen hinzu, die sog.

---

920 Vgl. *Schultze/Weiler* (2007), S. 103.

921 Dieser Annahme steht allerdings die häufige Nutzung von Intuition als Instrument der Entscheidungsfindung entgegen, vgl. *Weber* (2009), S. 6 f.

922 Vgl. *Ewert/Wagenhofer* (2008), S. 6-11.

923 Vgl. *Hirsch* (2005), S. 282; *Weber* (2005), S. 257.

924 Zu den aktuellen Entwicklungen der verhaltenswissenschaftlichen Forschung im Rechnungswesen vgl. *Mahlendorf* (2008), S. 11-12.

925 Vgl. *Bärtl* (2001), S. 122; *Weber* (2005), S. 257.

Verhaltenssteuerungsfunktion.[926] Zur Erreichung eines – aus Unternehmenssicht – optimalen Ergebnisses reicht es eben nicht aus, der Führungskraft vollständige Informationen zu dem Entscheidungsproblem zu liefern, es müssen auch die typischen Verhaltensmuster der Führungskräfte bekannt sein, um Impulse so zu setzen und Informationen so zu liefern, dass die Entscheider – aus ihrer eigenen Perspektive – optimal entscheiden und diese Entscheidung gleichzeitig das Optimum aus Unternehmenssicht darstellt. Dazu zählen insbesondere die Gestaltung des Zielsystems und die Koordination des Zielsystems mit einem adäquaten Anreizsystem.[927]

Im Rahmen der Kapitalmarktorientierung werden beide Funktionen angesprochen; einerseits ist auf objektiver Ebene im Rahmen der Entscheidungsunterstützungsfunktion die Verfolgung des Ziels der Unternehmenswertsteigerung sicherzustellen, andererseits werden auf subjektiver Ebene in Umsetzung der Verhaltenssteuerungsfunktion leistungsorientierte Vergütungssysteme wie Stock Options zur Überbrückung der Prinzipal-Agenten-Problematik diskutiert und umgesetzt. Es wird deutlich, dass sich die Anforderungen an die Unternehmensrechnung damit sowohl auf die Entwicklung neuer Systeme – bspw. eines kapitalmarktadäquaten Zielsystems – und die Koordination bestehender Systeme – bspw. der Abstimmung von Ziel- und Anreizsystem – bezieht.[928]

4.2.1.3 Controlling in Abhängigkeit vom Zielbezug

Regelmäßig erfolgt eine Differenzierung in ein operatives und in ein strategisches Controlling; diese Trennung resultiert aus den unterschiedlichen Anforderungen des operativen und des strategischen Managements.[929] Die wesentlichen Unterschiede zwischen operativem und strategischem Controlling zeigt überblicksartig Tab. 4-2.

926 Vgl. *Dellmann* (1999), S. 619.

927 Vgl. zu Implikationen für Kennzahlensysteme insbesondere *Hirsch* (2005), S. 284 – 287.

928 Vgl. z.B. zur Gestaltung von Verrechnungspreisen als Koordinationsinstrument und Berücksichtigung von Anreizeffekten *Schultze/Weiler* (2007), S. 106-107.

929 Vgl. bspw *Spraul/Oeser* (2007), S. 5.

	Operatives Controlling	Strategisches Controlling
Orientierung	Unternehmung: Wirtschaftlichkeit betrieblicher Prozesse	Umwelt und Unternehmung: Adaption
Planungsstufe	Taktische und operative Planung, Budgetierung	Strategische Planung
Dimensionen	Aufwand/Ertrag Kosten/Erlöse	Chancen/Risiken Stärken/Schwächen
Zielgrößen	Wirtschaftlichkeit, Gewinn, Rentabilität, Liquidität	Existenzsicherung, Erfolgspotenzial, Unternehmenswert
Zeitlicher Horizont	Kurzfristig	Mittel- bis Langfristig

Tab. 4-2: Wesentliche Merkmale operativen und strategischen Controllings

Quelle: Erweitert und modifiziert nach *Horváth* (2009a), S. 222

Aufgrund der historischen Entwicklung und dem traditionell engen Bezug des Controllers zum internen Rechnungswesen und insbesondere zur Kostenrechnung war das Controlling vielfach ursprünglich auf die Unterstützung kurzfristiger Entscheidungen ausgerichtet. Das operative Controlling hat eine stark quantitative Ausrichtung und arbeitet mit den Größen der Kostenrechnung (Kosten und Erlösen) oder der Finanzbuchhaltung (Aufwendungen und Erträge).[930] Gegenstand des operativen Controllings ist insbesondere die Sicherung der Nutzung gegebener Erfolgspotenziale durch Sicherstellung von Effektivität und Effizienz des betrieblichen Handelns.[931] Das operative Controlling ist als ein informationsverarbeitender Prozess zu verstehen, dessen Ziel in einer ergebnisorientierten Koordination des unternehmerischen Handelns liegt und das durch die Funktionen Planung, Kontrolle und Analyse konkretisiert wird.[932]

Die Kapitalmarktorientierung wird wie oben dargestellt häufig mit einer Unternehmenswertorientierung gleichgesetzt. Die Erhöhung des Unternehmenswerts stellt dabei aufgrund der Ermittlungsmethodik des Unternehmenswerts prinzipiell eine langfristige und damit tendenziell strategische Zielgröße dar. Fraglich ist daher, ob die Umsetzung

930 Das Strategic Management Accounting befasst sich demhingegen mit eher strategischen Aspekten, vgl. *Reimer* (2009), S. 80 f.

931 Vgl. *Piontek* (2004), S. 45; *Spraul/Oeser* (2007), S. 6.

932 Vgl. *Piontek* (2004), S. 45.

einer wertorientierten Führung lediglich im Bereich des strategischen oder auch des operativen Controllings explizit zu Änderungen führen muss.[933]

Im Gegensatz zum operativen Controlling sind im strategischen Controlling nicht die aktuellen Periodenerfolge sondern die zukünftigen Erfolgspotenziale Gegenstand der Tätigkeiten. Während im operativen Bereich die quantitativen Größen im Vordergrund stehen, dominieren im strategischen Controlling eher qualitative Faktoren.[934] Dies wird bspw. an der SWOT-Analyse deutlich, die im Rahmen der strategischen Planung in der Analysephase zum Einsatz kommt und die vier Untersuchungsfelder Stärken und Schwächen (Unternehmensanalyse) sowie Chancen und Risiken (Umweltanalyse) aufführt, die verbal beschrieben werden.[935]

Das strategische Controlling unterstützt das Management bei strategischen Entscheidungen, beginnend bei der Zielplanung, über die Strategieentwicklung für das Geschäftsfeldportfolio sowie für die einzelnen Geschäftsfelder bis hin zur Strategieimplementierung.[936] Im Zentrum steht dabei zwar häufig die strategische Planung, dennoch ist auch hier eine strategische Kontrolle empfehlenswert, die sich regelmäßig eher als Prämissenkontrolle zeigt statt als die im operativen Controlling übliche Ergebnis- oder Fortschrittskontrolle.[937] Dies kann am Beispiel des Lebenszyklus von Visionen verdeutlicht werden: Da Visionen ein konzentriertes Bild der angestrebten Zukunft darstellen, ist mit einer gewissen Regelmäßigkeit zu überprüfen, ob a) evtl. dieser Zustand bereits erreicht ist, und falls dies nicht der Fall ist, ob b) der formulierte Zukunftszustand überhaupt noch erstrebenswert ist; im Falle, dass a) zutrifft, wäre c) eine neue Vision zu formulieren.[938]

---

933 Zur Bedeutung der Strategieumsetzung vgl. *Kaplan/Norton* (2008), S. 4; *Horváth* (2009b), S. 19.

934 Vgl. *Spraul/Oeser* (2007), S. 6-7.

935 Vgl. zur SWOT-Analyse bspw. *Wagner* (2007), S. 37-41.

936 Vgl. *Horváth* (2009a), S. 222.

937 Vgl. dazu auch *Schäffer*, der aus der Perspektive des rationalitätssichernden Controllings vier aufeinander aufbauende Kontrollebenen unterscheidet, *Schäffer* (2009), S. 52 f.

938 Vgl. *Coenenberg/Salfeld* (2007), S. 35-36.

Der Bezug des strategischen Controllings zur Kapitalmarktorientierung scheint durch die Begleitung des Zielbildungsprozesses auf den ersten Blick klar.[939] Allerdings ist zu prüfen, wie die Umsetzung einer unternehmenswertorientierten Führung erfolgt,[940] d.h. in erster Linie, welche Konsequenzen sich aus den aufgestellten Anforderungen bei dem Einsatz der strategischen Instrumente ergeben.[941]

4.2.1.4 Wandel des Rollenverständnisses von Controller und Finanzvorstand

Eine verbreitete Typisierung des Rollenverständnisses des Controllings hat *Zünd* früh mit seiner Einteilung in Registrator, Navigator und Innovator geliefert.[942]

Rolle des Controllings	Registrator	Navigator	Innovator
Unternehmensumwelt	Relativ statisch	Begrenzt dynamisch	Extrem dynamisch
Hauptaufgabe des Controllings	Dokumentation	Hilfe bei Planung und Kontrolle	Mitwirkung bei Problemlösungen

Tab. 4-3: Controllerklassifikation nach *Zünd*
Quelle: In Anlehnung an *Zünd* (1979), S. 15 ff.

Bei der in Tab. 4-3 verkürzt wiedergegebenen Klassifikation wird die Umweltdynamik als entscheidende Determinante herangezogen. Angesichts der aktuellen Entwicklungen auf dem Kapitalmarkt dürfte die Einschätzung der Unternehmensumwelt als extrem dynamisch, zumindest jedoch als relativ dynamisch plausibel sein; Funktion und organisatorische Stellung des Controllings sind somit in deutlicher Nähe zum Management anzusiedeln.

Der Finanzvorstand oder CFO (Chief Financial Officer) steht seit den großen Bilanzskandalen, exemplarisch seien die Fälle Enron und Worldcom genannt, und der Verab-

939 Die Wertorientierung kann als besonderer Impuls für das strategische Controlling angesehen werden, vgl. *Horváth* (2009b), S. 23.

940 Die Art und Weise der Strategieumsetzung stellt dabei einen wesentlichen Erfolgsfaktor dar: so konnte von *Kaplan/Norton* im Rahmen einer empirischen Studie gezeigt werden, dass Unternehmen mit einem formalisierten Prozess der Strategieumsetzung einen größeren Markterfolg erlangen als Unternehmen ohne eine derart gestaltete Strategieimplementierung, vgl. *Kaplan/Norton* (2008), S. 4; *Horváth* (2009b), S. 19.

941 Vgl. die Untersuchung von PwC/Wolff & Häcker (2001), S. 27 ff. zu empirischen Erkenntnissen zu den Anforderungen des Kapitalmarkts an das Controlling.

942 Vgl. zum Einfluss der Unternehmensumwelt auf die vom Controlling wahrzunehmenden Aufgaben die Arbeit von *Zünd* (1979).

schiedung des Sarbanes-Oxley-Acts (SOX)[943] unter besonderer Beobachtung, wenngleich in Deutschland die Forschung zu dieser Thematik bislang nur in wenigen Ausnahmefällen erfolgt.[944] Da der CFO als höchste Führungskraft des Bereichs der Unternehmensrechnung anzusehen ist und das sich ändernde Rollenverständnis in möglichem Zusammenhang mit einer Ausrichtung an den Kapitalmarktinteressen zu sehen ist, sollen die Entwicklungen in diesem Bereich hier ebenfalls kurz skizziert werden.[945]

Die Anforderungen, die an einen CFO gestellt werden, vollziehen nach aktuellen Untersuchungen einen Wandel in zweierlei Hinsicht: Einerseits entwickelt sich die Rolle des CFO von einer eher kontrollierenden Position hin zu der eines kompetenten Beraters;[946] andererseits werden von Finanzvorständen verstärkt nicht nur Wissen und Methodenkompetenz sondern auch weiche Kompetenzen wie Führungsfähigkeiten und ein Gespür für Situationen und politische Erfordernisse gefordert.[947]

Weitere neue Anforderungen ergeben sich aus dem Bereich der Compliance, also der Entsprechung rechtlicher Rahmenbedingungen.[948] Hierbei ist neben dem Bereich des Vertragsmanagements und der Einhaltung der Bestimmungen des Sarbanes-Oxley-Acts sowie der 8. EU-Richtlinie insbesondere auch die ordnungsgemäße Anwendung der IFRS zu nennen, die im Rahmen des Enforcements in Deutschland von der Deutschen Prüfstelle für Rechnungslegung (DPR) überwacht wird.[949]

Neben dem Anforderungsprofil ist die dem Finanzvorstand zuzuschreibende Verantwortung Untersuchungsgegenstand. Empirische Studien zeigen, dass die Wahrscheinlichkeit eines Wechsels des CFO in Jahresfrist nach einer bedeutsamen Rechnungslegungskorrektur deutlich steigt, ähnliche Ergebnisse zeigen sich bei einer freiwilligen

943 Vgl. zum SOX bspw. *Bertschinger/Schaad* (2002) und *Glaum/Thomaschweski/Weber* (2006), S. 186-188.

944 Vgl. *Schäffer/Büttner/Zander* (2008), S. 414.

945 Zu den Änderungen in Folge der Bilanzskandale vgl. auch *Daum* (2003c), S. 6.

946 Zur Entwicklung vom „Watchdog" zum „Business Advisor" vgl. *Baxter/Chua* (2008). Zur Anforderung der Kenntnis des operativen Geschäfts an den Controller vgl. *Sekol* (2007), S. 348.

947 Vgl. *Granlund/Lukka* (1998); *Hirsch* (2008), S. 76; *Daum* (2008), S. 387.

948 Vgl. auch *Biel* (2005), S. 15-18 zu den Anforderungen speziell des SOX an das Controlling.

949 Vgl. *Schuster* (2008), S. 287. Vgl. *Daum/Koppelman/Lévi/Silbermann* (2008), S. 62 auch zu Konflikten mit dem Management.

Rückgabe des Mandats durch den Abschlussprüfer.[950] Über die Verantwortlichkeit für die Unternehmensrechnung hinaus wird dem CFO auch eine Ergebnisverantwortung zugeschrieben.[951]

Die gestiegenen Anforderungen und die aus dem geänderten Rollenverständnis resultierende größere Verantwortung machen deutlich, dass sich eine intensive Beschäftigung mit den teils neuen Anforderungen an die Unternehmensrechnung nicht nur aus Unternehmenssicht sondern auch aus subjektiver Sicht des Managements als notwendig darstellt.[952] Dabei zeigt sich, dass für alle Änderungen eine Verbindung zur Kapitalmarktorientierung hergestellt werden kann. Zum einen werden an den CFO bezüglich der direkten Kapitalmarktkommunikation größere Erwartungen gerichtet, dazu sind bspw. sog. Soft Skills für eine erfolgreiche Investor-Relations-Arbeit und die Einhaltung von Rechnungslegungsregeln und Corporate-Governance-Grundsätzen zu zählen, zum anderen hat er die Umsetzung einer unternehmenswertorientierten Führung durch geeignete Controllingstrukturen zu verantworten und wird zugleich verstärkt in der Rolle eines Beraters des CEO und somit auch unter einer Ergebnisverantwortung gesehen.[953]

	Direkte kapitalmarktorientierte Anforderungen	**Indirekte kapitalmarktorientierte Anforderungen**
Soft Skills	Kommunikation (→ Investor Relations)	Teamfähigkeit (→ Business Advisor)
Hard Skills	Wissen bzgl. IFRS, SOX etc. (→ Compliance)	Methodenverständnis (→ Performance)

Tab. 4-4: Geänderte Anforderungen an den CFO

Quelle: eigene Zusammenstellung

Somit spiegeln sich die Anforderungen, die an die Unternehmensrechnung gestellt werden, in dem geänderten Rollenbild der obersten Führungskraft dieses Bereichs wider. Zu einem ähnlichen Ergebnis kommt eine empirische Untersuchung von *Weber*, die als aktuelle Aufgabenschwerpunkte des Controllings in den DAX-30-Unternehmen

950 Vgl. *Arthaud-Day/Certo/Dalton/Dalton* (2006) sowie *Menon/Williams* (2008).

951 Vgl. die Untersuchung von *Mian* (2001).

952 Somit sind die empirischen Ergebnisse sowohl für die Entscheidungsunterstützungsfunktion als auch die Verhaltenssteuerungsfunktion von Bedeutung.

953 Vgl. zu den neuen Anforderungen an den CFO auch *Kaschytza/Wolter* (2008), S. 409.

die Bereiche Wertorientierte Steuerung, Neugestaltung der Unternehmensplanung und Harmonisierung des externen und internen Rechnungswesens aufdeckt.[954]

4.2.2 Controllinginstrumente

4.2.2.1 Genereller Überblick über Controllinginstrumente

Unter Controllinginstrumenten werden allgemein Bestimmungen verstanden, zu einer ergebniszielorientierten Steuerung eingesetzt werden können, und die Abhängigkeiten zwischen Planungs- und Kontrollsystem und Informationsversorgungssystem sowie Interdependenzen innerhalb dieser Teilsysteme berücksichtigen.[955] Es ist eine Unterscheidung in ideelle und reale Hilfsmittel möglich, wobei sich ideelle Instrumente auf Techniken, Verfahren und Modelle und reale Instrumente insbesondere auf Softwarelösungen beziehen.[956]

Die im Controlling zum Einsatz kommenden Instrumente sollen eine Vorauskoordination bewirken und werden i.d.R. in Abhängigkeit von ihrem Zielbezug in operative und strategische Werkzeuge unterschieden;[957] dieser Vorgehensweise entsprechend wird im Folgenden zunächst ein Überblick über die operativen Instrumente gegeben, bevor auf die strategischen Controllinginstrumente eingegangen wird.

4.2.2.2 Instrumente des operativen Controllings

Das operative Controlling ist durch seine Konzentration auf das unmittelbare Unternehmensgeschehen auf ein entsprechend kurzfristiges und konkretes Instrumentarium angewiesen. Hier ist zu allererst das zentrale Instrument der Kostenrechnung mit ihren Bestandteilen der Kostenarten-, Kostenstellen- und Kostenträgerrechnung zu nennen, die üblicherweise als Vollkostensysteme geführt und um Teilkostenrechnungen ergänzt werden.[958]

---

954 Vgl. *Weber* (2008), S. 200.

955 Vgl. *Brühl* (2004), S. 40.

956 Vgl. *Horváth* (2009a), S. 182 f.

957 Vgl. bspw. *Brühl* (2004), S. 40, *Brede* (2003), S. 32 und *Vollmuth* (2004), S. 13-17.

958 Vgl. zur Kostenrechnung z. B. *Weber/Weißenberger* (2006), S. 362-370.

Bei der Kostenrechnung steht die Ermittlung entscheidungsrelevanter Informationen zur Bereitstellung für das operative Management im Vordergrund; der Handlungsrahmen wird von den vorhandenen Ressourcen gesetzt, die in optimaler Art und Weise eingesetzt werden sollen. Der Auf- oder Abbau von Ressourcen ist hingegen nicht Gegenstand der klassischen Kostenrechnung sondern vielmehr der Investitionsrechnung, die explizit auf die Mehrperiodigkeit des Entscheidungsproblems einer Investition eingeht.

Die Kostenrechnung ist zugleich Instrument und Determinante des operativen Controllings. Als zentrales Werkzeug liefert sie die vom operativen Management im Tagesgeschäft benötigten Informationen für die Erstellung von Angeboten, Preisverhandlungen, die Entscheidung über die Annahme von Zusatzaufträgen und die Gestaltung der betrieblichen Abläufe.[959]

Daneben liegen der Kostenrechnung allerdings bestimmte begriffliche Definitionen zugrunde, die das Denken und Handeln der Beteiligten prägen. Beispielhaft sei hier auf die „Entwicklungskosten" verwiesen, die bei genauerer Betrachtung besser als „Entwicklungsausgaben" bezeichnet werden sollten, um die Einschätzung, ob es sich wirklich um Kosten – also einen unkompensierten Güter- oder Dienstleistungsverzehr innerhalb der Periode – oder doch eher um eine Investition mit der Erwartung zukünftiger Rückflüsse handelt.[960] Durch die unreflektierte, automatische Behandlung von Entwicklungsausgaben als Kosten im Rahmen der traditionellen Kostenrechnung entstehen somit systematische Fehlsteuerungen, da aus Sicht des kurzfristigen Erfolgsziels eine Kostenreduktion – also auch eine Reduktion der Entwicklungskosten – zielkonform erscheint, sie aus wertorientierter Sicht aber i.d.R. gerade nicht erwünscht ist, da hier zugunsten des einmaligen Erfolgs der aktuellen Periode auf eine Reihe von zukünftigen Erfolgen verzichtet wird. Notwendig wird daher eine Neuausrichtung der Kostenrechnung sein, soll die Kapitalmarktorientierung im Sinne einer unternehmenswertorientierten Führung auch zielführend operativ umgesetzt werden.[961]

---

959 Vgl. zur Verbindung von Kostenrechnung und operativer Planung auch in instrumenteller Hinsicht *Zwicker* (2009), S. 34.

960 Ähnliche Probleme ergeben sich bspw. bei Ausgaben für Marketing oder Leasing.

961 Vgl. auch *Menn* (2000), S. 210-211. Zur Möglichkeit der Integration von Kostentreibern in Werttreiberhierarchien vgl. *Kajüter* (2005), insbesondere S. 347-348.

In der Literatur finden sich verschiedene Aufzählungen von weiteren Instrumenten, die ebenfalls dem operativen Controlling zugerechnet werden.[962] Die folgende Tab. 4-5 soll exemplarisch die Vielfalt der aufgeführten Instrumente illustrieren und erhebt keinen Anspruch auf Vollständigkeit; insbesondere die Nennung des Vertriebscontrollings als funktional ausgerichteter Spezialform macht deutlich, dass weitere Funktions- oder Bereichscontrollingformen in die Aufzählung einfließen könnten.

Planung	Kontrolle	Analyse	Optimierung
Erfolgsplanung	Soll-Ist-Vergleich	ABC/XYZ-Analyse	Bestellmengen-optimierung
Deckungsbeitrags-rechnung	Kurzfristige Erfolgs-rechnung	Auftragsgrößen-analyse	Losgrößenoptimierung
Break-Even-Rechnung	Qualitätszirkel	Engpass-Analyse	Programmoptimierung
Investitionsrechen-verfahren	Nachkalkulation	Rabatt-Analyse	Maschinenbelegungs-optimierung
Vertriebscontrolling		Verkaufsgebiets-analyse, Wertanalyse	Routenoptimierung

Tab. 4-5: Auswahl operativer Controllinginstrumente

Quelle: Erweitert nach *Spraul/Oeser* (2007), S. 9

Prinzipiell sind alle operativen Instrumente wie die Kostenrechnung als Kerninstrument daraufhin zu überprüfen, inwiefern sie sicherstellen, dass auf ihnen basierende Entscheidungen derart getroffen werden, dass sie eine Maximierung des Barwerts der zukünftigen Zahlungsströme sicherstellen – eine Anforderung, die eine zum Teil deutliche Abweichung von der bisher geforderten kurzfristigen einperiodigen Sichtweise darstellt.[963]

4.2.2.3 Instrumente des strategischen Controllings

Im strategischen Controlling wird eine Vielzahl unterschiedlicher Instrumente eingesetzt. Es handelt sich dabei um Methoden zur Beschaffung, Analyse und Prognose von Informationen über das Unternehmen und die Unternehmensumwelt.[964] Zur Systematisierung können sie einerseits danach unterschieden werden, in welcher Phase des stra-

---

[962] Die Instrumente können auch aus der Perspektive der relativ jungen Forschungsrichtung des vertrauensbasierten Controllings betrachtet werden, vgl. dazu die angeführten Untersuchungen zum Verhältnis von Budgetierung und Vertrauen bei *Brühl/Horch/Orth* (2009), S. 104.

[963] Vgl. auch *Hachmeister* (2005), S. 309.

[964] Vgl. *Horváth* (2009a), S. 225 f.

tegischen Managementprozesses sie zur Anwendung kommen, andererseits ist eine Differenzierung nach dem Kostenbezug möglich.[965] Tab. 4-6 gibt einen Überblick über die Zuordnung typischer Instrumente des strategischen Controllings zu diesen zwei Differenzierungskriterien.

Die Unternehmenswertorientierung kann aufgrund ihrer weitreichenden Zukunftsorientierung als strategisches Ziel aufgefasst werden und stellt somit ein zentrales Objekt des strategischen Controllings dar. Allerdings beinhaltet die Bestimmung des Unternehmenswertes die Nutzung detaillierter quantitativer Daten des Rechnungswesens, was eher dem Charakter des operativen Managements entspricht. [966] Durch den in der Unternehmensbewertung für die Detailplanungsphase üblichen Zeithorizont von regelmäßig drei bis fünf Jahren kann die Ermittlung der Zielgröße also auch als langfristige operative Planung interpretiert werden, da hier die in der eigentlichen strategischen Planung entwickelten Annahmen über Geschäftsfeldportfolio und -entwicklung im Rahmen der prognostizierten Cash Flows und Risikozuschläge bereits eingehen. Von besonderem Interesse dürfte daher sein, wie gut das Instrument der langfristigen Cash Flow Planung mit den anderen strategischen Instrumenten abgestimmt ist, denn über dieses Instrument erfolgt primär die Koordination mit dem Ziel der Unternehmenswertorientierung.[967]

---

965 Zur Anwendung strategischer Kostenrechnungsinstrumente vgl. *Reimer* (2009), S. 85.

966 Zur Integration der Wertorientierung in das strategische Kostenmanagement vgl. *Dierkes* (2005), so insbesondere zu Lebenszyklusrechnungen S. 335-340.

967 Dabei zeigt sich, dass die Berücksichtigung kalkulatorischer Größen im Gegensatz zu Cash Flows aus Sicht der Verhaltenssteuerungsfunktion Vorteile haben kann, vgl. *Dierkes* (2005), S. 337.

<table>
<tr><th rowspan="2">Strategiephase</th><th colspan="2">Mit Kostenbezug</th><th rowspan="2">Ohne Kostenbezug</th></tr>
<tr><th>Ohne Bezug zur Kostenrechnung der Unternehmung</th><th>Mit Bezug zur Kostenrechnung der Unternehmung</th></tr>
<tr><td>Strategische Zielbildung</td><td></td><td colspan="2">Shareholder-Value-Rechnungen</td></tr>
<tr><td rowspan="10">Strategische Analyse und Strategieformulierung und -bewertung</td><td></td><td colspan="2">Stärken-Schwächen-Analyse</td></tr>
<tr><td colspan="2">Kosten-Benchmarking</td><td></td></tr>
<tr><td></td><td colspan="2">Target Costing</td></tr>
<tr><td></td><td colspan="2">Wertkettenanalyse</td></tr>
<tr><td>Wettbewerbskostenanalyse</td><td>Erfahrungskurve</td><td>Erfolgsfaktorenanalyse</td></tr>
<tr><td></td><td>Industriekostenkurve</td><td>GAP-Analyse</td></tr>
<tr><td></td><td>Lebenszykluskostenrechnung</td><td>Frühaufklärungssysteme</td></tr>
<tr><td colspan="2">Konstruktionsbegleitende Kalkulation</td><td>SWOT-Analyse</td></tr>
<tr><td>Kostenbezogene Produktportfolios</td><td>Prozesskostenrechnung</td><td>ABC-Analyse</td></tr>
<tr><td></td><td>Deckungsbeitragsrechnung</td><td></td></tr>
<tr><td rowspan="2">Strategieumsetzung</td><td></td><td colspan="2">Balanced Scorecard</td></tr>
<tr><td></td><td colspan="2">Performance Board[968]</td></tr>
<tr><td rowspan="2">Strategiekontrolle</td><td></td><td colspan="2">Adaptierte Abweichungsanalyse[969]</td></tr>
<tr><td></td><td></td><td>Prämissenkontrolle</td></tr>
</table>

Tab. 4-6: Instrumente des strategischen Controllings

Quelle: Erweitert nach *Franz* (2000)

4.2.3 Institutionelle Aspekte des Controllings

Institutionelle Aspekte des Controllings lassen sich in dreierlei Hinsicht ausmachen; erstens muss das Unternehmen für Controllingzwecke strukturiert werden, zweitens muss die Controllinginstitution selbst – zumindest ab einer gewissen Größe – eine sinnvolle Struktur erhalten, wenn die Funktionen des Controllings erfüllt werden sol-

968 Das Performance Board fasst die Konzepte der Balanced Scorecard, des Kennzahlenmanagements und der kontinuierlichen Verbesserung zusammen und ergänzt sie mit einem Visualisierungssystem, vgl. dazu *Beckmann/Jessen* (2008).

969 Die adaptierte Abweichungsanalyse führt Änderungen im operativen Ergebnis auf strategisch bedeutsame Komponenten (Wachstumskomponente, Preisausgleichskomponente und Produktivitätskomponente) zurück, vgl. *Treyer* (2008), S. 164.

len, und drittens wird die Unternehmensorganisation selbst als Gegenstand des Controllings angesehen.[970]

4.2.3.1 Unternehmensorganisation als Instrument und Objekt des Controllings

Unter dem Begriff der Unternehmensorganisation werden sowohl Aufbau- und Strukturorganisation als auch Ablauf- und Prozessorganisation verstanden. Wie auch das Controlling erfüllt die Organisation eine Koordinationsfunktion. Für die Organisationsentwicklung hat sich eine Reihe von organisationstheoretischen Konzepten herausgebildet, stellvertretend seien nur der handlungstheoretische Ansatz und der auf dem Kontingenzansatz basierende Konfigurationsansatz genannt.[971]

Aufbau- und Ablauforganisation werden durch verschiedene Einflussfaktoren bestimmt, die teils intern, teils extern auftreten und einer Dynamik unterliegen, so dass sich die Unternehmensorganisation in einem Spannungsfeld zwischen Statik und Dynamik befindet. Einen Überblick über wesentliche Einflussgrößen und darauf reagierende organisatorische Gestaltungsalternativen gibt Abb. 4-2.

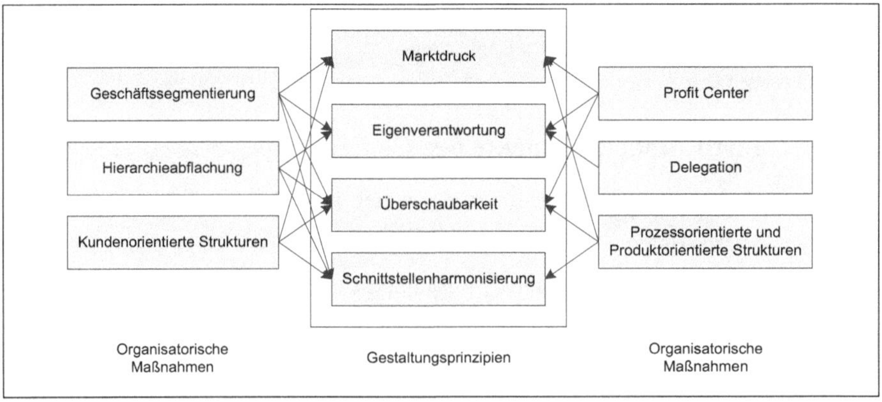

Abb. 4-2: Einflussgrößen der Organisationsgestaltung

Quelle: *Frese/ von Werder* (1994), S. 13

970 Vgl. zur Entwicklung des relativ neuen Forschungsgebiets des Organisationscontrollings *von Werder/Stöber/Grundei* (2006) oder *Grundei/Becker* (2009), S. 117.

971 Vgl. dazu bspw. *Grundei* (1999) und *Kieser* (2006).

Insbesondere die Aufbauorganisation hat für das Controlling eine besondere Bedeutung. Die Erfüllung der Führungsunterstützungsfunktion ist eng an die Führungsstruktur gebunden; sollen die Führungskräfte mit den jeweils für sie relevanten Informationen im Sinne der Entscheidungsunterstützungsfunktion versorgt werden, muss das Controlling diese Informationen für die den einzelnen Führungskräften zugeordneten Organisationseinheiten bereitstellen können. Die Entwicklung einer Kostenstellen- oder einer Profit-Center-Struktur ist somit einer der ersten Schritte bei der Controllingeinführung, der sich regelmäßig eng an der Aufbauorganisation orientiert.[972] Dies ist notwendig, da sich eine Vielzahl von Controllinginstrumenten in der Folge auf die vorgegebene Struktur bezieht; so nehmen Kennzahlensysteme oder der gesamte Planungsprozess explizit Bezug auf die Struktur, da die angestrebte Koordination der Organisationseinheiten gerade durch die Integration der Unternehmensstruktur in das Controllinginstrument erreicht wird.

Die Frage, wie zweckmäßig oder vorteilhaft sich die gewählte Organisationsform darstellt, ist Gegenstand des Forschungsprogramms des Organisationscontrollings.[973] Die Funktionen des Organisationscontrollings können dabei als die Gesamtheit der Aufgaben, Methoden und Techniken zur Planung, Steuerung und Kontrolle der Unternehmensorganisation verstanden werden.[974] Aufgrund der relativ jungen Disziplin steht gegenwärtig die Entwicklung von geeigneten Bewertungsmaßstäben im Vordergrund, während sich die Ziele des Organisationscontrollings auf Conformance und Performance beziehen. Conformance beschreibt dabei die Einhaltung sowohl rechtlicher Vorgaben (Compliance) als auch interner organisatorischer Regelungen (Obervance).[975] *Grundei/Becker* entwickeln ein umfassendes Bewertungssystem, in welchem die Maßgrößen in 8 Kriteriencluster eingeteilt werden.

---

972 Vgl. zur Implementierung von Controllingsystemen bspw. Horváth & Partner (2006), S. 85.

973 Vgl. *Grundei/von Werder* (2009), S. 169.

974 Vgl. *Krüger/von Werder/Grundei* (2008), S. 4.

975 Vgl. *Grundei/Becker* (2009), S. 117.

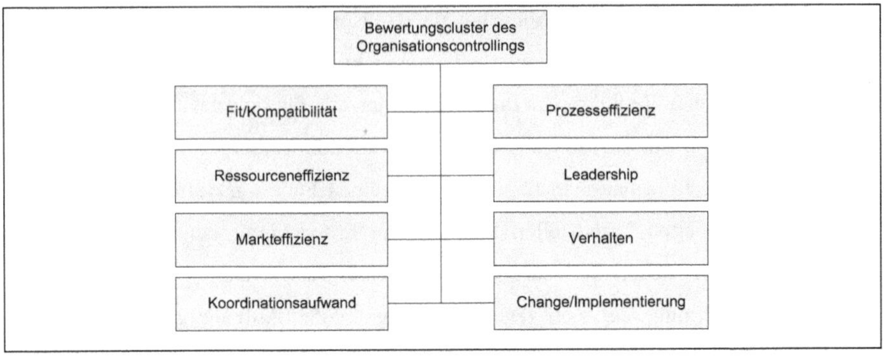

Abb. 4-3: Bewertungscluster des Organisationscontrollings

Quelle: In Anlehnung an *Grundei/Becker* (2009), S. 120-124

Fraglich ist die Bedeutung der Organisation für den hier untersuchten Aspekt der Kapitalmarktorientierung der Unternehmensrechnung. Die beiden Ziele des Organisationscontrollings – Conformance und Performance – stehen in direktem Bezug zu den beiden ursprünglichen Anforderungen des Kapitalmarkts, Information und Performance. Während es sich bei dem Performanceziel um einen originären Anspruch handelt, ist die Conformance teils originärer, teils derivativer Natur. Einerseits sind die Entwicklung und Durchführung effektiver Corporate-Governance-Strukturen im Sinne der Observance grundsätzlich dazu geeignet, zur Risikoreduktion und somit zur Unternehmenswertsteigerung beizutragen und sind daher direkt Gegenstand der Erwartungen der Marktteilnehmer;[976] andererseits betrifft der Bereich der Compliance mit der Einhaltung gesetzlicher und ähnlich verpflichtender Normen auch den Bereich der Rechnungslegung als wesentliches Kommunikationsinstrument und erlangt dadurch auch indirekt Bedeutung für die Kapitalmarktorientierung.[977]

4.2.3.2 Organisation des Controllings

Die Einrichtung einer (oder mehrerer) Organisationseinheit(en) soll die Erfüllung der Controllingfunktionen sicherstellen. Dabei sind verschiedene Kontextfaktoren zu berücksichtigen, eine einheitliche Systematisierung dieser Variablen hat sich jedoch bis-

---

976 Vgl. bspw. zum Verhältnis von Wertorientierung und Risikomanagement als einem wesentlichen Aspekt der Corporate Governance *Fiege* (2006), S. 71-74; *Kajüter* (2008), S. 253.

977 Dies gilt besonders angesichts der aktuellen Finanzmarktkrise, vgl. *Fiege* (2009), S. 301.

lang nicht etabliert.[978] Es kann jedoch festgehalten werden, dass die hierarchische Stellung des Controllings mit zunehmendem Innovationsbedarf, mit zunehmender Unternehmensgröße und mit zunehmender Komplexität steigt.[979] Im Kontext einer Kapitalmarktorientierung kann von einer gewissen Unternehmensgröße und -komplexität ausgegangen werden, so dass auf Basis dieser Überlegungen zunächst die Notwendigkeit der Institutionalisierung der Controllingfunktion als solche gerechtfertigt erscheint.

Bei der Institutionalisierung des Controllings sind die Fragen der disziplinarischen und der fachlichen Kompetenz zu klären, weiterhin sind verschiedene Gestaltungsparameter zu berücksichtigen, hierbei sind von besonderer Bedeutung Fragen der Zentralisation bzw. Dezentralisation, der Funktionalisierung, der Delegation, der Partizipation, der Standardisierung, der Arbeitsteilung sowie der Prozessorientierung.[980]

Eine gängige Klassifikation, die sich auch stark in der Unternehmenspraxis verbreitet hat,[981] ist die Differenzierung des Controllings in Zentralcontrolling, Bereichscontrolling und das Controlling von Querschnittfunktionen, vgl. dazu auch Abb. 4-4.[982]

---

978 Zu den internen Einflussgrößen zählen die Philosophie, Kultur, Größe und Organisation der Unternehmung sowie die Struktur von Produktprogramm, Standorten und Rechtsformen; zu den externen Einflussgrößen zählen Marktverhältnisse, politische, gesetzliche, kulturelle und soziale Verhältnisse; vgl. *Horváth/Reichmann* (1993), S. 467.

979 Vgl. *Mann* (o. J.), S. 167 f.

980 Vgl. zu den Gestaltungsvariablen der Controllingorganisation *Horváth* (2009a), S. 753.

981 Vgl. allerdings auch *Littkemann* (2001), der im Rahmen einer empirischen Untersuchung unter 30 DAX- und MDAX-Unternehmen noch erhebliche Umsetzungsdefizite im Beteiligungscontrolling festgestellt hat.

982 Vgl. *Weißenberger* (2007), S. 80-81. Speziell zur Einordnung des Risikomanagements in das Controlling vgl. *Fiege* (2009), S. 307 f.

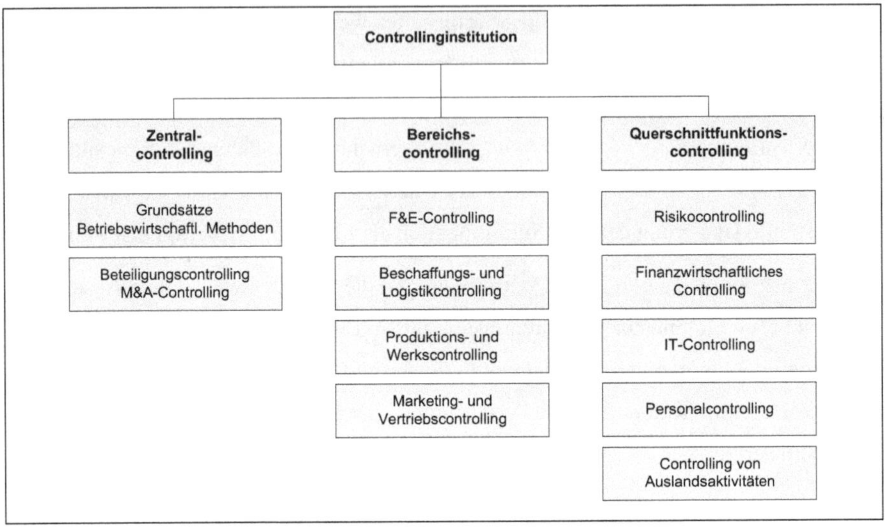

Abb. 4-4: Controllinginstitution

Quelle: in Anlehnung an *Weißenberger* (2007), S. 81

Die Organisation der Controllinginstitution als solche ist aus Sicht dieser Untersuchung von Interesse, da auch hier im Sinne des Organisationscontrollings geprüft werden muss, ob die Struktur in Hinblick auf Conformance und Performance den Anforderungen des Kapitalmarkts gerecht wird.[983] Da es hierbei im Wesentlichen um die Qualität der Erfüllung der an das Controlling gestellten Aufgaben geht, handelt es sich um derivative Ansprüche. Die Form der Institutionalisierung des Controllings ist insbesondere für die Zuordnung der „zu betreuenden" IFRS zu einzelnen Controllingabteilungen von Bedeutung, da bei einer entsprechend ausgebauten Controllingorganisation eine andere Einheit für die operative, sich an IAS 2, IAS 11 und IAS 18 orientierende Vorratsbewertung zuständig sein wird als bspw. für ein strategisches, konzernweites Goodwill-Controlling unter Beachtung von IAS 36 und IFRS 3.[984]

983 Vgl. auch *Grundei/von Werder* (2009), S. 175.

984 Vgl. z.B. die „IFRS-Themenlandkarte" bei *Weißenberger* (2007), S. 82-83.

4.3 Originäre Anforderungen des Kapitalmarkts an das Controlling

4.3.1 Wertorientierte Unternehmensführung als Anforderung des Kapitalmarkts

Wie in Kapitel 2 gezeigt wurde, bestehen die zwei Hauptinteressen von Kapitalmarktteilnehmern (1) in dem Erhalt von Informationen über die Lage und die zukünftige Entwicklung der Unternehmung sowie (2) in der Erreichung eines angemessenen Unternehmenserfolgs, an dem sie partizipieren können.[985] Die Informationsvermittlung ist als originäre Aufgabe des externen Rechnungswesens zu sehen; die Ermittlung benötigter Informationen zur Weitergabe an Unternehmensdritte – dem Aufgabenfeld des externen Rechnungswesens – ist als Serviceleistung des internen an das externe Rechnungswesen und daher als derivative Anforderung an die interne Unternehmensrechnung zu verstehen. Als originäre Anforderung an die unternehmensinternen Systeme ist hingegen die zweite Hauptforderung nach einem angemessenen Erfolg zu sehen; hierzu tragen auch Maßnahmen im externen Rechnungswesen bei, die wiederum dort als derivative Anforderungen aufgefasst werden können.

Die Unternehmenswertsteigerung wurde in Kapitel 2.1 als Topziel der Unternehmung formuliert, empirische Untersuchungen zeigen den hohen Grad der Durchsetzung dieses Führungskonzepts.[986] Dabei stellt sich das Ziel der Unternehmenswertsteigerung nicht als direktes Ergebnis der Überlegungen der Interessen der Kapitalmarktteilnehmer ein;[987] vielmehr entsteht es über eine gedankliche Brücke, der verschiedene implizite Annahmen zugrunde liegen.[988]

---

985 Vgl. auch *Pape* (2009b), S. 151.

986 Vgl. bspw. für den deutschen Raum die Untersuchungen der DAX 100-Unternehmen von *Pellens/Tomaszewski/Weber* (2000) oder *Aders/Hebertinger* (2003), S. 12-13.

987 Vgl. in diesem Sinne auch *Pape* (2009b), S. 151.

988 Durch die weitgehende Gleichsetzung der Begriffe „Shareholder-Value-Orientierung“ und „Unternehmenswertorientierung“ wird der Fokus allein auf die wertorientierte Steuerung und die dafür notwendigen Wertmaßstäbe und Konzepte gerichtet, vgl. bspw. *Schüler/Bauer/Krotter* (2008), S. 336.

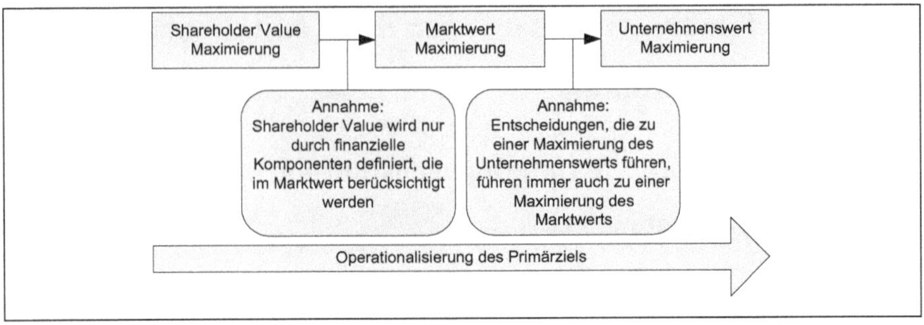

Abb. 4-5: Annahmen im Zuge der Operationalisierung der Shareholder-Value-Orientierung

Quelle: eigene Darstellung

Die Marktwertmaximierung folgt aus einer Shareholder-Value-Orientierung unter den Annahmen, dass

(1) der Zweck der Unternehmung die Maximierung des Wohls der Anteilseigner ist,

(2) das Wohl der Anteilseigner sich ausschließlich am monetären Wert ihrer Unternehmensanteile bemisst[989] und sich

(3) der Marktwert des Eigenkapitals aus dem Marktwert des Unternehmens abzgl. des Marktwerts der Schulden ergibt.[990]

Während die Beziehung von Marktwert des Unternehmens und des Eigenkapitals im Sinne eine Bilanzgleichung per Definition korrekt erscheint, ist die Annahme der ausschließlichen Fokussierung auf monetäre Größen nicht unumstritten.[991] Der Schlussfolgerung, dass eine unternehmenswertorientierte Unternehmensführung zu einer Marktwertsteigerung führt und somit im Sinne der Anteilseigner ist, ist hingegen Ge-

[989] Andere als finanzielle Interessen sollen durch einen monetären Ausgleich berücksichtigt werden, was aber regelmäßig nicht stattfindet; entsprechend wenige Arbeiten liegen über das Problem der Transformation nicht-finanzieller Interessen bzw. Nutzen in monetäre Größen in diesem Kontext vor.

[990] Vgl. *Kürsten* (2000), S. 362 f.

[991] Vgl. Kapitel 2.1.1; *Körnert/Wolf* (2007), S. 133.

genstand umfangreicher empirischer Forschung[992] und einer regen Diskussion, insbesondere vor dem Hintergrund der 2008 begonnenen Kapitalmarktkrise.[993]

Einen Hinweis auf das zugrundeliegende Problem geben die Untersuchungen, die sich mit dem Erfolg von familiengeführten Unternehmen beschäftigen.[994] Erfolgreiche mittelständische Unternehmen zeichnen sich i.d.R. durch eine wesentlich stärkere Unternehmenswertorientierung und in der Folge auch Wertsteigerung aus als jene Unternehmen, die eine Trennung von Inhaberschaft und Führung aufweisen und als kapitalmarktorientierte Unternehmen Gegenstand dieser Untersuchung sind.[995]

Der Unterschied in der Gestaltung der Kombination Inhaberschaft/Führung offenbart, dass eine Kapitalmarktorientierung mit einem doppelten Prinzipal-Agenten-Problem zu kämpfen hat, da sich unterschiedliche Interessen nicht nur zwischen Unternehmung und (Fremd-)Führungskraft[996] sondern auch zwischen (Fremd-)Inhaber und Unternehmung ergeben.[997]

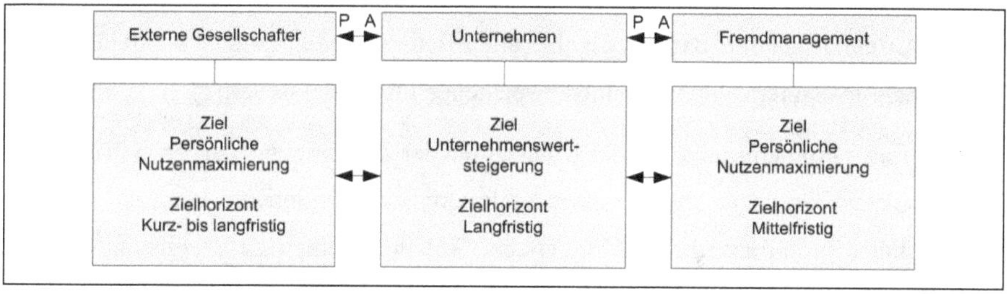

Abb. 4-6: Doppelte Prinzipal-Agenten-Problematik

Quelle: eigene Darstellung

Bei mittelständischen, inhabergeführten Unternehmen erfahren die Zeithorizonte, nach denen sich das Handeln ausrichtet, eine Gleichschaltung, da die Familie des Inhabers

992 So zeigen wertorientierte residualgewinnbasierte Kennzahlen eine deutlich schlechtere Korrelation mit der Aktienkursentwicklung als traditionelle Wertmaßstäbe des Rechnungswesens wie der Gewinn je Aktie, vgl. *Schremper/Pälchen* (2001), S. 545.

993 Vgl. zur empirischen Kapitalmarktforschung Kapitel 2.2.2.

994 Vgl. bspw. IfM Bonn (2007); *Weissman* (2006), S. 83 ff.

995 Zur Eignung des Shareholder Value Konzepts für nicht börsennotierte Unternehmen vgl. *Schierenbeck/Lister* (2002), S. 79.

996 Vgl. entsprechend auch den Konflikt zwischen Konzern- und Bereichsführung bei *Hirth/Callsen-Bracker* (2009), S. 137.

997 Vgl. auch *Kuhner* (2005), S. 13; *Pape* (2009b), S. 155.

regelmäßig über eine enge Bindung an die Unternehmung verfügt und daher von einer langfristigen Beteiligung ausgeht. Dementsprechend werden Entscheidungen im Unternehmen so getroffen, dass den eigenen Interessen kein Schaden entsteht.[998] Hier entfallen somit beide Prinzipal-Agenten-Probleme, da einerseits keine Trennung von Inhaber und Führung stattfindet und andererseits die Interessen der Inhaber/Führungskräfte mit denen der Unternehmung übereinstimmen. M. a. W. ist die Ableitung der Unternehmenswertmaximierung als Ergebnis einer Shareholder-Value-Orientierung für diese Unternehmen plausibel.

Kapitalmarktorientierte Unternehmen weisen im Gegensatz zu diesen Unternehmen regelmäßig eine weitgehende personelle Trennung von Inhabern und Führungskräften auf und eröffnen damit die verhaltenstheoretisch zu untersuchenden Probleme der divergierenden Interessen, Zeithorizonte und Informationen.[999] Die Unternehmenswertmaximierung unbesehen als Schlussfolgerung einer Kapitalmarktorientierung zu übernehmen ignoriert die Erkenntnisse der verhaltenstheoretischen Forschung und basiert damit auf der Annahme, dass es sich bei allen Beteiligten um rational handelnde und vollständig informierte Akteure ohne abweichende Interessen handelt.[1000]

Als zentrales Problem stellt sich der Unterschied der Zeithorizonte dar, nach denen die verschiedenen Gruppen ihre Interessen optimieren oder optimieren können. Anteilseigner haben grundsätzlich die Möglichkeit, Anteile jederzeit zu veräußern oder zu erwerben.[1001] Für einen Anleger ohne Marktmacht soll das in Tab. 4-7 vorgestellte Beispiel eines Kursverlaufs als Grundlage für die weiteren Überlegungen fungieren.[1002]

---

998 Vgl. zum Konflikt zwischen Eignern und Management auch *Schildbach* (2008b), S. 10 – 13.

999 Vgl. auch *Ewert/Wagenhofer* (2008), S: 409; *Hirth/Callsen-Bracker* (2009), S. 138.

1000 Vgl. zur Irrationalität der Akteure bspw. die Untersuchungen zur Überreaktion auf bestimmte Informationen von *De Bondt/Thaler* (1993) oder *Chopra/Lakonishok/Ritter* (1993).

1001 Transaktionskosten sollen an dieser Stelle nicht berücksichtigt werden, da sie für die grundsätzlichen Überlegungen nicht wesentlich sind sondern lediglich eine dämpfende Wirkung entfalten.

1002 Der Kursverlauf ist Ergebnis einer zufälligen Zahlenreihe, die Berechnungsformel $Kurs_t = Kurs_{t-1} + 10 * (0{,}6 - RND)$, wobei RND eine Zufallsvariable ist, die Werte zwischen 0 und 1 annehmen kann. Durch den Zufallsterm ist eine grundsätzliche Kurssteigerung mit einem Mittelwert von 1/Jahr und somit eine langfristige Kurssteigerungserwartung im Beispiel enthalten.

Jahr	Kurs	Änderung	Positive Änderung	Kumulierte Kursänderungen	Kumulierte positive Kursänderungen
1	100				
2	98,5	-1,5		-1,5	0
3	95,0	-3,5		-5	0
4	100,6	5,6	5,6	0,6	5,6
5	98,1	-2,5		-1,9	5,6
6	101,4	3,3	3,3	1,4	8,9
7	102,3	0,9	0,9	2,3	9,8
8	104,4	2,1	2,1	4,4	11,9
9	102,0	-2,4		2	11,9
10	103,1	1,1	1,1	3,1	13
Summe		3,1	13		

Tab. 4-7: Simulation einer Kursentwicklung bei prinzipiell steigender Tendenz

Quelle: eigene Darstellung

Ein Anteilseigner sei in t=0 im Besitz eine Unternehmensaktie im Wert von 100. Ihm sei bekannt, dass das Management des Unternehmens eine wertorientierte Führung betreibt sowie dass der Aktienmarkt verhaltensorientierte Muster zeigt, Kurse sich daher i.d.R. volatil verhalten und sich nicht streng monoton in einer Richtung bewegen.[1003]

Unabhängig von der vom Anteilseigner bevorzugten oder gewählten Handelsstrategie können für das vorliegende Beispiel zwei Werte von besonderer Bedeutung identifiziert werden: Einerseits würde der Anteilseigner bei einem konsequenten Halten der Aktie über den betrachteten Zeitraum von 10 Jahren einen Kursgewinn von 3,1 realisieren; optimal wäre für ihn allerdings der Wert von 13, der nur die positiven Kursänderungen beinhaltet. Zur Realisation dieses Wertes wäre es erforderlich, die Aktie vor jedem Kursverlust zu veräußern und vor jedem Kursgewinn wieder zu erwerben; vgl. dazu auch Abb. 4-7.[1004] Beide Werte sind ex ante nicht bekannt; bekannt bzw. hoch

[1003] Diese Annahmen können als relativ trivial angesehen werden, da sie lediglich bereits hinlänglich in der öffentlichen Diskussion ausgeführte Tatsachen festhalten.

[1004] Dazu wäre eine unendlich schnelle Verarbeitung aller privaten und öffentlichen Informationen notwendig, es müsste also eine strenge Informationseffizienz des Kapitalmarkts vorliegen, vgl. bspw. *Shiller* (1993a), S. 183-186.

wahrscheinlich ist aber, dass sie sich unterscheiden werden und dass der Unterschied zwischen ihnen mit zunehmender Volatilität ansteigen wird.[1005]

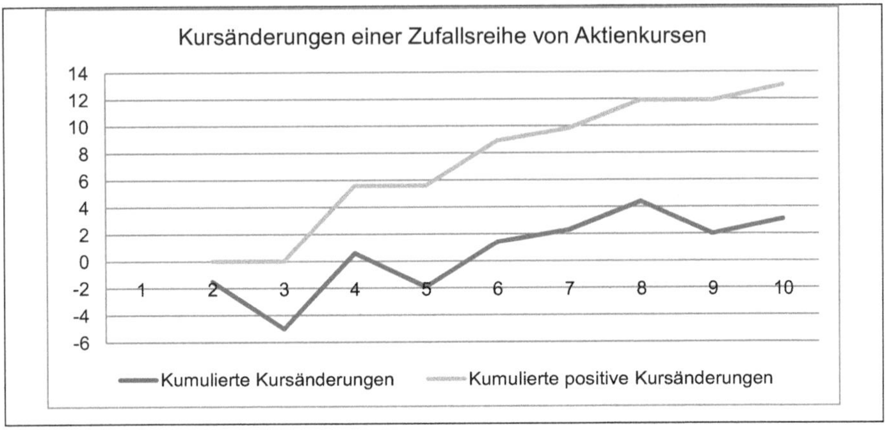

Abb. 4-7: Gegenüberstellung der Kursgewinne bei den Strategien "Halten" und "Optimales Handeln"

Quelle: eigene Darstellung, basierend auf dem Beispiel aus Tab. 4-7

Kurzfristig orientierte Kapitalmarktteilnehmer mit spekulativer Zielsetzung werden bemüht sein, durch ihre Maßnahmen – Kaufen und Verkaufen – sich dem optimalen Wert anzunähern, im Zentrum ihrer Informationssuche steht daher das Auffinden von Hinweisen auf kurzfristig bevorstehende Kursreaktionen.[1006] Dieser Kapitalmarktteilnehmertyp ist daher nicht an einer unternehmenswertorientierten Führung interessiert sondern im Gegensatz an einer hohen Volatilität.[1007] Diese Handelsstrategie basiert zentral auf der Erwartung, dass die Marktteilnehmer verhaltenstheoretisch erklärbare

[1005] Empirische Befunde zeigen, dass häufig eine viel zu hohe Volatilität besteht, die nicht durch Informationen erklärt werden können, vgl. *Shiller* (1993c), S. 126-129.

[1006] Es bestehen allerdings empirische Erkenntnisse darüber, dass Anleger bemüht sind, Kursgewinne zu realisieren und Kursverlustrealisation zu vermeiden; dadurch kommt es bei fallenden Kursen dazu, dass Anteile zu lange gehalten werden und sie bei steigenden Kursen zu früh verkauft werden, vgl. *Shefrin/Statman* (1993b).

[1007] Zu diesem Typ von Kapitalmarktteilnehmern zählen insbesondere die sog. Daytrader, die nur für die Dauer ihrer täglichen Beschäftigung investiert bleiben. Zu besonders zu Handelszeiten hohen Volatilitäten vgl. *French/Roll* (1993).

Muster verfolgen, und verwendet daher im Wesentlichen die technische Analyse als Informationsinput.[1008]

Aber auch für langfristig orientierte Anleger besteht in der Differenz der zwei aufgeführten Werte ein Zielkonflikt. Anleger, die fundamental orientiert sind und sich daher verstärkt mit den Unternehmensinformationen auseinander gesetzt haben, sind in der Lage, Maßnahmen des Managements, die im Sinne einer unternehmenswertorientierten Führung richtig sind, aber kurzfristig zu negativen Ergebnissen führen – bspw. Fortbildung von Mitarbeitern oder die Entwicklung neuer Produkte[1009] – korrekt einzuschätzen und sich daraus eine Erwartung über ein langfristiges Kursziel zu bilden, die tendenziell dem des Managements entsprechen kann. Marktteilnehmer dieses Typs sind aufgrund ihres tendenziell höheren Kenntnisstandes bzgl. der Fundamentaldaten allerdings auch in der Lage, negative Reaktionen des Marktes auf bestimmte Maßnahmen oder Ergebnisse zu antizipieren. Damit ergibt sich auch für diese Gruppe kein Grund, den Anteil nicht kurzfristig zu veräußern und nach dem – von Ihnen als nur kurzfristig eingeschätzten – Kursrückgang wieder zurück zu erwerben.[1010]

Lediglich Anleger, die eine relativ passive Strategie verfolgen („Kaufen und liegen lassen“) verlassen sich auf eine langfristig positive Entwicklung und reagieren nicht auf Kursänderungen, die sich in der Zwischenzeit ergeben. Allerdings sei angemerkt, dass von diesem Anlegertyp kein besonderes Informationsinteresse ausgeht, da er ohnehin nicht beabsichtigt, auf zwischenzeitliche Entwicklungen zu reagieren, auch wenn ihm prinzipiell durchaus jederzeit die Möglichkeit offen steht, sein Engagement oder seine Strategie zu ändern.

Aus diesen grundsätzlichen Überlegungen ergibt sich für die Unternehmensführung das Ergebnis, dass Maßnahmen, die zwar im Sinne einer Unternehmenswertsteigerung unter rationalen Gesichtspunkten zielführend sind, zugleich durch Verhaltenswirkun-

---

1008 Vgl. zur technischen Analyse und den damit verbundenen Handelsstrategien z. B. *Mußler* (2009).

1009 Die genannten Beispiele werden im Rechnungswesen als Aufwand abgebildet und reduzieren damit den Gewinn und somit auch populäre Kennzahlen wie das KGV.

1010 Dafür sprechen auch die Beobachtungen zu Überreaktionen des Marktes auf negative Meldungen, die sich in der zeitlichen Folge wieder relativeren, vgl. *De Bondt/Thaler* (1993) und *Bernard* (1993)

gen am Kapitalmarkt für den Shareholder Value nicht die gleiche Wirkung entfalten müssen.[1011] Es bietet sich daher an, geplante Maßnahmen in Hinblick auf ihre erwartete Änderung von Unternehmenswert und Kurs durch Einordnung in die vier Quadranten einer Unternehmenswert-Kurs-Matrix abzubilden, die in Abb. 4-8 dargestellt ist, um eine kapitalmarktorientierte Führung sicherzustellen oder zumindest die Wirkungen zu antizipieren. Dabei kann die Unternehmenswert-Kurs-Matrix für kurz-, mittel- und langfristige Änderungen der zwei betrachteten Größen erstellt werden.[1012]

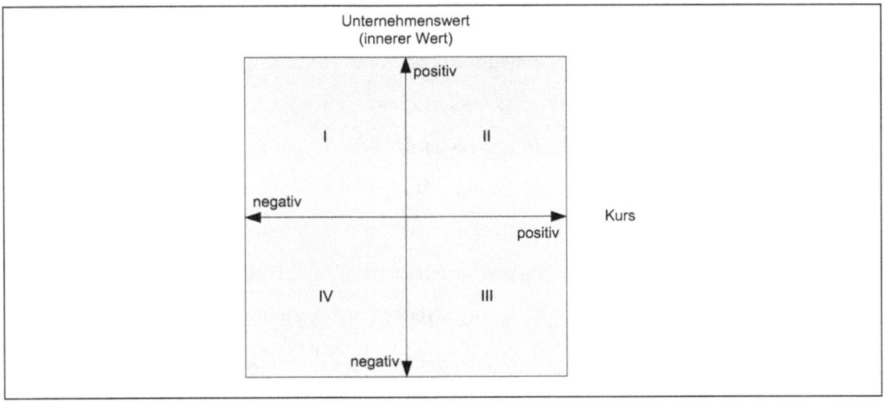

Abb. 4-8: Unternehmenswert-Kurs-Matrix für Planung und Kontrolle von Maßnahmen
Quelle: eigene Darstellung

Die Einordnung von Maßnahmen in die Unternehmenswert-Kurs-Matrix verdeutlicht das Zusammenwirken von rationalen Gesichtspunkten, die sich in einer wertorientierten Führung widerspiegeln, und in dem verhaltenstheoretischen Aspekt, der sich in der Auswirkung auf der Dimension „Kurs" zeigt.[1013] Während für die Einordnung von Maßnahmen auf der Unternehmenswertachse geeignete theoretische Konzepte heran-

---

1011 Vgl. auch *Pape* (2009b), S. 151 f.

1012 Aus theoretischer Sichtweise sollten bei Anwendung der Unternehmenswert-Kurs-Matrix auf langfristige Änderungen lediglich die Quadranten II und III angesprochen werden, da von einer langfristigen Konvergenz der beiden Größen ausgegangen wird. Vgl. zu dem Zeitaspekt bspw. *Shleifer/Vishny* (1993) oder *Ritter* (1993).

1013 Die Unternehmenswert-Kurs-Matrix kann sowohl als Planungsinstrument zur Ableitung von Normstrategien als auch als Kontrollinstrument zur Abb. erwarteter und sich tatsächlich realisierter Wert/Kurs-Kombinationen eingesetzt werden.

zuziehen sind, muss für die Verhaltensachse auf empirische Erkenntnisse zum Verhalten von Kapitalmarktteilnehmern in bestimmten Situationen gebaut werden.[1014]

Die in der Literatur häufig vorzufindende Gleichsetzung von Kapitalmarktorientierung, Shareholder-Value-Orientierung und Unternehmenswertorientierung ist in der Unternehmenswert-Kurs-Matrix in die Quadranten II und IV einzuordnen. Im Sinne der hier untersuchten Kapitalmarktorientierung wird jedoch die Meinung vertreten, dass auch eine Beachtung der Fälle, die den Quadranten I und III zuzuordnen sind, gerechtfertigt erscheint.

Als Anforderungen an die interne Unternehmensrechnung und insbesondere an das Controlling ergeben sich somit zwei Aspekte: Einerseits muss eine wertorientierte Führung durch Systeme, Methoden, Instrumente und Informationen unterstützt werden, andererseits müssen auch Informationen über das Verhalten von Kapitalmarktteilnehmern bereitgestellt und in die Entscheidungsfindung angemessen einbezogen werden. Während beim zweiten Punkt sicherlich eher das externe Rechnungswesen, insbesondere der Bereich der Investor Relations, als Datenlieferant fungieren dürfte, ist hier die Aufgabe des Controllings eher in der Verarbeitung dieser Informationen im Koordinationsprozess zu sehen.[1015]

Im Folgenden werden daher die bereits bekannten Konzepte einer wertorientierten Steuerung vorgestellt, um einerseits die daraus resultierenden Anforderungen an Rechnungswesen und Controlling herzuleiten, andererseits um den Stand der Umsetzung und Entwicklungspotenziale zu identifizieren.

4.3.2 Konzepte einer wertorientierten Unternehmensführung

4.3.2.1 Überblick über die Konzepte

Für die wertorientierte Führung eines Unternehmens wird eine quantitative Größe benötigt, die für die Messung der Wertsteigerung auf verschiedenen Aggregationsebenen geeignet ist, da nur dann Planung und Kontrolle anhand dieses Ziels im Unternehmen

---

[1014] Vgl. dazu den Abschnitt zur Kapitalmarktforschung, Kapitel 2.2.2. Zur Bevorzugung von Dividenden gegenüber Kurssteigerungen vgl. *Shefrin/Statman* (1993a).

[1015] Vgl. zu den Aufgabenkomplexen einer wertorientierten Führung bspw. auch *Pape* (2009b), S. 153.

umgesetzt werden können.[1016] Während in der Unternehmensbewertung vornehmlich DCF-Verfahren zur Bestimmung des Shareholder Values insbesondere von fundamental orientierten Kapitalmarktteilnehmern wie auch im Shareholder-Value-Ansatz von *Rappaport* eingesetzt werden,[1017] scheinen diese Verfahren für Zwecke der Unternehmenssteuerung weniger geeignet zu sein.[1018] Ein wesentlicher Kritikpunkt ist das Fehlen einer verlässlichen Kontrollgröße:[1019] Bei Anwendung der DCF-Verfahren ergibt sich der neu geschaffene Unternehmenswert am Ende einer Periode als Differenz zwischen dem Unternehmenswert am Periodenende und dem Unternehmenswert am Periodenbeginn:

$$\Delta UW_t = UW_t - UW_{t-1} \tag{19}$$

Im Konzept von *Rappaport* steht der Shareholder Value im Mittelpunkt der Unternehmensführung, der sich im Sinne eines Bruttoansatzes als Residualgröße aus dem Unternehmensgesamtwert abzüglich des Fremdkapitals zu Marktwerten darstellt.[1020] Das Shareholder-Value Netzwerk verdeutlicht, welche Führungsentscheidungen über bestimmte Werttreiber durch die drei Schlüsselgrößen Cash Flow, Diskontierungssatz und Fremdkapital Einfluss auf den Shareholder Value haben:[1021]

1016 Vgl. auch *Bärtl* (2001), S. 45.

1017 Vgl. zum Shareholder-Value-Konzept *Crasselt* (2001), S. 813-816 und ausführlich *Rappaport* (1998).

1018 Vgl. zur Messung der Unternehmenswertsteigerung mit verschiedenen DCF-Verfahren *Schüler/Krotter* (2004), S. 430-436.

1019 Dies zeigt sich auch an der Verwendung unterschiedlicher Werte für Planung und Kontrolle, vgl. *Pfaff/Bärtl* (1999), S. 86.

1020 Vgl. *Rappaport* (1998), S. 32.

1021 Vgl. *Häcker/Unser/Veeser/Wagner* (2001), S. 667.

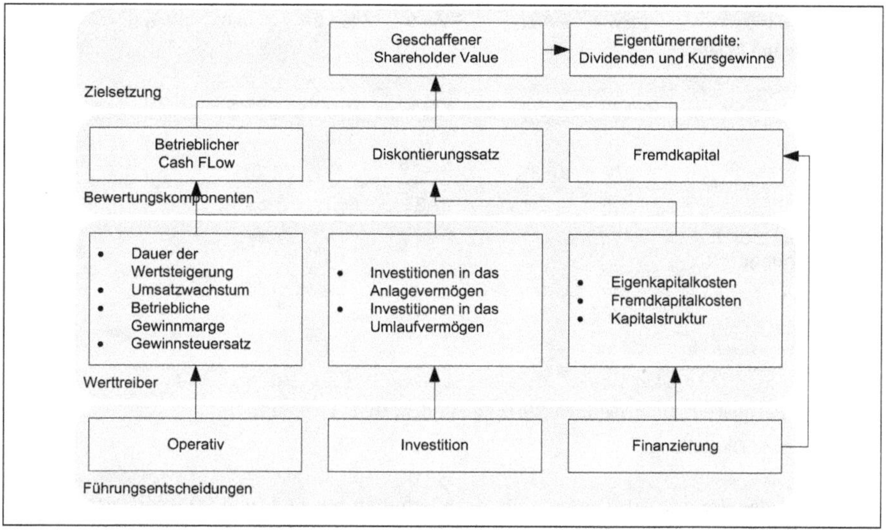

Abb. 4-9: Shareholder-Value-Netzwerk nach *Rappaport*
Quelle: leicht modifiziert nach *Rappaport* (1998), S. 79

Da sich der Unternehmenswert als Zukunftserfolgswert aus der Planung ergibt – und dabei regelmäßig zu einem überwiegenden Teil aus dem Restwert – stellt die ermittelte Differenzgröße allerdings eher einen Planrevisionseffekt als einen im letzten Jahr tatsächlich realisierten Wertsteigerungsbeitrag dar. Im Falle einer Berechnung des Unternehmenswerts mithilfe der FCF-Methode ergeben sich für beide Zeitpunkte $t=m$ und $t=m-1$ die Unternehmenswerte aus der Berechnungsvorschrift

$$UW_t = \sum_{n=1}^{N} \frac{FCF_{t+n}}{(1+WACC)^{t+n}} + \frac{\frac{FCF_N}{WACC-g}}{(1+WACC)^{N-1}} \tag{20}$$

Zur Verdeutlichung soll folgendes Zahlenbeispiel betrachtet werden: Eine Unternehmung erstellt jährlich eine Planung über einen Zeithorizont von 5 Jahren und ermittelt auf dieser Basis mit der FCF-Methode den Unternehmenswert. Es wird von einem WACC von 8% und bei der Ermittlung der ewigen Rente von einer Wachstumsrate von 1% ausgegangen. Bei der Planung in $t=0$ (20x0) ergeben sich die Werte wie in Tab. 4-8 dargestellt:

Planung in t=0 (alle Angaben in Mio. EUR)	Plan 0	Plan 0	Plan 0	Plan 0	Plan 0	Plan 0
Jahr	20x1	20x2	20x3	20x4	20x5	TV
FCF	100	105	110	118	125	130
WACC	8%	8%	8%	8%	8%	8%
DCF	92,6	90,0	87,3	86,7	85,1	
Summe der DCF im Detailplanungszeit-raum	441,7					
Restwert	1263,9					
Unternehmenswert in t=0	1705,6					

Tab. 4-8: Beispiel zur Unternehmensführung mit dem DCF-Verfahren (1)

Quelle: eigene Darstellung

Am Ende der Periode 20x1 zeigt sich, dass lediglich ein FCF von 90 realisiert worden ist und nicht wie geplant eine FCF in Höhe von 100. Die in *t=1* (20x1) durchgeführte Planung hat an der Vorjahresplanung für die Perioden 20x2 – 20x6 keine Änderungen vorgenommen – es wurden also keine neuen, wertsteigernden Maßnahmen eingeleitet – und lediglich eine neue Annahme für den Restwert (ab 20x7) getroffen. Es ergeben sich folgende Werte:

Planung in t=1 (alle Angaben in Mio. EUR)	*Ist 1*	Plan 1	Plan 1	Plan 1	Plan 1	Plan 1	Plan 1
Jahr	*20x1*	20x2	20x3	20x4	20x5	20x6	TV
FCF	*90*	105	110	118	125	130	140
WACC		8%	8%	8%	8%	8%	8%
DCF		97,2	94,3	93,7	91,9	88,5	
Summe der DCF im Detailplanungszeitraum		465,6					
Restwert		1361,2					
Unternehmenswert in t=1		1826,8					

Tab. 4-9: Beispiel zur Unternehmensführung mit dem DCF-Verfahren (2)

Quelle: eigene Darstellung

Es zeigt sich, dass die hinsichtlich des erwirtschafteten FCF nicht erfolgreich abgeschlossene Periode 20x1 aus Sicht der DCF-Methode eine Unternehmenswertsteigerung von $UW_{20x1} - UW_{20x0}$ = 1826,8 Mio. EUR – 1705,6 Mio. EUR = 121,1

Mio. EUR erbracht hat.[1022] Diese Wertsteigerung geht jedoch nicht auf Initiativen des Managements aus dem Jahr 20x1 zurück, was an der Beibehaltung des Vorjahresplans erkannt werden kann, sondern lediglich auf das zeitliche Vorrücken der ohnehin bereits in der Vorperiode erwarteten Cash Flows.

Es könnte eingewendet werden, dass der FCF im eingeschwungenen Zustand, der für den Restwert herangezogen wird, zu stark gestiegen sei (von 130 Mio. EUR auf 140 Mio. EUR, also um 7,7%). Allerdings wäre der Barwert des Restwerts nur dann konstant geblieben, wenn auch für den FCF im eingeschwungenen Zustand der gleiche Wert wie im Vorjahr, d.h. 130 Mio. EUR angesetzt worden wäre, da die zeitliche Distanz zum Restwert konstant bei 5 Jahren verharrt; selbst bei der angenommenen Steigerung gemäß der Wachstumsrate von 1% hätte eine Restwert von 131,3 Mio. EUR noch zu einer isolierten Unternehmenswertsteigerung von 12,6 Mio. EUR geführt.

Während das Ergebnis aus Sicht eines externen Bewerters plausibel erscheinen mag,[1023] ergibt sich aus der Perspektive der wertorientierten Unternehmenssteuerung das Problem, dass das vorgestellte Verfahren nicht eindeutig wertsteigernde Maßnahmen identifizieren kann.[1024] Eine eindeutige Beurteilung einer Maßnahme in Hinblick auf die Zielerreichung ist jedoch eben jene relevante Information, die das Controlling dem Management zur Unterstützung der Wertorientierung im Sinne der Entscheidungsunterstützungsfunktion liefern können muss. Auch hinsichtlich der Verhaltenssteuerungsfunktion ist das vorgestellte Verfahren nicht geeignet, da Anreize bzgl. der Planwerte, nicht aber der realisierten Werte gesetzt werden.[1025]

1022 Dabei ist der Wertsteigerungseffekt zu ca. 20% auf die Detailplanungsphase (23,9 Mio. EUR) und zu ca. 80% auf die Veränderung des Restwerts (97,2 Mio. EUR) zurückzuführen.

1023 Allerdings bestehen für die DCF-Verfahren und die Dividendendiskontierungsmodelle systematische Probleme bzgl. des Restwerts, vgl. *Penman/Sougiannis* (2003).

1024 Die Unternehmensbewertung beurteilt die sich im Unternehmenswert ergebenden Änderungen und kann daher als output-orientiert angesehen werden. Die Unternehmenssteuerung muss jedoch vorteilhafte Maßnahmen auswählen und umsetzen und hat daher eher eine input-orientierte Perspektive.

1025 Wie im Beispiel gezeigt wurde, wäre hier ein Anreiz gesetzt worden, keine neuen Maßnahmen zu ergreifen, da die in der Planung bereits enthaltenen Elemente automatisch zu einer Zielerreichung und somit i.d.R. auch zu einer Vergütung im Sinne des Agenten führen.

Zur Heilung dieses Problems könnten die FCF der neuen Maßnahmen isoliert anhand der Planänderungen mit ihrem Kapitalwert bewertet werden;[1026] die gesamte Unternehmenswertänderung könnte mit dieser Methodik in eine systembedingte und in eine initiierte Unternehmenswertänderung dekomponiert werden, wie die Fortführung des Beispiels in Tab. 4-10 veranschaulicht:

Jahr	20x1	20x2	20x3	20x4	20x5	20x6	20x7	DCF DPZ	RW	UW
Plan 20x1										
FCF	100	105	110	118	125	130	131,3			
DCF	92,6	90	87,3	86,7	85,1			441,7	1263,9	1705,6
Plan 20x2										
FCF		105	112	120	130	132	133			
DCF		97,2	96	95,3	95,6	89,8		473,9	1293,1	1767
Plandelta										
FCF		0	2	2	5	2	1,7			
DCF		0	1,7	1,6	3,7	1,4		8,4	13,4	21,8

Tab. 4-10: Beispiel zur Unternehmensführung mit dem DCF-Verfahren (3)
Quelle: eigene Darstellung

Das Beispiel wurde um neu geplante Maßnahmen ergänzt, die zu einer Änderung des Plans 20x1 im Vergleich zum Vorjahr führen. Werden nur die Differenzen zwischen den Planungen diskontiert, ergibt sich aus den diskontierten Differenzwerten der auf die Maßnahmen zurückzuführende Effekt auf den Unternehmenswert, in diesem Falle 21,8 Mio. EUR. Die restliche Differenz in Höhe 61,4 Mio. EUR – 21,8 Mio. EUR = 39,6 Mio. EUR ist weiterhin systembedingt.[1027]

Allerdings muss angemerkt werden, dass es sich weiterhin lediglich um geplante Maßnahmen handelt, von denen diese Cash Flows erwartet werden, es handelt sich noch nicht um realisierte Werte; eine Führungskraft könnte also durch sehr optimistische

[1026] Vgl. *Pfaff/Bärtl* (1999), S. 91.

[1027] Vgl. dazu auch die Messung der Wertsteigerung im Modell von *Rappaport* durch Abzug des Vorstrategie-Shareholder-Values vom Shareholder Value der betrachteten Periode, *Rappaport* (1998), S. 69 ff.

Planung ihren eigenen Kontrollwert im Sinne ihrer eigenen Ziele optimieren, da der Prinzipal lediglich über einen ungenauen Leistungsindikator verfügt.[1028]

Ebenso muss bedacht werden, dass auch die Ausgangswerte in der Planung 20x0 Planwerte waren. Das Controlling muss als Führungsunterstützungsfunktion sicher stellen, dass diese Ziele überhaupt erreicht werden; insofern kann auch die konsequente Verfolgung und Erreichung gesetzter Ziele als wertorientiert verstanden werden, was der Ansatz der Differenzendiskontierung in Tab. 4-10 wiederum nicht abbildet.

Aufgrund dieser fundamentalen Schwierigkeiten hinsichtlich der für eine effektive Führungsunterstützung zur Verfügung stehenden Datenbasis wurden verschiedene andere Systeme und Kennzahlen für die wertorientierte Unternehmensführung entwickelt, die entweder auf einem Rentabilitätskonzept oder auf einem Residualgewinnkonzept beruhen.[1029] Einen kurzen Überblick über ausgewählte Kennzahlen gibt Tab. 4-11.

Rentabilitätsorientierte Kennzahlen	Residualgewinnorientierte Kennzahlen
CFROI (Cash Flow Return on Investment)	EVA (Economic Value Added)
RONA (Return on Net Assets)	EP (Economic Profit)
DUB (Delta Unterschieds-Brutto-Cash-Flow)	Marktwert/Buchwert-Ansätze

Tab. 4-11: Wertorientierte Kennzahlen

Quelle: in Anlehnung an *Deimel* (2002), S. 506

Die Konzepte verbinden das Kapitalwertkalkül und die Grundannahme, dass Unternehmenswert erst dann geschaffen wird, wenn der Periodenerfolg die Kapitalkosten übersteigt.[1030] Die Ermittlung erfolgt dabei im Gegensatz zu den DCF-Verfahren stärker auf Basis vorhandener Werte des Rechnungswesens und ist daher besser für den operativen Einsatz geeignet.[1031] Im Folgenden sollen anhand zweier gängiger wertori-

1028 Dabei handelt es sich um ein Problem der hidden information, da der Prinzipal aufgrund ihm fehlender Informationen nicht oder nur bedingt die Plausibilität des Plans einschätzen kann, vgl. auch *Dietl/van der Velden* (2003), S. 318 f., *Göx/Budde/Schöndube* (2002), S. 70 ff.

1029 Vgl. *Deimel* (2002), S. 506, AK Wertorientierte Führung in mittelständischen Unternehmen (2004), S. 242.

1030 Vgl. *Pfaff/Bärtl* (1999), S. 87-88 und *Deimel* (2002), S. 506.

1031 Vgl. *Wurl/Kuhnert/Hebeler* (2001), S. 1363.

entierter Kennzahlen die Konzepte kurz erläutert werden, damit die resultierenden Anforderungen an das Rechnungswesen als wesentlichem Datenlieferanten entwickelt werden können.

4.3.2.2 Rentabilitätsorientierte Kennzahlen am Beispiel des CFROI

Das CFROI-Konzept von *Lewis* dient der Messung der Rentabilität eines Geschäfts, indem aus Buchhaltungsdaten Zahlungsströme hergeleitet werden und diese dann wiederum in einen ökonomischen Erfolgsmaßstab transformiert werden.[1032] Der CFROI setzt dabei die Brutto Cash Flows einer Investition bzw. eines Geschäftsbereichs, umgewandelt in eine Annuität ins Verhältnis zu der Bruttoinvestitionsbasis.[1033]

$$CFROI = \frac{BCF_t}{BIB_0} \quad (21)$$

mit

CFROI = Cash Flow Return on Investment

BCF_t = Brutto Cash Flow in Periode t

BIB_0 = Bruttoinvestitionsbasis in Periode 0

Die Brutto Cash Flows ergeben sich dabei aus den erwarteten Cash Flows inklusive der Zahlungen aus dem Restwert, der CFROI stellt somit den internen Zinsfuß der Zahlungsreihe dar.[1034] Zur Bestimmung des Brutto Cash Flows wird der Jahresüberschuss um außerordentliche und aperiodische Erfolgsgrößen bereinigt und um Zinsaufwendungen, Abschreibungen, Mietaufwendungen, sowie Inflationsverluste korrigiert.[1035] Die Bruttoinvestitionsbasis ergibt sich aus dem gesamten investierten Kapital abzüglich unverzinslicher Verbindlichkeiten; dazu werden zu den Buchwerten des Vermögens die kumulierten Abschreibungen addiert, da die historischen Anschaffungskosten zu verzinsen sind. Um einen Vergleich mit den aktuellen Cash Flows zu ermöglichen, werden die historischen Kosten ferner durch einen Inflationsausgleich an

---

1032 Vgl. *Lewis* (1995), S. 43.

1033 Vgl. *Deimel* (2002), S. 507.

1034 Vgl. *Pfaff/Bärtl* (1999), S. 94.

1035 Vgl. *Hahn/Hungenberg* (2001), S. 207.

die aktuellen Größen angepasst. Die bereits im Cash Flow korrigierten Mietaufwendungen werden kapitalisiert und der Bruttoinvestitionsbasis hinzugerechnet.[1036]

Aus dem Kapitalwertkalkül folgt, dass ein zusätzlicher Unternehmenswert erst dann geschaffen wird, wenn der CFROI über den gewichteten Kapitalkosten liegt. Die Kapitalkosten werden im Konzept von *Lewis* nicht mit dem CAPM sondern empirisch als Gesamtkapitalkostensatz auf Basis eines breiten Portfolios börsennotierter Gesellschaften ermittelt, welche die wichtigsten Volkswirtschaften repräsentieren.[1037]

Damit basiert die Kennzahl letztendlich jedoch wiederum auf den aus der Planung resultierenden Annahmen. Vereinfachend wird daher häufig davon ausgegangen, dass der Brutto Cash Flow der letzten Periode in Zukunft in gleicher Weise anfällt.[1038] Damit kann die Zählergröße als ewige Rente berechnet werden, und der CFROI lässt sich als interner Zinsfuß interpretieren.[1039] Dieser lässt sich mit anderen Branchenwerten vergleichen, und durch Multiplikation mit geplanten Investitionsbeträgen lassen sich Wertsteigerungsbeiträge ermitteln.[1040]

Der Wertzuwachs auf Basis der unterstellten Cash Flow Reihe wird auf Basis des CFROI mit dem sog. Cash Value Added (CVA) bestimmt:[1041]

$$CVA_t=\left(CFROI_t-k^{CVA}\right)*BIB_0 \qquad (22)$$

mit

CVA = *Cash Value Added*

k^{CVA} = *Kapitalkostensatz*

Durch die stark vereinfachende Annahme, dass sich die Cash Flows der letzten Periode – die im Rechnungswesen sicher ermittelbar sind – in der Zukunft identisch duplizieren lassen, setzt sich der CFROI der Kritik aus, die Auswirkungen wertbeeinflus-

---

1036 Vgl. *Hahn/Hungenberg* (2001), S. 207.

1037 Vgl. *Lewis* (1995), S. 81 ff.

1038 Vgl. *Hahn/Hungenberg* (2001), S. 207.

1039 Vgl. *Deimel* (2002), S. 507; *Hahn/Hungenberg* (2001), S. 207.

1040 Vgl. *Betsch/Groh/Lohmann* (2000), S. 241.

1041 Vgl. *Günther/Landrock/Muche* (2000), S. 72. Der Kapitalkostensatz beim CVA-Konzept entspricht nicht dem WACC, vgl. *Pfaff/Bärtl* (1999), S. 95.

sender Maßnahmen nicht in genügendem Maße abzubilden.[1042] Abb. 4-10 fasst die wesentliche Modellelemente überblicksartig zusammen.

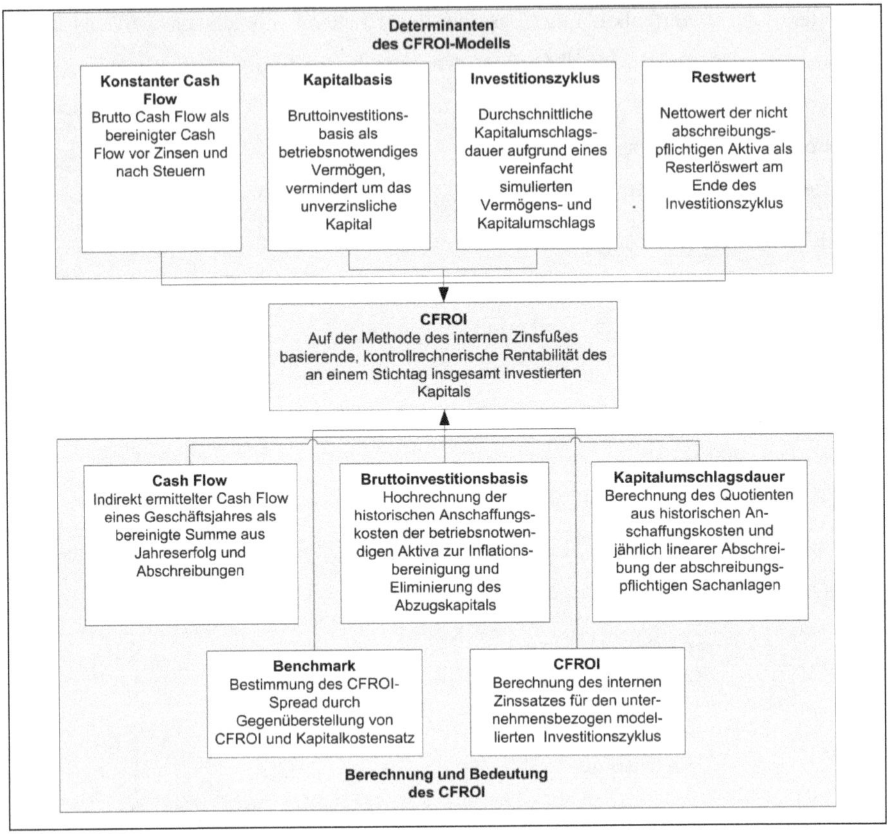

Abb. 4-10: Determinanten, Berechnung und Bedeutung des CFROI

Quelle: *Männel* (2001), S. 41

4.3.2.3 Residualgewinnbasierte Kennzahlen am Beispiel des EVA

Zu den residual- oder übergewinnbasierten Konzepten zählen der Economic-Profit-Ansatz (EP) von *Copeland/Koller/Murrin* und das hier vorgestellte Econmic-Value-Added-Konzept (EVA) von *Stern/Stewart.*[1043] Auch das in Kapitel 2.2.2.4 vorgestellte

[1042] Vgl. *Crasselt/Schremper* (2001), S. 273.

[1043] Vgl. zum Econmic-Profit-Ansatz *Copeland/Koller/Murrin* (1998) und zum Economic-Value-Added-Konzept *Stewart* (1991).

Ohlson-Modell basiert mit dem RIV gem. Formel (5) auf dem Residualgewinnkonzept.[1044] Während der CFROI auf Zahlungsüberschüssen basiert, wird in den residualgewinnbasierten Konzepten wie dem EVA auf rechnungswesensbasierte Erfolgsgrößen zurückgegriffen.[1045] Der EVA ist definiert als der Betrag, der vom operativen Gewinn vor Zinsen und nach Steuern nach dem Abzug der gewichteten Kapitalkosten auf das eingesetzte Kapital verbleibt.[1046]

$$EVA = NOPAT_t - WACC * I_{t-1} \quad (23)$$

mit

NOPAT = Net Operating Profit After Taxes

I_{t-1} = *Betriebsnotwendiges Kapital zu Periodenbeginn*

Die Residualgewinnverfahren ersetzen somit die Zahlungsgrößen gegen periodisierte Erfolgsgrößen. Dies ist unter Anwendung des Lücke-Theorems zulässig, wenn das Kongruenzprinzip gilt und die Erfolgsgröße um die Zinsen auf das am Ende der vorherigen Periode gebundene Kapital vermindert wird.[1047]

Damit ermittelt der EVA direkt den Wertsteigerungsbeitrag der betrachteten Periode, der durch die sog. „value spread formula" noch deutlicher als Resultat einer den WACC übersteigenden Rendite dargestellt wird:[1048]

$$EVA = (r - WACC) * I_{t-1} \quad (24)$$

mit

$$r = \frac{NOPAT}{I_{t-1}} \quad (25)$$

1044 Vgl. *Ohlson* (1995), S. 667.

1045 Der Ansatz von *Copeland/Koller/Murrin* integriert für die Unternehmensbewertung mit dem Equity Value das DCF-Modell und für die unternehmenswertorientierte Führung als Maß der kurzfristig erreichten Wertsteigerung den Economic Profit als Residualgewinngröße in einem Konzept, vgl. *Copeland/Koller/Murrin* (1998), S. 143 ff.

1046 Vgl. *Behringer* (2000), S. 1485; *Crasselt/Schremper* (2000), S. 813; *Keller/Plack* (2001), S. 347.

1047 Vgl. *Burger/Buchhart* (2002), 82 f.; *Götze/Glaser* (2001), S. 32; *Henselmann* (2000), S. 162 f.

1048 Vgl. *Keller/Plack* (2001), S. 347 f. Beim Economic Profit ergibt sich der Residualgewinn entsprechend als $EP = Invested\ Capital * (ROIC - WACC)$, vgl. *Copeland/Koller/Murrin* (1998), S. 66; *Hahn/Hungenberg* (2001), S. 198.

Auch wenn sich der EVA auf buchhalterische Größen stützt, so handelt es sich doch nicht um aus der Bilanzierung bereits bekannte Größen; die Berechnung des EVA erfordert eine mehr oder weniger umfangreiche Adjustierung der Werte aus dem externen Rechnungswesen.[1049] So wird bspw. der NOPAT wie in Tab. 4-12 gezeigt über diverse Anpassungen aus dem Jahresüberschuss entwickelt:[1050]

	Jahresüberschuss
+	Zuführungen zu passiven latenten Steuern
./.	Zuführungen zu aktiven latenten Steuern
+	Erhöhung der stillen Reserven im Vorratsvermögen
+	Abschreibungen auf den Goodwill
+	Zu aktivierende F&E-Aufwendungen
./.	Abschreibungen auf fiktiv aktivierte F&E-Ausgaben
./.	Erträge aus Wertpapieren des Umlaufvermögens
+	Aufwendungen für Wertpapiere des Umlaufvermögens
+	Fremdkapitalzinsen
+	Fiktive Steuern auf kapitalisierte Leasingaufwendungen (aus Operating Leasing)
./.	Steuervorteil aus Fremdkapitalzinsen
=	NOPAT

Tab. 4-12: Ableitung des NOPAT aus dem Jahresüberschuss im EVA-Konzept

Quelle: *Keller/Plack* (2001), S. 348

	Bilanzsumme
./.	Wertpapiere des Umlaufvermögens
./.	Anlagen im Bau
+	Kapitalisierte Leasingaufwendungen (aus Operating Leasing)
+	Passive latente Steuern
./.	Aktive latente Steuern
+	Stille Reserven im Vorratsbereich
+	Kumulierte Goodwillabschreibungen
+	F&E-Aufwand
=	Capital (Betriebsnotwendiges Kapital)

Tab. 4-13: Ableitung des betriebsnotwendigen Kapitals aus der Bilanzsumme im EVA-Konzept

Quelle: *Keller/Plack* (2001), S. 349

1049 Vgl. zur Diskussion bzgl. der Sinnhaftigkeit der Anpassungen *Schneider* (2001), S. 2511 und *Förster/Ruß* (2002) , S. 2665. Demhingegen wird auf eine Anpassung beim Economic Profit verzichtet, vgl. *Hahn/Hungenberg* (2001), S. 201.

1050 Vgl. *Langguth/Marks* (2003), S. 619; *Götze/Glaser* (2001), S. 32 f.

Für die Ermittlung des NOPAT und des betriebsnotwendigen Kapitals sind bis zu 164 Anpassungen notwendig, um von den buchhalterisch geprägten Werten zu wirtschaftlich sinnvollen Maßstäben zu kommen.[1051] Dabei wird bereits an der verkürzten Aufstellung in Tab. 4-12 und in Tab. 4-13 deutlich, dass es sich bei den Anpassungen nicht immer um bereits im Rechnungswesen ohnehin vorhandene Werte handelt, sondern dass die Anpassungen separate Identifikations- und Bewertungsvorgänge erforderlich machen, bspw. bei der Ermittlung der Adjustierungen für F&E-Aktivitäten oder die Anpassung von stillen Reserven im Vorratsvermögen.[1052]

Eine ähnliche Vorgehensweise findet auch im *Feltham-Ohlson*-Modell mit der Unterscheidung in ein mehr oder weniger verzerrtes Rechnungswesen statt, was bei stärkerer Verzerrung im Rahmen einer konservativen Rechnungslegung zu einer getrennten Betrachtung von finanziellen und operativen Aktivitäten führt.[1053] Durch die Notwendigkeit von Anpassungen wird allerdings die Anwendbarkeit des EVA-Konzepts im Rahmen der Unternehmensbewertung durch Unternehmensexterne, also bspw. durch Kapitalmarktteilnehmer deutlich erschwert[1054] und hat sich daher am Kapitalmarkt auch nicht durchgesetzt, obwohl teilweise die Kennzahlen von den Unternehmen veröffentlicht werden.[1055]

Da der EVA die Wertsteigerung einer Periode misst, stellt sich die Frage nach der Ermittlung des gesamten Unternehmenswertes. Dieser wird im Rahmen des EVA-Konzepts als Market Value Added (MVA) wiederum als Zukunftserfolgswert be-

---

1051 Vgl. *Hostettler* (2000), S. 97-105; *Keller/Plack* (2001), S. 348.

1052 Die Anzahl der Anpassungen ist zwar abhängig von dem zugrundeliegenden Rechnungslegungssystem, die hier exemplarisch aufgeführten Anpassungen sind jedoch auch nach IFRS (und US GAAP) notwendig, da auch hier Vorräte nach IAS 2 nicht zu Verkaufspreisen bilanziert werden und der Ansatz selbsterstellter, mit einem Teil der Entwicklungskosten bewerteter immaterieller Vermögenswerte nach IAS 38 auch strengen Bedingungen unterliegt und daher nicht in allen Fällen erfolgt.

1053 Vgl. dazu bereits Kapitel 2.2.2.4; *Feltham/Ohlson* (1995), S. 700 f.

1054 In diesem Zusammenhang wurde auch die Einführung neuer Performancemaße diskutiert, die einen Einsatz außerhalb des Unternehmens ermöglichen sollten; vgl. bspw. zur Anwendbarkeit des Core Earnings Konzepts von Standard & Poor im EVA-Ansatz *Kirsch/Steinhauer* (2003).

1055 Vgl. *Müller/Hirsch* (2005), S. 84.

stimmt, allerdings basierend auf den zukünftig erwarteten EVAs.[1056] Wird das Prognose- bzw. Planungsproblem zukünftiger Übergewinne – wie auch beim CFROI häufig zu beobachten – umgangen, so wird der MVA vereinfacht aus dem aktuellen EVA nach dem Modell der ewigen Rente ermittelt:[1057]

$$MVA = \frac{EVA}{WACC} \tag{26}$$

Bei der Ableitung des Marktwerts des Eigenkapitals aus dem MVA müssen die vorgenommenen Anpassungen ebenfalls berücksichtigt werden, um eine Konsistenz der Wertgrößen sicherzustellen:

	Market Value Added (MVA)
+	Capital
+	Marktwert des nicht betriebsnotwendigen Kapitals
./.	Marktwert des Fremdkapitals
=	Marktwert des Eigenkapitals

Tab. 4-14: Ableitung des betriebsnotwendigen Kapitals aus der Bilanzsumme im EVA-Konzept
Quelle: *Keller/Plack* (2001), S. 350.

Die Übergewinnverfahren bieten aufgrund ihrer Bezugnahme auf Wertgrößen des Rechnungswesens eine relative Nähe zum unternehmensweiten Planungsprozess, der üblicherweise auf Basis der gleichen Werte durchgeführt wird. Dementsprechend kann ein Übergewinnverfahren unmittelbar in den Managementprozess implementiert werden, da wertsteigernde Maßnahmen im Sinne der Entscheidungsunterstützungsfunktion direkt mit Werttreibern verknüpft werden können. So hat bspw. Siemens seine Unternehmensführung am EVA ausgerichtet, wie in Abb. 4-11 verkürzt dargestellt.[1058]

1056 Beim Economic Profit Konzept wird der Unternehmenswert nicht auf Basis des Residualgewinns sondern ähnlich wie beim Shareholder Value Ansatz von *Rappaport* mit dem WACC-Modell ermittelt, vgl. *Copeland/Koller/Murrin* (1998), S. 146 f.

1057 Vgl. *Keller/Plack* (2001), S. 350.

1058 Bei der Betrachtung des Zielsystems wird die Gefahr deutlich, die mit den im EVA-Konzept notwendigen Anpassungen verbunden ist. Bei den in der Abb. genannten Größen handelt es sich um die Größen nach Anpassung, durch die Beibehaltung der Bezeichnung wird dies jedoch nicht deutlich und kann zu Missverständnissen führen. So sollen natürlich wertsteigernde Maßnahmen wie Forschung und Entwicklung nicht unbedingt gekürzt werden, da die im Rechnungswesen erfassten F&E-Kosten im Rahmen der Conversions angepasst werden.

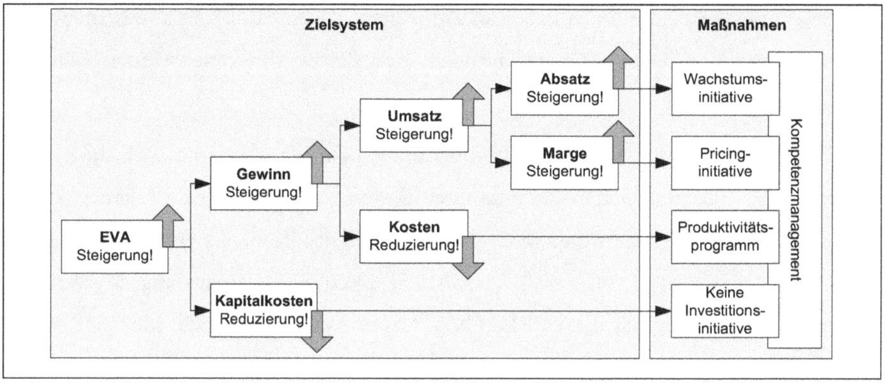

Abb. 4-11: Umsetzung einer am EVA orientierten Führung am Beispiel von Siemens

Quelle: in Anlehnung an *Priller/Rathnow* (2007), S. 31

Die Eignung residualgewinnbasierter Führungssysteme in Hinblick auf die Verhaltenssteuerungsfunktion ist indes nicht eindeutig zu beantworten; es lassen sich Tendenzen zu Unterinvestitionen und bei Investitionen ohne bestimmbare Nutzungsdauer noch unklarer Über- und Unterinvestitionen nachweisen.[1059]

4.3.2.4 Vergleich und Beurteilung der Konzepte

Die vorgestellten Konzepte zur wertorientierten Führung zeichnen sich durch eine Reihe von generellen Gemeinsamkeiten aus. Ein wesentliches Element aller Konzepte ist die Kritik an der Verwendung von buchhalterischen Größen als Basis für Entscheidungen. Während in den DCF-Modellen die Planungsrechnungen für die Ermittlung der Cash Flows als Datenbasis genutzt werden, verwenden die anderen Konzepte zwar durchaus Werte des externen Rechnungswesens als Basis, nehmen aber zur Korrektur eine Vielzahl an Anpassungen vor.[1060] Diese Anpassungen erstrecken sich zum Teil auf Informationen, die vor Einführung eines solchen Konzepts noch nicht zur Verfügung stehen und daher erst von der internen Unternehmensrechnung generiert und bereitgestellt werden müssen. Dies betrifft insbesondere Bewertungsvorgänge, da alle wertorientierten Konzepte auf dem Kapitalwertkalkül beruhen und daher eine zu verzinsende Kapitalgröße als Kernbestandteil benötigen. Die Bewertung des zu verzin-

1059 Vgl. zu der agency-theoretischen Untersuchung der Eignung von Residualgewinnen *Dierkes/Hanrath* (2002).

1060 Vgl. *Siebrecht/Heidorn/Klein* (2001), S. 560 f.; *Männel* (2000), S. 41 f.

senden Kapitals orientiert sich dabei an Zeitwerten, da dies das Kalkül des Investors widerspiegelt.[1061] Bilanzpositionen, die nicht zum Zeitwert bewertet werden, müssen dementsprechend adjustiert werden.[1062]

Durch den Bezugsrahmen des Kapitalwertkalküls sind die Konzepte auch durch die Verwendung eines adäquaten Kapitalkostensatzes verbunden. In den meisten Verfahren soll eine Kapitalmarktorientierung hinsichtlich des Kapitalisierungszinses über Anwendung des CAPM erfolgen,[1063] was meist durch eine Verwendung des WACC umgesetzt wird; lediglich der CFROI/CVA-Ansatz von *Lewis* macht hier eine Ausnahme.[1064]

Eine weitere Gemeinsamkeit haben die Residualgewinn- und Renditekonzepte in der Trennung von operativer und langfristiger Größe. Durch eine explizite Bestimmung des Wertbeitrags einer Periode soll im Gegensatz zu den DCF-Verfahren eine operative Steuerung mit Bezug auf das Ziel der Unternehmenswertsteigerung ermöglicht werden.

Schließlich wird in allen Konzepten betont, dass eine unternehmenswertorientierte Führung immer auch ein geeignetes Anreizsystem benötigt, welches dazu geeignet ist, den Prinzipal-Agenten-Konflikt zu lösen.[1065] Durchgängig wird vorgeschlagen, nicht nur Investitionsentscheidungen anhand der wertorientierten Kennzahl als Planungswert durchzuführen sondern auch die Managementvergütungen in ihrem variablen Anteil an diese wertorientierte Kennzahl als Kontrollwert zu koppeln. Tab. 4-15 gibt einen Überblick über die gängigen Konzepte wertorientierter Führung.

1061 Vergleichsbasis ist somit der Wert, den der Investor zum Bewertungszeitpunkt durch Liquidation freisetzen und anderweitig investieren könnte, nicht der Wert, den er selbst zu einem früheren Zeitpunkt nominal investiert hat.

1062 Vgl. dazu ausführlich *Henselmann* (2001), S. 169 ff., der als Bezugspunkte für die Bewertung Tageswerte, Kaufpreisangebote, Börsenwerte und Liquidationswerte untersucht.

1063 Trotz der Kritik am CAPM findet es als pragmatischer Ansatz breite Anwendung, insbesondere da es an Alternativen mit besseren empirischen Befunden mangelt, vgl. bspw. zur empirischen Untersuchung der Arbitrage Pricing Theory *Kruschwitz/Löffler* (1997), S. 644 ff.

1064 Zum CFROI/CVA-Ansatz vgl. ausführlich *Männel* (2001).

1065 Damit wird im Bereich der wertorientierten Unternehmensführung durchgängig auf die Verhaltenssteuerungsfunktion des Controllings eingegangen, vgl. Abschnitt 4.2.1.2.

	SHV	EP	EVA	CFROI
Urheber	*Rappaport*	*Copeland/Koller/ Muriin*	*Stern/Stewart*	*Lewis*
Kapitalkostensatz				
• **Konzept**	WACC	WACC	WACC	Durchschnittl. Gesamtkapital-kostensatz
• **EK-Kostensatz**	CAPM	CAPM	CAPM	
Erfolgsmaßstäbe				
• **perioden-übergreifend**	Shareholder Value	Equity Value	Market Value Added (MVA)	Marktwert des Eigenkapitals
• **periodenbezogen**				
o **Rentabilität**	Umsatzrentabilität Kritische Marge	Return in Invested Capital (ROIC)	--	Cash Flow Return on Investment (CFROI)
o **Übergewinn**	--	Economic Profit	Economic Value Added (EVA)	Cash Value Added (CVA)

Tab. 4-15: Vergleichende Darstellung der Konzepte wertorientierter Kennzahlen

Quelle: *Hahn/Hungebnerg* (2001), S. 217

Zur theoretischen Beurteilung der Eignung der verschiedenen Konzepte zur Unterstützung einer wertorientierten Führung wird auf die Kriterien der Entscheidungsunterstützungsfunktion und der Verhaltenssteuerungsfunktion zurückgegriffen.[1066]

Die Entscheidungsunterstützungsfunktion wird erfüllt, wenn das Konzept Informationen liefert, die eine eindeutige und korrekte Aussage zur Vorteilhaftigkeit einer geplanten Maßnahme hinsichtlich der Zielsetzung zulässt. Diese Anforderung besteht einerseits auf der Gesamtunternehmensebene, andererseits jedoch auf Ebene der Geschäftsbereiche und noch hierarchisch niedriger angesiedelten Einheiten. Generell sind die vorgestellten Konzepte geeignet, Entscheidungen im Sinne einer Wertorientierung zu unterstützen, da sie zu gleichen Ergebnissen kommen wie die als Referenzmodell fungierende Bewertung mit einem DCF-Modell.[1067] Dies gilt insbesondere für das CFROI-Konzept jedoch nur in eingeschränktem Maße, da es aufgrund seiner vielfältigen Annahmen und Vereinfachungen zu nicht optimalen Entscheidungen führen kann. Außerdem kann beim CFROI-Modell der Wertbeitrag einer Maßnahme nicht wie bei den DCF- oder Übergewinnmodellen direkt ermittelt werden.[1068]

[1066] Vgl. auch *Götze/Glaser* (2001), S. 34 zu einer differenzierten Beurteilung.

[1067] Vgl. *Pfaff/Bärtl* (1999), S. 97 f.

[1068] Vgl. *Pfaff/Bärtl* (1999), S. 98.

Die Verhaltenssteuerungsfunktion wird erfüllt, wenn die Manager auch bei Verfolgung ihrer eigenen Interessen optimal im Sinne der Unternehmenszielsetzung entscheiden, obwohl zwischen Unternehmensleitung und Bereichsmanagern oder auch zwischen Gesellschaftern und dem Top-Management Informationsasymmetrien und unterschiedliche Zeithorizonte herrschen.[1069] Es zeigt sich, dass die residualgewinnbasierten Konzepte eher geeignet sind, die Anreizprobleme im Rahmen der Verhaltenssteuerung zu lösen.[1070] Insgesamt kann also eine konzeptionelle Überlegenheit der residualgewinnbasierten Ansätze festgehalten werden.

Empirische Untersuchungen zur Wertrelevanz rechnungswesenbasierter Erfolgskennzahlen zeigen allerdings, dass die residualgewinnbasierten Größen wie der EVA eine signifikant schlechtere Korrelation zu den am Kapitalmarkt beobachteten Aktienrenditen aufweisen als traditionelle oder renditeorientierte Kennzahlen.[1071] Unter den wertorientierten Kennzahlen ist die Korrelation mit dem tatsächlichen Marktwert bei *Lewis'* CFROI mit ca. 60% am größten.[1072] Dies verwundert insofern, als dass der CFROI dasjenige Konzept repräsentiert, welches durch vielfältige Vereinfachungen und restriktive Annahmen unterschiedliche zukünftige Entwicklungen am wenigsten berücksichtigt und daher konzeptionell am weitesten von dem Unternehmenswert entfernt ist, wie er mithilfe eines DCF-Verfahrens theoretisch korrekt ermittelt wird.

Die empirischen Ergebnisse deuten darauf hin, dass der Entscheidungsprozess der Kapitalmarktteilnehmer weit weniger rational ausgeprägt ist als angenommen. Bekannte Erfolgsmaßstäbe, insbesondere der Gewinn je Aktie und das Gewinnwachstum beeinflussen in wesentlich stärkerem Maße die Aktienkursbildung und damit den Shareholder Value.[1073] Damit wird allerdings die Rechtfertigung für die Implementierung eines

---

1069 Vgl. *Pfaff/Bärtl* (1999), S. 99.

1070 Vgl. *Pfaff/Bärtl* (1999), S. 107.

1071 Vgl. *Schremper/Pälchen* (2001), S. 549-554.

1072 Vgl. *Schremper/Pälchen* (2001), S. 545 und S. 550.

1073 An dieser Stelle sei noch einmal daran erinnert, dass die Betriebswirtschaftslehre nicht zu den Natur- sondern zu den Sozialwissenschaften zählt, und somit Gesetzmäßigkeiten nur einen relativen Status haben; würden sich alle Marktteilnehmer nach den theoretisch richtigen Konzepten richten, dann würden sich die Aktienkurse auch mit hoher Korrelation zu den DCF- oder residualgewinnbasierten Kennzahlen bewegen. Da dies aber nicht beobachtbar ist, kann im Umkehrschluss die Hypothese aufgestellt werden, dass sich die Mehrheit der Marktteilnehmer an den Größen orientiert, die eine hohe Korrelation aufweisen.

unternehmenswertorientierten Führungskonzepts in Frage gestellt, da es den Gesellschaftern de facto keine Vorteile verschafft.[1074]

4.3.3 Börsenwert als Basis einer wertorientierten Unternehmensführung

4.3.3.1 Funktionale Bedeutung des Börsenwerts für die Unternehmensführung

Die divergierenden theoretischen und empirischen Befunde zu den Konzepten wertorientierter Führung der vorangegangenen Abschnitte führen zu der Frage, ob sich die Unternehmensführung statt an dem – sich theoretisch auf Basis der Zukunftserfolgswerte ergebenden – Unternehmenswert besser an der real beobachtbaren Größe des Aktienkurses orientieren sollte, zumal die Wertsteigerung aus Sicht der Anteilseigner ohnehin direkt über dessen Entwicklung gemessen wird.[1075] Ziel einer derartigen Unternehmensführung wären dann in der Tat nur solche Maßnahmen durchzuführen, die den Aktienkurs steigern,[1076] wobei hier noch der relevante Zeithorizont festgelegt werden müsste, über den die Steigerung erfolgen soll. Eine solche Unternehmensführung würde freilich den gegen das Shareholder Value Konzept vorgetragenen Einwänden entsprechen.[1077]

Kennzahlen des Kapitalmarkts wie die Aktienrendite sind jedoch kaum in der Steuerung des Unternehmens direkt verwendbar, hierin lag einer der Gründe für die Entwicklung wertorientierter Führungskonzepte.[1078] Wenn der Aktienkurs aber einerseits für die Anteilseigner die eigentlich entscheidende Größe darstellt, er andererseits aber für die Unternehmensführung direkt nicht verwendbar ist, so muss im Rahmen einer

---

1074 Die empirischen Untersuchungen wurden auch für unterschiedlich lange Betrachtungszeiträume vorgenommen und zeigten stabil die genannten Ergebnisse, vgl. *Schremper/Pälchen* (2001), S. 554 f.

1075 Vgl. *Schremper/Pälchen* (2001), S. 543.

1076 Dazu zählen Maßnahmen aus den Quadranten I und II der Unternehmenswert-Kurs-Matrix, vgl. Abb. 4-8, während eine unternehmenswertorientierte Führung primär die Maßnahmen der Quadranten II und III durchzuführen versucht.

1077 Vgl. zur Diskussion um die Rechtfertigung der Shareholder Value Orientierung Kapitel 2.1.

1078 Vgl. *Schremper/Pälchen* (2001), S. 543.

kapitalmarktorientierten Führungsphilosophie der Kurs aber dennoch berücksichtigt werden.[1079] Dies geschieht häufig im Prozess einer wertorientierten Führung als Vorstufe;[1080] der Planungsprozess kann schematisch wie in Abb. 4-12 dargestellt werden.

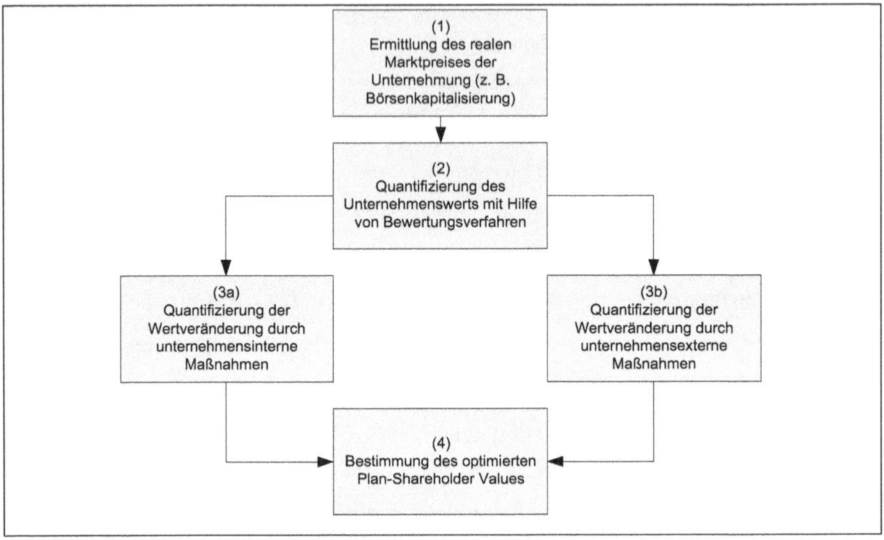

Abb. 4-12: Planungsstufen zur Optimierung des Shareholder Values
Quelle: *Schierenbeck/Lister* (2002), S. 84

Bezieht sich die Planung und auch die Kontrolle jeweils nicht nur auf errechneten Unternehmenswert oder beobachteten Kurswert sondern auf beide, so ergeben sich aus der Gegenüberstellung dieser Größen interessante Erkenntnisse, die zu weiteren Maßnahmen führen, die dem wertorientierten Management zuzurechnen sind. Dazu zählt insbesondere die Investor Relations Funktion, auf die auch bereits in Kapitel 3.4.2 eingegangen worden ist.[1081]

Während aus der Kommunikationsperspektive von besonderem Interesse ist, wie die Differenz erklärt werden kann, steht im Controlling die Frage im Vordergrund, welche Erkenntnisse aus der Kursentwicklung für die betrieblichen Zielsetzungen gewonnen werden können. Basis für die stärkere Einbeziehung des Börsenwerts ist das Konzept

---

1079 Vgl. *Coenenberg/Salfeld* (2007), S. 36 f.

1080 Vgl. *Schierenbeck/Lister* (2002), S. 84.

1081 Vgl. bspw. *Günther/Beyer* (2001), S. 1623 f.

des Wertsteigerungskreislaufs, der in Abb. 4-13 dargestellt ist. Durch die Steigerung des Kurses kann mehr Kapital bereitgestellt werden, welches für Erweiterungsinvestitionen eingesetzt werden kann. Die aus den zusätzlichen Investitionen erwachsenen Umsatzsteigerungen erhöhen – bei Erhalt einer angemessenen Marge – die Erwartungen der Kapitalmarktteilnehmer für die Unternehmenszukunft, was wiederum zu einem Anstieg des Kurses führt.[1082]

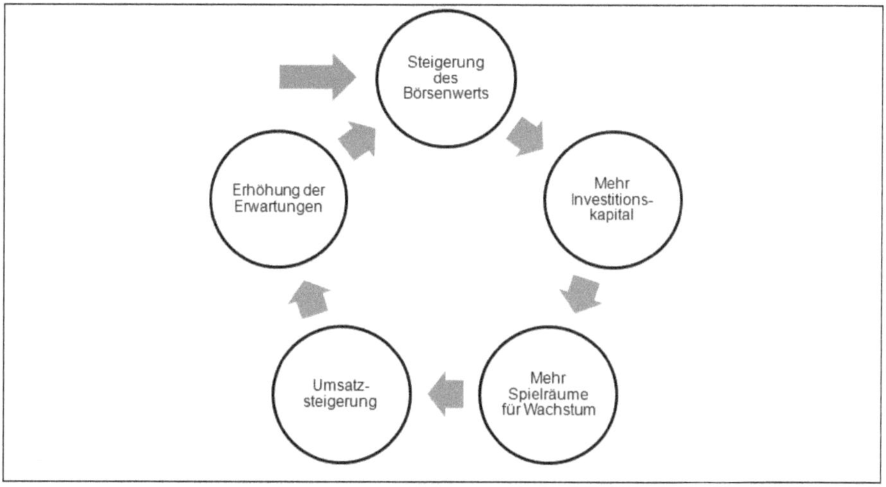

Abb. 4-13: Wertsteigerungskreislauf

Quelle: *Coenenberg/Salfeld* (2003), S. 38

Damit die „im Börsenwert aggregierten externen Erwartungen richtig dechiffriert und adressiert werden können"[1083], sind spezielle Analysewerkzeuge zu nutzen. Hierzu zählen insbesondere die TRS-Dekomposition, die Strategic Control Map, die Growth Target Analysis sowie die Groth Option Pipeline.[1084] Aufgrund der besonderen Bedeutung des Ansatzes von *Coenenberg/Salfeld* für die Verknüpfung von Börsenkurs und Unternehmensführung sollen die Instrumente im Folgenden kurz vorgestellt werden, da sie maßgeblich durch das Controlling implementiert und betreut werden müssen.[1085]

1082 Vgl. *Coenenberg/Salfeld* (2003), S. 37-39.

1083 *Coenenberg/Salfeld* (2003), S. 39.

1084 Vgl. *Coenenberg/Salfeld* (2003), S: 39.

1085 Vgl. *Coenenberg/Salfeld* (2007).

4.3.3.2 Instrumente zur Börsenwertanalyse und zur Ableitung von Handlungsempfehlungen

4.3.3.2.1 TRS-Dekomposition

Die TRS-Dekomposition dient der Analyse der Entwicklung der Gesamtrendite eines Unternehmens aus der Sicht der Anteilseigner. Der Total Return to Shareholders (TRS) setzt sich aus Kurssteigerungen und Dividendenrenditen zusammen. Der TRS wird zur Analyse in die vier Komponenten Delta Financial Markets (DFM), Relative Dividendenrendite ($D_{C/I}$), Short-Term Delta in Expectations of Economic Performance (ST DEEP) sowie Long-Term Delta in Expectations of Economic Performance (LT DEEP) zerlegt.[1086]

Das Delta Financial Markets (DFM) misst die Gesamtmarktrendite in dem Betrachtungsintervall. Durch die Berücksichtigung der Gesamtmarktrendite wird die Aktienkursentwicklung um externe Effekte bereinigt.

$$DFM=\left(\frac{P_1}{P_0}\right)*(1+DI)-1 \tag{27}$$

mit

DFM = Delta Financial Markets

P_x = Aktienkurs zum Zeitpunkt x

DI = Dividendenrendite des Marktes

Die Relative Dividendenrendite ($D_{C/I}$) entspricht dem Verhältnis der Dividendenrendite des Unternehmens im Betrachtungszeitraum zur durchschnittlichen Dividendenrendite des Gesamtmarktes.

$$D_{C/I}=\frac{1+D}{1+DI}-1 \tag{28}$$

mit

$D_{C/I}$ = Relative Dividendenrendite

D = Dividendenrendite des Unternehmens

Das Short-Term Delta in Expectations of Economic Performance (ST DEEP) misst die kurzfristigen Erwartungen, indem die Veränderung des Gewinns pro Aktie ins Ver-

[1086] Dieser Abschnitt folgt *Coenenberg/Salfeld* (2003), S. 41-45.

hältnis zur durchschnittlichen Veränderung des Gewinns pro Aktie am Gesamtmarkt gesetzt wird.

$$ST\ DEEP = \frac{(E_1/E_0)}{(EI_1/EI_0)} - 1 \tag{29}$$

mit

ST DEEP = Short-Term Delta in Expectations of Economic Performance

E_x = Gewinn pro Aktie im Zeitpunkt x

EI_x = Durchschnittlicher Gewinn pro Aktie für den Gesamtmarkt im Zeitpunkt x

Das Long-Term Delta in Expectations of Economic Performance (LT DEEP) misst die langfristigen Erwartungen, indem die Veränderung des Kurs-Gewinn-Verhältnisses (KGV; PER) ins Verhältnis zur durchschnittlichen Veränderung des Kurs-Gewinn-Verhältnisses am Gesamtmarkt gesetzt werden.

$$LT\ DEEP = \frac{(PE_1/PE_0)}{(PEI_1/PEI_0)} - 1 \tag{30}$$

mit

LT DEEP = Long-Term Delta in Expectations of Economic Performance

PE_x = Kurs-Gewinn-Verhältnis zum Zeitpunkt x

PEI_x = Durchschnittliches Kurs-Gewinn-Verhältnis pro Aktie für den Gesamtmarkt im Zeitpunkt x

Der gesamte TRS ergibt sich durch die multiplikative Verknüpfung der vier vorgestellten Komponenten.

$$(1+TRS) = (1+DFM) * (1+D_{C/I}) * (1+ST\ DEEP) * (1+LT\ DEEP) \tag{31}$$

Eine anschaulichere Analyse ergibt sich bei der Nutzung der vereinfachten, additiven Formulierung der TRS-Gleichung:[1087]

$$TRS^* = DFM + D_{C/I} + ST\ DEEP + LT\ DEEP \tag{32}$$

Auf Basis der vereinfachten TRS*-Dekomposition kann eine Visualisierung erfolgen, welche die Änderung des Aktienkurses über den betrachteten Zeitraum anschaulich erklärt, indem die Änderung auf die vier Komponenten aufgeteilt wird:

[1087] Bei der vereinfachten Berechnung wird der TRS* direkt aus den Kapitalmarktdaten abgelesen und die Komponenten DFM, $D_{C/I}$ und ST DEEP wie bisher berechnet; die verbleibende Differenz wird als LT DEEP interpretiert. Wechselwirkungen zwischen den Komponenten werden bei der additiven Verknüpfung vernachlässigt, vgl. *Coenenberg/Salfeld* (2003), S. 43.

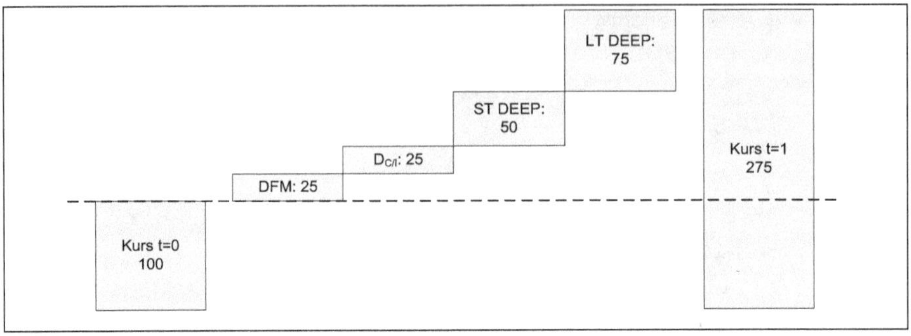

Abb. 4-14: Visualisierung der TRS*-Dekomposition

Quelle: in enger Anlehnung an *Coenenberg/Salfeld* (2003), S. 44

Die TRS-Dekomposition stellt somit eine zeitraumbezogene Analyse der Aktienkursentwicklung dar, die einerseits Markt- und Managementeinflüsse und andererseits auch kurz- und langfristige Einflüsse voneinander trennt. Sie ist somit als Ausgangspunkt einer wertorientierten Planung geeignet, da sich die geplanten Maßnahmen den Komponenten zuordnen lassen; Maßnahmen, die bereits innerhalb des Detailprognosezeitraums zu Werteffekten führen, werden dem ST DEEP gegenübergestellt, Maßnahmen, die auf den Restwert wirken, werden anhand des LT DEEP getestet.

Dem Controlling kommen dabei insbesondere die Aufgaben zu, das Methodenwissen und die für die Berechnung benötigten Daten zu ermitteln und bereitzustellen. Bei den Daten handelt es sich um Kapitalmarktinformationen, also unternehmensexterne Informationen. Das Controlling ist vielfach noch auf die interne Sicht fokussiert und sieht sich daher hier einer neuen Aufgabe gegenüber. Es bietet sich an, die Datenbeschaffung daher eng mit der Investor Relations Abteilung zu koordinieren, die unternehmensweit den besten Zugang zu den benötigten Informationen hat.[1088]

4.3.3.2.2 Strategic Control Map

Die Strategic Control Map setzt nicht direkt auf den Ergebnissen der TRS-Dekomposition auf sondern ergänzt das gewonnene Bild durch einen Vergleich mit

1088 Vgl. PwC/Wolff & Häcker (2001), S. 24. Ihrerseits hat auch die Investor Relations Abteilung einen hohen Informationsbedarf und muss daher auch als Empfänger in das Informationssystem eingebunden werden.

den Wettbewerbern. Es handelt sich dabei um eine Visualisierung der Entwicklung der Unternehmenseinschätzung durch die Kapitalmarktteilnehmer über einen bestimmten Betrachtungszeitraum, als Parameter für das Diagramm dienen der Umsatz der Unternehmen sowie das Marktwert-Umsatz-Verhältnis. Durch die Umsatzentwicklung wird das zentrale Strategieelement Wachstum aus dem Wertsteigerungskreislauf berücksichtigt, durch das Marktwert-Umsatz-Verhältnis wird die Einschätzung des Unternehmenswachstums durch die Kapitalmarktteilnehmer verdeutlicht.[1089] Abb. 4-15 zeigt eine beispielhafte Strategic Control Map (Umsätze und Marktwerte in Mrd. EUR):

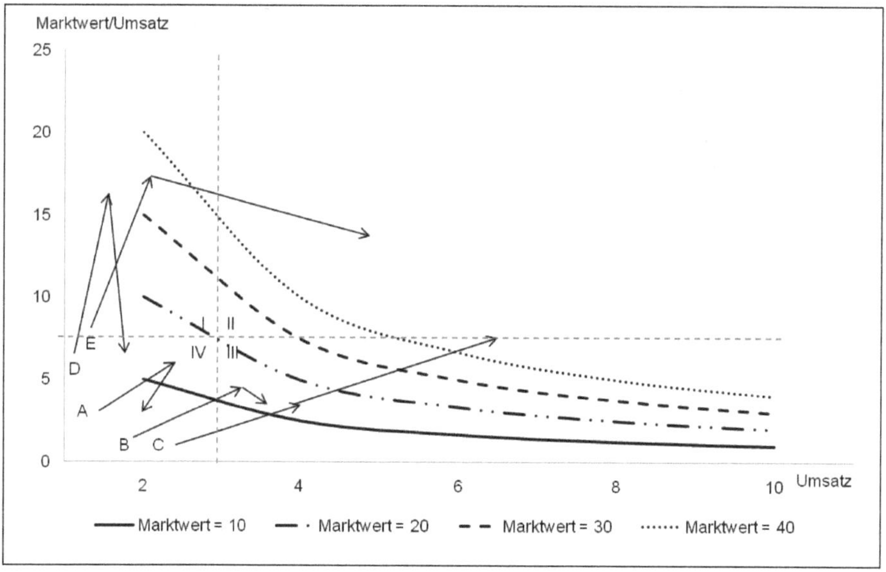

Abb. 4-15: Beispiel einer Strategic Control Map

Quelle: in Anlehnung an *Coenenberg/Salfeld* (2003), S. 46

In die Strategic Control Map können Isoquanten zur Visualisierung der Marktwerte der betrachteten Unternehmen eingefügt werden. Ebenso lässt sich die Strategic Control Map in vier Quadranten einteilen, wobei sich die Trennlinien allerdings nicht systematisch herleiten lassen sondern festgelegt werden müssen. Die vier Quadranten dienen der Klassifikation der darin befindlichen Unternehmen hinsichtlich der von

1089 Vgl. *Coenenberg/Salfeld* (2003), S. 45 f.

ihnen verfolgten Strategien und geben Hinweise auf mögliche Entwicklungspfade.[1090] Die Entwicklung des Unternehmens und der Wettbewerber wird mit mehreren Messpunkten erfasst; durch eine vektor-ähnliche Darstellung wird die Entwicklungsrichtung deutlich.

Auch hier müssen die verwendeten Informationen sowohl über die Wettbewerber als auch über die Marktdaten der eigenen Unternehmung vom Controlling in den Planungs- und Kontrollprozess eingebracht werden. Es bietet sich auch hier an, die Informationsbeschaffung dem Investor Relations Bereich aufgrund seiner Kapitalmarktnähe zu übertragen.[1091] Weiterhin gilt es, den externen Vergleich mit den Wettbewerbern in den Prozess des strategischen Managements einzubeziehen; empirische Studien zeigen, dass dies häufig noch nicht in ausreichendem Maße berücksichtigt wird.[1092]

4.3.3.2.3 Growth Target Analysis

Die Growth Target Analysis dient der Ermittlung der vom Kapitalmarkt erwarteten langfristigen Wachstumsrate. Diese ergibt sich auf Basis des WACC-Ansatzes aus

$$g_{KM} = WACC - \frac{1}{\left(UW - \frac{FCF_1}{(1+WACC)^1} \cdots - \frac{FCF_n}{(1+WACC)^n}\right) * \left(\frac{(1+WACC)^n}{FCF_{n+1}}\right)} \tag{33}$$

mit

g_{KM} = implizit ermittelte, vom Kapitalmarkt unterstellte Wachstumsrate

Ein Vergleich der auf diese Weise ermittelten extern erwarteten Wachstumsrate g_{KM} und der intern im Rahmen der wertorientierten Planung verwendeten Wachstumsrate g zeigt den Grad der Übereinstimmung von Kapitalmarkterwartungen und Unternehmensplanung.[1093] Unter der Annahme, dass Cash Flow und Umsatz stark korreliert

[1090] So unterscheiden *Coenenberg/Salfeld* die vier Quadranten Focused Attackers (I), Industry Shapers (II), Integrated Size Players (III) und Second Tier (IV)., vgl. *Coenenberg/Salfeld* (2003), S. 46 f.

[1091] Vgl. zur Stellung der Investor Relations auch *Häcker/Unser/Veeser/Wagner* (2001), S. 666.

[1092] Vgl. PwC/Wolff & Häcker (2001), S. 27-29.

[1093] Unterschiede zwischen interner und externer Einschätzung der zukünftigen Entwicklung können auf Informationsasymmetrien zurückgehen, deren Abbau das primäre Ziel von Investor Relations ist. Dies kann einerseits durch Abgabe von Informationen an den Kapitalmarkt erfolgen (Anpassung der Außensicht), vgl. dazu bspw. *Häcker/Unser/Veeser/Wagner* (2001), S. 666, bei Anwendung der Growth Target Analysis wird primär die Innensicht überprüft und ggf. angepasst.

sind, d.h. dass die Profitabilität konstant ist, lassen sich aus der ermittelten Wachstumsrate g_{KM} die zur Erfüllung dieser Erwartung notwendigen Umsätze ermitteln und in die Unternehmensplanung integrieren.

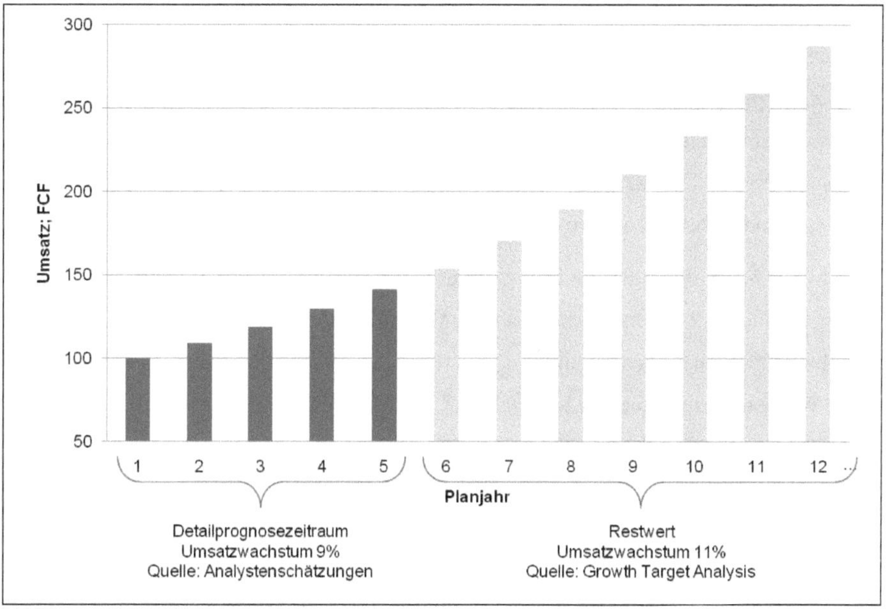

Abb. 4-16: Beispiel einer Umsatz/FCF-Vorgabe aus einer Growth Target Analysis
Quelle: in Anlehnung an *Coenenberg/Salfeld* (2003), S. 49

Dabei ist wiederum von den Kapitalmarktdaten auszugehen. Da es um die Analyse der Markterwartungen geht, sind hier nicht die Free Cash Flows der unternehmensinternen Planung zugrunde zu legen sondern die von den Kapitalmarktteilnehmern prognostizierten Ergebnisse; da diese nicht bekannt sind, müssen sie unter Rückgriff auf von Analysten veröffentlichten Analysen geschätzt werden. Die Unternehmensprognosen der Analysten stehen dabei ebenfalls der Investor Relations Abteilung am ehesten zur Verfügung und sollten von dort an das Controlling weitergeleitet werden.[1094]

[1094] Die Analystenprognosen als Indikator für die Kapitalmarktmeinung zu nutzen scheint angesichts der Funktion der Analysten als Meinungsbildner gerechtfertigt, vgl. *Achleitner/Bassen/ Pietzsch/Wichels* (2002), S. 29.

4.3.3.2.4 Growth Option Pipeline

Das Instrument der Growth Option Pipeline setzt direkt auf den Erkenntnissen der Growth Target Analysis auf. Nachdem die Growth Target Analysis die Umsatzvorgaben des Marktes auf die zukünftigen Perioden zugeordnet hat, müssen konkrete Maßnahmen gefunden werden, um diese Ziele zu erreichen. Sofern von einer stabilen Umsatzrendite ausgegangen wird, müssen die Umsatzsteigerungen entweder durch Umsatzwachstum in den aktuellen oder in neuen Geschäftsfeldern erzeugt werden. Als Maßnahmen zur Umsatzgenerierung kommen dabei Marketingmaßnahmen und Forschungs- und Entwicklungsaktivitäten in Frage.[1095]

Die Maßnahmen entfalten die umsatzsteigernde Wirkung innerhalb unterschiedlicher Zeithorizonte. So können durch Marketingmaßnahmen kurzfristig Umsatzsteigerungen im Bereich der aktuellen Produkte in bestehenden Märkten realisiert werden, wobei dem Wachstum im aktuellen Kerngeschäft häufig Grenzen gesetzt sind. Die Weiterentwicklung bestehender Produkte erfordert einen etwas größeren zeitlichen Rahmen, die Entwicklung gänzlich neuer Produkte erfordert noch mehr zeitlichen Vorlauf. Die Entwicklung neuer Geschäftsfelder ist schließlich – ganz im Sinne der strategischen Geschäftsfeldplanung – als die langfristigste Möglichkeit anzusehen, ein weiteres Umsatzwachstum zu erzeugen.[1096]

Entsprechend den notwendigen zeitlichen Vorläufen lassen sich die möglichen Handlungsoptionen in Gruppen einordnen, so könnte bspw. eine Einordnung in 2-Jahres-Optionen und 5-Jahres-Optionen erfolgen. Aufgabe des Controllings ist es nun, die Wachstumsoptionen hinsichtlich ihres Wertbeitrags, also ihrer Auswirkung auf die Cash Flows und ihrer Erfolgswahrscheinlichkeit zu bewerten und in eine geeignete Reihenfolge zu bringen, die eine Erreichung der extern erwarteten Umsatzgrößen ermöglicht. Anhand der identifizierten und priorisierten Projekte kann nun eine sowohl operative als auch strategische Budgetierung erfolgen, da auch kurzfristig Mittel für die langfristige Geschäftsfeldentwicklung bereitgestellt werden müssen.[1097]

1095 Vgl. *Geroski/Machin/van Reenen* (1993), S. 198 f.

1096 Vgl. *Coenenberg/Salfeld* (2003), S. 50-52.

1097 Vgl. auch *Bender/Vater* (2003).

Insbesondere die zeitliche Planung des Eintritts von Neuentwicklungen in die Marktphase ist als sog. Produkt- oder F&E-Pipeline in forschungsintensiven Branchen wie der pharmazeutischen Industrie bekannt; die Information der Kapitalmarktteilnehmer über die Pipeline ist im Umkehrschluss von besonderer Bedeutung und wird daher von den Investor Relations Abteilungen nachhaltig betrieben.[1098] Es muss aber darauf hingewiesen werden, dass sich in diesem Konzept Kapitalmarktorientierung und Unternehmenswertorientierung voneinander lösen: stellt bei der wertorientierten Führung der Kapitalwert das Entscheidungskriterium dar, ist hier das Timing der Cash Flows zur Erwartungserfüllung entscheidend.

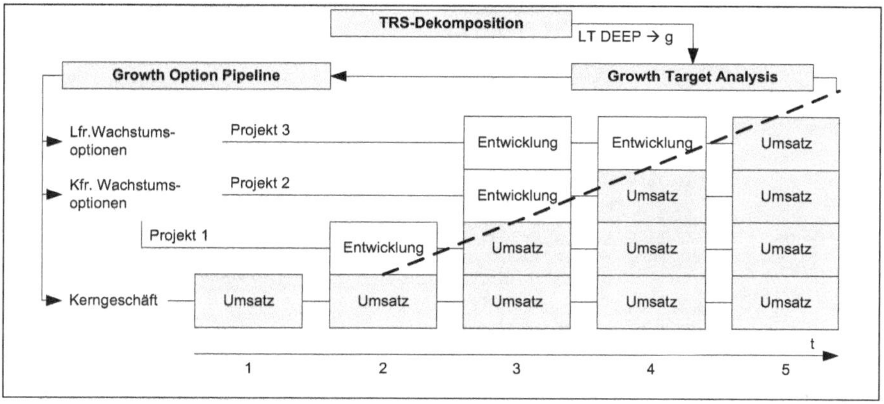

Abb. 4-17: Growth Option Pipeline im Zusammenhang mit Growth Target Analysis und TRS-Dekomposition

Quelle: eigene Darstellung

Die Berücksichtigung des Börsenkurses im Rahmen des wertorientierten Managements stellt das Controlling vor die Herausforderung, externe Informationen vom Kapitalmarkt beschaffen und verarbeiten zu müssen, während sich die wertorientierten Konzepte wie CFROI oder EVA hauptsächlich auf interne Größen stützen. Aufgrund der Schnittstellenfunktion der Investor Relations Abteilung sollte im Rahmen des Informationsmanagements die Informationsbeschaffung diesem Bereich zugeordnet werden; die Bereinigung und Verarbeitung der Informationen im Rahmen der operativen und vor allem auch der strategischen Unternehmensplanung bleibt aber Kernaufgabe des Controllings. Durch die vorgestellten Instrumente ist es möglich, die Planung

1098 Vgl. *Salz* (2009), S. 66; *Schöpfer* (2009), S. 11.

nicht nur auf Gesamtunternehmensebene durchzuführen, wie es kapitalmarktorientierten Kennzahlen vorgeworfen wird.[1099]

Es besteht die Möglichkeit, dass es dem Controlling nicht gelingt, die externen Erwartungen des Kapitalmarkts mit den internen Gegebenheiten in Einklang zu bringen. Prinzipiell sind vier verschiedene Fallkonstellationen möglich, die in Abb. 4-18 dargestellt sind. Die Quadranten II und IV umfassen dabei die übereinstimmenden Kombinationen aus Marktsicht und Unternehmenssicht, bei den Quadranten I und III ergeben sich Widersprüche.[1100]

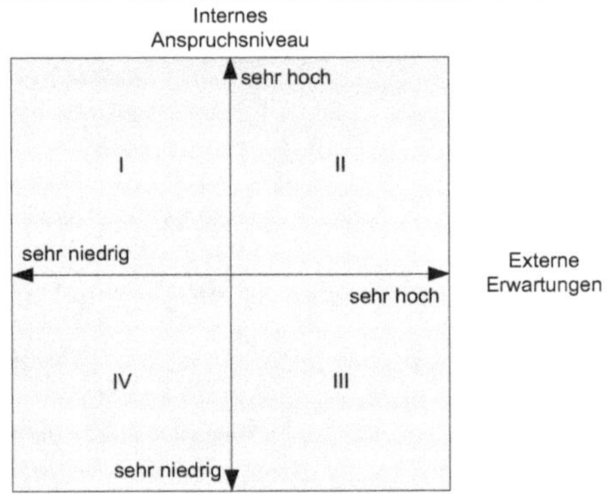

Abb. 4-18: Divergenz externer und interner Erwartungen
Quelle: *Coenenberg/Salfeld* (2003), S. 64

Während im ersten Quadranten der Kapitalmarkt nicht die gleichen, hohen Erwartungen in die Unternehmenszukunft setzt wie die Unternehmensführung selbst, ist es in den Fällen im dritten Quadranten umgekehrt. Die sich daraus ergebenden Handlungsempfehlungen betreffen in beiden Fällen das strategische Management und die Investor Relations Abteilung. Die Unternehmensführung sollte stark abweichende Wahrnehmungen zum Anlass nehmen, die eigene Position nochmals kritisch zu hinterfragen, da in der Vergangenheit verschiedene strategische Fehleinschätzungen beobachtet

1099 Vgl. *Schremper/Pälchen* (2001), S. 543.

1100 Vgl. *Coenenberg/Salfeld* (2003), S. 63 ff.

werden konnten.[1101] Die Investor Relations Abteilung sieht sich der Aufgabe gegenüber, entweder die Kapitalmarktteilnehmer von der Leistungsfähigkeit und der Qualität des Unternehmenskonzepts zu überzeugen (Quadrant I) oder im Falle überzogener externer Erwartungen (Quadrant III) den Marktteilnehmern die realistische Situation zu vermitteln, ehe durch eine Enttäuschung der Erwartungshaltung ein plötzlicher Vertrauensentzug und damit ein anhaltender Schaden für Unternehmensimage und Börsenwert eintritt.[1102]

Mit den Konzepten wertorientierter Führung und der am Börsenkurs orientierten Führung haben sich zahlreiche Impulse für das strategische Management ergeben. Neben diesen Handlungsempfehlungen ergeben sich jedoch auch Widersprüche zu grundlegenden Ideen der Strategiebildung, die im folgenden Abschnitt betrachtet werden sollen.

4.3.4 Direkte Auswirkungen einer Kapitalmarktorientierung auf den Strategieprozess

4.3.4.1 Relevanter Zeithorizont

Der im Rahmen einer wertorientierten Führung relevante Zeithorizont sowohl des Managements als auch der Investoren ist häufig Gegenstand der Kritik und Diskussion.[1103] Während anscheinend beobachtet werden kann, dass der Kapitalmarkt eher kurzfristig orientiert ist,[1104] beinhalten alle Konzepte einer wertorientierten Führung eine Bewertung des Unternehmens als Zukunftserfolgswert und fordern somit eine langfristige Betrachtungsweise. Dabei ist zu beachten, dass die Investoren bei einer dynamischen Betrachtungsweise das von ihnen zu Marktwerten eingesetzte Kapital

---

1101 Typische Fehleinschätzungen sind das Nicht-Erkennen einer anstehenden Produkt-Substitution, die Überschätzung von Kundennutzen und Marktpotential sowie die Unterschätzung von Zeitaufwand und Kosten für Produktinnovationen, vgl. *Coenenberg/Salfeld* (2003), S. 64.

1102 Vgl. zur Zielsetzung der Investor Relations auch *Ruda/Martin/Pfeffer* (2004), S. 216.

1103 Vgl. *Labbé* (2005), S. 2089.

1104 Eine eher kurzfristige Orientierung der Kapitalmarktteilnehmer wird häufig mit starken Kursreaktionen auf die Quartalsberichterstattung begründet. Vgl. dazu auch schon Abschnitt 4.3.1; *Schierenbeck/Lister* (2002), S. 79.

risikoadäquat verzinst sehen wollen.[1105] Die strategische Planung muss daher die zukünftigen, steigenden Erwartungen der Investoren antizipieren und in die Geschäftsbereichsplanungen einfließen lassen, um eine Steigerung des Unternehmenswerts langfristig zu sichern.

Bei stärkerer Betonung der Fokussierung auf die Kapitalmarktteilnehmer gewinnt der Börsenkurs wie in den vorangegangenen Kapiteln aufgezeigt an Bedeutung. Auch wenn er nicht direkt in die Berechnungen übernommen wird und Bereinigungen vorgenommen werden, um die Unternehmensplanung nicht von Sondereffekten beeinflussen zu lassen, so stellt der Börsenkurs dennoch eine durch die aktuelle Situation geprägte, tendenziell kurzfristige Größe dar.

Da sich das wirtschaftliche Umfeld der Unternehmungen in vielen Branchen jedoch schneller denn je verändert, führt dieser Umstand seinerseits zu einer Verkürzung der Planungshorizonte, um die notwendige Flexibilität der Unternehmung zu erhalten, unabhängig von einer Kapitalmarktorientierung.[1106] Die strategische Planung bewegt sich damit in einem Spannungsfeld zwischen theoretisch gewollter langfristiger Ausrichtung und praktisch notwendiger Verkürzung des Planungshorizonts.[1107]

4.3.4.2 Adaption bekannter Erfolgsmuster

Hinsichtlich der Entwicklung von Strategien befindet sich das Management und somit auch das strategische Controlling als zentrale unterstützende Funktion in einem weiteren Dilemma: Unter der Annahme, dass zwischen Management und Investoren eine Informationsasymmetrie hinsichtlich der strategischen Planung und der potentiellen Auswirkungen auf den Unternehmenswert besteht, werden die Investoren ihrerseits Instrumente entwickeln, um diesem Bewertungsproblem Rechnung zu tragen. Eine gängige Vorgehensweise besteht darin, zur Komplexitätsreduktion bestimmte Erfolgsmuster als Bewertungsgrundlage heranzuziehen. Bei Unternehmen, die diesen standardisierten Erfolgsdeterminanten nicht entsprechen, werden entsprechende Ab-

1105 Vgl. bspw. *Kurzich/Rautenstrauch* (2004), S. 87.

1106 Vgl. *Labbé* (2005), S. 2090.

1107 Ob eine wahrgenommene Myoptik durch Druck des Kapitalmarkts oder der Realgütermärkte entsteht, ist hier nicht abschließend zu klären.

schläge bei der Bewertung vorgenommen, so sind etwa pauschale Branchen-[1108] oder Konglomeratabschläge[1109] bekannt. Hingegen werden Unternehmen, die durch eine klare Ausrichtung transparent und einfach zu bewerten sind, vom Kapitalmarkt bevorzugt.[1110]

Somit wird in den Bewertungen die Überzeugung zum Ausdruck gebracht, dass es Normstrategien gibt, die einen strategischen Erfolg wenn auch nicht garantieren so doch zumindest begünstigen. Dies widerspricht jedoch der Ansicht, dass sich strategische Wettbewerbsvorteile gerade durch ihre Einzigartigkeit auszeichnen und nicht ohne weiteres imitierbar sind.[1111]

Somit steht das Management vor dem Entscheidungsproblem, entweder eine vom Kapitalmarkt akzeptierte, jedoch aus eigener Sicht nicht optimale Strategie zu wählen oder eine aus eigener Sicht optimale Strategie, die jedoch mit einem Bewertungsabschlag belegt wird.[1112] Soll die zweite Lösungsmöglichkeit gewählt werden, so ist damit eng das Erfordernis einer intensiven Berichterstattung bzgl. der Strategie verbunden, um die den Abschlag auslösende Informationsasymmetrie so weit wie möglich abzubauen.[1113]

1108 Als Beispiele für Branchenabschläge können der Abschlag von 10% auf Intershop im Jahr 2004, vgl. aktiencheck (2004), oder die pauschalen Branchenabschläge für Fluglinien aufgrund hoher Ölpreise, vgl. *Cortal Consors* (2004) genannt werden.

1109 Bspw. wurde 2003 von Goldman Sachs ein Konglomerat-Abschlag von 20% für Thyssen-Krupp bei der Bewertung berücksichtigt, vgl. *Handelsblatt* (2003). Ebenfalls 2003 wurde von Dresdner Kleinwort Wasserstein im Rahmen der Bewertung von RWE neben einer explizit genannten sum-of-the-parts Bewertung ein Konglomerat-Abschlag von 10% berücksichtigt, vgl. *vwd* (2003).

1110 Vgl. *Labbé* (2005), S. 2090. Zur Steigerung des Shareholder Value hat der Bayer-Konzern 2004 seine Chemie- und Polymeraktivitäten in Lanxess ausgegliedert, um die Nachteile einer Diversifikation am Kapitalmarkt zu vermeiden, vgl. Bayer (2004), S. 14.

1111 Vgl. *Labbé* (2005), S. 2090. Zur Überprüfbarkeit von Strategien vgl. auch *Mirow* (2009).

1112 So könnte aus diesem Umstand die Hypothese abgeleitet werden, dass eine Kapitalmarktorientierung im Rahmen des Strategischen Managements zu einer Senkung des Unternehmenswertes führt, da entweder von vornherein eine suboptimale Strategie gewählt wird oder eine optimale Strategie vom Kapitalmarkt nicht erkannt wird.

1113 Vgl. *Labbé* (2005), S. 2090.

4.3.5 Goodwill-Controlling

4.3.5.1 Zum Zusammenhang von Goodwill und Unternehmenswert

In deutlichem Zusammenhang mit einer unternehmenswertorientierten Führung stehen die zahlreichen Transaktionen auf dem Beteiligungsmarkt, die entweder der Erschließung neuer Geschäftsfelder oder der Konzentration auf die Kernkompetenzen dienen.[1114] Im Rahmen von Unternehmensübernahmen wird regelmäßig ein Kaufpreis vereinbart, der den Zeitwert des Reinvermögens zur Berücksichtigung zukünftig erwarteter Synergieeffekte zum Teil deutlich übersteigt. Dieser Unterschiedsbetrag kann also als Indikator für eine erwartete Unternehmenswertsteigerung interpretiert werden, dementsprechend wird dem Goodwill als der bilanziellen Größe, welche diesen Unterschiedsbetrag im Abschluss abbildet, eine besondere Bedeutung beigemessen.[1115]

Der Goodwill wird seit der Einführung von SFAS 142 (2002) bzw. IFRS 3 (2004) nach US GAAP und IFRS nicht mehr planmäßig abgeschrieben, stattdessen ist regelmäßig ein Test durchzuführen, um mögliche Wertminderungen des Goodwills aufzudecken und durch eine außerplanmäßige Abschreibung der Position bilanziell zu korrigieren.[1116] Ungeachtet der konkreten Berechnungsmethodik signalisiert die Wertminderung eines Goodwills eine Erwartungsrevision seitens des Managements hinsichtlich der zukünftigen Synergieeffekte.[1117] Dies führt zu einer Neueinschätzung des Unternehmenswerts durch die Kapitalmarktteilnehmer, die dies in der Mehrzahl der Fälle negativ beurteilen, und in der Folge zu einem Kursverlust von durchschnittlich über 10% innerhalb eines Jahres.[1118]

Da sich die Entwicklung des Shareholder Values vor allem im Aktienkurs manifestiert, muss es im Interesse einer wertorientierten Unternehmensführung liegen, den Goodwill aktiv zu steuern und Wertminderungen zu vermeiden, und nicht ihn lediglich zum

---

1114 Vgl. zur Anzahl der Unternehmenstransaktionen *Timmreck/Bätzner* (2008), S.83.

1115 Zum Wertminderungstest vgl. auch Abschnitt 4.4.3 zu der Bildung von zahlungsmittelgenerierenden Einheiten.

1116 Zu den Neuregelungen der Goodwillbilanzierung vgl. z.B. *Alvarez/Biberacher* (2002), *Hitz/Kuhner* (2002) oder *Brücks/Wiederhold* (2003).

1117 Vgl. *Kasperzak/Wassermann* (2009), S. 119.

1118 Vgl. *Hirschey/Richardson* (2003) zu empirischen Erkenntnissen zu Goodwillimpairments.

Abschlussstichtag für Berichtszwecke zu bewerten. Der Goodwill als bilanzielle Größe wird daher selbst zum Gegenstand eines wertorientierten Controllings und stellt somit ein Brückenelement zwischen originären und derivativen Anforderungen an das Controlling dar – einerseits kann durch ein Goodwill-Controlling die Performance direkt beeinflusst werden,[1119] was der originären Anforderung des Kapitalmarkts an die interne Unternehmensrechnung entspricht, andererseits richtet sich ein Goodwill-Controlling nach den Regelungen des jeweiligen Standards und ist im Unternehmen lediglich der Informationslieferant, während die Kommunikation des Werts dem externen Bereich zufällt.

Es ist daher zu klären, wie ein Goodwill-Controlling zu gestalten ist. Da sich hierfür die in den jeweiligen Standards normierten Wertminderungstests anbieten, sollen zunächst überblicksartig die Regelungen zur Goodwillbilanzierung sowie zum Wertminderungstest vorgestellt werden, ehe auf die Umsetzung eines Goodwill-Controllings eingegangen wird; dabei soll sich die Darstellung auf IFRS 3 i. V. m. IAS 36 beschränken.

4.3.5.2 Regelungen zur Bilanzierung des Goodwills nach IFRS

Der Goodwill entsteht im Rahmen von Unternehmensakquisitionen und entspricht nach dem Konzept der Purchased Goodwill Method gem. IFRS 3.32 dem Unterschiedsbetrag, der sich bei der Gegenüberstellung von vereinbartem Kaufpreis und erworbenen Vermögenswerten und Schulden ergibt, jeweils zum beizulegenden Zeitwert bewertet. Nach der 2008 neu eingeführten Full Goodwill Method wird bei Erwerb einer Beteiligung von weniger als 100% im Rahmen des Goodwills auch der durch einen Bewertungsvorgang zu ermittelnde Minderheitenanteil bilanziert.[1120] Bei dem Goodwill handelt es sich somit – zunächst – um einen derivativen Geschäftswert, wäh-

[1119] Das Goodwillcontrolling ist allerdings eher als Hygienefaktor einzustufen, da es dazu dient, eine Wertminderung des Goodwills und somit einen Kursverlust zu vermeiden, nicht jedoch, um ihn aktiv zu steigern, da eine Zuschreibung des Goodwills nicht zulässig ist, vgl. IAS 36.124.

[1120] Vgl. zum Methodenwahlrecht für Akquisitionen nach dem 01.07.2009 IFRS 3.19 (2008).

rend die Aktivierung des originären Geschäftswerts untersagt ist.[1121] Im Zuge der Kaufpreisallokation, d.h. der Bewertung aller erworbenen Vermögenswerte und Schulden und gleichsam der Zuordnung des Kaufpreises auf die erworbenen Objekte, werden insbesondere auch immaterielle Vermögenswerte identifiziert und aktiviert, die bislang nicht angesetzt waren.[1122]

Entspricht die Summe der neubewerteten Vermögenswerte und Schulden nicht dem Kaufpreis, so war das Management offensichtlich bereit, eine Prämie für den Erwerb des Akquisitionsobjekts zu zahlen.[1123] Dieser Unterschiedsbetrag kann weiter in einen originären Goodwill des erworbenen Unternehmens, in echte Synergien, in Überbewertung und Überzahlung zerlegt werden, wie Abb. 4-19 verdeutlicht.[1124] Während der originäre Goodwill des akquirierten Objekts sowie die zukünftigen Synergien, die erst durch den Zusammenschluss von erwerbendem und erworbenem Unternehmen entstehen, einen Wertezuwachs repräsentieren und damit eine Aktivierung als Vermögenswert in Form des Goodwills rechtfertigen, erhöhen die fehlerhafte Überbewertung von Synergien und die bewusste Überzahlung die Bilanzposition, ohne im Sinne der Vermögenswertdefinition einen zukünftigen Nutzenzufluss darzustellen.[1125]

1121 Im Rahmen der Bilanzierungsregeln für den Goodwill kann es zu einer Substitution von derivativem durch originären Goodwill kommen, vgl. zur Diskussion dazu bereits *Henselmann* (2001), *Henselmann* (2002) und *Kruschwitz/Lähn/Jahn* (2002).

1122 Dazu zählen vor allem solche immateriellen Vermögenswerte, die bisher aufgrund der Nichterfüllung des Ansatzkriteriums der verlässlichen Bewertbarkeit oder eines expliziten Ansatzverbots nicht angesetzt waren, also bspw. Kundenbeziehungen, Entwicklungsprojekte, Marken, Wettbewerbsverbote oder Internetdomains, vgl. *Kasperzak/Wassermann* (2009), S. 121.

1123 Vgl. *Kasperzak/Wassermann* (2009), S. 122.

1124 Vgl. *Sellhorn* (2000), S. 889; dort wird mit der Identifikation eines Restrukturierungs-Goodwills und eines Strategie-Goodwills noch differenzierter unterschieden.

1125 Vgl. *Kasperzak/Wassermann* (2009), S. 122.

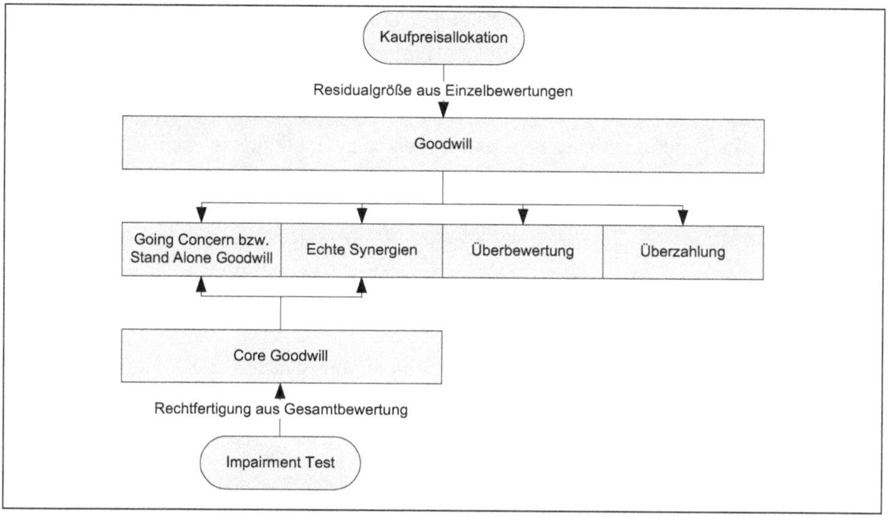

Abb. 4-19: Komponenten des Goodwills nach Kaufpreisallokation
Quelle: in Anlehnung an *Kasperzak/Wassermann* (2009), S. 122

Die Überprüfung der Werthaltigkeit des Goodwills ist Gegenstand des in IAS 36 geregelten Wertminderungstests (Impairment Test). Die Durchführung des Tests hat mindestens einmal jährlich zu erfolgen, bei Vorliegen von Hinweisen auf eine Wertminderung (triggering events) ist auch unterjährig ein Test vorzunehmen.[1126] Die Hinweise werden von IAS 36.12 in interne und externe Indikatoren unterschieden und beispielhaft in nicht abschließender Aufstellung aufgezählt. Bei näherer Betrachtung der Indikatoren ist zu erkennen, dass jeder Umstand als Indikator anzusehen ist, der geeignet ist, den erzielbaren Betrag zu reduzieren.[1127]

Der in IAS 36 geregelte Wertminderungstest besteht im Vergleich von Buchwert und erzielbarem Betrag, wobei der erzielbare Betrag die beste Verwendungsmöglichkeit abbildet, also entweder den Nettoerlös aus dem Verkauf (abgebildet durch den beizulegenden Zeitwert abzgl. Veräußerungskosten; fair value less costs to sell) oder aus der fortgesetzten Nutzung (Nutzungswert; value in use). Die Bestimmung des Nutzungs-

[1126] Der Zeitpunkt des jährlichen Wertminderungstests kann frei gewählt werden und ist stetig beizubehalten.

[1127] Dabei ist die Aufzählung der Indikatoren in IAS 36 nicht abschließend; vielmehr muss jedes Unternehmen die relevanten Indikatoren selbst definieren und überwachen, vgl. *Kasperzak/Wassermann* (2009), S. 123.

werts macht eine Zuordnung von Zahlungen erforderlich, die häufig nicht für einzelne Vermögenswerte erfolgen kann; es kommt daher zur Bildung von Bewertungseinheiten, den sog. zahlungsmittelgenerierenden Einheiten (cash generating units; CGU), denen weitestgehend unabhängige Cash Flows plausibel zugewiesen werden können.[1128]

Da der Goodwill selbst keinerlei Cash Flows erzeugt, muss er immer im Rahmen von CGUs getestet werden. Die Definition von CGUs folgt dem Management Approach und schreibt für den Wertminderungstest des Goodwills eine Mindestgliederung des Unternehmens entsprechend der Segmentberichterstattung nach IFRS 8 vor.

Ist der Buchwert der CGU größer als deren erzielbarer Betrag, wird die Differenz, die der festgestellten Wertminderung entspricht, zuerst dem Goodwill belastet und dann, sofern der Goodwill die Wertminderung nicht voll decken konnte, buchwertproportional den anderen Vermögenswerten der CGU, die zum Anwendungsbereich des IAS 36 zählen. Der Impairment Test stellt sich somit schematisch wie in Abb. 4-20 illustriert dar.

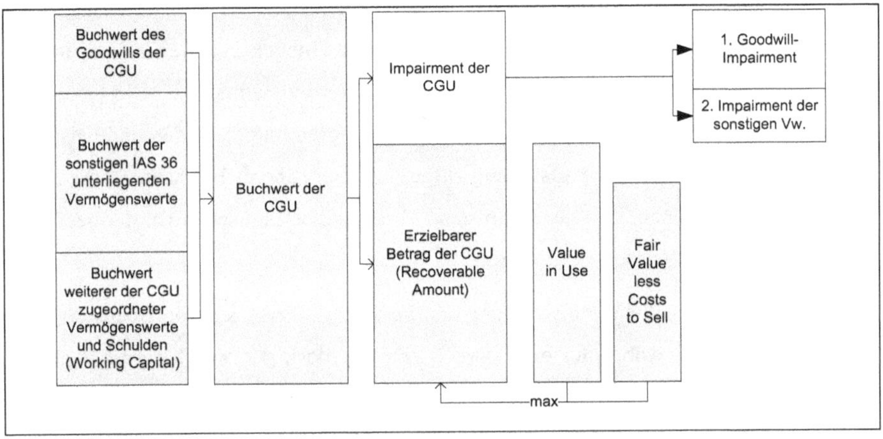

Abb. 4-20: Systematik des Goodwill-Impairment-Tests nach IAS 36

Quelle: *Kasperzak/Wassermann* (2009), S. 125

[1128] Zur Bildung von zahlungsmittelgenerierenden Einheiten vgl. Abschnitt 4.4.3 und auch ausführlich *Klingels* (2005).

4.3.5.3 Gestaltung eines Goodwill-Controllings

Da der Impairment Test in diesem Kontext zur Identifikation einer berichtspflichtigen Wertminderung des Goodwills dient, liegt es nahe, den Impairment Test selbst mit zeitlichem Vorlauf als Controllinginstrument zu nutzen. Controllinginstrumente sollen u.a. dazu dienen, Chancen und Risiken möglichst frühzeitig aufzuzeigen, um somit dem Management Handlungsspielräume zu eröffnen;[1129] dabei handelt es sich je nach Umfang um Frühwarnungs-, Früherkennungs- oder Frühaufklärungssysteme.[1130]

Als zentrales Problem des Einsatzes des Impairment Tests als Controllinginstrument stellt sich die zeitliche Komponente i. V. m. den testauslösenden Indikatoren dar. Da der Test für Rechnungslegungszwecke („Accounting Impairment Test") durch die Hinweise ausgelöst wird und ggf. eine Wertminderung des Goodwills hervorruft, muss der Test für Controllingzwecke („Controlling Impairment Test") bereits durchgeführt werden, bevor triggering events im Sinne von IAS 36.12 zu beobachten sind.[1131]

Zieht man die Generationsklassifikation von Frühaufklärungssystemen heran,[1132] so können die in IAS 36.12 genannten Beispiele für interne und externe Indikatoren den kennzahlen- und den indikatorbasierten Systemen zugeordnet werden. Daraus lässt sich schlussfolgern, dass ein Test, der freiwillig vorher oder auf Anlass eines schwachen Signals durchgeführt wird, nicht zu einer berichtspflichtigen Wertminderung des Goodwills führen kann und somit das verfolgte Ziel der Gewinnung eines Handlungsspielraums erreicht wird.[1133]

1129 Zum bilanzpolitischen Potenzial vergleiche auch *Wulf* (2009), S. 730 f.

1130 Vgl. *Krystek/Müller-Stewens* (1993), S. 21. Da sich aus der Art und Weise der Berechnung des Impairment Tests die abzuleitenden Maßnahmen ergeben, kann der Impairment Test als Controllinginstrument als Frühaufklärungssystem verstanden werden, auch wenn er sich lediglich auf Risiken und nicht auf Chancen bezieht.

1131 Vgl. *Kasperzak/Wassermann* (2009), S. 128.

1132 Frühaufklärungssysteme werden unterschieden in kennzahlenbasierte Systeme der 1. Generation, indikatorbasierte Systeme der 2. Generation und in Systeme der 3. Generation, die auf schwachen Signalen (weak signals) basieren, vgl. *Krystek* (1990), S. 70 und *Krystek* (2007), S. 51 f.

1133 Sollte der Controlling Impairment Test, durchgeführt auf Basis schwacher Signale, zu einer rechnerischen Wertminderung des Goodwills führen, so sollte dies nicht als interner Hinweis nach IAS 36.12 interpretiert werden, denn sonst käme es auf indirektem Wege doch zu einer Durchführung des Impairment Tests auf Basis schwacher Signale, was zu einer Inkonsistenz der Anwendung des Standards führen würde.

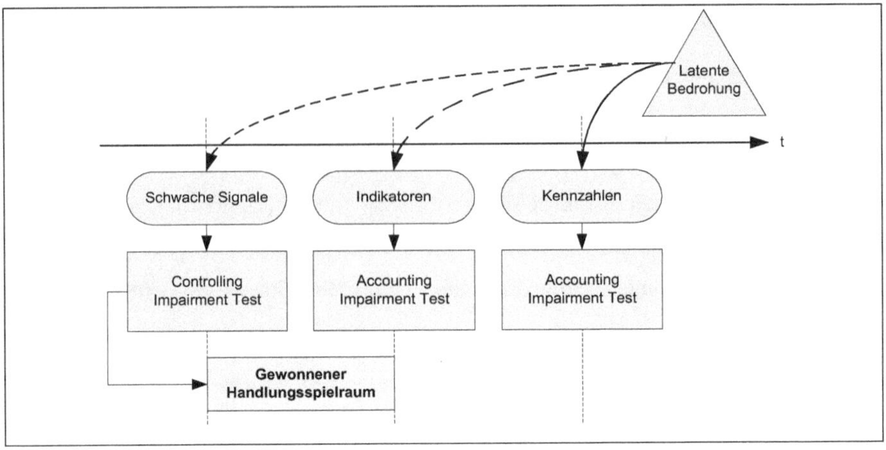

Abb. 4-21: Frühzeitige Durchführung des Impairment Tests für Controllingzwecke

Quelle: eigene Darstellung

Während der Controlling Impairment Test wie eben dargestellt als Frühaufklärungssystem verstanden werden kann, so muss auch das Risikomanagementsystem der Unternehmung an den Impairment Test angepasst werden. Die Festlegung, Operationalisierung und Beobachtung der von IAS 36 geforderten triggering events sind in das Risikomanagement zu integrieren und Prozesse für die Kommunikation etwaiger Wertminderungshinweise zu implementieren. Bei sehr großen Goodwills im Verhältnis zum bilanzierten Eigenkapital kann insofern sogar von einem antizipativen Krisenmanagement gesprochen werden.[1134]

Im Rahmen des Impairment Tests werden für die CGUs auf Basis der Unternehmensplanung die Cash Flows zugeordnet und die beiden Vergleichsgrößen, aus denen sich der erzielbare Betrag herleitet, modellgestützt im Sinne eines Zukunftserfolgswertes ermittelt. Damit stellt der Controlling Impairment Test ein Bindeglied zwischen strategischem und operativem Controlling dar, denn während die Zielsetzung der Vermeidung einer Wertminderung des Goodwills zur Absicherung des Shareholder Values durchaus strategischer Natur ist, stellen die in die Berechnung eingehenden Parameter

[1134] Je größer die Goodwill-Eigenkapital-Quote ist, desto eher kann ein Goodwill-Impairment zu einer Krise oder sogar zu einer Katastrophe im Sinne des Krisenmanagements führen, vgl. dazu *Krystek* (2002), S. 90; *Moldenhauer* (2009), S. 333.

und die kurz- bis mittelfristige Planung teilweise strategische, teilweise operative Größen dar.[1135]

Für die interne Unternehmensrechnung ergibt sich damit die Herausforderung, für das Goodwill-Controlling Ist-, Plan- und Vorschauwerte auf Basis von CGUs zur Verfügung zu stellen, die nach IFRS-Vorschriften ermittelt worden sind. Somit stellt sich die Frage, ob die gesamte Unternehmensplanung parallel durchgeführt werden muss – einerseits mit Werten entsprechend den selbst definierten Controllingansätzen, andererseits auf Basis der IFRS-Verfahren – oder ob ein Controlling anhand von IFRS-Werten möglich erscheint und daher auf eine separate interne Rechnung verzichtet werden kann.[1136] Umfragen zeigen, dass viele nach internationalen Rechnungslegungsregeln bilanzierende Unternehmen bereits ihr Controlling auf IFRS-Werte umgestellt haben, um zeit- und kostenintensive Doppeltbelastungen zu vermeiden.[1137]

4.3.5.4 Risikobewertung im Rahmen des Impairment Tests

Die Bewertung von Risiken, wie sie im Impairment Test vorgenommen wird, folgt dem kapitalmarktorientierten Risikoverständnis und weicht damit von dem im Risikomanagement üblichen Ansatz ab.[1138] Während im Controlling Risiko als eine negative Abweichung von der Planung aufgefasst wird, kommt beim Impairment Test zudem eine auf dem Capital Asset Pricing Model (CAPM) basierende kapitalmarktorientierte Risikoberücksichtigung zur Anwendung, die lediglich das systematische Risiko der Unternehmung ausdrückt.[1139] Durch die externe Herleitung der für die Ermittlung des Risikozuschlags benötigten Daten aus dem Kapitalmarkt können signifikante Unterschiede zu der internen Sichtweise des Risikomanagements bzw. des Controllings entstehen.[1140]

1135 Zur Differenzierung zwischen operativer und strategischer Früherkennung vgl. *Moldenhauer* (2009), S. 345.

1136 Zum Thema der Konvergenz zwischen internem und externem Rechnungswesen vgl. auch Abschnitt 4.5.

1137 Vgl. *Weber* (2008), S. 239.

1138 Vgl. zur Bewertung im Risikomanagement *Fiege* (2006), S. 165 ff.

1139 Vgl. bspw. *Ballwieser* (2007), S. 93 f.

1140 Vgl. *Herzhoff* (2009), S. 276-278 bspw. zur Nutzung der Szenariotechnik im Risikomanagement.

Die Bewertung von Risiken hängt weiterhin maßgeblich von der CGU-Struktur ab, die für den Test verwendet wird. Da es sich bei CGUs um Bewertungseinheiten handelt, ergeben sich durch Verrechnung positiver und negativer Effekte insgesamt Nettogrößen.[1141] Dies gilt in gleichem Maße für die Risiken, die mit Chancen der gleichen CGU verrechnet werden. Je größer eine CGU ist, deren Goodwill getestet wird, desto größer ist somit das Potenzial dafür, dass Risiken (Wertminderungen) eines Teilbereichs durch Chancen (Wertsteigerungen) eines anderen Teilbereichs kompensiert werden.[1142]

Die im Impairment Test abgebildeten Risiken werden auch durch die bewertungstechnisch bedingten Anpassungen wegen unterschiedlicher Wertkonzepte von IAS 36 in ihrer Höhe beeinflusst.[1143] Aus Finanzierungsmaßnahmen, lediglich geplanten Erweiterungsinvestitionen oder noch nicht begonnenen Restrukturierungen resultierende Chancen und Risiken werden nicht in die Berechnung des Nutzungswertes einbezogen, da sie gem. IAS 36 bei der Berechnung der Testgrößen nicht zu berücksichtigen sind.[1144] Für den Controlling Impairment Test bedeutet das, dass bereits vor Durchführung einer Erweiterungs- oder Restrukturierungsmaßnahme der Test unter Einbeziehung dieser Größen durchgeführt werden kann, um die Auswirkungen auf Wertminderungspuffer und Goodwill zu erkennen.

Da der Impairment Test auf der originären Unternehmensplanung basiert, ist die Risikoerfassung ebenfalls von der Art und Weise abhängig, wie Risiken in der Unternehmensplanung abgebildet bzw. berücksichtigt werden und wie die Unternehmensplanung mit dem Impairment Test abgestimmt ist. Die systemkoppelnde Funktion des Controllings wird hier deutlich, da der Impairment Test als Instrument nur dann effizient genutzt werden kann, wenn für den Impairment Test entscheidende Größen wie die Effekte aus Erweiterungsinvestitionen und Restrukturierungen bereits in die Unter-

1141 Die Gestalt der CGU als wirtschaftliche Einheit stellt ein weiteres Problem der Versorgung mit Informationen aus dem Risikomanagementsystem dar, da dieses mit ca. ¼ aller Fälle häufig nach rechtlichen Strukturen ausgerichtet ist, vgl. *Kajüter* (2009), S. 323.

1142 Vgl. auch *Brösel/Müller* (2007), S. 38 f.

1143 Vgl. *Kasperzak/Wassermann* (2009), S. 131.

1144 Vgl. IAS 36.44 und IAS 36.50. Der Nutzungswert erinnert durch dieses „wie-es-steht-und-liegt"-Konzept daher in diesem Kontext an den objektivierten Unternehmenswert, vgl. *Peemöller* (2001), S. 12.

nehmensplanung eingebunden sind und ermittelt werden können. Liegt die Planung für eine andere als die implementierte CGU-Struktur vor, ist es regelmäßig schwierig, die Planwerte für die CGUs aus der Unternehmensplanung zu entwickeln. Es besteht dann die Gefahr, dass Erfolgsgrößen sowie Risiken relativ pauschal auf die CGUs zugeordnet werden, was eine gezielte Steuerung des Goodwills wegen der fehlenden Verursachungsgerechtigkeit erheblich erschwert.[1145]

4.3.6 Zwischenfazit: Originäre Anforderungen an das Controlling aus der Wertorientierung

Wie in Kapitel 4.3 dargelegt wurde, besteht die Hauptaufgabe des Controllings in der Unterstützung des Managements bei der Umsetzung einer wertorientierten Unternehmensführung. Die Unterstützung beginnt dabei bereits im Zielplanungsprozess, in dem eine Diskussion der Unternehmenseigner und des Managements bzgl. der zu verfolgenden Unternehmenszielsetzung initiiert und begleitet werden muss; wie gezeigt wurde, können Unternehmenswertorientierung und Kapitalmarktorientierung nicht ohne weiteres gleichgesetzt werden, dementsprechend sind das Ausmaß der Berücksichtigung des Börsenwerts und die Gestaltung des langfristigen Führungskonzepts festzulegen.[1146] Die Aufgaben des Controllings liegen dabei in der Bereitstellung von methodischem Wissen und der Zurverfügungstellung von geeignetem Zahlenmaterial, welches die Vor- und Nachteile der einzelnen Verfahren in der praktischen Umsetzung sowohl im strategischen als auch im operativen Managementprozess verdeutlicht.[1147]

Nach der Entscheidung für ein konkretes Topziel der Unternehmung und für ein adäquates Managementsystem obliegt es dem Controlling, dieses System zu implementieren und zu betreiben. Dazu zählen die Entwicklung geeigneter Instrumente und die Einbindung in den strategischen und den operativen Planungs- und Kontrollprozess. Dazu müssen regelmäßig die verwendeten Kennzahlensysteme angepasst werden, um

1145 Vgl. *Kasperzak/Wassermann* (2009), S. 134.

1146 Vgl. *Günther/Beyer* (2001), S. 1623 f.

1147 Damit fällt dem Controlling teilweise die Aufgabe zu, ein wesentliches der fünf von *Müller-Stewens/Müller* genannten Kompetenzfelder des Strategic Foresight zu betreuen, vgl. *Müller-Stewens/Müller* (2009), S. 244.

eine wertorientierte Führung nicht nur im strategischen sondern auch im operativen Controlling-Zyklus zu verankern.

Häufig lässt sich beobachten, dass sich die Wertorientierung lediglich im strategischen Bereich niederschlägt, in unteren bzw. operativen Managementebenen jedoch weiterhin mit klassischen Kennzahlen wie dem EBIT geführt und vergütet wird, obwohl bspw. im Economic Profit Ansatz von *Copeland/Koller/Murrin* explizit auf unterschiedliche Führungsgrößen für verschiedene Führungsebenen eingegangen wird.[1148]

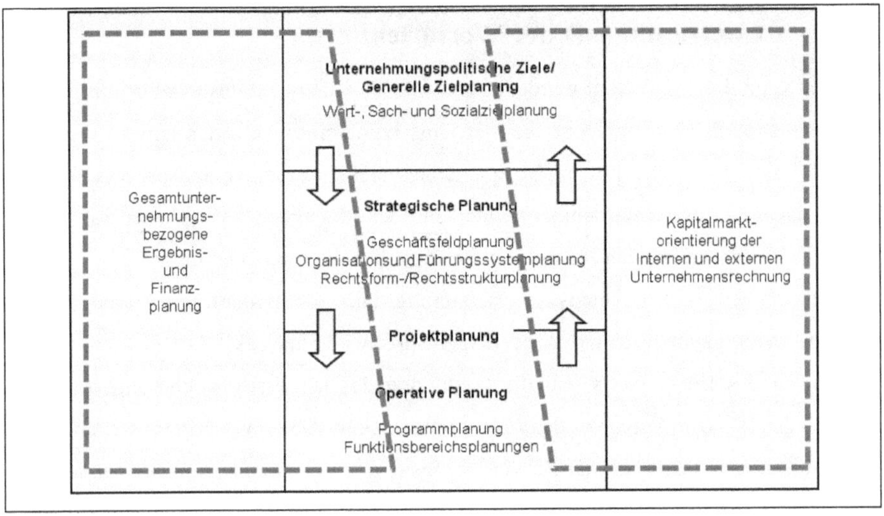

Abb. 4-22: Umsetzung der Kapitalmarktorientierung im Rechnungswesen in Bezug auf die Planungsebene

Quelle: modifiziert und erweitert nach *Hahn/Hungenberg* (2001), S. 103

Einen besonderen Schwerpunkt der Anforderungen an die interne Unternehmensrechnung bildet die deutlich verstärkte Relevanz von unternehmensexternen Daten und in der Folge auch die wesentlich intensivere Arbeit mit diesen Daten. Dabei zeigt sich, dass sich zwar die Fähigkeiten zur Sammlung externer Daten in den Unternehmen verbessert hat, es jedoch weiterhin bedeutende Defizite im Bereich der Interpretations- und der Reaktionsfähigkeit existieren.[1149]

1148 Vgl. *Copeland/Koller/Murrin* (1998), S. 106.

1149 Vgl. *Gemünden/Rohrbeck* (2009), S. 268.

Der Kreislauf der Aufstellung von Anforderungen durch die Kapitalmarktteilnehmer und die Erfüllung dieser Anforderungen durch die Unternehmung – insbesondere durch Einsatz der externen und internen Unternehmensrechnung – soll in der folgenden Abb. noch einmal zusammengefasst werden.

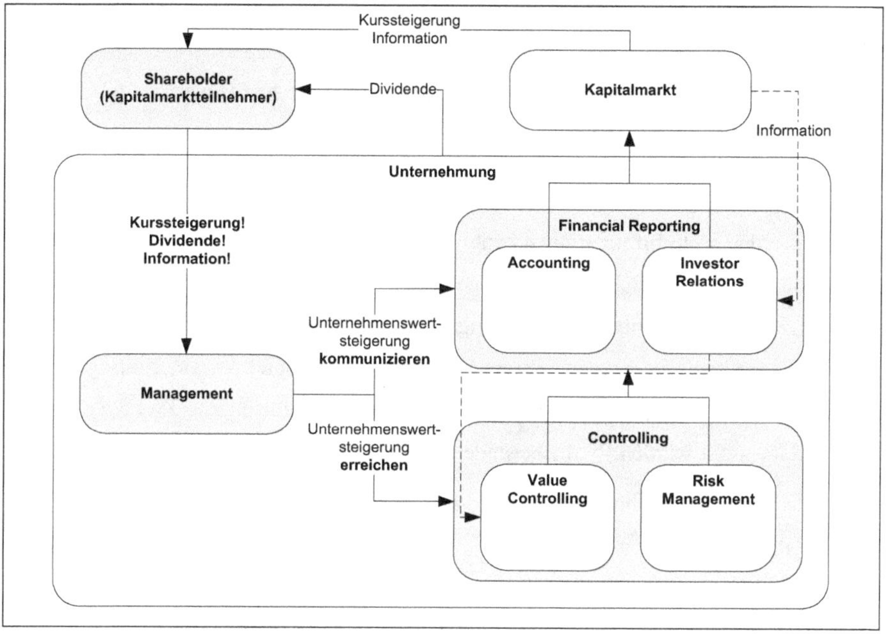

Abb. 4-23: Zyklus der Aufstellung und Erfüllung der Anforderungen

Quelle: in Anlehnung an *Günther/Beyer* (2001), S. 1624, um die Unternehmensrechnung erweitert

4.4 Derivative Anforderungen einer kapitalmarktorientierten Rechnungslegung an das Controlling

4.4.1 Informationsmanagement als Instrument zur Befriedigung der Anforderungen der externen Berichterstattung

Für die Erstellung eines Abschlusses nach den Regelungen der IFRS oder der US GAAP werden viele Informationen benötigt, die unter anderem vom Controlling, aber auch von anderen Bereichen der Unternehmung bereitgestellt werden müssen.[1150] Im Vergleich zu vielen nationalen Rechnungslegungssystemen müssen zusätzliche Informationen bereitgestellt werden, die ein breiteres Arbeitsgebiet des Controllings erforderlich machen, sofern die benötigten Daten nicht bereits für interne Zwecke erhoben und bereitgestellt werden.[1151] Insbesondere im Vergleich mit dem deutschen Handelsrecht ergibt sich auch nach den Änderungen durch das Bilanzrechtsmodernisierungsgesetz (BilMoG) ein erheblicher Mehrbedarf an Informationen, die bereitgestellt werden müssen.

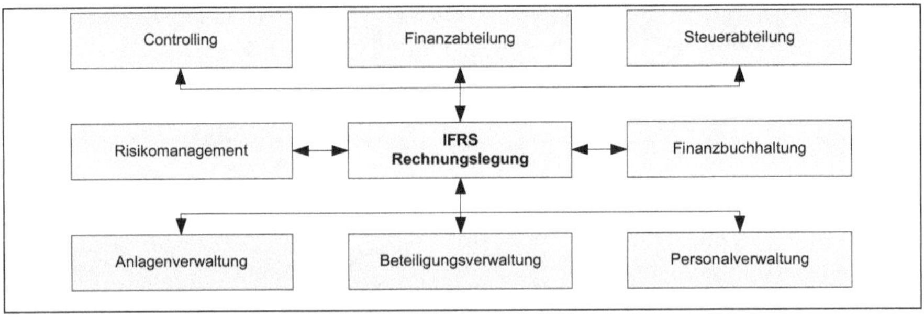

Abb. 4-24: Informationsaustausch der Konzernrechnungslegung mit anderen Bereichen

Quelle: in Anlehnung an *Kirsch* (2005a), S. 3

1150 Vgl. z. B. *Bruns/Horváth* (2004), S. 647; *Kirsch* (2005b), S. 1155.

1151 Vgl. *Bruns/Horváth* (2004), S. 647; *Kirsch* (2003), S. 11.

Zur Verdeutlichung der engen Verzahnung der internationalen Rechnungslegung mit dem Controlling sind in Tab. 4-16 überblicksartig die aktuell gültigen Standards der IFRS aufgeführt und den in Abschnitt 4.2.3.2 vorgestellten Controllingbereichen als informationsliefernden Einheiten zugeordnet. Dabei erfolgt eine schwache Gewichtung der resultierenden Aufgaben für das Controlling anhand einer einfachen Klassifikation (X = geringere Priorität; XX = höhere Priorität). Auf eine explizite Nennung der gültigen Interpretation des SIC bzw. des IFRIC wurde aus Gründen der Übersichtlichkeit verzichtet; unter Umständen können aber auch einzelne Interpretationen einen erheblichen Informationsbedarf verursachen, der vom Controlling befriedigt werden muss.[1152]

[1152] Hier könnte bspw. IFRIC 4 angeführt werden, der die Regelungen zu IAS 17 Leasingverhältnisse auf weitere Vertragsverhältnisse ausdehnt und teilweise ganz erhebliche zusätzliche Berechnungen erforderlich macht.

Nr.	Inhalt	Zentralcontrolling			Bereichs-controlling			Querschnittsfunktions-controlling			
		Grundsätze	Beteiligungs-controlling	F&E-Controlling	Logistik-controlling	Produktions-controlling	Vertriebs-controlling	Finanz- und Risikocontrolling	Personal-controlling	IT-Controlling	Spezielle Controlling-bereiche
P	Vorwort	X									
F	Rahmenkonzept	XX									
IAS 1	Abschluss	XX	X	X							
IAS 2	Vorräte				XX	XX	XX	X			
IAS 7	Kapitalflussrechnung	XX	XX								
IAS 8	Methoden	X	X					XX			
IAS 10	Wertaufhellung	X									
IAS 11	Fertigungsaufträge									X	
IAS 12	Steuern	X	X								
IAS 16	Sachanlagen									X	
IAS 17	Leasing	X	XX							X	
IAS 18	Erlösrealisation	X									
IAS 19	Arbeitnehmer								XX		
IAS 20	Öffentl. Zuwendungen										XX
IAS 21	Währungsumrechnung							XX		XX	
IAS 23	Fremdkapitalkosten							XX			
IAS 24	Nahe stehende Pers.		X								
IAS 26	Altersversorgungspl.		X								XX
IAS 27	Tochterunternehmen		XX								XX
IAS 28	Assoziierte Untern.		X								
IAS 29	Hochinflation		X					XX			XX
IAS 31	Joint Ventures		X								
IAS 32	Fin.-instr./Darstellung		X					XX			
IAS 33	Gewinnn pro Aktie		X								
IAS 34	Zwischenberichterst.	X									
IAS 36	Wertminderungstest	XX	XX	X	X	X				X	
IAS 37	Rückstellungen	X	X	X	X	X	X	XX	X	X	
IAS 38	Immaterielle Vw.			XX						XX	
IAS 39	Fin.-instr./Bewertung		X					XX			
IAS 40	Fin.-Immobilien							X			
IAS 41	Landwirtschaft										XX
IFRS 1	Erstmal. Anwendung	X									
IFRS 2	Anteilsbasierte Vergüt.	X	X						X		
IFRS 3	Unternehmenskäufe		XX	X	X	X	X		X	X	
IFRS 4	Versicherungsverträge										XX
IFRS 5	Aufgegebene GB	X									
IFRS 6	Mineral. Ressourcen										XX
IFRS 7	Fin.-instr./Angaben							XX			
IFRS 8	Segmentberichterst.	XX	XX					X			
IFRS for SME		XX		X	X	XX	XX	X	X		X

Tab. 4-16: IFRS-Anforderungen an Controllingbereiche

Quelle: in Anlehnung an *Weißenberger* (2006), S. 82f.

Es wird deutlich, dass die Aufstellung eines nach internationalen Grundsätzen aufgestellten Abschlusses eine Vielzahl von Anforderungen an diverse andere Unternehmensbereiche stellt, so dass eine Koordination der Informationsströme notwendig wird. In diesem Zusammenhang kann von einem besonderen IFRS-Informationsmanagement gesprochen werden, welches die Funktionen der Planung, Steuerung und Kontrolle der Informationsflüsse erfüllt.[1153]

Das IFRS-Informationsmanagement dient der Erfüllung der drei Funktionen des Managements der Informationsversorgung bzw. des Informationsbedarfs, des Managements der Informationssysteme und des Managements der Informationsverarbeitung.[1154] Dabei hat das Controlling wie bei anderen Funktionen auch eine Führungsunterstützungsfunktion inne. Tab. 4-17 gibt einen Überblick über die zentralen, dem Controlling zukommenden Aufgaben im Rahmen des IFRS-Informationsmanagements und ordnet diese den Managementphasen zu. Es betrifft in Abhängigkeit der erforderlichen Informationen verschiedene Controllingbereiche und ist als tendenziell operativ einzustufen, da die Tätigkeiten abschlussnah durchzuführen sind und sich somit bei kapitalmarktorientierten Unternehmen i.d.R. eine vierteljährliche Abschlusserstellung für den Quartalsabschluss mit der dazugehörigen Informationsbereitstellung bzw. häufig sogar eine interne monatliche Abschlusserstellung ergibt.[1155]

1153 Vgl. *Kirsch* (2005a), S. 6 f.

1154 Vgl. *Sokolovsky* (1993), S. 532.

1155 Zu der mangelnden Berücksichtigung der Abstimmung der IFRS mit dem Management bzw. dem Controlling im Entwurf zum Framework vgl. *Pelger* (2009), S. 162.

	Informationsversorgung	Informationssysteme	Informationsverarbeitung
Planung	Ermittlung des IFRS-Informationsbedarfs Dekomposition der erforderlichen IFRS-Informationen in einzelne Controlling-Informationen	Bestimmung der Systeme für Datenerfassung, Datenspeicherung und Datenverarbeitung Bestimmung der Interdependenzen der Systeme	Festlegung von Verantwortlichen und Lieferzeitpunkten für Reporting-Packages
Steuerung	Erhebung der (Teil-) Informationen Bereitstellung der IFRS-Informationen	Implementierung neuer Systeme Kopplung vorhandener Systeme	Überprüfung der eingehenden Informationen Komposition der Controlling-Informationen zu den erforderlichen IFRS-Daten
Kontrolle	Effizienz der Informationserhebung Verwendung der gelieferten Informationen Eignung der Form der Informationsversorgung	Effizienz der Informationssysteme Grad der Zielerreichung	Effizienz der Informationsverarbeitung Richtigkeit der Rechenergebnisse

Tab. 4-17: Aufgaben des Controllings im IFRS-Informationsmanagement

Quelle: eigene Darstellung

Das Informationsmanagement hat somit wie auch das Controlling einen funktionalen, einen institutionellen und auch einen instrumentalen Charakter. Dabei ist zu berücksichtigen, dass nicht nur zusätzliche Informationen bereitgestellt werden müssen sondern auch teilweise Informationen vom Rechnungslegungsbereich nachgefragt werden, die zuvor[1156] auf eine andere Art und Weise ermittelt worden sind. Damit steht das Controlling vor der Aufgabe, entweder bestehende Strukturen anzupassen oder parallele Strukturen aufzubauen.[1157]

Von besonderer Bedeutung ist in diesem Zusammenhang der in den IFRS und den US GAAP in verschiedenen Standards vorgesehene Management Approach.[1158] Da sich die Rechnungslegung in diesen Fällen an der intern genutzten Struktur orientieren soll, ist der Aufbau zweier paralleler Systeme nicht möglich. Bei der Systemgestaltung sind daher interne und externe Anforderungen zu berücksichtigen.

1156 „Zuvor" bezieht sich auf einen Zeitpunkt, zu dem noch nicht nach IFRS bilanziert worden ist.

1157 Bei diesem Aspekt handelt es sich auch um einen wesentlichen Gesichtspunkt bei den Überlegungen zu einer Konvergenz des internen und des externen Rechnungswesens, der in Abschnitt 4.5 thematisiert wird.

1158 Vgl. IFRS 8; FAS 131.

4.4.2 Anforderungen an die Unternehmensplanung

4.4.2.1 Verwendung der Planung in der Kommunikation mit dem Kapitalmarkt

Die Unternehmensplanung als ein Kernaufgabengebiet des Controllings[1159] erfährt durch eine Orientierung am Kapitalmarkt erhebliche Veränderungen. Musste die unternehmensinterne Planung bei der Berichterstattung gegenüber unternehmensexternen Dritten unter nationalen, zumeist vergangenheitsorientierten Rechnungslegungssystemen praktisch nicht berücksichtigt werden, so ändert sich dies durch die stärkere Informationsorientierung der internationalen Rechnungslegung einerseits und die Anfragen der Kapitalmarktteilnehmer andererseits deutlich.[1160]

Die Planung wird von verschiedenen Standards als Basis der Bewertung bestimmter Größen herangezogen; d.h., dass sich bilanzielle Werte in diesen Fällen nicht mehr aus der Finanzbuchhaltung als originärer Datenquelle ergeben, sondern dass ihrer Ermittlung eine Berechnung zugrunde liegt, die auf den Planwerten der Unternehmung beruhen. Dies stellt einen Paradigmenwechsel in der Rechnungslegung dar, da durch den Bezug auf Planwerte bewusst eine Verringerung der Verlässlichkeit der Berichterstattung in Kauf genommen wird; dies ist mit der Annahme verbunden, dass hierdurch die Relevanz der Informationen aufgrund des stärkeren Zukunftsbezugs steigt.[1161]

Für das Controlling bedeutet dies jedoch, dass unter einer kapitalmarktorientierten Führung die Planungssysteme so anzupassen sind, dass sie den Anforderungen der Standards genügen, die auf ihnen aufsetzen. Die Planung wird dabei unterschiedlich verwendet, es lassen sich die in Abb. 4-25 dargestellten Fälle unterscheiden.

1159 Vgl. *Weber* (2008), S. 223.

1160 Auf diesen Zusammenhang deutet auch der empirisch beobachtbare hohe Verbreitungsgrad von integrierten Rechnungswesenmodellen in kapitalmarktorientierten Unternehmen hin, vgl. z.B. *Müller* (2006), S. 153; *Weißenberger* (2003), S. 185f. oder *Pellens/Tomaszewski/Weber* (2000), S. 1831.

1161 Zur geringeren Verlässlichkeit zukunftsbezogener Aussagen durch Prognoseprobleme vgl. *Neuhaus/Minx* (2009).

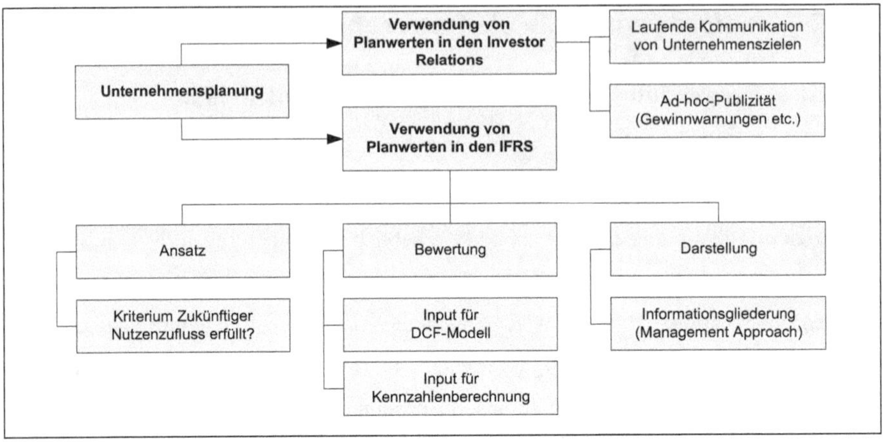

Abb. 4-25: Verwendung von Planwerten im externen Rechnungswesen

Quelle: eigene Darstellung

Eine Unternehmensplanung ist z.B. für die Anwendung von IAS 12 Ertragsteuern erforderlich. Aktive latente Steuern unterliegen einer Ansatzpflicht, sofern sie alle Ansatzkriterien eines Vermögenswertes erfüllen. Problematisch kann hierbei sein, dass aktive latente Steuern nur dann zu einem Nutzenzufluss führen, wenn die aus Sicht der IFRS-Bilanz vorab gezahlten Steuern tatsächlich zu einem späteren Zeitpunkt fällig werden – dies ist aber nur dann der Fall, wenn in Zukunft ein zu versteuernder Gewinn erwirtschaftet wird. In diesem Fall wird anhand der Unternehmensplanung beurteilt, ob – ggf. innerhalb einer bestimmten Frist – mit einem Gewinn zu rechnen ist;[1162] anhand der Planung wird also über den bilanziellen Ansatz und über die Bewertung aktiver latenter Steuern entschieden.[1163]

Die explizite Erwähnung der Vermögenswert-Eigenschaft des zukünftigen Nutzenzuflusses in IAS 12 macht deutlich, dass letztendlich im Zweifelsfall für alle Vermögenswerte in der Bilanz eine positive Zukunftsaussicht nachgewiesen werden muss, da sie gemäß des Rahmenkonzepts eines der generellen Ansatzkriterien für Vermögenswerte darstellt[1164] – die Planungsrechnung wird also evtl. für die Argumentation von beliebigen Ansatzentscheidungen gegenüber dem Abschlussprüfer herangezogen. Eine

[1162] Vgl. IAS 12.24 und auch IAS 12.34.

[1163] Vgl. *Kirsch* (2005), S. 97.

[1164] Vgl. F.49(a).

besondere Bedeutung kommt dem zukünftigen Nutzenzufluss bei der Frage nach dem Ansatz von immateriellen Vermögenswerten nach IAS 38 zu, wo dies eines der sechs zu erfüllenden Kriterien darstellt.[1165]

Im Rahmen der bilanziellen Bewertung findet die Unternehmensplanung in unterschiedlicher Art und Weise Verwendung. Einerseits schreiben zunehmend mehr Standards die Ermittlung des Fair Values vor; zwar ist in den Standards regelmäßig eine Ermittlungshierarchie enthalten, die an erster Stelle die Nutzung eines Marktwerts vorsieht, da jedoch häufig kein aktiver Markt vorliegt, müssen Fair Values regelmäßig modellgestützt ermittelt werden.[1166] Die modellgestützte Ermittlung stellt in der Regel eine DCF-Berechnung dar, der entweder die geplanten Rechnungswesengrößen als Ableitungsbasis für den Cash Flow oder die geplanten Cash Flows selbst zugrunde liegen.[1167] Als bedeutsamste Beispiele sind hier IAS 36 Wertminderung von Vermögenswerten und IFRS 3 Unternehmenszusammenschlüsse zu nennen.[1168]

Einen weiteren Anwendungsfall der Nutzung von Planwerten in der rechnungslegungsbezogenen Bewertung stellen die Standards IAS 11 Fertigungsaufträge und IAS 18 Erlöse dar. IAS 11 bestimmt, dass unter Anwendung der Percentage-of-Completion-Method eine Ertragsrealisation entsprechend des Fertigstellungsgrades durchgeführt wird, IAS 18 enthält eine entsprechende Regelung.[1169] Der Fertigstellungsgrad stellt eine Kennzahl dar, die regelmäßig über die Cost-to-Cost-Method ermittelt wird; dabei werden die kumulierten Istkosten zu den Vorschaukosten ins Verhältnis gesetzt und anhand dieses Prozentsatzes die Bestandsgröße bewertet.[1170] Ver-

---

1165 Vgl. IAS 38.21 für immaterielle Vermögenswerte allgemein und IAS 38.57 (d) i.V.m. IAS 38.60 für selbstgeschaffene immaterielle Vermögenswerte, die anhand ihrer Entwicklungsausgaben bewertet werden. Bei Erwerb von immateriellen Vermögenswerten im Rahmen eines Unternehmenserwerbs wird allerdings die Eigenschaft des zukünftigen Nutzenzuflusses stets angenommen, vgl. IAS 38.33. vgl. auch *Kirsch* (2003), S. 16.

1166 Zu den Ermittlungshierarchien vgl. z.B. IAS 16.32-33, IAS 40.45-47 und IAS 41.17-20.

1167 Vgl. auch *Weber* (2008), S. 163.

1168 Vgl. zur Ermittlung des Fair Value IAS 36.25-29 und IFRS 3.18 i.V.m. IFRS 3.B41-B45.

1169 Vgl. IAS 11.22; IAS 18.20.

1170 Zur Ermittlung des Fertigstellungsgrades vgl. bspw. *Kirsch* (2005), S. 30-33.

gleichbar ist die Bewertung latenter Steuern auf Basis der erwarteten steuerpflichtigen Gewinne.[1171]

Die dritte Funktion, in der die Unternehmensplanung in der internationalen Rechnungslegung eine Rolle spielt, ist die strukturelle Gestaltung der Informationsdarstellung. Die IFRS wie auch die US GAAP enthalten an verschiedenen Stellen ihres Regelwerks den sog. Management Approach, demzufolge sich die Rechnungslegung an dem internen Berichtswesen orientiert.[1172] Von besonderer Bedeutung ist dies bspw. bei IFRS 8 Geschäftssegmente, der eine Segmentberichterstattung vorschreibt, die sich nach der intern dem Management vorliegenden Berichtsstruktur richtet. D.h., es werden die intern definierten Segmente auch nach außen berichtet, und es werden für die Segmente ferner die intern berichteten Werte nach außen kommuniziert; sofern diese nicht nach IFRS ermittelt worden sind, müssen sie durch eine Überleitungsrechnung auf IFRS-Größen überführt werden.[1173]

Neben der Rechnungslegung ist die Investor Relations Abteilung Empfänger von Informationen der Unternehmensplanung. Einerseits ist es Aufgabe der Investor Relations, im Rahmen einer regelmäßigen Kommunikation mit den Marktteilnehmern die Visionen, Ziele und Strategien des Unternehmens zu vermitteln, um die Informationsasymmetrie abzubauen und so zu einer Verbesserung der Risikoeinschätzung und damit einer Verringerung des Risikozuschlags beizutragen. Andererseits müssen ggf. adhoc-Meldungen wie Gewinnwarnungen durch die Investor Relations an den Kapitalmarkt abgegeben werden.[1174]

4.4.2.2 Anforderungen an die Datenbasis

Wie im vorangegangenen Abschnitt gezeigt wurde, hat die Unternehmensplanung eine Reihe von tragenden Aufgaben im Rahmen der Kapitalmarktkommunikation im All-

---

1171 Vgl. *Kirsch* (2005), S. 96 f.

1172 „The method for reporting segment information under FAS 131 is referred to as the "management" approach, versus the FAS 14 "industry segment" approach. The management approach requires that management identify "operating segments" based on the way that management disaggregates the entity for making internal operating decisions. […]“; FAS 131.6.

1173 Vgl. IFRS 8.27.

1174 Vgl. zum Verhältnis der Investor Relations zu Wertorientierung und IFRS *Achleitner/Bassen/Pietzsch/Wichels* (2002), S. 33.

gemeinen und in der Rechnungslegung im Besonderen zu erfüllen. Bevor Überlegungen hinsichtlich eines geeigneten Planungssystems angestellt werden, ist die grundlegende Frage zu klären, mit was für Werten im Controlling überhaupt gearbeitet werden soll. Die speziell in Deutschland traditionelle Unterteilung der Unternehmensrechnung in internes und externes Rechnungswesen und die damit verbundene Trennung von handelsrechtlicher Buchführung auf Basis von Aufwendungen und Erträgen von der kostenrechnerischen Betrachtungsweise, die auf Kosten und Erlöse im Sinne des wertmäßigen Kostenbegriffs von *Schmalenbach* abstellt, hat dazu geführt, dass in vielen Unternehmen im Controlling auf Basis von Werten geplant und kontrolliert wurde, die nicht mit den Werten der Rechnungslegung identisch waren.[1175] Es zeigt sich, dass kapitalmarktorientierte Unternehmen keine Unterscheidung der Datenbasis hinsichtlich dieser Frage mehr vornehmen und einheitlich auf Basis der externen Regelungen auch die interne Unternehmensrechnung gestalten.[1176]

Bei den kapitalmarktorientierten Unternehmen handelt es sich in der Regel um Konzerne, die IFRS finden für den Konzernabschluss Anwendung. Da i.d.R. keine Konzernbuchführung vorhanden ist, wird der Konzernabschluss nicht originär sondern derivativ aus den Einzelabschlüssen der in den Konsolidierungskreis einbezogenen Unternehmen mithilfe von Konsolidierungstechniken erstellt. Daher stellt sich weiterhin die Frage, nach welchem System in den Finanzbuchhaltungen – dem originären Ort der Informationserfassung – der einzelnen Konzernunternehmen gebucht wird. Üblicherweise richtet sich die Finanzbuchhaltung an den gesetzlichen Bestimmungen aus, in Deutschland in besonderem Maße an dem Steuergesetz.[1177] Fraglich ist nun, wie und an welcher Stelle die IFRS-Systematik in das Rechnungswesen Eingang findet.

Grundsätzlich bestehen verschiedene Möglichkeiten, die Werte auf eine IFRS-Basis anzupassen, die in Abb. 4-26 schematisch dargestellt sind. Bei Typ 1 wird die IFRS-Umstellung erst für den konsolidierten Abschluss vorgenommen, bei Typ 2 im Rahmen der Konsolidierung bzw. im Rahmen der Vorbereitung der Einzelabschlüsse für

---

1175 Vgl. statt aller *Stelling* (2003), S. 15-21.

1176 Vgl. *Weber* (2008), S. 239. Zur Rechnungswesenkonvergenz siehe Kapitel 4.5.

1177 Vgl. zu der rückläufigen Bedeutung des Maßgeblichkeitsprinzips bereits *Taetzner* (2002), S. 121.

die Konsolidierung.[1178] Bei Typ 3 und 4 werden die IFRS-Werte bereits im Rahmen einer parallelen Buchhaltung erfasst, wobei bei Typ 3 noch die nationalen Rechnungslegungsgrundsätze das führende System darstellen und bei Typ 4 in erster Linie nach IFRS gebucht wird.[1179] Während bei den Typen 1 und 2 regelmäßig dem Controlling die Aufgabe zukommt, die IFRS-Überleitung zu erstellen, verlagert sich diese Funktion zumindest teilweise bei den Typen 3 und 4 auf die Finanzbuchhaltung, da bereits hier nach IFRS gebucht wird.[1180]

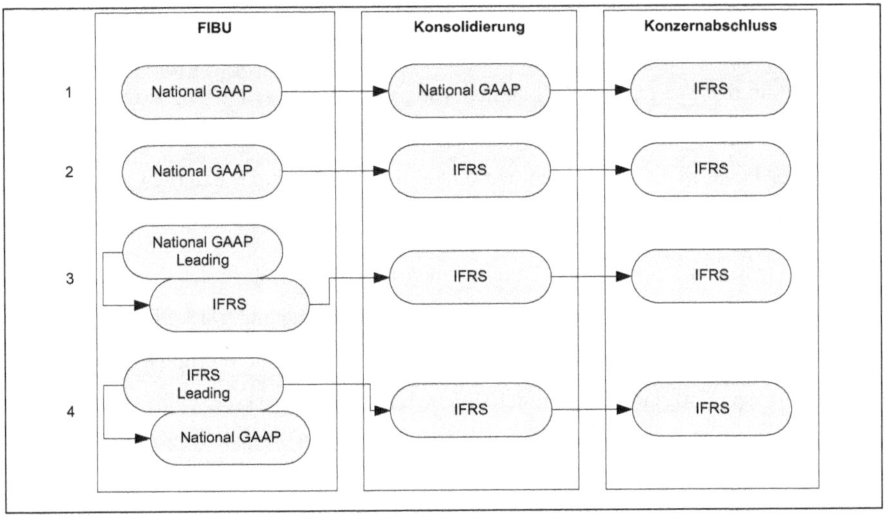

Abb. 4-26: Möglichkeiten der IFRS-Erfassung

Quelle: eigene Darstellung

In Abb. 4-26 ist lediglich die Überleitung auf IFRS für Rechnungslegungszwecke dargestellt. Wenn jedoch, wie oben festgehalten wurde, das Controlling seine Planungs- und Kontrollrechnungen auf Basis von IFRS-Werten vornimmt, besteht die Notwendigkeit, dass bereits unterjährig – d.h. mindestens quartalsweise, da eine Quartalsbe-

1178 Diese Möglichkeiten werden i.d.R. von Unternehmen genutzt, die noch nicht lange nach IFRS Bericht erstatten, da der Arbeitsaufwand durch die vorzuhaltenden Nebenrechnungen von Abschluss zu Abschluss stetig zunimmt und während des Jahres keine Transparenz bzgl. der IFRS-Werte besteht, da sie regelmäßig erst zum Jahresabschluss ermittelt werden

1179 Vgl. zu Differenz- und Parallelbuchungen *Lüdenbach* (2005), S. 368-373; *Kirsch* (2002), S. 2220.

1180 Je nachdem, wo die IFRS-Erfassung vorgenommen wird, verschiebt sich auch die Positionierung des IFRS-Knowhows in der Unternehmung, vgl. *Lüdenbach* (2005), S. 360.

richterstattung im Prime Standard Pflicht ist[1181] – die Istwerte auf IFRS-Basis vorliegen. Anderenfalls könnte das Controlling nicht auf Basis der IFRS erfolgen, und somit befände sich das Management sowie die Investor Relations Abteilung das gesamte Jahr über im Unklaren darüber, wie sich das Unternehmen nach internationaler Rechnungslegung bewertet am Jahresende darstellt. Unternehmen, die ihr Controlling auf IFRS-Basis betreiben, wenden daher regelmäßig eine Datenerfassung von Typ 3 oder 4 an.[1182]

4.4.2.3 Funktionale Anforderungen an das Planungssystem

4.4.2.3.1 Planungssysteme im Kontext einer Kapitalmarktorientierung

Planungssysteme lassen sich als kybernetische Systeme auffassen, die hinsichtlich ihrer Zielbezogenheit, Vollständigkeit, Strukturierung und Integration ihrer Elemente beschrieben werden können.[1183] Die Gestaltungsfelder von Planungssystemen lassen sich dabei generell wie in Abb. 4-27 darstellen:

1181 Vgl. § 66 Abs. 1 FWBO.

1182 Vgl. *Lüdenbach* (2005), S. 358-361; zur Durchdringung empirisch auch *Weber* (2008), S. 239 ff.

1183 Vgl. *Hahn/Hungenberg* (2001), S. 79.

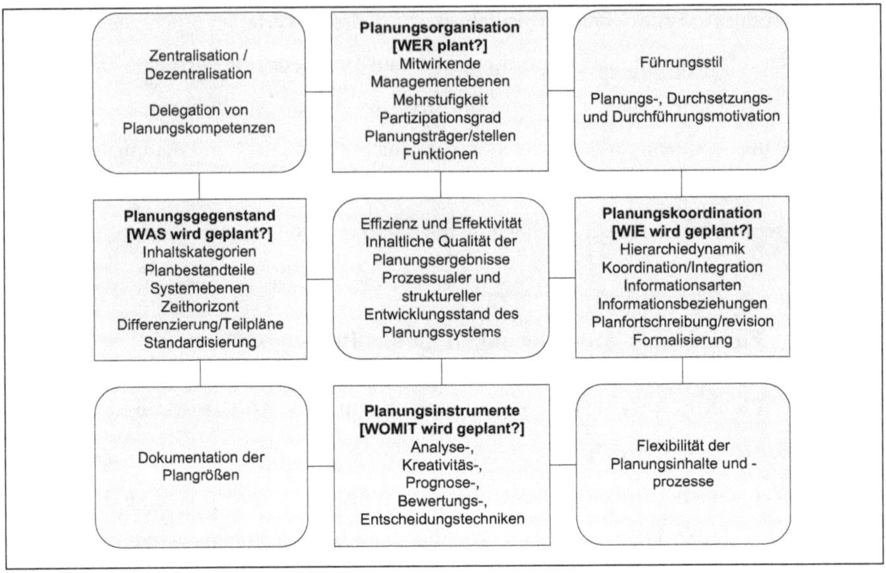

Abb. 4-27: Gestaltungsfelder des Planungssystems
Quelle: *Töpfer* (1989), Sp. 1515

Die in den vorangegangenen Kapiteln untersuchten originären und derivativen Anforderungen des Kapitalmarkts an die Unternehmensrechnung im Allgemeinen und an die Unternehmensplanungssysteme im Besonderen betreffen in erster Linie die Fragen des Planungsgegenstands und der Planungsinstrumente. Aus funktioneller Sicht ergeben sich erhebliche Anforderungen inhaltlicher Art an die Planungsgegenstände; aus instrumenteller Sicht sind einerseits ideelle Instrumente wie ein Konzept der wertorientierten Steuerung auszuwählen und zu implementieren, andererseits aber auch reale Instrumente, bei denen es sich regelmäßig um IT-Systeme handelt.[1184] Es müssen dabei in der Planung die relevanten Aspekte aus den Bereichen Wertorientierung (originäre Anforderungen) und Informationsunterstützung für die Investor Relations und IFRS (derivative Anforderungen) abgebildet werden.[1185]

1184 Vgl. *Weber* (2008), S. 202 f. und 223 f.

1185 Vgl. zur Integration in das Planungssystem auch *Lattwein* (2002), S. 180 f.

4.4.2.3.2 Anforderungen der wertorientierten Führung

Der Anforderungsbereich der Wertorientierung erfordert die Auswahl, Entwicklung und Implementierung eines Steuerungssystems, das entscheidungsunterstützend wirkt und eines Anreizsystems, welches verhaltenssteuernd im Sinne der Unternehmenszielsetzung wirkt. Die Gestaltung des Anreizsystems ist auch Gegenstand des Planungssystems, da i.d.R. mit Zielvereinbarungen geplant wird, an denen das Anreizsystem direkt ankoppelt. Die besondere Herausforderung stellt dabei die Implementierung nicht nur auf strategischer sondern auch auf operativer Ebene dar. Bestehende Kennzahlensysteme sind dementsprechend dahingehend zu modifizieren, dass sie wertorientierte Kennzahlen aufnehmen und die operativen Einflussgrößen mit Werttreibern verknüpfen.[1186]

Die Konzepte wertorientierter Steuerung basieren zumindest teilweise auf der Verwendung von Marktinformationen; dazu zählen im Rahmen der Kapitalkostenermittlung die Bestimmung der Marktrendite, des risikolosen Zinssatzes und des β-Faktors für die WACC-Berechnung, die historischen und aktuellen Einschätzungen von Analysten bzgl. Gewinn je Aktie und KGV für die TRS-Dekomposition und ferner auch weniger quantitative Informationen, die über die Investor Relations Abteilung dem Unternehmen zugehen. Werden Werte auf Basis von Peer Groups ermittelt, so müssen nicht nur die genannten Werte für die Unternehmen der Peer Group bereitgestellt werden, auch die Zusammensetzung der Peer Group muss regelmäßig kontrolliert und ggf. überarbeitet werden. Das Controlling steht somit vor der Aufgabe, auch diese Informationen in das Informationsmanagement aufzunehmen, d.h., die notwendigen Informationen zu identifizieren, ihre Beschaffung, Speicherung und Verarbeitung zu planen, zu koordinieren und zu kontrollieren.[1187]

4.4.2.3.3 Generelle Anforderungen aus der IFRS-Bilanzierung

Der Anforderungsbereich der IFRS-Unterstützung bzw. der Zusammenarbeit mit der Investor Relations Abteilung ist nicht additiv zu den vorgenannten Bedingungen zu verstehen, vielmehr stellt die Umstellung auf ein IFRS-basiertes Controlling eine wei-

[1186] Vgl. *Lattwein* (2002), S. 181.

[1187] Vgl. zum Informationsmanagement *Kirsch* (2005a), S. 8 f.

tere Anforderungsdimension dar. Die oben genannten Kennzahlensysteme sind nicht nur um wertorientierte Kennzahlen zu erweitern, sie müssen auch auf die ggf. neue IFRS-Datenbasis umgestellt werden; dies betrifft im Falle der Einführung des EVA-Konzepts auch die Conversions, da sie abhängig von der jeweils zugrunde liegenden Rechnungslegungssystematik sind.

Mit der Entscheidung, die IFRS als Datenbasis für die Planungs- und Kontrollrechnungen zu verwenden, wird zudem die Kontrolle über die Berechnungssystematik „aus der Hand gegeben“[1188]; da sich die internationalen Rechnungslegungsstandards in einem steten Wandel befinden, ist somit das Controlling gezwungen, die Planungssysteme laufend an den aktuellen Stand der IFRS anzupassen. Die Systeme müssen daher die notwendige Flexibilität aufweisen, solche Anpassungen ggf. unterjährig in den Planungs- und Kontrollprozess einfließen zu lassen. Das bedeutet, dass unter Umständen für die gleichen Planobjekte in verschiedenen Perioden unterschiedliche Planungsalgorithmen zu verwenden sind.[1189]

Dem Problem der teilweise raschen Änderungen der IFRS in der Planung schließt sich das Problem der Analyse und Kontrolle an. Die im Controlling häufig Verwendung findende Berichtsstruktur der Gegenüberstellung aktueller Ist- und Vorschauwerte zu positionsgleichen Werten aus Vorperioden und der Abb. von Zeitreihen stößt ebenfalls auf Probleme. Mangels einer intertemporalen Vergleichbarkeit wird es dem Reporting erheblich erschwert, dem Management aussagekräftige und leicht verständliche Informationen zur Verfügung zu stellen.[1190]

Tab. 4-18 veranschaulicht das Problem am Beispiel eines Berichts über das Sachanlagevermögen.[1191] Wurde es in der Vergangenheit nach dem Anschaffungskostenmodell gem. IAS 16.15 bewertet, so konnten in die Interpretation der Änderungsraten die be-

---

1188 Es kann jederzeit entschieden werden, wieder eine selbst definierte Datenbasis zu verwenden; die Entscheidung für eine bestimmte Datenbasis hat jedoch aufgrund ihrer elementaren Bedeutung und der im Falle einer Umstellung anfallenden Folgeausgaben einen langfristigen, fixen Charakter.

1189 D.h., dass sie nicht nur pro Position angelegt werden sondern pro Position und pro Berichtsperiode.

1190 Vgl. *Weber* (2008), S. 243.

1191 Vermögenspositionen sind Gegenstand des Investitionscontrollings und des Goodwill-Controllings im Rahmen des Impairment Tests. Ebenfalls können Vermögenspositionen im Rahmen der wertorientierten Führung zur Analyse der Kapitalbasis überwacht werden.

kannten Einflussfaktoren wie Investition, Desinvestition, Abschreibung und Wertminderung einbezogen werden.[1192] Durch die Umstellung auf die Neubewertungsmethode ergibt sich ein Interpretationsproblem der Änderung zum Vorjahr.[1193]

Position	20x0 (VVVJ)	20x1 (VVJ)	20x2 (VJ)	20x3 Vorschau	20x3 Plan
Sachanlagevermögen nach IAS 16	92 Mio. EUR	100 Mio. EUR	105 Mio. EUR	180 Mio. EUR	160 Mio. EUR
Bewertungsmodell	AK-Modell	AK-Modell	AK-Modell	Neubewertungs-modell	Neubewertungs-modell
Differenz zum VJ, absolut	+ 9 Mio. EUR	+ 8 Mio. EUR	+ 5 Mio. EUR	+ 75 Mio. EUR	- 20 Mio. EUR
Differenz zum VJ, prozentual	+ 10%	+ 9%	+ 5%	+ 71%	- 11%

Tab. 4-18: Probleme des Zeitvergleichs durch IFRS
Quelle: eigene Darstellung

Die Steigerung des Sachanlagevermögens im laufenden Jahr um 71% ist im Vergleich zu den in den Vorjahren kontinuierlich fallenden Wachstumsraten von 10% bis zuletzt 5% nicht ohne zusätzliche Informationen interpretierbar. Diese zusätzlichen Informationen könnten zur Verfügung gestellt werden, indem der Bericht entweder um eine Berechnung der aktuellen Werte mit der alten Systematik oder mit einer Neuberechnung der Vorjahreswerte mit der neuen Systematik ergänzt werden würde. In beiden Fällen sind weitere verbale Erläuterungen notwendig; die Transparenz geht dabei schnell verloren, zumal im Folgejahr evtl. die nächste Änderung berücksichtigt werden muss usw. Die Anforderungen betreffen damit einerseits das Planungssystem selbst, aber auch das damit verbundene Berichtswesen.

4.4.2.3.4 Anforderungen von IAS 36 an das Planungssystem

Eine wesentliche weitere Anforderung erfährt das Planungssystem durch die Vorschriften des IAS 36 Wertminderung von Vermögenswerten, der eine Reihe von An-

[1192] Im Beispiel könnte daher eine zurückgehende Investitionstätigkeit erkannt werden, die sich nicht nur relativ sondern auch in den absoluten Wachstumsbeträgen der Position zeigt, da nach IFRS regelmäßig linear abgeschrieben wird und die Abschreibungsdauer der tatsächlichen Nutzungsdauer entsprechen soll; Verzerrungen durch degressive Abschreibungslinien und den zeitlichen Versatz von Ersatzinvestition und Abschreibungsende sind daher eher unbedeutend.

[1193] Bei dem dargestellten Problem handelt es sich um die Ausübung eines Wahlrechts und nicht um eine zwangsläufig vorzunehmende Änderung eines Standards; für das Controlling ergibt sich jedoch die gleiche Problematik.

forderungen an die Unternehmensplanung stellt. Gemäß IAS 36 liegen Wertminderungen vor, wenn der Buchwert unter dem erzielbaren Betrag liegt, wobei der erzielbare Betrag den höheren Wert aus fortgesetzter Nutzung (Nutzungswert; Value in Use) oder aus dem Verkauf (Fair Value less Costs to Sell) darstellt und somit die rationale Handlungsalternative repräsentiert. Da sich Nutzungswerte auf Basis möglichst unabhängiger Cash Flows bilden und dies für viele einzelne Vermögenswerte nicht möglich ist, werden Bewertungseinheiten, die sog. Zahlungsmittelgenerierenden Einheiten (ZGE, oder Cash Generating Unit, CGU) gebildet, für die diese Werte zu ermitteln sind. IAS 36 macht somit letztendlich eine Strukturierung des Unternehmens in CGUs notwendig. Dementsprechend ist zu prüfen, ob die wertorientierten Steuerungssysteme auf Ebene der CGUs umgesetzt werden sollen, um eine Verknüpfung zwischen Wertorientierung und Kommunikation zu erreichen. Die Bildung von CGUs auf Basis von bestehenden Unternehmensstrukturen wird im folgenden Kapitel 4.4.3 untersucht.

Ferner enthält IAS 36 weitere Vorschriften dafür, welche Bestandteile in die Berechnung der Cash Flows eingehen dürfen und welche nicht; diese Größen sind ebenfalls bereits in die Planung und Kontrolle einzubeziehen, um die Rechnungslegung optimal zu unterstützen. Neben der Bereinigung um Finanzierungs- und Steuerwirkungen[1194] sind für die Berechnung des Nutzungswerts alle Effekte aus geplanten Erweiterungsinvestitionen und aus geplanten Restrukturierungsmaßnahmen aus der CGU-Planung zu eliminieren.[1195] Bei der Bestimmung des Fair Values einer CGU sind die in der CGU-Planung enthaltenen Cash Flows nicht zu berücksichtigen, die auf Synergieeffekte mit anderen CGUs zurückgehen.

Die Planung der CGUs soll für einen Zeithorizont von bis zu fünf Jahren vorgenommen und um eine Restwertschätzung ergänzt werden und entspricht somit dem Vorgehen im Komponentenmodell der DCF-Verfahren der Unternehmensbewertung.[1196] Hierbei wird die Nähe zu einer wertorientierten Steuerung deutlich, da eine modifizier-

1194 Vgl. IAS 36.50.

1195 Vgl. IAS 36.33 (b); IAS 36.44.

1196 Vgl. IAS 36.33 und IAS 36.35. Bei der Bewertung von Vermögenswerten oder von CGUs mit einem sog. „leading asset“ werden die Cash Flows der gesamten Nutzungsdauer zugrunde gelegt; eine Planung über die gesamte Nutzungsdauer ist jedoch gem. IAS 36.36 nicht notwendig und kann durch eine vereinfachte Berechnung ersetzt werden.

te Variante des Unternehmenswerts als Maßstab für bilanzielle Bewertungen herangezogen wird und der Impairment Test der Entscheidungsunterstützung dient. Durch die Kopplung von Anreizsystemen an bilanzielle Größen wird zugleich die Verhaltenssteuerungsfunktion angesprochen.[1197]

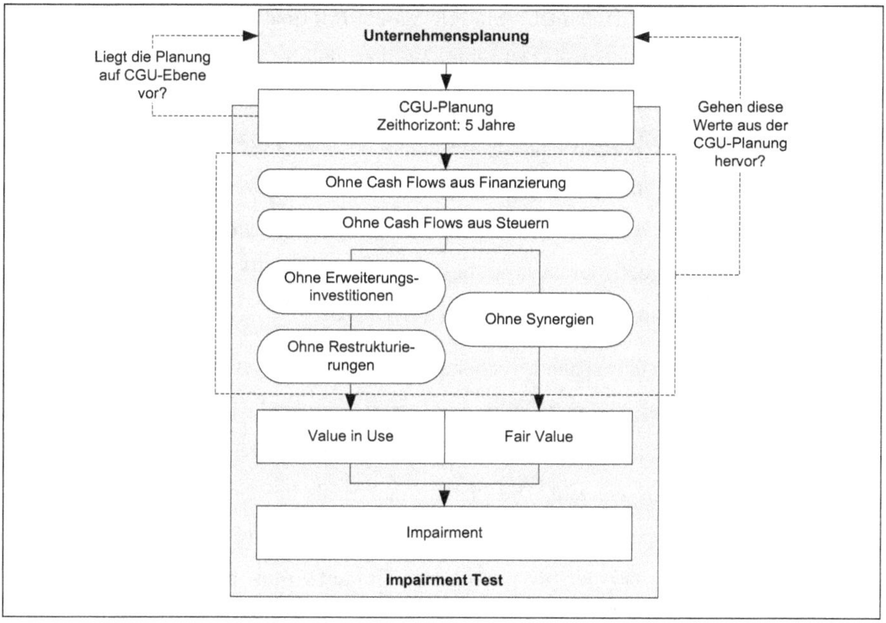

Abb. 4-28: Anforderungen des Impairment Tests an Planungsstruktur und Planungsinhalte
Quelle: eigene Darstellung

4.4.2.3.5 Umsatzkostenverfahren und Kapitalflussrechnung

Gerade für deutsche Unternehmen stellen die Anwendung des Umsatzkostenverfahrens bei der Erstellung der Gewinn- und Verlustrechnung bzw. des Statement of Comprehensive Income sowie die Erstellung der Kapitalflussrechnung noch nennenswerte Herausforderungen dar. Dies ist einerseits durch einen nur schwachen Kapital-

1197 Zur Diskussion um ein im Rahmen eines Anreizsystems geeignetes Performancemaß vgl. *Hirth/Callsen-Bracker* (2009), S. 139.

markt in Deutschland bis weit in die neunziger Jahre zu erklären, andererseits fehlten entsprechende Vorschriften im HGB zur Erstellung einer Kapitalflussrechnung.[1198]

Zwar gewähren auch die IFRS ein Wahlrecht zwischen Gesamt- und Umsatzkostenverfahren, international üblich und vom Kapitalmarkt auch erwartet ist jedoch das Umsatzkostenverfahren, da es mehr und relevantere Informationen enthält als das Gesamtkostenverfahren. Der höhere Informationsgehalt liegt in dem Umstand begründet, dass dem Gesamtkostenverfahren lediglich die „Kostenartenrechnung“ zugrunde liegt, während in das Umsatzkostenverfahren zusätzlich noch die Erkenntnisse aus der „Kostenstellenrechnung“ einfließen. Relevanter sind die Informationen, da sie mehr über die Verwendung der Ausgaben aussagen: während die Gesamtkostenrechnung den nach Aufwandsarten gegliederten Input beschreibt, erläutert die Gewinn- und Verlustrechnung nach dem Umsatzkostenverfahren den Output.

Wenn die beiden Verfahren auch rechnerisch aus einem System abgeleitet werden können – vorausgesetzt, alle notwendigen Informationen sind darin verfügbar – macht es doch einen Unterschied, nach welcher Systematik primär geplant wird und welche Rechnung nur derivativ entsteht. Die Planung auf Basis des Umsatzkostenverfahrens erfordert wesentlich mehr Annahmen und Berechnungen, da die innerbetriebliche Leistungsverrechnung bei der Verteilung der Gemeinkosten berücksichtigt werden muss.[1199]

Die Kapitalflussrechnung ist als einer der bedeutsamsten Bestandteile des IFRS-Abschlusses anzusehen, dementsprechend sollte sie auch im Rahmen des Planungssystems eine entsprechende Würdigung finden. Während sich die Unternehmensplanung traditionell eher an den periodisierten Größen des Rechnungswesens orientiert, sind in den Unternehmensbewertungskonzepten die Zahlungsgrößen dominant. Die Kapitalflussrechnung kann zwar derivativ aus den Daten der Finanzbuchhaltung abgeleitet

[1198] So wurde die Pflicht zur Erstellung einer Kapitalflussrechnung für den Konzernabschluss nach HGB erst im Jahr 2000 durch DRS 2 konstituiert. Für den Einzelabschluss zählt nach HGB die Kapitalflussrechnung selbst nach der großen Reform durch das BilMoG nicht zu den Jahresabschlussbestandteilen, es sei denn, es handelt sich um kapitalmarktorientierte Unternehmen, die in keinen Konzernabschluss einbezogen werden.

[1199] Vor diesem Hintergrund ist auch das Zitat eines Controllingleiters eines DAX 30 Unternehmens zu sehen: „Wir planen noch nicht auf Umsatzkostenbasis, sondern auf Gesamtkostenbasis. Da haben wir eine große Baustelle.“ *Weber* (2008), S. 241.

werden, sie als originäres Planungsinstrument zu verwenden ist jedoch mit ähnlichen Problemen verbunden wie auf Umsatzkostenbasis zu planen.[1200]

4.4.2.3.6 Weitere IFRS-Anforderungen an das Planungssystem

Weitere bedeutsame Implikationen ergeben sich für das Planungssystem aus den Regelungen zur Bilanzierung von latenten Steuern und der Berücksichtigung von Fremdwährungen insbesondere im Konzernabschluss.

In internationalen Abschlüssen gewinnen aufgrund der unterschiedlichen Besteuerungsregelungen in den verschiedenen Ländern die latenten Steuern an Bedeutung. Da sich die latenten Steuern vereinfacht aus der mit dem Steuersatz multiplizierten Differenz zwischen IFRS-Bilanz und Steuerbilanz ergeben,[1201] würde eine Planung latenter Steuern neben der IFRS-Planung eine dezidierte Steuerplanung erfordern. Dabei ist die Planung nicht nur für den Ansatz aktiver latenter Steuern notwendig, vielmehr sollte eine Position von dem Umfang und der Bedeutung der latenten Steuern in der Planung für Steuerungszwecke berücksichtigt werden. Die Investor Relations Abteilung benötigt die Informationen aus der Unternehmensplanung, um erwartete Entwicklungen bei den latenten Steuern kommunizieren und erklären zu können.

Da eine spezielle Steuerplanung i.d.R. nicht durchgeführt wird, erscheint eine vereinfachte Steuerplanung auf Basis der IFRS-Planung als ausreichend; dabei werden ausgehend vom IFRS-Ergebnis die wesentlichen Differenzen zur steuerrechtlichen Behandlung im Rahmen einer Überleitungsrechnung eliminiert und auf das steuerrechtliche Ergebnis geschlossen.[1202]

Dabei muss beachtet werden, dass die Steuerplanung in beiden Fällen auf einer speziellen Datenbasis aufsetzen muss, die nicht zwangsläufig mit der CGU-Struktur identisch ist. Da steuerrechtliche Regelungen und Steuersätze pro Konzernunternehmen festgestellt werden müssen, sollte auch die Planung auf einer derartig strukturierten Basis aufbauen. Das Planungssystem sollte also ebenso wie die Vorsysteme multiple

---

[1200] Vgl. zur Cash-Flow-Planung *Hahn/Hungenberg* (2001), S. 887-898.

[1201] Vgl. IAS 12.47.

[1202] Vgl. *Kirsch* (2005a), S. 98 f.

Klassifikationsmöglichkeiten für Informationen bereitstellen, um die Auswertungsfähigkeit zu erhöhen.

Die Währungsumrechnung folgt gem. IAS 21 dem Konzept der funktionalen Währung und berücksichtigt unterschiedliche Kurse für die Umrechnung in die Konzernwährung. Die Abb. unterschiedlicher Währungen und die Umrechnung innerhalb der Planung und der Kontrolle stellen das Controlling dabei vor große Herausforderungen. Im Rahmen der Planung müssen Kurse prognostiziert werden, um im Rahmen der Planung verwendet werden zu können, da i.d.R. die Konzernplanung in einer Währung durchgeführt wird.[1203] Da die operativen Einheiten nicht für Wechselkursschwankungen verantwortlich sind, werden Planungen für operative Einheiten in Landeswährung vorgenommen, und im Rahmen von Kontrollrechnungen finden die geplanten Wechselkurse zur Eliminierung des Kurseffekts Verwendung.[1204] Da dies nicht der IFRS-Logik entspricht, die ja die Verwendung der tatsächlichen Kurse in der Bilanzierung vorschreibt, muss das Planungssystem mit verschiedenen Wechselkursen pro Währung arbeiten können; neben den tatsächlichen Kursen müssen Plan- und Vorschaukurse hinterlegt werden können.[1205]

4.4.2.4 Instrumentelle Anforderungen an das Planungssystem

In instrumenteller Hinsicht sind neben den bereits vorgestellten ideellen Systemen der wertorientierten Führung vor allem die in der Umsetzung bedeutsamen IT-Systeme zu nennen. Tab. 4-19 stellt wesentliche Anforderungen an ein IT-gestütztes Planungssystem dar.

1203 Vgl. *Hahn/Hungenberg* (2001), S. 872 f.

1204 Vgl. *Hahn/Hungenberg* (2001), S. 873.

1205 Bei Verwendung eines rollierenden Planungssystems müssen diese Kursdaten jeweils für die verschiedenen Planebenen zur Verfügung stehen.

Klasse	Anforderung	Besonderheit aus Sicht der Kapitalmarktorientierung
Ergonomie und Handling	Anwendungsfreundlichkeit	Mehrsprachigkeit (internationale Konzerne)
	Übersichtlichkeit	Wahrung der Transparenz trotz Information Overflow unter IFRS
	Darstellung und Nachvollziehbarkeit	Überleitung von National GAAP auf IFRS Conversions im EVA-Konzept Nachvollziehbarkeit für Plausibilitätsprüfung durch den Abschlussprüfer[1206]
Kommunikation	Datenbestand	Daten werden benötigt nach • National GAAP / IFRS • Segment, CGU • Konzernunternehmen • Währungskreis • Ist/Plan/Vorschau Haltung und Aktualisierung externer Daten (Kapitalmarktinformationen)
	Datenzugriff	Wissensmanagement als Teil der wertorientierten Führung
	Integration	Systemintegration zur Vermeidung von Schnittstellenfehlern und Medienbrüchen Integration weiterer Bereiche in den Planungsprozess (Investor Relations Risk Management, Frühaufklärung)
	Datenformate	XBRL als Ausgabeformat für Finanzmarktkommunikation
Flexibilität	Programmanpassung	Erfassung von IFRS-Änderungen in der Planungslogik
	Erweiterbarkeit	Erfassung von neuen IFRS in der Planungslogik Erfassung neuer CGUs aus Unternehmenszusammenschlüssen
	Eingriffe in den Programmablauf	Flexibilität notwendig zur Adaption sich ändernder Standards vor Inkrafttreten
Leistungsumfang	Aufgabenbereich des Systems	Integrierte strategische, mittelfristige und operative Planung Sonderbereiche • EVA/EP-Berechnung • Goodwill-Controlling • Diskontierungen • Fair Value Handling
	Szenariomanagement	Goodwill-Allokation CGU-Bildung Kapitalkostensätze (Kapitalstruktur, Betafaktoren) Wachstumsraten

1206 Speziell die Abschlussprüfung sieht sich in Folge diverser Bilanzskandale einem erhöhten Erwartungsdruck ausgesetzt, vgl. *Krehl/Fischer* (2009), S. 291.

	Schnittstellen	Möglichst breites Schnittstellenangebot für Flexibilität bei Unternehmensakquisitionen
	Schulungen	Beherrschung der IFRS und Beherrschung der wertorientierten Konzepte immaterieller Vermögenswerte

Tab. 4-19: Anforderungen an ein IT-gestütztes Planungssystem

Quelle: erweitert nach *Ehrmann* (1995), S. 415

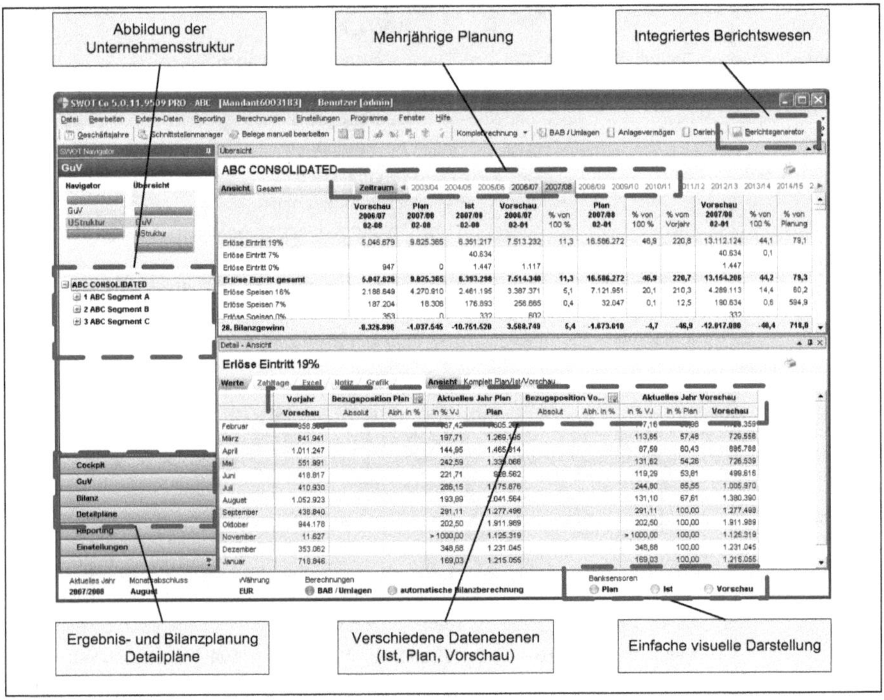

Abb. 4-29: IT-basiertes Planungssystem

Quelle: Bildschirmausdruck der Software SWOT Controlling Co5 (2009)

4.4.3 Zahlungsmittelgenerierende Einheiten und Organisation in Verantwortungszentren

4.4.3.1 Problemstellung

Der Wertminderungstest nach IAS 36 erfordert für das untersuchte Objekt die Ermittlung von zwei Werten, welche die beiden generell möglichen Handlungsalternativen des Managements repräsentieren, also einen Wert für den Fall der weiteren eigenen

Nutzung in Form des Nutzungswertes (Value in Use), und einen weiteren Wert für den Fall der Veräußerung, für welchen der beizulegende Wert abzüglich Veräußerungskosten (Fair Value less Costs to Sell) herangezogen wird.[1207] Für die Ermittlung des Nutzungswertes sind die zukünftigen Ein- und Auszahlungen heranzuziehen, die dem Vermögenswert zuzuordnen sind.[1208] Können dem Vermögenswert keine Einzahlungen zugerechnet werden, ist eine zahlungsmittelgenerierende Einheit (Cash Generating Unit; CGU) als Bewertungseinheit zu bilden.[1209] Da sich der Anwendungsbereich des Wertminderungstests des IAS 36 auf das Anlagevermögen konzentriert,[1210] sich aber gerade im Anlagevermögen im Regelfall Zahlungsströme erst durch den kombinierten Einsatz der Ressourcen ergeben, müssen die Unternehmungen de facto in zahlungsmittelgenerierende Einheiten aufgeteilt werden.

Da häufig jedoch bereits eine Aufgliederung des Unternehmens in Verantwortlichkeitsbereiche bzw. -zentren (responsibility centers)[1211] im internen Rechnungswesen für Planungs- und Kontrollzwecke erfolgt, liegt es nahe zu untersuchen, ob die Strukturen miteinander kompatibel sind, um Redundanzen bei Einführung und Nutzung der Systeme zu vermeiden.[1212]

4.4.3.2 Definition und Abgrenzung von zahlungsmittelgenerierenden Einheiten

Eine zahlungsmittelgenerierende Einheit ist als die kleinste identifizierbare Gruppe von Vermögenswerten definiert, die Mittelzuflüsse erzeugen, die weitestgehend unabhängig von den Mittelzuflüssen anderer Vermögenswerte oder anderer Gruppen von Vermögenswerten sind.[1213] Ferner bestimmt IAS 36.80, dass der aus einer Unternehmensakquisition resultierende Goodwill auf die zahlungsmittelgenerierenden Einheiten

---

1207 Vgl. IAS 36.1.

1208 Weiterhin ist ein geeigneter Diskontierungsfaktor zu bestimmen, dies ist jedoch nicht Gegenstand dieses Kapitels.

1209 Vgl. IAS 36.66.

1210 Vgl. den Anwendungsbereich in IAS 36.2.

1211 Vgl. *Horváth* (2009a), S. 504; *Hofmann* (2002), S. 1178.

1212 IAS 36.69 verweist für die Abgrenzung auch auf die interne Steuerung,

1213 Vgl. IAS 36.6.

verteilt wird, die von dem Erwerb profitieren sollen. Dabei soll der Goodwill auf die niedrigste Einheit oder Gruppe von Einheiten verteilt werden, die vom Management intern überwacht wird.[1214] Die zahlungsmittelgenerierende Einheit darf dabei nicht größer sein als ein im Rahmen der Segmentberichterstattung nach IFRS 8 gebildetes Segment.[1215]

Daraus lässt sich schließen, dass i. d. R. das gesamte Unternehmen in zahlungsmittelgenerierende Einheiten aufzuteilen ist, die ggf. zu Gruppen zusammengefasst werden müssen.[1216] Für die Bildung und Abgrenzung der zahlungsmittelgenerierenden Einheit lässt sich somit neben dem in IAS 36.6 implizierten Bottom-Up-Ansatz ein Top-Down-Ansatz entwickeln. Im Rahmen des Bottom-Up-Ansatzes wird im Sinne von IAS 36, der auf die „*kleinste* [Hervorhebung durch den Verfasser] identifizierbare Gruppe"[1217] abstellt, ausgehend von einem Vermögenswert die Gruppe durch sukzessives Hinzufügen weiterer Vermögenswerte gebildet, bis die Bedingung des unabhängigen Mittelzuflusses erfüllt wird.[1218]

Daneben kann aus den weiteren Bedingungen des IAS 36.80 ein Top-Down-Ansatz entwickelt werden, bei dem ausgehend von den bereits gebildeten Segmenten überprüft wird, ob und ggf. wie die einzelnen Segmente noch weiter unterteilt werden können, d.h. wie weit eine Unterteilung möglich ist, so dass die Bedingungen des unabhängigen Mittelzuflusses und der internen Steuerung noch erfüllt sind. Dabei darf nicht übersehen werden, dass die Bedingungen des IAS 36.80 lediglich für solche zahlungsmittelgenerierenden Einheiten gelten, auf die ein Goodwill verteilt werden soll. Da jedoch die Abgrenzung der zahlungsmittelgenerierenden Einheiten stetig erfolgen soll,[1219] und im Vorhinein nicht bestimmt werden kann, ob auf eine zahlungsmittelge-

1214 Vgl. IAS 36.80 (a).

1215 Vgl. IAS 36.80 (b).

1216 Vgl. auch *Beyhs* (2002), S. 98.

1217 IAS 36.6.

1218 IAS 1.32 spricht ein prinzipielles Verbot von Saldierung aus. Ausnahmen sind nur dann möglich, wenn sie von einem anderen Standard gefordert werden. Die Bildung einer Bewertungseinheit nach IAS 36 kann als solch eine Forderung interpretiert werden; die Verletzung des Prinzips soll durch eine Eingrenzung der Bewertungseinheit und somit der Saldierungsmöglichkeiten gelindert werden; ähnlicher Ansicht *Beyhs* (2002), S. 106.

1219 Vgl. IAS 36.72.

nerierende Einheit zu einem späteren Zeitpunkt ein Goodwill zugeordnet werden wird, kann argumentiert werden, dass der Top-Down-Ansatz generell für die Definition und Abgrenzung der zahlungsmittelgenerierenden Einheiten zulässig ist. Dagegen spricht jedoch, dass der Goodwill auch auf Gruppen von zahlungsmittelgenerierenden Einheiten verteilt werden kann[1220] und somit eine zukünftige mögliche Goodwillzuordnung kein Argument gegen eine weitere Unterteilung darstellt.

IAS 36.6 fordert die weitgehende[1221] Unabhängigkeit von Einzahlungen als strukturbildendes Merkmal der zahlungsmittelgenerierenden Einheit, nicht die Unabhängigkeit bzw. Separierbarkeit eines Zahlungsüberschusses. Da sich der Nutzungswert als diskontierter Wert der zukünftigen Zahlungsüberschüsse ergibt, muss die Formulierung der Definition als mit Absicht gewählt interpretiert und daher als Hinweis darauf verstanden werden, dass eine Abhängigkeit von Auszahlungen die Bildung einer zahlungsmittelgenerierenden Einheit nicht behindert. Allerdings kann eine Verbundenheit der Vermögenswerte im Rahmen der Planung und der Leistungserbringung dazu führen, dass die resultierenden Einzahlungsströme nicht als unabhängig anzusehen sind.[1222] Insofern muss also bei der Bildung von zahlungsmittelgenerierenden Einheiten – entgegen dem ersten Eindruck – doch auf die Abhängigkeiten der mit den Vermögenswerten verbundenen Auszahlungen geachtet werden.

Wenn ein aktiver Markt für die erbrachte Leistung existiert, geht IAS 36 vom Vorliegen einer zahlungsmittelgenerierenden Einheit aus, unabhängig davon, ob dieser Markt tatsächlich genutzt wird. D. h., dass in einem Leistungsprozess eingesetzte Vermögenswerte in Abhängigkeit von der Marktgängigkeit der Zwischenprodukte in mehrere zahlungsmittelgenerierende Einheiten aufgeteilt werden müssen.

Es wird offensichtlich, dass die Bildung von zahlungsmittelgenerierenden Einheiten einen aufwendigen Prozess darstellt, der gute Kenntnisse der Struktur der Leistungsprozesse erfordert. IAS 36.69 nennt daher auch die interne Steuerung als Bezugs-

---

1220 Vgl. IAS 36.80.

1221 Die Bedeutung der Formulierung „weitgehend“ soll an dieser Stelle nicht problematisiert werden.

1222 Vgl. *Beyhs* (2002), S. 103 – 106.

punkt.[1223] Es wäre daher interessant, wenn – insbesondere im Rahmen des Bottom-Up-Ansatzes – auf eine bereits vorhandene Struktur aufgesetzt werden könnte. Eine solche liegt evtl. in Form der Verantwortungszentren, also der Cost-, Sales-, Profit- oder Investmentcenter des internen Rechnungswesens vor.

4.4.3.3 Definition und Abgrenzung von Verantwortungszentren

Das interne Rechnungswesen folgt häufig in seinem Aufbau der traditionellen Kostenrechnung, die sich in die Phasen Kostenartenrechnung, Kostenstellenrechnung und Kostenträgerrechnung aufteilen lässt. Kostenstellen dienen dabei dem Zweck der Zuordnung der Kostenträgergemeinkosten zu den Orten ihrer Entstehung. Die Zuordnung dieser Kosten zu den Kostenstellen ist notwendig, um sinnvolle Kostenkontrollen zu ermöglichen und Kalkulationen zu verbessern. Eine Kostenstelle wird daher definiert als ein kostenrechnerisch selbständig abgerechneter Teilbereich. Für die Bildung von Kostenstellen bestehen zum Teil konfliktäre Grundsätze. So soll eine Kostenstelle ein selbständiger Verantwortungsbereich sein, der möglichst auch eine räumliche Einheit darstellen soll. Ferner müssen in der Kostenstelle Bezugsgrößen auffindbar sein, welche die Kostenverursachung möglichst genau abbilden, sich aber auch möglichst einfach erfassen lassen soll. Kostenstellen werden nach abrechnungstechnischen Gesichtspunkten in Vor- und Endkostenstellen und unter leistungstechnischer Betrachtungsweise in Haupt- und Hilfskostenstellen differenziert.[1224]

Die Gemeinkosten, die den Kostenstellen zugeordnet werden, lassen sich in primäre Gemeinkosten, den Kostenstellen direkt zurechenbare Gemeinkosten, und sekundäre Gemeinkosten, also auf die Kostenstellen umgelegte Gemeinkosten unterscheiden. Da die Kostenstellenrechnung umso genauer wird und die mit ihr verbundenen Funktionen dann besser erfüllt, je mehr Gemeinkosten direkt gemessen werden, wird häufig

---

[1223] Der Bezug auf die interne Steuerung im Rahmen der Definition einer Bewertungseinheit für Zwecke der externen Berichterstattung kann als eine Ausprägung des sog. Management Approach verstanden werden, der explizit auch im Rahmen der Segmentberichterstattung nach IAS 14 – wenn auch in eingeschränkter Form – zur Anwendung kommt, vgl. IAS 14.13. Gleicher Ansicht ist *Klingels* (2005), S. 173 f. IAS 14 wurde inzwischen durch IFRS 8 ersetzt, der dem Management Approach noch stärker folgt.

[1224] Vgl. bspw. *Stelling* (2003), S. 33 f.

eine sehr detaillierte Zuordnung angestrebt.[1225] Dieses Bestreben findet seine Umsetzung bereits in der Erfassung der Geschäftsvorfälle im Rahmen der Finanzbuchhaltung, die regelmäßig unter Angabe der betroffenen Kostenstelle gebucht werden.[1226] So sollten auch erworbene Sachanlagen bereits bei der buchhalterischen Erfassung einer Kostenstelle zugeordnet werden, so dass die korrespondierende Abschreibung der entsprechenden Stelle systematisch angelastet werden kann.

Im Rahmen der zunehmenden Divisionalisierung großer Unternehmungen haben sich als Instrument zur Bewältigung der unternehmensinternen Informationsasymmetrien zwischen den einzelnen Bereichen und der Zentrale Verantwortlichkeitszentren entwickelt, die je nach Aufgabe einerseits über unterschiedliche Entscheidungskompetenzen verfügen, andererseits in Abhängigkeit von der Entscheidungskompetenz anhand unterschiedlicher Maßstäbe beurteilt werden.[1227] Die aus der traditionellen Kostenrechnung bekannten Kostenstellen lassen sich als eine spezielle Form der Verantwortlichkeitszentren begreifen, bei der die Einhaltung der geplanten Kosten den relevanten Erfolgsmaßstab darstellt.[1228] Einen Überblick über die möglichen Formen von Verantwortlichkeitszentren gibt Tab. 4-20:

1225 Vgl. *Stelling* (2003), S. 34.

1226 Vgl. gängige Softwarelösungen für die Finanzbuchhaltung, bspw. von SAP, Lexware o. ä.

1227 Vgl. *Horváth* (2009a), S. 504; *Stelling* (2003), S. 253.

1228 Vgl. *Schneider* (2003), S. 38 f.

Form	Orientierung	Marktzugang	Verwendung	Verantwortung	Erfolgsmaßstab
Cost Center	Kosten	Nein	Zentralbereiche Produktionsstellen	Nur für die Effizienz der Leistungserstellung	Kostenwirtschaftlichkeit (Sollkosten/ Istkosten)
Expense Center[1229]	Ausgaben	Nein	Zentralbereiche	Nur für die Ausgabendisziplin	Kostenwirtschaftlichkeit, wenn unmöglich, dann Budgeteinhaltung
Sales Center[1230]	Umsatz	Ja	Verkaufsbereiche Handelsbereiche	Nur für die Erlöse und evtl. Vertriebskosten	Erlöswirtschaftlichkeit (Isterlöse/Sollerlöse), Kontrolle der Vertriebsbudgets
Profit Center	Erfolg	Ja	Kernfunktionen: Industrie: Produktion+Vertrieb Handel: Einkauf+Vertrieb	Volle Verantwortung für das operative Ergebnis (Kosten und Erlöse)	Gewinn, Rentabilitäten (ROI, ROA), Deckungsbeiträge, Cash Flows
Investment Center	Erfolg	Ja	Kernfunktionen: Industrie: Produktion+Vertrieb Handel: Einkauf+Vertrieb	Zusätzlich zum Profit Center gibt es eine Investitionsautonomie bzgl. Investitionen und Desinvestitionen	Rentabilitäten, Residualeinkommen, Shareholder Value Zielgrößen (z. B. CFROI, EVA)

Tab. 4-20: Organisationsformen

Quelle: modifiziert nach *Stelling* (2003), S. 256.

Divisionen werden i. d. R. in Form von Profit Centern oder Investment Centern geführt, wodurch das Konzept der Dezentralisierung umgesetzt wird.[1231]

4.4.3.4 Möglichkeiten und Grenzen der Zusammenführung der Strukturkonzepte

Funktionen und Definitionen von zahlungsmittelgenerierenden Einheiten und Verantwortlichkeitszentren unterscheiden sich. Es ist daher zu prüfen, ob es trotz unterschiedlicher Funktionen ein gemeinsames Merkmal gibt, über welches eine Zusammenführung ermöglicht werden kann.

1229 Bei *Herter* (1994) entspricht diese Form dem Cost Center I, während die hier aufgeführten Cost Center dort als Cost Center II betitelt werden.

1230 Sales Center werden auch als Revenue Center bezeichnet, vgl. *Horváth* (2009a), S. 504.

1231 Vgl. *Horváth* (2009a), S. 504.

Wesentliches Differenzierungsmerkmal der zahlungsmittelgenerierenden Einheiten ist die Zuordnung von Einzahlungen, die weitestgehend unabhängig von Einzahlungen anderer zahlungsmittelgenerierender Einheiten oder Vermögenswerte sind.[1232] Regelmäßig auftretende Einzahlungsströme können aus der betrieblichen Tätigkeit und den Finanzierungsaktivitäten des Unternehmens entstammen, wobei i. d. R. die Umsatzerlöse die Hauptquelle der betrieblichen Einzahlungen darstellen. Es ist daher zu prüfen, welche der Organisationsformen eine Zuordnung von Einzahlungen oder zumindest Erlösen erlaubt, wobei zunächst nicht auf die Frage der Unabhängigkeit der Einzahlungen abgestellt wird. In der folgenden Tab. 4-21 sollen daher die Möglichkeiten der Zuordnung bzw. Bestimmung der relevanten Größen dargestellt werden.

Möglichkeit der Zuordnung von ...	CGU	Cost Center	Sales Center	Profit Center	Investment Center
Vermögenswerten	ja!	(ja)	(ja)	(ja)	ja
Schulden					
Kosten		ja		ja	ja
Erlösen		nein	ja	ja	ja
Auszahlungen	ja				
Einzahlungen	ja!	nein			
Verantwortung		ja	ja	ja	ja
Fair Value less costs to sell	ja!				
Value in Use	ja!	nein			

Tab. 4-21: Vergleich der Attributionsoptionen bei zahlungsmittelgenerierenden Einheiten und Verantwortlichkeitszentren

Quelle: eigene Darstellung

Es zeigt sich, dass aus Sicht der Definition Cost Center nicht das grundlegende, von zahlungsmittelgenerierenden Einheiten geforderte Merkmal aufweist, da ihnen keine Einzahlungen oder zumindest Erlöse zugeordnet werden können.[1233] Allerdings bedeutet dieser Umstand alleine lediglich, dass eine zahlungsmittelgenerierende Einheit sich nicht ausschließlich aus einem oder mehreren Cost Centern zusammensetzen kann; für die Zuordnung eines Einzahlungsstroms ist noch mindestens ein Sales Center notwendig.

1232 Vgl. auch *Beyhs* (2002), S. 103.

1233 Zum gleichen Ergebnis kommt *Beyhs* (2002), S. 108.

Investment Center hingegen weisen durch ihre Konzeption hinsichtlich der Erfolgsmessung einen engen Bezug zu den zahlungsmittelgenerierenden Einheiten auf. Dies gilt auch für Profit Center; auch wenn dort die Investitionsentscheidungen nicht getroffen und daher auch nicht verantwortet werden müssen, so können doch für die von anderer Stelle getroffenen Investitionsentscheidungen die zugehörigen Kosten- und Erlösinformationen im Profit Center ermittelt werden.[1234]

Die weitgehende Unabhängigkeit der Einzahlungen ist als weiteres Merkmal bei der Bildung von zahlungsmittelgenerierenden Einheiten heranzuziehen. Die Verantwortlichkeitszentren weisen aus ihrer Funktion begründet als wesentliches Merkmal hingegen die abgegrenzte Verantwortung auf. Die Verantwortung bezieht sich dabei auf die Erreichung des jeweiligen Erfolgsmaßstabes. Dabei können nur die in der Stelle zumindest maßgeblich beeinflussbaren Komponenten Gegenstand der Verantwortung sein,[1235] da sonst falsche Steuerungsinformation bzw. negative Anreizwirkungen generiert werden. Maßgeblich beeinflussbar sind jedoch nur Objekte, die nicht durch andere Umstände beeinflusst werden können – die also zumindest weitgehend unabhängig von anderen Objekten sind. Das Kriterium der Unabhängigkeit findet sich also auch in der Definition interner Strukturen wieder.[1236]

Da Profit- oder Investment Center jedoch i. d. R. auf Divisionsebene gebildet werden, d.h. auf einem sehr hohen Aggregationsniveau, würde sich der Aktionsraum für die Bildung von zahlungsmittelgenerierenden Einheiten stark einschränken, wenn lediglich Profit- und Investment Center als „Bausteine" zur Verfügung stünden. Insofern scheint es dem Gedanken der „kleinstmöglichen Einheit" eher zu entsprechen, zahlungsmittelgenerierende Einheiten nach Möglichkeit aus Centern niedrigerer Stufen zusammenzusetzen.

Somit stellt sich die Frage, ob Kostenstellen im Regelfall so klein gebildet werden, dass sie quasi unteilbar sind und auf jeden Fall nur genau einer zahlungsmittelgenerie-

---

1234 Vgl. zu den Kompetenzen auch *Hofmann* (2002), S. 1181.

1235 Die Beeinflussbarkeit ähnelt dabei dem Konzept der Verfügungsmacht des IAS Rahmenkonzepts. Dieses wird durch den Umstand konkretisiert, dass Dritte von dem Nutzen der Ressource ausgeschlossen werden können.

1236 Zur Frage eines vor dem Hintergrund der Prinzipal-Agenten-Problematik zielführenden Erfolgsmaßstabs zur Steuerung der Verantwortungszentren vgl. ausführlich *Hofmann* (2002).

renden Einheit zugeordnet werden können. Hierbei fällt auf, dass die Definitionen von zahlungsmittelgenerierenden Einheiten und Kostenstellen unterschiedlichen Sichtweisen folgen, die auch als unterschiedliche Dimensionen verstanden werden können, wie in Abb. 4-30 illustriert wird. Zweck der Kostenträgerstückrechnung oder auch Kalkulation ist die Bewertung der Kostenträger unter Rückgriff auf die durch die Nutzung der Ressourcen entstandenen Kosten bzw. Auszahlungen. Der Zweck einer zahlungsmittelgenerierenden Einheit liegt in der genau entgegen gesetzten Betrachtungsrichtung: Mittels der zahlungsmittelgenerierenden Einheiten sollen die Ressourcen unter Rückgriff auf durch die Leistungserbringung erwirtschafteten Erlöse bzw. Einzahlungen bewertet werden. Dementsprechend setzt die Kostenrechnung bei der detaillierten Erfassung der Kosten an, während sich die zahlungsmittelgenerierenden Einheiten primär durch die Einzahlungsströme definieren.

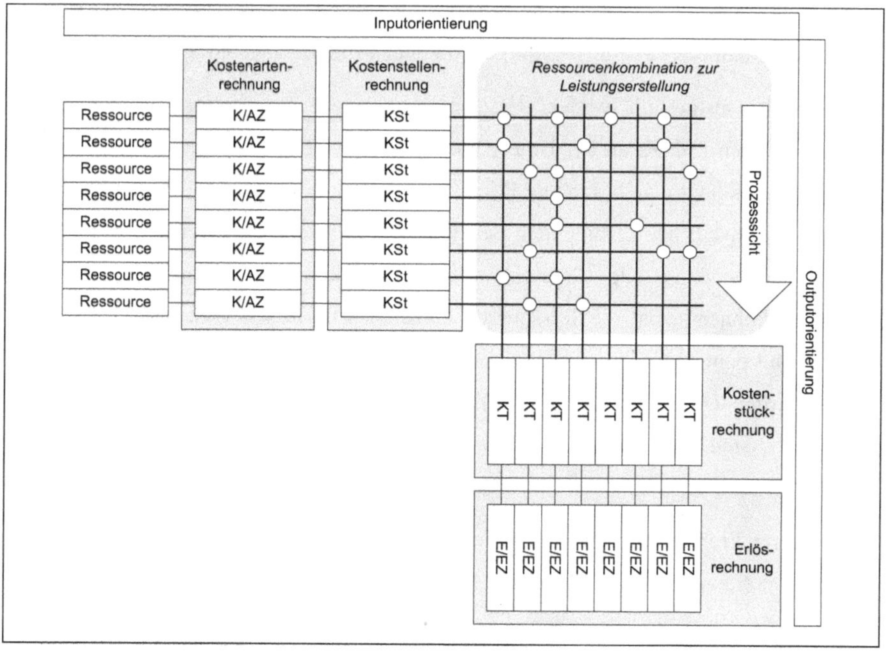

Abb. 4-30: Betrachtungsdimensionen der betrieblichen Leistungserstellung
Quelle: eigene Darstellung[1237]

[1237] Die Knotenpunkte repräsentieren den Einsatz einer Ressource (horizontale Linie) im Rahmen eines Leistungserstellungsprozesses (vertikale Linie), welcher letztendlich zu einer Einzahlung

Somit wird deutlich, dass es eine ein-eindeutige Zuordnung von Vermögenswerten und Erlösen nur unter besonderen Voraussetzungen geben kann. Entscheidend für die Zuordnungsfähigkeit ist die Organisation des betrieblichen Leistungserstellungsprozesses. In diesem werden die vorhandenen Ressourcen miteinander kombiniert, um die Leistungen zu erstellen, die in der Folge zu Einzahlungen führen. Im industriellen Bereich werden Einzel-, Serien- und Massenfertigung als Hauptformen unterschieden.[1238] Je flexibler die Fertigung ausgerichtet ist, desto schwieriger erscheint eine eindeutige Zuordnung von Ressourcen und Leistungen. Während bei der Massenfertigung häufig eine Form der Fließfertigung zur Anwendung gelangt, bei der die Ressourcen häufig im Zuge der Produkt- und der Produktionsplanung gezielt angeschafft und nur für diesen einen Leistungsprozess eingesetzt werden, finden sich bei Serien- und Einzelfertigung Formen der Werkstattfertigung. Ist eine Werkstatt dabei als eine Kostenstelle definiert, kann diese Kostenstelle nicht eindeutig einem einzigen Leistungsprozess und somit auch nicht einer zahlungsmittelgenerierenden Einheit zugeordnet werden.

Es muss also festgestellt werden, dass eine Konvergenz interner und externer Rechnungsstrukturen i. d. R. an der Unterschiedlichkeit der Betrachtungsweisen scheitert, es sei denn, es liegt eine besondere Form der Leistungserstellung vor, bei welcher die Ressourcen jeweils nur genau einem Leistungsprozess zugeordnet werden können. Als spezielle Anwendungsfälle wären einerseits Einproduktunternehmungen zu sehen, andererseits können meist die Ressourcen einzelner Divisionen voneinander getrennt werden und dem gesamten Leistungsspektrum der Division als „Metaleistung“ zugeordnet werden. Da auf Divisionsebene allerdings häufig Profit- oder Investment Center eingerichtet sind, stellt dies keine Verbesserung im Vergleich zu dem Ausgangspunkt der Betrachtung dar.[1239]

Als weiteres Problem der Bildung von zahlungsmittelgenerierenden Einheiten auf Basis interner Steuerungsstrukturen mag es sich in der Unternehmenspraxis erweisen, dass die IFRS i. d. R. – lediglich – für die Konzernabschlusserstellung Anwendung

---

führt. Es gibt Leistungen, die nur eine oder mehrere Ressourcen in Anspruch nehmen, und es gibt Ressourcen, die in einem oder in mehreren Leistungserstellungsprozessen eingesetzt werden.

1238 Vgl. zu Produktionsformen statt aller *Günther/Tempelmeier* (2007).

1239 Vgl. zur Konzernsteuerung mit Profit-Centern *Hahn/Hungenberg* (2001), S. 770 ff.

finden. Sofern in dem Konzern kein einheitliches oder durchgängiges Controllingsystem besteht, liegen auf Konzernebene nicht die detaillierten Kostenstelleninformationen sondern bereits verdichtete und konsolidierte Werte vor. Eine Bildung von kleinstmöglichen Gruppen scheint damit aus der Konzernperspektive zumindest erheblich erschwert.

4.4.3.5 Möglichkeit der Nutzung der zahlungsmittelgenerierenden Einheiten für die interne Steuerung

Wie gezeigt wurde, scheint es in vielen Fällen sehr schwierig bzw. unmöglich zu sein, die Strukturen der Verantwortlichkeitszentren und der zahlungsmittelgenerierenden Einheiten in ein einheitliches System zu überführen. Damit stellt sich die Frage, ob es in diesem Fall vorteilhafter ist, die interne Struktur und die von IAS 36 geforderte CGU-Struktur parallel zu implementieren – d.h. alle erforderlichen Planungs- und Kontrollrechnungen sowie das Reporting für beide Unternehmensorganisationen durchzuführen – oder auch im Rahmen der internen Steuerung auf die von den IFRS geforderten zahlungsmittelgenerierenden Einheiten umzustellen.

Eine parallele Pflege zweier organisatorischer Systeme führt zu einer deutlichen Mehrbelastung der damit befassten Einheiten, insbesondere des Controllings. Darüberhinaus besteht die Gefahr einer intransparenten Berichterstattung, da in der Folge unterschiedliche Zahlenwerke für evtl. teilweise nahezu identische organisatorische Einheiten im Unternehmen kommuniziert werden würden.

Für die Nutzung von zahlungsmittelgenerierenden Einheiten als Steuerungseinheit könnte sprechen, dass sie als Umsetzung einer wertorientierten Führung angesehen werden können. Insbesondere durch ihren engen Bezug zum Goodwill-Impairment-Test, der nur auf Ebene einer CGU oder einer CGU-Gruppe durchgeführt werden kann, ist der Steuerung von zahlungsmittelgenerierenden Einheiten ein gewisser Werteffekt zuzuschreiben.[1240]

[1240] Vgl. dazu auch schon Abschnitt 4.3.5 zum Goodwill-Controlling.

4.4.4 Controlling von immateriellen Werten

Immateriellen Vermögenswerten oder intellektuellem Kapital wird eine besondere Bedeutung für die wertorientierte Unternehmensführung und die Kapitalmarktkommunikation zugeschrieben.[1241] Insbesondere in unserer von Information und Wissen geprägten Gesellschaft sind immaterielle Ressourcen wie das Know How der Mitarbeiter, Marken, Kenntnisse über Produktrezepturen oder Fertigungsverfahren häufig für den mittel- bis langfristigen Unternehmenserfolg entscheidender als die materiellen Ressourcen.[1242] Wie bereits in Kapitel 3.4.3 zum Value Reporting beschrieben, weist die Rechnungslegung hier eine wesentliche Schwachstelle auf, da viele immaterielle Vermögenswerte aufgrund restriktiver Ansatzkriterien nicht aktiviert und stattdessen entgegen ihres Investitionscharakters als Periodenaufwand erfasst werden.

Ebenso wie die externe Rechnungslegung ist aber auch im internen Rechnungswesen die adäquate Abb. der immateriellen Ressourcen eines Unternehmens noch nicht weit fortgeschritten. Das mag einerseits daran liegen, dass bislang das externe Rechnungswesen eine Information über den Bestandswert nicht benötigt und daher beim Controlling nicht angefragt hat; andererseits hat das interne Rechnungswesen bislang eher mit den Stromgrößen operiert und für bestandsabhängige Vorgänge auf die externe Bilanz zurückgegriffen, in denen diese Ressourcen nicht vorhanden waren.[1243]

Weitere Gründe für die unangemessene Behandlung der Intangibles sind die Schwierigkeiten bei der Definition und Abgrenzung, die auch in der Rechnungslegung seit langem als das Problem der „bilanziellen Greifbarkeit“ als Hindernis einer Aktivierung diskutiert wird.

Für ein effizientes Controlling immaterieller Werte ist eine Kategorisierung und Bestandsaufnahme der vorhandenen immateriellen Werte jedoch notwendig. Es werden verschiedene Kategorisierungsvarianten diskutiert,[1244] so schlägt bspw. der Arbeits-

---

1241 Vgl. bspw. *Aboody/Lev* (1998) zur empirischen Überprüfung der Wertrelevanz von aktivierten Softwareentwicklungsausgaben.

1242 Vgl. *Kasperzak/Nestler* (2010), S. 21.

1243 Vgl. Daum (2002), S. 18 f.

1244 Vgl. z. B. auch die Einteilung In Humakpital, Strukturkapital und Beziehungskapital bei *Kasperzak/Nestler* (2010), S. 26.

kreis Immaterielle Werte im Rechnungswesen der Schmalenbach-Gesellschaft eine Unterteilung in die Kategorien

- Human Capital
- Customer Capital
- Supplier Capital
- Investor Capital
- Process Capital
- Location Capital
- Innovation Capital

vor.[1245]

Eine andere Einteilung entwickeln *Coenenberg/Salfeld* mit den vier Klassen „Wissen/geistiges Eigentum", „Reputation/Marke", „Beziehungen/Netzwerke" und „Mitarbeiter/Talente" an.[1246] Daneben bestehen weitere Konzepte der Abgrenzung.[1247]

Gelingt eine Abgrenzung, so bestehen weiterhin Schwierigkeiten bzgl. der Abb. im Controlling, da vorhandene Instrumente zur Planug, Steuerung und Kontrolle nicht ohne weiteres übertragbar sind. Für Ressourcen kommt so regelmäßig die Abschreibung als Instrument der Verteilung der Anfangsausgaben als Aufwand bzw. Kosten auf die Perioden der Nutzung in Betracht.

Als besondere Eigenschaften immateriellen Vermögens lassen sich die nichtkonkurrierende Nutzung, spezielle Kosten- und Erlösstrukturen, Netzwerkeffekte und besondere Risikostrukturen identifizieren.[1248] Zur Erläuterung der Bewertungsproblematik sei hier beispielhaft auf das Know How eines Mitarbeiters einer Beratungsgesellschaft verwiesen. Wird der Mitarbeiter von seiner Unternehmung viel und auf schwierigen Projekten eingesetzt – wird also die Ressource viel und intensiv genutzt – läge es nahe,

---

1245 Vgl. AK Immaterielle Werte (2001), S. 990.

1246 Vgl. *Coenenberg/Salfeld* (2007), S. 138.

1247 Vgl. bspw. die Abgrenzungen in IAS 38 oder IFRS 3

1248 Vgl. *Kasperzak/Nestler* (2010), S. 29 – 31.

die Ressource Know How mit einem entsprechend hohen Betrag abzuschreiben. Bei dieser immateriellen Komponente entfalten sich jedoch andere Wirkungsmechanismen, die denen einer materiellen Ressource nicht ähneln: Durch die Nutzung des Know Hows erlangt der Mitarbeiter weitere Kenntnisse, sein Know How wächst also und nimmt nicht ab. Dieser Prozess ist allerdings nicht unendlich zu steigern, bei übermässiger Beanspruchung scheidet der Mitarbeiter bspw. wegen Krankheit aus und die Ressource erlischt in ihrem Wert.

Ähnlich komplexe Wirkungsbeziehungen lassen sich für eine Vielzahl von Intangibles finden, so dass hier noch erheblicher Forschungsbedarf besteht. So untersucht Burmann bspw. die Kausalbeziehungen organisationaler Fähigkeiten auf den Marktwert eines Unternehmens.[1249] Weitere Forschungen zu einzelnen Intangibles müssen folgen, um ein Gesamtbild zu erhalten und ggf. für verschiedene Gruppen einheitliche Instrumente zu entwickeln.

Als eines der ersten Instrumente zur Berücksichtigung dieser neuen Werttreiber im Rahmen der Unternehmensführung hat sich im Controlling erfolgreich die Balanced Scorecard etabliert. Daneben bestehen weitere Varianten und Vorschläge für Kennzahlensysteme oder kennzahlenbasierte Methoden der Berichterstattung, so z.B. das Tableau du Bord von *Daum*[1250], die dynamisierte Balanced Scorecard von *Fischer/Fischer*[1251] oder andere.[1252] Die Vielzahl der Vorschläge belegt die Relevanz der Thematik für das Controlling und zugleich den unzureichenden Entwicklungsstand.

Unternehmen sollten daher intensiv nach Möglichkeiten suchen, die für sie relevanten immateriellen Ressourcen zunächst zu identifizieren und sie in der Folge einer Operationalisierung zugänglich zu machen. Inwiefern die Erkenntnisse im Rahmen eines Value Reporting auch den Kapitalmarktteilnehmern zugänglich gemacht werden, ist vor dem Hintergrund der Transaktionskosten bei zu unstrukturierter Informationsvermittlung zu beurteilen. Im Rahmen des Controllings sollte jedoch eine Verbesse-

---

1249 Vgl. *Burmann* (2002), S. 238 – 241.

1250 Vgl. Daum (2002), S. 22.

1251 Vgl. *Fischer/Fischer* (2001).

1252 Vgl. zu weiteren Ansätzen *Dawo/Heiden* (2001).

rung des Instrumentariums vor dem Hintergrund der großen Bedeutung immaterieller Werte vorangetrieben werden.[1253]

4.5 Konvergenz von internem und externem Rechnungswesen

In den vorangegangenen Kapiteln ist bereits mehrfach auf die Frage des Zusammenwirkens von interner und externer Unternehmensrechnung eingegangen worden, insbesondere im Teil 4.4, der sich explizit mit den Anforderungen der Rechnungslegung als Kunden an das Controlling als Lieferanten von Informationen beschäftigt hat. Zur Klärung der Frage, inwiefern eine Ausrichtung der Rechnungslegung an den Bedürfnissen des Kapitalmarkts auch zu einer Harmonisierung des externen und des internen Rechnungswesens führen kann bzw. muss, ist zunächst eine Betrachtung der Beziehung zwischen den Funktionen der externen und der internen Rechnung notwendig, da die zu erfüllenden Aufgaben den Inhalt der Unternehmensrechnung determinieren.[1254]

4.5.1 Beziehung der Funktionen interner und externer Unternehmensrechnung

Die gesamte Unternehmensrechnung erfüllt eine Informationsfunktion.[1255] Während der extern orientierten Rechnungslegung im Rahmen der Kapitalmarktorientierung jedoch allein eine Informationsfunktion zugesprochen wird,[1256] wird im Controlling die Informationsfunktion im Sinne einer Führungsunterstützungsfunktion weiter in die zwei Aufgaben der Entscheidungsunterstützung und die der Verhaltenssteuerung unterteilt.[1257] Unter Einbeziehung der Erkenntnisse aus der empirischen Forschung zum Verhalten von Kapitalmarktteilnehmern und der sog. Discretionary Behaviour[1258] sowie den Anregungen zur Etablierung einer Investor Relations Abteilung im Rahmen

1253 Vgl. *Kasperzak/Nestler* (2010), S. 43.

1254 Vgl. *Schneider* (1997), S. 44; *Günther/Zurwehme* (2008), S. 105.

1255 Vgl. *Weber* (2008), S. 237.

1256 Vgl. *Kümpel* (2002), S. 343.

1257 Zu den Funktionen des Controllings vgl. *Horváth* (2009a), S. 22 f.; *Bärtl* (2001), S. 129 f.

1258 Vgl. bereits Kapitel 2.2.2.6 zum Forschungsfeld der Discretionary Behaviour, die das Verhalten von Rechnungslegern untersucht; vgl. bspw. auch *Beaver* (2001), S. 43 f.

einer wertorientierten Führung kann jedoch auch im externen Rechnungswesen wie im Controlling von einer Zweiteilung der Aufgaben ausgegangen werden; somit ist nicht nur eine Entscheidungsunterstützungsfunktion, also eine Informationsfunktion im engeren Sinne zu erfüllen sondern auch eine Verhaltenssteuerungsfunktion.[1259]

Die Verhaltenssteuerungsfunktion dient im Controlling der Überwindung des Prinzipal-Agenten-Problems aus Sicht des Prinzipals, die zu beobachtende Verhaltenssteuerung im externen Kontext zielt jedoch wie in Abb. 4-31 dargestellt auf die entgegengesetzte Wirkungsrichtung ab;[1260] das Management in der Rolle des Agenten versucht durch Ausnutzung der Informationsasymmetrien sowohl die aktuellen als auch die potenziellen Prinzipale zu bestimmten Handlungen zu bewegen.[1261] Die verhaltenssteuernde Wirkung der Kapitalmarktkommunikation ist damit nicht im Sinne der Kapitalmarktteilnehmer,[1262] aufgrund ihres nicht vollständig rationalen Verhaltens und durch die Nachfrage nach Unternehmensinformationen zu Entscheidungszwecken allerdings auch nicht zu vermeiden, da beide Funktionen durch das gleiche Instrumentarium umgesetzt werden.[1263]

1259 Vgl. bspw. *Coenenberg/Salfeld* (2003), S. 63 f. zur Abstimmung interner und externer Erwartungen durch Kapitalmarktkommunikation oder *Ruhwedel/Schultze* (2004) zu verschiedenen Ansätzen eines Value Reportings.

1260 Vgl. zur Rolle des Rechnungswesens bei der Prinzipal-Agenten-Problematik auch *Schaier* (2008), S. 125 f.

1261 Vgl. *Burgstrahler/Dichev* (1997) zur Vermeidung der Unterschreitung der Erwartungen von Analysten.

1262 Vgl. unter diesem Aspekt auch *Werner/Padberg/Kriete* (2005), S. 67.

1263 Bilanzpolitik muss bei der Existenz von Wahlrechten und Ermessensspielräumen immer ausgeübt werden, so dass sich eine verhaltenssteuernde Wirkung nicht vermeiden lässt, vgl. auch *Wagenhofer/Ewert* (2002), S. 223 f.

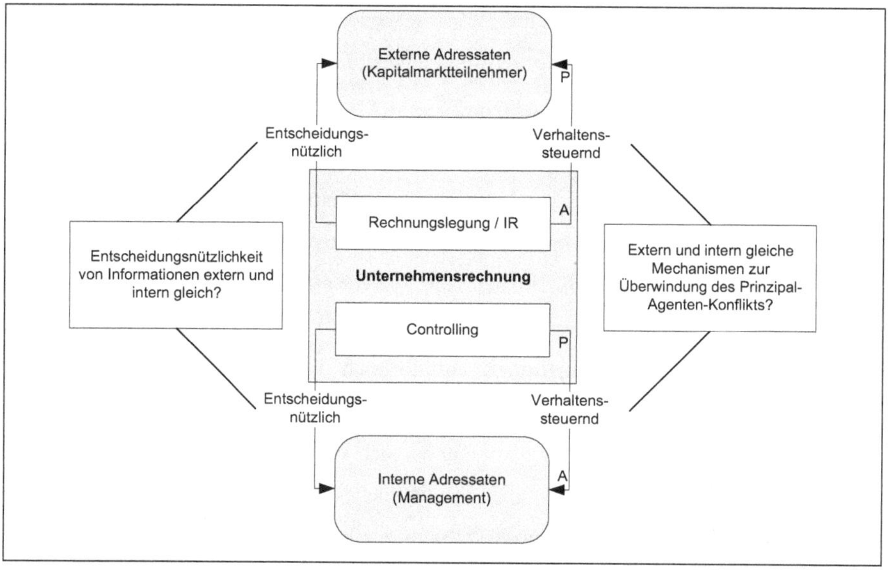

Abb. 4-31: Funktionsgleichheit der externen und internen Unternehmensrechnung
Quelle: eigene Darstellung

Eine vollständige Vereinheitlichung der Unternehmensrechnung wäre nur dann verlustfrei möglich, wenn alle Aufgaben weiterhin in uneingeschränktem Umfang erfüllt werden könnten.[1264] Einen Hinweis, inwieweit die Systeme zusammengeführt werden können, kann ein Blick auf die insbesondere in Deutschland für die Trennung in internes und externes Rechnungswesen angeführten Gründe liefern.[1265]

Als wesentliches Argument wurde dabei angeführt, dass das externe Rechnungswesen nicht zu Zwecken der Unternehmenssteuerung eingesetzt werden könne, weil es nach gesetzlich fixierten Regeln gestaltet werden müsse und diese durch Befolgung des Gläubigerschutzprinzips sowie unter dem Einfluss des restriktiven Steuerrechts zu betriebswirtschaftlich nicht sinnvollen Wertansätzen führe;[1266] überdies fehle durch die externe Dominanz die notwendige Flexibilität der Gestaltung des Rechnungswesens

---

1264 Zu Dysfunktionalitäten eines Informationsverbundes vgl. *Kunz/Pfeiffer* (2001).

1265 Vgl. zur traditionellen Aufteilung in internes und externes Rechnungswesen bspw. *Spraul/Oeser* (2007), S. 71-73; *Lewicki* (2001), S. 143; *Schaier* (2008), S. 123 f.

1266 Vgl. *Weber* (2008), S. 237; *Simons/Weißenberger* (2008), S. 6.

passend zur jeweiligen Unternehmung.[1267] Ein weiteres Argument betrifft den Punkt, dass die an Unternehmensexterne vermittelten Informationen keine Betriebsgeheimnisse preisgeben dürften, da sie dann auch Wettbewerbern zugänglich seien.

Die Argumente basieren zu einem großen Teil auf der Zugrundelegung des deutschen Bilanzrechts. Durch die Internationalisierung der Rechnungslegung und der damit einhergehenden Abkehr von einem dominanten Vorsichtsprinzip wird dieses Argument daher entkräftet.[1268] Da die Steuerbilanz nach wie vor auf der nach handelsrechtlichen Grundsätzen aufgestellten Bilanz aufbaut und davon unabhängig die IFRS für den Konzernabschluss Verwendung finden, entfällt auch das Argument der steuerlichen Einflussnahme. Die Furcht vor einer Bekanntgabe zu vieler Informationen und einer damit einhergehenden Geschäftsschädigung hat sich seit der Anwendung der IFRS mit ihren Informationsanforderungen, die ein vielfaches der Anforderungen des HGB ausmachen, deutlich relativiert. Somit verbleibt als letztes Argument gegen eine Harmonisierung die Tatsache, dass zum Teil unterschiedliche Zielsetzungen verfolgt werden.[1269]

Die unterschiedlichen Aufgaben kommen besonders deutlich in der Verwendung kalkulatorischer Kosten zum Ausdruck.[1270] Diese ermöglichen durch Umbewertungen im Falle der Anderskosten oder sogar des zusätzlichen Ansatzes von Kosten im Falle der Zusatzkosten die Berücksichtigung von steuerungsrelevanten Sachverhalten, die im externen Rechnungswesen – auch nach IFRS – fehlen.[1271] Beispielhaft seien hier die kalkulatorischen Abschreibungen genannt, die intern im Rahmen der Kalkulationsfunktion einen Substanzerhalt sicherstellen sollen,[1272] während die Abschreibungen des externen Rechnungswesens darauf gerichtet sind, die Investitionsausgaben periodengerecht zu verteilen und durch ihr Nominalwertprinzip den zeitbedingten Substanzverlust nicht berücksichtigen.[1273]Als Vorteile einer Harmonisierung des Rech-

1267 Vgl. *Kümpel* (2002), S. 343.

1268 Vgl. entsprechend auch *Lewicki* (2001), S. 144.

1269 Vgl. zu den Funktionen *Günther/Zurwehme* (2008), S. 102 f.

1270 Vgl. *Simons/Weißenberger* (2008), S. 6f; *Hax* (2002), Sp. 758.

1271 Vgl. *Lewicki* (2001), S. 146.

1272 Vgl. *Weber/Weißenberger* (2002), S. 378 f.

1273 Vgl. *Weber/Weißenberger* (2002), S. 85 f.; *Kremin-Buch* (2002), S. 70-83.

nungswesens werden vor allem vier Punkte hervorgehoben, die in Abb. 4-32 zusammengefasst sind:[1274]

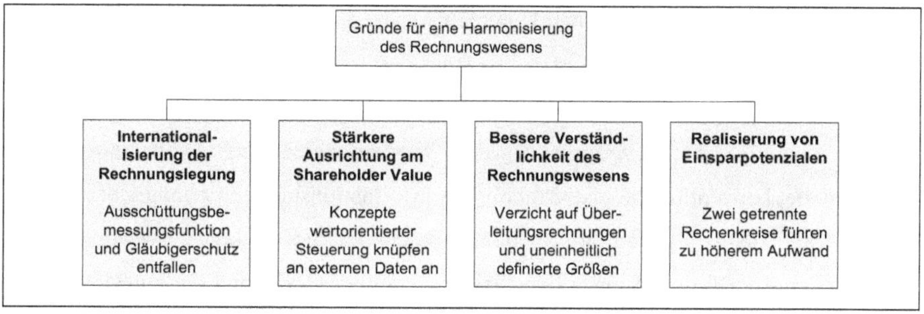

Abb. 4-32: Gründe für eine Harmonisierung des Rechnungswesens
Quelle: in Anlehnung an *Weber* (2008), S. 237 f.[1275]

Ein wesentliches Argument für eine Harmonisierung ist die damit einhergehende Vereinfachung des Gesamtsystems. Da das Controlling in aller Regel auf den Daten der Finanzbuchhaltung aufbaut, stehen multinationale Konzerne vor dem Problem, dass bei einem nicht harmonisierten Rechnungswesen die Controllingsysteme in den Tochterunternehmen auf jeweils unterschiedlichen nationalen Rechnungslegungsgrundsätzen aufbauen und daher unterschiedlich gestaltet sind; eine Abstimmung mit dem zentralen Konzerncontrolling gestaltet sich dementsprechend schwierig.[1276] Durch Nutzung einer einheitlichen Datenbasis in Form der IFRS-Werte gem. des Typs 4 der Buchhaltungssysteme aus Abb. 4-26 auf Seite 342 könnten die landesspezifischen Rechnungslegungsbesonderheiten im externen Bereich isoliert werden, ohne dass das Controlling davon betroffen wäre. Auf dieser einheitlichen Basis könnten dann kon-

1274 *Simons/Weißenberger* sehen einen weiteren Vorteil in einer einheitlichen Finanzsprache, da diese als Koordinationsinstrument eingesetzt werden kann, mit dem die beteiligten Parteien Erwartungen und Verhaltensweisen kommunizieren können, vgl. *Simons/Weißenberger* (2008), S. 4; *Ordelheide* (1993), Sp. 1839.

1275 *Hahn/Hungenberg* sehen als weiteren wesentlichen Aspekt die Integration der kapitalmarktorientierten Kapitalkosten in die Ergebnisrechnung, vgl. *Hahn/Hungenberg* (2001), S. 130.

1276 Vgl. *Dressler/Müller* (2001), S. 503 f. Ein Beispiel zur Problematik der Abstimmung interner und externer Erfolgsrechnung liefern auch *Simons/Weißenberger* (2008), S: 8f.

zernweit auch einheitlich gestaltete Controllinginstrumente eingesetzt werden, die keine definitorischen Abweichungen aufweisen müssten.[1277]

Werden die Aufgaben der internen Unternehmensrechnung in Dokumentation, Steuerung und Kalkulation differenziert,[1278] so kann die Frage der Eignung der Datenbasis auf die Art der Informationsnutzung erweitert werden; hierzu soll auf die Klassifikation von *Menon/Varadarajan* zurückgegriffen werden, welche eine Typisierung in instrumentelle, konzeptionelle und symbolische Informationsnutzung ermöglicht.[1279] Die instrumentelle Nutzung von Informationen beschreibt die direkte Verwendung von Informationen im Rahmen eines Entscheidungsproblems, während die konzeptionelle Nutzung auf das Verständnis betriebswirtschaftlicher Wirkungszusammenhänge gerichtet ist und eher in der Modellbildung ihre Umsetzung findet; unter symbolischer Nutzung wird die Verwendung von Informationen zur nachträglichen Legitimierung von getroffenen Entscheidungen verstanden.[1280]

Während die Verwendung spezifischer, also ggf. kalkulatorischer Kosten bei der instrumentellen Verwendung angezeigt ist, ist die mit der Steuerung verbundene Performance-Messung als konzeptionelle Informationsnutzung möglichst frei von Veränderungen zu halten, um im Sinne von „one version of the truth" eine eindeutige Kommunikation und Vergleichbarkeit zu gewährleisten. Die aus Sicht der Prizipal-Agenten-Theorie eher unerwünschte symbolische Informationsnutzung ist der Verwendung kalkulatorischer Größen hingegen offen.[1281]

Da zwar im Rahmen der internationalen Rechnungslegung nach IFRS und US GAAP viele, aber bei weitem nicht alle intern erforderlichen und generierten Informationen vermittelt werden, bietet es sich an, die Harmonisierung des Rechnungswesens durch einen modularen Ansatz umzusetzen, somit der Idee von *Riebel* folgend, der eine Differenzierung des Rechnungswesens in Grund- und Auswertungsrechnungen vorge-

---

1277 *Dressler/Müller* schlagen die Entwicklung eines Masters zur Weitergabe an die dezentralen Einheiten als Grundlage für ein Reporting Package vor, vgl. *Dressler/Müller* (2001), S. 504 f.

1278 Vgl. zu den Aufgaben *Simons/Weißenberger* (2008), S. 6.

1279 Vgl. *Menon/Varadarajan* (1992), S. 54f.

1280 Vgl. *Simons/Weißenberger* (2008), S. 16.

1281 Vgl. *Simons/Weißenberger* (2008), S. 16.

schlagen hat.[1282] Dabei existiert eine Basiskomponente, welche die von allen Anwendern gemeinsam verwendeten Informationen generiert und bereitstellt;[1283] dies ist i.d.R. die auf IFRS-Basis operierende Finanzbuchhaltung.[1284]

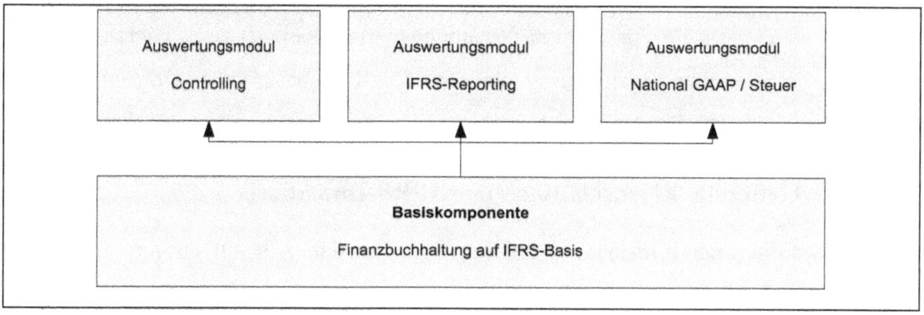

Abb. 4-33: Rechnungswesenmodule
Quelle: eigene Darstellung

Nationale handelsrechtliche und steuerrechtliche Einzelabschlüsse werden aus den IFRS in einem eigenen Modul durch Überleitungen erzeugt, ebenso können im Controlling notwendige Ergänzungen oder Änderungen vorgenommen werden, ohne die Datenbasis anzugreifen.[1285] Somit erstreckt sich die Frage nach der Harmonisierung nur noch auf die Auswertungsmodule, während eine einheitliche und transparente Datenbasis geschaffen wurde. Die Vereinheitlichung des Berichtswesens ist durch diese Umsetzung allerdings nicht garantiert, da diese den voneinander getrennten Auswertungsmodulen zuzurechnen ist.

Neben der Datenbasis können mit der Hierarchieebene und dem Rechnungszweck zwei weitere Perspektiven ausgemacht werden, die bei Konvergenzbestrebungen zu berücksichtigen sind.[1286]

1282 Vgl. ausführlich *Riebel* (1994) und zur Übersicht *Stelling* (2003), S. 76 f.

1283 Vgl. entsprechend auch *Simons/Weißenberger* (2008), S. 16.

1284 *Bruns* begründet den Vorteil mit einer einheitlichen Ausrichtung auf den Cash Flow, vgl. *Bruns/Horváth* (2004), S. 647.

1285 Vgl. auch *Kley* (2006), S. 153; *Haeger* (2006), S. 246f.

1286 *Simons/Weißenberger* sprechen in diesem Kontext von Integrationsdimensionen, vgl. *Simons/Weißenberger* (2007), S. 7f.; *Simons/Weißenberger* (2008), S. 12.

4.5.2 Eignung der IFRS als Datenbasis für ein harmonisiertes Rechnungswesen

Wird der vorgeschlagenen Vorgehensweise gefolgt, ist allerdings zu klären, ob die IFRS als Datenbasis für das gesamte Rechnungswesen geeignet sind. Hierzu werden zunächst die generellen Eigenschaften einer auf den IFRS basierenden Datengrundlage und im Anschluss die Eignung der Ansatz- und Bewertungskonzepte beurteilt.

4.5.2.1 Generelle Eigenschaften einer IFRS-Datenbasis

Die IFRS folgen der Informationsfunktion und sind daher darauf ausgerichtet, eine Vielzahl von Informationen bereitzustellen, um einen hohen Grad der Entscheidungsrelevanz zu erreichen.[1287] Mit der Orientierung an der Verwendung im Rahmen der Entscheidungsfindung der Kapitalmarktteilnehmer geht die Bemühung einher, verstärkt zukunftsorientierte Informationen zu vermitteln;[1288] dementsprechend basieren IFRS-Werte in zunehmendem Maße auf Schätzungen und Planungsrechnungen und nicht auf historischen Werten.[1289]

Die IFRS stellen ein Rechnungslegungssystem dar, welches zwischen den Reinformen der regelbasierten und der prinzipienbasierten Rechnungslegung anzusiedeln ist.[1290] Sie weisen somit Merkmale sowohl der Regelbasierung – bspw. ist dies an der Strukturierung in chronologisch fortlaufenden Standards und den restriktiven Regelungen in IAS 8 zum overriding principle zu erkennen – als auch der Prinzipienbasierung auf, die in verschiedenen konzeptionellen Ansätzen und den Regelungen des IAS 8 zur Bildung von Analogien deutlich werden.[1291] Durch die zumindest teilweise vorhandene Eigenschaft der Regelbasierung besteht einerseits die Gefahr, dass Regelungslücken bestehen, andererseits kann es zu Inkonsistenzen zwischen einzelnen Regelungen

---

1287 Vgl. IAS 1.9; *Kümpel* (2004), S. 24; *Lüdenbach* (2005), S. 45.

1288 Vgl. auch *Weißenberger* (2003), S. 2.

1289 Die IFRS zeigen ein Entwicklung zu einer verstärkten Orientierung am Fair Value. Der im Juni 2009 vom IASB vorgestellte Entwurf ED 2009/05 eines Standards zur Fair Value Bewertung sieht allerdings keine weitere Ausweitung des Konzepts auf andere Regelungsbereiche vor, vgl. o. V. (2009), S. 474.

1290 *Heuser/Theile* (2007) ordnen die IFRS hingegen eindeutig dem case law zu, vgl. *Heuser/Theile* (2007), Rz. 3.

1291 Vgl. *Weißenberger* (2007), S. 164-166.

kommen; so können bspw. Anschaffungskosten je nach Position unterschiedlich berechnet werden, oder der Ansatz von bestimmten Positionen erfolgt kontextabhängig nach unterschiedlichen Kriterien.[1292]

Eine weitere wesentliche Eigenschaft der IFRS ist ihre Entwicklungsdynamik. Durch die Aktivitäten des IASB und der mit ihm verbundenen Standardsetter sind jedes Jahr eine Vielzahl von Änderungen und Ergänzungen der IFRS zu berücksichtigen.[1293] Dies ist einerseits für die Kapitalmarktteilnehmer problematisch, da ein Zeitvergleich erheblich erschwert wird, andererseits stellen die permanenten Änderungen von Regelungen das Rechnungswesen vor das Problem, dass nach jeder Änderung alle auf den betroffenen Daten aufbauenden Auswertungsrechnungen ggf. angepasst werden müssen; das Problem der Zeitvergleichsdarstellung ergibt sich im internen Anwendungsbereich ebenso. Durch die Wahl einer IFRS-Datenbasis erhöht sich somit der Anpassungsaufwand, da pro Anpassung alle Folgesysteme angepasst werden müssen, während bei einer anderen Datenbasis die Anpassung nur innerhalb des IFRS-Moduls erfolgen müsste.[1294]

Weiterhin ist den IFRS eigen, dass sie trotz der Betonung der Kapitalmarktorientierung und der expliziten Nennung des Charakteristikums der Vergleichbarkeit nur wenige strukturelle Vorschriften beinhalten; so existiert keine definitiv vorgegebene Bilanz- oder GuV-Struktur.[1295] Dies erschwert einerseits den Kapitalmarktteilnehmern den Vergleich von IFRS-Abschlüssen,[1296] andererseits ermöglicht es den Unternehmen intern die IFRS so detailliert wie gewünscht auszubauen und später im IFRS-Auswertungsmodul entsprechend der Zielsetzungen zu aggregieren. Als Orientierung können hierbei die XBRL-Taxonomies herangezogen werden.

Neben den genannten Aspekten ist die Eigenschaft der IFRS von Bedeutung, dass sie aufgrund verschiedener Regelungen kein Clean-Surplus-Accounting darstellen. Dies

---

1292 So werden die gleichen Vermögenswerte nach IAS 38 und IFRS 3 im Rahmen der Ansatzentscheidung ggf. unterschiedlich behandelt, da im Rahmen der Kaufpreisallokation eine hinreichende Wahrscheinlichkeit des Nutzenzuflusses unterstellt wird.

1293 Vgl. zu den aktuellen Entwicklungen bspw. *Hayn/Prasse* (2009).

1294 Vgl. *Erdmann/Zülch* (2007), S. 411; *Haaker* (2009), S. 435 f.

1295 Vgl. IAS 1. 68; *Petersen/Bansbach/Dornbach* (2009), S. 475.

1296 Vgl. *Hayn/Prasse* (2009), S. 135.

ist als problematisch einzustufen, da das Kongruenzprinzip die Grundannahme für das Lücke-Theorem darstellt, auf dessen Grundlage die residualgewinnbasierten Konzepte einer wertorientierten Führung wie EVA und EP den theoretischen Bezug zum Unternehmenswert gemäß einer Bewertung mit den diskontierten zukünftigen Zahlungsüberschüssen herstellen. Auf Basis von IFRS-Werten ist ohne Anpassungen daher kein Residualgewinnkonzept theoretisch richtig durchzuführen. Weiterhin ist problematisch, dass ein Clean-Surplus-Accounting auch auf dem Kapitalmarkt von Bedeutung ist, wie das *Ohlson*-Modell zeigt; ohne gültige Beziehung zwischen Ergebnissen und Einzahlungsüberschüssen nimmt die Wertrelevanz von Rechnungslegungsdaten ab.[1297]

4.5.2.2 Eignung der IFRS-Ansatzkonzepte für das Controlling

Die Finanzbuchhaltung wird regelmäßig in Kontensystemen umgesetzt. Im Rahmen der Definition von Konten und Buchungsvorlagen findet das verwendete Rechnungslegungssystem grundlegenden Eingang, wobei häufig die impliziten Annahmen bzgl. der Frage, nach welchen Kriterien Ausgaben aktiviert oder als Aufwand erfasst werden, nicht hinterfragt werden. Werden die IFRS als führendes Buchhaltungssystem verwendet, müssen die unterschiedlichen Ansatzkonzepte deutlich gemacht werden, um einerseits die Überleitungen für die Einzel- und die Steuerabschlüsse zu fundieren und um andererseits die Eignung für das Controlling zu prüfen.[1298] Dazu sind die Regelungen zum Ansatz von Vermögenswerten und Schulden sowie das Realisationskonzept zu untersuchen.

Aus Sicht des operativen Controllings sind die Ansatzregelungen vorrangig als Umsetzung einer periodengerechten Erfolgsabgrenzung von Interesse, da hier das kurzfristige Erfolgsziel im Mittelpunkt steht; d.h., dass weniger die angesetzten sondern vielmehr die nicht angesetzten Sachverhalte Gegenstand der Planung und Kontrolle sind, da diese zu den erfolgsrelevanten Stromgrößen führen.[1299] Es verwundert daher nicht, dass interne Bilanzen in der Kostenrechnung kaum verbreitet sind und für die Fälle, in denen im internen Rechnungswesen auf die Bestandsgrößen Bezug genommen werden

---

1297 Vgl. zu den empirischen Erkenntnissen *Gietzmann/Ostaszewski* (2001); *Liu/Ohlson* (2000).

1298 Vgl. *Haaker* (2009), S. 436.

1299 Vgl. bspw. *Tanne* (2007), S. 7 f.

muss, etwa bei der Ermittlung des betriebsnotwendigen Vermögens für die Bestimmung der kalkulatorischen Zinsen, auf die externe Bilanz zurückgegriffen wird.[1300] Die Frage lautet daher aus dieser Perspektive nicht, ob es ein Sachverhalt angesetzt werden soll sondern eher ob er als Aufwand erfasst werden soll.

Aus Sicht des strategischen Controllings könnten aktivierte Vermögenswerte einen Hinweis auf zukünftige Erfolgspotenziale geben.[1301] Wie bereits bei den Regelungen zum Impairment Test gezeigt wurde, wird die Bewertung angesetzter Vermögenswerte von deren zukünftigen Nutzenzuflüssen abhängig gemacht; die Anschaffungsausgaben werden zwar für die Zugangsbewertung herangezogen, gerechtfertigt werden sie in der Folgebewertung aber nur durch zukünftige Einnahmen.[1302]

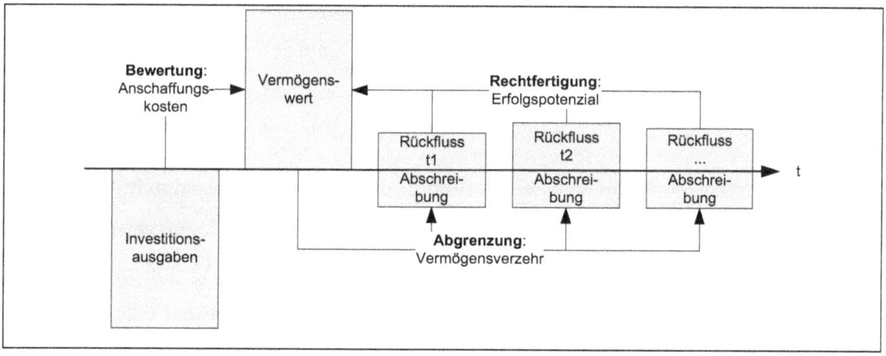

Abb. 4-34: Aspekte der Ansatzentscheidung aus Controllingsicht
Quelle: eigene Darstellung

Ferner könnte das strategische Controlling ein Interesse an den IFRS-Bestandsgrößen im Rahmen der wertorientierten Führung entwickeln. Wie im Kapitel 4.3.2 ab S. 287 ff. gezeigt wurde, basieren die verschiedenen Konzepte auf dem Kapitalwertkalkül und machen eine Ermittlung der Kapitalkosten nötig; somit ist zunächst eine zu verzinsen-

1300 Vgl. *Kloock/Sieben/Schildbach/Homburg* (2005), S. 116.

1301 Die Schaffung neuer Erfolgspotenziale stellt den Kernbereich strategischen Handelns dar, vgl. *Müller-Stewens/Lechner* (2005), S. 22.

1302 Vgl. *Weißenberger* (2007), S. 58 f.

de Größe zu bestimmen. Hierfür könnten die bilanziellen Werte einen Ansatzpunkt liefern.[1303]

Prinzipiell sind Vermögenswerte im Rahmenkonzept zukunftsorientiert definiert; in Erwartung zukünftiger Rückflüsse wird eine Ausgabe aktiviert und somit nicht als Aufwand erfasst. Somit rekonstruiert die Vermögenswertdefinition das investitionstheoretische Kalkül: Vermögenswerte stellen getätigte Investitionen dar, aus denen in folgenden Perioden Rückflüsse erwartet werden.[1304] Für Zwecke der internen Steuerung kann somit auf der Vermögenswertdefinition aufgebaut werden, da sie im Sinne von Erfolgspotenzialen eine periodengerechte Zuordnung von Erfolgsbeiträgen möglich macht.[1305] Allerdings setzt die Definition von Vermögenswerten auch die Verfügungsmacht der Ressource voraus, was bei verschiedenen unternehmenskritischen Erfolgsquellen wie dem intellektuellen Kapital nicht vorausgesetzt werden kann – dennoch handelt es sich um eine steuerungsrelevante Größe und ist daher in einem Wissensmanagement und somit auch einem Wissenscontrolling abzubilden.[1306]

Allerdings findet die Vermögenswertdefinition eine Einschränkung durch die bereits im Rahmenkonzept aufgeführten Ansatzkriterien sowie durch die in verschiedenen Standards explizit genannten Ansatzregelungen. Der Ansatz eines Vermögenswerts ist nur dann zulässig, wenn die Kosten zuverlässig zu bewerten sind und eine deutliche Wahrscheinlichkeit des Nutzenzuflusses gegeben ist.[1307]

Damit erfährt die vollständig dynamische Bilanzauffassung eine Einschränkung, da nicht alle Erfolgspotenziale angesetzt werden.[1308] Einerseits finden Ressourcen, die sich einer eindeutigen Bewertung entziehen, keinen Eingang in die Bestandsrechnung; die Problematik der bilanziellen Bewertung bedeutet jedoch nicht, dass es sich dabei nicht um Sachverhalte handeln kann, die steuerungsrelevant sind. Beispielhaft sind

---

1303 Vgl. dazu die Ausführungen zum EVA-Konzept in Abschnitt 4.3.2.3. Allerdings wird zur Ermittlung der Kapitalkosten der Zeitwert des eingesetzten Kapitals benötigt.

1304 Vgl. auch *Heuser/Theile* (2007), Rz. 304.

1305 Vgl. *Weißenberger* (2007), S. 58.

1306 Vgl. *Daum* (2002), S. 28.

1307 Vgl. zu den Ansatzkriterien bspw. IAS 16.7 für Sachanlagen und IAS 38.21 i.V.m. IAS 38.57 für selbsterstellte immaterielle Vermögenswerte.

1308 Vgl. *Heuser/Theile* (2007), Rz. 308; *Petersen/Bansbach/Dornbach* (2009), S. 53f.

hier Markenwerte zu nennen; auch wenn Marken nicht aktiviert werden dürfen, stellen sie einen der bedeutendsten Vermögenswerte dar und sind Gegenstand eines Markencontrollings.[1309]

Andererseits können die Bestimmungen zur erforderlichen Wahrscheinlichkeit einen Ansatz verhindern, obwohl aus Sicht des Managements eine Investition vorliegt. Diese unterschiedliche Interpretation kann insbesondere in Situationen vorliegen, in denen Portfolioentscheidungen getroffen werden und sich die Erfolgswahrscheinlichkeit auf das gesamte Portfolio bezieht, während sich die Wahrscheinlichkeitseinschätzung gem. IFRS am Einzelbewertungsgrundsatz orientiert und daher ggf. keine Aktivierung zulässt.[1310]

Neben den aufgezeigten Differenzen des Rahmenkonzepts und einer betriebswirtschaftlichen Interpretation bestehen explizite Ansatzverbote insbesondere gem. IAS 38 im Bereich der immateriellen Vermögenswerte: selbsterstellte Markenwerte und ähnliche Sachverhalte dürfen ebenso wenig in der Bilanz aktiviert werden wie ein originärer Geschäftswert. Insbesondere der originäre Geschäftswert als wesentliche Komponente des Shareholder Values ist aber Gegenstand des Controllings, sein Aktivierungsverbot macht daher die in den Konzepten wertorientierter Führung vorgestellten Neben- und Ergänzungsrechnungen notwendig, um von den Rechnungslegungswerten auf den Unternehmenswert zu schließen.[1311]

Synergien, die aus einem Unternehmenserwerb entstehen, finden hingegen durch die Aktivierungspflicht des Goodwills, also des derivativen Geschäftswerts, Eingang in den bilanziellen Ansatz zukünftiger Erfolgspotenziale. Durch die Neuregelungen des IFRS 3 und die Einführung der sog. Full Goodwill Method wird der Ansatz sogar auf solche Bestandteile ausgeweitet, die nicht erworben worden und den Minderheitsgesellschaftern zuzurechnen sind.[1312]

1309 Vgl. entsprechend auch *Daum* et al. (2007a) zum Innovationsmanagement.

1310 Im Grundsatz der Einzelbewertung wird aus interner Sicht das Paradigma des Ressourcenmanagements deutlich, welches auf der Annahme einer engen Wirkungsbeziehung zwischen Ressourcen und Leistungen basiert, vgl. *Daum* (2002), S. 14.

1311 Vgl. zur Notwendigkeit eines umfassenden Business Reporting vgl. *Lev/Daum* (2003), S. 43 f.

1312 Vgl. *Küting/Weber/Wirth* (2008), S. 143; *Zülch/Wünsch* (2008), S. 468; *Schwedler* (2008), S. 130.

Die Kapitalkosten, denen im Rahmen der wertorientierten Führung eine zentrale Bedeutung zukommt, finden bei den Ansatzregelungen der IFRS indes keine besondere Berücksichtigung. Aufwandswirksam werden nur Fremdkapitalkosten erfasst, wobei diese zum Teil im Rahmen der Anschaffungsausgaben aktiviert werden und somit durch entsprechende Rückflüsse zu alimentieren sind.[1313] Die Kosten des Eigenkapitals finden jedoch keinen Eingang in Aktivierung oder Passivierung und bleiben für die Rechnungslegung ein unbestimmter Anteil des Periodenerfolgs.[1314]

Wie sich zeigt, sind die Ansatzregelungen der IFRS bedingt geeignet, dem operativen und dem strategischen Controlling eine geeignete Datenbasis zu liefern.[1315] Im Vergleich insbesondere zum HGB sind sicherlich Vorteile in der stärkeren Zukunftsorientierung und der tendenziell betriebswirtschaftlicheren Sichtweise zu erkennen; Ergänzungsrechnungen werden sich aber nicht vermeiden lassen, speziell bei den für die wertorientierte Führung wichtigen Größen und bei immateriellen Vermögenswerten.[1316]

4.5.2.3 Eignung der IFRS-Bewertungskonzepte für das Controlling

4.5.2.3.1 Grundsätzliche Eigenschaften der Bewertung in der internen und der externen Unternehmensrechnung

In den IFRS sind mit dem Anschaffungskostenprinzip und dem Fair Value Ansatz zwei unterschiedliche Bewertungskonzeptionen von herausragender Bedeutung vorzufinden. In der internen Unternehmensrechnung wird die Bewertung bereits im wertorientierten Kostenbegriff mit der Kostendefinition als dem bewerteten, sachzielbezogenen Güterverzehr einer Periode thematisiert:[1317]

$$K = x * p \tag{34}$$

1313 Vgl. IAS 23 zur Aktivierung von Fremdkapitalkosten in der Anschaffungs- bzw. Herstellungsphase.

1314 Die Eigenkapitalverzinsung findet erst im Rahmen der Bewertung Berücksichtigung, bspw. im Rahmen der Diskontierung der zukünftigen Cash Flows mit dem WACC im Impairment Test.

1315 Vgl. kritisch dazu *Daum* (2007b), S. 65.

1316 Grundsätzlich positiv beurteilt wird die Konvergenzmöglichkeit durch die IFRS-Basis auch von *Kley* (2006), S. 151.

1317 Vgl. *Kloock/Sieben/Schildbach/Homburg* (2005), S. 30; *Tanne* (2007), S. 10.

mit
x = Faktoreinsatzmenge
p = Faktoreinsatzpreis

Welcher Wertmaßstab als Basis für die Bewertung des Faktoreinsatzes herangezogen wird, hängt einerseits vom verfolgten Formalziel ab, andererseits von der Art der Abb. der Entscheidungsmöglichkeiten.[1318] In Konsequenz kommen Marktpreise, aber auch Grenznutzenansätze zur Anwendung; insbesondere in der Verwendung von Grenznutzen als Bewertungsmaßstab zeigen sich der Opportunitätskostengedanke und die Abhängigkeit der Bewertung von der Entscheidungssituation.[1319] Wesentlicher Bestandteil der Bewertungskonzepte im internen Rechnungswesen ist die Sicherstellung des Erhalts der wirtschaftlichen Leistungsfähigkeit über die Einbeziehung des Faktorverbrauchs in die Kostenträgerstückrechnung, insbesondere auf langfristige Ressourcen bezogen steht also der Substanzerhalt im Vordergrund und grenzt damit die interne Rechnung gegen den Nominalwertansatz des externen Rechnungswesens ab.[1320]

Bevor die Wertmaßstäbe der IFRS im Hinblick auf die Eignung einer einheitlichen Datenbasis im Rahmen eines harmonisierten oder integrierten Rechnungswesens untersucht werden, muss noch einmal betont werden, dass die Bewertungsfrage im internen und im externen Rechnungswesen gleichsam „zwei Seiten einer Medaille“ darstellen: Im externen Rechnungswesen werden Bewertungsfragen im Zusammenhang mit der zeitpunktbezogenen Bewertung von Bestandsgrößen diskutiert,[1321] im internen Rechnungswesen hingegen die zeitraumbezogene Bewertung von Stromgrößen. Bei der Beurteilung der Eignung muss daher geklärt werden, ob ein betrachteter Ansatz, der eine der Funktionen erfüllt, zugleich auch die andere Funktion zu erfüllen vermag.

[1318] Vgl. *Homburg* (2002), Sp. 1052 f.

[1319] Vgl. *Kloock/Sieben/Schildbach/Homburg* (2005), S. 31 f.

[1320] Dies wird besonders bei den unterschiedlichen Lösungsansätzen für Abschreibungen deutlich, vgl. bspw. *Schmidt* (2005), S. 64-72.

[1321] In einzelnen Standards wird auch vorrangig auf die Bewertung von Erträgen oder Aufwendungen eingegangen, so bspw. in IAS 18; das Zentrum der Diskussion stellt jedoch die Bilanzgröße dar.

4.5.2.3.2 Zugangsbewertung

Ausgangspunkt der bilanziellen Bewertung sind nach IFRS regelmäßig die Anschaffungs- oder Herstellungsausgaben für Vermögenswerte bzw. der Erfüllungsbetrag für Schulden.[1322] Während die Anschaffungs- oder Herstellungsausgaben vergangenheitsbezogen sind, bildet der Erfüllungsbetrag eine Schätzung ab und ist damit zukunftsbezogen: Vermögenswerte und Schulden werden somit auf Basis unterschiedlicher Wertkonzepte ermittelt.

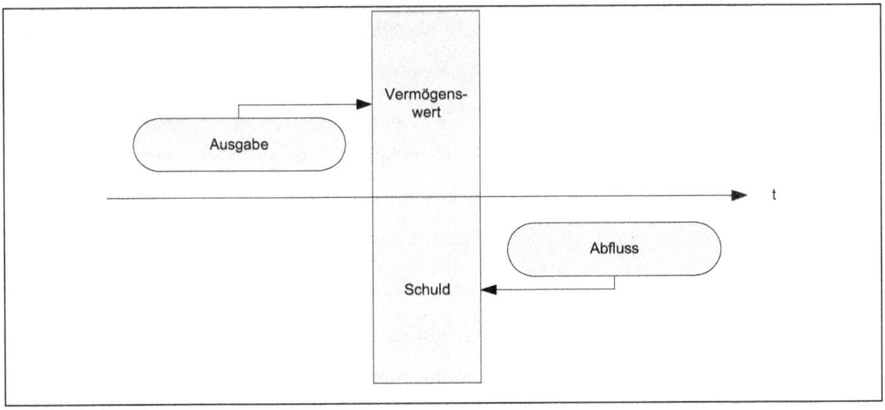

Abb. 4-35: Werteherkunft bei der bilanziellen Bewertung

Quelle: eigene Darstellung

Die Nutzung der Ausgaben zur Bewertung eines Vermögenswertes hat ihren Ursprung in der Rechenschaftsfunktion:[1323] es soll dokumentiert werden, was mit den zur Verfügung gestellten Mitteln unternommen worden ist.[1324] Im Rahmen der Informationsfunktion ist dies jedoch in Form eines Feedback Value lediglich von nachrangigem Interesse, da hier die zukünftigen Zahlungsströme im Vordergrund stehen.[1325] Ebenso verhält es sich im internen Rechnungswesen, wo im Lichte der Zielsetzung des Sub-

1322 Vgl. zur Bewertung der Vermögenswerte im Anlagevermögen nur IAS 16.15, im Umlaufvermögen IAS 2.9 und für die Schulden IAS 37.36.

1323 Das Anschaffungskostenprinzip kann auch als Ausprägung des Vorsichtsprinzips interpretiert werden, da es die erfolgsneutrale Darstellung von Anschaffungsvorgängen ermöglicht und so den Ausweis noch nicht mit Dritten realisierter Gewinne vermeidet, vgl. bspw. *Kußmaul/Weiler* (2009), S. 165 f.

1324 Vgl. *Coenenberg/Straub* (2008), S. 17.

1325 Vgl. entsprechend auch *Kußmaul/Weiler* (2009), S. 210.

stanzerhalts die Wiederbeschaffungswerte anstelle der Anschaffungsausgaben als Wertebasis genutzt werden.[1326] Die IFRS stellen daher in diesem Punkt keine Verbesserung gegenüber dem HGB-Ansatz dar und lassen eine separate Kostenartenrechnung notwendig erscheinen.

4.5.2.3.3 Folgebewertung

Abschreibungen sind in den IFRS in den einzelnen Standards geregelt, die eine Aktivierung von langfristigen Vermögenswerten vorsehen.[1327] Regelmäßig ist die Verteilung der Anschaffungsausgaben unter Berücksichtigung eines Restwerts über die voraussichtliche Nutzungsdauer mit einer Methode vorzunehmen, welche die periodengerechte Gewinnermittlung bestmöglich sicherstellt.[1328] Dabei wird in der Rechnungslegung nach IFRS ganz überwiegend die lineare Methode verwendet.[1329] Ähnlich verhält es sich auch im internen Rechnungswesen, wo die Abschreibung eine verursachungsgerechte Verrechnung des Werteverzehrs ermöglichen soll; hierfür ist theoretisch die Leistungsabschreibung am besten geeignet, aus Vereinfachungsgründen wird regelmäßig jedoch die lineare Abschreibung als geeignete Approximation der Leistungsabschreibung herangezogen.[1330] Ein evtl. bestehender Restwert am Ende der Nutzungsdauer wird auch intern berücksichtigt, sofern er wesentlich ist.[1331] Hinsichtlich der Abschreibungsmethodik stimmen IFRS und Kostenrechnung also aufgrund ihrer betriebswirtschaftlichen Ausrichtung gut überein, sie differieren lediglich im Ausgangswert; für die interne Unternehmensrechnung stellt sich somit die Frage, ob die Kalkulationsfunktion auch im Rahmen einer ergänzenden Rechnung zur Erfassung der Differenz zwischen Anschaffungsausgaben und Wiederbeschaffungswerten umgesetzt werden könnte, da dann eine Verwendung der IFRS-Werte als Basis möglich wäre.[1332]

[1326] Vgl. *Schmidt* (2005), S. 67; *Heinhold* (2004), S. 121 f.

[1327] Der ursprünglich für Abschreibungen einschlägige IAS 4 Depreciation Accounting wurde 1999 zurückgezogen und durch die Regelungen in IAS 16, 22 und 38 ersetzt.

[1328] Dabei handelt es sich nicht um Methodenwahlrecht, vgl. *Müller/Wobbe/Reinke* (2008), S. 632.

[1329] Vgl. zu den empirischen Erkenntnissen *Müller/Wobbe/Reinke* (2008), S. 637 f.

[1330] Vgl. entsprechend *Schmidt* (2005), S. 65 f.

[1331] Vgl. *Heinhold* (2004), S. 123 f.; *Kloock/Sieben/Schildbach/Homburg* (2005), S. 97.

[1332] Aufgrund der grundsätzlich gleichen Ausrichtung mit dem internen Rechnungswesen sind die IFRS dem HGB als Datenbasis allein wegen der realistischeren Einschätzung der Nutzungsdauer für Harmonisierungszwecke überlegen.

Im Rahmen der Folgebewertung ist das Fair-Value-Konzept von besonderer Bedeutung. Der Fair Value dient in verschiedenen Standards der Folgebewertung von angesetzten Vermögenswerten und Schulden,[1333] in einzelnen Standards fungiert er auch explizit als Ermittlungsbasis für die Anschaffungskosten.[1334] Der Einsatz des Fair Values als Maßstab für die Ermittlung der Anschaffungskosten ist jedoch an dieser Stelle nicht weiter von Interesse, da das oben dargestellte Problem der Differenz zu einem zukünftigen Wiederbeschaffungswert nicht gelöst wird.[1335]

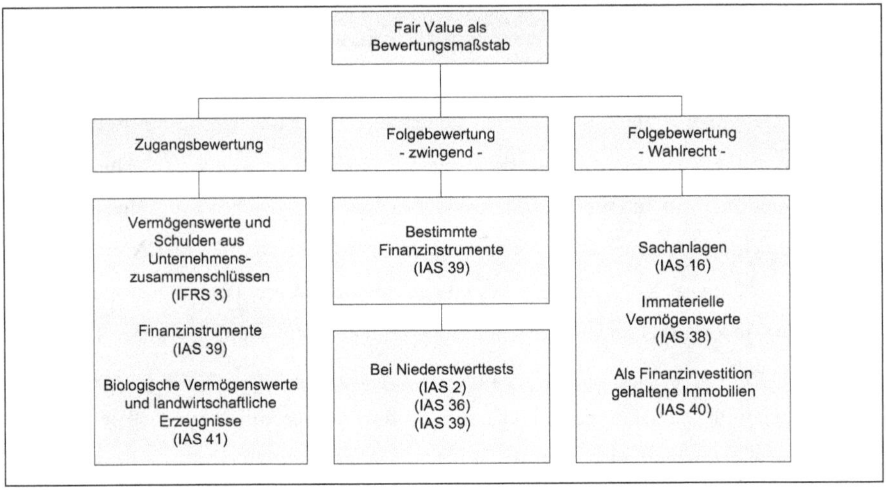

Abb. 4-36: Einsatzfelder des Fair Values

Quelle: eigene Darstellung

Die Folgebewertung zum Fair Value kann dabei wie in Abb. 4-36 dargestellt in pflichtmäßige und in freiwillige Fälle unterschieden werden. Für die interne Unternehmensrechnung ergibt sich im Rahmen der Überlegungen bzgl. der Rechnungswesenkonvergenz die Frage nach der Steuerungswirkung von Fair-Value-

---

1333 Dabei fungiert der Fair Value einerseits als „planmäßiges" Prinzip, andererseits mit größerem Umfang bei Wertminderungen.

1334 Besondere Bedeutung erlangt dies im Rahmen der Kaufpreisallokation nach einem Unternehmenszusammenschluss, vgl. IFRS 3.18, aber auch bei der Zugangsbewertung von Finanzinstrumenten, vgl. IAS 39.43 und der erstmaligen Bewertung von biologischen Vermögenswerten und landwirtschaftlichen Erzeugnissen, vgl. IAS 41.42 f.

1335 Eine Ausnahme könnte dabei in dem Neubewertungsmodell von IAS 16 und IAS 38 gesehen werden, da hier durch die Anpassung des Buchwerts auf einen höheren Fair Value prospektiv die Abschreibungen erhöht werden, ohne im Gegenzug einen Ertrag zu realisieren, vgl. *Heuser/Theile* (2007), Rz. 1186.

Änderungen; diese können wiederum danach unterschieden werden, ob sie erfolgsneutral oder erfolgswirksam zu erfassen sind.

Wird Erfolg als das Erreichen eines anderen Zustands als dem bisherigen verstanden, so kann die Erfolgskonzeption an die Kapitalerhaltung als Maßgröße gekoppelt werden, also an die Geldkapital-, Sachkapital- oder Erfolgskapitalerhaltung.[1336] In der Existenz unterschiedlicher Behandlungsmethoden für die Änderungen im Fair Value bestehender Positionen wird deutlich, dass es dem IASB bislang nicht gelungen ist, eine durchgängige Erfolgskonzeption zu entwickeln.[1337] Im Controlling ist es jedoch zwingend erforderlich, Erfolgsmaßstäbe eindeutig zu definieren, da sie Basis für Planungs- und Kontrollprozesse und das Anreizsystem sind. Darüber hinaus stellt die erfolgsneutrale Erfassung von Änderungen im Fair Value eine Verletzung des Clean Surplus Prinzips dar, das wie oben dargestellt Voraussetzung für die Anwendung eines Residualgewinnverfahrens zur Unternehmenssteuerung ist.[1338] Die Konzeptlosigkeit bzgl. der grundlegenden Frage, wann ein Unternehmen überhaupt in einer Periode erfolgreich war, stellt ein schwerwiegendes Hindernis für Konvergenzbestrebungen zwischen internem und externem Rechnungswesen dar.[1339]

Ein weiteres durch die Fair-Value-Bilanzierung verursachtes Problem ist in der Volatilität der Stromgrößen zu sehen. Im Gegensatz zu dem Prinzip der fortgeführten Anschaffungskosten, das von den historisch ermittelten Anfangsausgaben ausgehend über eine rechnerische Verteilung auf eine bestimmte Anzahl von Perioden zu relativ stabilen Ergebnisgrößen und damit einer guten Prognosefähigkeit gelangt, führt eine regelmäßige Bewertung zum Fair Value zu möglicherweise starken Wertschwankungen. Diese Schwankungen sind dem Konzept des Fair Value entsprechend ein Abbild der

---

1336 Vgl. *Coenenberg/Haller/Schultze* (2009), S. 1229.

1337 Vgl. *Kußmaul/Weiler* (2009), S. 210.

1338 Vgl. *Götze/Glaser* (2001), S. 32; *Burger/Buchhart* (2002), 82 f.

1339 Das Thema wird durch das Performance Reporting Project behandelt. In Phase A des Projekts sollte eine kurzfristige Konvergenz zwischen den IFRS und den US GAAP erreicht werden, die Phase wurde mit Veröffentlichung des überarbeiteten IAS 1 (2007) abgeschlossen und sieht eine neue Form der Darstellung, aber keine Weiterentwicklung einer Erfolgskonzeption vor, vgl. *Haller/Ernstberger/Buchhauser* (2008), S. 314.

Marktpreise und entziehen sich daher dem Einflussbereich des Managements.[1340] Wenngleich das oberste Management den Unternehmensinhabern gegenüber auch für negative Entwicklungen am Markt Verantwortung trägt, so müssen im Controlling für tiefere Managementebenen Größen gefunden werden, die in Planung und Kontrolle effektiv eingesetzt werden können, d.h., sie müssen den Handlungsspielraum und die Verantwortlichkeit der Führungskraft berücksichtigen.[1341] Marktgetriebene Wertänderungen und daraus resultierende Ergebniswirkungen sind jedoch dem operativen Management nicht zuzurechnen und können daher nicht im Controlling verwendet werden, ohne Komplikationen in der Corporate Governance hervorzurufen.[1342]

Hinzu kommt, dass die Datenqualität des Fair Values problematisch erscheint.[1343] Einerseits soll er regelmäßig in erster Linie marktbezogen ermittelt werden; Marktpreise sind indes nicht immer ein Abbild des Fair Value Konzepts, da sie verschiedenen Störgrößen ausgesetzt sind.[1344] Andererseits sind die erst nachrangig anzuwendenden modellbezogenen Ermittlungsmethoden in starkem Maße ermessensbehaftet und damit ggf. auch nicht verlässlich genug,[1345] um im Rahmen bspw. von Anreizsystemen als Basis für Auszahlungen von Ergebnisbeteiligungen zu dienen.[1346]

Somit zeigt sich, dass der Fair Value in der Tradition der statischen Bilanztheorie sowohl in theoretischer als auch in praktischer Hinsicht nicht geeignet ist, internes und externes Rechnungswesen zu integrieren.[1347] Deutlich wird dies auch an der geänderten Einschätzung der Controllingleiter hinsichtlich der Eignung der IFRS als Basis für ein harmonisiertes Rechnungswesen: Wurde vor ca. 10 Jahren als ein wesentlicher Grund für die IFRS-Umstellung die unter IFRS mögliche Konvergenz des Rech-

---

1340 Zu den Unterschieden in den Fair Value Definitionen bei IFRS und US GAAP vgl. *Eckes/Flick* (2008).

1341 Vgl. dazu bspw. *Hahn/Hungenberg* (2001), S. 201. Dieser Aspekt betrifft die von *Simons/Weißenberger* Integrationsdimension Hierarchie, vgl. *Simons/Weißenberger* (2007), S. 8; *Simons/Weißenberger* (2008), S. 14.

1342 Vgl. entsprechend *Pelger* (2008), S. 571.

1343 Vgl. *Pelger* (2008), S. 570 f.

1344 Vgl. nur *Black* (1986) zu dem an den Kapitalmarkt beobachtbaren Grundrauschen (noise).

1345 Vgl. *Böcking* (2004), S. 38.

1346 Vgl. *Kußmaul/Weiler* (2009), S. 210 f.

1347 Gleicher Ansicht sind bspw. *Kußmaul/Weiler* (2009), S. 216; *Pelger* (2008), S. 571. Anderer Ansicht ist *Bruns*, vgl. *Bruns/Horváth* (2004), S. 648 f.

nungswesens angegeben, so hat sich dieses positive Bild mit zunehmender Hinwendung der IFRS zur statischen Bilanztheorie und zur Fair-Value-Bilanzierung in die entgegengesetzte Richtung verkehrt.[1348]

4.5.3 Eignung der IFRS für den Einsatz in Controlling-Instrumenten

Wie im vorangegangenen Abschnitt gezeigt worden ist, ergeben sich bei Verwendung der IFRS als Wertbasis Schwierigkeiten für die interne Steuerung. Ein vollständiger Verzicht auf eine gesonderte Kostenartenrechnung erscheint daher nicht durchführbar.

Das interne Rechnungswesen besteht jedoch nicht allein aus der Kostenartenrechnung sondern auch aus weiteren Bestandteilen, insbesondere der Kostenstellenrechnung, der Kalkulation und der kurzfristigen Erfolgsrechnung. Ergänzt werden diese Komponenten durch entscheidungsorientierte Rechnungen wie die Deckungsbeitragsrechnung, die Plan- und die Prozesskostenrechnung. Die intern ermittelten Werte werden dem Management im Rahmen des Berichtswesens zur Verfügung gestellt.[1349]

4.5.3.1 Verwendung der IFRS im internen Berichtswesen

Ein wesentliches Anliegen der Harmonisierung des Rechnungswesens ist die Vereinheitlichung des internen und des externen Reportings, um die Kommunikation zu vereinfachen.[1350] So sollen Kennzahlen eindeutig definiert sein, was bei einer getrennten Betrachtung häufig nicht gewährleistet ist – so kann die wesentliche Größe des Betriebsergebnisses einmal positiv im externen Reporting kommuniziert werden und gleichzeitig ein negatives Betriebsergebnis intern zu Diskussionen Anlass geben, was bspw. durch unterschiedlich hohe Abschreibungen verursacht werden kann.[1351]

[1348] Vgl. dazu die Meinungsäußerungen von Controllingleitern bei *Weber* (2008), S. 242 f.

[1349] Zur Verbreitung einer Kostenartenrechnung vgl. *Lewicki* (2001), S. 145.

[1350] Vgl. *Dressler/Müller* (2001), S. 503.

[1351] Vgl. auch *Kunz/Pfeiffer* (2001). S. 503.

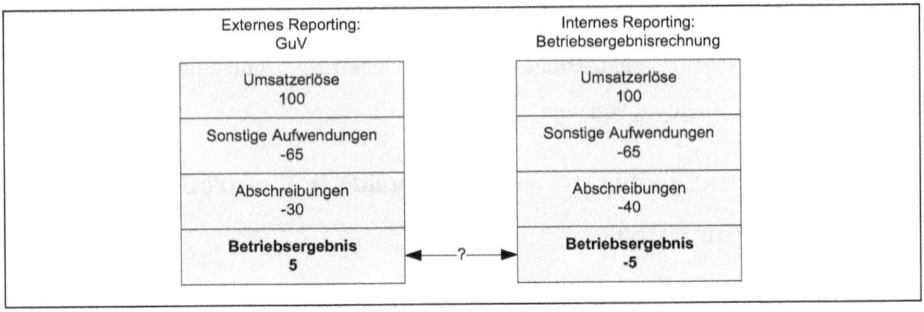

Abb. 4-37: Beispiel für Abweichungen im Reporting ohne Separation

Quelle: eigene Darstellung

An dem Beispiel wird deutlich, dass es sich hierbei nicht ursächlich um ein Reportingproblem handelt sondern um ein Problem der Datenbasis, denn das Betriebsergebnis wird intern selbst bei identischer Berichtsstruktur aufgrund unterschiedlicher Eingangsdaten unterschiedlich ausgewiesen, wenn eine separate Kostenartenrechnung durchgeführt wird.[1352] Als Ausweg scheint lediglich die Möglichkeit zu bestehen, die kalkulatorischen Anpassungen, die im Controlling für die IFRS-Werte vorgenommen worden sind, gesondert darzustellen, d.h. als Basis die originäre, IFRS-konforme Berichtsstruktur unverändert zu übernehmen und um Anpassungsrechnungen zu ergänzen; auf diese Weise werden die IFRS-Werte extern sowie intern identisch kommuniziert und verwendet.[1353]

1352 Vgl. *Lewicki* (2001), S. 145 f.

1353 Vgl. ähnlich auch *Dressler/Müller* (2001), S. 507 zur Überleitung von Profit-Center-Rechnung auf eine GuV nach lokalen Rechnungslegungsstandards.

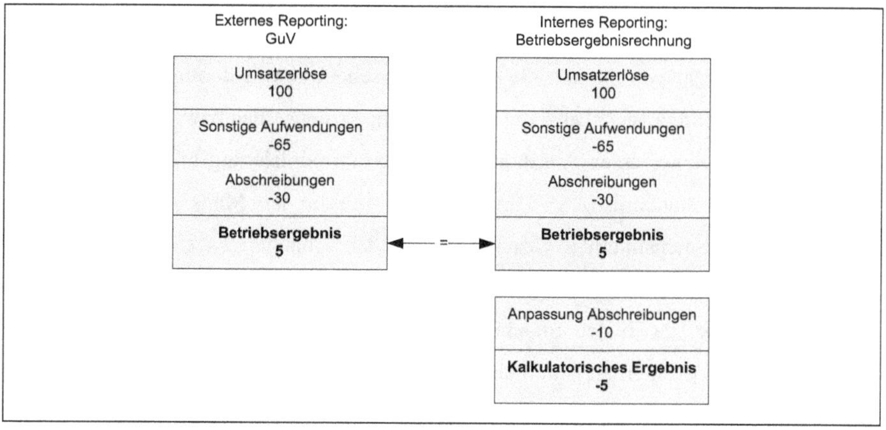

Abb. 4-38: Beispiel für Abweichungen im Reporting mit Separation

Quelle: eigene Darstellung

Durch die Separation von IFRS-Anpassungen werden eine einheitliche Datenbasis sowie ein einheitliches Basis-Reporting ermöglicht; zugleich werden im Bereich des Auswertungsmoduls Controlling im Sinne der Abb. 4-33 auf Seite 375 die spezifisch in der jeweiligen Entscheidungssituation notwendigen Anpassungen transparent dargestellt.[1354] Die Vorgehensweise entspricht damit dem Ansatz des EVA-Konzepts, in welchem für die wertorientierte Steuerung notwendige Anpassungen einer restriktiven Rechnungslegung im Rahmen der sog. Conversions vorgenommen werden. Als generelle Struktur aller internen Berichte bietet sich daher eine zweigeteilte Gliederung an, die zunächst in Sektor A) die IFRS-Werte zeigt und in Sektor B) entscheidungsspezifische Anpassungen vornimmt. Im Rahmen einer durchgängigen unternehmenswertorientierten Steuerung wird auf diese Weise eine Standardberichtsstruktur etabliert, die auf dem Wege der IFRS-Anpassung zugleich eine Wertorientierung einführt.[1355] Ebenso eröffnet der Bruttoausweis von IFRS-Ausgangswerten und kalkulatorischen Anpassungen die Möglichkeit einer intensiveren Auseinandersetzung mit den angewandten Konzepten.

[1354] Vgl. entsprechend auch *Kümpel* (2002), S. 345.

[1355] Damit eröffnet sich auch die Integration eines Value Reportings, vgl. *Ruhwedel/Schultze* (2004).

4.5.3.2 Anwendung der IFRS in der Kostenstellenrechnung

Neben dem Berichtswesen stellt die organisatorische Untergliederung des Unternehmens für Controllingzwecke, also die Einteilung in Kostenstellen bzw. in Cost-, Profit- oder Investmentcenter einen Ansatzpunkt für die Harmonisierung mit den IFRS dar. Insbesondere die Standards IAS 36 und IFRS 8 setzen mit dem Management Approach auf der unternehmensinternen Gestaltung auf, dabei handelt es sich jedoch nicht durchgehend um eine Art „Maßgeblichkeitsprinzip" des Controllings für die externe Rechnungslegung, da in den Standards auch bestimmte Anforderungen aufgestellt werden, die von der internen Unternehmensrechnung erfüllt werden müssen.[1356]

So müssen die CGUs nach IAS 36 mit der weitestgehenden Unabhängigkeit der Mittelzuflüsse und dem separaten Ausweis von Steuer-, Finanzierungs-, Erweiterungs-, Restrukturierungs- und Synergieeffekten in Ist- und Planwerten spezielle Anforderungen erfüllen, die sich als Prämissen für die interne Gestaltung interpretieren lassen; die Übereinstimmung von Profit Centern und CGUs wurde bereits in Kapitel 4.4.3 diskutiert. Eine Vereinheitlichung der organisatorischen Basis ist aus Gründen der Komplexitätsreduktion anzustreben.[1357]

4.5.4 Unternehmensrechnung aus Sicht des Coopetitions-Konzepts

Neben den angestellten Überlegungen zur einheitlichen Nutzung einer gemeinsamen IFRS-Datenbasis kann die Harmonisierung des Rechnungswesens auch aus dem Blickwinkel des internen Wettbewerbs der verschiedenen Bereiche untereinander betrachtet werden. So sehen ca. 22% der Controllingleiter das externe Rechnungswesen als Konkurrenten an, vgl. Abb. 4-39.[1358]

1356 Vgl. *Kirsch* (2003), S. 12 f.

1357 Vgl. auch bereits Abschnitt 4.4.3.5, S. 243.

1358 Vgl. *Weber* (2008), S. 159.

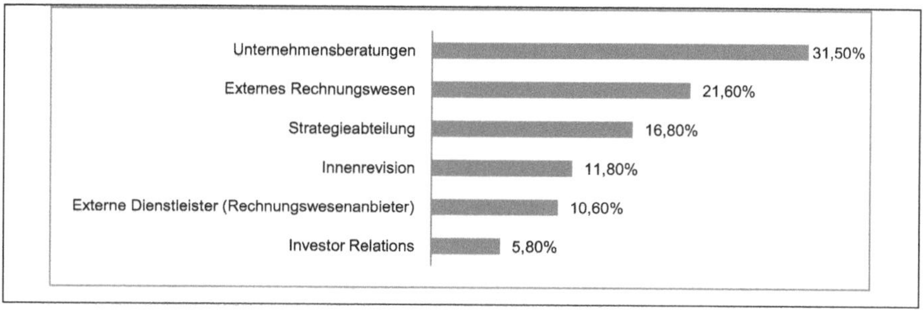

Abb. 4-39: Aktuelle Konkurrenten des Controllerbereichs in der Wahrnehmung der Controller (Ergebnis einer Studie des ICV)

Quelle: *Weber* (2008), S. 159

In Marktsituationen führt Wettbewerb zu kompetitivem Verhalten, die Wettbewerber sind bestrebt ihre Marktposition zu sichern und auszubauen. Unternehmensintern kann dies dazu führen, dass Bereiche sich mehr um ihre Machtposition kümmern als um ihre eigentlichen Aufgaben und sie versuchen, sich gegenseitig zu behindern und sich gegenseitig die internen Kunden abzuwerben. Innerhalb von vorwiegend kooperativ geführten Unternehmen ist dieses Verhalten kontraproduktiv und unerwünscht.[1359]

Ein Vorteil von Wettbewerb ist allerdings, dass die Wettbewerber motiviert sind, ihre Leistungen möglichst effizient zu erbringen. Um diese erwünschte Folge von Wettbewerb zu erhalten, muss eine Form des internen Wettbewerbs gefunden werden, der die unerwünschten Nebenwirkungen zu starken Konkurrenzdenkens ausschließt. In diesem Zusammenhang wird das Konzept der „Coopetition" diskutiert, welches die Wettbewerbssituation durch Aufteilung der Situation in mehrere Rollen auflöst.[1360]

In dem Konzept werden wie in Abb. 4-40 dargestellt die Rollen als Lieferant und Kunde sowie als Komplementor und als Wettbewerber unterschieden; während die ersten drei Rollen kooperative Beziehungen darstellen, finden sich die Konkurrenzaspekte lediglich in der vierten Rolle. Im Rahmen von empirischen Studien konnte gezeigt werden, dass sich mit steigender Qualität der kooperativen Beziehungen auch die

1359 Vgl. *Weber* (2008), S. 160.

1360 Vgl. ausführlich zu dem Konzept *Nalebuff/Brandenburger* (1996).

Leistungen des Controllings positiv entwickelt haben, und zwar hinsichtlich aller Controllingfunktionen.[1361]

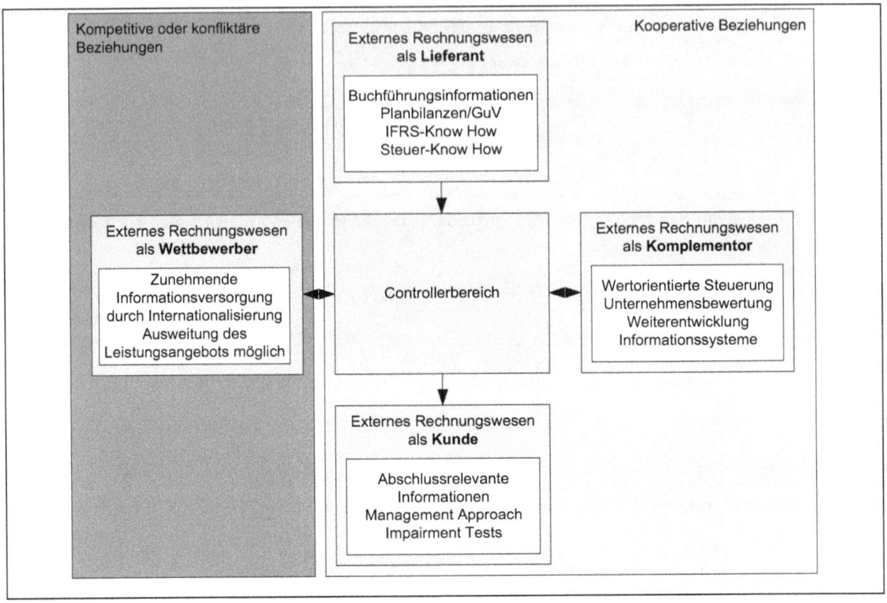

Abb. 4-40: Perspektiven der Zusammenarbeit des Controllerbereichs mit dem Externen Rechnungswesen

Quelle: geringfügig modifiziert nach *Weber* (2008), S. 161

Vor dem skizzierten Hintergrund sollte eine Harmonisierung des Rechnungswesens die kooperativen Aspekte der Zusammenarbeit betonen, um die gewünschten Effizienzsteigerungen zu erzielen.[1362]

4.6 Zwischenergebnis

Die interne Unternehmensrechnung sieht sich diversen Herausforderungen gegenüber. Diese lassen sich den beiden Anforderungsbereichen Performance und Information zuordnen, wobei sich originäre und derivative Anforderungen an das Controlling ableiten lassen.

1361 Vgl. die empirischen Untersuchungen von *Birl* (2007), *Knollmann* (2007), *Sieber* (2008) und *Grieshop* (2008).

1362 Vgl. entsprechend *Weber* (2008), S. 161.

Die empirische Untersuchung von Weber aus dem Jahre 2008 kommt zu einem übereinstimmenden Ergebnis; Tab. 4-22 stellt die Ergebnisse der Befragung der Konzerncontrolling-Abteilungen der DAX-30-Unternehmen dar und nimmt ergänzend eine Zuordnung zu den in dieser Arbeit entwickelten originären und derivativen Kapitalmarktanforderungen vor. Die Zuordnung kann dabei nicht eindeutig erfolgen und orientiert sich an der Frage, ob eine an das Controlling gestellte Anforderung im besonderen Maße durch den Kapitalmarktbezug hervorgerufen wird.

Originäre Anforderungen des Kapitalmarkts an das Controlling	Derivative Anforderungen des Kapitalmarkts an das Controlling	Sonstige, übergeordnete Anforderungen an das Controlling
• Verkürzung des Reportingprozesses • Aufbau eines Forecasting • Verbesserung der Prognosequalität • Weiterentwicklung der wertorientierten Steuerung • Wertorientierte Kapitalallokation • Net-Working-Capital-Management • Aufbau einer Steuerung des Markenwerts • Ausbau des Investitionscontrollings • Verankerung von Mid-term Incentives • Abdeckung der Anforderungen in Folge des Sarbanes-Oxley-Acts • Aufbau eines Risikomanagements • Aufbau eines Früherkennungssystems • Mitarbeit in der Phase der Post-Merger-Integration	• Verankerung der IFRS im Controlling • Harmonisierung von internem und externem Rechnungswesen • Integration von IFRS und US GAAP • Konvergenz von Finance und Controlling • Überarbeitung der Unternehmensplanung	• Aufbau eines Data Warehouses • Vereinfachung der Kostenrechnung • Verkürzung der Planungsprozesse • Aufbau von Marktmodellen für die Planung • Verbindung von Projekt- und Periodenplanung • Aufbau einer Risikoanalyse • Ermittlung von Risikokapital • Proaktives Unterstützen erforderlicher strategischer Maßnahmen • Unterstützung der Portfolio-Planung • Unterstützung von Organisationsveränderungen • Mitwirkung beim Konzernumbau • Management der Fertigungstiefe • Management eines zentralen Projekts zur Verbesserung der Wettbewerbsfähigkeit des Konzerns • Aufbau einer Netzwerkorganisation für das Controlling

Tab. 4-22: Wichtigste Aufgabenfelder des Controllings

Quelle: um die Klassifikation erweitert nach *Weber* (2008), S. 258

5 Zusammenfassung und Ausblick

5.1 Zusammenfassung der wesentlichen Ergebnisse

Im Rahmen dieser Arbeit wurden die Konsequenzen einer Kapitalmarktorientierung für das Rechnungswesen von Unternehmen untersucht. Dabei wurde zunächst auf den Begriff der Kapitalmarktorientierung eingegangen und festgestellt, dass aufgrund der Pluralität der Kapitalmarktteilnehmer und ihrer individuellen Interessen kein einheitliches Kapitalmarktinteresse festgestellt werden kann. Soll die Unternehmensführung einer Kapitalmarktorientierung folgen, so muss demzufolge zunächst eine konsequente Analyse der Zusammensetzung der Adressatengruppen und deren Interessen erfolgen. Erst mit Klarstellung der unternehmerischen Zielsetzung im Sinne einer Kundenorientierung können daraus resultierende Anforderungen an die Informationsversorgungseinheiten des Unternehmens – also insbesondere die Systeme der Unternehmensrechnung – formuliert werden.

Die von den Kapitalmarktteilnehmern geforderten Leistungen wurden anhand ihrer Entscheidungsmodelle untersucht und ließen sich den zwei Hauptgruppen Information und Performance zuordnen. Da die Unternehmensrechnung regelmäßig in externe und interne Rechnung unterschieden wird, konnte eine Zuordnung der Aufgaben zu den einzelnen Bereichen der Unternehmensrechnung vorgenommen werden. Während das externe Rechnungswesen weitestgehend den Informationsanforderungen des Kapitalmarkts nachkommen soll, lassen sich der internen Rechnung bzw. dem Controlling Aufgaben beider Bereiche zuordnen. Dabei wurde in originäre und derivative Anforderungen unterschieden; während sich die originären Aufgaben im Wesentlichen aus der ergebniszielorientierten Koordination ergeben und somit dem Bereich Performance zuzuordnen sind, können aus den Informationsinteressen der Kapitalmarktteilnehmer, die an das Unternehmen gerichtet sind, Anforderungen der Informationsbereitstellung an das Controlling abgeleitet werden, da das externe Rechnungswesen verschiedene der geforderten Informationen nicht selbst erzeugt sondern von der internen Unternehmensrechnung bezieht. Im Folgenden sollen daher die wesentlichen Erkenntnisse dargestellt werden.

Für das externe Rechnungswesen konnte zunächst der Einsatz eines weltweit akzeptierten und weitgehend standardisierten Rechnungslegungssystems, insbesondere also den IFRS als kapitalmarktorientiert identifiziert werden. Ausschlaggebend war dabei weniger die häufig betonte stärkere Zukunftsorientierung, die vor dem Hintergrund der Fair Value Diskussion kritisch gesehen werden muss, sondern vielmehr der hohe Verbreitungsgrad, der eine Vergleichbarkeit von Unternehmen über Landesgrenzen hinweg ermöglicht und so zum Abbau von Transaktionskosten beiträgt. Da die Kapitalmarkteffizienz entscheidend durch Informationsprozesse gekennzeichnet ist – *Fama* unterscheidet drei verschiedene Grade von Informationseffizienz – kann hier die Hauptanforderung an die externe Unternehmensrechnung gesehen werden.

In der weiteren Untersuchung konnte jedoch festgestellt werden, dass die Verwendung der IFRS alleine die Informationseffizienz nicht ausreichend verbessert. Unter Rückgriff auf das entwickelte Kommunikationsmodell der Rechnungslegung konnte gezeigt werden, dass bislang die Aspekte der Informationsübertragung und Informationsverarbeitung beim Empfänger – also dem Kapitalmarktteilnehmer – nicht bzw. nicht ausreichend beachtet worden sind. Daraus konnten zwei Forderungen an den IASB als Standardsetter formuliert werden: Einerseits sollte das Framework um das zusätzliche Informationsmerkmal der Usability ergänzt werden, um den Aspekt der Transaktionskosten explizit in die Rechnungslegung zu integrieren; andererseits sollte in IAS 1 neben der inhaltlichen Darstellung des Abschlusses auch die Nutzung von XBRL als Format für die Veröffentlichung und Bereitstellung des Abschlusses geregelt werden.

Neben den kommunikationsspezifischen Anforderungen wurde auch die inhaltliche Ausgestaltung der IFRS-Regelungen untersucht. Dabei konnte festgestellt werden, dass die IFRS unter einem fehlenden Erfolgskonzept leiden und sich zugleich durch die verstärkte Anwendung des Fair Value zu einem eher statischen als einem dynamischen Rechnungslegungssystem entwickeln. Da sich die Entscheidungsmodelle der Kapitalmarktteilnehmer regelmäßig auf die Prognose zukünftiger Entwicklungen stützen, besteht in diesen beiden Feldern zusätzlicher Optimierungsbedarf. Es wurde daher ein Modell eines umfassenden Recyclings vorgeschlagen, welches Erfolgs- und Bestandsrechnung konsequent entkoppelt und somit eigenständige Erfolgs- und Bestandskonzeptionen ermöglicht.

Für das Controlling bzw. die interne Unternehmensrechnung wurden originäre, Performance-orientierte und sekundäre, informationsorientierte Anforderungen unterschieden. Als zentrale originäre Aufgabe stellt sich die Umsetzung einer am unternehmenswertorientierten Führung im Rechnungswesen dar, auch wenn festgestellt werden konnte, dass Kapitalmarktorientierung und Unternehmenswertorientierung nicht identisch sind. Da die Reduktion dieser Zieldifferenz häufig als Kommunikationsproblem aufgefasst werden kann, fällt sie in den Aufgabenbereich des externen Rechnungswesens, insbesondere der Investor Relations.

Neben der Umsetzung eines unternehmenswertorientierten Konzepts wie EVA oder CFROI im Rechnungswesen sowohl auf strategischer als auch auf operativer Ebene konnte mit dem Controlling immaterieller Vermögenswerte ein weiteres Aufgabengebiet identifiziert werden. Die in der Vergangenheit stark gewachsenen Marktwert-Buchwert-Verhältnisse verdeutlichen, dass die Inhalte der bisherigen Berichterstattung immer weniger in der Lage sind, die Lage der Unternehmen aus Kapitalmarktsicht zutreffend abzubilden. Da regelmäßig ein relativ großer Anteil der Differenzen zwischen Markt- und Buchwerten durch nicht bilanzierte immaterielle Vermögenswerte erklärt wird, handelt es sich hierbei sowohl um eine Thema der Rechnungslegung als auch des Controllings.

An der Schnittstelle zwischen interner und externer Unternehmensrechnung findet sich mit dem Goodwill-Controlling ein weiteres identifiziertes Aufgabenfeld. Der Goodwill als bilanzielle Größe hat zwar zunächst einen lediglich abbildenden Charakter, ist jedoch aus Kapitalmarktsicht wegen seiner Signalwirkung wertrelevant und stellt somit selbst ein Controllingobjekt dar. Aufgabe eines Goodwill-Controllings muss es daher sein, Wertminderungen des Goodwills durch Etablierung eines geeigneten antizipativen Controllingsystems zu vermeiden.

Insbesondere die derivativen Anforderungen, die im Zuge einer Kapitalmarktorientierung an das Controlling gestellt werden, machen die vielfältigen Interdependenzen zwischen interner und externer Unternehmensrechnung deutlich. Um die Aufgaben effizient zu erfüllen, ist daher die enge Abstimmung beider Rechnungen voranzutreiben, wobei die Konvergenzbestrebungen allerdings an ihre Grenzen stoßen müssen, wenn die unterschiedlichen Funktionen unterschiedliche Informationen erforderlich machen.

Insgesamt konnte festgestellt werden, dass sowohl für Standardsetter als auch für Unternehmen noch in einigen Feldern ein Verbesserungsbedarf besteht, um der Zielsetzung einer Kapitalmarktorientierung gerecht zu werden. Die zentralen Ergebnisse und Forderungen sollen thesenförmig zusammengefasst werden:

- Der Kapitalmarkt hat kein eigenes Interesse; die Interessen sind vielmehr den einzelnen Kapitalmarktteilnehmern zuzuordnen und unterscheiden sich entsprechend ihrer Interessenlage.
- Die Anforderungen der verschiedenen Gruppen von Kapitalmarktteilnehmern richten sich auf den zukünftigen Erfolg des Unternehmens und die Information darüber.
- Die Anforderungen lassen sich externer und interner Unternehmensrechnung zuordnen.
- Die zentralen Forderungen an die externe Unternehmensrechnung sind:
    - Der IASB sollte den Aspekt der Usability als qualitative Eigenschaft von Informationen in das Framework aufnehmen, um der selbst formulierten Informationsfunktion durch Beachtung der Informationsvermittlung besser gerecht zu werden.
    - Der IASB sollte zur Umsetzung der Usability die Veröffentlichung der IFRS-Abschlüsse über das Internet mit XBRL verbindlich vorschreiben, durch den hohen Verbreitungsgrad würde damit ein Netzwerkeffekt entstehen, der zu einer Senkung der Transaktionskosten und somit zu einer Erhöhung der Informationseffizienz führen würde.
    - Der IASB sollte ein betriebswirtschaftlich fundiertes Erfolgskonzept entwickeln und durch die Einführung eines umfassenden Recyclingansatzes von der bilanziellen Bewertung entkoppeln.
- Die zentralen Forderungen an die interne Unternehmensrechnung sind:

- Es sollte ein am Unternehmenswert ausgerichtetes Controlling implementiert werden, um ein langfristiges Bestehen des Unternehmens zu sichern und eine zu starke Fokussierung auf operative Ergebnisse zu vermeiden.
- Die immateriellen Werte sollten als Objekte des Controllings bzw. als Werttreiber verstanden werden; speziell sind Ausgaben für immaterielle Werte nicht als Kosten sondern als Investitionen zu verstehen.
- Wegen der Wirkung einer Goodwillabschreibung am Kapitalmarkt ist ein separates Goodwill-Controlling einzurichten, welches die Gefahr bevorstehender Wertminderungen des Goodwills rechtzeitig erkennt und Gegenmaßnahmen ermöglicht.
- Zur Vermeidung von ineffizienten Strukturen sollte die Konvergenz des internen und des externen Rechnungswesens vorangetrieben werden, unterschiedliche Informationsbedarfe aufgrund unterschiedlicher Funktionen müssen jedoch weiterhin erfüllt werden.

5.2 Ausblick

Vor dem Hintergrund der raschen Entwicklungen einerseits in der Informations- und Kommunikationstechnologie, andererseits an den Kapitalmärkten ist eine Prognose der zukünftigen Entwicklungen zwangsläufig spekulativer Natur. Es lassen sich jedoch verschiedene Aspekte zeigen, die bereits in der vorliegenden Arbeit angesprochen worden sind, die eine weitere Entwicklung plausibel erscheinen lassen und weiteren Forschungsbedarf aufzeigen.

Auch wenn bereits heute im Rechnungswesen sehr viele Prozesse mit IT-Unterstützung ablaufen, dürfte der Einsatz von Informationstechnologien weiter zunehmen. Dies betrifft die Ansätze der Rechnungswesenkonvergenz, die insbesondere durch den Einsatz von modernen Datenbanktechnologien umgesetzt werden können, ohne zu Informationsverlusten zu führen. Damit verbunden ist auch ein stärkerer Einsatz von speziellen Softwarelösungen auf Datenbankbasis, welche die noch sehr häufig vorzufindenden Excellösungen zum Teil ablösen werden. Auch wenn das sehr flexibel einsetzbare Instrument einer Tabellenkalkulation für spezielle Fragestellungen weiterhin Verwendung finden wird, so sind doch diverse Ansätze der Prozessoptimierung insbesondere für die repetitiven Abläufe im Rechnungswesen denkbar und für eine effiziente Umsetzung der Anforderungen auch notwendig.[1363]

Zum Anderen bietet der verstärkte Einsatz von IT neue Möglichkeiten, die Informationseffizienz des Kapitalmarkts zu verbessern. Dazu zählen einerseits die bereits als Forderung formulierte Einführung von XBRL als Pflichtformat für die Abschlusspublikation, andererseits kann jedoch der Informationsgehalt der Abschlüsse wesentlich durch den Faktor Zeitnähe erhöht werden. Mit zunehmender Optimierung der Rechnungswesenprozesse sinkt ihre Durchlaufzeit und somit die Zeitspanne zwischen Abschlussstichtag und Abschlussveröffentlichung. Entsprechende Konzepte eines Fast Close sind bereits heute in einigen Unternehmen gängige Praxis; es kann daher vermutet werden, dass dieser Trend mit steigender IT-Unterstützung anhält und sich ggf. bis zu dem Konzept eines Virtual Close weiterentwickelt.[1364]

Bei einem Virtual Close kann jederzeit ein Abschluss „auf Knopfdruck" erzeugt werden, bei entsprechender Datenbasis, Integration von Bewertungs- und Konsolidierungsprozessen wäre es dann auch möglich, diese Funktionalität externen Nutzern zur Verfügung zu stellen. Denkbar wäre in diesem Fall auch die Möglichkeit, bei Erzeugung des Abschlusses auch das zu verwendende Rechnungslegungssystem auszuwählen; Fremdkapitalgeber könnten das HGB als Berichtsplattform wählen, während langfristig orientierte Anleger die IFRS nutzen könnten. Voraussetzung hierfür wäre eine Datenbasis, die im Sinne einer Grundrechnung zunächst unabhängig von einem konkreten Rechnungslegungssystem ist und erst bei Auswahl weiterer Parameter durch eine Interpretationsschicht den Abschluss erzeugt.[1365]

Vom Konzept des Virtual Close ausgehend ist es kein weiter Schritt zu der Idee eines „Continuous Reporting", also einer laufenden Berichterstattung ohne von vornherein fixierte Abschlussstichtage. Nutzer könnten entsprechend ihres Entscheidungsmodells Daten nach Bedarf abrufen und müssten sich nicht an den Publikationsrhythmus der Unternehmen orientieren; die Informationsweitergabe würde in diesem Fall von einem

1363 Vgl. bspw. *Kink* (2007).

1364 Vgl. zum Fast Close bspw. *Küting/Weber/Boecker* (2004).

1365 Vgl. zum Stand der Entwicklung bspw. auch Oracle (2008).

Push- zu einem Pull-Prozess umgekehrt werden, wie er auch in nach dem Kanban-Prinzip optimierten Produktionsabläufen zu finden ist.[1366]

Einhergehend mit einer kontinuierlichen Berichterstattung würde auch eine veränderte Form der Abschlussprüfung notwendig werden, ein von einem Abschlussstichtag entkoppeltes „Continuous Auditing" müsste sich entwickeln, das während des ganzen Jahres verschiedene Prüfungshandlungen vornimmt. Somit wäre auch ein verändertes Verständnis der Verlässlichkeit auch beim Abschlussnutzer notwendig, um Fehlinterpretationen und somit eine erweiterte Erwartungslücke zu vermeiden.[1367]

Ebenso müssten die Ansätze der Investor Relations und des Controllings überprüft werden, da sich die individuelle Kommunikation durch den Wegfall einer klaren Gesprächsgrundlage in Form eines spezifischen Abschlusses komplizierter gestalten würde.

Insgesamt lässt sich feststellen, dass die zukünftige Entwicklung insbesondere der Rechnungslegung und der Kapitalmarktkommunikation entscheidend davon abhängt, ob die Profession der Rechnungslegung den Anschluss an die modernen Kommunikationsmittel findet. Sollte dies der Fall sein, so könnte damit ein wesentlicher Beitrag zur Verbesserung der Kapitalmarkteffizienz geleistet werden.

[1366] Vgl. zum Continuous Reporting bspw. *Gal* (2009).

[1367] Vgl. zum Continuous Auditing *Groß/Vogl* (2007).

Literaturverzeichnis

Abarbanell/Lehavy (2003) = Jeffery *Abarbanell* und Reuven *Lehavy*: Biased forecasts or biased earnings? The role of reported earnings in explaining apparent bias and over/underreaction in analysts' earnings forecasts. In: Journal of Accounting and Economics, Vol. 36 (2003), S. 105 – 146.

Aboody/Lev (1998) = David *Aboody* und Baruch *Lev*: The Value-Relevance of Intangibles: The Case of Software Capitalization. Gefunden im Internet, URL: http://papers.ssrn.com/sol3/Delivery.cfm/98121701.pdf?abstractid=143108&mirid=1, Stand September.1998, Download am 17.08.2009.

Achatz (1998) = Helmut *Achatz*: Betriebswirtschaftliche Ansätze zur wertorientierten Unternehmensführung. In: Michael *Müller*/Franz-Josef *Leven* (Hrsg.): Shareholder Value Reporting: Veränderte Anforderungen an die Berichterstattung börsennotierter Unternehmen; Wien, 1998; S. 13 – 26.

Achleitner/Bassen/Pietzsch/Wichels (2002) = Ann-Kristin *Achleitner,* Alexander *Bassen,* Luisa *Pietzsch* und Daniel *Wichels*: Effiziente Kapitalmarktkommunikation mit Finanzanalysten: Gestaltungsempfehlungen für Wachstumsunternehmen. In: Finanz Betrieb, 4. Jg. (2002), S. 29 – 44.

Achleitner/Groth/Pietzsch (2005) = Ann-Kristin *Achleitner*, Thorsten *Groth* und Luisa *Pietzsch*: Bestimmungsfaktoren der Analystenabdeckung. In: Finanz Betrieb, 7. Jg. (2005), S. 261 – 272.

Adams (1999) = M. *Adams*: Cross Holdings in Germany. In: Journal of Institutional and Theoretical Economics, Vol. 155 (1999), S. 80-109.

Adams (2005) = Antje *Adams*: Das Konzept der Decision Usefulness nach IFRS aus informationsökonomischer Sicht. München, 2005.

Aders/Hebertinger (2003) = C. *Aders* und M. *Hebertinger*: Value Based Management: Shareholder Value Konzepte. In: *Ballwieser/Wesner/KPMG* (Hrsg.): Shareholder-Value-Konzepte: Eine Untersuchung der DAX100-Unternehmen. Frankfurt am Main, 2003.

AICPA/*Maisel* (2001) = American Institute of Certified Public Accountants and Lawrence S. *Maisel*: Performance Measurement Practices: Survey Results. Jersey City, 2001.

AK Externe Unternehmensrechnung (2002) = Arbeitskreis „Externe Unternehmensrechnung" der Schmaldenbach-Gesellschaft e. V. (Hrsg.): Grundsätze für das Value Reporting. In: Der Betrieb, 55. Jg. (2002), S. 2337 – 2340.

AK Immaterielle Werte (2001) = Arbeitskreis „Immaterielle Werte im Rechnungswesen" der Schmaldenbach-Gesellschaft e. V. (Hrsg.): Kategorisierung und bilanzielle Erfassung immaterieller Werte. In: Der Betrieb, 54. Jg. (2001), S. 989 – 995.

AK Wertorientierte Führung in mittelständischen Unternehmen (2004) = Arbeitskreis „Wertorientierte Führung in mittelständischen Unternehmen" der Schmalenbachgesellschaft für Betriebswirtschaft e. V. (Hrsg.): Möglichkeiten zur Ermittlung periodischer Erfolgsgrößen in Kompatibilität zum Unternehmenswert. In: Finanz Betrieb, 6. Jg. (2004), S. 241 – 253.

Albach (1965) = Horst *Albach*: Grundgedanken einer synthetischen Bilanztheorie. In: Zeitschrift für Betriebswirtschaft, 35. Jg. (1965), S. 21 – 31.

Albach (2001) = Horst *Albach*: Shareholder Value und Unternehmenswert: Theoretische Anmerkungen zu einem aktuellen Thema. In: Zeitschrift für Betriebswirtschaft, 71. Jg. (2001), S. 643 – 674.

Alford et al. (1993) = Andrew *Alford*, Jennifer *Jones*, Richard *Leftwich* und Mark *Zmijewski*: The Relative Informativeness of Accounting Disclosures in Different Countries. In: Journal of Accounting Research, Vol. 31 (1993), S. 183 – 223.

Ali/Hwang (2000) = Ashiq *Ali* und Lee-Seok *Hwang*: Country-Specific Factors Related to Financial Reporting and the Value Relevance of Accounting Data. In: Journal of Accounting Research, Vol. 38 (2000), S. 1 – 21.

Allendorf (1996) = Georg-Josef *Allendorf*: Investor Relations deutscher Publikumsgesellschaften: Eine theoretische und empirische Wirkungsanalyse; Oestrich-Winkel, Univ., Diss., 1996.

Amir/Lev (1996) = Eli *Amir* und Baruch *Lev*: Value-Relevance of nonfinancial information: The wireless communications industry. In: Journal of Accounting and Economics, Vol. 22 (1996), S. 3 – 30.

Anderson/Epstein (2006) = Ray H. *Anderson* und Marc *Epstein*: The Usefulness of Corporate Annual Reports to Shareholders in Australia, New Zealand, and the United States: An International Comparison. Greenwich, CT et al., 2006.

Antill/Lee (2008) = Nick *Antill* und Kenneth *Lee*: Company Valuation under IFRS: Interpreting and forecasting accounts using International Financial Reporting Standards. Petersfield, 2008.

Alvarez/Biberacher (2002) = Manuel *Alvarez* und Johannes *Biberacher*: Goodwill-Bilanzierung nach US-GAAP: Anforderungen an Unternehmenssteuerung und -berichterstattung. In: Betriebs-Berater, 57. Jg. (2002), S. 346 – 353.

Alvarez/Wotschofsky (2000) = Manuel *Alvarez* und Stefan *Wotschofsky*: Zur Bedeutung der Zwischenberichtspublizität. In: Deutsches Steuerrecht, 38. Jg. (2000), S. 1789 – 1796.

Alvarez/Wotschofsky (2001) = Manuel *Alvarez* und Stefan *Wotschofsky*: Grundsätze unterjähriger Berichterstattung. In: Bilanz & Buchhaltung, 48. Jg. (2001), S. 68 – 70.

Apostolopoulos (1986) = Athanase *Apostolopoulos*: Aktienkurse und rationale Erwartungen: Eine makroökonomische Untersuchung der Informationseffizienz des deutschen Aktienmarktes 1965 – 1982. Frankfurt am Main, 1986.

Archibald (1972) = T. Ross *Archibald*: Stock Market Reaction to the Depreciation Switch-Back. In: Accounting Review, Vol. 47 (1972), S. 22 – 30.

Arndt (2004) = Christoph *Arndt*: Information Measures: Information and its Description in Science and Engineering. Berlin, 2004.

Arthaud-Day/Certo/Dalton/Dalton (2006) = M. *Arthaud-Day*, S. T. *Certo*, C. M. *Dalton* und D. R. *Dalton*: A changing of the guard: Executive and director turnover following corporate financial restatements. In: Academy of Management Journal, Vol. 49 (2006), S. 1119 – 1136.

Babalyan (2001) = Levon *Babalyan*: Association Between Accounting Earnings and Stock Returns as a Measure of Value Relevance of Accounting Standards: Empirical Evidence from the Swiss Market, Working Paper, University of Fribourg, 2001.

Bach (2007) = Olaf *Bach*: Die Erfindung der Globalisierung – Untersuchungen zu Entstehung und Wandel eines zeitgeschichtlichen Grundbegriffs. Bamberg, 2007.

Bacher/Dörner (2002) = Urban *Bacher* und Stefanie *Dörner*: Ad-hoc-Publizität nach dem WpHG samt Verbesserungsvorschläge. In: Der Steuerberater, 53. Jg. (2002), S. 52 – 60.

Baetge (1980) = Jörg *Baetge*: Möglichkeiten der Objektivierung des Jahreserfolgs; 2. Auflage. Düsseldorf, 1980.

Baetge/Kirsch/Thiele (2009) = Jörg *Baetge,* Hans-Jürgen *Kirsch,* Stefan *Thiele*: Bilanzen; 10. Auflage. Düsseldorf, 2009.

Baetge/Niemeyer/Kümmel/Schulz (2009) = Jörg *Baetge*, Kai *Niemeyer*, Jens *Kümmel* und Roland *Schulz*: Bewertungsverfahren, Teil B: Darstellung der

Discounted Cashflow-Verfahren (DCF-Verfahren) mit Beispiel. In: *Peemöller* (Hrsg.): Praxishandbuch der Unternehmensbewertung; 4. Aufl., Herne, 2009; S. 339 – 477.

Baetge/Noelle (2001) = Jörg *Baetge* und Jennifer *Noelle*: Shareholder-Value-Reporting sowie Prognose- und Performancepublizität. In: Kapitalmarktorientierte Rechnungslegung, 1. Jg. (2001), S. 174 – 180.

Balachandran/Mohanram (2005) = Sudhakar V. *Balachandran* und Partha S. *Mohanram*: Conservatism and the Value Relevance of Accounting Information, Working Paper, Columbia Business School, 2005.

Ball (1972) = Ray *Ball*: Changes in Accounting Techniques and Stock Prices. In: Journal of Accounting Research, 10. Jg. (1972), Empirical Research in Accounting: Selected Studies 1972 (1972), S. 1 – 38.

Ball/Brown (1968) = Ray *Ball* und Philip *Brown*: An Empirical Evaluation of Accounting Income Numbers. In: Journal of Accounting Research, Vol. 6 (1968), S. 159 – 178.

Ball/Kothari/Robin (2000) = Ray *Ball*, S. P. *Kothari* und Ashok *Robin*: The effect of international institutional factors on properties of accounting earnings. In: Journal of Accounting and Economics, Vol. 29 (2000), S. 1 – 51.

Ball/Robin/Wu (2003) = Ray *Ball*, Ashok *Robin* und Juanna Shuang *Wu*: Incentives versus standards: properties of accounting income in four East Asian countries. In: Journal of Accounting and Economics, Vol. 36 (2003), S. 235 – 270.

Ballwieser (1996a) = Wolfgang *Ballwieser*: Ein Überblick über die Ansätze zur ökonomischen Analyse des Bilanzrechts. In: Betriebswirtschaftliche Forschung und Praxis, 48, Jg. (1996), S. 503 – 527.

Ballwieser (1996b) = Wolfgang *Ballwieser*: Zum Nutzen handelsrechtlicher Rechnungslegung. In: *Ballwieser/Moxter/Nonnenmacher* (Hrsg.): Rechnungslegung - warum und wie. Festschrift für Hermann Clemm, München 1996, S. 1-25.

Ballwieser (1998) = Wolfgang *Ballwieser*: Unternehmensbewertung mit Discounted Cash Flow-Verfahren. In: Die Wirtschaftsprüfung, 51. Jg. (1998), S. 81 – 92.

Ballwieser (2001a) = Wolfgang *Ballwieser*: Anforderungen des Kapitalmarkts an Bilanzansatz- und Bilanzbewertungsregeln. In: Kapitalmarktorientierte Rechnungslegung, 1. Jg. (2001), S. 160 – 164.

Ballwieser (2001b) = Wolfgang *Ballwieser*: Konzernrechnungslegung und Wettbewerb. In: Die Betriebswirtschaft, 61. Jg. (2001), S. 640 – 657.

Ballwieser (2007) = Wolfgang *Ballwieser*: Unternehmensbewertung: Prozeß, Methoden und Probleme. 2. Aufl., Stuttgart, 2004.

Ballwieser (2009) = Wolfgang *Ballwieser*: Bewertungsverfahren, Teil C: Verbindungen von Ertragswert- und Discounted-Cashflow-Verfahren. In: *Peemöller* (Hrsg.): Praxishandbuch der Unternehmensbewertung; 4. Aufl., Herne, 2009; S. 479 – 490.

Balsam/Bartov/Marquardt (2002) = Steven *Balsam,* Eli *Bartov* und Carol *Marquardt*: Accruals Management, Investor Sophistication, and Equity Valuation: Evidence from 10-Q Filings. In: Journal of Accoutning Research, Vol. 40 (2002), S. 987 – 1012.

Bartholdy/Peare/Willett (2000) = Jan *Bartholdy*, Paula *Peare* und Roger J. *Willett*: A Theoretical and Empirical Analysis of the Relationship Between Market and Book Values; Working Paper, Aarhus School of Business. Aarhus/Brisbane, 2000.

Bartlett/ Chandler (1997) = Susan A. *Bartlett* und Roy A. *Chandler*: The Corporate Report and the Private Shareholder: Lee and Tweedie Twenty Years on. In: British Accounting Review, Vol. 29 (1997), S. 245 – 261.

Bartov/Goldberg/Kim (2005) = Eli *Bartov*, Stephen R. *Goldberg* und Myung-Sun *Kim*: Comparative Value Relevance Among German, U.S. and International Accounting Standards: A German Stock Market Perspective. In: Journal of Accounting, Auditing & Finance, Vol. 20 (2005), S. 95 – 119.

Baumann/Schürmann (2001) = Michael *Baumann* und Christof *Schürmann*: Im Niemandsland: Papieren von Unternehmen, die nicht mehr von Analysten beleuchtet werden, droht der Sturz in die Bedeutungslosigkeit. In: Wirtschaftswoche, Heft 51/2001, S. 134 – 136.

Baxter/Chua (2008) = J. *Baxter* und W. F. *Chua*: Be(coming) the chief financial officer of an organisation: Experimenting with Bourdieu's practice theory. In: Management Accoutning Research, Vol. 19 (2008), S. 212 – 230.

Bärtl (2001) = Oliver *Bärtl*: Wertorientierte Unternehmenssteuerung: Zum Zusammenhang von Kapitalmarkt, externer und interner Rechnungslegung; Frankfurt am Main, Berlin, Bern, Bruxelles, New York, Oxford, Wien, 2001. Zugl.: Zürich, Univ., Diss., 1999.

Beaver/Dukes (1974) = W. H. *Beaver* und R. E. *Dukes*: Depreciation Methods: Some Analytical Results. In: Journal of Accounting Research, Vol. 12 (1974), S. 205 – 215.

Becker (2001) = Gernot M. *Becker*: Unternehmensbewertung beim Going Public. In: Das Wirtschaftsstudium, 30. Jg. (2001), S. 185 – 187.

Beckmann/Jessen (2008) = Michael *Beckmann* und Martin *Jessen*: Das Performance Board als Werkzeug zur Strategieumsetzung und kontinuierlichen Leistungssteigerung. In: Zeitschrift für Controlling und Management, 52. Jg. (2008), S. 402 – 407.

Beermann/Masucci (2000) = Marcel *Beermann* und Axel *Masucci*: Motive und Umsetzung eines Going Private. In: Finanz Betrieb, 2. Jg. (2000), S. 705 – 714.

Behr/Caliz (2001) = Giorgio *Behr* und Stefan *Caliz*: Schwächen der herkömmlichen Bewertungsmethoden und notwendige Anpassungen. In: Der Schweizer Treuhänder, 75. Jg. (2001), S. 1139 – 1146.

Behr/Güttler (2004) = Patrick *Behr* und Andre *Güttler*: Kapitalkosten, Basel II und interne Ratings. In: Unternehmensbewertung & Management, (1/2004), S. 7 – 12.

Behr/Leibfried (2001) = Giorgio *Behr* und Peter *Leibfried*: Rechnungslegung in der New Economy: Die Krise an den Neuen Märkten ist auch eine Krise der Rechnungslegung. In: Der Schweizer Treuhänder, 75. Jg. (2001), S. 1127 – 1132.

Behringer (2000) = *Stefan Behringer*: Economic Value Added. In: Das Wirtschaftsstudium, 29. Jg. (2000), S. 1485.

Bender/Vater (2003) = *Christian Bender* und *Hendrik Vater*: Das Drei-Horizonte-Konzept als wachstumsorientiertes Management- und Controlling-Instrument. In: Controlling, 15. Jg. (2003), S. 87 – 93.

Bernard (1993) = Victor L. *Bernard*: Stock Price Reactions to Earnings Announcements: A Summary of Recent Anomalous Evidence and Possible Explanations. In: Richard H. *Thaler* (Hrsg.): Advances in Behavioral Finance, S. 303 – 340. New York, 1993.

Bernard (1995) = Victor L. *Bernard*: The Feltham-Ohlson Framework: Implications for Empiricists. In: Contemporary Accounting Research; 11. Jg. (1995), S. 733 – 747. Gefunden im Internet, URL: http://credit.wharton.upenn.edu/Spring2004/acct902/papers/ohlson_bernard.pdf, Download am 22.04.2005 um 13:10 Uhr.

Bernard/Thomas (1990) = Victor L. *Bernard* und Jacob K. *Thomas*: Evidence That Stock Prices Do Not Fully Reflect the Implications of Current Earnings for Future Earnings. In: Journal of Accounting and Economics, Vol. 13 (1990), S. 305 – 340.

Bertschinger/Schaad (2002) = Peter *Bertschinger* und Martin *Schaad*: Der amerikanische Sarbanes-Oxley Act of 2002: Mögliche Auswirkungen auf die amerikanische und international Wirtschaftsprüfung und Corporate Governance. In: Der Schweizer Treuhänder, 76. Jg. (2002), S. 883 – 888.

Bessler/Kurth/Thies (2003) = Wolfgang *Bessler*, Andreas *Kurth* und Stefan *Thies*: Grundsätzliche Überlegungen zur Kapital- und Aktionärsstruktur beim Börsengang von jungen Wachstumsunternehmen. In: Finanz-Betrieb, 5. Jg. (2003), S. 651 – 664.

Betsch/Groh/Lohmann (2000) = Oskar *Betsch*, Alexander P. *Groh* und Lutz G. E. *Lohmann*: Corporate Finance: Unternehmensbewertung, M&A und innovative Kapitalmarktfinanzierung; 2. Aufl., München, 2000.

Beyhs (2002) = Oliver *Beyhs*: Impairment of Assets nach International Accounting Standards. Frankfurt am Main, Berlin, Bern, Bruxelles, New York, Oxford, Wien, 2002. Zugl.: Bochum, Univ., Diss., 2001.

Bhattacharya (2002) = Nilabhra *Bhattacharya*: Investors' Trade Size and Trading Responses around Earnings Announcements: An Empirical Investigation. In: The Accounting Review, Vol. 76 (2001), S. 221 – 244.

Bieg et al. (2008) = Hartmut *Bieg*, Peter *Bofinger*, Karlheinz *Küting*, Heinz *Kußmaul*, Gerd *Waschbusch* und Claus-Peter *Weber*: Die Saarbrücker Initiative gegen den Fair Value. In: Der Betrieb, 61. Jg. (2008), S. 2543 – 2546.

Biel (2005) = Alfred *Biel*: Der Sarbanes-Oxley Act (SOA): Eine Controllerperspektive. In: Zeitschrift für Controlling und Management, 49. Jg. (2005), S. 15 – 18.

Binder (2004) = Bettina *Binder*: Prozessorientiertes Performance Measurement in der Telekommunikationsbranche. In: Controlling, 16. Jg. (2004), S. 333 – 340.

Birl (2007) = Holger *Birl*: Kooperation von Controllerbereich und Innenrevision: Messung, Auswirkungen, Determinanten. Wiesbaden, 2007.

Bischoff (1994) = J. *Bischoff*: Das Shareholder Value-Konzept: Darstellung - Probleme – Handhabungsmöglichkeiten. Wiesbaden, Univ., Diss., 1994.

Bittner (1996) = Thomas *Bittner*: Die Wirkung von Investor Relations-Maßnahmen auf Finanzanalysten; zugl.: Diss., Univ. Köln, 1996. Köln, 1996.

Black (1972) = Fischer *Black*: Capital market equilibrium with restricted borrowing. In: Journal of Business, Vol. 45 (1972), S. 444 – 455.

Black (1986) = Fischer *Black*: Noise. In: The Journal of Finance, Vol. 41 (1986), S. 529 – 543.

Black/White (2003) = Erwin L. *Black* und John J. *White*: An international comparison of income statement and balance sheet information: German, Japan and the U.S. In: European Accounting Review, Vol. 12 (2003), S. 29 – 46.

Bohnenkamp (2002) = Peter *Bohnenkamp*: Performance Measurement: Integrierter Methodeneinsatz im operativen Bank-Controlling. In: Kostenrechnungspraxis, 46. Jg. (2002), S. 171 – 178.

Bonse (2004) = Andreas *Bonse*: Informationsgehalt von Konzernabschlüssen nach HGB, IAS und US-GAAP: Eine empirische Untersuchung aus Sicht der Eigenkapitalgeber. Frankfurt am Main, 2004.

Bontrup (2004) = Heinz-Josef *Bontrup*: Volkswirtschaftslehre: Grundlagen der Mikro- und Makroökonomik. München, 2004.

Böcking (2001) = Hans-Joachim *Böcking*: IAS für Konzern- und Einzelabschluss? In: Die Wirtschaftsprüfung, 54. Jg. (2001), S. 1433 – 1440.

Böcking (2004) = Hans-Joachim *Böcking*: Fair Value als Wertmaßstab im Rahmen der IAS/IFRS: Grenzen und praktische Anwendbarkeit. In: *Küting/Pfitzer/Weber* (Hrsg.): Herausforderungen und Chancen durch weltweite Rechnungslegungsstandards: Kapitalmarktorientierte Rechnungslegung und integrierte Unternehmenssteuerung; Stuttgart, 2004; S. 29 – 42.

Bömelburg/Landgraf/Luce (2008) = Peter *Bömelburg*, Christian *Landgraf* und Karsten *Luce*: Die Auswirkungen der Eigenkapitalabgrenzung nach IAS 32 (rev. 2008) auf deutsche Personengesellschaften. In: Praxis der internationalen Rechnungslegung, Heft 5/2008, S. 143 – 149.

Bösser/Pilhofer (2008) = Jörg *Bösser* und Jochen *Pilhofer*: Aktive latente Steuern auf steuerliche Verlustvorträge: Relevanz der US-amerikanischen "Rules-based"-Rechnungslegung für die "Principles-based"-IFRS Rechnungslegung? In: Kapitalmarktorientierte Rechnungslegung, 8. Jg. (2008), S. 296 – 303.

Bössmann (1977) = E. *Bössmann*: Information. In: Handwörterbuch der Wirtschaftswissenschaften; Stuttgart 1977.

Bradshaw/Richardson/Sloan (2001) = Mark T. *Bradshaw*, Scott A. *Richardson* und Richard G. *Sloan*: Do Analysts and Auditors Use Information in Accruals? In: Journal of Accounting Research, Vol. 39 (2001), S. 45 – 74.

Brandt/Schmidt (2008) = Eva *Brandt* und André *Schmidt*: Fair Value. In: Bilanzen im Mittelstand, Heft 1/2008, S. 21.

Brauer/Leven (2000) = Ute *Brauer* und Franz-Josef *Leven*: Unternehmensfinanzierung und Kapitalmarkt. Frankfurt am Main, 2000.

Brealey/Myers/Allen (2008) = Richard A. *Brealey*, Stewart C. *Myers und Franklin Allen*: Principles of Corporate Finance; 9. Auflage, New York 2008.

Breckner/Lamla (2003) = Jochen *Breckner* und Joachim *Lamla*: Erfolgsmessung und –steuerung von Leasinggeschäften: Konzeption der Porsche AG. In: Controlling, 15. Jg. (2003), S. 481 – 489.

Brennan (1970) = M. J. *Brennan*: Taxes, Market Valuation and Corporate Financial Policy. In: National Tax Journal, Vol. 23 (1970), S. 417 – 427; zitiert nach *Perridon/Steiner* (2002), S. 663.

Brown/Hillegeist/Lo (2003) = Stephen *Brown*, Stephen A. *Hillegeist* und Kin *Lo*: Conference Calls and Information Asymmetry. Vancouver, 2003. Gefunden im Internet, URL: http://papers.ssrn.com/abstract=363040, Download am 21.04.2005, 17:10 Uhr.

Brown/Hillegeist/Lo (2004) = Stephen *Brown*, Stephen A. *Hillegeist* und Kin *Lo*: Conference calls and information asymmetry. In: Journal of Accounting and Economics, Vol. 37 (2004), S. 343 – 366.

Brown/Lo/Lys (1999) = Stephen *Brown*, Kin *Lo* und Thomas *Lys*: Use of R^2 in Accounting Research: Measuring Changes in the Value Relevance over the last four Decades, Working Paper, Northwestern University, 1999.

Brösel/Müller (2007) = Gerit *Brösel* und Sven *Müller*: Goodwillbilanzierung nach IFRS aus Sicht des Beteiligungscontrollings. In: Kapitalmarktorientierte Rechnungslegung, 7. Jg. (2007), S. 34 – 42.

Bruns/Horváth (2004) = Hans-Georg *Bruns* und Péter *Horváth*: Auswirkungen der IFRS auf das Controlling: Interview mit Prof. Dr. Hans-Georg Bruns, International Accounting Standards Board, London. In: Controlling, 16. Jg. (2004), S. 647 – 649.

Brücks/Wiederhold (2003) = Michael *Brücks* und Philipp *Wiederhold*: Exposure Draft 3 „Business Combinations“ des IASB: Darstellung der wesentlichen Unterschiede zu den bestehenden Regelungen. In: Kapitalmarktorientierte Rechnungslegung, 3. Jg. (2003), S. 21 – 29.

Brühl (2001) = Volker *Brühl*: Kritische Erfolgsfaktoren beim Börsengang. In: Finanz Betrieb, 3. Jg. (2001), S. 192 – 196.

Brühl (2004) = R. *Brühl*: Controlling: Grundlagen des Erfolgscontrollings. München/Wien, 2004.

Brühl/Horch/Orth (2009) = Rolf *Brühl*, Nils *Horch* und Mathias *Orth*: Vertrauen und Controlling: Ein Spannungsverhältnis im Spiegel der Forschung. In: Marko

Reimer und Stefanie *Fiege* (Hrsg.): Perspektiven des Strategischen Controllings: Festschrift für Professor Dr. Ulrich Krystek, Wiesbaden, 2009; S. 97 – 116.

Buchholz/Weis (2002) = Rainer *Buchholz* und Regina *Weis*: Maßgeblichkeitsprinzip ade? Zur inhaltlichen Vereinbarkeit der Gewinnermittlung nach IAS und EStG. In: Deutsches Steuerrecht, 40. Jg. (2002), S. 512 – 517.

Burger/Buchhart (2002) = Anton *Burger* und Anton *Buchhart*: Der Residualgewinn als kapitalmarktrelevante Information. In: Kapitalmarktorientierte Rechnungslegung, 2. Jg. (2002), S. 82 – 87.

Burgstrahler/Dichev (1997) = David *Burgstrahler* und Ilia D. *Dichev*: Earnings Management to Avoid Earnings Decreases and Losses. In: Journal of Accounting and Economics, 24 Jg. (1997), S. 99 – 126.

Burgstrahler/Dichev (1997) = David *Burgstrahler* und Ilia D. *Dichev*: Earnings Management to Avoid Earnings Decreases and Losses. In: Journal of Business Finance & Accounting, Vol. 33 (2006), S. 633 – 652.

Burmann (2002) = Christoph *Burmann*: Immaterielle Unternehmensfähigkeiten als Komponenten des Unternehmenswertes: Operationalisierung und empirische Messung. In: Die Unternehmung, 56. Jg. (2002), S. 227 – 245.

Busse von Colbe (1998) = Walther *Busse von Colbe*: Rechnungslegungsziele und Ansätze zur internationalen Harmonisierung der Rechnungslegung deutscher Unternehmen In: *Ballwieser* (Hrsg.): US-amerikanische Rechnungslegung; 3. Auflage. Stuttgart, 1998, S. 369 – 387.

Cezanne (1993) = Wolfgang *Cezanne*: Allgemeine Volkswirtschaftslehre. München, 1993.

Chan/Seow (1996) = Kam C. *Chan* und Gim S. *Seow*: The association between stock returns and foreign GAAP earnings versus earnings adjusted to US-GAAP. In: Journal of Accounting and Economics, Vol. 21 (1996), S. 139 – 158.

Choi/O'Hanlon/Pope (2003) = Young-Soo *Choi*, John *O'Hanlon* und Peter *Pope*: Conservative Accounting and Linear Information Valuation Models; Lancaster University Management School Working Paper 2004/015. Lancaster, 2004.

Choi/Laibson/Madrian/Metrick (2001) = James J. *Choi*, David *Laibson*, Brigitte C. *Madrian*, Andrew *Metrick*: Defined Contribution Pensions: Plan Rules, Participant Decisions, and the Path of Least Resistance; NBER Working Paper No. 8655, 2001.

Chopra/Lakonishok/Ritter (1993) = Navon *Chopra*, Josef *Lakonishok* und Jay R. *Ritter*: Measuring Abnormal Performance: Does Stocks Overreact? In: Richard H. *Thaler* (Hrsg.): Advances in Behavioral Finance, S. 265 – 302. New York, 1993.

Clement/Frankel/Miller (2003) = Michael *Clement*, Richard *Frankel* und Jeffrey *Miller*: Confirming Management Earnings Forecasts, Earnings Uncertainty, and Stock Returns. In: Journal of Accounting Research, Vol. 41 (2003), S. 653 – 679.

Coenenberg (2003) = Adolf G. *Coenenberg*: Shareholder Value: Betriebswirtschaftliche Sicht und öffentliche Wahrnehmung: Vortrag anlässlich der Ehrenpromotion an der Technischen Universität München am 15.1.2003. In: Journal für Betriebswirtschaft, 53. Jg. (2003), S. 6 – 14.

Coenenberg/Haller/Schultze (2009) = Adolf G. *Coenenberg*, Axel *Haller* und Wolfgang *Schultze*: Jahresabschluss und Jahresabschlussanalyse: Betriebswirtschaftliche, handelsrechtliche, steuerrechtliche und internationale Grundsätze: HGB, IFRS und US-GAAP; 21. Aufl., Stuttgart, 2009.

Coenenberg/Salfeld (2007) = Adolf G. *Coenenberg* und Rainer *Salfeld*: Wertorientierte Unternehmensführung: Vom Strategieentwurf zur Implementierung; 2. Aufl., Stuttgart, 2007.

Coenenberg/Schultze (2002a) = Adolf G. *Coenenberg* und Wolfgang *Schultze*: Unternehmensbewertung: Konzeptionen und Perspektiven. In: Die Betriebswirtschaft, 62. Jg. (2002), S. 597 – 621.

Coenenberg/Schultze (2002b) = Adolf G. *Coenenberg* und Wolfgang *Schultze*: Das Mutliplikatorverfahren in der Unternehmensbewertung: Konzeption und Kritik. In: Finanz Betrieb, 4. Jg. (2002), S. 697 – 703.

Coenenberg/Straub (2008) = Adolf G. *Coenenberg* und Barbara *Straub*: Rechenschaft versus Entscheidungsunterstützung: Harmonie oder Disharmonie der Rechnungszwecke? In: Kapitalmarktorientierte Rechnungslegung, 8. Jg. (2008), S. 17 – 26.

Collins/Maydew/Weiss (1997) = Daniel W. *Collins*, Edward L. *Maydew* und Ira S. *Weiss*: Changes in the value-relevance of earnings and book values over the past forty years. In: Journal of Accounting and Economics, Vol. 24 (1997), S. 39 – 67.

Collins/Pincus/Xie (1999) = Daniel W. *Collins*, Morton *Pincus* und Hong *Xie*: Equity Valuation and Negative Earnings: The Role of Book Value of Equity, Working Paper, University of Iowa, 1999.

Collins/Porras (1997) = J. *Collins* und J. *Porras*: Built to last : Succesful habits of visionary companies. New York, 1997.

Copeland/Koller/Murrin (1998) = Tom *Copeland*, Tim *Koller* und Jack *Murrin*: Unternehmenswert: Methoden und Strategien für eine wertorientierte Unternehmensführung; 2. Auflage; aus dem Amerikanischen von Thorsten Schmidt und Friedrich Mader. Frankfurt am Main/New York, 1998.

Copeland/Weston/Sharin (2005) = T. E. *Copeland*, J. F. *Weston und* K. *Shastri*: Financial Theory and Corporate Policy; 4. Auflage. Reading/Mass., 2005.

Cornell/Shapiro (1987) = Bradford *Cornell* und Alan C. *Shapiro*: Corporate Stakeholders and Corporate Finance. In: Financial Management, Vol. 16 (1987), S. 5 – 14.

Crasselt (2001) = Nils *Crasselt*: Rappaports Shareholder Value Added: Eine Alternative zum Economic Value Added? In: Finanz Betrieb, 3. Jg. (2001), S. 165 – 171.

Crasselt/Schremper (2000) = Nils *Crasselt* und Ralf *Schremper*: Economic Value Added. In: Die Betriebswirtschaft, 60. Jg. (2000), S. 813 – 816.

Crasselt/Schremper (2001) = Nils *Crasselt* und Ralf *Schremper*: Cash Flow Return on Investment und Cash Value Added. In: Die Betriebswirtschaft, 61. Jg. (2001), S. 271 – 274.

Cremer (2002) = Udo *Cremer*: Die Konsolidierung von Bilanzen. In: bilanz & buchhaltung, 48. Jg. (2002), S: 98 – 107.

Cutler/Poterba/Summers (1993) = David M. *Cutler*, James M. *Poterba* und Lawrence H. *Summers*: What Moves Stock Prices? In: Richard H. *Thaler* (Hrsg.): Advances in Behavioral Finance, S. 133 – 152. New York, 1993.

Cyart/March (1963) = R. M. *Cyart* und J. G. *March*: A Behavorial Theory of the Firm. Englewood Cliffs/ New York, 1963; zitiert nach *Mroß* (2002).

Dahlke (2007) = Jürgen *Dahlke*: Mehr Transparenz bei der Bilanzierung von Steuerrisiken? Eine erste kritische Bestandsaufnahme der Neuregelungen von FIN 48 und Vergleich mit IAS 12. In: Kapitalmarktorientierte Rechnungslegung, 7. Jg. (2007), S. 311 – 322.

Daigle/Lampe (2000) = Ronald J. *Daigle* und James C. *Lampe*: Determining the Market Demand for Continuous Online Attestation: Preliminary Work on Ph.D. Dissertation. Texas Tech Univ., 2000.

Daum (2002) = Jürgen H. *Daum*: Werttreiber Intangible Assets: Brauchen wir ein neues Rechnungswesen und Controlling? Ein Ansatz für ein verbessertes Managementsystem. Gefunden im Internet, URL: http://www.juergendaum.com/articles/IA_Controlling_d.pdf; Download am 29.04.2008.

Daum (2003a) = Jürgen H. *Daum*: Von der Budgetsteuerung zum Beyond Budgeting: Motivation, Ansatzpunkte für die Umsetzung, Fallbeispiele der Pioniere und Zukunftsperspektiven. In: Zeitschrift für Controlling und Management / krp-Kostenrechnungspraxis, Sonderheft 1, Mai 2003, S. 77 – 90.

Daum (2003b) = Jürgen H. *Daum*: Intellectual Capital Statements: Basis für ein Rechnungswesen- und Reportingmodell der Zukunft? Anregungen aus Dänemark für eine Reform des internen Performance Managements und des externen Berichtswesens. In: Controlling - Zeitschrift für erfolgsorientierte Unternehmenssteuerung, März/April 2003, S. 143 – 153.

Daum (2005) = Jürgen H. *Daum*: Tableau de Bord: Besser als die Balanced Scorecard? In: Der Controlling Berater, Heft 7/2005, S. 2, 459 – 502.

Daum (2006) = Jürgen H. *Daum*: Management Cockpit War Room: Ziele, Funktionsweise und Zukunftsperspektiven eines (noch) ungewöhnlichen, aber hocheffektiven Managementinstruments. In: Controlling, 18. Jg. (2006), S. 311 – 318.

Daum (2007a) = Jürgen H. *Daum*: Innovationsmanagement: Erfolgreiches Controlling und Management von Innovation. In: Der Controlling Berater, Heft 1/2007, S. 19 – 58.

Daum (2008) = Jürgen H. *Daum*: Die Entwicklung der Rolle des CFO in europäischen Unternehmen: Auswirkungen auf und Zukunftsperspektiven für Controller und Controlling. In: Zeitschrift für Controlling und Management, 52. Jg. (2008), S. 387 – 393.

Dawo/Heiden (2001) = Sascha *Dawo* und Matthias *Heiden*: Aktuelle Entwicklungen zur Erfassung immaterieller Werte in der externen Berichterstattung: Neuorientierung durch die Verwendung kennzahlenorientierter Konzepte. In: Deutsches Steuerrecht, 39. Jg. (2001), S. 1716 – 1724.

De Bondt/Thaler (1993) = Werner F. M. *De Bondt* und Richard H. *Thaler*: Does the Stock Market Overreact? In: Richard H. *Thaler* (Hrsg.): Advances in Behavioral Finance, S. 249 – 264. New York, 1993.

de Piazza/Eccles (2003) = Samual *de Piazza* und Robert *Eccles*: Vertrauen durch Transparenz: Die Zukunft der Unternehmensberichterstattung. Weinheim, 2003.

Dechow/Sloan/Sweeney (1995) = Patricia M. *Dechow*, Richard G. *Sloan*, Amy P. *Sweeney*: Detecting Earnings Management. In: Accounting Review, Vol. 70 (1995), S. 193 – 225.

Deimel (2002) = Klaus *Deimel*: Shareholder Value-Kennzahlen und wertorientierte Unternehmenssteuerung. In: Das Wirtschaftsstudium, 31. Jg. (2002), S. 506 – 510.

Dellmann (1999) = Klaus *Dellmann*: Ein Allgemeines Modell einer entscheidungsorientierten Kostenrechnung. In: Zeitschrift für Betriebswirtschaft, 69. Jg. (1999), S. 617 – 642.

Demski (1973) = J. S. *Demski*: The General Impossibility of Normative Accounting Standards. In: The Accounting Review, Vol. 48 (1973), S. 718 – 723.

Dierkes (2005) = Stefan *Dierkes*: Strategisches Kostenmanagement im Rahmen einer wertorientierten Unternehmensführung. In: Zeitschrift für Controlling und Management, 49. Jg. (2005), S. 333 – 341.

Dierkes/Hanrath (2002) = Stefan *Dierkes* und Stephanie *Hanrath*: Steuerung dezentraler Investitionsentscheidungen auf Basis eines modifizierten Residualgewinns. In: Zeitschrift für betriebswirtschaftliche Forschung, 54. Jg. (2002), S. 246 – 267.

Dietl/van der Velden (2003) = Helmut *Dietl* und Remco *van der Velden*: Ungenaue Leistungsmessung und leistungsabhängige Entlohnung in einem Multitasking-Principal agent-Modell. In: Wirtschaftswissenschaftliches Studium, 32. Jg. (2003), S. 318 – 321.

Dimson/Mussavian (1998) = Elroy *Dimson* und Massoud *Mussavian*: A brief history of market efficiency. In: European Financial Management, Vol. 4 (1998), S. 91 – 103.

Ditz (2001) = Xaver *Ditz*: Die Bedeutung der US-GAAP für die steuerrechtliche Gewinnermittlung in den USA. In: Internationales Steuerrecht, 10. Jg. (2001), S. 22 – 30.

Dressler/Müller (2001) = Sören *Dressler* und Kurt-Henrik *Müller*: Aufbau eines einheitlichen und integrierten Konzernsteuerungssystems bei hoher Diversität der europäischen Einzelabschlüsse. In: Controlling, 13. Jg. (2001), S. 503 – 508.

Drill (1995) = Michael *Drill*: Investor Relations: Funktion, Instrumentarium und Management der Beziehungspflege zwischen schweizerischen Publikums-Aktiengesellschaften und ihren Investoren; zugl. Diss., Univ. Freiburg, 1995. Bern, 1995.

Drukarzcyk/Schüler (2007) = Jochen *Drukarzcyk* und Andreas *Schüler*: Unternehmensbewertung; 5. Auflage. München, 2007.

Dürr (1995) = Michael *Dürr*: Investor Relations: Handbuch für Finanzmarketing und Unternehmenskommunikation; 2. Auflage. München, 1995.

Dyckhoff/Ahn (2001): Harald *Dyckhoff* und Heinz *Ahn*: Sicherstellung der Effektivität und Effizienz der Führung als Kernfunktion des Controlling. In: Kostenrechnungspraxis, 45. Jg. (2001), S. 111 – 121.

Eberwein/Tholen (1993) = W. *Eberwein* und J. *Tholen*: Euro-manager or splendid isolation? International management: an Anglo-German comparison. Berlin/New York, 1993.

Eccles/Fletcher (1999) = Robert G. *Eccles* und John K. *Fletcher*: Value and Reporting in the Banking Industry. Gefunden im Internet, URL: http://store.barometersurveys.com/pages/valuereporting.php, Download am 10.10.2003.

Eccles/Nelligan (1999) = Robert G. *Eccles* und Michael P. *Nelligan*: Value and Reporting in the Insurance Industry. Gefunden im Internet, URL: http://store.barometersurveys.com/pages/valuereporting.php, Download am 10.10.2003.

Eckes/Flick (2008) = Burkhard *Eckes* und Caroline *Flick*: Fair value gleich fair value? Gegenüberstellung der Vorschriften unter US-GAAP und IFRS. In: Kapitalmarktorientierte Rechnungslegung, 8. Jg. (2008), S. 456 – 466.

Ehrmann (1995) = Harald *Ehrmann*: Planung. Ludwigshafen, 1995.

Eichler/Pankau (2009) = Wolfgang *Eichler* und Johannes *Pankau*: Multimediaprogramm Kommunikation: Kommunikations- und Konflikttraining im Rahmen der Lehreraus- und weiterbildung. Gefunden im Internet, URL: http://www.germanistik-kommprojekt.uni-oldenburg.de/index.html und Folgeseiten, Download am 01.02.2009.

Eisele/Götz/Walter (2003) = Florian *Eisele*, Alexander *Götz* und Andreas *Walter*: Motive, Gestaltungsalternativen und Ablauf eines Going Private: Ein alternativer Erklärungsansatz für das Börsenrückzugsphänomen. In: Finanz Betrieb, 5. Jg. (2003), S. 479 – 485.

Elliot/Hodge/Jackson (2006) = W. Brooke *Elliott*, Frank *Hodge* und Kevin *Jackson*: The Association between Non-professional Investors' Information Choices and Their Portfolio Returns: The Importance of Investing Experience. Working Paper, Champaign 2006.

Ely/Waymire (1998) = Kirsten *Ely* und Gregory *Waymire*: Accounting Standard-Setting Organizations and Earnings Relevance: Longitudinal Evidence from NYSE Common Stocks, 1927-93, Working Paper, EMory University und University of Iowa.

Engelmann/Heitzer (2001) = Andree *Engelmann* und Bernd *Heitzer*: Beteiligungsprozess von Venture Capital-Gesellschaften und Business Angels bei Marktunvollkommenheiten. In: Finanz Betrieb, 3. Jg. (2001), S. 215 – 221.

Epstein/Pava (1993) = Marc *Epstein* und Marc *Pava*: The Shareholder's Use of Corporate Annual Reports. Greenwich, CT et al., 1993.

Erdmann/Zülch (2007) = Mark-Ken *Erdmann* und Henning *Zülch*: Wertorientierte Unternehmenssteuerung auf Basis von IFRS: Eine „dynamische" Herausforderung. In: Zeitschrift für Controlling und Management, 51. Jg. (2007), S. 407 – 411.

Erlei/Leschke/Sauerland (2007) = Mathias *Erlei*, Martin *Leschke* und Dirk *Sauerland*: Neue Institutionenökonomik. 2. Auflage. Stuttgart 2007.

Ernst/Gassen/Pellens (2005) = Edgar *Ernst*, Joachim *Gassen* und Bernhard *Pellens*: Verhalten und Präferenzen deutscher Aktionäre: Eine Befragung privater und institutioneller Anleger zu Informationsverhalten, Dividendenpräferenz und Wahrnehmung von Stimmrechten; Studien des Deutschen Aktieninstituts, Heft 29. Frankfurt am Main, 2005.

Ernst/Gassen/Pellens (2009) = Edgar *Ernst*, Joachim *Gassen* und Bernhard *Pellens*: Verhalten und Präferenzen deutscher Aktionäre: Eine Befragung privater und institutioneller Anleger zu Informationsverhalten, Dividendenpräferenz und Wahrnehmung von Stimmrechten; Studien des Deutschen Aktieninstituts, Heft 42. Frankfurt am Main, 2009.

Essler/Kruschwitz/Löffler (2005) = Wolfgang *Essler*, Lutz *Kruschwitz* und Andreas *Löffler*: Wie sind Unternehmen zu bewerten, wenn ihr Verschuldungsgrad nicht in Markt-, sondern in Buchwerten gemessen wird? In: Betriebs-Berater, 60. Jg. (2005), S. 595 – 600.

Ewert/Wagenhofer (1997) = Ralf *Ewert* und Alfred *Wagenhofer*: Interne Unternehmensrechnung; 3. Aufl. Berlin/Heidelberg, 1997.

Fama (1970) = Eugene F. *Fama*: Efficient Capital Markets: A Review of Theory and Empirical Work. In: Journal of Finance, Vol. 25 (1970), S. 338 – 417.

Fama (1991) = Eugene F. *Fama*: Efficient Capital Markets: II. In: Journal of Finance, Vol. 46 (1991), S. 1575 – 1617.

Fama (1991) = Eugene F. *Fama*: Market Efficiency, Long-Term Returns, and Behavioral Finance. Gefunden im Internet, URL: http://papers.ssrn.com/sol3/Delivery.cfm/9704241.pdf?abstractid=15108&rulid=7847397&mirid=1, Stand 01.12.2002, Download am 17.08.2009.

Fama/French (2000) = Eugene F. *Fama* und Kenneth R. *French*: Value Versus Growth: The International Evidence. Gefunden im Internet, URL: http://papers.ssrn.com/sol3/Delivery.cfm/9704243.pdf?abstractid=2358&rulid=7847503&mirid=1, Stand 27.07.2000, Download am 17.08.2009.

Fama/French (2004) = Eugene F. *Fama* und Kenneth R. *French*: The Capital Asset Pricing Model: Theory and Evidence. CRSP Working Paper No. 550; Tuck Business School Working Paper No. 03-26. Gefunden im Internet, URL: http://papers.ssrn.com/sol3/Delivery.cfm/SSRN_ID440920_code998.pdf?abstractid=440920&rulid=7847589&mirid=1, Stand 23.06.2004, Download am 17.08.2009.

Ferber/von Nitzsch (2004) = Marco *Ferber* und Rüdiger *von Nitzsch*: Die Bedeutung von Vertrauen bei Investor Relations. In: Finanz Betrieb, 6. Jg. (2004), S. 818 – 824.

Fest/Herold/Huch (2002) = Joachim *Fest*, Jan T. *Herold* und Burkhard *Huch*: Konstituierende Elemente der Konzern-Konsolidierung. In: Das Wirtschaftsstudium, 31. Jg. (2002), S. 1410 – 1415 und 1462.

Fiege (2006) = Stefanie *Fiege*: Risikomanagement- und Überwachungssystem nach KonTraG: Prozess, Instrumente, Träger. Wiesbaden, 2006.

Fiege (2009) = Stefanie *Fiege*: Risikomanagement und KonTraG. In: Marko *Reimer* und Stefanie *Fiege* (Hrsg.): Perspektiven des Strategischen Controllings: Festschrift für Professor Dr. Ulrich Krystek, Wiesbaden, 2009; S. 301 – 312.

Fincham/Roslender (2003) = Robin *Fincham* und Robin *Roslender*: Intellectual Capital accounting as management fashion: a review and critique. In: European Accounting Review, 2003, S. 781 – 795.

Fischer/Fischer (2001) = Marc *Fischer* und Andreas *Fischer*: Neue Konzepte für das Controlling der Zukunft. In: Kostenrechnungspraxis, 45. Jg. (2001), S. 29 – 35.

Fischer/Wenzel (2002) = Thomas M. *Fischer* und Julia *Wenzel*: Value Reporting. In: Die Beriebswirtschaft, 62. Jg. (2002), S. 327 – 331.

Fischer/Wenzel (2004) = Thomas M. *Fischer* und Julia *Wenzel*: Publizität von Werttreibern im Value Reporting: Ergebnisse einer empirischen Studie. In: Controlling, 16. Jg. (2004), S. 305 – 314.

Fleischer (2001) = Holger *Fleischer*: Grundfragen der ökonomischen Theorie im Gesellschafts- und Kapitalmarktrecht. In: Zeitschrift für Unternehmens- und Gesellschaftsrecht, 30. Jg. (2001), S. 1 – 32.

Förster/Ruß (2002) = Heinrich H. *Förster* und Oliver *Ruß*: „... das schönste Weib, Eva im Paradies“: Wertorientierte Unternehmenssteuerung mit EVA®: Anmerkungen zu dem Beitrag Schneider (Der Betrieb 2001 S. 2509). In: Der Betrieb, 55. Jg. (2002), S. 2664 – 2666.

Francis/Schipper (1999) = Jennifer *Francis* und Katherine *Schipper*: Have Financial Statements Lost Their Relevance? In: Journal of Accounting Research, Vol. 37 (1999), S. 319 – 352.

Franke/Hax (2004) = Günter *Franke* und Herbert *Hax*: Finanzwirtschaft des Unternehmens und Kapitalmarkt; 5. Auflage. Berlin/Heidelberg, 2004.

Frankel/Lee (1998) = Richard *Frankel* und Charles M.C. *Lee*: Accounting valuation, market expectation, and cross-sectional stock returns. In: Journal of Accounting and Economics, Vol. 25 (1998), S. 283 – 319.

Freiberg (2009a) = Jens *Freiberg*: Aufgliederung des Gesamtergebnisses auch im Eigenkapitalspiegel? In: Praxis der internationalen Rechnungslegung, Heft 6/2009, S. 176 – 179.

Freiberg (2009b) = Jens *Freiberg*: Von der Finanzmarkt-zur Rechnungslegungskrise: Kurzfristige Anpassung von IAS 39? In: Praxis der internationalen Rechnungslegung, Heft 7/2009, S. 202 – 205.

Freiberg (2009c) = Jens *Freiberg*: Recycling von Währungsumrechnungsdifferenzen. In: Praxis der internationalen Rechnungslegung, Heft 11/2009, S. 343 – 346.

French/Roll (1993) = Kenneth R. *French* und Richard *Roll*: Stock Return Variances: The Arrival of Information and the Reaction of Traders. In: Richard H. *Thaler* (Hrsg.): Advances in Behavioral Finance, S. 219 – 248. New York, 1993.

Frese/ von Werder (1994) = Erich *Frese* und Axel *von Werder*: Organisation als strategischer Wettbewerbsfaktor: Organisationstheoretische Analyse gegenwärtiger Umstrukturierungen. In: *Frese/Maly* (Hrsg.): Organisationsstrategien zur Sicherung der Wettbewerbsfähigkeit, Zeitschrift für betriebswirtschaftliche Forschung Sonderheft 33, S. 1 – 27. Düsseldorf/Frankfurt a. Main, 1994.

Freter/Sänger (2000) = Hermann *Freter* und Henrike *Sänger*: Internet-Investor Relations: Die informationsökonomische Perspektive. In: Finanz Betrieb, 2. Jg. (2000), S. 779 – 786.

Froot/Scharfstein/Stein (1992) = Kenneth A. *Froot*, David S. *Scharfstein*, Jeremy C. *Stein*: Herd on the Street: Informational Inefficiencies in a Market with Short-Term Speculation. In: Journal of Finance, Vol. 47 (1992), S.. 1461 – 1484.

Frowein (2001) = Dietrich-Kurt *Frowein*: Deutschland auf dem Weg zur Aktienkultur. In: Zeitschrift für das gesamte Kreditwesen, 54. Jg. (2001), S. 633 – 636.

Fuhrmann (1988) = Wilfried A. *Fuhrmann*: Theorie effizienter Finanzmärkte. In: Wirtschaftswissenschaftliches Studium, 17. Jg. (1988), S. 546 – 552.

Gal (2009) = Graham *Gal*: Security Issues in a Continuous Reporting Environment. In: ISACA Journal, Vol. 1 (2009), S. 1 – 5.

Garman/Ohlson (1991) = *Garman* und *Ohlson*: Transaction Costs, 1981; zitiert nach *Perridon/Steiner* (2002), S. 670.

Gassen (2000) = Joachim *Gassen*: Datenbankgestützte Rechnungslegungspublizität: Ein Beitrag zur Evolution der Rechnungslegung, Frankfurt et al., 2000.

Gassen/Heil (2001) = Joachim *Gassen* und Jan *Heil*: Internetpublizität deutscher Unternehmen. In: Kapitalmarktorientierte Rechnungslegung, Beilage 1/2001 zu Finanz Betrieb, S. 38 – 44.

Gaus (2005) = Wilhelm *Gaus*: Dokumentations- und Ordnungslehre: Theorie und Praxis des Information Retrieval. Berlin, 2005.

Gebhardt/Daske (2005) = Günter *Gebhardt* und Holger *Daske*: Kapitalmarktorientierte Bestimmung von risikofreien Zinssätzen für die Unternehmensbewertung. In: Die Wirtschaftsprüfung, 58. Jg. (2005), S. 649 – 655.

Gemünden/Rohrbeck (2009) = Hans Georg *Gemünden* und René *Rohrbeck*: Analyse des Reifegrads Strategischer Frühaufklärungssysteme in multinationalen Unternehmen. In: Marko *Reimer* und Stefanie *Fiege* (Hrsg.): Perspektiven des Strategischen Controllings: Festschrift für Professor Dr. Ulrich Krystek, Wiesbaden, 2009; S. 259 – 272.

Gerke/Fleischer (2003) = Wolfgang *Gerke* und Jörg *Fleischer*: Kurseffekte bei Veränderungen in der Zusammensetzung des MDAX. In: Die Betriebswirtschaft, 63. Jg. (2003), S. 655 – 671.

Geroski/Machin/van Reenen (1993) = P. *Geroski,* S. *Machin* und J. *van Reenen*: The profitability of innovating firms. In: RAND Journal of Economics, (1993), S. 198 – 211.

Gietzmann/Ostaszewski (2001) = Miles B. *Gietzmann* und Adam *Ostaszwewski*: An Alternative to the Feltham Ohlson Valuation Framework. Bristol/London, 2001. Gefunden im Internet, URL: http://www.cdam.lse.ac.uk/Reports/Files/cdam-2001-12.pdf, Download am 22.04.2005 um 12:10 Uhr.

Gillenkirch (2008) = Robert M. *Gillenkirch*: Finanzcontrolling: Konzeption, Aufgaben, Instrumente. In: Zeitschrift für Controlling und Management, 52. Jg. (2008), S. 19 – 23.

Gjesdal (1981) = Frøystein *Gjesdal*: Accounting for Stewardship. In: Journal of Accounting Research, Vol. 19 (1981), S. 208 – 231.

Glaum/Thomaschweski/Weber (2006) = Martin *Glaum*, Dieter *Thomaschweski* und Silke *Weber*: Der Sarbanes-Oxley Act: Folgen für US-Börsennotierungen aus Sicht deutscher Unternehmen. In: Finanz Betrieb, 8. Jg. (2006), S. 182 – 194.

Gössi/Simon-Keuenhof (2001) = Marc *Gössi* und Kai *Simon-Keuenhof*: Wertorientierte Unternehmensführung in der Praxis: Kapitalmarktorientierte Berichterstattung (Value Reporting). In: Der Schweizer Treuhänder, 75. Jg. (2001), S. 679 – 685.

Götze/Glaser (2001) = Uwe *Götze* und Katja *Glaser*: Economic Value Added als Instrument einer wertorientierten Unternehmensführung: Methodik und anwendungsspezifische Beurteilung. In: Kostenrechnungspraxis, Sonderheft 1/2001, S. 31 – 38.

Göx/Budde/Schöndube (2002) = Robert F. *Göx*, Jörg *Budde* und Jens Robert *Schöndube*: Das lineare Agency Modell bei asymmetrischer Information über den Agentennutzen. In: Zeitschrift für Betriebswirtschaft, 72. Jg. (2002), S. 65 – 79.

Granlund/Lukka (1998) = M. *Granlund* und K. *Lukka*: Towards increasing business orientation: Finish management accountants in a changing cultural context. In: Management Accounting Research, Vol. 9 (1998), S. 185 – 211.

Graumann (1993) = Mathias *Graumann*: Insidergeschäfte. In: Das Wirtschaftsstudium, 22. Jg. (1993), S. 789.

Grieshop (2008) = Hendrick *Grieshop*: Kooperation von Controllerbereich und externem Rechnungswesen: Messung, Wirkung und Determinanten. Wiesbaden, 2008.

Grossmann/Stiglitz (1980) = S. *Grossmann* und J. E. *Stiglitz*: On the impossibility of informationally efficient markets. In: American Economic Review, Vol. 70 (1980), S. 393 – 408.

Groß/Vogl (2007) = Stefan *Groß* und Andreas *Vogl*: Continuous Auditing: Ein Ansatz zur zeitnahen und kontinuierlichen Prüfung. Gefunden im Internet, URL: http://www.elektronische-steuerpruefung.de/loesung/gross_vogl_1.pdf, Download am 30.7.2009.

Gruber/Kühnberger (2001) = Thomas *Gruber* und Manfred *Kühnberger*: Umstellung der Rechnungslegung von HGB auf US-GAAP: Bilanzrechtliche und bilanzpolitische Aspekte eines Systemwechsels. In: Der Betrieb, 54. Jg. (2001), S. 1733 – 1740.

Grundei (1999) = Jens *Grundei*: Effizienzbewertung von Organisationsstrukturen: Integration verhaltenswissenschaftlicher Erkenntnisse am Beispiel der Marktforschung. Wiesbaden, 1999.

Grundei/Becker (2009) = Jens *Grundei* und Ludger *Becker*: Herausforderung Organisations-Controlling: Entwicklung von Bewertungskriterien für die Aufbau- und Führungsorganisation. In: Zeitschrift für Controlling und Management, 53. Jg. (2009), S. 117 – 126.

Grundei/von Werder (2009) = Jens *Grundei* und Axel *von Werder*: Organisations-Controlling und strategisches Controlling. In: Marko *Reimer* und Stefanie *Fiege* (Hrsg.): Perspektiven des Strategischen Controllings: Festschrift für Professor Dr. Ulrich Krystek, Wiesbaden, 2009; S. 167 – 179.

Günther (1998) = Thomas *Günther*: Investor Relations: Kommunikationspolitik als Beitrag zur Unternehmenswertsteigerung. In: Marktforschung und Management, 42. Jg. (1998), S. 85 – 91.

Günther/Beyer (2001) = Thomas *Günther* und Dirk *Beyer*: Value Based Reporting: Entwicklungspotenziale der externen Unternehmensberichterstattung. In: Betriebs-Berater, 56. Jg. (2001), S. 1623 – 1630.

Günther/Landrock/Muche (2000) = Thomas *Günther*, Bert *Landrock* und Thomas *Muche*: Gewinn- versus unternehmenswertbasierte Performancemaßstäbe: Eine empirische Untersuchung auf Basis der Korrelation von Kapitalmarktrenditen. In: Controlling, 12. Jg. (2000), S. 69 – 76 und S. 129 – 134.

Günther/Otterbein (1996) = Thomas *Günther* und Simone *Otterbein*: Die Gestaltung der Investor Relations am Beispiel führender deutscher Aktiengesellschaften. In: Zeitschrift für Betriebswirtschaft, 66. Jg. (1996), S: 389 – 417.

Günther/Tempelmeier (2007) = Hans-Otto *Günther* und H. *Tempelmeier*: Produktion und Logistik; 7. Auflage. Berlin et al., 2007.

Günther/Zurwehme (2008) = Thomas *Günther* und Annikka *Zurwehme*: Harmonisierung des Rechnungswesens: Stellschrauben, Informationswirkung und Nutzenbewertung. In: Betriebswirtschaftliche Forschung und Praxis, 60. Jg. (2008), S. 101 – 122.

Haaker (2007) = Andreas *Haaker*: Grundgedanken zu einer Reform der Bilanzierung immaterieller Vermögenswerte nach IAS 38 und zur zweckadäquaten Ausgestaltung einer "IFRS-Informationsbilanz". In: Kapitalmarktorientierte Rechnungslegung, 7. Jg. (2007), S. 254 – 262 und 332 – 341.

Haaker (2009) = Andreas *Haaker*: Rechnungswesenorientiertes Controlling: Messtheoretischer Analyserahmen und "neue" Aufgabenfelder im Zusammenhang mit der IFRS-Bilanzierung. In: Kapitalmarktorientierte Rechnungslegung, 9. Jg. (2009), S. 432 – 440.

Hachmeister (1995) = Dirk *Hachmeister*: Der Discounted Cash Flow als Maß der Unternehmenswertsteigerung. Frankfurt am Main, 1995. (Inzwischen: 4. Auflage, 2000)

Hachmeister (2005) = Dirk *Hachmeister*: Reporting Financial Performance und Fair Value. In: Hartmut *Bieg* und Reinhard *Heyd* (Hrsg.): Fair Value: Bewertung in Rechnungswesen, Controlling und Finanzwirtschaft; München, 2005; S. 371 – 389.

Haeger (2006) = Bernd *Haeger*: Harmonisierung von Rechnungswesen und Controlling bei E.ON. In: *Wagenhofer* (Hrsg.): Controlling und IFRS-Rechnungslegung; Berlin, 2006, S. 243 – 266.

Hahn/Hungenberg (2001) = Dietger *Hahn* und Harald *Hungenberg*: PuK: Planung und Kontrolle, Planungs- und Kontrollsysteme, Planungs- und Kontrollrechnung, Wertorientierte Controllingkonzepte; 6. Auflage. Wiesbaden, 2001.

Haller/Ernstberger/Buchhauser (2008) = Axel *Haller*, Jürgen *Ernstberger* und Anita *Buchhauser*: Performance Reporting nach International Financial Reporting Standards: Empirische Untersuchung der Unternehmen des HDAX. In: Kapitalmarktorientierte Rechnungslegung, 8. Jg. (2008), S. 314 – 325.

Haller/Löffelmann/Etzel (2009) = Axel *Haller*, Johann V. *Löffelmann* und Bernhard *Etzel*: BilMoG und Adressatenbedürfnisse: Empirische Erkenntnisse über die Einschätzungen von Kreditinstituten. In: Kapitalmarktorientierte Rechnungslegung, 9. Jg. (2009), S. 216 – 226.

Haller/Schloßgangl (2003) = Axel *Haller* und Maria *Schloßgangl*: Notwendigkeit einer Neugestaltung des Performance Reporting nach International Accounting (Financial Reporting) Standards: Konzeptionelle und empirische Evidenzen. In: Kapitalmarktorientierte Rechnungslegung, 3. Jg. (2003), S. 317 – 327.

Halver/Reske (2003) = Werner *Halver* und Martina *Reske*: Grundzüge der Ökonomie und internationale Wirtschaftsstrukturen. Greven, 2003.

Hank (1999) = Benno *Hank*: Informationsbedürfnisse von Kleinaktionären: Zur Gestaltung von Investor Relations. Frankfurt am Main, 1999.

Happel (2002) = Markus *Happel*: Shareholder-Value-Ansatz: Implementierungslücke im Controlling deutscher Unternehmen? Ergebnisse einer empirischen Untersuchung. In: Controlling, 14. Jg. (2002), S. 275 – 282.

Harris/Lang/Möller (1994) = Trevor S. *Harris*, Mark *Lang* und Hans Peter *Möller*: The Value Relevance of German Accounting Measures: An Empirical Analysis. In: Journal of Accounting Research, Vol. 32 (1994), S. 187 – 209.

Harris/Lang/Möller (1995) = Trevor S. *Harris*, Mark *Lang* und Hans Peter *Möller*: Zur Relevanz der Jahresabschlußgrößen Erfolg und Eigenkapital für die Aktienbewertung in Deutschland und in den USA. In: Zeitschrift für betriebswirtschaftliche Forschung, 47. Jg. (1995), S. 998 – 1028.

Hassel et. al. (2000) = Anke *Hassel*, Martin *Höpner*, Antje *Kurdelbusch*, Britta *Rehder* und Rainer *Zugehör*: Produkt- versus Kapitalmarkt: Zwei Dimensionen der Internationalisierung von Unternehmen. Gefunden im Internet, URL: http://www.mpi-fg-koeln.mpg.de/people/mh/paper/InternationalisierungKZfSS.pdf, Stand 17.07.2000, Download am 27.11.2006 um 11:45 Uhr.

Hax (1988) = Herbert *Hax*: Rechnungslegungsvorschriften: Notwendige Rahmenbedingungen für den Kapitalmarkt? In: Michel *Domsch*/Franz *Eisenführ*/Dieter *Ordelheide*/Manfred *Perlitz* (Hrsg.): Unternehmenserfolg; Wiesbaden, 1988; S. 187 – 201.

Hayn (1995) = Carla *Hayn*: The Information Content of Losses. In: Journal of Accounting and Economics, 20. Jg. (1995), S. 125 – 153.

Hayn/Waldersee (2006) = Sven *Hayn* und Georg Graf *Waldersee*: IFRS / US-GAAP / HGB im Vergleich: Synoptische Darstellung für den Einzel- und Konzernabschluss; 6. Auflage. Stuttgart, 2006.

Hax (2002) = H. *Hax*: Integration externer und interner Unternehmensrechnung. In: *Küpper/Wagenhofer* (Hrsg.): Handwörterbuch Unternehmensrechnung und Controlling, Stuttgart 2002, 4. Aufl., Sp. 758 – 767.

Häcker/Unser/Veeser/Wagner (2001) = Mirko *Häcker,* Matthias *Unser,* Axel *Veeser* und Wolfgang *Wagner*: Investor Relations und Shareholder Value am Neuen Markt. In: Finanz Betrieb, 3. Jg. (2001), S. 665 – 678.

Härtl (2008*)* = Holden *Härtl*: Implizite Informationen: Sprachliche Ökonomie und interpretative Komplexität bei Verben. Berlin, 2008.

Häusele (1998) = Stefan *Häusele*: Die Kommunikation der Versicherungsunternehmen mit ihren Kapitalgebern: Investor Relations von Versicherungsunternehmen. In: Marktforschung & Management, 42. Jg. (1998), S. 413 – 425.

Heinen (1958) = Edmund *Heinen*: Handelsbilanzen. Wiesbaden, 1958.

Heinhold (2004) = Michael *Heinhold*: Kosten- und Leistungsrechnung in Fallbeispielen. Stuttgart, 2004.

Henselmann (2000) = Klaus *Henselmann*: Economic Value Added: Königsweg zur Integration des Rechnungswesens? Modifizierte Fassung des Vortrags vor der Kommission Rechnungswesen im Verband der Hochschullehrer für Betriebswirtschaftslehre e.V. am 18. Februar 2000 in Mainz; Arbeitspapier Technische Universität Chemnitz. Chemnitz, 2000

Henselmann (2001) = Klaus *Henselmann*: Das Mischen von Unternehmenswerten: Eine theoretische Erklärung gängiger Praxis. In: Finanz Betrieb, 3. Jg. (2001), S. 413 – 417.

Henselmann (2002) = Klaus *Henselmann*: Das Mischen von Unternehmenswerten: Replik zur Erwiderung von *Kruschwitz/Lähn/Jahn*, FB 2002 S. 145 – 148. In: Finanz Betrieb, 4. Jg. (2002), S. 149 – 150.

Henze/Röder (2005) = Jana *Henze* und Klaus *Röder*: Die Qualität von Aktienempfehlungen auf dem deutschen Aktienmarkt. In: Finanz Betrieb, 7. Jg. (2005), S: 665 – 671.

Heuser/Theile (2007): Paul J. *Heuser* und Carsten *Theile*: IFRS Handbuch; 3. Aufl. Köln, 2007.

Herzhoff (2009) = Marc *Herzhoff*: Zum Zusammenspiel von Frühaufklärung und Szenariotechnik. In: Marko *Reimer* und Stefanie *Fiege* (Hrsg.): Perspektiven des Strategischen Controllings: Festschrift für Professor Dr. Ulrich Krystek, Wiesbaden, 2009; S. 273 – 280.

Hirsch (2005) = Bernhard *Hirsch*: Verhaltensorientiertes Controlling: Könnensprobleme bei der Steuerung mit Kennzahlen. In: Zeitschrift für Controlling und Management, 51. Jg. (2007), S. 282 – 288.

Hirschey/Richardson (2003) = M. *Hirschey* und V.J. *Richardson*: Investor Underreaction to Goodwill Write-Offs. In: Financial Analyst Journal, Vol. 59, No. 9, S. 75-84.

Hirshleifer (1971) = J. *Hirshleifer*: The Private and Social Value of Information and the Reward to Inventive Activity. In: American Economic Review, Vol. 61 (1971) S. 561 – 574.

Hirth/Callsen-Bracker (2009) = Hans *Hirth* und Hans-Markus *Callsen-Bracker*: Investitionscontrolling und Anreizsysteme. In: Marko *Reimer* und Stefanie *Fiege* (Hrsg.): Perspektiven des Strategischen Controllings: Festschrift für Professor Dr. Ulrich Krystek, Wiesbaden, 2009; S. 137 - 150

Hitz/Kuhner (2002) = Jörg-Markus *Hitz* und Christoph *Kuhner*: Die Neuregelung zur Bilanzierung des derivativen Goodwill nach SFAS 141 und 142 auf dem Prüfstand. In: Die Wirtschaftsprüfung, 55. Jg. (2002), S. 273 – 287.

Hodge (2003): Frank *Hodge*: Investors' Perception of Earnings Quality, Auditor Independence, and the Usefulness of Audited Financial Information. In: Accounting Horizonsm, Vol. 17 (2003), S. 37 – 48.

Hodge/Pronk (2006) = Frank *Hodge* und Maarten *Pronk*: The Impact of Expertise and Investment Familiarity on Investors' Use of Online Financial Report Information. In: Journal of Accounting, Auditing & Finance, Vol. 21 (2006), S. 267 – 292.

Hofmann (2002) = Christian *Hofmann*: Gestaltung von Erfolgsrechnungen zur Steuerung von Verantwortungsbereichen. In: Zeitschrift für Betriebswirtschaft, 72. Jg. (2002), S. 1177 – 1205.

Holthausen/Watts (2001) = Robert W. *Holthausen* und Ross L. *Watts*: The relevance of the value-relevance literature for financial accounting standard setting. In: Journal of Accounting and Economics, Vol. 31 (2001), S. 3 – 75.

Homburg (2002) = Carsten *Homburg*: Kostenbegriffe. In: *Küpper/Wagenhofer* (Hrsg.): Handwörterbuch Unternehmensrechnung und Controlling; 4. Auflage; Stuttgart, 2002, Sp. 1051 – 1060.

Horváth (2009a) = Péter *Horváth*: Controlling; 11. Auflage. München, 2008.

Horváth (2009b) = Péter *Horváth*: Herausforderungen an das Controlling bei der Strategieumsetzung. In: Marko *Reimer* und Stefanie *Fiege* (Hrsg.): Perspektiven des Strategischen Controllings: Festschrift für Professor Dr. Ulrich Krystek, Wiesbaden, 2009; S. 19 – 31.

Horváth & Partner (2006) = Horváth & Partner (Hrsg.): Das Controllingkonzept; 6. Auflage. München, 2006.

Horváth/Reichmann (1993) = Péter *Horváth* und Thomas *Reichmann* (Hrsg.): Vahlens großes Controllinglexikon. München, 1993.

Hostettler (2000) = Stephan *Hostettler*: Economic Value Added (EVA): Darstellung und Anwendung auf Schweizer Aktiengesellschaft; 4. Auflage. Bern, 2000.

Hovland/Janis/Kelley (1953) = Carl I. *Hovland*, Irving L. *Janis* und Harold H. *Kelley*: Communication and Persuasion: Psychological Studies of Opinion Change. New Haven, 1953.

Hung (2001) = Mingyi *Hung*: Accounting standards and value relevance of financial statements: An international analysis. In: Journal of Accounting & Economics, Vol. 30 (2001), S. 401 – 420.

IfM Bonn (2007) = Institut für Mittelstandsforschung Bonn (Hrsg.): Die volkswirtschaftliche Bedeutung der Familienunternehmen. Bonn, 2007.

Ijiri/Jaedicke (1966) = Yuji *Ijiri* and Robert K. *Jaedicke*: Reliability and Objectivity of Accounting Measurements. In: The Accounting Review, Vol. 41 (1966), S. 474 – 483.

Jegadeesh/Livnat (2004) = Narasimhan *Jegadeesh* und Joshua *Livnat*: Revenue Surprises and Stock Returns. Atlanta/New York, 2004.

Jenkins-Report (1994) = AICPA (Hrsg.): Improving Business Reporting: A customer focus. Gefunden im Internet, URL: http://www.aicpa.org/Professional+Resources/Accounting+and+Auditing/Accounting+Standards/ibr/; Download am 23.02.2008.

Joos/Lang (1994) = Peter *Joos* und Mark *Lang*: The Effects of Accounting Diversity: Evidence from the European Union. In: Journal of Accounting Research, 32. Jg. (1994), Supplement, S. 141 – 168.

Jürgens et al. (2000) = Ulrich *Jürgens*, Joachim *Rupp*, Katrin *Vitols* und Bärbel *Jäschke-Werthmann*: Corporate Governance and Shareholder Value in Deutschland. Berlin, 2000.

Kahle (2002a) = Holger *Kahle*: Maßgeblichkeitsgrundsatz auf Basis der IAS? In: Die Wirtschaftsprüfung, 55. Jg. (2002), S. 178 – 188.

Kahle (2002b) = Holger *Kahle*: Informationsversorgung des Kapitalmarkts über internationale Rechnungslegungsstandards. In: Kapitalmarktorientierte Rechnungslegung, 2. Jg. (2002), S. 95 – 107.

Kames (2000) = Christian *Kames*: Unternehmensbewertung durch Finanzanalysten als Ausgangspunkt eines value based measurement; Frankfurt am Main, Berlin, Bern, Bruxelles, New York, Oxford, Wien 2000. Zugl.: Passau, Univ., Diss., 1999. {b-da 1860}

Kajüter (2005) = Peter *Kajüter*: Zur Integration von Kostentreibern in Werttreiberhierarchien. In: Zeitschrift für Controlling und Management, 49. Jg. (2005), S. 343 – 349.

Kajüter (2009) = Peter *Kajüter*: Konzernweites Risikomanagement: Konzeptionelle Grundlagen und empirische Befunde. In: Marko *Reimer* und Stefanie *Fiege*

(Hrsg.): Perspektiven des Strategischen Controllings: Festschrift für Professor Dr. Ulrich Krystek, Wiesbaden, 2009; S. 313 – 328.

Kaplan/Norton (1992) = R. S. *Kaplan* und D. P. *Norton*: The Balanced Scorecard: Measures that drive performance. In: Harvard Business Manager, 4/1992, S. 37 – 46.

Kaplan/Norton (2008) = R. S. *Kaplan* und D. P. *Norton*: The Execution Premium. Boston, 2008.

Kasperzak (1997) = Rainer *Kasperzak*: Aktienkursbildung: Eine handlungstheoretisch fundierte „Erklärung des Prinzips“. Berlin, 1997; zugl.: Diss., Philipps-Universität zu Marburg, 1996.

Kasperzak (2003) = Rainer Kasperzak: Publizität und Unternehmensnetzwerke: Grundlagen und Gestaltungsmöglichkeiten. Bielefeld, 2003.

Kasperzak/Nestler (2010) = Rainer *Kasperzak* und Anke *Nestler*: Bewertung von immateriellem Vermögen: Anlässe, Methoden und Gestaltungsmöglichkeiten. Weinheim, 2010.

Kasperzak/Wassermann (2009) = Rainer *Kasperzak* und Holger *Wassermann*: Goodwill-Controlling nach IAS 36. In: Marko *Reimer* und Stefanie *Fiege* (Hrsg.): Perspektiven des Strategischen Controllings: Festschrift für Professor Dr. Ulrich Krystek, Wiesbaden, 2009; S. 119 – 135.

Kaspirik (2001) = Rainald *Kaspirik*: Marketing- und Unternehmensplanung. In: Wirtschaft und Studium, 30. Jg. (2001), S. 1634 – 1640.

Käfer (1962) = Karl *Käfer*: Die Bilanz als Zukunftsrechnung. Zürich, 1962.

Käfer (1976) = Karl *Käfer*: Die Bilanz als Zukunftsrechnung; 3. Aufl. Zürich, 1976.

Ke/Huddart/Petroni (2003) = Bin *Ke*, Steven *Huddart* und Kathy *Petroni*: What insiders know about future earnings and how they use it: Evidence from insider trades. In: Journal of Accounting and Economics, Vol. 35 (2003), S. 315 – 346.

Keller/Plack (2001) = Bernd *Keller* und Andreas *Plack*: Economic Value Added (EVA) als Unternehmenssteuerungs- und -bewertungsmethode. In: Kostenrechnungspraxis, 45. Jg. (2001), S. 347 – 351.

Kessler (2005) = Harald *Kessler*: Ist der Fair Value fair? In: Hartmut *Bieg* und Reinhard *Heyd* (Hrsg.): Fair Value: Bewertung in Rechnungswesen, Controlling und Finanzwirtschaft; München, 2005; S. 57 – 81.

Kessler (2010) = Harald *Kessler*: Internationale Abschlussanalyse: Eliminierung der Auswirkungen von Wahlrechten bei Pensionsverpflichtungen. In: Praxis der internationalen Rechnungslegun, Heft 3/2010, S. 72 – 79.

Keynes (1936) = John Maynard *Keynes*: Allgemeine Theorie der Beschäftigung, des Zinses und des Geldes. Berlin, 1936.

Kiefer/Schorn (2009) = Kerstin *Kiefer* und Philipp *Schorn*: Auswirkungen der IFRS-Umstellung auf die Risikoprämie von Unternehmensanleihen: Eine empirische Studie für Deutschland, Österreich und die Schweiz. In: Zeitschrift für Betriebswirtschaft, 79. Jg. (2009), S. 335 – 366.

Kieser (2006) = A. *Kieser*: Der Situative Ansatz. In: *Kieser/Ebers* (Hrsg.): Organisationstheorien; 6. Auflage. Stuttgart, 2006, S. 215 – 245.

Kirchhoff (2000) = Klaus Rainer *Kirchhoff*: Die Grundlagen der Investor Relations. In: *Kirchhoff/Piwinger* (Hrsg.): Die Praxis der Investor Relations: Effiziente Kommunikation zwischen Unternehmen und Kapitalmarkt; Neuwied/Kriftel, 2000; S. 32 – 51.

Kirsch (2002) = Hanno *Kirsch*: Umstrukturierung der Finanzbuchhaltung durch Internationalisierung des externen Rechnungswesens. In: Betriebs-Berater, 57. Jg. (2002), S. 2219 – 2225.

Kirsch (2003) = Hanno *Kirsch*: Anforderungen an das Controlling durch internationale Rechnungslegungsstandards. In: Controlling, 15. Jg. (2003), S. 11 – 17.

Kirsch (2005a) = Hanno *Kirsch*: Informationsmanagement für den IFRS-Abschluss: Nutzung des Finanz- und Rechnungswesens als Potenzial. München, 2005.

Kirsch (2005b) = Hanno *Kirsch*: Ausgestaltung des Informationsmanagements zur Erstellung des IFRS-Abschlusses. In: Betriebs-Berater, 60. Jg. (2005), S. 1155 – 1161.

Kirsch (2009) = Hanno *Kirsch*: Einheitliche Gliederungssystematik für die Abschlussinstrumente nach dem "Financial Statement Presentation"-Project: Ansatz und offene Fragen. In Kapitalmarktorientierte Rechnungslegung, 9. Jg. (2009), S. 201 – 209.

Kirsch/Steinhauer (2003) = Hans-Jürgen *Kirsch* und Leif *Steinhauer*: Standard & Poor's core earnings: Eine Basis für die externe Berechnung des EVA? In: Finanz Betrieb, 5. Jg. (2003), S. 541 – 548.

Kiger/Williams (1977) = J. E. *Kiger* und J. R. *Williams*: An Emerging Concept of Income Presentation. In: Accounting Historians Journal, Vol. 4 (1977), S. 63 – 77.

Kley (2003) = Karl-Ludwig *Kley*: Informationsvermittlung durch Value Reporting? In: Der Betrieb, 56. Jg. (2003), S. 840 – 843.

Kley (2006) = Karl-Ludwig *Kley*: IFRS: Möglichkeiten undGrenzen ihrer Abb. im Controlling. In: Zeitschrift für Controlling und Management, 50. Jg. (2006), S. 150 – 157.

Kley/Vater (2002) = Christoph R. *Kley* und Hendrik J. *Vater*: Pro-forma-Gewinne im Visier von Standard & Poor's: Zu den „Core Earnings" bzw. Kerngewinnen von S&P. In: Der Schweizer Treuhänder, 76. Jg. (2002), S. 1085 – 1094.

Kley/Vater (2003) = Christoph R. *Kley* und Hendrik J. *Vater*: Pro-forma-Gewinne: des Kaisers neue Kleider? In: Kapitalmarktorientierte Rechnungslegung, 3. Jg. (2003), S. 45 – 50.

Klingels (2005) = Bernd *Klingels*: Die cash generating unit nach IAS 36 im IFRS-Jahresabschluss: Bildung, Gestaltungsmöglichkeiten und Auswirkungen. Berlin, 2005; zugl.: Hamburg., Helmut-Schmidt-Universität, Diss., 2005 u. d. T. „Die Bildung von zahlungsmittelgenerierenden Einheiten bei Wertminderungen von Vermögenswerten im Jahresabschluss nach IAS 36 rev. 2004: Eine Analyse der Gestaltungsmöglichkeiten und ihrer Auswirkungen.

Kloock/Sieben/Schildbach/Homburg (2005) = Josef *Kloock*, Günter *Sieben*, Thomas *Schildbach* und Carsten *Homburg*: Kosten- und Leistungsrechnung; 9. Auflage. Stuttgart, 2005.

Kosiol (1944) = Erich *Kosiol*: Bilanzreform und Einheitsbilanz, 1944.

Krehl/Fischer (2009) = Harald *Krehl* und Andreas *Fischer*: Bilanzratings als Instrument zur Risikofrüherkennung im Prüfungsprozess. In: Marko *Reimer* und Stefanie *Fiege* (Hrsg.): Perspektiven des Strategischen Controllings: Festschrift für Professor Dr. Ulrich Krystek, Wiesbaden, 2009; S. 281 – 300.

Knoll (2001) = Leonhard *Knoll*: Fusionen und Managerbezüge: Schaffung oder Vernichtung von Shareholder Value? In: Finanz Betrieb, 3. Jg. (2001), S. 239 – 246.

Knollmann (2007) = Ramon *Knollmann*: Kooperation von Controllerbereich und Strategieabteilung: Messung, Wirkung und Determinanten. Wiesbaden, 2007.

Knorr (2001) = Liesel *Knorr*: Zwischenberichterstattung. In: Betriebswirtschaftliche Forschung und Praxis, 53. Jg. (2001), S. 1 – 6.

Körnert/Wolf (2007) = Jan *Körnert* und Cornelia *Wolf*: Systemtheorie, Shareholder Value-Konzept und Stakeholder-Konzept als theoretisch-konzeptionelle

Bezugsrahmen der Balanced Scorecard. In: Zeitschrift für Controlling und Management, 51. Jg. (2007), S. 130 – 140.

Kokalj/Paffenholz (2001) = Ljuba *Kokalj* und Guido *Paffenholz*: Investor Relations: Finanzwirtschaftliche Informationspolitik mittelständischer Unternehmen.. Bonn, 2001.

Koller/Goedhart/Wessels (2005) = Tim *Koller,* Marc *Goedhart* und David *Wessels*: Valuation: Measuring and Managing the Value of Companies; 4rd Edition. Hoboken/New Jersey, 2005.

Krag/Kasperzak (2000) = Joachim *Krag* und Rainer *Kasperzak*: Grundzüge der Unternehmensbewertung. München, 2000.

Krallmann/Ziemann (2001) = Dieter *Krallmann* und Andreas *Ziemann*: Grundkurs Kommunikationswissenschaft. Stuttgart, 2001.

Kremin-Buch (2002) = Beate *Kremin-Buch*: Internationale Rechnungslegung: Jahresabschluss nach HGB, IAS und US-GAAP: Grundlagen – Vergleich – Fallbeispiele; 3. Auflage. Wiesbaden, 2002.

Krems (2004) = Burckhard *Krems*: Transaktionskosten. Gefunden im Internet, URL: http://www.olev.de/t/transaktionskost.htm, Stand 08.05.2004, Download am 27.11.2006 um 11:40 Uhr.

Krüger/von Werder/Grundei (2008) = W. *Krüger*, Axel *von Werder* und Jens *Grundei*: Organisations-Controlling: Konzept, Ausgestaltung, Nutzen. In: Zeitschrift Führung und Organisation, 77. Jg. (2008), S. 4 – 10.

Kruschwitz/Lähn/Jahn (2002) = Lutz *Kruschwitz,* Marcel *Lähn* und Thomas *Jahn*: Unternehmenswerte: Vermischt und verschätzt! Kritische Bemerkungen zu *Henselmann*, FB 2001 S. 413 – 417. In: Finanz Betrieb, 4. Jg. (2002), S. 145 – 148.

Kruschwitz/Löffler (1997) = Lutz *Kruschwitz* und Andreas *Löffler*: Ross' APT ist gescheitert. In: Zeitschrift für betriebswirtschaftliche Forschung, 49. Jg. (1997), S. 644 – 644.

Kruschwitz/Löffler (2004) = Lutz *Kruschwitz* und Andreas *Löffler*: Bemerkungen über Kapitalkosten vor und nach Steuern. In: Zeitschrift für Betriebswirtschaft, 74. Jg. (2004), S. 1175 – 1190.

Kruschwitz/Löffler (2005) = Lutz *Kruschwitz* und Andreas *Löffler*: Unternehmensbewertung und Einkommensteuer aus der Sicht von Theoretikern und Praktikern. In: Die Wirtschaftsprüfung, 58. Jg. (2005), S. 73 – 79.

Krystek (1990) = Ulrich *Krystek*: Controlling und Frühaufklärung: Stand und Entwicklungstendenzen von Systemen der Frühaufklärung. In: Controlling, 2. Jg. (1990), S. 68 – 75.

Krystek (2002) = Ulrich *Krystek*: Unternehmungskrisen: Vermeidung und Bewältigung. In: Pastors/PIKS (Hrsg.): Risiken des Unternehmens, München/mering, 2002; S. 87 – 134.

Krystek (2007) = Ulrich *Krystek*: Strategische Früherkennung. In: Zeitschrift für Controlling und Management, 51. Jg. (2007), Sonderheft 2, S. 50 – 58.

Krystek/Müller (1993) = Ulrich *Krystek* und Michael *Müller*: Investor Relations: Eine neue Disziplin nicht nur für das Finanzmanagement. In: Der Betrieb, 46. Jg. (1993), S. 1785 – 1789.

Krystek/Müller-Stewens (1993) = Ulrich *Krystek* und Günter *Müller-Stewens*: Frühaufklärung für Unternehmen: Identifikation und Handhabung zukünftiger Chancen und Bedrohungen. Stuttgart, 1993.

Kühnberger (1996) = Manfred *Kühnberger*: Zur Bedeutung internationaler Rechnungslegungsstandards für deutsche Unternehmen: Zugleich ein Beitrag zur Entwicklung von konzernarteigenen Grundsätzen ordnungsgemäßer Buchführung. In: Recht der internationalen Wirtschaft, 42. Jg. (1996), S. 566 – 576.

Kümpel (2002a) = Thomas *Kümpel*: Vereinheitlichung von internem und externem Rechnungswesen. In: Wirtschaftswissenschaftliches Studium, 31. Jg. (2002), S. 343 – 345.

Kümpel (2002b) = Thomas *Kümpel*: Stand und Entwicklung des Internationalisierungsprozesses der externen Rechnungslegung; FOM Diskussionspapier Nr. 2. Essen, 2004.

Kümpel (2002c) = Thomas *Kümpel*: Umstellung der deutschen Rechnungslegung auf internationale Standards: Eine Bestandsaufnahme. In: bilanz & buchhaltung, 48. Jg. (2002), S. 17 – 20.

Küpper (2008) = Hans-Ulrich *Küpper*: Controlling: Konzeption, Aufgaben und Instrumente. 5. Auflage. Stuttgart, 2008.

Kürsten (2000) = Wolfgang *Kürsten*: „Shareholder Value“: Grundelemente und Schieflagen einer politisch-ökonomischen Diskussion aus finanztheoretischer Sicht. In: Zeitschrift für Betriebswirtschaft, 70. Jg. (2000), S. 359 – 381.

Küting (2005) = Karlheinz *Küting*: Die Bedeutung der Fair Value-Bewertung für Bilanzanalyse und Bilanzpolitik: Informiert der Fair Value besser über die „wahre“ Unternehmenslage? In: Hartmut *Bieg* und Reinhard *Heyd* (Hrsg.): Fair Value: Bewertung in Rechnungswesen, Controlling und Finanzwirtschaft; München, 2005; S. 495 – 515.

Küting/Dürr/Zwirner (2002) = Karlheinz *Küting*, Ulrike *Dürr* und Christian *Zwirner*: Internationalisierung der Rechnungslegung in Deutschland: Ausweitung durch Unternehmen des SMAX ab 2002: Möglichkeit der Erstellung einer Überleitungsrechnung auf internationale Vorschriften. In: Kapitalmarktorientierte Rechnungslegung, 2. Jg. (2002), S. 1 – 13.

Küting/Heiden (2003) = Karlheinz *Küting* und Matthias *Heiden*: Zur Systematisierung von Pro-forma-Kennzahlen: Gleichzeitig: Fortsetzung einer empirischen Bestandsaufnahme. In: Deutsches Steuerrecht, 41. Jg. (2003), S. 1544 – 1552.

Küting/Weber/Boecker (2004) = Karlheinz *Küting*, Claus-Peter *Weber* und Corinna *Boecker*: Fast Close: Beschleunigung der Jahresabschlusserstellung: (zu) schnell am Ziel ?! In: Steuer- und Bilanzpraxis, 1/2004, S. 1 – 10.

Küting/Weber/Wirth (2008) = Karlheinz *Küting*, Claus-Peter *Weber* und Johannes *Wirth*: Die Goodwillbilanzierung im finalisierten Business Combinations Project Phase II. In: Kapitalmarktorientierte Rechnungslegung, 8. Jg. (2008), S. 139 – 152.

Kuhner (2005) = Christoph *Kuhner*: Interessenkonflikte aus der Sicht der Betriebswirtschaftslehre; Working Paper 02/2005 der Universität zu Köln. Köln, 2005.

Kunz/Pfeiffer (2001) = Alexis H. *Kunz* und Thomas *Pfeiffer*: Kapitalmarktorientierte Unternehmenspublizität und der Informationsverbund zwischen in- und externem Rechnungswesen: Erste Hinweise für die Existenz dysfunktionaler Wirkungszusammenhänge. In: Schmalenbachs Zeitschrift für betriebswirtschaftliche Forschung, 53. Jg. (2001), S. 500 – 530.

Kurzich/Rautenstrauch (2004) = Mark *Kurzich* und Thomas *Rautenstrauch*: Investor Relations als Bestandteil von Coporate Governance bei den im Nemax 50 notierten Unternehmen. In: Controlling, 16. Jg. (2004), S. 85 – 89.

Kußmaul/Weiler (2009) = Heinz *Kußmaul* und Dennis *Weiler*: Fair Value-Bewertung im Licht aktueller Entwicklungen. In: Kapitalmarktorientierte Rechnungslegung, 9. Jg. (2009), S. 163 – 171 und S. 209 – 216.

Labbé (2005) = Marcus *Labbé*: Der Einfluss des Kapitalmarkts auf Strategieentwicklung börsennotierter Unternehmen. In: Der Betrieb, 58. Jg. (2005), S. 2089 – 2095.

Labhart (1999) = Peter A. *Labhart*: Value Reporting: Informationsbedürfnisse des Kapitalmarktes und Wertsteigerung durch Reporting. Zürich, 1999.

Labhart/Vettiger (2005) = Peter A. *Labhart* und Thomas *Vettiger*: Value Reporting. Gefunden im Internet, URL: http://www.ifbc.ch/pdf/artikel/art03_ValueReporting.pdf, Stand 30.08.2005, Download am 05.09.2007.

Laitenberger/Bahr (2002) = Jörg *Laitenberger* und Christian *Bahr*: Der Bedeutung der Einkommensteuer bei der Unternehmensbewertung. In: Finanz Betrieb, 4. Jg. (2002), S. 703 – 708.

Lamont/Thaler (2003) = Owen A. *Lamont* und Richard H. *Thaler*: The Law of One Price in Financial Markets. In: Journal of Economic Perspectives, Vol. 17 (2003), S. 191 – 202.

Lange (1999) = Gloria *Lange*: Bilanzrecht und Ökonomische Theorie des Rechts: Ansatzpunkte und Überlegungen zum § 249 HGB. Diss., Berlin, 1999, gefunden im Internet, URL: http://edoc.hu-berlin.de/dissertationen/recht/lange-gloria/HTML/lange.html, Stand 28.02.2000, Download am 10.10.2009.

Langerfeldt (2003a) = Michael *Langerfeldt*: Neue Institutionenökonomik. In: WISU, 32. Jg. (2003), S. 55 – 58.

Langerfeldt (2003b) = Michael *Langerfeldt*: Das Gefangenendilemma: „Der Beißknochen der Spieltheorie". In: Wirtschaftswissenschaftliches Studium, 32. Jg. (2003), S. 226 – 230.

Langguth/Marks (2003) = Heike *Langguth* und Imke *Marks*: Der Economic Value Added: Ein Praxisbeispiel. In: Finanz Betrieb, 5. Jg. (2003), S. 615 – 624.

Lattwein (2002) = Johannes *Lattwein*: Wertorientierte strategische Steuerung: Ganzheitlich-integrativer Ansatz zur Implementierung. Wiesbaden, 2002. Zugl.: Dortmund, Univ., Diss., 2001, unter dem Titel: Wertorientierte strategische Steuerung: Entwurf einer ganzheitlich-integrativen Gestaltungskonzeption.

Lawrence (1980) = P. *Lawrence*: Managers and Management in West-Germany. London, 1980.*Leffson* (1964) = Ulrich *Leffson*: Die Grunsätze ordnungsgemäßer Buchführung. Düsseldorf, 1964.

Leuz/Wysocki (2008) = Christian *Leuz* und Peter D. *Wysocki*: Economic Consequences of Financial Reporting and Disclosure Regulation: A Review and Suggestions for Future Research. Gefunden im Internet, URL: http://papers.ssrn.com/sol3/papers.cfm?abstract_id=1105398&rec=1&srcabs=999710, Stand 07.05.2008, Download am 15.02.2009.

Lev/Daum (2003) = Baruch *Lev* und Jürgen H. *Daum*: Intangible Assets: Neue Ansätze für Unternehmenssteuerung und Berichtswesen, in: *Horváth*, P. / *Gleich*, R. (Hrsg.): Neugestaltung der Unternehmensplanung; Stuttgart, 2003, S. 33 – 50.

Lev/Sougiannis (1996) = Baruch *Lev* und T. *Sougiannis*: The capitalization, amortization, and value-relevance of R&D. In: Journal of Accounting and Economics, Vol. 21 (1996), S. 107 – 138.

Lev/Zarowin (1999) = Baruch *Lev* und Paul *Zarowin*: The Boundaries of Financial Reporting and How to Extend Them. In: Journal of Accounting Research, Vol. 37 (1999), S. 353 – 385.

Leven (2003) = Franz-Josef *Leven*: Aktionärsstruktur in Europa. In: Die Aktiengesellschaft, 48. Jg. (2003), S. R512 – R518.

Lewicki (2001) = Bernhard *Lewicki*: Harmonisierung des Rechnungswesens vor dem Hintergrund internationaler Rechnungslegung: Kostenrechnung und Buchführung umstrukturieren. In: bilanz & buchhaltung, 48. Jg. (2001), S. 143 – 148.

Lewis (1995) = Thomas G. *Lewis*: Steigerung des Unternehmenswertes: Total Value Management; 2. Auflage. Landsberg/Lech, 1995.

Liener (1993) = Gerhard *Liener*: Investor Relations in einem globalen Kapitalmarkt. In: *Fritsch/Liener/Schmidt* (Hrsg.): Die deutsche Aktie: Unternehmensfinanzierung und Vermögenspolitik vor neuen Heruasforderungen; Stuttgart, 1993; S. 325 – 339.

Lindemann (2006) = Jens *Lindemann*: Kapitalmarktrelevanz der Rechnungslegung: Konzepte, Methodik und Ergebnisse empirischer Forschung. In: Zeitschrift für Betriebswirtschaft, 76. Jg. (2006), S. 967 – 1003.

Link/Orbán (2002) = Christian *Link* und Csaba *Orbán*: Unternehmensplanung: Wertschöpfung oder Pflichtübung? Ergebnisse einer Befragung unter den umsatzstärksten deutschen Unternehmen. In: Kostenrechnungspraxis, 46. Jg. (2002), S. 11 – 17.

Lintner (1965) = J. *Lintner*: The Valuation of Risk Assets and the Selection of Risky Investments in Stock Portfolios and Capital Budgets. In: Review of Economics and Statistic, Vol. 47 (1965), S. 13 – 37.

Lintner (1969) = J. *Lintner*: The Aggregation of Investors' Diverse Judgement and Preferences in Purely Competitive Securities Markets. In: Journal of Finance and Quantitative Analysis, Vol. 4 (1969), S. 347 – 400.

Lin/McNichols (1997) = Hsiou-wei *Lin* und Maureen *McNichols*: Underwriting relationships and analysts' earnings forecasts and investment recommendations. Stanford, 1997.

Link (1991) = Rainer *Link*: Aktienmarketing in deutschen Publikumsgesellschaften; zugl. Diss., Univ. Bochum, 1991. Wiesbaden, 1991.

Link (1995) = Rainer *Link*: Finanzmarketing. In: *Tietz/Köhler/Zentes* (Hrsg.): Handwörterbuch des Marketing; 2. Auflage. Stuttgart, 1995; Sp. 689 – 701.

Littkemann (2001) = Jörn *Littkemann*: Beteiligungscontrolling: Organisation und Effizienz: Eine empirische Analyse aus zentraler und lokaler

Controllingperspektive. In: Zeitschrift für Betriebswirtschaft, 71. Jg. (2001), S. 1283 – 1304.

Liu/Ohlson (1995) = Jing *Liu* und James *Ohlson*: The Feltham-Ohlson (1995) Model: Empirical Implications. In: Journal of Accounting, Auditing and Finance, Vol. 15 (1995), S. 321 – 331.

Lo/Lys (1998) = Kin *Lo* und Thomas Z. *Lys*: The Ohlson Model: Contribution to Valuation Theory, Limitations, and Empirical Applications. In: Journal of Accounting, Auditing and Finance, Vol. 15 (1998), S. 337 – 367.

Lo/Lys (2000) = Kin *Lo* und Thomas Z. *Lys*: Bridging the Gap Between Value Relevance and Information Content. Gefunden im Internet, URL: http://papers.ssrn.com/sol3/Delivery.cfm/SSRN_ID253369_code00121154 0.pdf?abstractid=253369&mirid=1, Download am 21.04.2005 um 18:00 Uhr.

Löhnert/Böckmann (2009) = Peter G. *Löhnert* und Ulrich J. *Böckmann*: Bewertungsverfahren, Teil F: Multiplikatorverfahren in der Unternehmensbewertung. In: *Peemöller* (Hrsg.): Praxishandbuch der Unternehmensbewertung; 4. Aufl., Herne, 2009; S. 567 – 589.

Lorenz (2009) = Wilhelm *Lorenz*: Substitutionale Produktionsfunktionen, Isoquanten. Gefunden im Internet, URL: http://www.mikrooekonomie.de/ Unternehmenstheorie/Substitutionale%20Produktionsfunktionen,%20Isoquanten.htm , Download am 01.02.2009.

Lorson/Gattung (2007) = Peter *Lorson* und Andreas *Gattung*: Die Forderung nach einer "Faithful Representation": Quantitative und qualitative Schranken des Grundsatzes "Wahrheitsgemäßer Darstellung der IFRS". In: Kapitalmarktorientierte Rechnungslegung, 7. Jg. (2007), S. 657 – 665.

Lorson/Gattung (2008) = Peter *Lorson* und Andreas *Gattung*: Die Forderung nach einer „faithful representation“: Verhältnis zur Objektivität, Neutralität und

Nachprüfbarkeit. In: Kapitalmarktorientierte Rechnungslegung, 8. Jg. (2008), S. 556 – 565.

Lücke (2001) = Wolfgang *Lücke*: Zielgrößen für Unternehmen, Stakeholder und Shareholder. In: Zeitschrift für Planung, 12. Jg. (2001), S. 47 – 72.

Lüdenbach (2005) = Norbert *Lüdenbach*: IFRS: Der Ratgeber zur erfolgreichen Umstellung von HGB auf IFRS; 4. Auflage. Freiburg, 2005.

Lüdenbach/Hoffmann (2003) = Norbert *Lüdenbach* und Wolf-Dieter *Hoffmann*: Vom Principle-based um Objective-oriented Accounting. In: Kapitalmarktorientierte Rechnungslegung, 3. Jg. (2003), S. 387 – 398.

Lühn (2007) = Andreas *Lühn*: Der Einfluss latenter Steuern auf die Steuerplanung. In: Kapitalmarktorientierte Rechnungslegung, 7. Jg. (2007), S. 550 – 560.

Luhmann (2002) = Niklas *Luhmann*: Einführung in die Systemtheorie. Heidelberg, 2002.

Maditinos/Ševic/Theriou (2007) = Dimitrios *Maditinos*, Željko *Ševic* und Nikolaos *Theriou*: Investors' behaviour in the Athen Stock Exchange (ASE). In: Studies in Economics and Finance, Vol. 24 (2007), S. 32 – 50.

Mandl/Rabel (1997) = Gerwald *Mandl* und Klaus *Rabel*: Unternehmensbewertung. Wien/Frankfurt am Main, 1997.

Mandl/Rabel (2004) = Gerwald *Mandl* und Klaus *Rabel*: Grundlagen der Unternehmensbewertung: Teil D: Methoden der Unternehmensbewertung (Überblick) In: Volker H. *Peemöller* (Hrsg.): Praxishandbuch der Unternehmensbewertung, Herne/Berlin, 2004; S. 47 – 88.

Mandl/Rabel (2009) = Gerwald *Mandl* und Klaus *Rabel*: Grundlagen der Unternehmensbewertung: Teil D: Methoden der Unternehmensbewertung (Überblick) In: Volker H. *Peemöller* (Hrsg.): Praxishandbuch der Unternehmensbewertung, 4. Aufl., Herne, 2009; S. 49 – 90.

Mann (o. J.) = R. *Mann*: Die Praxis des Controlling: Instrumente – Einführung – Konflikte. München, o. J; zitiert nach *Horváth* (1998).

Männel (2000) = Wolfgang *Männel*: Der Cash Flow Return on Investment (CFROI) als Instrument des wertorientierten Controlling. In: Kostenrechnungspraxis, Sonderheft 1/2001, S. 39 – 51.

Markowitz (1952) = Harry M. *Markowitz*: Portfolio Selection. In: Journal of Finance, Vol. 7 (1952), S. 77 ff.

Marshall (1972) = R. M. *Marshall*: Determining an Optimal Accounting Information System for an Unidentified User. In: Journal of Accounting Research, Vol. 10 (1972), S. 286 – 307.

Marshall (1974) = J. M. *Marshall*: Private Incentives and Public Information. In: American Economic Review, Vol. 64 (1974), S. 373 – 390.

McNichols/O'Brien (1997) = Maureen *McNichols*, Patricia C. *O'Brien*: Self-Selection and Analyst Coverage. In: *Journal of Accounting Research*, Vol. 35 (1997), Studies on Experts and the Application of Expertise in Accounting, Auditing, and Tax (1997), S. 167 – 199.

Menn (2000) = Bernd-Joachim *Menn*: Internationale Rechnungslegung als Chance zur Annäherung von externem und internem Rechnungswesen. In: Laurenz *Lachnit* und Carl-Christian *Freidank* (Hrsg.): Investororientierte Unternehmenspublizität: Neue Entwicklungen von Rechnungslegung, Prüfung und Jahresabschlussanalyse, S. 199 – 213. Wiesbaden, 2000.

Menon/Varadarajan (1992) = A. *Menon* und R. *Varadarajan*: A Model of Marketing Knowledge Use Within Firms. In: Journal of Marketing, Vol. 56 (1992), S. 53 – 71.

Menon/Williams (2008) = K. *Menon* und D. D. *Williams*: Management turnover following auditor resignations. In: Contemporary Accounting Research, Vol. 25 (2008), S. 567 – 604.

Meyer/Sugiyama (2007) = B. *Meyer* und K. *Sugiyama*: The concept of knowledge in KM: a dimensional model. In: Journal of Knowledge Management, Vol. 11, S. 17 – 35.

Mian (2001) = S. *Mian*: On the choice and replacement of chief financial officers. In: Journal of Financial Economics, Vol. 60 (2001), S. 143 – 175.

Mindermann (2000) = Hans-Hermann *Mindermann*: Investor Relations: Eine Definition. In: Deutscher Investor Relations Kreis e. V. (Hrsg.): Investor Relations: Professionelle Kapitalkommunikation; Wiesbaden, 2001; S. 25 – 27.

Mirow (2009) = Michael *Mirow*: Wie sind Strategien überprüfbar? Vorschlag für eine strategische Visitenkarte. In: Marko *Reimer* und Stefanie *Fiege* (Hrsg.): Perspektiven des Strategischen Controllings: Festschrift für Professor Dr. Ulrich Krystek, Wiesbaden, 2009; S. 63 – 77.

Moldenhauer (2009): Ralf *Moldenhauer*: Beitrag des strategischen Controllings zur Krisenvermeidung und -bewältigung. In: Marko *Reimer* und Stefanie *Fiege* (Hrsg.): Perspektiven des Strategischen Controllings: Festschrift für Professor Dr. Ulrich Krystek, Wiesbaden, 2009; S. 329 – 354.

Moonitz (1961) = Maurice *Moonitz*: The basic postulates of accounting. New York, 1961.

Mossin (1966) = J. *Mossin*: Equilibrium in a Capital Asset Market. In: Econometrica, Vol. 34 (1966), S. 768 – 783.

Möller (1985) = Hans Peter *Möller*: Die Informationseffizienz des deutschen Aktienmarktes: Eine Zusammenfassung und Analyse empirischer Untersuchungen. In: Zeitschrift für betriebswirtschaftliche Forschung, 37. Jg. (1985), S. 500 – 518.

Mölls/Strauß (2007) = Sascha H. *Mölls* und Michael *Strauß*: Bewertungsrelevanz der Rechnungslegung: Stand und Implikationen der empirischen Forschung für

Aktionäre und Regulierer. In: Zeitschrift für Betriebswirtschaft, 77. Jg. (2007), S. 955 – 995.

Moxter (1966) = Adolf *Moxter*: Die Grundsätze ordnungsgemäßer Bilanzierung und der Stand der Bilanztheorie. In: Zeitschrift für betriebswirtschaftliche Forschung, 18. Jg. (1966), S. 28 – 59.

Moxter (1978) = Adolf *Moxter*: Der Einfluss der EG-Bilanzrichtlinie auf das Bilanzsteuerrecht. In: Betriebs-Berater, 33. Jg. (1978), S. 1629 – 1632.

Moxter (1984) = Adolf *Moxter*: Bilanzlehre, Band I: Einführung in die Bilanztheorie; 3. Auflage. Wiesbaden, 1984.

Moxter (2000) = Adolf *Moxter*: Rechnungslegungsmythen. In: Betriebs-Berater, 55. Jg. (2000), S: 2143 – 2149.

Mroß (2002) = Michael D. *Mroß*: Die Theorie des Unternehmens: Ansätze und Entwicklungen. In: Das Wirtschaftsstudium, 31. Jg. (2002), S. 1405 – 1410.

Müller (2001) = Welf *Müller*: Die Ausnahme und die Regel: Ein Lehrstück, dargestellt am so genannten Maßgeblichkeitsprinzip. Deutsches Steuerrecht, 39. Jg. (2001), S. 1858 – 1864.

Müller (2006) = M. *Müller*: Harmonisierung des externen und internen Rechnungswesens. Wiesbaden, 2006.

Müller/Hirsch (2005) = Gilbert *Müller* und Bernhard *Hirsch*: Die Wertorientierung in der Unternehmenssteuerung: Status quo und Perspektiven. In: Controlling & Management, 49. Jg. (2005), S. 83 – 87.

Müller/Wobbe/Reinke (2008) = Stefan *Müller*, Christian *Wobbe* und Jens *Reinke*: Empirische Analyse der Bilanzierung des Sachanlagevermögens nach IFRS: Eine Analyse der Ansatz-, Bewertungs- und Ausweisentscheidungen der DAX-, MDAX- und SDAX-Unternehmen. In: Kapitalmarktorientierte Rechnungslegung, 8. Jg. (2008), S: 630 – 640.

Müller-Stewens/Lechner (2005) = Günter *Müller-Stewens* und Christoph *Lechner*: Strategisches Management: Wie strategische Initiativen zum Wandel führen; 3. Auflage. Stuttgart, 2005.

Müller-Stewens/Müller (2009) = Günter *Müller-Stewens* und Adrian *Müller*: Stategic Foresight: Trend- und Zukunftsforschung als Strategieinstrument. In: Marko *Reimer* und Stefanie *Fiege* (Hrsg.): Perspektiven des Strategischen Controllings: Festschrift für Professor Dr. Ulrich Krystek, Wiesbaden, 2009; S. 239 – 257.

Münstermann (1969) = Hans *Münstermann*: Unternehmensrechnung. Wiesbaden, 1969.

Nalebuff/Brandenburger (1996) = Barry J. *Nalebuff* und Adam M. *Brandenburger*: Coopetition: kooperativ konkurrieren. Frankfurt am Main/New York, 1996.

Naumann (2006) = Klaus-Peter *Naumann*: Das Spannungsverhältnis zwischen Relevanz und Verlässlichkeit in der Rechnungslegung: Ein Beitrag zur Fortentwicklung von HGB und IFRS. In: Zeitschrift für Betriebswirtschaft, Special Issue 6/2006, S. 43 – 74.

Neuhaus/Minx (2009) = Christian *Neuhaus* und Eckard *Minx*: Die Zukunft ist anders anders: Extrapolation und Konstanzannahmen als Instrumente und Fallstricke der Zukunftsschau. In: Marko *Reimer* und Stefanie *Fiege* (Hrsg.): Perspektiven des Strategischen Controllings: Festschrift für Professor Dr. Ulrich Krystek, Wiesbaden, 2009; S. 229 – 237.

Neuhaus/Schremper (2003) = Stefan *Neuhaus* und Ralf *Schremper*: Langfristige Performance von Initial Public Offerings am deutschen Kapitalmarkt. In: Zeitschrift für Betriebswirtschaft, 73. Jg. (2003), S. 445 – 472.

Niehus (2001) = Rudolf J. *Niehus*: „Auch für Einzelabschlüsse gelten grundsätzlich die IAS“? Ein Beitrag zu den (möglichen) Grenzen einer „Internationalisierung“ der Rechnungslegung im Einzelabschluss. In: Die Wirtschaftsprüfung, 54. Jg. (2001), S. 737 – 752.

Nix (2000) = Petra *Nix*: Die Zielgruppen von Investor Relations. In: Deutscher Investor Relations Kreis e. V. (Hrsg.): Investor Relations: Professionelle Kapitalmarktkommunikation; Wiesbaden, 2000; S. 35 – 43.

Oestreicher/Sprengel (2001) = Andreas *Oestreicher* und Christoph *Sprengel*: Anwendung von IAS in der EU: Zukunft des Maßgeblichkeitsprinzips und Steuerbelastung. In: Recht der internationalen Wirtschaft, 47. Jg. (2001), S. 889 – 902.

Ordelheide (1988) = Dieter *Ordelheide*: Kaufmännischer Periodengewinn als ökonomischer Gewinn: Zur Unsicherheitsrepräsentation bei der Konzeption von Erfolgsgrößen. In: *Domsch/Eisenführ/Ordelheide/Perlitz* (Hrsg.): Unternehmenserfolg; Wiesbaden, 1988; S. 275 – 302.

Ordelheide (1993) = Dieter *Ordelheide*: Institutionelle Theorie der Unternehmung. In: *Wittmann* et al. (Hrsg.): Handwörterbuch der Betriebswirtschaft, Stuttgart 1993, 3. Aufl., Sp. 1838 – 1855.

Pape (1998) = Ulrich *Pape*: Kapitalmarktorientierte Ausschüttungspolitik am Beispiel der Daimler-Benz AG: Sonderausschüttung und Kapitalerhöhung. In: Betriebs-Berater, 53. Jg. (1998), S. 1783 – 1788.

Pape (2009a) = Ulrich *Pape*: Grundlagen der Finanzierung und Investition. München, 2009.

Pape (2009b) = Ulrich *Pape*: Hybride Finanzinstrumente als Gestaltungsinstrument finanzwirtschaftlicher Wertsteigerungsstrategien. In: Marko *Reimer* und Stefanie *Fiege* (Hrsg.): Perspektiven des Strategischen Controllings: Festschrift für Professor Dr. Ulrich Krystek, Wiesbaden, 2009; S. 151 – 165.

Peemöller (2009a) = Volker H. *Peemöller*: Grundlagen der Unternehmensbewertung,: Teil A: Wert und Werttheorien. In: Volker H. *Peemöller* (Hrsg.): Praxishandbuch der Unternehmensbewertung, 4. Aufl., Herne, 2009; S. 1 – 15.

Peemöller (2009b) = Volker H. *Peemöller*: Grundlagen der Unternehmensbewertung,: Teil B: Anlässe der Unternehmensbewertung. In: Volker H. *Peemöller* (Hrsg.): Praxishandbuch der Unternehmensbewertung, 4. Aufl., Herne, 2009; S. 17 – 28.

Peemöller/Beckmann/Meitner (2005) = Volker H. *Peemöller*, Christoph *Beckmann* und Matthias *Meitner*: Einsatz eines Nachsteuer-CAPM bei der Bestimmung objektivierter Unternehmenswerte: Eine kritische Analyse des IDW ES 1 n. F. In: Betriebs-Berater, 60. Jg. (2005), S. 90 – 96.

Pelger (2008) = Christoph *Pelger*: Ansatzpunkte und zweifelhafte Anreizwirkungen: Entwicklungen in den IFRS und der Zusammenhang zur Unternehmenssteuerung. In: Kapitalmarktorientierte Rechnungslegung, 8. Jg. (2008), S: 565 – 574.

Pelger (2009) = Christoph *Pelger*: Entscheidungsnützlichkeit in neuem Gewand: Der Exposure Draft zur Phase A des Conceptual Framework-Projekts. In: Kapitalmarktorientierte Rechnungslegung, 9. Jg. (2009), S. 156 – 163.

Pellens (2003) = Bernhard *Pellens*: Shareholder Value: Was ist nach dem Börsencrash davon geblieben? In: Die Betriebswirtschaft, 63. Jg. (2003), S. 1 – 4.

Pellens/Fülbier/Gassen (2004) = Bernhard *Pellens*, Rolf Uwe *Fülbier* und Joachim *Gassen*: Reporting Standards IAS/IFRS. Düsseldorf/Stuttgart, 2004.

Pellens/Tomaszewski/Weber (2000) = Bernhard *Pellens*, Claude *Tomaszewski* und Nikolas *Weber*: Wertorientierte Unternehmensführung in Deutschland: Eine empirische Untersuchung der DAX 100-Unternehmen. In: Der Betrieb, 53. Jg. (2000), S. 1825 – 1833.

Penman/Sougiannis (2003) = Stephen H. *Penman* und Theodore *Sougiannis*: A Comparison of Dividend, Cash Flow, and Earnings Approaches to Equity Valuation. Gefunden im Internet, URL: http://papers.ssrn.com/sol3/Delivery.cfm/9703311.pdf?abstractid=15043&rulid=7847138&mirid=1, Stand 23.09.2003, Download am 17.08.2009.

Perold (2004) = André F. *Perold*: The Capital Asset Pricing Model. In: Journal of Economic Perspectives, Vol. 18 (2004), S. 3 – 24.

Perridon/Steiner (2007) = Louis *Perridon* und Manfred *Steiner*: Finanzwirtschaft der Unternehmung; 14. Auflage. München, 2007.

Petersen/Bansbach/Dornbach (2009) = Karl *Petersen*, Florian *Bansbach* und Eike *Dornbach* (Hrsg.): IFRS Praxishandbuch: Ein Leitfaden für die Rechnungslegung mit Fallbeispielen; 4. Aufl. München/Stuttgart/Koblenz, 2009.

Pfaff/Bärtl (1999) = Dieter *Pfaff* und Oliver *Bärtl*: Wertorientierte Unternehmenssteuerung: Ein kritischer Vergleich ausgewählter Konzepte. In: Zeitschrift für betriebswirtschaftliche Forschung, Sonderheft 41/99: Rechnungswesen und Kapitalmarkt, S. 85 – 115.

Picot/Reichwald/Wiegand (2003) = Arnold *Picot*, Ralf *Reichwald* und Rolf T. *Wigand*: Die grenzenlose Unternehmung: Information, Organisation und Management. Wiesbaden, 2003.

Pierdzioch/Stadtmann (2003) = Christian *Pierdzioch* und Georg *Stadtmann*: Kurzfristorientierung und Informationseffizienz von Kapitalmärkten. In: Wirtschaft und Studium, 32. Jg. (2003), S. 407 – 409.

Piontek (2004) = J. *Piontek*: Controlling; 3. Auflage. München/Wien, 2004.

Pohle (2001) = Klaus *Pohle*: Der Einfluß von Investor Relations auf die Bilanzpolitik. In: *Boysen/Dyckerhoff/Otte* (Hrsg.): Der Wirtschaftsprüfer und sein Umfeld zwischen Tradition und Wandel zu Beginn des 21. Jahrhunderts: Festschrift zum 75. Geburtstag von Hans-Heinrich Otte; Düsseldorf, 2001; S. 290 – 301.

Porter (1979) = Michael Eugene *Porter*: How competitive forces shape strategy. In: Harvard Business Review, Vol. 57 (1979), S. 137 – 145.

PAAinE (2007) = Pro-Active Accounting Activities in Europe (Hrsg.): Stewardship/Accountability as an Objective of Financial Reporting: A comment on the IASB/FASB Conceptual Framework Project. Gefunden im Internet, URL: http://www.efrag.org/files/ProjectDocuments/Other%20projects/070823%20%20PAAinE%20Stewardship%20paper%20final%20version.pdf, Download am 30.06.2009, Stand 27.06.2007.

PAAinE (2009) = Pro-Active Accounting Activities in Europe (Hrsg.): The Needs of Users of Financial Information: A User Survey. Gefunden im Internet, URL: http://www.efrag.org/files/News%20related%20documents/PAAinE%20Paper%20-%20The%20Needs%20of%20Users%20of%20Financial%20Information%20-%20May%202009.pdf, Download am 30.006.2009, Stand 16.06.2009.

Preis (2002) = Daniela *Preis*: Der Aktienrückkauf: Instrument der wertorientierten Unternehmensführung. In: *Diegelmann/Giesel/Jugel* (Hrsg.): Moderne Investor Relations: Instrument der strategischen Unternehmensführung; Frankfurt am Main, 2002; S. 205 – 232.

Preißler (2007) = P. R. *Preißler*: Controlling. München/Wien, 2007.

Prokop (2004) = Jörg *Prokop*: Der Einsatz des Residualgewinnmodells im Rahmen der Unternehmensbewertung nach IDW S 1. In: Finanz Betrieb, 6. Jg. (2004), S. 188 – 193.

PwC (2001a) = PricewaterhouseCoopers (Hrsg.): A New Rx for Corporate Disclosure: Realizing value in the pharmaceutical and healthcare products industries. Gefunden im Internet, URL: http://store.barometersurveys.com/pages/valuereporting.php, Download am 10.10.2003.

PwC (2001b) = PricewaterhouseCoopers (Hrsg.): Harvesting Corporate Value: Value Reporting in the Technology Industry. Gefunden im Internet, URL: http://store.barometersurveys.com/pages/valuereporting.php, Download am 10.10.2003.

PwC (2001c) = PricewaterhouseCoopers (Hrsg.): Retail & Consumer Reporting in the 21st Century: What the markt thinks. Gefunden im Internet, URL: http://store.barometersurveys.com/pages/valuereporting.php, Download am 10.10.2003.

PwC (2002a) = PricewaterhouseCoopers (Hrsg.): Improving Corporate Disclosure in the Metals Industry. Gefunden im Internet, URL: http://store.barometersurveys.com/pages/valuereporting.php, Download am 10.10.2003.

PwC (2002b) = PricewaterhouseCoopers (Hrsg.): Catalyzing Corporate Disclosure: Extracting Value in the Chemicals Industry. Gefunden im Internet, URL: http://store.barometersurveys.com/pages/valuereporting.php, Download am 10.10.2003.

PwC (2002c) = PricewaterhouseCoopers (Hrsg.): Communicating Value: A Survey of Transparency in External Reproting in the Telecommunications Industry. Gefunden im Internet, URL: http://store.barometersurveys.com/pages/valuereporting.php, Download am 10.10.2003.

PwC (2002d) = PricewaterhouseCoopers (Hrsg.): Competing for capital: Recognising utilities' worth. Gefunden im Internet, URL: http://store.barometersurveys.com/pages/valuereporting.php, Download am 10.10.2003.

Quadt/Tiskens/Vits (2005) = Ralf *Quadt*, Christoph *Tiskens* und Jürgen *Vits*: zur Konzeption eines IFRS-nahen Controllings. In: Die Bank, 35. Jg. (2005), S. 1082 – 1088.

Rappaport (1981) = Alfred *Rappaport*: Selecting Strategies that Create Shareholder Value. In: Harvard Business Review, 59. Jg. (1981), S. 139 – 149.

Rappaport (1998) = Alfred *Rappaport*: Creating Shareholder Value: The New Standards for Business Performance. 2nd Edition. New York, 1998.

Reichmann (2006) = Thomas *Reichmann*: Controlling mit Kennzahlen und Management-Tools: Die systemgestützte Controlling-Konzeption; 7. Auflage. München, 2006.

Reimer (2009) = Marko *Reimer*: Strategic Management Accounting: Begriff und Anwendungsstand in der Unternehmenspraxis. In: Marko *Reimer* und Stefanie *Fiege* (Hrsg.): Perspektiven des Strategischen Controllings: Festschrift für Professor Dr. Ulrich Krystek, Wiesbaden, 2009; S. 79 – 95.

Riahi-Belkaoui (2004) = Ahmed *Riahi-Belkaoui*: Accounting Theory; 5. Auflage. London, 2004.

Richter (1998) = Frank *Richter*: Unternehmensbewertung bei variablem Verschuldungsgrad: In: Zeitschrift für Bankrecht und Bankwirtschaft, 10. Jg. (1998), S. 379 – 389.

Riebel (1994) = Paul *Riebel*: Einzelkosten- und Deckungsbeitragsrechnung: Grundfragen einer markt- und entscheidungsorientierten Unternehmensrechnung; 7. Auflage. Wiesbaden, 1994.

Rieger (1927) = Wilhelm *Rieger*: Einführung in die Privatwirtschaftslehre. Erlangen, 1927.

Ritter (1993) = Jay R. *Ritter*: The Long-Run Performance of Initial Public Offerings. In: Richard H. *Thaler* (Hrsg.): Advances in Behavioral Finance, S. 459 – 492. New York, 1993.

Roll (1977) = R. *Roll*: A Critique of the Asset Pricing Theory's Tests. In: Journal of Financial Economics, Vol. 4 (1977), S. 129 – 176.

Rollberg (2005) = Roland *Rollberg*: Produktions- und finanzwirtschaftlich fundierte Ressourcenbewertung. In: Betriebswirtschaftliche Forschung und Praxis, 57. Jg. (2005), S. 486 – 505.

Ross (1976) = S. A. *Ross*: The Arbitrage Theory of Capital Asset Pricing. In: Journal of Economic Theory, Vol. 13 (1976), S. 341 – 360.

Ross (1977) = S. A. *Ross*: The Determination of Financial Structure: The Incentive-Signaling-Apporach. In: The Bell Journal of Economics, Vol. 8 (1977), S. 23 – 40.

Ruda/Martin/Pfeffer (2004) = Walter *Ruda*, Thomas A. *Martin* und Markus *Pfeffer*: Going Public und Investor Relations-Management von Medien- und Entertainmentunternehmen: Ausgewählte Ergebnisse einer empirischen Studie. In: Zeitschrift für Controlling und Management, 48. Jg. (2004), S. 215 – 218.

Ruhnke/Schmidt/Seidel (2000) = Klaus *Ruhnke*, Martin *Schmidt* und Thorsten *Seidel*: Fortschritte bei der Verbreitung der IAS: Eine vorausschauende Zwischenbilanz. In: Unternehmensteuern und Bilanzen, Heft 17/2000, S. 876 – 883.

Ruhwedel/Schultze (2004) = Franca *Ruhwedel* und Wolfgang *Schultze*: Konzeption des Value Reporting und Beitrag zur Konvergenz im Rechnungswesen. In: Controlling, 16. Jg. (2004), S. 489 – 495.

Sachse (2008) = Katharina *Sachse*: Risiken der Kapitalanlage aus Sicht der Privatanleger. Diss., Technische Universität Berlin, 2008. Gefunden im Internet, URL: http://opus.kobv.de/tuberlin/volltexte/2008/1922/pdf/sachse_katharina.pdf, Download am 20.07.2009.

Saitz/Walbert (2002) = Bernd *Saitz* und Joachim *Walbert*: Value Reporting: Einstieg in eine neue Dimension der kapitalmarktorientierten Unternehmensberichterstattung. In: Controlling, 14. Jg. (2002), S. 321 – 326.

Schaier (2006) = Sven *Schaier*: IFRS in Rechnungswesen und Controlling. In: Zeitschrift für Controlling und Management, 50. Jg. (2006), S. 20 – 21.

Schaier (2008) = Sven *Schaier*: Erklärungsansätze für eine Konvergenz von internem und externem Rechnungswesen. In: Betriebswirtschaftliche Forschung und Praxis, 60. Jg. (2008), S. 122 – 137.

Schäffer (2009) = Utz *Schäffer*: Rationalitätssicherung durch strategische Kontrolle. In: Marko *Reimer* und Stefanie *Fiege* (Hrsg.): Perspektiven des Strategischen Controllings: Festschrift für Professor Dr. Ulrich Krystek, Wiesbaden, 2009; S. 47 – 62.

Schäffer/Büttner/Zander (2008) = Utz *Schäffer*, Volker *Büttner* und Kevin *Zander*: Anforderungen an CFOs und ihre Verantwortung in der Unternehmenspraxis. In: Zeitschrift für Controlling und Management, 52. Jg. (2008), S. 414 – 415.

Schierenbeck/Lister (2002) = Henner *Schierenbeck* und Michael *Lister*: Value Controlling: Grundlagen Wertorientierter Unternehmensführung; 2. Auflage. München/Wien, 2002.

Schildbach (1998) = Thomas *Schildbach*: Rechnungslegung nach US-GAAP: Ein Fortschritt für Deutschland? In: Zeitschrift für betriebswirtschaftliche Forschung, Sonderheft, 40. Jg. (1998), S. 55 – 81.

Schildbach (1999) = Thomas *Schildbach*: Externe Rechnungslegung und Kongruenz: Ursache für die Unterlegenheit deutscher verglichen mit angelsächsischer Bilanzierung? In: Der Betrieb, 52. Jg. (1999), S. 1813 – 1820.

Schildbach (2008a) = Thomas *Schildbach*: Der Konzernabschluss nach HGB, IFRS und US-GAAP; 7. Aufl., München, 2008.

Schildbach (2008b) = Thomas *Schildbach*: Der handelsrechtliche Jahresabschluss; 8. Aufl. Passau, 2008.

Schiller/Tytko/Marek (2001) = Bettina *Schiller*, Dagmar *Tytko* und Michael *Marek*: Börsenkursbildung und Börsenpreisprognose. In: Das Wirtschaftsstudium, 30. Jg. (2001), S. 506 – 516.

Schloemer (2003) = Martin *Schloemer*: Zur Veränderung der Bedeutung der Rechnungslegung „deutscher“ Unternehmen im Zeitablauf. Frankfurt am Main, 2003.

Schmalenbach (1953) = Eugen *Schmalenbach* unter Mitwirkung von Richard *Bauer*: Dynamische Bilanz; 11. Auflage. Köln/Opladen, 1953.

Schmidbauer (2004) = Rainer *Schmidbauer*: Marktbewertung mithilfe von Multiplikatoren im Spiegel des Discounted-Cashflow-Ansatzes. In: Betriebs-Berater, 59. Jg. (2004), S. 148 – 153.

Schmidt (1929) = Fritz *Schmidt*: Die organische Tageswertbilanz; 3. Auflage. Leipzig, 1929 (Nachdruck 1951).

Schmidt (2000) = Matthias *Schmidt*: Das Konzept einer kapitalmarktorientierten Rechnungslegung: Legitimation, Ableitung einer Sollvorstellung und Brauchbarkeit nationaler sowie internationaler Regelungen. Zugl.: Diss., Humboldt-Univ. Berlin, 1999. Bielefeld, 2000.

Schmidt (2005) = Andreas *Schmidt*: Kostenrechnung: Grundlagen der Vollkosten-, Deckungsbeitrags- und Plankostenrechnung sowie des Kostenmanagements; 4. Auflage. Stuttgart, 2005.

Schmidt-Sudhoff (1967) = Ulrich *Schmidt-Sudhoff*: Unternehmerziele und unternehmerisches Zielsystem. Wiesbaden, 1967.

Schneider (1968) = Dieter *Schneider*: Ausschüttungsfähiger Gewinn und das Minimum an Selbstfinanzierung. In: Zeitschrift für betriebswirtschaftliche Forschung, 20. Jg. (1968), S. 1 – 29.

Schneider (1983) = Dieter *Schneider*: Wozu eine Reform des Jahresabschlusses? Oder: Jahresabschlußzwecke im Lichte der Temperaturmessung. In: Baetge (Hrsg.): Der Jahresabschluss im Widerstreit der Interessen. Düsseldorf, 1983, S. 131 – 155.

Schneider (1997) = Dieter *Schneider*: Betriebswirtschaftslehre, Band 2: Rechnungswesen. München/Wien, 1997.

Schneider (2001) = Dieter *Schneider*: Oh, EVA, EVA, schlimmes Weib: Zur Fragwürdigkeit einer Zielvorgabe-Kennzahl nach Steuern im Konzerncontrolling. In: Der Betrieb, 54. Jg. (2001), S. 2509 – 2514.

Schneider (2003) = Thomas *Schneider*: Möglichkeiten und Grenzen marktorientierter Kostenrechnung. In: bilanz & buchhaltung, 50. Jg. (2003), S. 33 – 40.

Schreiber (1995) = Ulrich *Schreiber*: Die Bedeutung der US-amerikanischen Rechnungslegung für die Besteuerung von Gewinnen und Ausschüttungen. In: Ballwieser (Hrsg.): US-amerikanische Rechnungslegung: Grundlagen und Vergleiche mit dem deutschen Recht. Stuttgart, 1995; S. 45 – 84.

Schremper/Pälchen (2001) = Ralf *Schremper* und Oliver *Pälchen*: Wertrelevanz rechnungswesenbasierter Erfolgskennzahlen: Eine empirische Untersuchung anhand des S&P 400 Industrial. In: Die Betriebswirtschaft, 61. Jg. (2001), S. 542 – 559.

Schreyögg/Geiger (2003) = Georg *Schreyögg* und Daniel *Geiger*: Wenn alles Wissen ist, ist Wissen am Ende nichts?! Vorschläge zur Neuorientierung des Wissensmanagements. In: Die Betriebswirtschaft, 63. Jg. (2003), S. 7 – 22.

Schruff/Nowak/Feinendegen (2001) = Wienand *Schruff*, Eric *Nowak* und Stefan *Feinendegen*: Ad-hoc-Publizitätspflicht des Jahresergebnisses gemäß § 15 WpHG: Wann muss veröffentlicht werden? In. Betriebs-Berater, 56. Jg. (2001), S. 719 – 725.

Schöpfer (2009) = Henrik *Schöpfer*: Die Balanced Scorecard als Controlling-Instrument in der pharmazeutischen Forschung und Entwicklung. Berlin/Essen, 2009.

Schüler/Bauer/Krotter (2008) = Andreas *Schüler*, Georg *Bauer* und Simon *Krotter*: Unternehmenswertorientierte Performance-Messung mit Cashflows und Residualgewinnen In: Zeitschrift für Controlling und Management, 52. Jg. (2008), S. 336 – 345.

Schüler/Krotter (2004) = Andreas *Schüler* und Simon *Krotter*: Konzeption wertorientierter Steuerungsgrößen: Performance-Messung mit Discounted Cashflows und Residualgewinne ex ante und ex post. In: Finanz Betrieb, 6. Jg. (2004), S. 430 – 437.

Schulte (2006) = O. *Schulte*: Fast-Close-Abschlüsse und Schadenrückstellungen nach HGB, IAS/IFRS und US-GAAP. Wiesbaden, 2006.

Schultze (2003) = Wolfgang *Schultze*: Methoden der Unternehmensbewertung: Gemeinsamkeiten, Unterschiede, Perspektiven; 2. Auflage. Düsseldorf, 2003.

Schultze/Weiler (2007) = Wolfgang *Schultze* und Andreas *Weiler*: Gestaltung von Verrechnungspreisen unter Beachtung von Anreiz- und Steuerungsaspekten. In: Zeitschrift für Controlling und Management, 51. Jg. (2007), S. 102 – 108.

Schulz (1999) = Michael *Schulz*: Aktienmarketing: Eine empirische Erhebung zu den Informationsbedürfnissen deutscher institutioneller Investoren und Analysten. Sternfels, 1999.

Schulz von Thun (1998) = Friedemann *Schulz von Thun*: Miteinander Reden. Störungen und Klärungen. Stile, Werte und Persönlichkeitsentwicklung. Psychologie der Kommunikation. Reinbek, 1998.

Schumpeter (1961) = Joseph Alois *Schumpeter*: Konjunkturzyklen: Eine theoretische, historische und statistische Analyse des kapitalistischen Prozesses; 2. Band. Göttingen, 1961.

Schwarz (2003) = Günter Christian *Schwarz*: Kapitalmarktrecht: Ein Überblick. In: Deutsches Steuerrecht, 41. Jg. (2003), S. 1930 – 1934.

Schwedler (2008) = Kristina *Schwedler*: Business Combinations Phase II: Die neuen Vorschriften zur Bilanzierung von Unternehmenszusammenschlüssen. In: Kapitalmarktorientierte Rechnungslegung, 8. Jg. (2008), S. 125 – 138.

Schweitzer/Küpper (2008) = Marcell *Schweitzer* und Hans-Ulrich *Küpper*: Systeme der Kosten- und Erlösrechnung; 9. Auflage. München, 2008.

Sellhorn (2000) = Thomas *Sellhorn*: Ansätze zur bilanziellen Behandlung des Goodwill im Rahmen einer kapitalmarktorientierten Rechnungslegung. In: Der Betrieb, 53. Jg. (2000), S. 885 – 892.

Sharpe (1964) = W. F. *Sharpe*: Capital Asset Prices: A Theory of Market Equilibrium under Conditions of Risk. In: Journal of Finance, Vol. 19 (1964), S. 425 – 442.

Shefrin/Statman (1993a) = Hersh M. *Shafrin* und Meir *Statman*: Explaning Investor Preference for Cash Dividends. In: Richard H. *Thaler* (Hrsg.): Advances in Behavioral Finance, S. 393 – 426. New York, 1993.

Shefrin/Statman (1993b) = Hersh M. *Shafrin* und Meir *Statman*: The Disposition to Sell Winners Too Early and Ride Losers Too Long: Theory and Evidence. In: Richard H. *Thaler* (Hrsg.): Advances in Behavioral Finance, S. 507 – 526. New York, 1993.

Shiller (1993a) = Robert J. *Shiller*: Stock Prices and Social Dynamics. In: Richard H. *Thaler* (Hrsg.): Advances in Behavioral Finance, S. 167 – 216. New York, 1993.

Shiller (1993b) = Robert J. *Shiller*: Speculative Prices and Popular Models. In: Richard H. *Thaler* (Hrsg.): Advances in Behavioral Finance, S. 493 – 506. New York, 1993.

Shiller (1993c) = Robert J. *Shiller*: Do Stock Prices Move Too Much to Be Justified by Subsequent Changes in Dividens? In: Richard H. *Thaler* (Hrsg.): Advances in Behavioral Finance, S. 107 – 132. New York, 1993.

Shleifer (2000) = Andrei *Shleifer*: Inefficient Markets: An Introduction to Behavioral Finance. Oxford, 2000.

Shleifer/Vishny (1993) = Andrei *Shleifer* und Robert W. *Vishny*: Equilibrium Short Horizons of Investors and Firms. In: Richard H. *Thaler* (Hrsg.): Advances in Behavioral Finance, S. 427 – 436. New York, 1993.

Sieber (2008) = Carsten *Sieber*: Kooperation von Zentral- und Bereichscontrolling: Messung, Wirkung und Determinanten. Wiesbaden, 2008.

Siebert (2005) = Patrick *Siebert*: Die Berücksichtigung von Unsicherheit bei der Bestimmung der Kapitalkosten im Rahmen eines wertorientierten Managements. Berlin, 2005.

Siebrecht/Heidorn/Klein (2001) = Frank *Siebrecht*, Thomas *Heidorn* und Hans-Dieter *Klein*: Economic Value Added zur Erklärung der Bewertung europäischer Aktien. In: Finanz Betrieb, 3. Jg. (2001), S. 560 – 564.

Simlacher/Schurbohm-Ebneth (2009) = Alfred *Simlacher* und Anne *Schurbohm-Ebneth*: Die geplanten Änderungen zur Bilanzierung von Ertragsteuern in IFRS-Abschlüssen. In: Kapitalmarktorientierte Rechnungslegung, 9. Jg. (2009), S. 389 – 399.

Simon (1899) = Herman Veit *Simon*: Die Bilanzen der Aktiengesellschaften und Kommanditgesellschaften auf Aktien; 3. Auflage. Berlin, 1899.

Simon/Ebel/Pohl/Hofer (2002) = Hermann *Simon*, Bernhard *Ebel*, Alexander *Pohl* und Markus *Hofer*: Investor Marketing. In: Zeitschrift für Betriebswirtschaft, 72. Jg. (2002), S. 117 – 140.

Simons/Weißenberger (2007) = Dirk *Simons* und Barbara E. *Weißenberger*: Die Konvergenz von externem und internem Rechnungswesen: Kritische Faktoren für die Entwicklung einer partiell integrierten Rechnungslegung aus theoretischer Sicht. Mannheim, 2007.

Simons/Weißenberger (2008) = Dirk *Simons* und Barbara E. *Weißenberger*: „Different costs for different purposes“ vs. „one version of the truth“? Zur Konvergenz von externer und interner Rechnungslegung im deutschsprachigen Raum. Justus-Liebig-Universität Gießen, Arbeitspapiere Industrielles Management und Controlling: Working Paper 5/2008. Gießen, 2008.

Sokolovsky (1993) = Z. *Sokolovsky*: Controlling als Steuerungsinstrument des betrieblichen Informationsmanagement. In: A.-W. *Scheer* (Hrsg.): Handbuch Informationsmanagement; Wiesbaden, 1993; S. 529 – 566.

Sommerfeld (1934) = Heinrich *Sommerfeld*: Der Unternehmer als Verwalter von Volksvermögen. Hamburg, 1934.

Spraul/Oeser (2007) = Artur *Spraul* und Jochen *Oeser*: Controlling. Stuttgart, 2007.

Spremann (1996) = Klaus *Spremann*: Wirtschaft, Investition und Finanzierung; 5. Auflage. München, 1996.

Starp (2009) = Wolf-Dieter *Starp*: Sonderaspekte der Unternehmensbewertung: A III: Bewertung ausländischer Unternehmen. In: Volker H. *Peemöller* (Hrsg.): Praxishandbuch der Unternehmensbewertung, 4. Aufl., Herne, 2009; S. 641 – 656.

Stehle (2004) = *Stehle*: Die Festlegung der Risikoprämie von Aktien im Rahmen der Schätzung des Wertes von börsennotierten Kapitalgesellschaften. In: Die Wirtschaftsprüfung, 57. Jg. (2004), S. 906 – 927.

Stelling (2003) = Johannes N. *Stelling*: Kostenmanagement und Controlling. München/Wien, 2003.

Stelling (2005) = Johannes N. *Stelling*: Betriebliche Zielbestimmung und Entscheidungsfindung: Grundlagen der systemtheoretischen und entscheidungstheoretischen Sicht. Gefunden im Internet, URL: http://www.htwm.de/ww/teachware/profst/pkk.pdf, Download am 10.04.2005 um 16:40 Uhr.

Stewart (1991) = G. Bennet *Stewart*: The Quest for Value: The EVA Management Guide. New York, 1991.

Stromann (2002) = Hilke *Stromann*: The Value-Relevance of Current Accounting Data According to US-GAAP and German Code Law: An Empirical Assessment of the Feltham-Ohlson-Model. Vallendar, 2002. Gefunden im Internet, URL: http://wiwi.unigiessen.de/dl/showfile/bwl4/4529/2001_00_FoPa_Stromann.pdf, Download am 22.04.2005 um 12:15 Uhr.

Stromann (2003) = Hilke *Stromann*: Wertrelevanz deutscher und US-amerikanischer Rechnungslegungsinformationen: Theoretische und empirische Analyse des Feltham-Ohlson-Modells. Wiesbaden, 2003.

Stützel (1967) = Wolfgang *Stützel*: Bemerkungen zur Bilanztheorie. In: Zeitschrift für Betriebswirtschaft, 37. Jg. (1967), S. 314 – 340.

Subramanyam (1996) = K.R. *Subramanyam*: The pricing of discretionary accruals. In: Journal of Accounting and Economics, Vol. 22 (1996), S. 249 – 281.

Süchting (1980) = Joachim *Süchting*: Zum Finanzmarketing der Unternehmung. In: *Hahn* (Hrsg.): Führungsprobleme industrieller Unternehmungen: Festschrift für Friedrich Thomée zum 60. Geburtstag; Berlin/New York, 1980; S. 217 – 233.

Summers (1993) = Lawrence H. *Summers*: Does the Stock Market Rationally Reflect Fundamental Values? In: Richard H. *Thaler* (Hrsg.): Advances in Behavioral Finance, S. 153 – 166. New York, 1993.

Tanne (2007) = Markus *Tanne*: Kostenrechnung. Stuttgart, 2007.

Täubert (1998) = Anne *Täubert*: Unternehmenspublizität und Investor Relations: Analyse von Auswirkungen der Medienberichterstattung auf Aktienkurse. Münster, 1998.

Timmreck (2002) = Christian *Timmreck:* ß-Faktoren-Anwendungsprobleme und Lösungsansätze. In: Finanz Betrieb, 4. Jg. (2002), S. 300 – 307.

Timmreck (2004) = Christian *Timmreck*: Bestimmung der Eigenkapitalkosten. In: Frank *Richter* und Christian *Timmreck* (Hrsg.): Unternehmensbewertung: Moderne Instrumente und Lösungsansätze, S. 61 – 75. Stuttgart, 2004.

Timmreck/Bätzner (2008) = Christian *Timmreck* und Bernd *Bätzner*: Mergers & Acquisitions als strategisches Instrument im Rahmen der Branchenkonsolidierung. In: Picot, G. (Hrsg.): Handbuch Mergers & Acquistions: Planung – Durchführung – Integration. 4. Auflage. Stuttgart.

Treyer (2008) = Oscar A. G. *Treyer*: Strategische Erfolgsanalyse: Eine Methodik zur Strategieüberprüfung mit Hilfe der Abweichungsanalyse. In: Zeitschrift für Controlling und Management, 52. Jg. (2008), S. 162 – 167.

Tobin (1958) = J. *Tobin*: Liquidity Preference as Behaviour toward Risk. In: Review of Economic Studies, Vol. 25 (1958), S. 65 – 86.

Töpfer (1989) = A. *Töpfer*: Planungssystemkonzeptionen. In: N. *Szyperski* (Hrsg.): Handwörterbuch der Planung, Sp. 1515 ff. Stuttgart, 1989.

Vaga (1990) = T. *Vaga*: The Coherent Market Hypothesis. In: Financial Analysts Journal (1990), Heft Nr. 6, S. 36 – 49.

Volkart/Labhart (2000) = Rudolf *Volkart* und Peter *Labhart*: Investor Relations als Wertsteigerungsmanagement. In: *Kirchhoff/Piwinger* (Hrsg.): Die Praxis der Investor Relations: Effiziente Kommunikation zwischen Unternehmen und Kapitalmarkt; Neuwied/Kriftel, 2000; S. 146 – 161.

Volkart/Schön/Labhart (2005) = Rudolf *Volkart*, Etienne *Schön* und Peter *Labhart*: Fair Value-Bewertung und value reporting. In: Hartmut *Bieg* und Reinhard *Heyd* (Hrsg.): Fair Value: Bewertung in Rechnungswesen, Controlling und Finanzwirtschaft; München, 2005; S. 517 – 541.

Vollmuth (2004) = H. J. *Vollmuth*: Controllinginstrumente; 4. Auflage. München, 2004. ODER: Controlling-Instrumente von A-Z: Die wichtigsten Werkzeuge zur Unternehmenssteuerung; 7. Auflage. München, 2004.

von Keitz (2005) = Isabel *von Keitz*: Praxis der IASB-Rechnungslegung: Best practice von 100 IFRS-Anwendern; 2. Auflage. Stuttgart, 2005.

von Rosen (2003) = Rüdiger *von Rosen* (Hrsg.): Kapitalmarkt und Mittelstand: Ergebnisse einer Befragung nicht-börsennotierter Unternehmen in Deutschland. Frankfurt am Main, 2003.

von Werder/Stöber/Grundei (2006) = Axel *von Werder*, H. *Stöber* und Jens *Grundei* (Hrsg.): Organisations-Controlling: Konzepte und Praxisbeispiele. Wiesbaden, 2006.

Vorstius (2004) = Sven *Vorstius*: Wertrelevanz von Jahresabschlussdaten. Wiesbaden, 2004.

Wagenhofer/Ewert (2007) = Alfred *Wagenhofer* und Ralf *Ewert*: Externe Unternehmensrechnung. 2. Auflage. Berlin/Heidelberg, 2007.

Wagner (2007) = Richard *Wagner*: Strategie und Management-Werkzeuge. Stuttgart, 2007.

Wallman (2001) = Steven M. H. *Wallman*: Unseen Wealth. Washington DC, 2001.

Wallmeier (2005) = Martin *Wallmeier*: Gewinnprognosen von Finanzanalysten: Ein europäischer Vergleich. In: Finanz Betrieb, 7. Jg. (2005), S. 744 – 750.

Watrin (2001) = Christoph *Watrin*: Sieben Thesen zur künftigen Regulierung der Rechnungslegung: Anmerkungen zu den Vorschlägen des Arbeitskreises Externe Rechnungslegung der Schmalenbach-Gesellschaft. Der Betrieb, 54. Jg. (2001), S. 933 – 938.

Watzlawick et al. (2000) = Paul *Watzlawick* u.a.: Menschliche Kommunikation. Formen, Störungen, Paradoxien; 10. Auflage. Bern, 2000.

Weber (2000) = Jürgen *Weber*: Neue Perspektiven des Controlling. In: Betriebs-Berater, 35. Jg. (2000), S. 1931 – 1935.

Weber (2002) = Jürgen *Weber*: Einführung in das Controlling; 7. Auflage. Stuttgart, 2002.

Weber (2005) = Jürgen *Weber*: Verhaltensorientiertes Controlling? In: Zeitschrift für Controlling und Management, 49. Jg. (2005), S. 257.

Weber (2008) = Jürgen *Weber*: Von Top-Controllern lernen: Controlling in den DAX 30-Unternehmen. Weinheim, 2008.

Weber (2009) = Jürgen *Weber*: Rationalitätssicherung als zentrale Aufgabe des Strategischen Controllings. In: Marko *Reimer* und Stefanie *Fiege* (Hrsg.): Perspektiven des Strategischen Controllings: Festschrift für Professor Dr. Ulrich Krystek, Wiesbaden, 2009; S. 3 – 18.

Weber/Schäffer (1999) = Jürgen *Weber* und Utz *Schäffer*: Sicherstellung der Rationalität von Führung als Aufgabe des Controlling? In: Die Betriebswirtschaft, 59. Jg. (1999), S. 731 – 747.

Weber/Weißenberger (2006) = Jürgen *Weber* und Barbara E. *Weißenberger*: Einführung in das Rechnungswesen; 7. Auflage. Stuttgart, 2006.

Weidenhammer (2007) = Simon *Weidenhammer*: Ein neuer Vorschlag zur Kapitalabgrenzung: Das Diskussionspapier von DRS und EFRAG. In: Praxis der internationalen Rechnungslegung, Heft 7/2007, S. 191 – 197.

Weidenhammer (2008) = Simon *Weidenhammer*: Die Eigenkapitalqualität kündbarer Anteile nach dem Amendment zu IAS 32: Diskussion von Zweifelsfragen. In: Praxis der internationalen Rechnungslegung, Heft 7/2008, S. 213 – 218.

Weissman (2006) = Arnold *Weissman*: Die großen Strategien für den Mittelstand: Die erfolgreichsten Unternehmer verraten ihre Rezepte. Frankfurt am Main, 2006.

Weißenberger (2003) = Barbara E. *Weißenberger*: Anreizkompatible Erfolgsrechnung im Konzern. Wiesbaden, 2003.

Weißenberger (2007) = Barbara E. *Weißenberger*: IFRS für Controller: Alles, was Controller über IFRS wissen müssen. Freiburg/Berlin/München, 2007.

Werner/Padberg/Kriete (2005) = Thomas *Werner*, Thomas *Padberg* und Thomas *Kriete*: IFRS-Bilanzanalyse: Grundlagen, Vorgehensweisen, Fallbeispiele. Stuttgart, 2005.

Wichels (2002) = Daniel *Wichels*: Gestaltung der Kapitalmarktkommunikation mit Finanzanalysten. Wiesbaden, 2002. Zugl.: Oestrich-Winkel, Univ., Diss., 2001.

Williamson (1990) = Oliver E. *Williamson*: Die ökonomischen Institutionen des Kapitalismus: Unternehmen, Märkte, Kooperationen. Tübingen, 1990.

Windbichler (2004) = Christine *Windbichler*: Arbeitnehmerinteressen im Unternehmen und gegenüber dem Unternehmen: Eine Zwischenbilanz. In: Die Aktiengesellschaft, 49. Jg. (2004), S. 190 – 196.

Wulf (2009) = Inge *Wulf*: Bilanzierung des Goodwill nach IFRS 3 und IAS 36: Eine Fallstudie unter Berücksichtigung bilanzpolitischer Gestaltungsmöglichkeiten beim Goodwill-Impairment. In: Kapitalmarktorientierte Rechnungslegung, 9. Jg. (2009), S. 729 – 736.

Wurl/Kuhnert/Hebeler (2001) = Hans-Jürgen *Wurl*, Marcus *Kuhnert* und Christian *Hebeler*: Traditionelle Formen der kurzfristigen Erfolgsrechnung und der „Economic Value Added"-Ansatz: Ein kritischer Vergleich unter dem Aspekt der Unternehmenssteuerung. In: Die Wirtschaftsprüfung, 54. Jg. (2001), S. 1361 – 1372.

Wüstemann/Duhr (2005) = Jens *Wüstemann* und Andreas *Duhr*: Entspricht die Full Fair Value-Bewertung nach den Vorschlägen der Joint Working Group of Standard Setters den Informationsbedürfnissen der Bilanzadressaten? In: Hartmut *Bieg* und Reinhard *Heyd* (Hrsg.): Fair Value: Bewertung in Rechnungswesen, Controlling und Finanzwirtschaft; München, 2005; S. 107 – 127.

Zemelka (2002) = Christoph *Zemelka*: Value Reporting als normatives Modell zur Integration nicht-finanzieller Kennzahlen in die strateische Kapitalmarktkommunikation; Dortmund, Univ., Diss., 2002.

Zhang (2001) = Guochang *Zhang*: Private Information Production, Public Disclosure, and the Cost of Capital: Theory and Implications. In: Contemporary Accounting Research, Vol. 18 (2001), S. 363 – 384.

Zieschang (2000) = Matthias *Zieschang*: IR-Anforderungen an eine Holding. In: Deutscher Investor Relations Kreis e. V. (Hrsg.): Investor Relations: Professionelle Kapitalmarktkommunikation; Wiesbaden, 2001; S. 131 – 140.

Zimmermann/Prokop (2002) = Jochen *Zimmermann* und Jörg *Prokop*: Unternehmensbewertung aus Sicht des Rechnungswesens: Das Residual Income Model. In: Das Wirtschaftsstudium, 31. Jg. (2002), S. 272 – 277.

Zimmermann/Prokop (2003) = Jochen *Zimmermann* und Jörg *Prokop*: Rechnungswesenorientierte Unternehmensbewertung und Clean Surplus Accounting: Konzeptionelle Bewertungseignung der Konzernabschlüsse deutscher Aktiengesellschaften. In: Kapitalmarktorientierte Rechnungslegung, 3. Jg. (2003), S. 134 – 142.

Zimmermann/Schütte (2004) = Jochen *Zimmermann* und Jens *Schütte*: Value Reporting. In: Das Wirtschaftsstudium, 33. Jg. (2004), S. 55.

Zimmermann/Wortmann (2001) = Gebhard *Zimmermann* und André *Wortmann*: Der Shareholder-Value-Ansatz als Institution zur Kontrolle der Führung von Publikumsgesellschaften. In: Der Betrieb, 54. Jg. (2001), S. 289 – 294.

Zülch/Wünsch (2008) = Henning *Zülch* und Martin *Wünsch*: Aufgaben und Methoden der indikativen Kaufpreisallokation (Pre-Deal-Purchase Price Allocation) bei der Bilanzierung von Business Combinations nach IFRS 3. In: Kapitalmarktorientierte Rechnungslegung, 8. Jg. (2008), S. 466 – 474.

Zünd (1979) = A. *Zünd*: Zum Begriff des Controlling: Ein umweltbezogener Erklärungsversuch, in: *Goetzke/Sieben* (Hrsg.): Controlling: Integration von Planung und Kontrolle; Köln, 1979, S. 15 – 26.

Zwicker (2009) = Eckart *Zwicker*: Zur Verknüpfung von operativer und strategischer Planung. In: Marko *Reimer* und Stefanie *Fiege* (Hrsg.): Perspektiven des Strategischen Controllings: Festschrift für Professor Dr. Ulrich Krystek, Wiesbaden, 2009; S. 33 – 45.

Materialienverzeichnis

aktiencheck (2004) = [ohne Verfasserangabe]: Analysen Ausland, 06.04.2004: Intershop Holding untergewichten. Gefunden im Internet, URL: http://www.aktiencheck.de/news/drucke_news.m?menue=Analysen-Ausland&id=406174, Download am 14.11.2005 um 14:05 Uhr.

Ax (2005) = Matthias *Ax*: Fast Close. Gefunden im Internet, URL: http://www.ax-net.de/inhalt/bilanz/fastclose.htm, Stand vom 28.03.05, Download am 07.06.2006.

Bayer (2004) = Bayer AG (Hrsg.): Neuausrichtung des Bayer-Konzerns 2004: Bericht des Vorstands zu Tagesordnungspunkt 6 der ordentlichen Hauptversammlung der Bayer Aktiengesellschaft am 30. April 2004. Leverkusen, 2004.

Beaver (2001) = William *Beaver*: Recent Trends in Capital Market Research: Presentation, AAA Annual Meeting on August 15, 2001. Gefunden im Internet, URL: http://faculty-gsb.stanford.edu/beaver/WebPage_Files/AAA_Presidential_Scholar_Address.pdf, Download am 22.04.2005 um 17:50 Uhr.

Bruns/Horváth (2004) = Hans-Georg *Bruns* und Péter *Horváth*: Auswirkungen der IFRS auf das Controlling: Interview mit Prof. Dr. Hans-Georg Bruns, International Accounting Standards Board, London. In: Controlling, 16. Jg. (2004), S. 647 – 649.

Cortal Consors (2004) = [ohne Verfasserangabe]: Deutsche Lufthansa: Outperformer (Stadtsparkasse Köln) / Aktien & Co 20.08.2004. Gefunden im Internet, URL: http://web.consors.de/CatFront/JspNews.jsp?m_id=1489228, Download am 14.11.2005 um 14:15 Uhr.

DAI Fact Book (2004) = Deutsches Aktieninstitut e.V. (Hrsg.): Fact Book 2004. Frankfurt am Main, 2005.

DAI Fact Book (2008) = Deutsches Aktieninstitut e.V. (Hrsg.): Fact Book 2008. Frankfurt am Main, 2009.

Daum (2002b) = Jürgen H. *Daum*: Intangible Assets oder die Kunts, Mehrwert zu schaffen: Briefing Package. Gefunden im Internet, URL: http://www.juergendaum.de/fgcontent/Intangible_Assets_j_h_daum_0550.pdf, Download am 25.04.2009.

Daum (2002c) = Jürgen H. *Daum*: Beyond Budgeting: Neues Controllingystem für's 21. Jahrhundert? In: Controlling&Finance, Juli 2002, S. 1 – 3.

Daum (2003c) = Jürgen H. *Daum*: Folge der Unternehmens-, Kapitalmarkt- und Bilanzierungskrisen: Neue Rolle für CFO und Controller. In: Strukuren, Heft 1/2003, S. 5 – 6.

Daum (2007b) = Jürgen H. *Daum*: The Missing Link: Why the World needs Management Accounting Standards. In: FDE – Finance Director Europe, Heft 1/2007, S. 64 – 66.

Daum/Gunz/Luthi/Morlidge (2004) = Jürgen H. *Daum*. Rainer *Gunz*, Jean-Daniel *Luthi* und Steve *Morlidge*: Auf dem Weg zu „Beyond Budgeting“: Eine Diskussion zwischen Experten von Borealis, Nestlé, Unilever und SAP. In: Controlling - Zeitschrift für erfolgsorientierte Unternehmenssteuerung, März 2004, S. 165 – 170.

Daum/Mackrodt (2008) = Jürgen H. *Daum* und Carlo *Mackrodt*: Wir haben bei Henkel international eine einheitliche Arbeitsweise im Finanzbereich geschaffen: Jürgen H. Daum im Gespräch mit Dr. Carlo Mackrodt, vormals Vice President Global Financial Services, Henkel KGaA, zur Neugestaltung des Henkel-Finanzbereichs. In: Zeitschrift für Controlling und Management, 52. Jg. (2008), S. 291 – 295.

Daum et al. (2007) = Jürgen H. *Daum*, Dieter Brandes, Wernder Brandt, David C. Davies, Johan Kestens, Dominik Moorhead und Wolfgang Reichenberger: Innovation management and the role of finance: status, challenges, and vision: A discussion with the senior executives and CFOs of six leading European companies. In: Controller Magazin, Heft 6/2007, Seiten 595 – 603.

Daum/Koppelman/Lévi/Silbermann (2008) = Jürgen H. *Daum*, Paul *Koppelman*, Christian *Lévi* und Michael *Silbermann*: Go for Growth - CFO discussion: Managing for sustainable, profitable growth and the role of finance and of the CFO. In: FDE – Finance Director Europe, Heft 2/2008, S. 60 – 63.

Deutsche Börse (2003a) = *Deutsche Börse AG* (Hrsg.): Ihr Börsengang: Leitfaden für Unternehmen zum Going und Being Public. Frankfurt am Main, 2003.

Deutsche Börse (2003b) = Deutsche Börse AG (Hrsg.): Fact Book 2003. Gefunden im Internet, URL: http://www3.deutsche-boerse.com/INTERNET/IP/ip_stats.nsf/(KIR+Factbook+Kassamarkt)/BD587F972E5DF758C1256E850045DAEB/$FILE/Factbook_2003_d.pdf?OpenElement, Download am 16.03.2005 um 20:00 Uhr.

F.A.S. (2009) = [ohne Verfasserangabe:] Frankfurter Allgemeine Zeitung (Hrsg.): Das Gipfeltreffen in London 2009. Gefunden im Internet, URL: http://www.fazfinance.net/Aktuell/na-7240-1.faz, Stand vom 28.03.2009, Download am 22.09.2009.

Hachmeister (2005) = Dirk *Hachmeister*: Wertorientierung und Kostenrechnung. In: Zeitschrift für Controlling und Management, 49. Jg. (2005), S. 309.

Handelsblatt (2003) = [ohne Verfasserangabe]: Goldman Sachs sieht Potenzial für Thyssen: Restrukturierung kommt schnell voran. In. Handelsblatt, 01.07.2003, gefunden im Internet, URL: http://www.handelsblatt.com/pshb?fn=tt&sfn=go&id=723270, Download am 14.11.2005 um 13:50 Uhr.

Hartwig (2007) = Ronald *Hartwig*: Begriffe und ihre Geschichte: Was unterscheidet Benutzerfreundlichkeit von Usability und Gebrauchstauglichkeit? Und woher kommen die Begriffe? Gefunden im Internet, URL: http://www.benutzerfreundlichkeit.de/Begriffe%20und%20ihre%20Geschichte.7.0.html, Download am 10.10.2008.

Hayn/Prasse (2009) = Sven *Hayn* und Silvia *Prasse*: Aktuelle Entwicklungen in der internationalen Rechnungslegung: Tagungsbericht über den 7. IFRS Kongress von Ernst & Young und der International Accounting Standards

Committee Foundation (IASCF) am 24. und 25.11.2008 in Berlin. In: Kapitalmarktorientierte Rechnungslegung, 9. Jg. (2009), S. 134 – 138.

Hirsch (2008) = Bernhard *Hirsch*: CFO und Controller als Business-Partner – nicht nur im Strategiebereich: Bericht vom 28. Österreichischen Controllertag in Wien. In: Zeitschrift für Controlling und Management, 52. Jg. (2008), S. 76 – 77.

Ifb (2005) = ifb AG (Hrsg.): Fast Close: Der Weg zum effizienten Abschluss. Gefunden im Internet, URL: http://www.ifb-group.com/html/download/eigenpublikationen/brochures/ifb-FastClose-D.pdf, Stand vom 28.09.2005, Download am 30.09.2007.

Kajüter (2008) = Peter *Kajüter*: Corporate Governance: Ein für das Controlling zunehmend wichtiges Aufgabenfeld. In: Zeitschrift für Controlling und Management, 52. Jg. (2008), S. 252 – 253.

Kaschytza/Wolter (2008) = Jörg *Kaschytza* und Thomas *Wolter*: Beteiligungsmanagement: Mangelnde Transparenz verhindert effiziente Steuerung. In: Zeitschrift für Controlling und Management, 52. Jg. (2008), S. 408 – 413.

Kink (2007) = Natalie *Kink*: Umfassende Controllingunterstützung. In: Zeitschrift für Controlling und Management, 51. Jg. (2007), S. 303 – 305.

Leven (2005) = Franz-Josef *Leven*: DAI-Kurzstudie 1/2005: Zahl der direkten Aktienanleger gestiegen – Zahl der Fondsanleger rückläufig. Frankfurt am Main, 2005.

Lillie (2006) = Rick *Lillie*: FASB's Conceptual Framework. Gefunden im Internet, URL: http://www.drlillie.com/KIA1/MM/Ch2new/index.html, Stand 03.10.2006, Download am 15.05.2008.

Mahlendorf (2008) = Matthias D. *Mahlendorf*: Aktuelle Entwicklungen der verhaltenswissenschaftlichen Forschung im Rechnungswesen: Bericht von der Forschungskonferenz der Accounting, Behavior and Organization Section der American Accounting Association 2007. In: Zeitschrift für Controlling und Management, 52. Jg. (2008), S. 11 – 12.

manager-magazin (2009) = [ohne Verfassernagbe:] manager-magazin.de (Hrsg.): Finanzgipfel: EU will Kapitalmärkte an die Kette legen. Gefunden im Internet, URL: http://www.manager-magazin.de/geld/artikel/0,2828,609218,00.html, Stand vom 22.02.2009, Download am 22.09.2009.

Metro IR Website (2004a) = Metro AG (Hrsg.): METRO Group – Investor Relations. Gefunden im Internet, URL: http://www.metrogroup.de/servlet/PB/menu/1000117_l1/index.html, Download am 04.06.2004 um 18:23 Uhr.

Metro IR Website (2004b) = Metro AG (Hrsg.): METRO Group – Value Reporting. Gefunden im Internet, URL: http://www.metrogroup.de/servlet/PB/menu/1008777_l1/index.html, Download am 04.06.2004 um 18:31 Uhr.

Mussler (2008) = Werner *Mussler*: Vor dem Weltfinanzgipfel: EU einigt sich auf gemeinsame Marschroute. Gefunden im Internet, URL: http://www.faz.net/s/Rub0E9EEF84AC1E4A389A8DC6C23161FE44/Doc~E4417CC529CFF42FE843FA104646AFDCC~ATpl~Ecommon~Scontent.html, Stand vom 07.11.2008, Download am 22.09.2009.

Mußler (2009) = Marcel *Mußler*: Technische Analyse. Gefunden im Internet, URL: http://www.tradewire.de/ta/ta.php3 ff., Download am 25.07.2009.

o. V. (2009) = [ohne Verfasserangabe]: IASB-Standardentwurf hinsichtlich der Bewertung zum beizulegenden Zeitwert veröffentlicht. In: Kapitalmarktorientierte Rechnungslegung, 9. Jg. (2009), S. 474.

OECD (1995) = OECD (Hrsg.): OECD Economic Surveys. Germany, 1995

Oracle (2008) = Oracle (Hrsg.): The Fast Close: Are We There Yet? Gefunden im Internet, URL: http://www.oracle.com/appserver/business-intelligence/hyperion-financial-performance-management/docs/fast-close-are-we-there-yet-whitepaper.pdf, Stand 07.2008, Download am 30.07.2009.

Pacter (2005) = Paul *Pacter*: Accounting Standards for Small and Medium-sized Entities: Project Summary January 2005. Gefunden im Internet, URL: http://www.iasb.org/uploaded_files/documents/16_33_sme-summary-january2005.pdf, Download am 23.03.2005 um 21:50 Uhr.

Preis/Icks (2008) = Anton *Preis* und Heiko *Icks*: Im Controlling stehen die Zeichen auf Empirie und Internationalisierung: Bericht von der 5. Controllertagung in Vallendar. In: Zeitschrift für Controlling und Management, 52. Jg. (2008), S. 139 – 140.

Priller/Rathnow (2007) = Christian *Priller* und Peter *Rathnow*: Steuerung global agierender Unternehmen: Konzepte, Controllinginstrumente und deren Umsetzung. In: Zeitschrift für Controlling und Management, 51. Jg. (2007), S. 31 – 36.

PwC/Wolff & Häcker (2001) = PricewaterhouseCoopers und Wolff & Häcker Finanzconsulting AG (Hrsg.): Investor Relations und Shareholder Value am Neuen Markt: Eine empirische Studie der PricewaterhouseCoopers Corporate Finance Beratung GmbH, München, und Wolff & Häcker Finanzconsulting AG, Ostfildern bei Stuttgart. Frankfurt am Main, 2001.

Reiter/Hofmann (2008) = Thomas *Reiter* und Heiko *Hofmann*: Aktuelle Entwicklungen und Best Practices aus Finanzen und Controlling: Bericht von der RECON 2008 in Loipersdorf/Österreich. In: Zeitschrift für Controlling und Management, 52. Jg. (2008), S. 286.

Salz (2009) = J. *Salz*: Der Pillen-Knick. In: Wirtschaftswoche, (2009), H. 12, S. 66 – 67.

Schuster (2008) = Daniel *Schuster*: Herausforderungen eines CFO in einem komplexeren Wirtschaftsumfeld: Bericht vom CFO Gipfel 2008 – 4. Gipfel für Finanzwesen und Controlling in Montreux, Schweiz. In: Zeitschrift für Controlling und Management, 52. Jg. (2008), S. 287 – 288.

Sekol (2007) = Thilo *Sekol*: Dos und Dont's für Controller: Leitlinien aus der Praxis. In: Zeitschrift für Controlling und Management, 51. Jg. (2007), S. 346 – 350.

Strauß/Veit (2008) = Erik *Strauß* und Andreas *Veit*: Trends und Thesen aus der internationalen Accounting-Forschung: 31st Annual Congress oft he European Accounting Association in Rotterdam, 23. – 25. April 2008. In: Zeitschrift für Controlling und Management, 52. Jg. (2008), S. 208 – 210.

Taetzner (2002) = Tobias *Taetzner*: Wie viele Rechenwerke hätten Sie denn gerne? In. Der Steuerberater, 53. Jg. (2002), S. 121.

Tillner/Schlitzberger/Meyer (2008) = Stephan *Tillner*, Julia *Schlitzberger* und Andre *Meyer*: Die Bewertung von Wertpapieren des Umlaufvermögens zum beizulegenden Zeitwert. Münster, 2008.

Weißenberger (2003) = Barbara E. *Weißenberger*: Umstellung der Rechnungslegung auf IAS/IFRS: Herausforderung auch für das Controlling. Gefunden im Internet, URL: http://www.competence-site.de/controlling.nsf /F5B87D92ECAFC104C1256DBE00504B7E/$File/ias_controlling_lang.pdf, Download am 20.09.2004.

vwd (2003) = [ohne Verfasserangabe]: ANALYSE/DrKW reduziert RWE-Kursziel auf 29 (31,30) EUR. Gefunden im Internet, URL: http://boerseninfos.ksk-tuebingen.de/ak/mk/news/703712-20030602-121807.html, Download am 14.11.2005 um 14:00 Uhr.

WTO (2004) = World Trade Organization (Hrsg.): International Trade Statistics 2004. Gefunden im Internet, URL: http://www.wto.org/ english/res_e/statis_e/its2004_e/its2004_e.pdf, Download am 08.03.2005 um 21:55 Uhr.

XBRL (2009a) = xbrl.org (Hrsg.): An Introduction to XBRL. Gefunden im Internet, URL: http://www.xbrl.org/WhatIsXBRL/, Download am 04.04.2009.

XBRL (2009b) = xbrl.org (Hrsg.): How XBRL Works. Gefunden im Internet, URL: http://www.xbrl.org/HowXBRLWorks/, Download am 04.04.2009.

XBRL (2009c) = xbrl.org (Hrsg.): Benefits and Beneficiaries. Gefunden im Internet, URL: http://www.xbrl.org/BenefitsAndUses/, Download am 04.04.2009.

Zecher (2008) = Christina *Zecher*: Aktuelle Herausforderungen für Controller: Bericht von der ControllingWorld 2008 vom 3. bis 4. März 2008 in Bad Homburg v.d.H. In: Zeitschrift für Controlling und Management, 52. Jg. (2008), S. 144 – 145.

Quellenverzeichnis

Quellen des IASB

DP Financial Statement Presentation (2009) = IASB (Hrsg.): Discussion Paper: Preliminary Views on Financial Statement Presentation. London, 2009.

ED Fair Value Measurement (2009) = IASB (Hrsg.): Exposure Draft ED/2009/5: Fair Value Measurement. London, 2009.

ED Framework (2008) = IASB (Hrsg.): Exposure Draft of An improved Conceptual Framework for Financial Reporting. London, 2008.

IAS 8 = International Accounting Standards Board (Hrsg.): International Accounting Standard 8 – Accounting Policies, Changes in Accounting Estimates and Errors, revised 2003.

IAS 16 = International Accounting Standards Board (Hrsg.): International Accounting Standard 16 – Property, Plant and Equipment, revised 2003.

IAS 38 = International Accounting Standards Board (Hrsg.): International Accounting Standard 38 – Intangible Assets, revised 2003.

IASB Agenda Paper 4 (2007) = IASB (Hrsg.): Project Liabilities and Equity, Discussion of Project Strategy (Agenda paper 4). Gefunden im Interent, URL: http://www.iasb.org/NR/rdonlyres/08B43FD8-AEEA-4560-93D3-15716F91A627/0/LEq0712b04obs.pdf, Stand 11.12.2007, Download am 12.12.2009.

IASCF Satzung = IASC Foundation Constitution, Stand 08.07.2002.

IFRS 6 = International Accounting Standards Board (Hrsg.): International Financial Reporting Standard 6 – Exploration for and Evaluation of Mineral Assets, issued 2004.

Quellen des FASB

FASB, Statement of Financial Accounting Concepts (SFAC) No. 2, Qualitative Characteristics of Accounting Information

Norwalk Agreement (2002) = FASB (Hrsg.): Memorandum of Understanding: "The Norwalk Agreement". Gefunden im Internet, URL: http://www.fasb.org/news/memorandum.pdf, Download am 12.12.2006.

Sonstige Quellen

DRS 4 = Deutsches Rechnungslegungs Standards Committee (Hrsg.): Deutscher Rechnungslegungsstandard Nr. 4: Unternehmenserwerbe im Konzernabschluss.

FWBO = Börsenordnung für die Frankfurter Wertpapierbörse, Stand 03.08.2009

ISO 9241: DIN EN ISO 9241: Ergonomie der Mensch-System-Interaktion.

Verordnung (EG) Nr. 1606/2002 des Europäischen Parlaments und des Rates vom 19. Juli 2002 betreffend die Anwendung internationaler Rechnungslegungsstandards; Amtsblatt Nr. L 243 vom 11.09.2002 S. 0001 – 0004.

FSC
www.fsc.org
MIX
Papier | Fördert
gute Waldnutzung
FSC® C083411

Kolibri 360 GmbH
Ferdinand-Jühlke-Straße 7
99095 Erfurt, Deutschland
produktsicherheit@kolibri360.de